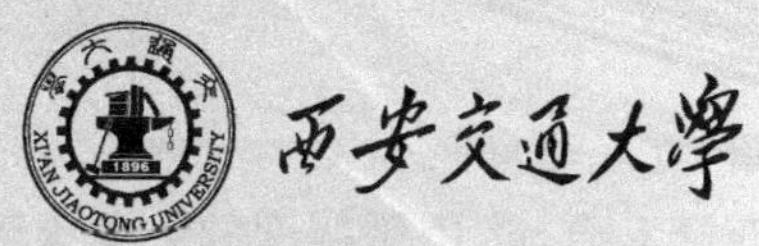


研究生创新教育系列教材

# 中级金融学


主　　编　李　成

副主编　沈　悦　崔建军

编写人员　(以编写章节先后为序)

李　成　杨丽蓉　袁静文

张金梅　陶玲琴　程婵娟

阎　敏　王政霞　何建奎

刘　愈　闵绥艳　谷　慎

王国林　崔建军　沈　悦

李　江

## 内容提要

本书主要从理论上对金融发展进行介绍，立足不同视角揭示金融发展的内在机理。主要内容包括：货币制度的演进、变迁和合作，信用制度的主要理论和秩序规则，金融体系的变化和动态比较，银行的规模、竞争和发展趋势，资本市场的博弈和国际化发展，外汇市场的理论、风险和兴衰，保险市场的需求、创新和开放，农村金融的曲折和方向，行为金融的理论、预期和运用，金融生态的范畴和标准，金融调控的理论和货币政策效用，金融聚集的崛起和发展，金融管制到金融深化的逻辑，金融危机的爆发、传染和金融安全网，金融监管的效率和国际合作，金融全球化发展的动因和总体趋势。

本书主要供在校硕士研究生使用，对于银行、证券和保险机构具有一定金融学基础的在职工作人员，以及金融管理机构的干部等有很好的参考价值。本书的宗旨在于提高读者的理论水平和分析能力，对于培养读者金融研究的思路和逻辑，以及攻读高层次学位，具有一定的积极作用。

**图书在版编目(CIP)数据**

中级金融学/李成主编.—西安:西安交通大学出版社,2007.10(2024.1 重印)
ISBN 978-7-5605-2574-7

Ⅰ.中… Ⅱ.李…. Ⅲ.金融学 Ⅳ.F830

中国版本图书馆 CIP 数据核字(2007)第 151115 号

**书　　名**　中级金融学
**主　　编**　李成
**出版发行**　西安交通大学出版社
**地　　址**　西安市兴庆南路 1 号(邮编:710048)
**电　　话**　(029)82668357　82667874(市场营销中心)
　　　　　　(029)82668315(总编办)
**印　　刷**　西安日报社印务中心
**字　　数**　612 千字
**开　　本**　727mm×960mm　1/16
**印　　张**　33.625
**版　　次**　2007 年 10 月第 1 版　2024 年 1 月第 7 次印刷
**书　　号**　ISBN 978-7-5605-2574-7
**定　　价**　79.80 元

---

# 前 言

作为硕士研究生专用教材，国内第一部《中级金融学》终于和读者见面了。

在高校学习和执教30年，使我对中国高等教育发展有着切深的感受，始终在关心高等教育的改革和变化。其中，教材建设是长期关注的问题之一。

国内本科教材建设在20世纪80年代初起步，目前在系统性、多样性和针对性方面已形成体系，规模也逐年壮大。但在研究生教材建设方面尚未达成共识，因而出现了本科生教材“加厚”充当研究生读本的现象，由此引发了同一本教材对本科生使用时，部分理论内容难以消化，研究生选用时，部分介绍略显拖沓的现象。当然，翻译国外教科书推荐给研究生使用是个捷径，对于教材的“国际接轨”和吸收借鉴具有重要意义。作为自然科学，这种方法无疑是高效率的，但是，社会科学也如此这般，未必完全适宜。

从供求和效用的双重视角审视，我主张分层次构筑金融学教材，特别是作为金融学专业的奠基课程——金融学。具体说，金融学教材可分为三个层次：本科生使用金融学(或称初级金融学)，硕士研究生选用中级金融学，博士研究生可推荐高级金融学。

如何划分金融学、中级金融学和高级金融学的内容确实不易，求得共识需要长期争鸣和不断检验，或许命题本身就是多解。我的看法是，金融学主要介绍金融的基本原理、主要逻辑框架以及基础性知识，旨在使学生对金融有初步的认识，为今后金融专业课的学习奠定基础。中级金融学重在介绍金融的理论体系，梳理归纳流派和观点，纵览世界金融发展的轨迹，掌握金融变迁的内在规律，把握中国金融改革的路径，目的是提高硕士研究生的金融理论水平，培养金融学术思想，引导金融研究的思路。高级金融学侧重介绍金融研究的数理逻辑、技术与方法，特别是运用数学工具这种“国际语言”进行抽象和表述，目标是培养博士生对金融研究工具的驾驭能力和提升国际交流能力，使金融研究成果更加确切和精准，通过“信息对称”的国际语言融入世界金融学术的殿堂，融世界金融与中国金融于一体。

这种观点得到了学校的肯定，教务处对《金融学》进行了立项，研究生院将《中级金融学》作为创新教材给予培育，备受激励之中再度领悟了大师云集、百年长盛学府的博大与包容。来自大师的画龙点睛和专家的真知灼见展示了造诣、精神和修养，触我灵魂。

这部《中级金融学》的缺憾显而易见，主要是能力所限和时间仓促。急切出版是不忍心面视新一届研究生依旧赤手空拳。在多位研究生导师的共同努力下，从繁忙的教学和科研日程中抽挤时光夜以继日，终于赶在本学期开学伊始欣慰地看到了研究生手捧散发着油墨清香的这本《中级金融学》。

本书研究提纲初拟于2006年暑假，征求多方意见后进行了研究分工：李成第一、十二、十四、十六、十七章；李成、杨丽蓉、袁静文第二章；张金梅第三章；陶玲琴第四章；程婵娟第五章；阎敏第六章；王政霞第七章；何建奎第八章；刘愈、闵绥艳第九章；谷慎第十章；王国林第十一章；崔建军第十三章；沈悦第十五章；李江第十八章。主编对初稿做了技术梳理，在保持学术思想的前提下，尽量使语言风格保持统一。

我们真诚地期盼读者提出坦诚的意见和建议。

李　成

2007年6月26日

于西安交通大学

# 目　录

**第一章　货币制度:循环演进中的变迁逻辑** ………………………………… (1)
第一节　货币理论的代表性观点……………………………………………… (1)
第二节　我国主要的货币思想………………………………………………… (8)
第三节　货币制度历史变迁的逻辑 ………………………………………… (11)
第四节　国家管理下的货币制度演进 ……………………………………… (16)
第五节　我国货币制度的发展轨迹 ………………………………………… (20)
第六节　金融全球化对国家货币制度的影响 ……………………………… (24)

**第二章　货币合作:市场、规则与欧元** ……………………………………… (27)
第一节　国际货币制度的内在机理 ………………………………………… (27)
第二节　国际货币体系的市场兴衰 ………………………………………… (29)
第三节　欧洲货币合作的破土运行 ………………………………………… (42)
第四节　亚洲货币合作的努力探索 ………………………………………… (46)

**第三章　信用制度:理论、秩序与现代市场** ………………………………… (52)
第一节　信用制度的主要理论 ……………………………………………… (52)
第二节　信用制度的生命基石 ……………………………………………… (59)
第三节　欧美国家的信用体系 ……………………………………………… (65)
第四节　中国信用制度的剖析 ……………………………………………… (73)

**第四章　金融体系:体系、动态与变革趋势** ………………………………… (79)
第一节　金融体系的相关理论 ……………………………………………… (79)
第二节　金融体系的共性与个性 …………………………………………… (89)
第三节　金融体系的动态比较……………………………………………… (100)
第四节　金融体系的变革取向……………………………………………… (107)

**第五章　银行竞争:结构、规模与效益**……………………………………… (112)
第一节　银行理论认识的曲折……………………………………………… (112)
第二节　银行竞争动力与外部性…………………………………………… (119)

第三节　银行规模的成本与效益…………………………………………… (129)
第四节　银行风险管理系统的构造………………………………………… (136)
第五节　国际化环境下的集团化成长……………………………………… (139)

**第六章　资本市场:博弈、跌宕与经济风向标**……………………………… (145)
第一节　资本市场的理论脉络……………………………………………… (145)
第二节　发达国家的资本市场……………………………………………… (160)
第三节　发展中国家的资本市场…………………………………………… (168)
第四节　资本市场的国际化步伐…………………………………………… (174)

**第七章　货币市场:运行机制与国际环视** ………………………………… (179)
第一节　货币市场的理论足迹……………………………………………… (179)
第二节　开放环境下的货币市场运行……………………………………… (188)
第三节　发达国家货币市场的繁荣………………………………………… (197)
第四节　发展中国家货币市场的兴衰……………………………………… (200)
第五节　我国货币市场的快速培育………………………………………… (205)

**第八章　外汇市场:从美元霸主到多元国际货币** ………………………… (211)
第一节　主要汇率理论的梳理……………………………………………… (211)
第二节　外汇储备的规模与风险…………………………………………… (217)
第三节　美元国际货币的收益与约束……………………………………… (224)
第四节　美元与欧元的联动钳制…………………………………………… (229)
第五节　日元国际货币的实力与脆弱……………………………………… (235)
第六节　人民币自由兑换的展望…………………………………………… (241)

**第九章　保险市场:发展、创新与全面开放**………………………………… (247)
第一节　保险市场的相关理论……………………………………………… (247)
第二节　国际保险市场发展与创新………………………………………… (255)
第三节　我国保险市场的曲折变化………………………………………… (263)
第四节　当前保险市场的理论争鸣………………………………………… (271)

**第十章　农村金融:困惑、代价与出路**……………………………………… (280)
第一节　农村金融理论简介………………………………………………… (280)
第二节　农村金融道路的蜿蜒……………………………………………… (282)

第三节　农村金融的经营性机构…………………………………（285）
第四节　农村经济中的政策性金融………………………………（289）
第五节　中国农村金融的制度创新………………………………（292）

**第十一章　行为金融：理性、预期与模型**……………………………（295）
第一节　行为金融研究的催生…………………………………（295）
第二节　传统金融理论解释的局限………………………………（300）
第三节　对预期效用理论的挑战…………………………………（308）
第四节　心理学理论在金融中的运用……………………………（317）
第五节　对标准金融理论模型的改进……………………………（321）
第六节　行为金融学在现实中的检验……………………………（326）

**第十二章　金融生态：生存环境与金融健康**　…………………………（330）
第一节　对金融生态的理论认识…………………………………（330）
第二节　金融生态的理论范畴……………………………………（334）
第三节　金融生态平衡的标准和条件……………………………（340）
第四节　金融生态的可持续发展…………………………………（344）
第五节　开放条件下金融生态的维护……………………………（347）

**第十三章　金融调控：开端、争论与有效性**……………………………（354）
第一节　国家金融调控的开端……………………………………（354）
第二节　货币政策理论的学派争论………………………………（356）
第三节　如何衡量货币政策的有效性……………………………（365）
第四节　中国货币政策的效用验证………………………………（367）
第五节　货币政策的国际协调……………………………………（375）

**第十四章　金融聚集：交易、信息与金融中心**…………………………（380）
第一节　金融聚集的相关理论……………………………………（380）
第二节　国际金融中心的雄踞……………………………………（386）
第三节　亚洲国际金融中心的崛起………………………………（391）
第四节　我国金融中心的发展现状………………………………（396）

**第十五章　金融深化：管制、深化到金融自由化**………………………（401）
第一节　金融深化理论的问世……………………………………（401）

第二节　金融深化的政策与指标…………………………………………（410）
第三节　金融自由化与金融稳定…………………………………………（414）
第四节　我国金融向市场化的转型………………………………………（421）
第五节　我国金融深化的制度与政策……………………………………（423）

**第十六章　金融危机:风险、传染与金融安全**……………………………（438）
第一节　金融危机的相关理论……………………………………………（438）
第二节　金融危机的爆发与传染…………………………………………（445）
第三节　欧美国家的金融危机纵览………………………………………（455）
第四节　新兴市场国家的金融危机………………………………………（459）
第五节　金融安全网的多层次构筑………………………………………（466）

**第十七章　金融监管:约束、效率与国际合作**……………………………（472）
第一节　金融监管理论的逐步完善………………………………………（472）
第二节　金融监管体制的功能演化………………………………………（482）
第三节　金融监管重心的位移……………………………………………（486）
第四节　金融发展中的金融监管…………………………………………（489）
第五节　金融监管的国际合作……………………………………………（493）

**第十八章　金融全球化:动因、收益与趋势**………………………………（499）
第一节　如何认识金融全球化……………………………………………（499）
第二节　推进金融全球化的动因…………………………………………（503）
第三节　金融全球化中的国家利益………………………………………（509）
第四节　金融全球化对发展中国家的影响………………………………（517）
第五节　金融全球化发展的总体趋势……………………………………（525）

# 第一章　货币制度:循环演进中的变迁逻辑

## 第一节　货币理论的代表性观点

### 一、传统货币数量理论

货币数量理论(the quantity theory of money)最早可以追溯到古罗马的法学家鲍鲁斯(Julius Paulus),但一般认为西方货币数量论产生于 16 世纪末期。法国重商主义者吉恩·鲍丁(Jean Bodin),1568 年在《答马来特劳先生自相矛盾的议论,关于一切物价上涨及其救治方法》一书中,第一次明确地将价格波动同货币数量的变化联系起来,创立了货币数量论。此后,经济学家接受并发展了传统货币数量理论,主要代表人物有休谟(David Hume)、李嘉图(David Ricardo)、穆勒(J. S. Mill)、费雪(Irving Fisher)、马歇尔(A. Marshall)及庇古(A. E. Pigou) 等人。其中,美国经济学家费雪和英国经济学家马歇尔,分别提出了现金交易说和现金余额说,使货币数量理论系统化,成为货币数量理论中的经典理论。

#### (一)休谟的相对货币数量理论

休谟是英国著名的主观唯心主义哲学家、历史学家和经济学家,1752 年出版了《政治论丛》一书,著作中的许多论文都体现了货币数量理论的思想。他认为,货币并不是一个商业方面的问题,而是人们用以便利商品交换的一种工具。交换过程中商品与货币具有一定的比例,物价的变动取决于这种比例关系。在他看来,流通中的货币量和商品量之间存在着一种"正常的比例",在这种比例下物价不会变。但是,如果任何一方发生变动,都会引起正常比例的改变,从而使物价相应变化。也即"商品增加,价格就便宜;货币增加,商品就涨价。反之,商品减少或货币减少也都具有相干的倾向"。

#### (二)李嘉图的绝对货币数量理论

英国著名的古典政治经济学家大卫·李嘉图《黄金的高价》(1809),《一个既经济又安全的通货的建议》(1816)和《政治经济学及赋税原理》(1817)等著作中,提出了货币数量理论。他是一个劳动价值论者,认为黄金和白银同其他商品一样,有内在价值,这种内在价值取决于为取得该金属使用的劳动、耗费的资本以及该金属的稀缺性。同时认为,货币需求完全由货币的价值决定,货币价值又不完全取决于其绝对量,而取决于所必须完成的支付的相对量。例如,黄金价值如果增加一倍,那么,只要一半的数量就可以在流通中完成同样的功能;如果价值减少一半,需要的货币数量会增加一倍①。

### (三)穆勒的金属货币数量理论

英国经济学家穆勒在他《政治经济学原理》(1848)一书中提出了金属货币数量理论。他认为,货币价值是货币所能交换的其他物品的数量,即货币的购买力。货币的价值与一般物价成反比,一般物价上涨,货币价值下跌。反之,货币价值上涨。物价上涨的比例应该是货币数量增加的比例。货币价值的决定同其他商品的价值决定一样,总是与需求量成正比,同供给量成反比。不过货币的供求状况和其他商品的供求状况略有不同。货币的供给量是人们所拥有的全部货币除去所贮藏的部分,即当时流通的全部货币。人们所提供出售的全部货物构成货币的需求不像其他货物的需求那样有限度,其需求总是无限的。

### (四)费雪的现金交易理论

美国经济学家欧文·费雪,首先对货币数量理论作出了系统的阐述。他在1911年《货币购买力》一书中,提出了现金交易方程式,又称费雪方程式,使传统货币数量学说有了进一步发展。

$$M_d \cdot V = P \cdot T$$

其中,$M_d$ 表示一定时期内流通货币的平均数量;$V$ 表示货币的平均周转次数或流通率;$P$ 表示所有交易商品和劳务的平均价格;$T$ 表示交易总量,即一定时期内商品和劳务交易总量。方程式的基本含义是:全社会的货币数量乘以货币周转次数,必然等于全社会的商品总量与一般物价水平的乘积。

费雪认为,在上述公式中,$M$ 是由模型之外的因素决定的外生变量;$V$ 由制度因素决定,在短期内不会发生变化,可以认为是常数;$T$ 由产出决定,与产出水平保持一定比例,也相对稳定。因此,$P$ 和 $M$ 的关系最为密切,也就是说,货币数量的变化主要影响价格的变化,这就是费雪的结论——“货币数量决定物价水平”。此外,费雪还认为,货币可以分为基本货币和信用货币两种。基本货币是指本身具有一定价值的货币,如金银货币等;信用货币是指交换时能够接受的具

① 大卫·李嘉图著.斯拉发主编.李嘉图著作和通信集.第4卷.蔡受百译.商务印书馆,1983

有一部分价值的货币，如银行券、政府纸币与辅币等。费雪还注意到广义货币的概念，称之为通货，强调银行存款也具有流通媒介的功能。

### （五）剑桥学派的现金余额理论

以马歇尔和庇古为代表的英国剑桥学派创立了传统货币数量理论的另一种形式，即现金余额说。马歇尔在1887年至1888年对英国金银委员会的答复和1889年对英国印度同伙委员会的答复中，提出了现金余额理论的一些主要观点。庇古根据马歇尔的观点，于1917年发表了《货币的价值》一文，马歇尔则于1923年出版了《货币、信用与商业》一书，系统地阐述了现金余额理论。他们从个人持有货币的角度出发，提出了著名的现金余额方程式。即

$$M_d = k \cdot P \cdot Y$$

其中，$M_d$ 表示货币需求量；$P$ 表示物价水平；$Y$ 表示一年中的商品交易量；$k$ 是一年当中人们以现金余额方式持有货币量占商品交易量的比率。

剑桥学派将货币视为一种资产，认为个人的财富总额，持有货币的机会成本，货币持有者对未来收入、支出和物价的预期等都会影响个人的持币需求。剑桥学派强调了微观经济主体对货币持有的需求，重视微观主体的行为。

如果令 $k = 1/V$，剑桥方程式与费雪方程式基本一致，但究其实质，差异甚大。二者的主要区别是：第一，费雪方程式重视货币的交易手段职能，认为人们需要货币是为了交换便利，而剑桥方程式则强调货币的价值贮藏手段功能，认为持有货币也是持有资产的一种形态。第二，费雪方程式重视影响交易的经济和金融制度等因素，而剑桥方程式则重视持有货币的成本与持有货币的满足程度比较，重视预期和收益等不确定因素。第三，费雪方程式从宏观角度分析货币需求，没有考虑利率变动对微观主体货币持有数量及资产结构的影响，而剑桥学派则强调微观经济主体对货币持有的需求。

## 二、凯恩斯及凯恩斯学派的货币理论

### （一）凯恩斯的货币需求理论

约翰·梅纳德·凯恩斯（John Maynard Keynes）是英国著名的经济学家，宏观经济学的创始人。凯恩斯为了解决资本主义经济危机问题，以就业作为货币理论的中心主题，通过总量分析法，将就业理论和货币理论融合在一起，使货币决定物价的理论改变为货币对就业和产量产生影响的理论。他认为，货币具有完全的流动性，人们在心理上具有对流动性的偏好，即人们偏好将一定量的货币保持在手中，以应付日常的、临时的和投机的需求。因此，人们的货币需求就取决于人们心理上的“流动性偏好”（liquidity preference）。他进一步将人们的持

币动机分为三类，即交易动机、预防动机和投机动机，相应的货币需求也被分为三部分即交易性需求、预防性需求和投机性需求[①]。

交易性需求，是由于收入与支出的时间不一致，人们必须持有一部分货币在手中，以满足日常交易活动的需要。个人保持货币量的多少，直接与货币收入的多少及货币收支时间的长短有关。企业持有货币的多少则取决于一定时期内生产经营规模的大小及生产周期的长短。交易动机又可以分为所得动机和业务动机。所得动机是指为度过所得的收入到支出这段时间而需持有的现金的动机，业务动机则指为度过业务上从支出到收入这一段时间而需持有现金的动机。社会公众的交易性货币需求与其收入状况有着密切联系，如果收入较低，交易性货币需求相应较低；如果收入提高，交易性货币需求也随之增加，所以，交易性货币需求是收入的函数。

预防性需求，是企业或个人为了应付可能发生的意外支出，或为了捕捉突然出现的经营上的有利时机，而愿意持有一部分货币。这种需求产生于未来收入与支出的不确性，为了防止未来收入减少，或支出增加这种意外变化所必须持有一部分货币。根据凯恩斯的观点，货币的预防性需求同收入成正比，同人们的收支状况有直接关系。作为预防性货币需求，存在一个适度问题。判断是否适度，关键是看持有预防性货币的边际成本是否等于边际收益。边际成本是增加单位货币持有量时，所损失的利息收入。边际收益是增加单位货币持有量所避免的风险损失，或利用其他资产的费用损失。边际成本与边际收益的均衡点，就是应持有的预防性货币的需求量。所以，将预防性货币需求也看作是收入的函数。

投机性需求，是个人、家庭或单位为了避免资产损失或增加资本收益，及时调整资产结构而形成的货币需求。货币作为一种资产存在形式，发挥价值贮藏手段的职能，持有量多少受到利率变化的影响。随着收入水平的提高，人们在满足交易动机和预防动机的货币需求之后，必然把剩余的部分货币收入用于投机动机，已获得更多的收入。即使对预防动机的货币需求部分，也不会完全以货币形式持有，而是将一部分用于持有其他金融资产以获得收入。人们投机动机的货币需求，与金融资产的收益率有直接关系，如果金融资产的收益率上升，人们就会增加对金融资产的需求；反之，会减少对金融资产的需求。如果预期未来的利率会下跌，公债价格会上涨，人们就会减少货币的持有量而增加公债的持有量，以便在公债价格上涨时卖出，获得利润；反之，如果预期利率将上升，公债价格将下降，人们就会愿意卖出债券，多持有货币，减少公债价格下跌造成的损失。因此，将投机性货币需求看作是利率的函数。

---

① 凯恩斯著．就业、利息和货币通论．徐毓枬译．商务印书馆，1993

由此可知，正常情况下为满足交易动机以及预防动机所需要的货币数量，大致取决于经济体系的衰退与繁荣以及货币收入的多少。货币收入越多，这项货币需求也越多，故为收入的递增函数。为满足投机动机而保持的货币需求，依赖于利率的高低，利率越低，此项货币需求越多，故为利率的递减函数。令 $M_1$ 代表为满足交易动机以及预防动机所持有的现金数量，$M_2$ 代表为满足投机动机所持有的现金量，与这两部分现金相对应的两个灵活偏好函数为 $L_1$ 和 $L_2$。$L_1$ 主要决定于收入水平 $Y$；$L_2$ 主要决定于当前利率 $r$ 与当期预期状态的关系，故有

$$M=M_1+M_2=L_1(Y)+L_2(r)$$

其中，$L_1$ 代表收入水平 $Y$ 与 $M_1$ 之间的函数关系，$L_2$ 代表利率 $r$ 与 $M_2$ 之间的函数关系。凯恩斯据此在传统货币数量的交易动机、预防动机基础上，提出了投机动机，强调了其在整个货币需求中特别重要的作用。

凯恩斯同时还提出了流动性陷阱的概念，即当利率降至某一很低的水平时，因利息收入太低，几乎每人都宁愿持有现金(货币)，而不是持有证券。灵活偏好变成了绝对需求，即社会经济可以无限制地吸纳货币。人们对货币的投机需求弹性变成无限大，使货币需要完全失去利率弹性，从而跌入流动性陷阱。

### (二)凯恩斯货币理论的发展

#### 1.鲍莫尔模型

20 世纪 40 年代末，美国经济学家汉森(A. H. Hansen)在《货币理论与财政政策》一书中，首先就凯恩斯“交易性货币需求取决于收入，同利率无关”这一观点提出了质疑。他认为当利率上升到相当的高度时，货币的交易余额也会具有利率弹性。但第一次将交易性货币需求与利率联系起来的是美国经济学家鲍莫尔(William Ballmol)。他于 1952 年发表了《现金的交易需求——存货的理论分析》一文，提出了著名的“平方根定律”，又称鲍莫尔模型。

鲍莫尔将管理科学中最优存货控制理论运用到对货币的研究，明确的将交易性货币需求与利率联系起来，他认为，保持现金的成本是持有现金所牺牲的利息 $r$ 和出售债券时所需支付的手续费 $b$。因为每次债券出售额都为 $K$，支出总额为 $Y$，在整个支出期间内，全部手续费为 $bY/K$。因为支出是不变的流量，所以，在整个支出期间内的平均现金余额为 $K/2$，利息成本就为 $rK/2$。若以 $C$ 代表保存现金的总成本，则有

$$C = bY/K + rK/2$$

对式中的 $K$ 求一阶导数，并令其为零，以求得 $C$ 为最小值时的 $K$ 值，得到公式：

$$M_d=C/2=1/2(2b)^{0.5}Y^{0.5}r^{-0.5}$$

这就是“平方根公式”。它说明最合适的平均余额并不是与交易总额按统一比例

变化，而是与交易总额和变现成本的平方根成正比，与利率的平方根成反比，说明交易动机的货币需求同样与利率有关，补充和发展了凯恩斯的货币需求理论。

2. 惠农模型

凯恩斯认为，预防性货币需求同交易性货币需求一样，是由收入决定的，与利率无关。美国经济学家惠农(Whalen)于 1966 年发表了《现金的预防需求的合理化》一文，指出预防性货币需求同样受利率变动的影响。

惠农认为，预防性的货币需求来自事物的不确定性。一个人无法保证他在某一时期内的货币收入和货币支出同事先预料的完全一致，也不能排除实际支出超过实际收入或发生意外之时及临时需要现金的可能性。因此，出于预防性动机，人们总要持有比预期需求量多一些的现金。决定人们预防性货币需求的因素有收入和支出的状况及持有货币的机会成本。由此，惠农提出了预防性货币需求的最佳值公式，即惠农模型。

所谓预防性货币的最佳值是指能够使货币总成本最小的持币量。它与三个因素有关：持币的机会成本；变现的手续费；变现的次数。如果设 $M$ 为预防性货币平均持有额，$r$ 为利率，则 $M \cdot r$ 为预防性货币需求的机会成本。以 $P$ 代表变现的可能次数，$S$ 代表净支出分布的标准差，则变现次数公式为：$P=S^2/M^2$①。再设 $C$ 为每次变现所需支付的手续费，则所有的变现所需支付的总手续费为：$PC=(S^2/M^2)C$。而变现所需支付的总手续费和持有货币的机会成本就构成持币的总成本。这就是惠农的"立方根公式"。它说明最佳预防性货币余额的变化与货币支出分布的方差($S^2$)，变现的手续费($C$)，和持有货币的机会成本($r$)成立方根关系。其中，假定一种净支出的正态分布确定后，最佳预防性货币余额与收入和支出的平均余额的立方根成正比，与利率的立方根成反比，说明预防性的货币需求同样与利率有关，补充和发展了凯恩斯的货币需求理论。

3. 新古典综合派托宾的货币理论

凯恩斯认为只有投机性货币需求才受利率变动的影响。这一观点所隐含的假设是：每个人关于自己对未来利率趋势的预期都是确信不疑的，预期利率上升时则选择持有货币，反之则选择持有债券。换言之，人们只能在债券和货币中选择其一。这与事实不符。美国经济学家詹姆斯·托宾(James Tobin)继承和发展了凯恩斯理论。他于 1958 年发表了《作为应付风险之行为的流动性偏好》的著名论文，用投资者避免风险的行为动机重新解释流动性偏好理论，并开创了资产选择理论在货币理论中的应用。

① 根据特奇庇切夫(Tchebycheff)定理，假设人们的长期目标是花掉所有的收入，则变现的次数为 $S^2/M^2$。

托宾认为，投机性货币需求的变动主要是通过投资者调整资产组合实现，是由于利率变动引起预期收益发生变动，使投资者重新调整自己的资产组合，导致投机需求发生变动。持有债券可以获得利息，但要承担价格下跌可能遭受损失的风险，所以债券是一种风险资产；持有货币虽然没有收益，但也无需承担价格下跌的风险（不考虑物价变动），所以货币是一种“安全性资产”。托宾同时将投资者分为三种类型，即风险爱好者、风险回避者和风险中立者。现实生活中，风险回避者占绝大多数。托宾提出的资产选择理论正是以此为分析对象，认为如果投资者的资产构成中只有货币而没有债券，为了获得收益，他会把一部分货币转换成债券，因为减少货币的比例能带来收益的正效应。但随着债券比例的增加，收益的边际正效应递减，风险的负效应递增，当二者之和等于零时，就会停止将货币转换为债券的行为。同理，如果投资者的全部资产都是债券，为了获得安全，他也会抛出债券，增加货币持有额直至收益正效应与风险负效应之和为零。这种根据利率调整自己资产组合的行为，导致了货币投机需求的变动。

4. 新剑桥学派的货币理论

新剑桥学派是凯恩斯学派的重要分支，主要代表人物是琼·罗宾逊（Joan Robinson）、尼科拉斯·卡尔多（Nicholas Kaldor）等人。新剑桥学派对凯恩斯货币需求动机理论加以发展，认为随着经济发展，仅有三种动机不足以说明现实状况，他们提出了货币需求的 7 种动机：①产出流量动机；②货币——工资动机；③金融流量动机；④预防和投机动机；⑤还款和资本化融资动机；⑥弥补通货膨胀损失动机；⑦政府需求扩张动机。这 7 种动机可以归纳为三类：第一类，商业动机。这部分货币需求与收入紧密相关。第二类，投机性动机。由投机性动机引起的货币流通是货币的金融性流通，货币的金融性流通与收入关系不大，与金融市场紧密相关。第三类，公共权力动机。

## 三、现代货币数量理论

美国芝加哥大学教授米尔顿·弗里德曼（Milton Friedman）是现代货币主义的倡导人，他在 1956 年发表的《货币数量说的重新表述》一文中，对货币数量理论作的重新解释，被人们称为现代货币数量论或货币主义。

弗里德曼摒弃了凯恩斯及凯恩斯学派从人们保持货币的动机出发，研究货币需求的方法。弗里德曼认为，与消费者对商品的选择一样，人们对货币的需求同样受这三类因素的影响：收入或财富的变化；持有货币的机会成本；持有货币给人们带来的效用。据此，弗里德曼列出个人财富持有者的货币需求函数为：

$$M_d/P=f(y,\omega;r_m,\ r_b,\ r_e,\ \frac{1}{p}\cdot\frac{\mathrm{d}p}{\mathrm{d}t};\ u)$$

式中：$M_d$——个人财富持有者手持的的货币量，即名义货币需求；

$P$——一般物价水平；

$M_d/P$——个人财富持有者手持货币所能支配的实物量，即实际货币需求量；

$y$——按不变价格计算的恒久收入；

$\omega$——由财产带来的收入部分，即非人力财富占总财富的比率；

$r_m$——预期的货币名义报酬率，即存款利率；

$r_b$——固定价值债券的预期报酬率；

$r_e$——股票的预期报酬率；

$\frac{1}{p}\cdot\frac{\mathrm{d}p}{\mathrm{d}t}$——商品价格的预期变动率，即实物资产的预期报酬率；

$u$——收入以外的可影响货币效用的其他因素或变量，如个人爱好、技术水平、经济制度等因素。

在上述影响货币需求的因素中，$y$，$\omega$与货币需求成正向关系。其中，$y$来源于总财富，在其他条件不变的情况下，收入越多，货币需求越大。一个人的总财富是人力资本与非人力资本之和，人力资本所占比重越小，依靠非人力资本$\omega$创造的收入可能越多，从而对货币的需求量就越大。

$r_m$，$r_b$，$r_e$，$\frac{1}{p}\cdot\frac{\mathrm{d}p}{\mathrm{d}t}$与货币需求成反向关系。其中，一般认为$r_m$，$r_b$，$r_e$，越高，人们将货币转化为资产货币的需求量越少；反之亦然。对于物价而言，物价上涨意味着货币贬值，人们在物价上涨时不愿持有货币，所以$\frac{1}{p}\cdot\frac{\mathrm{d}p}{\mathrm{d}t}$与货币需求量成反方向变化。

弗里德曼认为，货币需求函数的最主要特点是该函数的稳定性，其动向是可预测的。明确货币需求函数的稳定性，对分析整个经济社会中的其他重要因素（如货币收入或价格水平）意义重大。这是由于货币收入或价格水平都是货币需求函数和货币供给函数相互作用的结果，论证并强调货币需求函数具有稳定性，目的在于说明货币对于总体经济的影响主要来自货币供给方面。因此，稳定的货币需求函数成为货币学派理论及政策的理论基础和分析依据。

# 第二节　我国主要的货币思想

### （一）中国古代货币理论

中国最早的货币理论相传由春秋末年的单旗提出，在《国语·周语下》中，单旗首先提出“古者天灾降戾,于是乎,量资币,权轻重,以振(赈)救民”,这里的“量资币”是说度量物资和货币,“权轻重”则指用货币来衡量商品的轻重,也就是商品的价值。用货币“振救民”,自然体现了货币的流通和支付功能。同时,单旗还提出了他的“子母相权论”。其意是说,钱币(金属铸币)的数量要适合商品流通的需要。由于商品的价值有高低,钱币的重量也要分等级,重者为母,轻者为子。但钱币的等级要完全按它所含的实际金属量而定,而不是取决于政府的命令。

西汉的《管子·轻重》在我国货币理论发展过程中占有重要的地位,其影响一直持续到近代。它认为货币是汤、禹时,由于天灾,汤、禹为救百姓而取金铸币。又将货币分为三类,珠玉为上币,黄金为中币,刀布为下币。《管子·轻重》认为,货币之所以可以流通并不是因为有较高的价值,而是取决于先王的意志。这与同时期的晁错在其《论贵粟疏》中,“夫珠玉金银,饥不可食,寒不可衣,然而众贵之者,以上用之故也”的观点相同,“以上用之故也”即认为货币的价值是由统治者决定。“珠玉金银,饥不可食,寒不可衣”则将货币的价值与使用价值相等同,忽视了货币本身的价值,但这种观点的影响却贯穿整个封建社会。《管子·轻重》中针对物价高低的原因,提出了“夫物多则贱,寡则贵”的价值论,这一价值论在西方经济理论传入中国之前,一直处于统治地位。它同时对货币的流通手段职能、贮藏手段职能等方面均有所表述,虽未上升至理论高度,但对于后来的研究有着重要的开拓性意义。

北宋出现纸币之后,关于纸币是否应该流通,银、铸币和行钞的关系等问题的争论,推动了货币理论的发展。其中,北宋的周行己最早提出了发行纸币不需要十足准备的观点,认为始终有一部分纸币在流通过程中,不需要兑换。南宋的杨万里将“子母相权论”应用于纸币和钱币的关系,认为只要纸币可以与其代表的钱币在市场上兑换,纸币和钱币就可以同时在市场上流通。至元朝,实行了以金银做准备金的纸币流通制度,禁止银、钱流通,在相当长的时间里使纸币币值得以维持,但最终还是出现了大幅贬值。于是,元朝郑介夫在分析纸币流通弊病的基础上,认为不能实行纯粹的纸币流通,应该实行钱、钞并行:以钱为子,以钞为母,发展了“子母相权论”,将纸币流通在理论上推进一步。至明清两朝,关于用银和纸币流通的讨论仍然未有定论,于是发展出了用银致贫论、金属主义货币论、重钱轻银论和行钞论等货币思想,如明朝的丘濬发展了金属主义货币理论,彻底否定纸币流通,而谭纶、靳学颜直至清初的三大思想家黄宗羲、顾炎武、王夫之等均为反对用银论者。

### (二)中国近、现代货币理论

鸦片战争前后,西方货币理论开始传入我国。黄遵宪较早借鉴了国外的经验,提出了纸币论。认为人们追求的是金属货币,纸币可以代表金属货币,但前提是纸币可兑换不是单靠国家权力，这里指出了之前历代朝廷滥用权力发行纸币导致严重后果的诟病。甲午战争之后，自铸银元成为清政府朝野的普遍主张。清末开始了建立货币本位制度的讨论，其中，以康有为的虚金本位制理论论述较为系统，在他的《金主币救国论》和《理财救国论》中，主张实行金本位制以救国，由于黄金不足，建议以银币为黄金的价值符号，实行虚金本位制。同时，以国外纸币流通为例，阐明纸币流通是大势所趋。对于纸币流通的数量控制问题，指出滥发纸币的危害并且归咎于政府专权，认为应该建立银行发行货币。

进入 20 世纪，西方货币理论对于国人影响日益深远。我国学者以西方资产阶级理论体系为基础的货币理论著作也颇有成就。其中，以杨端六、马寅初、徐青甫、刘涤源等人为代表。杨端六主要介绍了西方各学派的货币理论；马寅初在 1944 年出版了他的《通货新论》，除介绍西方的货币理论之外，还着眼于对我国未来的货币政策制定提出建议，主要强调了维持国内物价稳定的重要性。徐青甫在 1944 年出版了《物价问题之研究》一书，提出了他的"物本币末说"，认为商品自身具有价值，他对于价值的理解包括价值和使用价值，而价格只是商品的货币表现，抓住了商品与货币的本质关系。但是，他把货币完全看成是被动因素，忽略了货币本身的积极作用。刘涤源对于西方的货币数量说进行了仔细分析，认为过去的数量说是"静态的"、"过于绝对的"，只考虑货币数量对于物价的影响，没有考虑到非货币因素对于物价的影响，进而在其论文《货币相对数量说》一文中，提出了"货币相对数量说"的观点。认为，应该采取动态的观点，将与物价相关的货币供给、货币需求等因素一一包括，以解释物价变化。

俄国十月革命后，马克思主义在中国迅速传播，李达所著的《货币学概论》是中国第一部系统的货币学原理著作。该书以西方货币理论的发展及西方国家的货币制度为对象，对货币金属说、货币名目说和货币数量说作了批判。他认为，银行券作为信用货币，不需要百分之百的准备金。不兑换银行券虽然失去了法律上的兑换性，但是如果没有丧失信用，则经济上的兑换性依然存在。他还对金融恐慌、通货膨胀等问题进行了分析，在中国的马克思主义的货币学著作中，作出极大的贡献。黄宪章于 1947 年出版了《货币学总论》一书，就货币产生、货币本质、货币职能等问题，梳理了我国古代理论及西方各货币理论学派的基本论点，运用马克思主义的货币学说，提出了自己的货币职能论，认为货币具有三种职能：①基本职能：价值尺度、价格标准、价格单位、国际货币；②附属职能：流通手段、支付手段；③特殊职能：货币的资本化问题、计划经济的计算单位、调整手段及分配手段。

# 第三节　货币制度历史变迁的逻辑

## 一、货币的起源及其形态演变

货币的起源及变迁与商品的产生和发展密不可分,正如马克思所说:“只要理解了货币的根源在于商品本身,货币分析上的主要困难就克服了”。商品发展成为货币伴随着价值形式的发展,经历了由低级到高级的过程。原始社会劳动产品由共同体所有。不存在商品,就无所谓货币。在自给自足的情况下,由于经验积累,生产效率得到提高,能够负担起一些交易成本。私有制的产生使人们可以实现自由价格决策机制和自由择业。自利决策的交互作用提高了整个社会的分工水平,生产力进一步提高,反过来又增加专业化水平,良性的循环导致分工的自发演进。

纵观货币的漫长演进历程,期间曾出现过形态各异的货币。中国在大约公元前两千年就有了关于货币的记载,最早充当货币的是贝。印度、欧洲、非洲都有用贝做货币的记载,其中非洲的一种被称作“卡乌里”的贝壳在当时非常流行。其他充当货币的实物也是五花八门,有用牲畜、盐、烟草、羽毛、石头、盐块、兽牙、兽皮等作为货币的,也有用烟草、可可豆等作货币的。15世纪越南商人诺克罗·德·康第的《15世纪的印度》一书中,甚至有用人头骨做货币的记载。但是,交换对于货币商品的要求不断提高,最终金属以其价值高、易分割、易保存、易携带的独特属性,成为人们普遍接受的货币材料。最早用于铸造货币的金属是青铜和黄金,之后使用白银。由于金和银数量的提高,造就了广阔的市场和与其他金属相比相对稳定的价格。可以看出,货币演变是由经济发展推动的,变迁过程也是货币功能的体现和完备过程。

## 二、货币制度的发展演进

金属货币的出现使其成为“一个共同的普遍接受的交换媒介”,最终从众多等价物中脱颖而出。伴随人类生产规模的扩大、分工水平的提高、市场体系的完善以及市场结构的复杂,金属货币本身的特性也逐渐不能满足人们对于有序、稳定的交易环境的追求,条块形态的金属货币在每次交易时均需要履行称量、检验成色、分割等繁琐程序,大大增加了交易的成本,并且严重影响了交易的效率。商品经济发展对统一的,具有稳定价值的货币的需求使货币制度呼之欲出。从货币发展的历史阶段来看,金属货币的出现为货币制度奠定了基础,而国家的建立则使货币制度成为现实。

货币制度的出现是商品经济发展与国家对政权巩固需求相契合的产物。货币制度，通常是国家以法律形式规定的货币结构、货币发行、货币流通和货币组织管理等的总称。商品经济的不断发展，货币价值尺度的要求，孕育了统一货币的需求；国家为了稳定政权以及维护当权阶级的自身利益，运用国家权利制定并通过法令或条例形式强制推行货币制度。二者共同推动了货币制度的发展和完善。从货币制度的变迁历史进程划分，各国货币制度大体可以分为两大类型，即金属货币制度和信用货币制度。

### （一）金属货币制度

金属货币制度最初指以金属作为货币材料，可以自由铸造和输出输入的货币制度。流通中的货币具有内在价值，随着货币制度的发展，以金银作为货币材料，但流通中使用银行券的货币制度也被纳入金属货币制度。金属货币制度经历了一个逐步完善的过程，稳定的货币制度主要包括货币金属的选定；货币单位即价格标准的规定；货币铸造、发行、流通等的管理以及准备制度等内容。金属货币的演进轨迹是从贱金属到贵金属，铁、铜等金属最初也充当过主要的货币材料，但金属货币制度的变迁主要是经历了银本位货币制度、金银复本位货币制度和金本位货币制度阶段。

银本位货币制度是以白银作为本位货币的货币制度，有银两本位和银币本位之分。银两本位是不铸造银币，以“两”为单位，铸币以银块形式流通的货币制度；银币本位是以白银为币材，铸造银币流通的货币制度。在银本位制下银本位币可以自由铸造、自由熔毁、自由输出入国境，本位币无限法偿，在相当长的时期内，银本位制适应了封建社会的经济发展。

从 19 世纪后期开始，随着世界银矿的不断发现和开采技术的提高，白银供给量大幅增加，价格不断下降，白银的贮藏功能相对降低，加之其重量较大，已经不能适应日益扩大的商品交易需要，客观上要求同等重量下具有更高价值的货币材料充当价值尺度和流通手段的职能，于是出现了金银复本位货币制度。金银复本位制是资本主义初期最典型的货币制度。其基本内容是金、银两种金属同时作为币材，同时铸造金银两种本位币，并在同一市场共同流通。金银复本位制度在历史演进过程中，经历了金银平行本位制和金银双本位制两个主要阶段。金银平行本位制是金币和银币在流通中由市场决定两者比价关系的货币制度。金银币的实际价值量是决定两者比价的基础，由于劳动生产率和市场供求的变化，两者的比价经常发生变动，给商品生产和人们对市场价格的判断带来了不便。作为货币首要功能的价值尺度要稳定，才能确保流通的顺畅。为了克服金银平行本位制的弊端，确保价值尺度功能的稳定，金银双本位制应运而生。金银双本位制是指政府以法律形式规定金银比价，两者同时担当本位币的制度。这种制度实施的初期，保证了货币价值尺度功能的稳定性，促进了商品贸易的繁荣。但是金银的比价最终还是由其实际价值量而不是由政府人为决定的，于是出现了银贱则银币充斥市场，金贱则金币充斥市场的“劣币驱逐良币”的规律，也就是所谓“格雷欣法则”，使这种制度到了穷途末路。

英国于1816年首先正式采用金本位制，之后主要资本主义国家陆续过渡到金本位制。典型的金本位制度是金铸币制度，基本特点是只有金币可以自由铸造，有无限法偿能力。这一制度确立了黄金在流通领域中的垄断地位，以确保其货币功能的稳定。金铸币本位制较以前的币制比较稳定，但资本主义矛盾的加剧和一战的爆发，使各国停止了金币流通、自由兑换和黄金的自由输出入。战后，已没有一个国家能够恢复金铸币的流通，于是建立了金块本位制和金汇兑本位制。这两种货币制度同样存在不稳定性，由于没有铸币流通，黄金失去了流通手段的职能，也就失去了自发调节货币流通的可能性。银行券不能自由兑换黄金，一旦其流通量过多就会造成贬值。在金汇兑本位制下，一国的货币制度依附于汇兑国的外币制度，增加了货币制度的不稳定性因素。

### （二）信用货币制度

金块本位制和金汇兑本位制阶段，其实已经带有信用货币的性质，但是与黄金直接或间接的兑换关系，最终会影响货币制度的平稳运行。信用货币制度通过对金属兑换约束的突破，最终成为流通中货币的基本形式。信用货币制度，是指国内不流通金属货币，国家统一发行代表一定金属的价值符号流通，货币符号只能在流通中使用，不能兑换贵金属的货币制度。不兑换信用货币作为价值符号，仅用很小的成本，就可以制作出标有不同数量价值符号的货币，巨大利益的诱惑很容易造成发行数量的扩张。因此，各国以法律形式垄断了货币发行。同时，由于不兑换信用货币要取得市场的认可和接受，必须使持有者确信不受损失且能够买到相应价值的物品，法律还必须保证国内任何交易者不得拒收信用货币。国家成为信用货币发行的信用主体和最基本保证。20世纪90年代以来，信用货币发行出现了两个变化：一是电子信息技术在银行广泛运用，使电子货币成为继信用货币之后的一种新形式。二是区域经济合作基础上形成了区域货币合作，使货币发行跨国流通成为现实。

## 三、*货币及货币制度的变迁*

在原始的物物交换中，当某一交易者持有一件剩余产品换取所需的另一产品时，交易双方免不了进行判断、估值等。概括的说，物物交换不能克服以下三点限制：首先，部分物物交换在技术上无法实现，这一缺陷体现在参与交换的物品双方的价值差异。其次，物物交换的双边估价及对效率的限制。原则上通过媒介交换而实现的物物交换需要双边估价，但媒介交换扩大了交换范围，有利于统一的市场价格形成，而直接的物物交换，由于限制了套利行为，物品市场将被分割为一系列不同的市场，使得同一物品在不同的市场上具有不同的市场价格，妨碍了统一高效市场的形成，最终导致价格失真。最后，直接的物物交换会引起其他费用。

### （一）交易成本理论的解释

新制度经济学中的交易成本理论对交易的成本作出了详尽的解释。交易成本（Transaction Cost）的思想源自于科斯（Ronald Coase）1937年发表的经典论文《企业的性质》，他认为，企业与市场是不同的交易机制，市场以价格机制配置资源，企业以计划和命令的手段配置资源。企业的存在是由于“使用价格机制是有成本的”，这一代价就是交易成本。为节约交易成本，企业代替了市场。在1960年的《社会成本问题》中，科斯把交易成本的思想进一步具体化，指出，“为了执行一项市场交易，有必要发现和谁交易，告诉人们愿意交易以及交易条件是什么，要进行谈判、讨价还价、拟订契约、实施监督以保证契约条款得以履行等”。也就是说，交易成本是利用价格机制的成本，包括获得准确市场交易信息的成本、所有发现相对价格的成本，以及谈判和订立契约的成本等。虽然科斯对交易成本定义以企业为基础，但是，物物交换亦可看作是简单的市场交易，存在交易成本。科斯之后的威廉姆森（Williamson）①对于交易成本的定义更为具体，威廉姆森将交易成本细分为事前的和事后的交易成本。事前的交易成本包括起草、谈判和维护一项协议的成本；事后的交易成本包括当交易偏离了所要求的准则而引起的不适应成本，倘若为了纠正事后的偏离而做出双边努力，由此引起争论不休的成本；伴随建立和运作管理机构而带来的成本；使安全保证生效的抵押成本。达曼（Dahlman）②则从缔约过程来说明交易成本，认为通过对交易过程的描述，将交易成本更为简练的概括为了解信息成本、讨价还价和决策成本，以及执行和控制成本。

### （二）货币制度变迁的内在机理

显然，在市场条件下人们总会尽力降低交易成本，当寻求交易对象的成本小于交换所得收益时，交换才能发生。用交易成本解释货币产生与货币功能完备的准则与市场所选择的路径变化并不矛盾。货币的流通手段和支付手段功能可以有效节省交易双方的理解信息成本，价值尺度功能可以使讨价还价和决策的

① Williamson O. E. The Economic Institutions of Capitalism[M]. New York：FreePress，1985

② Dahlman. The Problem of Externality[J]. Journal of Legal Studies，1979(22)：141～162

过程大大缩短。所以，也可以这样理解货币的功能，即货币之所以在交易过程中显示功能，正是因为可以节省交易费用，提高交易效率。正如钱德勒(chandra)所说："货币在经济制度中的唯一用途，是促使交易尽可能便利进行，以便使最适当的专业化以及与之相伴随的生产率增长成为可能。"因此，货币的形成经历了自身功能完备化的过程，这个过程沿着交易费用递减的路径行进。货币正式登上历史舞台后扮演着一个重要的角色，不过此时已被制度化，货币变化也就表现为货币制度的变迁。

在金属货币制度阶段，最初金属货币是自然金属块，每次交易要称重量、验成色，还要按照交易额对金属块进行分割，所有这些都要支付一定成本。其中，有些费用可能很高，如鉴定成色等。为了降低交易成本，金属货币出现了，这种金属块标明了成色与重量，国家统一铸造的金属货币比起非金属实物货币降低了交易成本。显然，金属货币制度的演变历史同样表现为人们追求交易成本不断降低的过程。

在商品交易额较小的社会经济发展阶段，最初的币材是铁、青铜等价值较低的贱金属，随着交易规模范围的不断扩大，运送费用很高。于是，贵金属充当了货币，先后经历了银本位制、金银复本位制和金本位制。即使如此，交易成本仍然很高。随着商品交易的加快，足值金属货币转移的费用高得惊人。由此看来，从交易成本角度来说，足值金属充当货币仍是交易成本高昂的货币制度。

在可兑现信用货币制度下，货币仍然是黄金。尽管信用货币可以代替黄金流通，但因为这种信用货币可兑现，因此，货币供应量以黄金储备为基础。从交易成本来说，仍然存在着两方面问题：一是黄金有使用价值，以黄金作为货币储备，浪费资源并产生很高的交易费用。二是由于货币仍然是黄金，信用货币只代替黄金流通，黄金是在等价基础上表现商品价值，故要求黄金产量必须与社会商品价值量保持一定比例。但黄金产量受到自然资源与开采技术的限制，社会商品价值总量无限增长，使黄金难以满足不断增长的商品交易量的需要。于是，不兑现的信用货币制度取代了可兑现的信用货币制度，节约了交易成本，促进了商品交易。

不兑现信用货币制度与黄金脱离关系，信用货币无须以黄金储备为前提，因此，不仅使黄金可以从作为货币储备中解脱出来用于非货币的经济发展，而且可以充分满足商品交易发展对货币供应量的需求。很明显，不兑现信用货币比可兑现信用货币的交易成本低。随着电子计算技术的发展，一种更节约的货币制度可能在不久的将来出现。与不兑现信用货币制度相比，电子货币制度可能在不同方面降低了交易成本：一是节约印刷货币、处理支票的费用。二是在不兑现信用货币制度下，货币的印刷技术的创新，防伪技术的创新是需要支付一定费用的。各类假钞正在扰乱我们的支付制度，因而，各国都在努力提高印刷技术。尽管利用电脑行窃的危险也是存在的，但这是整个电脑技术改进的问题。三是可以节约交易时间。支票转账，尤其是异地支付是需要时间的，但在电脑网络中拨付资金可以在瞬间完成。这一切都将再次降低货币的交易成本，加快交易速度。也就是说，追求更低的交易成本，将使人类创造出一个新的货币制度。

## 第四节 国家管理下的货币制度演进

国家的出现成为货币制度由自然发展形态向政府干预转变的分水岭，使货币制度的发展带上了明显的人为干预的痕迹。当然，政府在货币制度变迁过程中的角色随特定时期，特定政治、经济背景的不同，随政府目标和偏好的不同，也在不断变化。

### 一、政府对金属货币制度变迁的影响

自铸币产生，政府在货币演化过程中的影响越来越重要。战国时期，由于各地经济发展极不平衡，加上诸侯国各自为政，各国铸币权集中程度不一。楚、齐、燕等国的铸币权相对集中，主要由中央铸造。三晋铸币权也由国家掌握，但分散于地方，由各县自行铸造。这导致货币的种类、质量、形状、大小，轻重及制造工艺水平更是五花八门，货币的地域性十分明显，计算单位也差异甚大，严重阻碍货币流通和商品经济的发展。战国时期货币基本上有四大相对独立的币制体系，即布币、刀币、圜钱和郢爰。布币和刀币都是由生产工具演化而来。布币源于农具，是铲形币。刀币源于生产工具——刀削之刀。布币以三晋和两周等地区为中心，刀币流通于齐、燕地区，一直是齐国独立的货币体系。圜钱是后起货币，晚于布币和刀币，初为秦国铸币，后为其他诸侯国采用。郢爰是楚国黄金货币，周行天下。这些货币，形制重量各国有别，均不统一，且各有其流通领域。显然，各种铸币的地方性特点不利于商品经济的进一步统一发展。战国时代已经形成了全国性的国民经济体系。水陆交通的开发、专业性商人的出现、商业都市的勃兴等，从理论上讲，具备了货币制度统一的条件。秦国统一六国后，即着手统一币制，包括货币形制、钱文、重量、铸造权和发行权统一。铸币权集中于中央，由国家专铸和发行。规定黄金与半两铜钱为法定的货币："上币"和"下币"，将各种自然物货币和其他金属货币一律废止。黄金是贵金属，仍属称量货币，为"上币"，单位统一为镒，主要用于市场大宗买卖、奖赏，用作贮藏手段。重申圆形方孔半两钱为法定货币"下币"，有法定的名称、形制和重量，即所谓"铜钱质如周钱，文曰半两，重如其文"，也就是著名的"秦半两"。半两钱实现了中国古代铸币

形状钱文的第一次统一。明文规定珠玉龟币银锡之属不为币,只能作为器饰宝藏,只有黄金、半两钱才具有法定的货币资格。结束了以往钱币形制各异、单位、轻重不一的紊乱局面,有利于货币制度的贯彻执行。

秦朝统一货币制度,迈出了货币制度发展非常重要的一步,符合币制发展变迁的内在规律。统一的货币制度有利于整合以前群雄割踞的分散经济模式,推动经济的整体发展。因此,秦朝统一货币制度,完全是顺应潮流、顺理成章的事情。然而,这一变革并非如此简单,背后深嵌政府的烙印,反映出政府对于货币制度变迁的重要影响力。

政府对于币制的统一并非完全以经济为目的,对于币制的干预也可能源于政治目的。秦国统一六国之初,各国工商业贵族、豪强大姓和宗室之后,在地方上有权有势,党羽故旧,盘根错节。政治上呼风唤雨,经济上富甲一方,拥有极强的号召力,容易在地方形成政治集团,形成与中央背离的强大力量。这些集团图谋不轨,对于刚刚建立的政权存在着极大的威胁。为了彻底摧毁这些地方势力,秦中央政府采取了一系列措施,包括迁徙豪强,垄断山川林泽自然资源等,其中包括统一币制。秦朝中央政府统一币制后,原来各种铜钱均退出了流通领域。东方六国的地主、官僚、商人拥有的货币充其量只是成为币材而已,因为铸币权由国家控制,无论大手工业者还是商人都无法旧币重铸。与此同时,秦朝统一货币没有出台货币兑换措施,使六国的货币财富等值转化为新的货币形态,给地方势力以致命打击。由此可以看出,秦朝统一货币制度首先是出于政治原因,根本目的是加强中央集权,巩固封建统治。

当然,政府对于币制的干预并非都如秦朝,汉高祖刘邦采取"铸荚钱"措施,允许民间私铸,是为了争取各国工商业主、大姓豪强的支持。刘邦统一天下之初,各国旧贵族的残余势力和地方上的豪强大姓、工商业主,一直与封建专制的中央政权之间存在着尖锐的矛盾。对此,刘邦不得不采取怀柔政策,给以良田美宅等各种优厚待遇,包括对铸币权的下放,以换取对汉政权的支持,稳定地方秩序。贵族、大姓、工商业主拥有经济资源,一旦得到铸币权,自然会通过铸币的方式追逐财富,"铸荚钱"自然符合他们的需要。铸币权的分散削弱了中央政府的权力,不利于货币制度的发展。同样是出于政治目的,刘邦采取了这样的措施,反映出政府对于货币制度的重要影响力。

从秦朝统一货币制度的过程可以看出,政府通过国家暴力可以强制推动货币制度的变迁。秦统一前,各国都形成了独立的货币制度,如果通过市场选择,各个独立的货币制度融合成统一的货币制度,需要一个相当长的时期。如果在短时间内完成币制统一,会严重制约甚至摧毁地方经济,遇到强大的阻力,但秦政府运用强大的中央集权力量强制实现了货币制度的统一,反映出政府在货币制度变迁中的影响力，它可以使货币制度实现跳跃式发展。秦朝统一货币制度在短期内也付出了代价，统一前各国经济结构的多样性，使强制统一在一定程度上影响了各地的经济。

然而，并非所有时期的政府币制改革都如秦朝一样与货币制度发展的内在规律相吻合，西汉末年王莽的币制改革就是一例。王莽是西汉皇室外戚，在公元7年夺得皇位，建立“新”朝。王莽实行了多次币制改革，使用了金、银、龟、贝、钱、布五物六类，28种货币。在货币制度中，有大钱、壮钱，还有幼钱、幺钱、小钱。除了钱，还有布。布的家族关系更复杂，有幺布、幼布、厚布、差布、中布、壮布、弟布、次布、大布。按照上古制度，乌龟壳、贝壳都成了货币。此外，还有货布、货泉、契刀、错刀、宝货。不仅名目繁多，而且将早已失去货币性能的原始货币，如龟壳、贝壳等投入使用。王莽如此频繁的改行货币制度，在于利用更换新币从民间取财。如所铸之钱仅重12铢，却规定币值为50。政府所铸之制币质量愈来愈低，导致通货膨胀，每更换一次货币，人民就遭受一次盘剥。百姓拒用王莽货币或私铸钱，加重了货币制度的混乱，造成了严重的金融混乱。这种严重违反货币制度发展规律的闹剧在隋炀帝时期、唐玄宗后期、清咸丰时期多次上演，结果必然以失败告终。

当然，从整个货币制度发展过程来看，多数政府在努力遵循货币制度发展规律。如开元通宝从武德四年到会昌末年，共铸行230年左右，是唐代的主要货币。唐朝灭亡后，仍继续流通了700多年，直到明代末才废止。开元通宝钱的流通很好地保证了我国古代货币制度的稳定性。

通过以上对我国古代货币制度发展历史片断的截取，可以看出，政府出于政治需要的货币制度选择，仍可以通过暴力强制实施，当然，需要强有力的政治权力作保证，否则容易出现经济混乱甚至影响政局稳定。以上讨论是基于铸币本制，国家对于货币制度的控制多是出于对政治或经济利益的争夺。到了信用货币制度阶段，其内在规律决定了货币体系中必须有一个强大的信用主体，国家是信用主体的不二选择，作用不可或缺。当然，这一重要的角色出现，从货币制度的变迁轨迹来看，也是货币制度发展的产物。

## 二、政府对信用货币制度的影响

信用货币以国家政权为后盾，由政府垄断发行并强制流通，解决了贵金属有限性与经济增长无限性之间的矛盾，大大降低了交易成本，对经济发展具有推动作用。政府垄断信用货币发展后，控制纸币发行数量，为不兑现信用货币的流通创造了条件。这一切似乎预示着找到了最适合推动经济发展的货币制度，但是，由于政府在不同经济、政治背景下的目标并非皆与经济发展一致，对于货币制度的构建也可能违背发展规律。林毅夫说,“没有人可保证效用最大化的统治者会去履行那些增加制度安排供给的政策,以达到使作为社会整体的财富最大化”。如果制度变迁会降低统治者的预期收益或威胁到统治者,国家仍可能维持某种无效率的制度。结合之前对货币制度的分析,甚至可以这样认为,当统治者的预期收益高于预期成本时,很可能破坏货币制度的均衡。事实证实,政府滥用货币发行权,导致金融混乱甚至经济混乱的例子不胜枚举。但是,需要说明的是,信用货币本身确实符合其发展规律,问题是,当政府对于货币制度的干预能力更加举足轻重时,政府对于货币制度的影响会导致以下问题:首先,一旦政府的政治目的与经济发展发生偏离,为了维护统治,会因政治而牺牲经济;其次,执政者或上层统治利益集团对于利益的贪婪,可能导致政府对信用货币制度的滥用,引发通货膨胀问题;最后,由于信用货币制度自身特点和人们认识的不足,始终不能处理好经济增长与货币增长的协调问题。以上集中表现在政府对信用货币数量的控制,为了解决这一问题,需要有一个隐性契约来约束货币发行。人们在金属本位阶段的后期试图通过寻求一个制约标准,既摆脱贵金属的制约又不致导致通货膨胀等问题,起初这一制约标准是与黄金紧密相连的英镑,后来是美元,人们将这种被视为标准的货币称作“关键货币”。关键货币以良好的信誉维持或替代了黄金,但是,一旦某国货币被选择为“关键货币”[①],该国政府就会产生出滥用这种权力的冲动,导致金融危机甚至货币体系的崩塌,最终破坏这种制约。这其实已经清晰的反映出了即将产生的信用货币制度所不可避免的问题——政府对货币制度的滥用。事实也证明,当进入信用货币制度阶段之初,从 1975 到 1986,是美元、日元和马克缺乏协调地膨胀和动荡的 12 年间,世界性通货膨胀开始蔓延,各种区域性金融危机频繁爆发。除了引人注目的两次石油危机外,几乎所有的发展中国家都爆发过程度不一的金融危机。这一时期的金融危机和 20 世纪 90 年代金融危机之间的区别也无非只有两点:一是当时的金融危机以债务危机为主,大部分发展中国家的外债占 GDP 的比重高达 50%～200%;二是发展中国家的债务危机还未能逆向冲击发达国家,当然发达国家也未能独善其身,同样遭受着滞胀的痛苦。由此可以看出,在信用货币制度阶段,国家容易滥用发行权与关键货币被滥用其实是同样的道理。

## 三、政府对货币制度影响的再认识

从整个变迁历程来看,交易成本递减规律贯穿货币制度变迁的始终,即使变迁轨迹在特定时期有所反复,也会很快校正。当然,这种校正行为是在市场交易

---

① 钟伟.国际货币体系的百年变迁和远瞻.国际金融研究,2001(4)

活动中，以利益最大化为目的，通过无数次博弈逐渐完成。交易成本递减规律是在正常的市场行为背后，默默推动货币制度的演进。

在货币制度的变迁过程中，无论是从制度变迁的需要，还是从制度变迁的供给，政府都表现出巨大的影响力。随着统治阶级不同时期目的不同，政府可能遵循货币制度的发展规律，顺应市场选择促进货币制度的发展，通过间接默许、引导或推动金融市场，用渐进式制度创新推行非正式金融制度。也可能在特定时期为了实现政治目的而不顾市场规律，直接强制推行新的正式金融制度，对货币制度实施强制干预或变迁。随着信用货币制度的继续发展，作为信用主体的政府在货币制度变迁中会产生更为深远的影响。

分工的不断深化和商品经济的发展对于交换效率的要求越来越高，一旦货币制度遭到破坏，会造成经济混乱，交易不确定性增加，交易成本大幅提高，严重时可以导致市场交易瘫痪。正因为如此，在货币制度稳定与否之间，存在着交易成本的巨大差异，正是这种巨大的差异，为政府对货币制度的干预提供了广阔的空间。作为货币制度的制定者和维护者，政府以其“暴力潜能”为支撑，维护货币制度的稳定。巨大的交易成本差异使其即使不选择交易成本最低的货币制度，只要通过行政权力强制就可保持货币制度稳定。这种做法较之货币制度的不稳定，仍然节约了大部分交易成本，交易者只能被迫接受。

## 第五节　我国货币制度的发展轨迹

### 一、我国古代货币制度的发展

《史记·平准书》记载秦朝统一币制：“及至秦，中一国之币为二等，黄金以溢名，为上币；铜钱识曰半两，重如其文，为下币。而珠玉、龟币、银锡之属为器饰宝藏，不为币。然各随时而轻重无常。”[①]其统一货币制度的内容主要有：第一，规定黄金与半两铜钱为法定的货币：“上币”和“下币”，而将各种自然物货币和其他各种金属货币一律废止。这在我国货币发展史中是很大的一个进步，符合货币经济发展的自然规律。第二，铸币权集中于中央，由国家专铸和发行。第三，明文规定珠、玉、龟币、银、锡等不能作为货币使用，只能作为器饰宝藏，只有黄金、半两钱才具有法定的货币资格。结束了以往钱币形制各异、单位、轻重不一的紊乱局面，有利于货币制度的贯彻执行。从秦朝到西汉武帝时期，币制变革频繁。汉武帝时期进行一系列币制改革，最终确立了以五株钱为中心的币制体系，结束了长期以来货币混乱的局面。在此之后的中国 2 000 多年的封建社会统治时

---

① 史记·平准书．中华书局．1959．144

期,一直沿用了单一货币制度。虽然在历朝历代,根据当时社会的政治经济结构,统治者所采取的配套措施以及统治者统一币制的目的,币制不断变更。但是,长期积累的丰富的金、银、铜等货币材料,构成了稳定的货币体系,同时,封建统治下经济发展的滞后也使社会对于货币需求的增长较为缓慢,这些原因使我国成为实行单一货币制度时间最长的国家。

## 二、我国近现代货币制度的发展

至近代,货币制度的形成与外来文化的传入紧密联系。明末已有外国银圆流入,当时使用范围很小,只是葡萄牙、西班牙等国商人来澳门、广州等地经商,或通过菲律宾华侨,将美洲殖民地所铸的银元带到中国,流通区域也只是福州、广州等地区。清初,对外贸易发展,流入的外国银元逐渐增多。鸦片战争前后,西方货币思想传入,同时,国内白银大量外流,出现了银贵钱贱,给货币制度以沉重的打击。

西方新式货币的大量流入和观念的变化,使国人意识到原有的货币制度已远远落后于西方国家。银两、制钱制度的缺陷日益突显,旧货币制度已到了穷途末路。随后经数十年的酝酿和试行,清代后期实现了银两制向银元制的过渡。辛亥革命后,开始由金属本位制度向纸币流通制度转变,民主革命先行者孙中山早在20世纪初就提出了实行纸币流通制度的主张。1929至1933年的世界经济危机导致西方国家放弃金本位,国民党政府也在1935年11月放弃银本位,实行法币政策。与国民党统治区货币制度同时存在的是共产党领导的革命根据地货币制度。由于处于分割状态,各根据地实行对立的货币制度,最早发行货币的是中央苏区,而后其他苏区也有发行。抗战时期,各根据地都发行货币,很多在解放战争时期仍流通。因此,这一时期多种货币同时流通,货币制度存在多重并存性。

中国人民银行1948年12月1日开始发行人民币,标志着中华人民共和国货币制度建立。由于之前的货币制度存在多重并存性特点,货币种类、货币结构等纷繁复杂,人民币难免有不足之处:票面额过大,单位价值量过低;种类过多,大面额种类12种,版面多达62种;只有汉文,使用、识别不方便。1955年2月20日,中华人民共和国国务院发布关于发行新的人民币和收回现有人民币的命令,责成中国人民银行自1955年3月1日起发行新人民币,收回旧人民币。新人民币面额,主币为1元、2元、3元、5元和10元五种,辅币有1分、2分、5分、1角、2角、5角六种。每种券别版面均有汉、藏、蒙古、维吾尔四种文字。1955年人民币制度改革完成后,我国货币制度的基本内容和特征大致已定,随后的年月只是做了一些微小调整以适应社会主义市场经济的需要。目前,中国内地的货币制度有三个基本特点:第一,人民币是中国内地唯一合法货币;第二,人民币是独立自主的货币;第三,人民币没有规定含金量。

## 三、当前我国货币制度的特殊性

由于政治历史原因,当前我国两岸四地出现人民币、港币、澳门币和新台币四种货币并存的特殊局面。人民币于1948年12月1日,中国人民银行成立时开始发行。香港沦落为英国殖民地后,在1872年经港英政府授权由当时的汇丰银行发行纸币代替银圆在香港市场流通。目前,港币由汇丰银行、渣打银行和中国银行发行,可自由兑换。澳门币在1906年由大西洋银行代表澳门政府首次在澳门发行,成为法定货币。新台币是中国内战之后,国民党政府退居台湾新发行的在台湾地区流通的货币。

## 四、人民币的国际化发展

当今世界,经济全球化以惊人的速度将各国经济紧密联系在一起,也进一步加深了对全球性货币的需求。1999年,美国麻省理工学院著名经济学家鲁迪·登布森教授曾经指出:20年之后,这个世界上将只剩下为数不多的几种货币。在南美和北美,美元将通用;在亚洲,人民币将有可能占据主导地位;在其余地区欧元将成为主要货币。近些年来,在我国与周边国家和地区的边境贸易中,人民币已经被普遍用作支付和结算的硬通货,人民币与这些国家和地区的货币可以自由兑换。在越南、缅甸等国家,人民币可以全境通用。一些国家甚至官方正式承认和公开宣布人民币为自由兑换货币,逐日公布人民币与本币的比价。可以说,有关人民币国际化的问题越来越受到关注。

### (一)人民币国际化的条件

从目前情况来看,人民币国际化已经具备了一定的条件。近年来,国民经济一直保持平稳快速增长,今后仍会继续保持较快的经济发展速度。这意味着人民币国际化已具有了坚实的经济基础,这个基础还将不断增强。

此外,近年来我国的外汇储备一直保持高速增长,截至2007年6月,我国外汇储备突破1万1千亿美元,成为世界第一大美元外汇储备国。意味着我国具有充足的国际清偿能力,加之长期以来实行坚定的稳健货币政策,使得人民币具有较高的国际信用地位。

人民币国际化是一个不断成熟的过程,仅有以上条件显然不够。在人民币国际化的道路上必须具备以下几个条件:首先,人民币资本项目下的可自由兑换,是人民币走向世界货币的必要前提。从技术上讲,货币自由兑换和国际化有着不同的内涵和外延，人民币自由兑换不是人民币国际化的必要条件。不能完全自由兑换是职能残缺的国际货币，流通范围也会因此受到极大限制，也将成为一种具有高度风险的货币。从目前的情况来看，部份企业的自我约束能力还较差，证券市场容量较小，金融市场和监管能力都还处在一个较低的水平，因此，还不具备开放资本项目自由兑换的条件。监管当局也一再强调，人民币实现自由兑换没有时间表。其次，拥有高度开放和发达的金融市场和金融中心是人民币国际化的重要基础。一个高度开放和发达的金融市场和金融中心将使一个国家，包括其货币成为国际金融的核心，它是一个国家货币进行国际兑换和调节的重要载体和渠道，同时，也是一国货币转换成具有国际清偿力货币的重要机制。目前还没有一个城市或地区可以承担这样的重任，金融市场的开放和与国际接轨也显然不是短期内可以完成的。此外，全球化的银行体系是实现人民币国际化另一个必不可少的条件，遍布世界各国的银行机构不仅是保证人民币在海外存放、流通和转换的经营主体，同时对促进对外贸易和境外投资具有重要的作用。在这方面，我国还远远落后于发达国家，许多国内商业银行才刚刚跨出国门。

### （二）人民币国际化战略

在经济全球化背景下，各个国家和地区的货币相互竞争又相互合作，目的都是为了确保本国或本地区经济的竞争力。因此，人民币的流通领域不仅限于中国区域范围内，必须与经济扩张相适应，积极“走出去”，这是人民币国际化的对外战略。总体上，中国目前仍然是一个发展中国家，在国际贸易和金融领域的作用有限，人民币在相当长的时间内只能是区域国际化，一方面发展国民经济，确保经济的强劲发展势头，从根本上支撑人民币国际化的战略；另一方面，通过人民币国际化来实现金融改革的深化。人民币国际化首先应该是区域范围内的国际化，在东盟“十加一”的经济合作框架内逐步谋求货币合作，可以固定各自的汇率，对外联合浮动，时机成熟后，可以用强势的人民币替代其他的货币或以人民币为主导创造单一货币实现货币统一。可以在东盟“十加一”的基础上联合日韩，拓展到东盟“十加三”。届时，人民币将如同欧元之于欧洲、美元之于美洲，真正成为具有深远影响力的国际货币。

中国的国际地位和对国际社会的贡献，取决于国际竞争力，人民币的国际地位，既是中国实力的集中体现，也影响我国能否有效参与国际分工，成为提升与巩固国家竞争力的有力工具。因此，在承认人民币国际地位最终是市场选择结果的前提下，必须注重发挥政府对这一进程的推动作用，依靠不断强大的国力，平等互利地发展对外经贸关系，通过国际间双边和多边制度性合作与协商的积极参与，使人民币逐步成为亚洲区域国际货币，最终走向世界。人民币的国际化使之具有两重性。作为国内货币，服从于本国的经济政策和经济利益；作为国际货币，需要与其他国家达成“集体的一致性”，同时，承担相应的国际义务。不能仅看到人民币国际化的收益，还要考虑承担必要的成本。人民币国际化的过程，取决于全面的利益权衡，需要从“双赢”和“多赢”的原则出发，寻求本国利益与国际利益的平衡点，妥善处理与其他国家和地区的关系，对人民币国际化过程中可能面临的风险和代价有所准备，提前制定好相应的防范措施。具体而言，人民币国际化进程中，要注意弱化因人民币渗透或货币替代所产生的负面效应，使周边国家和地区参与分享人民币区域化所带来的收益。

## 第六节　金融全球化对国家货币制度的影响

自20世纪80年代以来，金融全球化逐渐成为世界经济发展的主流。一般认为有三大因素导致了金融全球化的发展：其一是实体经济因素。诸如生产、贸易、直接投资和科学技术的发展。其二是金融技术因素。归因于60年代以来风起云涌的金融创新。其三是经济制度因素。指80年代以来全球的金融自由化运动[①]。其实，早在金本位制阶段，黄金作为国际支付手段、购买手段和社会财富的代表由一国转移到另一国，是早期的金融全球化。由金本位制到目前金融全球化迅速发展背景下的信用本位制，可以看作是国家货币制度发展的一种回归，也充分表明货币制度的发展呈现出一种螺旋式发展。金融全球化发展必然会通过多种渠道对国家货币制度造成深远影响，具体来讲，金融全球化发展将从国家对本国货币发行量的控制、币值的稳定、货币政策独立性等方面对国家货币制度产生影响。

首先，金融全球化削弱了中央银行控制本国货币的供给能力。例如欧洲货币市场的开发，使欧洲货币已成为国内货币的替代品，当国内货币政策趋向紧缩时，都将导致国内资金转向欧洲货币市场，绕过中央银行的货币控制。另外，金融创新导致的金融同质化也会削弱中央银行货币控制的能力。因为，随着所有金融机构的职能日益接近，各项业务日益交叉，经营活期存款的金融机构越来越多，都具有货币派生的作用，货币创造主体已不再限于中央银行与商业银行，而趋于多元化。随着金融同质化的发展，脱离货币政策与监管范围的业务和机构越来越多，减少了民众对国家发行的货币的需求，增加了货币发行主体，这也会降低中央银行控制货币的能力，削弱了国家货币发行垄断权。

---

① 李扬．金融全球化研究．上海远东出版社，1999

其次,金融全球化严重影响本国货币币值的稳定。在金融全球化的背景下,反格雷欣法则却常常使得国家无法正常维护本国货币价值的稳定。反格雷欣法则是格雷欣法则的对称。所谓格雷欣法则亦称“劣币驱逐良币规律”,是指在复本位制下,在两种实际价值不同而名义价值相同的金银铸币同时流通时,实际价值较高的通货,即所谓良币,必然会被熔化而退出流通界,而实际价值较低的通货,即所谓劣币,反而充斥市场。所以,尽管法律规定两种铸币可按法定比价同时流通,但实际上,在一定时期内的市场上主要只有一种铸币流通。金贱则金币充斥市场,银贱则银币充斥市场。在现行纸币制度下,反格雷欣现象不是表现为劣币驱逐良币,而是强币驱逐弱币。这是由于纸币流通是一种与金属货币流通完全不同的货币制度。在纸币流通条件下,纸币的价值不再固定,国家不再规定纸币平价,纸币价值取决于在流通中的购买力和稳定性。一般来说,购买力越高,币值越稳定的货币,越能充分有效地发挥其货币职能,为人们广泛接受;币值容易发生变动,在市场上买不到东西的货币,很容易被拒绝。这就产生这样一种现象,即市场上流通的都是易为接受的强币,出现强币驱逐弱币的现象。随着金融全球化的发展,金融市场逐步一体化,货币虽然仍是各主权国家的货币,但是货币的自由兑换形成了在一体化市场中的多元货币现实,造成少数几个经济实力强的国家的货币,由于购买力强,币值稳定,被世界各国广为接受,被人们称之为强币。其他国家的货币则由于购买力弱,不为人们所接受,只能作为弱币,逐渐退出全球市场,其货币职能仅仅限定在国家边界内。在多元货币流通的国际货币制度下,强币驱逐弱币通过大量抛售弱币的形式实现。一旦遭受抛售的国家如果外汇储备不足,根本无法维护本国币值的稳定,抛售风所带动的汇率贬值将给国内经济带来灾难性的打击。20 世纪 60 年代末 70 年代初,美国受越战拖累,国内通货膨胀上升,经济衰退,国际竞争力下降。1971 年美国出现首次贸易逆差,对美元币值失去信心,于是大量抛售美元,抢购西德马克、瑞士法郎等硬货币。美元此时成为软货币,最终导致以美元为中心的布雷顿森林国际货币体系的崩溃。

最后,在金融全球化下,国家无法制定独立的货币政策。货币政策是各国中央银行或货币当局运用各种工具通过货币存量调整总需求进而对宏观经济进行调节的一种手段。货币政策对社会经济发展的影响相当大,各国中央银行在制定本国货币政策时,一方面坚持保证中央银行对政府保持一定的独立性,使中央银行绝对不受党派、政治以及其他行政部门的干扰,使货币政策具有稳定性与连贯性。另一方面,保持国家的独立性,使本国的货币政策不受或尽量少受别国及世界经济的影响。金融全球化已使得制定货币政策所要求的这种独立性受到侵蚀,各国在制定货币政策时已不能只考虑本国一国的状况与利益需求,必须参考全球的经济和金融发展状况。金融全球化使得国家或地区或多或少丧失宏观经济决策的独立性和对宏观经济的控制能力。

国际资本还可能造成虚假繁荣，制造错误信息，对货币政策产生误导。大量国际资本沿全球化路径扩张并高速游走，极大地改变了各国政府发挥正常管理功能的环境，财政和货币政策的自主性被严重削弱，传统的国家货币主权被削弱。对于在资本自由流动条件下一国能否保持货币政策的独立性问题，早就有学者做过堪称经典性的论述。20 世纪 60 年代初，马库斯·弗莱明(J. Marcus Fleming)和罗伯特·蒙代尔(Robert Mundell )曾在各自的论文中先后提出，一国政府最多只能同时实现下列三项目标中的两项：完全的资本流动性、货币政策独立性和固定汇率制。那么，在资本完全流动的条件下，一国将面临货币政策的独立性与汇率稳定之间的抉择，此即所谓的“蒙代尔三角定律”。由于资本的自由流动不可避免地会成为一种经济现象，因此，一国要想保持汇率的稳定，必须在一定程度上向跨国私人资本让渡货币政策的独立性，或者必须以汇率的经常性动荡换取货币政策的独立。1992～1993 年导致英镑退出欧洲汇率机制的欧洲货币体系危机、1994 年的墨西哥比索危机、1997 年的泰国汇率危机以及巴西汇率动荡，都表明了这种冲突和由此产生的连带反应。在上述危机过程中，每个国家最终虽勉强保持了货币政策的独立性，但同时在汇率动荡方面却付出了巨大的代价。由于国际流动资本的数额特别巨大，一国的宏观经济调控能力也大大削弱。据 IMF 估计，国际投机者可以筹集和动用 6 000 亿至 1 万亿美元的投机资金去攻击一种货币，显然，任何国家都没有能力来应付这样的冲击。这意味着国家之间要么组成集团共同对付国际游资以维护共同的国家利益，要么将自己的某些货币主权交付于 IMF 等国际组织，来维护全球金融的稳定。

# 第二章 货币合作：市场、规则与欧元

## 第一节 国际货币制度的内在机理

### 一、黄金货币的国际性

从1816年英国实行金本位制，到1929年世界经济大危机的爆发，黄金作为国际货币维持了100多年，对促进世界经济的稳定与增长发挥了重要的作用[①]。在金本位制货币制度下，黄金成为国际贸易中普遍接受的计价货币和支付手段，具有自然资源和货币资源的双重特性。黄金作为自然资源，各国都有开发的权利，不过，在自然存量和技术水平等方面存在差异。作为货币资源，全球配置是通过贸易途径调节差额，通过黄金的输出输入进行。1880年末，国际货币制度诞生，金本位货币制度以黄金充当国际货币，各国货币汇率由含金量决定，黄金在各国间自由流动。在“黄金输送点”的作用下，汇率相对稳定，国际收支自动调节。

在金本位货币制度下，以铸币平价为基础，在黄金的输出与输入点之间波动，货币汇率十分稳定，可以认为是一种固定汇率制度。这种稳定的汇率制度为世界各国经济发展和对外贸易创造了有利条件。在金本位制度下的国际收支自动调解，只要遵循金本位制度下的货币流通规则，国际收支就可以通过黄金的流动和物价的变动引起本国进出口的变化，自动平衡，这就是英国经济学家大卫·休谟所揭示的“物价-金币”流动机制[②]。当一国国际收支发生逆差时，国际支付手段短缺，汇率上涨引起黄金外流，导致货币流通量减少，短期利率上升。当本国利率高于同期外国利率时，资金转向内流。这种资金流动可以改善国际收支，有利于各国经济政策的协调。

金本位货币制度下金融资源开发与配置是非垄断性、非约束性的。正是金本位制的这种特性，为世界经济提供了一个有利的金融环境，在此期间，各国经

---

① 孔祥毅．百年金融制度变迁与金融协调．中国科学出版社，2002

② 大卫·休谟．经济论文选．商务印书馆，1984

济获得了快速发展。然而，由于黄金的稀缺性和分布不均衡，随着国际贸易的发展，逐渐集中于经济实力较强的国家，导致了黄金储备在各国间分布不均。另一方面，生产力发展，国际经济交易急剧扩大，需要的货币数量增多，由于货币资源的有限性以及开发的成本约束，金本位货币制度与经济发展的矛盾日益加剧。

## 二、"双挂钩"的国际货币合作

二战后，以美元为中心的国际货币体系建立，布雷顿森林体系对战后世界经济的恢复和发展发挥了重要作用。布雷顿森林协定授权IMF监督布雷顿森林协定各项条款的实施，维护国际金融与外汇交易秩序。IMF每年要与会员国进行磋商，举行世界经济形势与前景的磋商。当遇到下述情况时，IMF总裁还要进行特别磋商：某会员国修改汇率政策或汇兑措施；执行对其他会员国发生重大影响的政策；认为IMF某会员国的汇率政策不符合指导原则。

布雷顿森林体系制定了一系列国际资源共享的规则，规定各会员国实行资金和信息共享，以有利于弥补会员国的国际收支逆差，实现各会员国政策的协调。当某一会员国发生国际收支不平衡时，各国应本着合作的精神，使国际收支恢复平衡。协调各国在货币金融领域的政策，将古典金本位制的优点（汇率稳定）与浮动汇率的优点（政策独立）结合起来。"双挂钩"制度实质上是一种可调整的钉住汇率制，兼有固定汇率与弹性汇率的特点，在短期内汇率保持稳定，类似金本位制度下的固定汇率制，但又允许一国在国际收支发生根本性不平衡时调整汇率，类似弹性汇率。

## 三、浮动汇率制下货币合作的基础

实行浮动汇率制后，各国货币法定含金量就不起作用了，国家汇率体系趋向复杂化、市场化。在浮动汇率制下，各国不规定汇率上下波动幅度，中央银行也不再承担维持波动的义务，汇率根据外汇市场的供求状况自行调整

浮动汇率制下的国际货币合作可以降低市场和汇率的不确定性，在确保了各国货币政策独立性的同时，不完全隔离资本市场的溢出效应，频繁波动反过来削弱各国货币政策的效能。各国进行合作可以降低外汇市场和汇率的不确定性，最终使货币合作参与者受益。浮动汇率制度下，当本币汇率下跌时，不必动用外汇储备购进本币，可以避免国家外汇储备的大量流失。汇率随着外汇供求的涨落自动平衡，政府在很大程度上听任外汇市场支配汇率，减少干预行动。市场供求使汇率不断调整，使一国的国际收支自动均衡，免除长期不平衡的严重后果。

在固定汇率制度下，各国政府为了维持汇率，必须尽力保持外部平衡。国际

收支出现逆差时，往往采取紧缩性政策措施，减少进口和国内开支，使生产下降、失业增加。这样，国内经济要服从于国外平衡，通过汇率杠杆对国际收支进行调节，在发生暂时性或周期性失衡时，短期内不会立即影响国内货币流通，政府不必急于变化货币政策和财政政策来调节国际收支。但是，浮动汇率制度使各国可以独立制定货币政策、财政政策和汇率政策。

有密切贸易联系的国家间容易通过固定汇率传播经济周期或通货膨胀。1971年至1972年发生的国际性通货膨胀，同固定汇率制密切相关。浮动汇率制度下的国内物价上升，通货膨胀严重，造成该国货币对外货币汇率下浮，出口商品的本币价格上涨会被汇率下浮抵消，出口商品折成外币的价格因而变化不大，贸易伙伴国少受国外物价上涨压力。

固定汇率制度由于维持货币的固定比价，使汇率与货币币值背离，国际游资为保值或谋求利润追逐硬货币，会导致国际游资的大规模单方面转移。浮动汇率制下，汇率因国际收支、币值的变动等频繁调整，不会发生币值与汇率的严重背离，某些硬通货受到巨大冲击的可能性减少。

当然，汇率频繁、剧烈的波动使国际信贷、国际投资等国际贸易经济主体难以核算成本和利润，助长了外汇投机活动，加剧国际金融市场的动荡和混乱。但是，特别要指出的是，浮动汇率制赋予了各国自主决定汇率的权利，因此，各国都能按有利于本国经济发展的目标来干预外汇市场，使汇率确定在一个合理的水平上，所以，各国中央银行频繁干预外汇市场，成为外汇市场居领导地位的参与者。主要货币国家加强货币合作，共同干预外汇市场，对汇率起着不容忽视的作用。

## 第二节　国际货币体系的市场兴衰

国际货币体系是各国货币关系规则以及国际间进行各种交易支付所依据的一套安排和惯例，它伴随国家经济发展与国际间经济关系变化而变迁。

### 一、国际金本位的必然消亡

黄金作为国际货币的天然性决定了金本位制固有的优点，但是，黄金供应和储备的有限性限制了货币供应，难以适应经济增长的需要。英国等核心国家利用工业强国的优势，向外国输出商品和资本，黄金源源流入，动摇了其他国家金本位制的基础。国际收支逆差导致的黄金流出和货币紧缩，加剧了国内经济恶化，使经济陷入严重的萧条，黄金产量无法适应经济发展需要。国际金本位制顺利运行的基础，是各国必须遵守金本位制度下“三个自由”的游戏规则。在没有一个权威性国际金融机构进行监督的情况下运行很困难。

这一切表明，由于世界经济情况的变化，迫使各国不能遵守金本位制游戏规则，因此，金本位制必然崩溃。

## 二、布雷顿森林体系的衰败

布雷顿森林体系的建立，使国际货币关系从动荡进入了相对稳定时期，为国际金融创造了相对平稳的外部环境。随着时间的推移暴露出了缺陷，最终解体表面上看归罪于美国巨额国际收支逆差，实际上布雷顿森林体系解体最根本的原因是该体系在清偿能力、信心、调整性方面的缺陷。

### (一)清偿力的内在矛盾

以美元为中心的国际货币体系存在不可克服的清偿能力与信心的内在矛盾，正如“特里芬难题”揭示，布雷顿森林体系是一种虚弱的国际货币体系，美国国际收支无论出现盈余或赤字，都会给这一货币体系带来影响。随着世界经济的发展，需要增加国际清偿能力，增加美元国际储备，美国国际收支必须长期持续逆差，而长期逆差最终使人们对维持美元与黄金间的可兑换性产生怀疑，对美元的国际清偿能力丧失信心。要维持对美元的信心，美国必须纠正国际贸易逆差，而这又使国际清偿能力不足[①]。

### (二)调节机制的失灵

由于 IMF 的贷款能力有限，调整汇率的次数很少，各国调整国际收支失衡，主要是以牺牲国内宏观经济政策自主权为代价的。同时，国际收支调节压力的不对称现象，也造成了巨大的国际收支世界性不平衡：一方面，由于美元作为基准货币的特殊地位，美国就具有对其国际收支不平衡作自行调节的特权[②]；另一方面，IMF 通过贷款能促使赤字国纠正其国际收支不平衡，但对盈余国的调节责任却没有监督措施，也没有执行稀缺货币条款。

## 三、现行国际货币制度的艰难

现行国际货币制度是指在 20 世纪 70 年代，以美元为中心的布雷顿森林体系崩溃过程中，经由《牙买加协定》(Jamaica Agreement)调整形成的国际货币制度。该协定取消了固定汇率制，实行浮动汇率制，从而形成了新的国际货币制度——牙买加体系。这种货币制度特点主要表现在以下方面。

---

① 钟伟. 国际货币体系的百年变迁和远瞻. 国际金融研究，2001(4)

② 王在帮 . 霸权稳定论批判. 时事出版社，1994

### （一）黄金的货币职能受到严重削弱

自 1817 年英国实施《金本位法案》以来，黄金作为世界货币一直广泛行使着货币的计价、支付、流通、贮藏等职能。就是在 20 世纪 40 年代布雷顿货币制度下，黄金仍占据着国际本位币的地位，并决定着美元的价值。可以说，无论是在金本位货币时代还是在以美元为中心的时期，黄金一直占据着国际本位货币的地位，发挥着世界货币的职能与作用。但在《牙买加协定》下，黄金已非货币化，除了官方的黄金储备仍具有货币贮藏职能外，黄金的支付、计价、流通等职能已从制度上消失，原有的货币职能在实践中受到严重削弱。

### （二）国际本位货币呈现无中心的美元化趋势

在布雷顿货币制度下，美元等同黄金，使其在国际货币格局中雄居本位币的显赫地位，一切国际经济交易均要求以美元计价支付，储备货币也非美元莫属。但在现行货币制度下，由于美元与黄金完全脱钩，各国货币也不必与美元维持固定比价，特别提款权（SDR）和西方主要国家货币可取代美元充当国际储备，美元地位因此受到削弱。而与此相对的是德、日、英、法等国货币在其不断强大的经济实力支持下，国际地位日益提高，并构成了与美元竞争的态势。需指出的是，美元地位下降并不意味着美元在国际经济交往中影响力的丧失，在现行国际货币制度下，美元仍占主要地位，实际上起着"准本位币"的作用①。

### （三）国际汇率安排呈现以浮动汇率为主的混合体制

在布雷顿森林体系下，以美元为中心的固定汇率制是一种全球统一的汇率安排，各国在汇率上没有选择的余地。而在现行国际货币制度下，允许各国自行决定本国汇率安排，允许浮动汇率制与固定汇率制并存，从而给各国实行浮动汇率提供了制度依据。浮动汇率制也凭借其在调节国际收支与国内经济均衡发展方面的灵活机制，迅速发展成为世界各国最主要的汇率安排。而固定汇率制也凭借在促进各国货币金融关系稳定方面的优良机制，在国际汇率安排中得以保留，并被欧盟国家发挥运用得更加淋漓尽致。

### （四）国际储备货币呈现多元化趋势

二战后，布雷顿森林体系明确规定除黄金外，美元是唯一的国际储备货币。后为缓解"特里芬难题"对美元所造成的压力，IMF 创设并发行了特别提款权，用于弥补美元储备货币的不足。20 世纪 70 年代由于美元地位下降，随着德、日、英、法等国经济力量增强以及浮动汇率日渐普遍，世界各国为分散汇率风险，

---

① 麦克勒姆著．国际货币经济学．陈未，张杰译．中国金融出版社，2001

保障储备资产价值，纷纷选择德、日、英、法等发达国家货币作为其储备货币，使各国储备货币日趋多元化。进入21世纪，随着美国经济增长放缓、利率持稳及欧元区在全球经济增长中的地位的提高和日元的衰落，各国中央银行不断加快储备货币多元化步伐。美元作为世界货币霸主的地位正面临挑战，经济前景黯淡不明并可能是挫伤各国中央银行买进美元积极性的重要因素。调查显示，世界上超过2/3的中央银行增加了外汇储备中的欧元比例。从经济实力来看，欧元区包括11个国家，总人口大约为3.02亿(美国的人口为2.72亿)。欧元区的GDP占全球的16.2%，比美国的份额少5.7个百分点。欧元区占国际贸易的比例为20%，而美国只占16%。由此可见，欧盟在经济实力和国际贸易方面与美国旗鼓相当。但从动态来看，在欧盟单一货币政策效应产生后，各方面的实力还会提升，这样，欧元有可能成为各国增持的主要国际储备货币。世界各国官方储备从美元转向欧元，美元的不断贬值迫使降低美元储备比例。同时，随着贸易结算和资本市场运作中欧元使用的增多，欧元具有在储备货币中增值的潜力。这是储备货币多元化的必然趋势。

**(五)国际收支调节机制灵活多样**

国际收支调节机制是否灵活有效，关系着整个国际货币体系的运作成效。在布雷顿森林体系中，国际收支的调节机制主要有两个：一是变动政府的国际储备；二是向IMF申请贷款。但在牙买加体系下，不仅增强了IMF贷款供应能力，使发展中国家能以更宽松的条件取得IMF资金用于调节国际收支逆差，而且IMF还允许各国通过汇率、利率杠杆机制，对经济交易采取某些直接管制。通过国际金融市场借款等办法，多层面地对国际收支进行灵活调节，从而使各国在调节国际收支失衡时具有更大的灵活性和选择性。

## 四、对现行国际货币制度评价

现行国际货币体系实际上是在布雷顿森林体系崩溃过程中，浮动汇率和储备货币多元化成为既定事实的情势下形成的，在很大程度上是对当时业已存在且无法改变现实的一种制度追认，是各国政府在货币金融动荡时期的无奈选择。因此，既有顺应时代情势变化要求的一面，也有不可避免的某些局限性。

**(一)现行国际货币制度的积极作用**

从积极层面看，现行国际货币体系值得肯定的历史作用在于：

(1)使世界各国在一定程度上摆脱了对美元的过度依赖，为其他货币更多地在国际经济舞台上发挥作用提供了契机。因为现代货币体系，不再要求各国货币与美元维持固定比价，国际贸易、投资、储备也不必借助美元，既缓解了对美元的需要压力，又为其他国家货币跻身国际货币行列创造了条件；

(2)在一定程度上弥补了布雷顿森林体系下国际清偿手段的不足，缓解了“特里芬难题”造成的矛盾。美元与黄金脱钩、汇率浮动化、储备货币多元化以及非美元货币在国际经贸往来中使用范围的日渐扩大，很大程度上缓解了布雷顿森林体系下美元供应不足而造成的国际清偿手段稀缺问题，使“特里芬难题”得以缓解；

(3)灵活的混合汇率体制设计，有利于各国政府在制定宏观经济政策时保持自主性。在汇率灵活浮动的前提下，当一国发生严重国际收支逆差时，该国政府可利用汇率浮动机制，通过本币汇率下降加以调节，不必采取收缩国内经济政策的方法，因而，也不必承担经济滑坡、严重失业的后果。政府甚至可运用汇率浮动机制，促成宏观经济政策目标的实现，推动经济发展；

(4)设计的多渠道互补国际收支调节机制，弥补了布雷顿森林体系的缺陷，为各国调节国际收支，促进国际收支平衡提供了更多选择，从而对世界经济运行与发展起到了积极作用。

**(二)现行国际货币制度的局限性**

从消极层面看，现行货币体系的局限性主要表现为：

(1)该货币体系缺乏一个强有力的本位币，使错综复杂的国际金融关系难以理顺。国际本位币是国际货币体系最核心内容，也是衡量一个货币制度是否完善的标志。牙买加协定在实行黄金非货币化后，并没有相应地规定一个可取代黄金或美元并为国际社会普遍认可的国际本位币，从而导致国际本位币发生“缺位”。尽管美元至今仍在国际货币格局中居重要地位，但毕竟缺少法律赋予的“名分”，故难以在纷杂的国际金融领域行使权威、号令天下，也难以协调日益复杂的国际货币关系；

(2)浮动汇率体制使国际汇率风险成倍放大，助长了投机。在现行货币体系下，汇率浮动没有限制，货币当局没有维护汇率稳定的义务，汇率风险无处不在，并通过国际金融市场的扩大功能四处传播。一方面刺激了国际投机活动，另一方面也使各国在开展对外经贸往来时，不得不慎重考虑汇率风险的规避问题，从而影响了世界贸易与投资的顺利进行；

(3)国际收支调节机制不完善，调节责任不对称，使调节效果大打折扣。现行货币体系对国际收支调节赋予了很多方式，但这些方式需要具备严格的前提条件。IMF虽负有协助各国调节国际收支之职责，但事实上，IMF只注重对逆差国提供贷款和实施监督，忽略了顺差国在国际收支整个调节系统中应承担的责任与义务。

## 五、现行国际货币制度的两大冲击

### (一)金融危机对货币制度的冲击

戈德斯密斯(1982)①指出,金融危机使全部或大部分金融指标,如短期利率、资产(证券、房地产、土地)价格、商业破产数和金融机构倒闭数急剧、短暂和超周期的恶化。其特征是基于预期资产价格下降而大量抛出不动产或长期金融资产,换成货币。金融危机可以分为货币危机、债务危机、银行危机等类型,近年来的金融危机越来越呈现出某种混合形式的危机。其中,以1997～1998年的亚洲金融危机和1994～1995年的墨西哥金融危机为代表。

1994年12月20日,墨西哥突然宣布比索对美元汇率的波动幅度将被扩大到15%,由于经济中的长期积累矛盾,此举触发市场信心危机,结果纷纷抛售比索,1995年初,比索贬值30%,随后股市应声下跌。比索大幅贬值又引起输入通货膨胀。为了稳定货币,墨西哥大幅提高利率,结果国内需求减少,企业大量倒闭,失业剧增。在国际援助和墨西哥政府的努力下,墨西哥的金融危机在1995年以后开始缓解。墨西哥金融危机的主要原因:第一,债务规模庞大,结构失调;第二,经常项目持续逆差,结果储备资产不足,清偿能力下降;第三,僵硬的汇率机制不能适应经济发展的需要。

亚洲金融危机所波及的范围之广、持续时间之长、影响之大都为历史罕见,不仅造成了东南亚国家的汇市、股市动荡,大批金融机构倒闭,失业增加,经济衰退,而且还蔓延到世界其他地区,对全球经济造成了严重的影响。亚洲金融危机涉及到许多不同的国家,各国爆发危机的原因也有所区别。然而亚洲金融危机的发生决不是偶然的,不同国家存在着许多共同的诱发金融危机的因素,如宏观经济失衡,金融体系脆弱,资本市场开放与监控,货币可兑换与金融市场发育不协调等问题。

从这两次金融危机可以看出,金融危机如同达摩克利斯之剑,时时悬在各国头上,不过是在何时落下而已。

对于一国经济而言,可以选择由市场决定的浮动汇率和由中央银行干预的固定汇率。比较而言,固定汇率在微观经济效率方面具有比较优势,但是,中央银行明确承诺维持汇率稳定的义务,使得必须牺牲货币政策的自主权,而浮动汇率可使货币政策做出反应。然而,实施固定汇率制却并非意味着绝对的固定名义汇率,而应当动态调整以反映经济发展的趋势。事实证明,汇率变动的压力如果不能以主动的方式加以化解,必然以危机的方式释放。以墨西哥与泰国为例,

---

① 戈德斯密斯.金融结构与发展.上海三联出版社,1982

僵硬的汇率制度越来越不能反映真实汇率变动的趋势,从而固定汇率的压力越来越大,结果在投机者的冲击下,外汇储备下降并引发市场信心危机。

来自 IMF 等外部贷款救援有利于稳定币值,恢复危机发生国的经济增长,但是其组织结构决定了其职能的发挥需要以牺牲极少数国家的利益为前提。IMF 在墨西哥金融危机与亚洲金融危机中表现的差异就说明了这一点,这其实又是两次危机缓解时间巨大差异的重要原因之一。此外,IMF 的贷款条件往往比较苛刻,甚至会以牺牲部分国家利益为代价,附带漫长的讨价还价时间,对处于危机中的国家极为不利。这也是马来西亚首相马哈蒂尔宁愿过贫困日子,也不向 IMF 求援的原因。

总结这两次金融危机,可以看出宏观经济失衡是金融危机爆发的前提条件。尤其是亚洲金融危机爆发在"东亚奇迹"正为世人所瞩目之际,其中缘由值得深思。事实上,在高增长光环的掩盖下,以高投入和出口带动的亚洲经济中早已出现了严重的结构问题。经济结构没有及时调整加剧了经济失衡,成为金融危机爆发的基本条件①。

### (二)欧元启动对货币制度的冲击

在美元、马克与日元这三种主要货币中,马克和日元无法与美元抗衡,欧元启动改变了美元独霸世界的国际货币格局。根据国际货币基金组织《世界经济展望》1997 年 5 月号和经济合作组织《主要经济指标》1997 年 4 月资料计算,国际储备货币中,美元占近 2/3,马克加日元占 1/5 强。欧元的启动逐渐改变了这一格局,欧盟成员国外汇储备中 90%是美元,欧元启动后,欧洲中央银行减少了美元储备。欧元发行后,其币值稳定并成为主要的国际硬通货。此外,作为最大贸易体的欧盟,也将促使欧元成为与美元相当的国际储备货币。随着时间的推移,欧元在国际储备中的比重可能达到 40%以上,美元的比重则可能下降到 40%左右,而日元则可能不会有太大的发展,国际货币体系将出现以美元、欧元为主导,日元次之的多元化格局。

欧元 11 国强大的经济实力和《马约》中关于通货膨胀、财政赤字和政府债券的严格趋同标准,使欧元稳定有了坚实的基础。带有浓重的德国色彩、独立性很强的欧洲中央银行及其统一的货币政策,是欧元走强的有力保证。此外,美国是一个相对封闭的国家,美元供应量只对美国经济目标作出反应,并不反映其他国家的需求。

区域经济一体化的最高阶段是区域货币合作和发行统一货币,这样,才能建

---

① 陈学彬．当代金融危机的形成、扩散与防范机制研究．上海财经大学出版社,2001

立完全意义上的区域大市场，实现生产要素的自由流动。欧元启动为其他正在致力于区域经济一体化进程的地区，昭示着这样一个结论：区域经济形成后，一体化的市场要有统一的超国家货币来运转和协调，否则，该区域经济无法协调发展。国际货币也需要经济集团来支撑，由区域经济来强化其国际地位。

欧元的成功似乎还带给人们这样的启示：以区域货币形式表现的国际货币，有可能通过区域性货币的发展、协助调和演变，最终走向统一，形成可在任何一个国家和地区自由流通的真正意义上的世界货币。

## 六、国际货币制度的改革进程

### (一)国际货币制度改革的动因

牙买加体系后，各国汇率制度安排出现明显的变化，实行管理浮动及独立浮动汇率制度的国家日益增加，实行钉住制国家减少，尤其是钉住美元的国家数目下降了半数。但是，这只是汇率自由安排的表面现象，真正实行独立浮动汇率的只是少数主要发达国家，其他大多数发达国家实行管理浮动制。这些发达国家凭借其经济发展优势，使汇率制度与经济发展内在要求得到吻合。相反，大多数发展中国家由于经济发展的滞后性与依赖性，使其只能采取相对稳定的汇率制度，即实行带有固定性质的钉住汇率制度。保持相对稳定并很少调整的汇率水平，意味着汇率制度的低弹性，往往加大了国内外经济的失衡现象，尤其在经济金融全球化浪潮的冲击下，更显现出钉住汇率的不堪一击，给发展中国家的经济带来了严重的负面影响。

首先，钉住汇率制增加了政府调控宏观经济的难度。政府在维持国际收支平衡和汇率稳定与实现国内充分就业和物价稳定的目标之间存在着“米德冲突”。由于钉住汇率制实际上是维持相对固定的汇率水平，发展中国家在制定宏观经济政策时不可避免地更多考虑国际收支，在一定程度上牺牲内部均衡以换取外部均衡，甚至采用与本国经济发展要求背道而驰的政策，尤其是在运用利率、汇率、货币供给等货币政策调节方式时，汇率成了政策目标。货币供求丧失了自主性，利率又往往由于资本市场不完善而缺乏弹性和流动性效应，使发展中国家丧失了通过货币政策调节本国经济的有效手段，在很大程度上依赖于被钉住国的货币政策，而依赖的结果往往是牺牲了发展中国家的内部经济发展。

其次，钉住汇率制度并不能有效降低名义汇率的波动。如前所述，只有少数主要发达国家货币，如美元、法郎、日元等汇率自由浮动，而实行钉住汇率制的货币实际上与其他(非钉住)国家的货币一样也自由浮动，但其加权平均有效汇率完全取决于主要发达国家货币之间汇率的非均衡干扰。在 1997 年东南亚金融危机中,实行钉住制的许多国家货币汇率均发生了大幅度波动,加剧了金融危机爆发的速度、深度和广度。

最后,钉住汇率制加大了受国际游资冲击的可能性。钉住汇率制的相对固定的特性使汇率的浮动趋势被人为抑制,累积的抑制效应为国际游资的冲击提供了实质经济基础。加上多数发展中国家实行的是缺乏制度保护的"暂时性钉住"(temporary peg)而非货币制度下的"永久性钉住"(permanent peg),本身就为游资冲击留下了足够的想象空间。东南亚货币危机的事实表明,发展中国家的自身实力与应变能力在面对巨额游资冲击时,通常是捉襟见肘,措手不及。当前国际资金流动具有的"羊群效应"(bandwagon effect)和"传染效应"(contagious effect),进一步加剧了汇率的变动,迫使一国转而实行更有弹性的管理浮动汇率制度,并由此付出巨大的代价①。

现行国际储备体系的一个基本特征是储备货币的多元化,由此构成的包括美、德、日、英、法等货币的多种货币储备体系中,美元仍为主要的储备货币。储备体系的多元化,从表面上看,似乎克服了特里芬难题的矛盾,但实际上并未从根本上解决这一矛盾,反而引发了外汇市场更大的不稳定和金融市场的动荡,这一特性由多种货币储备体系的结构缺陷和数量缺陷所决定。

多元化货币储备意味着各国货币当局可以根据本国的汇率制度、贸易和投资方式、风险收益的变化等因素来选择储备币种,这些因素的不断变化,迫使货币当局在不断抛售某种储备货币的同时又补进另一种储备货币,以使其外汇的币种始终处于最优状态。这种储备货币间的转换行为又会引起甚至加剧储备货币之间的汇率波动,同时,国际金融市场上的巨额游资为寻找较高的利率和外汇投机收益也在储备货币之间频繁流动,对汇率的波动起到了推波助澜的作用。再有,一些中央银行也会以跟风的方式加入外汇市场的投机行列,加大了汇率的不稳定性。

由于目前国际间使用的储备货币是一种国家货币,带有国别标记。因而,一个国家货币同时充当世界货币的矛盾(特里芬两难)依然存在。各储备货币发行国的货币管理当局均依据国内经济需要和货币流通的状况,制定货币政策。于是,随着世界经济的发展,储备货币发行国就源源不断地输出本国货币,以满足不断增长的国际储备需求。由于发行货币与一国的黄金储备脱钩,储备供应的约束几乎已不复存在。结果,其他国家的居民持有的储备货币的数量,最终会大大超过储备货币发行国所拥有的实际资产的数量。这意味着如果各国同时以这些货币储备从储备发行国购买商品和劳务的话,其中有相当一部分货币的购买

① 姜波克.国际金融学.高等教育出版社,2000

力不能实现。

各储备货币发行国根据国内经济状况制定货币政策，多元化货币储备体系引发的汇率不稳定对其影响不大，况且还有“铸币税”的收益。而广大发展中国家却只能被动地接受和拥有其他国家的货币作为储备，深受汇率波动的影响。储备多元化还给发展中国家带来了一个新的矛盾，那就是实行与某种储备货币挂钩或钉住某种货币的国家，既要受储备货币国家政策的影响，同时还受多个国家之间货币政策交叉的影响。因此，储备货币之间汇率的变动，利率的升降，对发展中国家的影响大大增强了。

IMF 自成立以来，在加强国家国际货币合作，稳定汇率以及促进国际收支调整等方面作出了巨大贡献，但是，随着世界经济与国际货币和金融形势的发展，IMF 的某些职能已越发显示出其不均衡性。美国作为 IMF 的主要股东希望通过 IMF 的援助政策，把受援国经济纳入美国金融市场的战略轨道，以实现全球经济美元化的战略目标，IMF 的决策没有美国的同意无法通过。IMF 不顾各成员国的情况差异，凡是要求紧急援助的国家或地区必须接受调整计划，内容主要是宏观经济紧缩计划和结构调整计划等。实际上，援助的目的是让受援国维持清偿能力，以使债权国能收回债权，至于受援国的经济发展要求，往往被放在次要位置。所以，不顾条件地实施紧缩政策，往往加剧了经济衰退，增加失业，导致社会矛盾激化。而所谓的结构调整，更大程度上是满足西方国家为加强对危机国商品货币和投资市场渗透和控制的需要。IMF 肩负着成员国政策协调的责任，为稳定国际汇率体系，促进国际贸易，进而为促进世界经济持续发展发挥了积极作用。然而 IMF 传统的监督机制对稳定国际货币体系和世界经济已显得力不从心：首先，主要发达国家的经济政策协调基本上在 10 国集团内部进行，因此 IMF 对其政策监督作用十分有限；其次，IMF 产生的背景是为应付经济危机，但其缺乏预警能力，甚至产生误导。

### (二)国际货币制度改革中的利益角逐

对于国际货币制度改革的走向，发达国家的态度和发展中国家的要求不同。各国家集团出于自身利益的考虑，持有不同的态度，基本上形成了美国、西欧和日本、发展中国家等不同的国家利益集团。

#### 1. 美国的态度

1998 年美国国会建立了国际金融机构顾问委员会，就国际货币基金组合和世界银行的改革提出建议，以卡内基梅隆大学的梅策尔教授与哈佛大学的萨克斯教授为首，撰写了“梅策尔”报告。代表美国国会的“梅策尔”报告严厉地批评了 IMF 和世界银行，认为 IMF 以过于高昂的代价实施危机救援行动，而提供的短期贷款又过于迟缓。IMF 所提供的长期发展计划未能改善发展国家的经济状况,而世界银行只应扶贫,不该向少数较富裕的国家贷款。"梅策尔"报告代表了美国右翼保守势力的观点,大大缩小了IMF和世界银行的作用,弱化了两个国际机构近年来在一定程度上支持发展中国家经济改革的作用。然而,在1998年9月,美国总统克林顿委托美国外交关系理事会邀请数十位知名专家教授研究国际金融机构的改革,随后也有一份报告推出。这份报告指出,美国经济对世界经济的依赖程度日益加深,发展中国家发生金融危机,美国也会受到影响。同时建议:①鼓励发展国家加强预防危机的能力,建立良好的宏观经济政策。IMF应采取有效步骤,对减少危机冲击的国家给予更多的有利贷款。②发生危机时,官方和非官方贷款人都应公平负担损失。③IMF不支持一些国家采用钉住汇率的做法,因为这有可能造成经济危机。④IMF对资本流动采取适当监管,规劝发展中国家对短期资本流入加以课税,或限制其在一定时期后方可流出,对银行及金融机构向对冲基金贷款时应要求高额风险资本金。⑤IMF和世界银行的职能的回归。

2. 欧洲与日本的态度

欧洲方案重在保持国际金融市场的相对稳定和有效的国际货币监督体系,加强国际金融机构的作用。欧洲人对IMF和世界银行的改革的主张是:①IMF应集中处理影响金融市场全球化的问题,在全球范围内进行协调。②除发挥监督作用外,IMF应力图使发展中国家银行体系健全。③IMF和世界银行应设立财产重组基金,改革地区投资银行业务,提高公司的融资能力,提高其服务于政府部门的效率。④世界银行应赞助发展中国家,健全衍生金融市场,制定风险管理的全球标准。

日本和西欧国家在国际货币制度改革的不少问题上持相同看法,十分关心货币的可兑换性问题,主张各国的货币能自由兑换成国际储备资产,倾向于实行可调节的钉住汇率制,希望以后的国际货币制度以此为基础。西欧和日本主张对世界清偿能力的供应实行有效的国际管制,保证对国际收支不平衡进行必要的调节。大多数西欧国家和日本都赞成发展中国家提出的储备资产的创造应同发展援助相联系的建议。

3. 发展中国家的态度

在国际货币改革中,发展中国家的基本要求是:建立波动幅度较小的汇率制度;新的国际货币制度必须提供一种使国际清偿能力通过国际集体行动来创设的机制;新的国际货币制度必须考虑特别提款权的创造与发展援助之间的联系等。上述主张反映了发展中国家迫切要求改变国际货币秩序的愿望。为了建立国际货币新秩序,曾提出了一些积极的建议和方案,主要有:24国集团"蓝皮书"计划。发展中国家77国集团为了在国际货币改革方面协调彼此意见,制定共同策略，于1972年建立24国集团。1979年，24国集团起草了《国际货币改革行动计划大纲》，经77国集团批准后，提交国际货币基金理事会所属发展委员会。这份大纲通常叫做“蓝皮书”计划，全面阐述了发展中国家对20世纪70年代以来国际货币关系的评价，并指出，一个可行的国际货币制度对发达国家和发展中国家来说，具有共同的利益。这一制度应促进发展、就业和贸易，特别是应支持发展中国家在争取建立国际经济秩序前提下的发展。为了改革国际货币制度，必须采取一些行动。其中，首先应考虑的是增加实际资源向发展中国家转移，增加基金组织等机构的资金，对发展中国家的国际收支提供支持。“蓝皮书”计划是发展中国家争取建立国际货币新秩序斗争的重要文件，提出了国际收支调节不但应该是有效的，而且应该是公平的，有助于使发达国家和发展中国家一道公平承担国际收支调节的责任。

### (三)国际货币本位制度改革

一个相对统一的世界货币必须有一种中心货币才能顺利运转。就目前情况来看，世界上没有哪个国家具有强大的经济力量足以充当中心货币的角色。一些国家的政府官员和金融学家提出了一些改革方案，但从世界经济金融的发展来看，特别提款权本位很可能是未来国际货币制度的改革方向。

20世纪60年代以来，伴随着美元危机的频频爆发，黄金逐步走向非货币化。1976年牙买加协定可以说是黄金非货币化的重大标志。从1979年起，各国对黄金的态度有微妙的变化。1981年美国成立了黄金委员会，研究美元与黄金挂钩的可能性。经过多种不同意见的辩论，1982年黄金委员会否定了恢复金本位制的主张。世界范围内的黄金非货币化已成定局，恢复各种形式的金本位制或金汇兑本位制的可能性很小。

在布雷顿森林货币制度的年代里，美元起到了国际货币制度中心货币的作用。1971年美元停止兑换黄金后，国际货币本位就成为纯粹的美元本位。实践证明，国际货币制度过分依赖于一国经济，从一开始就是脆弱的。不仅如此，20世纪80年代以来，尽管美国经济稳定增长，但国际收支和国际债务每况愈下。这种状况相当长一个时期内难以扭转，很难想象，国际货币的本位货币能以金融状况如此不稳定的国家货币来充当。另外，当初美元作为中心货币或本位货币有一重要的背景，即战后初期美国经济金融实力的绝对优势。然而时过境迁，20世纪60年代以来，日本经济迅速崛起，日本国民生产总值日趋接近美国的国民生产总值，现已成为世界海外资产最多的国家。1999年欧盟推出单一货币欧元，欧元作为一种强势货币，和日元同时蚕食美元的领地，再加上中国等新兴国家的货币持续坚挺，在这样新的国际经济背景下，美元要继续成为国际货币制度的本位货币,恐怕已不大可能[①]。

特别提款权的优势可能决定了它成为国际本位的可能性。第一,特别提款权以五种货币定值(目前是四种货币),币值较为稳定;第二,是基金组织所创造的储备资产,可根据实际需要对会员国进行分配,使国际储备随世界经济增长而适当增加;第三,特别提款权可以随时兑换成会员国货币,用于其国际收支的调整。

综上所述,在今后一个时期内,国际货币制度可能形成特别提款权——美元本位制。以后,随着日本经济的进一步发展,欧共体的不断壮大,中国经济的成功,国际货币制度向特别提款权——多种关键储备货币制(美元、日元、欧元和人民币)——的方向演化,国际货币本位制度可能向特别提款权本位制靠拢。

**(四)国际汇率制度改革**

20世纪60年代以来,汇率制度的实践表明:完全的固定汇率和完全的浮动汇率都不理想。许多试图采用钉住汇率的国家经历了较高的通货膨胀率,从而被迫采用较为弹性的汇率安排。与此同时,许多采用弹性汇率制的国家则保持了较低的通货膨胀率。如果改弹性汇率为固定汇率,那么,有可能会由于各国竞相贬值其货币,带来一系列金融危机,引起实际汇率的不稳定性和不确定性,从而破坏了贸易和投资活动。其次,货币汇率的频繁变动给国际经济活动带来了很大的不确定性,使人们进入国际商品市场、金融市场和投资市场的风险陡然增大。因此,有一定干预的所谓"管理浮动"应当说是较为理想的汇率体系。国际货币基金组织的专家认为,管理汇率可能会对贸易商品的生产者们提供有帮助的保证,从而有利于其外部调整。倾向性的观点是支持有管理的汇率弹性化。

**(五)国际收支失衡与国际调节**

国际收支调节事关各国切身利益,世界各国在有关问题上有所共识,但也存在分歧,对称调节是各国一致的意见。因为,只要求逆差国调整,而顺差国不承担义务,这是不公平的。各国认为,为更好地进行调节,需要建立一种客观标准,以便各国采取平衡措施。美国主张以"储备指标"来衡量,即一国外汇储备超过"正常储备水平"的一定百分比,就应采取调节措施,西欧国家反对强制的储备指标,发展中国家希望在这个问题上区别对待。因为,初级产品价格不稳定,它们的经济结构单一,储备变动很大,不少国家主张对那些长期收支顺差而又拒绝采取纠正措施的国家进行制裁,但西欧国家反对,他们强调磋商的必要。因此,国际调节是解决国际收支失衡问题的一条不可缺少的途径。

---

① 杨松.国际法与国际货币新秩序研究.北京大学出版社,2002

国际调节应包括直接调节与间接调节。直接调节体系由以下三方面内容构成:①观察与指标。国际社会应根据世界各国的国民经济和对外经济状况,给世界各国国际储备的正常水平和经常项目与资本项目的顺差规模确定相应的指标,超过这一指标则列入需要调节之列。②强制措施。没有强制措施,国际调节要想取得成果不可想象。这类措施可以是:冻结超过上述指标而又拒绝自行调节国家在基金组织的储备头寸;暂停对其特别提款权的分配;有关国家对上述国家实施某些惩罚措施等等。③常设机构。基金组织范围内,建立一个专门的常设机构,其职能是对世界各国上述国际收支指标进行观察并做出判断;针对有关国家提出强制措施的具体建议并评估强制措施的结果;对全球国际收支失衡提出咨询报告等。

国际收支失衡的间接调节包括:一方面,保持世界经济稳定增长。经验表明,世界经济陷入衰退,国际收支不平衡就较为严重,而当世界经济增长时,这一问题就较为缓和,因为此时出口增长较快而资金流动管制较少。因而,维持全球经济的稳步增长是缓和国际收支失衡问题的重要间接手段。另一方面,稳定汇率和国际利率等重要国际经济变量。毫无疑问,对国际收支有重要影响的汇率、国际利率和主要商品价格的大起大落必然导致国际收支不均衡。因此,缓和国际收支失衡就必须稳定上述主要国际经济变量。直接调节与间接调节是国际调节的两个重要方面。直接调节针对已出现的国际收支失衡进行调节,这实际上是治标。而间接调节则是从失衡的根源方面进行调节,因而是治本。成功的间接调节可以减轻直接调节的压力,而直接调节的严格实施有助于有关国家自行实行调整,缓和其收支失衡以及改善导致其失衡的因素和条件,间接调节也可以释去重负,所以两者相辅相成,相得益彰。

## 第三节　欧洲货币合作的破土运行

### 一、欧洲货币合作的溯源

早在公元7世纪查理大帝时,人们就考虑以一种货币来促进欧洲的商品流通。18世纪启蒙思想家卢梭、德国哲学家康德、19世纪空想社会主义者圣西门,都讨论过欧洲联邦问题。马克思在更深层上探讨这个问题,他以从民族奴役和阶级奴役中解放出来为前提,提出了建立没有国家和阶级的新世界。而欧洲统一运动从非官方活动成为政府间活动始于20世纪30年代的历史上著名的“白里安计划”等,但真正使欧元从梦想变为现实,开始于20世纪中叶。1950年欧洲支付同盟的成立,标志着欧洲货币一体化的开始,被视为“西欧合作与一体化进程的起点”。但起点并不意味着是最好。在欧洲统一运动中,欧洲共同体在历史上留下最辉煌的一笔，是欧洲乃至世界范围内最成熟、影响最广的区域合作组织，并因此发展成为现在的欧洲联盟①。

欧洲之父，同时也是欧洲共同体的缔造者之一，法国人让·莫内认为，应当从经济领域入手，推进一体化进程，以不断融合西欧国家之间的经济利益。应当建立带有超国家色彩的经济一体化组织机构，成员国向共同机构转移部分主权，借此保证经济一体化实施。然后，在经济一体化深化和共同利益扩大的基础上，成员国将逐步向欧洲一极转移更多主权，最终实现政治一体化目标，即建立欧洲联邦或欧洲邦联。正是在这种思想的指导下，莫内首先在煤、钢领域大力促成了经济一体化组织的诞生。1951 年，法、德、意、荷兰、比利时、卢森堡等西欧大陆 6 国签订了《巴黎条约》，建立了欧洲煤钢共同体，1955 年 6 月，这 6 国外长集会意大利墨西拿，通过了著名的“墨西拿决议”，决定将经济一体化措施从煤、钢领域扩大到其他经济部门，建立欧洲经济共同体。经过反复磋商，1957 年 3 月，6 国政府首脑和外长聚集罗马，正式签署了欧洲经济共同体条约和欧洲原子能共同体条约（两者合称《罗马条约》），《罗马条约》是欧共体成立的基石，规定了欧共体的目标是各成员国组成统一的大市场，实现商业、人员服务的自由流通。1958 年 1 月 1 日条约经 6 国议会批准后正式生效，标志着欧洲经济共同体的诞生。欧洲共同体的成立，是欧洲一体化道路上的第一次飞跃，开创了欧洲历史的新篇章。1967 年，欧洲经济共同体、欧洲原子能共同体和欧洲煤钢共同体实现了合并，建成欧洲共同市场或曰欧洲共同体，简称“欧共体”，为欧洲一体化开辟了更广阔的道路。从 70 年代开始，欧洲共同体开始向北和向南扩展。1973 年，英国、爱尔兰、丹麦正式加入共同体，80 年代希腊、葡萄牙和西班牙相继加入，共同体成员国增加到 12 个。1973 年布雷顿森林体系崩溃之后，西欧各国货币与美元脱钩，但欧共体 6 国仍然维持联合浮动。为了强化联合浮动，欧共体各国首脑于 1978 年 12 月 5 日在布鲁塞尔达成协议，决定于 1979 年 1 月 1 日建立欧洲货币体系。后因德、法在农产品贸易补偿制度上发生争执，欧洲货币体系（EMS）延迟到 1979 年 3 月 13 日才正式成立，其目的是制止汇率剧烈波动，促进共同体国家经济的发展。

## 二、复杂的欧洲货币体系

欧洲货币体系是个很复杂的机制，主要内容存在于三个方面。

### （一）创立欧洲货币单位

欧洲货币单位是由欧共体各国货币组成的一篮子货币，是欧洲货币体系的

① 钟鑫．欧元的诞生与影响．经济管理出版社，1999

中心，其发行是通过特殊的程序，在欧洲货币体系成立之初，由各成员国向欧洲货币合作基金提供国内 20%的黄金储备和 20%的美元及其他外汇储备，然后欧洲货币合作基金以互换的形式向成员国提供相应数量的欧洲货币单位。在创设之时，共向各国提供了 230 亿 ECU。在欧共体内部，ECU 具有计价单位和支付手段的职能，在随后的年代里，欧洲货币单位的私人用途不断扩大。在被欧元取代以前，欧洲货币单位已不仅仅是欧共体体内核算的工具，而且也成为各成员国官方和民间划拨清算的工具，同时还是各成员国外汇储备资产的重要项目。

### (二)建立欧洲汇率机制

欧洲货币体系通过欧洲汇率机制实现汇率体系的稳定，各参加国使自己的货币与欧洲货币单位保持一个可调整的固定比价，即中心汇率，并据此套算出彼此货币之间的汇率。中心汇率允许波动的幅度是±2.25%。按此规定，当某个成员国货币对 ECU 的比价偏离法定中心汇率的幅度达到其最大允许波动幅度的 75%即所谓偏离界限时，该国中央银行就需采取措施进行干预。如果干预无效，就只好调整对欧洲货币单位的中心汇率并重新确定双边汇率。

### (三)设立欧洲货币基金

各参加国缴纳 20%的黄金外汇储备作为基金的资金来源，并以此作为欧洲货币单位的发行准备。欧洲货币基金保证了各国中央银行干预外汇市场和稳定汇率的能力。成员国在资金困难时，可以直接向欧洲货币基金申请货款，这被看做是组建统一的欧洲中央银行的开端。

## 三、欧元启动带来的影响

1999 年 1 月 1 日，欧元正式启动。欧元是世界经济史上第一次由超越主权国家的机构发行的世界货币。欧洲货币合作使得 12 个欧洲国家的 3 亿多人使用统一的货币——欧元。

### (一)欧元对国际结算货币的影响

欧元的推出强烈地影响着国际金融市场，国际金融市场份额面临重新调整和分配，欧元正不失时机地扩大其在国际交易和结算货币中的作用。

在国际贸易方面，在欧元区国家对区外国家的商品与服务进出口贸易中，欧元的使用量大幅上升，大约 50%的欧元区对外贸易使用欧元结算。在欧元现金使用方面，欧元在欧盟的一些邻近国家已经顺利地取代了原欧盟各成员国货币。作为国际流通和交易货币，欧元具有很好的流动性和实用性，可减少汇率风险，有利于降低换汇和结算成本，节省外汇对冲的费用。据估计，目前外汇对冲的费用达到交易总额的 4%～5%，而欧元的广泛使用无疑使这项费用更为降低。欧元的出现打破了美元一统天下的局面，世界商业交易与金融交易所使用的货币一部分将从美元转到欧元上来。美元在国际货币结构中的比重将逐渐向美国的经济实力水平靠近，欧元区强大的经济实力将成为欧元强有力的后盾。

作为国际结算货币，首先必须保证汇率的稳定。未来欧元在国际金融市场能否保持稳定，是人们争论的热门话题。根据流行的现代货币主义理论，在不兑现的纸币流通条件下，货币能否稳定很大程度上取决于货币管理当局——中央银行，所以对于欧元的未来，人们总是聚焦于欧洲中央银行。欧洲中央银行可以说是世界上独立性最高的银行，其货币政策目标是保持价格稳定。欧洲央行对价格稳定的承诺——把中期通货膨胀控制在2%以内——将有助于增强国际投资者的信心，为欧元作为国际结算货币提供有力支持。

**(二)欧元对国际储备货币结构的影响**

欧元对全球金融的影响是渐进的和长期的。欧元作为国际结算货币，其地位的提高，将推动对欧元外汇需求的增加，促进欧元债券市场的发展，引发外汇储备的置换。为降低储备货币和资产的汇率风险，各国(尤其是与欧元成员国有密切贸易和债务关系的国家)将根据双边贸易和债务量来增加其欧元储备。据国际货币基金组织统计，2002年，全球各国中央银行的外汇储备中欧元已经占到13%，尽管远远落后于美元的68%，但已大大高于第三位的日元(仅占各国中央银行外汇储备的5%)。有些工业化发达国家发表的外汇储备构成显示欧元的份额仍在不断上升，而一些亚洲新兴国家也宣称要更大比例地增加欧元储备①。

通常情况下，世界各国对国际储备货币的选择主要取决于以下几个方面：一是储备货币发行国的经济实力。储备货币发行国的经济实力越强，人们对该国的信心就越强，因而越有可能采用这种货币。二是储备货币币值的稳定性。一种国际储备货币的币值越稳定，保留这种货币的贬值风险就越小。三是储备货币发行国进出口数额和对外资金流通数量。储备货币发行国的进出口数额和对外资金流通数量越大，各国为了进行贸易结算和资金借贷需要持有该国的货币就越多，因而就越有可能选择该国货币。

欧元对国际储备结构的影响是渐进的和长期的，美元的霸主地位在短时间内不会动摇。随着欧盟经济的发展，欧元在世界各国的外汇储备中会逐渐增加，当然，欧元的国际储备货币地位最终还取决于市场判断。从长期看，欧元为世界各国提供了新的能与美元相抗衡的国际储备资产，这不仅意味着各国货币当局

① 杨力．欧元对全球金融业的影响．上海外语教育出版社 2004

选择机会的增加，同时，对美元霸权也可能起到某种程度的制约作用，从而克服“世界美元本位制”固有的一些缺陷。

### (三)欧元对国际汇率制度改革的影响

欧元作为欧洲单一货币，可以作为许多国家汇率政策中的钉住货币或参考货币。同时，欧元是区域货币一体化的产物，在很大程度上体现了对固定汇率的回归。此外，欧元产生后，国际范围内大规模的资产组合调整有可能会带来新一轮的国际金融动荡，加上未来可能形成的美元、欧元、日元三极国际货币格局，所有这些变化不可避免地将对未来国际汇率制度的改革产生深刻影响。

欧元广泛作为被钉住货币，可以使许多国家在汇率制度和汇率安排上减轻对美元的依赖。从欧洲货币体系到欧元的成功运作，这种国际货币合作形式成功地稳定了欧洲国家的名义汇率和实际汇率，减少了成员国之间的通货膨胀差异。欧洲货币的统一使国际汇率关系大大简化，美元、欧元、日元之间的汇率关系成为未来国际汇率制度的核心部分。如果欧元能够形成三大经济体之间规范的政策协调和汇率合作机制，未来的浮动汇率制度将带有很明显的三元协调特征。

## 四、欧洲货币合作与国际货币多元化

欧洲货币合作不仅对欧盟的经济一体化产生了积极影响，通过榜样力量推动了东亚、拉美、非洲等地区货币合作的加强。如，日本为了加速日元国际化步伐，提出建立美欧日三极货币框架的倡议，面对欧盟的迅速发展，美国在建立北美自由贸易区的基础上，又提出了“美洲倡议”，将目光转向中、南美洲，试图建立泛美洲经济联合关系，拉美(特别是南方共同市场)、东盟、东亚、东非甚至北美，纷纷提出加强地区货币合作，推动地区货币一体化，探索建立新的汇率机制。可以看到，货币合作对于正在酝酿的国际货币体系改革起到了促进作用[①]。

# 第四节 亚洲货币合作的努力探索

## 一、亚洲货币合作的理论分析

按照最优货币区理论，对亚洲货币合作的分析将主要集中在以下方面：经济开放度、工资价格弹性、要素市场的灵活性、经济发展水平和一致性、货币政策目标相似、各国间相互信任度等。

---

① 冯兴元．欧洲货币联盟与欧元．中国青年出版社，1999

### (一)对外经济开放度

衡量一国对外开放程度不应仅看对外贸易占GDP的比重，应考虑综合开放程度，以体现一国贸易、投资、金融与世界经济融合的程度。亚洲各国经济开放度差异很大，东亚地区的综合开放度很高，但国别差异较大。中国香港和新加坡是地区性的贸易中心和金融中心，对外开放度很高。中国、日本、韩国综合开放度较低。就平均水平而言，东亚地区的开放度要高于西欧地区，说明以出口为主导的亚洲各国基本属于开放经济，对汇率波动十分敏感，迫切需要稳定汇率。

### (二)工资价格弹性

亚洲地区的工资和价格具有较大的弹性。东亚地区是具有较高增长速度的发展中地区，一些国家的工业化刚刚完成，另外一些国家正处于工业化的过程中。工业化的过程伴随着农村劳动力向城市的大批量转移，在满足了对城市劳动力的巨大需求的同时，保证了劳动力市场的充分弹性。东亚国家和地区一般都不制订最低工资法、就业保障法等，工资基本由劳动力市场的供求关系决定。亚洲国家工会的力量与欧美国家相比比较弱小，谈判能力低，导致工资刚性不强。工资是构成企业成本的最重要部分，工资的较高弹性保障了产品价格的较高弹性。

### (三)要素市场灵活性

要素市场越灵活，资本及劳动力的流动性越高，成员国财政转移的程度越大，这些国家越有可能组成最优货币区。亚洲各国与地区之间生产要素的流动性较差，对要素流动的限制很多，其中人员流动的限制更严格，目前限制劳动力流动的因素很多，包括语言障碍、法律障碍、文化障碍、政治障碍等，都使东亚整个地区劳动力的流动程度很低。流动性最强的资本也受到一定的限制，在金融危机后这种限制进一步得到加强。资本的流动性可以用金融深化的程度来反映，因为金融深化是资本充分流动的特质基础。金融深化的程度可以从两个方面考核：一是政府对金融的管制程度，如利率管制、外汇管制、资本流动管理、金融业准入管制等等；二是金融市场的发育程度，如金融机制的数量、金融工具的丰富程度，国际金融设施等等。亚洲各国(地区)金融发展的水平存在很大差异，可分为三类：第一类由中国香港、新加坡组成，该类国家和地区金融深化的程度较高，是地区性金融中心，不存在资本流动障碍。第二类由中国台湾、马来西亚、泰国和日本组成，该类国家和地区正处于金融深化的过程中，对金融的管制已大大放松。第三类由中国、韩国、印度尼西亚和菲律宾组成，这类国家金融自由化起步较晚，目前还存在较多的金融管制。由于亚洲区域的大国——中国、韩国、日本——都存在一定程度的金融抑制，资本流动存在一定的障碍，致使整个亚洲区域资本的流动性不高。

### (四)经济发展水平和一致性

按照最优货币区理论，区域货币合作的基础是相近经济制度、经济发展水平和经济结构，以及要素的自由流动。只有经济制度、经济发展水平和经济结构相近，区域货币合作才可能使各方在应对外部冲击的时候获益。否则，在区域内部货币对外联合浮动的时候就可能在贸易政策、宏观经济政策和汇率政策方面出现种种矛盾，很可能使合作流产。目前亚洲各国和地区的经济发展水平较低(人均 GDP)，除日本外都是发展中国家，离建立最优货币区还有一定差距。东亚的金融市场一体化程度较低，金融市场中除了中国香港的国际化程度较高之外，其余都限于本国和本地区范围内。亚洲美元市场不发达，金融一体化的程度较低，最为典型的是长期债券市场的发展滞后。

### (五)政策目标相似性

政策目标相似性越高，在对付经济冲击时各国货币合作政策协调越容易。衡量各国政策目标是否一致的一个重要指标是通货膨胀率。比较 1992～1998 年东亚国家(地区)的消费价格指数发现，低通货膨胀率组包括日本、新加坡、马来西亚、泰国、韩国及中国台湾；高通货膨胀率组包括印度尼西亚、中国、菲律宾。这些国家和地区的通货膨胀率的标准差为 5.2%，大于 1970～1980 年西欧九 9 国通货膨胀率的标准差。东亚国家在通货膨胀率方面的明显差异，为建立统一货币区后的政策协调带来了一定困难。

欧洲货币合作不仅已经有了数十年的历史，而且欧洲联合的根源可以追溯到欧洲的文化、宗教和政治传统。这种类似的传统在亚洲仍未出现。

### (六)各国间相互信任度

历史、文化、政治经济制度以及国际政治经济关系的差异、分歧和利益冲突所导致的相互缺乏信任，是亚洲金融合作难以取得实质性进展的根本原因。亚洲区域合作的历史可以追溯到 1967 年 ASEAN 成立。ASEAN 的成立最初是出于政治和地区安全的目的。20 世纪 80 年代之后，由于东亚经济相互依赖程度的加深，亚洲区域合作朝着经济合作的方面发展。1992 年，ASEAN 倡议建立区域内自由贸易协议。1989 年出现了 APEC，在亚洲区域合作的过程中逐渐形成了一种独特的“亚洲传统”，这种亚洲传统有两个典型特征，一是强调非正式性，二是强调达成共识。西方国家的多边协议和国际合作所遵循的原则与此恰恰相反。谈判者强调的是彼此立场的分歧，并通过正式的制度确保利益的妥协和合作的实现。这种强调非正式性和达成共识的“亚洲传统”并不适合区域货币合作。区域货币合作意味着各国需要部分让渡制定货币政策和其他国内经济政策的自主权。

综上，亚洲地区的一体化程度不断提高，但在生产要素流动性以及政策目标一致性等方面还不完全满足最优货币区理论。因此，目前的亚洲地区距离统一货币（亚元）的建立还有很大一段距离，也还不具备建立一个真正意义上、有制度保障、以汇率目标区为主体的、如同欧洲货币体系的货币合作机制的条件。因此，亚洲货币应该走出一条缓慢前进、逐步演进的合作之路。

## 二、亚洲货币合作的推进

全球化背景下，作为货币体系基础架构的货币联盟演进路径具有多种可能性，目前有单一货币联盟、多重货币联盟以及主导货币区域化三种形式。未来亚元可以考虑选择多种货币联盟。

现阶段可以考虑建立如亚洲货币基金组织 AMF(Asian Monetary Fund)之类的合作机构。AMF 的建立可以借鉴 IMF 的成功经验，综合亚洲金融结构的特点来进行设计。AMF 的基本框架应该先易后难，经过有关国家、地区充分协商和讨论后实施。鉴于东亚国家、地区经济联系相对密切、经济差异较小、可以首先在"东盟"范围内酝酿和实施，其他条件成熟的亚洲国家、地区可随后加入。作为区域性的金融市场的研究中心，AMF 对各成员国进行监测，提出政策方面的建议。研究制定成员国行为标准和规则，提高各成员国在金融运作方面的透明度和监管有效性。建立融资机制，分散和化解区域金融风险，发挥最后货款人作用，稳定金融局势，防止引发区域性金融危机和经济动荡，缓解金融全球化的系统风险。

建立类似欧洲汇率机制 ERM 的汇率联动机制 AERM（Asian Exchange Rate Mechanism)，根据本国货币与美国的汇率确定与各成员国之间的汇率，各国有责任和义务将汇率维持在特定的汇率目标区内。随着亚洲区域经济一体化程度的不断提高，亚洲经济逐步走向独立，对美国的依赖将不断减少，各国可以根据在区域内贸易比重和经济实力状况选择一篮子货币，实行钉住一篮子货币，对外则统一浮动的固定汇率制度。在这一层次上的汇率合作机制可以从两国或多国开始，逐步扩展到次区域和全亚洲区域。

由于各成员国之间缺乏内在的约束机制，因此，汇率合作机制很难维持，亚洲单一货币区的构建，可分为三种：以日元为核心建立亚洲单一货币区；以人民币为核心建立亚洲单一货币区；模仿欧元创立亚洲单一货币区。

日本的经济规模居全球第二，其通胀率一直维持在较低水平，日元也是区域内最国际化的货币。近年来，日本与东亚各国的经济关系越来越密切，在某些国家，其重要性已经超过了美国。但是，日本的某些缺陷使日元难以担当中心货币的角色。日元在国际贸易和金融交易中的比重较低，并且与美国相比，还缺乏一个成熟的、有一定深度和广度的国内金融市场，因此日元在国际金融交易中的地位较低。此外，日元汇率波动频繁，是发达国家中最不稳定的货币之一。近年来，日本国内资金严重过剩，存贷款利率持续超低，日元大幅贬值，国内经济发展极不稳定。一些亚洲国家也难以忘却日本推行"大东亚共荣圈"给他们带来的苦难，因此，日元成为亚洲区域的支柱货币面临经济和政治上的双重障碍。

中国是亚洲地区经济增长最快的国家之一，整体经济规模和巨大的国内市场使中国在东亚乃至全世界都有相当的影响力和发言权。东南亚金融危机中，中国始终保持人民币汇率稳定的政策，使人民币在稳定国际货币体系中发挥了巨大作用，也为中国赢得了国际信誉。但是中国目前的经济实力，还难以胜任中心货币的角色。中国目前人均 GDP 仍处于较低水平，虽然已接受 IMF 第八条款，资本项目管制仍很严格，中国落后的、严格管制的金融体系和金融市场也使人民币很难在短期内成为国际货币，人民币的国际化仍需时日①。

模仿欧元创立亚洲单一货币区，区域内几国共同创立内部货币，从记账单位货币开始，最终过渡到单一的可流通货币。由于日本的 GDP 占东亚地区的2/3，其实质和以日元为核心创立亚洲单一货币如出一辙。

## 三、对亚洲货币合作前景的展望

欧洲货币联盟的成功经验告诉我们，货币联盟要有一个政治联盟为后盾。与欧洲相比，未来亚元建立的困难可能主要在政治方面。长期以来东亚各国和地区一直存有分歧，如领土纠纷，文化传统、宗教信仰、价值观的差异等，因此，他们更多的是把彼此视作竞争对手而不是潜在的合作伙伴。

单一货币和亚元的建立需要各国让渡一部分经济政策的自主权，服从一种共同的货币政策。然而，东亚国家并没有显示出愿意放弃部分货币政策的自主权以换取货币合作成功的决心。因此，如何在保持经济平稳发展的同时，加强亚洲各国政治方面的交流与合作是建立亚洲区域货币联盟要考虑的主要问题。

展望亚洲区域货币合作的未来前景，虽然目前建立亚洲单一货币——亚元——存在诸多障碍和困难，但如果亚洲各国能相互信任，互助合作，亚洲经济能够相对平稳发展，亚洲区域货币整合仍有巨大的空间。亚洲金融危机改变了亚洲国家在区域货币合作中的支付结构，亚洲货币金融合作的收益凸现，已经为越来越多的亚洲国家所认识，并积极地参与亚洲货币合作的讨论。亚洲货币合作提供了亚洲合作的"焦点"，有助于打破长期以来亚洲合作的僵局。

---

① 李富有．区域货币合作理论、实践与亚洲的选择．中国金融出版社，2004

从区域经济合作的历史来看,自由贸易区的建立要早于货币合作,亚洲金融危机之后,亚洲金融与货币合作的步伐一度加速。但是,在最近几年,亚洲金融合作的步伐放缓,自由贸易区的进展似乎有所加快。由于种种原因,特别是日本经济的长期衰退,亚洲金融合作大有丧失势头的危险。但是,只要亚洲领袖具有足够的政治远见,足够的耐心,通过长期的接触,开诚布公的谈判,亚洲各国可以逐步加深理解和信任,使亚洲金融合作取得实质性进展。

# 第三章 信用制度:理论、秩序与现代市场

## 第一节 信用制度的主要理论

### 一、信用制度的经济内涵

美国制度经济学派主要代表人物康芒斯在其《制度经济学》一书中,首先提出将信用作为一种制度。信用社会的形成依赖于制度载入,集体信用的形成需要有相应的制度安排,良好的制度是实现信用社会的基本条件。

人类相互交往依赖于某种信任,信任以秩序为基础,维护秩序需要依靠行为规则。制度提供人类在其中相互影响的框架,使协作和竞争关系得以确立,从而构成一种经济秩序。从制度理解可以导出:信用制度是关于信用及信用关系的"制度安排",是对信用行为及关系的规范和保证,即约束人们的信用活动和关系的行为规则。信用制度作为一种经济制度,是人们为获取利益而必然采取的行为规则,是为规范和约束信用主体行为和关系的一系列规则及合约性安排。市场经济是以契约化交易为主要特征的经济制度,信用或信用制度是契约化交易的基础。

信用制度作为一种经济制度,具有双重意义:第一,信用制度是经济主体相互之间在长期交往基础上形成的一种相对稳定的行为规则。第二,信用制度是社会系统对人与人之间利益关系的制度安排,包括正式规则和非正式规则。正式规则包括合同约束(一次交易中的对方惩罚机制)、信用管理制度和法律制度,如有关信用的法律(如契约法)等;非正式规则包括自我约束机制和多次交易中的对方惩罚机制,如信用观念、信用习惯、信用文化等[①]。

信用制度是在商品交换和发展中形成的。随着商品交换发展,人们从商品交换中产生信用意识,具体化为各种信用行为,进而产生信用关系,并渗透到经

---

① 彭德琳.新制度经济学.湖北人民出版社,2002.10

济生活的各个方面,人们便产生对这一关系固定化和规范化的要求,即通过信用制度来规范和安排信用关系,从而保障信用行为的正常进行。一种社会制度的形成总是多数人活动的结果,信用制度同样如此。信用制度内在地包含了伦理要求与契约精神,二者分别适用于不同层次的经济关系及其信用活动需要。如果没有大多数人在商品交换过程中产生信用关系,以及对信用关系和信用行为固定化和普遍化要求,就没有制度化的必要。因为少数或个别人之间的信用关系完全能由双方协商确立,用不着借助制度规范。社会一旦建立了适应商品交换和市场经济发展需要的信用制度,信用制度就转化为市场经济得以正常、稳定和顺利运行的制度保障,从而使信用制度反过来成为对各类经济主体的外在约束。当人与人的信用关系趋向普遍化和经常化,就上升为一种交易规则或秩序,使信用关系制度化。信用关系制度化有利于规范人们的经济行为,促进市场交易秩序的形成,有利于商品经济发展。商品经济发展反过来要求扩大信用活动范围和确立更高标准的信用活动准则。信用制度的一个主要功能就是减少经济活动和联系中的不确定性,帮助人们形成稳定和可靠的预期。信用制度的建立和执行能够规范和约束经济主体的交易行为,便于交易主体间的信息传递,有利于稳定市场秩序,实现信用环境优化。从经济发展史看,信用关系在初始时依赖一定的道德力量,表现为利益选择和追求中必须接受的道德约束。随着商品经济发展和市场经济确立,信用关系越来越依赖于制度和法律保障。例如,美国有关信用制度的立法已经达到 16 种之多,使其绝大多数信用活动都可以纳入法律制度范围。然而,一定的社会、国家、地区具有自身特定的文化传统,经过了多年历史积累演化,决定了在特定文化传统下的制度安排。在以市场为主导的制度变迁过程中,信用制度表现为一种自然历史过程,渗透在市场经济的各项制度之中。

制度实质上是人与人之间发生经济关系、进行交易活动的某种特定方式,也是行为规则。信用制度是与信用相关的人与人之间发生经济关系、进行交易活动的行为规则[①]。因此,与信用相关的各项法律法规、实施条例、契约、操作机制、道德习俗、意识形态都可以纳入信用制度的范畴。信用制度可以划分为两部分:①信用法律及条例。信用法律是指由国家政权发布的宪法、经济法中关于信用的相关条款及专门针对信用问题的信用法。信用法律规定信用活动必须严格遵守的基本原则与规则,其他任何规则都不得与其相抵触,是信用制度的最高层次。②信用文化。是与信用相关的道德风俗、意识形态、价值观等非正式约束。信用文化不同于法律、条例等正式约束,在大多数情况下并无明确条文及强制力

① 魏玮.渐进转轨中我国信用制度的扭曲与矫正.经济社会体制比较,2002(3)

量,而是通过舆论、集体价值取向、道德评判等方式规范信用活动。正式规则有其不可避免的缺陷,无法涉及到经济活动的各个方面,难以适应市场经济多样性,无法完全容纳市场经济与社会利益要求的多样性和利益结果的复杂性,仅靠正式规则难以形成人们之间的社会合作力和聚合力,因此非正式规则不可或缺。非正式规则、隐性制度、习俗、交易习惯等非正式制度安排所形成的信用制度是长期演化形成的,是内在的、隐性的,但又是人们自愿遵守的。市场经济的确立离不开完备的正式信用规则,也离不开有效的非正式信用规则,二者共同规范市场行为和价值取向,在潜移默化中成为一种社会秩序和为社会大多数人认同的准则,并共同作用,相互促进,形成完备的信用制度,保障市场交易正常运行。

## 二、马克思的信用理论

马克思通过19世纪英国有关信用制度的丰富历史探讨了信用问题,形成了较为完整的信用理论。

马克思指出,信用本质是一种经济借贷行为,这种借贷行为是以偿还为条件的价值单方面让渡。“这个运动——以偿还为条件的付出——一般地说,就是贷和借的运动,即货币或商品的只是有条件的让渡的这种独特形式的运动。”[①]“信用,在它最简单的表现上,是一种适当或不适当的信任,它使一个人把一定的资本额,以货币形式或以估计为一定货币价值的商品形式,委托给另一个人,这个资本额到期一定要偿还。”马克思的论述表达了两层含义:第一,信用是一种道德和心理上的信任,属于道德范畴,这种道德和心理上的信任使人们发生借贷关系。第二,信用属于反映商品经济关系的经济范畴,人们在商品交换中,用资本(货币)关系来表现借贷关系,信用就是建立在货币借贷与偿还能力上的经济关系。

马克思认为,信用对经济的积极作用主要体现在四个方面:一是扩大资本数量。资本数量扩大通过资本集中和积聚得以实现,资本竞争性是导致信用成为资本集中和积聚的“新生力量”。二是促进股份公司产生。信用制度是资本主义私人企业逐渐转化为股份公司的主要基础,没有从资本主义生产方式中产生的信用制度,没有信用创造的联合资本,股份公司不可能发展起来。三是节约流通时间。资本创造价值的时间不包括流通时间,流通时间只是资本将创造的价值加以实现的时间,从而资本的必然趋势是没有流通时间的流通。四是均衡利润率。利润均衡化是指一切产业部门和职能资本都能得到大致相等利润率的整个过程。随着统一市场体系的形成,不同构成的资本因竞争而在各部门之间自由

---

① 马克思．资本论.第3卷.人民出版社,1975.390

转移,信用对资本在各个部门之间的再分配产生重要作用。资本家借助信用可以获得大量货币资本,并将其投向利润率较高的部门,促使利润率趋向均衡化,没有信用则利润均衡化过程会非常缓慢。信用可能造成的消极影响主要体现在三个方面:首先,助长投机产生。“信用又使买和卖的行为可以相互分离较长的时间,因而成为投机的基础。”信用发展会突破需求制约,造成对商品过度虚假需求,产生虚假信用或空头信用。其次,加速经济危机。在以信用为基础的经济发展中,一旦经济泡沫破裂,整个社会债务链就会中断,从而引发经济危机。再次,资源配置扭曲。随着投机和信用发展,暴富机会不断涌现。在生产发展特定时期,一些商品生产者采取挥霍手段炫耀富有,获取信用后不是用于生产从而创造更多财富,而是用于畸形消费,导致资源配置扭曲。

## 三、古典经济学的信用理论

古典经济学家亚当·斯密是最早系统关注信用和人类经济行为关系的学者。在他的重要著作《道德情操论》中,斯密指出经济活动基于社会习惯和道德之上,离开这些习惯和道德,交易活动就会受到重大影响,交易基础就会动摇。他的经济理论中蕴涵着重要的信用思想,即在市场经济中,一切经济行为都是自由的过程,人们必须按照公平和信用原则,才能与他人发生经济交往,并从中获得利益。否则,如果普遍存在商业欺诈行为,那就既不利于商人,也不利于社会。因为,作为价值规律的“看不见的手”,包含着普遍公正和信用的基础,这是经济伦理的前提。他认为,判断任何人的行为是否正当和遵守信用,符合经济交往规则,不仅要从行为动机上,也要从行为后果上进行。这种方法在实际运用时,还必须与判断者的经验相联系,即判断者本人也应该是行为正当和遵守信用的。在其名著《道德情操论》[①]中更是发出感言:“与其说效用、仁慈是社会存在的基础,还不如说信用、诚信、正义是这种基础……,而信用、诚信、正义则犹如支撑整个大厦的主要支柱,如果这根支柱松动,人类社会的大厦就会土崩瓦解。”约翰·穆勒也强调信用的前提是相互信任,但他认为,这种信任主要来源于“较好的法律及较好的教育改良人的品性”,有了这种品性就可以担保自己不会侵占或占用别人资本。他曾指出,信用以信任心为根据,信任心的推广,使每个人藏在身边以备万一的最小额资本都可以用在生产用途上。如果没有信用,人们对市场缺乏信心,就不会发生借贷,资产也不会转为投资资本,市场就会处于非常低迷的状态。约翰·穆勒说:“一个人所能运用的购买力数量,是由他拥有的或应当付给他的货币以及他具有的全部信用构成。”在此意义上,他指出信用对价格“发生

① 亚当·斯密. 道德情操论. 商务印书馆,2004

影响的原因是信用本身，而不是信用形式和提供信用的方法”。在他看来，信用的资本性不是来自于通货替代物的书面票据，如汇票、账面信用、钞票等信用形式，而是产生于银行对卖主的信用和买主对银行的信用。

古典学派对国家信用也做了考察，但主要限于对公债的论述，如休谟的《论社会信用》、斯密的《论公债》、李嘉图的《公债基本制度》都是这方面的代表作。斯密认为，举债开始时完全凭信用，其信用担保是银行，但信用失效后，政府举债就需要以特别资源抵押，通常情况下，是以国家特定收入担保债务的偿还。休谟指出，公债过度会使社会信用丧失。斯密和李嘉图也都看到这个问题，他们主张建立偿债基金，即从政府公共收入超过公共支出中取得，以保证政府信用。这些有关公债的想法在当时都是了不起的创见，但把国家信用等同公债的思想过于狭隘。

## 四、制度经济学的信用理论

交易费用理论和制度变迁理论是新制度经济学的两个重要组成部分。其中，交易费用理论主要偏重于微观层面分析，而制度变迁理论则构成新制度经济学的宏观内容。从交易费用角度看。信用在经济生活中的地位在于其能有效降低交易费用，从而保证交易顺利进行，市场正常运作。社会信用体系降低交易成本的因素主要包括：第一，社会信用体系的存在可以很大程度上修正个体的成本收益函数，使社会整体理性日趋突破理性边界。第二，在持续不断的交易过程中，个体履约和守信状况将以其商誉及其社会信用登记方式被记录下来，使其机会主义行为动机因可能影响未来商誉进而影响其未来收益受到很大程度限制。第三，社会信用体系的存在一定程度上使交易双方行为变得更容易预测，弱化了未来不确定性带来的影响。第四，商誉和履约记录在社会交易中日益重要，一定程度上抑制了个别交易中数量占优方对居劣方的违约和利益侵犯，减少可能出现的较高交易费用。因此，完善和稳定的社会信用体系将很大程度减少交易过程中不可避免的内生和外生交易费用，保障社会交易顺畅进行和持续扩展。从制度变迁角度看。制度变迁分为诱致性制度变迁和强制性制度变迁，二者相互联系，密不可分，对市场秩序的生成与发展产生影响。一般而言，诱致性制度变迁面临外部效用和“搭便车”问题，从而国家作为主体推进强制性制度变迁极其必要。尽管各国信用制度实践中，诱致性制度变迁和强制性制度变迁具有不同轨迹，但各国信用制度建设都是诱致性制度和强制性制度变迁演进的结合体。制度经济学中，诺斯(D. North)进一步将制度区分为正式规则、非正式规则和制度实施机制三部分[①]。在信用体系中,法律及各种授信制度属于正式规则范畴;道德等意识形态属于非正式规则范畴;法律或契约规定的各种授信制度的贯彻方式和对失信行为的惩罚属于实施机制。非正式制度在道义上对公众进行行为约束,一旦违约就将承受良心谴责,其实施带有不确定性,而法律等正式规则的实施大多依靠国家机器强制执行,执行结果比较确定。

## 五、信息经济学的信用理论

信息经济学是有关非对称信息下交易关系和契约安排的理论,信息不对称理论是信息经济学的重要理论。美国经济学家斯蒂格勒(G. J. Stigler)于 1961 年在《政治经济学杂志》上发表著名论文,研究信息的成本和价值,以及信息对价格、工资和其他生产要素的影响。他指出,由于个人信息禀赋、知识等约束条件不同,必然存在信息不对称问题,即一方要比另一方知道更多的关于其交易客体的信息。这样,具有信息优势的一方势必会利用自身信息优势更多地攫取对方剩余,欺骗问题随之产生。这种信息不完全的存在会反过来影响事前行为,从而一些市场交易会消失。这些关于信用问题的研究及其解决途径构成信息经济学特别是不对称信息理论相当可观的文献,斯蒂格勒成为 1982 年诺贝尔经济学奖获得者,并被誉为信息经济学创始人。交易费用从广义上讲包括信息成本问题,这一领域经过科斯、威廉姆森等经济学家的努力,已经成为现代主流经济学不可或缺的分析框架。威廉姆森指出,人是有限理性的,因而包揽无遗的缔约活动不可能,契约中时刻存在事前未规定的剩余。同时,人又具有天然的机会主义倾向,因而,相信无约束的许诺是天真的,交易过程需要即时和详尽的保证。所有这些无疑增加了契约执行难度。交易成本花费与人际的信用关系紧密相连,如果交易双方存在信用关系,上述所列大部分费用将得到节约。因此,信用社会对经济的最大贡献之一,就是节约用于契约及其监督执行的资源。在现实交往中,人的有限理性、市场不确定性、信息不对称、外部效应和公共产品特性都会引起道德风险、逆向选择和搭便车等机会主义行为[②]。虽然,并非一切人都按机会主义行事,但必定有些人这样行事,特别是存在信息偏离条件下,人类具有强烈而复杂的追求自我利益的行为倾向。

机会主义行为的后果是行为人在追求私利的同时,对他人利益造成损害,每个人在交易中都采取各种措施保护自己利益不受损害,这显然要支付一定费用。

① 诺斯等．财产权利与制度变迁．上海人民出版社,1996

② 王国顺等．交易、治理与经济效率:O. E. 威廉姆森. 交易成本经济学——企业理论研究．中国经济出版社,2005

科斯认为,交易费用是获得准确市场信息所需要付出的费用以及谈判和经常性契约的费用,即信息收集成本、决策与协议成本和监督成本。从交易费用产生原因看,机会主义是交易成本产生的核心,机会主义倾向存在和交易费用高昂会造成市场混乱。随着交易的日益扩展及其形式增多,交易不确定性日益显现,人们面临不断加大的交易费用,此时便会自发产生降低交易费用的强烈愿望,促使人们不断搜寻各种有效契约形式或制度安排。信用交易和信用制度正是这种努力的必然结果。如果存在交易成本,完全竞争和自由的市场机制不可能实现帕累托最优的资源配置状态,因此,新制度经济学家主张通过相应制度安排降低经济运行中的交易成本。当存在信息不对称和交易成本时,大多数交易就变得"危险"起来。这些冲突的基本问题转化为:①信息劣势一方如何识别出对方是否会诚实守信?即"知道好人还是坏人";②信息优势一方是否努力把自己的诚实守信表现出来且让对方相信?即"好人不与坏人同流合污";③信息劣势一方如何让试图欺骗的人守信?"即不让坏人做坏事"。通过对这些基本问题的实证研究,发展了一系列与信用相关的理论,如研究事前识别他人信用与否的信息甄别理论,信用状况良好的人用以区别自身的信号发送理论,委托人如何约束代理人讲信用的机制设计理论,以及长期行为中信用关系形成的声誉理论等。

## 六、博弈论的信用理论

博弈论的创立为经济学在信用理论方面的深入研究提供了可靠依据,经济学家在长期重复和演进的博弈关系中探讨了信用的形成机制。"囚徒困境"是大多数经济学家研究长期演进的信用关系的起点。在市场经济条件下,市场行为主体之间一次性交易的囚徒困境游戏并不会导致合作结果的出现,因为背叛构成市场交易游戏双方的纳什均衡。然而,如果市场行为主体之间的交易多次重复,那么针锋相对的简单策略最终将导致游戏双方产生合作结果。因为在囚徒博弈中,参与人从自身利益考虑选择的战略必然是不管对方选择什么行为,都选择背叛,结果导致"两败俱伤"。这一博弈困境被部分经济学家和社会学家用来批评经济学关于人的个体理性和自利的假定的不合理性,因为这种假定必然导致整个群体非理性。因此,信用被认为是缓解囚徒困境的重要途径。经济学家进一步证明,在重复博弈过程中会自发形成博弈主体间的信用机制。市场行为主体之间的交易互动将产生促进经济合作行动的规范、网络和信任,产生经济活动过程中的信用行为,如声誉机制、互惠机制等合作机制。20 世纪 70 年代以来,大量经济学家和数学家致力于研究重复博弈过程中合作均衡的形成机制,这些研究极大拓展了对信用机制市场基础的认识,它主要包括三个方面:导致博弈合作均衡的无名氏定理的证明和扩展(Friedman, 1971;Rubinstein, 1979; Fudenberg & Maskin,1986);声誉机制的形成(Kreps, Milgrom, Robert & Wilson,1982; Kreps & Wilson,1982; Milgrom & Robert, 1982);合作机制的演进(Axelrod, 1981)。

国内学者运用重复博弈模型得出人们追求长期利益会导致信任的结论。既然重复博弈可以产生信任,则影响重复博弈的可能因素和人们策略选择的因素也就是影响信任形成的因素。对于信任的形成,影响社会成员之间重复博弈可能性的因素更为根本,这些因素包括产权、社会中介组织、交易设施等。一些研究证实,发达的社团组织(如宗教团体、商会),以及大量的中介组织有助于信任建立。这是因为:一方面,个人生命有限,采取机会主义行为的成本较低,而组织在某种程度上延续了个人生命,从而使一次性博弈变成重复博弈;另一方面,正如韦伯及其后来者指出,参加社团组织等于获得一个"社会印章",使得"团体惩罚"更为可能[①]。当然也有研究指出,寻租性社团活动对信任可能也有损害。中国经验表明,信任本身显著受到经济发展水平、交易发达程度、人们之间交易便利性程度、受教育程度或者人口中官员数量等因素影响。因此,中国目前低信任度可以归因于人们还缺乏重复交往和参与重复博弈的机会,以及实施必要的双边和多边惩罚机制。

## 第二节　信用制度的生命基石

### 一、信用制度法律体系及其约束机制

#### (一)信用制度法律体系

建立良好的社会信用制度,不仅要依靠信用教育和道义劝说,还要依靠法律规范。正如休谟所言:虽然一个人为了他在社会里的长期生存问题,他可能讲信誉;但是信誉建立不能单纯依靠自身利益最大化。因为个人利益是多变的,今天这个人对他有用,就同这个人讲信誉,明天这个人对他没有用处,则从自身利益出发,不对这个人讲信誉[②]。社会普遍存在"杀熟"等行为模式,都是从个人利益出发不讲信誉的结果。因此,休谟认为,信誉建立不能单靠个人利益,必须用某种超越个人利益关系的规则约束低层次行为,这种规则就是法制。信用立法体系是建设社会信用管理体系的核心,也是保障信用制度有效运行的关键。一般认为,信用立法应界定好三个关系:一是政府政务信息公开与保护国家经济安全的界限;二是商业秘密与公开信用信息的界限;三是消费者个人隐私与公开信用

① 顾中华. 韦伯学说. 广西师范大学出版社,2005

② [英]休谟. 人性论. 商务印书馆,2003

信息的界限。信用立法包括信用法律和信用条例。信用法律是指由国家政权发布的宪法、经济法中关于信用的相关条款及专门针对信用问题的信用法。信用法律规定信用活动所必须严格遵守的基本原则与规则,其他任何规则不得与其相抵触,是信用制度的最高层次。信用条例是指由经济实体或组织制定的信用相关规定及条例,例如由中央银行、各商业银行、信用协会、信用中介等机构发布的指导其管理与经营行为的信用规定。美国 1860 年在纽约布鲁克林成立第一家信用局,标志着美国个人信用市场的萌芽。经过 100 多年的发展,美国信用管理呈现四大显著特点:一是个人信用记录公开化;二是强化债权保护;三是监控银行风险;四是信用管理相关法律、法规完善。

美国已形成以信用局为核心的完善的个人信用体系。美国个人信用体系的基本架构包括三部分:信用服务中介机构、信用立法体系和相应的信用执法机构。美国信用管理的相关法律框架是以《公平信用报告法》(FCRA)为核心的 17 项法律,其中《信用控制法》在 20 世纪 80 年代被终止使用,在其余 16 项法律法规中,《公平信用报告法》和《格雷姆-里奇-比利雷法》两部法律最为重要,对个人信用信息的采集和共享,特别是对有关消费者个人信息的使用做出明确规定,值得借鉴。我国目前应首先出台《征信管理条例》、《政务信息公开条例》、《信用信息互联互通管理办法》、《企业信用管理条例》、《个人信用管理条例》等,同时修改《商业银行法》、《商标法》、《知识产权保护条例》和《储蓄存款管理条例》中的相关条款。

### (二)失信惩戒机制

失信惩戒机制是社会信用管理体系正常发挥作用的保障,使失信者付出与其失信行为相应的经济和名誉代价,守信者得到多种方便和利益,获得更多市场机会。失信惩戒机制可以由政府综合管理部门做出行政性惩戒,政府专业监管部门做出监管性惩戒,金融、商业和社会服务机构做出市场性惩戒,以及信用信息广泛传播做出社会性惩戒和司法部门做出司法性惩戒等多方面构成,达到保护守信者、惩罚失信者的目的。

### (三)现代信用服务监管

信用服务行业具有智力和技术密集、专业化程度和市场集中度较高等特点,承担着信用信息收集、加工、处理和传递等功能。大型信用评级机构、企业和消费者信用服务机构等在防范信用风险、促进信用交易方面发挥重要作用。政府有关部门对一些行业的市场准入规定其应提供信用产品,如在企业登记注册、行政审批、经营许可、质量技术监督、政府委托中介机构承办事项、资质认定管理等工作中,应明确规定要按照授权和规范流程查询或要求企业提供信用报告。金融和商业机构在与企业和个人发生信用交易、信用消费、商业赊销和租赁等业务时,应规定按照授权和规范流程查询或要求当事人提供信用报告。对上市公司发行股票、企业发行债券,以及上市公司信用状况等,应规定实行强制评级或评估。只有这样,才能有效扩展全社会的信用需求和信用产品的服务市场。政府部门对企业信用或个人信用的监管大多是按照部门或地方规章建立并实施的,有关部门应当组织协调并整合这些信用信息资源,加强部门之间的横向合作与交流,形成对企业或个人的社会联合信用监管体系,逐渐形成信用与社会的联动效应,以及信用与其经济活动的关联制约机制,达到引导企业及个人信用的目的。

## 二、信用制度与社会环境的内在联系

社会信用体系是一种促进诚信的社会机制,以社会信用制度为核心,通过对失信行为的记录、揭露、传播、预警等功能,解决经济和社会生活中信用信息不对称的矛盾,加大失信成本,褒扬诚实守信,扩大市场信用交易规模,维护经济与社会生活的正常秩序。同时,社会信用体系还间接发挥改善企业文化和重建社会信任作用,包括以震慑失信和反面事例教育企业和消费者,使其行为更符合诚信道德规范,社会资本在各类组织得以形成。诚信文化和社会信用体系是信用制度的两端,两端应当保持平衡。某种程度而言,道德和诚信本身只是空洞的信仰,只有通过鞭子和现实报应才能规范人们的行为。

信用环境还包括人们的信用意识、有关信用的行为习惯以及社会对各类信用服务的需求等内容。其中,信用的行为习惯和对信用服务的需求可以通过多种手段培养。美国州和联邦的监管当局已将债券评级渗透到对多种金融机构的监管条例之中。如商业银行和储蓄机构持有的任何一个债务人发行的非投资等级债券不能超过其资本金和盈余之和的10%,抵押类债券或外国债券必须被评为AA级以上才可以作为保证贷款的担保。信息公开制度下,政府有义务公开其行使行政管理权过程中形成的各种信息,或者说公民个人或团体有权知悉并取得行政机关的文件、档案资料和其他信息。政府对拒绝提供的信息具有举证责任,必须提供拒绝理由。大量公开的政务信息,为信用服务公司收集与信用有关的政务信息提供了重要来源。对信用产品和服务的旺盛需求是保证信用产业迅速发展的直接因素。信用体系建立之初,这种社会需求需要政府大力引导和推动。

## 三、信用制度下信用主体的成本与收益

诚实守信是每一个人都必须遵守的最基本的道德准则,也是每一个企业立

足社会的必要条件，更是市场经济条件下企业正常运行的最基本要求。现实中，一些个人和利益集团为追求利益最大化，惟利是图，践踏诚信，欺诈赖账等一系列失信行为的产生，引起严重的社会信用危机。从表面上看，失信行为产生基于当事人的败德行为，但在背后隐藏着深刻的经济学根源。

### (一)信息不对称与失信行为产生

信息不对称是失信行为产生的最基本原因之一。交换形式的演变和社会分工的不断细化使信息不对称日益明显，失信行为产生的频度增加①。人类社会最初的物物交换，交换范围狭窄，双方彼此了解熟知对方产品的质量与性能，失信行为不易产生。随着生产力发展和社会分工细化，出现以货币为媒介的商品交换形式，商品流通成为交易的独立环节。为获得更高利润，某些商人想方设法垄断商业信息，从而加剧信息不对称，为失信行为产生提供客观条件。当商品经济在全社会范围内占统治地位时，整个社会不仅存在商品市场，而且出现内涵更广的生产要素市场，交易链延长和社会分工细化使交易次数增多，从而加剧信息不对称。整个市场中不仅存在最终产品，而且出现中间产品，导致信息不对称加剧。这表现在一项复杂的技术难以分割让渡，其效果和价值最好通过使用加以判断和确定，本身却要求严格保密，故卖方不愿透露细节，买方难以了解其真正价值，卖方失信行为很有可能产生，从而损害买方利益。随着科技发展，中间产品种类日益繁多，性能和质量快速提高，信息不对称越来越明显，失信行为逐渐增多。

### (二)交易频度与失信行为产生

假定整个市场只有甲乙两个经营者，彼此需要对方产品并进行交易，一次交易和多次交易往往结果不同。

双方只有一次交易。假定甲乙相互守信，双方各能获得 10 个单位的收益；若一方守信一方失信，失信一方暂时获得 12 个单位收益，守信一方只得到 6 个单位收益；若双方都失信，双方各获得 8 个单位收益。根据以上假定得出支付矩阵(见表 3-1)。

**表 3-1 支付矩阵**

| | 守信 | 失信 |
|---|---|---|
| 守信 | Ⅰ(10,10) | Ⅱ(12,6) |
| 失信 | Ⅲ(6,12) | Ⅳ(8,8) |

① 葛晨虹，赵爱铃. 中西信用思想的发展演变. 江西社会科学，2006(8)

从支付矩阵可以看出,假如甲选择守信战略,则乙选择守信战略能得到 10 个单位收益,选择失信战略能得到 12 个单位收益。为获得收益最大化,乙会选择失信战略。假如甲选择失信战略,则乙选择守信战略只带来 6 单位收益,而选择失信战略能得到 8 个单位收益,为此也会选择失信战略。也就是说,无论甲选择何种战略,对乙而言,失信战略是其最佳选择。反之,无论乙选择何种战略,对甲来说,失信战略也是他的最佳选择。因此,双方都会选择失信战略,其博弈结果形成纳什均衡。一次交易中双方没有理由确信交易会继续下去,选择失信战略成为双方实现效用最大化的最优行为,从而失信行为容易发生。

双方存在多次交易。假定甲乙双方长时间需要对方产品,整个社会中只有此两个经营者,没有其他合作者,双方需要长期合作以满足各自需要。双方交易将无限次重复,从一次博弈转变为无限次的重复博弈,交易者能通过连续不断的重复博弈了解对方行为,并作出相应反应。如果甲在一次博弈中选择失信战略,从而获得较高收益,乙获得收益则相对减少,乙在下一次博弈中也会选择失信战略,导致双方收益都会减少,且此后双方再也不会有守信行为出现。如此恶性循环只会两败俱伤,双方都不能获得较好收益,从而双方的理性选择只能是守信。但是,如果任何一方发现,一次不守信而对方守信所获得的净收益超过未来无数次博弈由于被惩罚所付成本的现值时,失信行为仍有可能出现。

## 四、信用制度与信用体系的维护

### (一)信用体系维护的制度基础

现实经济生活中,只有当规范以制度的形式出现时才能发挥持久而有效的作用。根据发达国家经验,信用制度与信用体系维护的制度基础包括:

1. 产权制度明晰

信用制度本质上是产权制度,良好的信用制度意味着相对稳定和明晰的产权在法律上获得保障。因此,维护信用制度要求企业必须建立现代企业制度,尤其是完善产权制度。

2. 健全企业信用风险管理制度

企业是市场经济最重要的参与主体,企业行为直接关系市场经济能否健康发展。为减少失信行为,企业必须建立和健全信用风险管理制度。

3. 完善信息管理制度

市场经济中产生失信欺诈现象的客观条件就是信息不对称[①]。为此,增加

---

① 李新庚.信用产生的经济、伦理和制度基础.湖南经济管理干部学院学报,2004(4)

信用市场透明度，防止逆向选择和道德风险行为，需要有完善的信息披露制度和企业与个人的信用评估制度。

4. 严格失信惩戒制度

通过制度安排提高失信成本，使守信企业和个人得到可靠保护，失信者付出沉重代价。一个成熟的社会信用体系具有一些共同特征，“诚信至上”成为全民意识和社会道德，各行各业按照行业特点制定并实行以诚信为内容的职业道德规范。市场主体信用状况的信息系统完善，具有完备的企业和个人资信档案管理系统，其信用状况真正成为参与社会经济活动的重要依据，以法律制度为基本内容的信用制度体系健全，使企业具有较强的自我控制和风险防范能力。

### （二）维护信用体系

德国经济学家布鲁诺·希尔布兰德(Bruno Hildbrand)根据交易方式不同将社会经济发展分为三个阶段，即以物易物交换方式为主的自然经济时期，以货币作为交换媒介的货币经济时期和以信用交易为主导的信用经济时期，并首次提出信用经济是一种契约经济①。

信用对人类社会的发展，对社会资源的合理配置和优化组合发挥极为重要的作用。马克思曾指出：要想等到单个资本壮大到能够去完成修筑铁路这样庞大的工程，恐怕这个世界上至今也不会出现铁路，正是利用股份制这样一种现代信用方式，转瞬之间便完成了单个资本需要漫长历程的过程。在当今高度发达的市场经济中，快速周转的物流和资金流，都是以信用为渠道和桥梁，因此，市场经济就是信用经济。信用是财富和资本，信用高则风险低，信用是经济社会中的生命和灵魂。从微观层面看，公民和法人之间是否守信用，是当事人之间的民事法律关系，属私法调整范畴。但是，这种不守信用超过一定限度，损害社会公众利益，危害社会经济秩序，便属于公法调整范畴。

德国1900年实施的《德国民法典》中第242条规定：“债务人应依诚实和信用，并参照交易上的习惯，履行给付。”德国学者对诚实信用原则研究造诣颇深，在韦伯教授的《德国民法典释义》一书中，仅对诚实信用条款242条注释就长达1 000多页，法院在司法审判中，还据此创造出非常著名的诸如情势变更等原则，由此可见私有制信用原则的重要和深奥。英国古典经济学家亚当·斯密认为，人是经济的人，我们每天所需食物和饮料，不是出自屠户、酿酒家或烙面师的恩惠，而是出于他们自己的打算。在竞争激烈的现实经济社会中，人们不会天然守信用，关键是要以法律和道德，构建一套必须遵守的信用秩序和制度，不守信

① 林钧跃．企业与消费者信用管理．上海财经大学出版社，2005

用必然受到法律制裁，付出比守信更高的成本，相反让守信者降低交易成本。17～18世纪，英国政府雇佣私人船主将许多犯人送往澳大利亚服刑。起初英国政府按犯人上船时的人数给船主付费。船主为牟取暴利，克扣犯人食物，甚至把犯人扔下海，运输途中犯人死亡率最高时达到 94%。由于跨海航行很难监管，后来英国政府改变了付费规则，按活着到达澳大利亚下船的犯人数付费。结果船主千方百计让更多犯人活着到达目的地，犯人死亡率最低降到 1%。

西方国家成功治理社会信用的主要经验之一是尽早建立社会信用管理体系。社会信用管理体系是征信机构依法将社会经济活动中各种主体（包括法人和自然人）的信用信息，进行采集、加工、储存并形成信用数据库，以便为需要相关信息的交易对象提供信用记录档案服务的管理模式和制度。国家建立社会信用管理体系必须先立法，妥善处理采集、加工、储存和提供信用信息与保护个人隐私和商业秘密的关系。采集、加工、储存、提供信用信息必然涉及保护个人隐私和商业秘密，确定征信业行业标准。行业标准包括两部分，即信用评级标准和数据库各种技术标准。征信市场选择适度竞争模式，应当用市场化建立国家征信体系，鉴于征信行业的特殊性，又要避免过度竞争。

## 第三节　欧美国家的信用体系

市场经济是信用经济，诚信是市场经济发展基石，社会信用体系是维持市场经济秩序和改善信用环境的保障。美国、日本、欧洲等国家具有比较完善的社会信用体系，十分重视国家信用管理体系建设，把信用制度和信用体系作为一种社会机制，规范本国市场经济行为，保证市场经济从以原始支付手段为主向以信用交易为主的市场交易方式转变。欧美国家在社会信用制度和信用体系建设方面主要有四方面内容：一是向社会公布个人和企业信用信息数据，制订有效政策促进信用管理行业特别是征信公司发展；二是制定国家信用管理立法，构架有效社会信用运行机制，建立和完善信用规范和失信惩罚机制；三是建立银行、政府和民间三个层次的监督执法体系，加强政府对信用交易和信用管理行业监管；四是扶持和促进信用管理正规教育的研究和发展。

### 一、美国的信用制度体系

美国社会信用体系经过 100 多年演进已发展为相对成熟的机体，具有完整的组织架构、和谐的运行机制和强大的辐射功能，对促进社会稳定和市场经济发展起到重要作用。美国企业间的信用支付方式占社会经营活动的 80%以上，信用付款方式在个人支付活动中占据主导地位。美国信用经济的形成和发展过程中，信用信息产业发挥了极其重要的推动作用。由于信息不对称导致日常交易中诈骗、赖账等情况频繁发生，为促进交易顺利进行，降低交易成本，向交易中的特定对象提供有关其他交易方信用信息，信用报告机构或称信用局应运而生。信用报告就是信用报告机构经过信息收集和处理后向特定对象有偿提供的一种信用信息产品，这些特定对象包括企业、银行、保险公司、零售商、房地产商、雇主等市场主体甚至政府及相关部门，供其在法律“允许的目的”范围内使用。

美国信用报告机构出现于19世纪60年代，目前已经发展为层次分明、体系庞大、覆盖面极其广泛的信用信息服务产业。在个人资信服务领域，Equifax，Experian和Trans Union等三家机构几乎垄断了全美个人资信的所有数据信息，其辖下的信用局每年可提供不少于5亿份的信用分析报告。此外，还有1 000多家地区信用局，或附属于三家全国性信用报告机构，或独立运作。在企业征信领域，邓百氏公司仍然是美国乃至全球规模最大、历史最悠久和最具影响力的企业资信服务机构，主要为企业间的交易或企业向银行贷款时对企业做出信用评价①。据悉，邓百氏构建的数据库已涵盖超过全球5 700万家企业信息。主宰资信评级行业的有穆迪投资者服务公司、标准普尔公司、菲奇公司和达夫公司，主要对国家、银行、证券经营机构及上市大公司的信用进行评级，帮助投资者分析特定对象的信用风险。特别是穆迪和标准普尔两家公司基于其悠久历史、雄厚实力和良好声誉，在国际市场占据举足轻重地位。

美国信用中介机构由私人部门发起设立，与德、法等欧洲国家把信用服务机构作为中央银行的一个部门设立有所不同。随着信用经济发展，美国信用服务市场在激烈竞争中被迅速细分，信用中介机构具有服务特色和掌握核心业务（消费者信用报告、资信评级、商账追收、信用保险等）。如美国商账追收局及艾美迦信用咨询管理集团成立于1929年，主要业务是帮助客户进行商账追收和信用风险管理。美国信用管理体系高度市场化，其中间力量是各具特色的信用管理机构，伴随信用中介的发展逐渐兴起，同时扮演双重角色，既是信用中介市场的主体，也是信用行业管理者，对行业内从业者进行自律管理和提供服务。民间机构的自律管理是美国信用业管理的一大特色。美国不同细分市场内的信用中介都有相应的行业自律管理组织与之相对应，如信用管理协会、信用报告协会、商账追收协会等。如国家信用管理协会（National Association of Credit Management，NACM）是全美最具公信力的专业信用管理自律性组织，其会员一般为代表各类经济主体进行信用和金融管理的机构。NACM也是世界历史最悠久的信用管理协会，1896年成立时仅有600个会员，目前拥有会员已经超过22 000

① 陈文玲. 中美信用制度建设的比较和建议. 经济社会体制比较，2003(2)

个。NACM每年除向会员提供信用管理服务(包括商业信用报告、行业信用归类与分析、商账追收管理、债务清偿与调解、防止商业欺诈、担保品评估与管理)、对会员信用等级进行评价外,其下属的信用研究基金会(Credit Research Foundation,CRF)还承担对会员的教育培训任务,包括制定教育和培训计划、设立培训机构、举办研讨会、完善网上培训课程、设立研究奖学金等。

美国信用法律制度以信用交易的充分发展为先导,具有深厚的文化基础。许多美国人认为,获得信用不是特权,而是任何人都享有的权利。这种观念是信用经济和信用法律制度的基础。美国主要的信用法律制度以法典第15编第41章"消费者信用保护"为核心,其基础是国会于1968年制定的《消费者信用保护法》(Consumer Credit Protection Act,CCPA),是国会在消费者信用领域的第一次重要的立法尝试,其后陆续有《诚实借贷法》(Truth in Lending Act,TILA)等大量法律被编入"消费者信用保护"中。概括而言,美国信用法律法规可划分为几个类别:第一,信贷与租赁法律。主要集中在1968年国会制定的《诚实借贷法》以及其后制定的几部补充、修改《诚实借贷法》的法律中,包括1969年制定的《未经申请的信用卡法》、1974年制定的《公平信用结账法》、1976年制定的《消费者租赁法》、1981年制定的《诚实借贷简化法》、1988年制定的《公平信用卡披露法》和《家庭平等贷款消费者保护法》以及1994年制定的《家庭财产所有权及其平等保护法》。第二,信用报告法律。以1970年国会制定的《公平信用报告法》(Fair Credit Reporting Act,FCRA)为基本法律,旨在保证信用报告机构公正而准确地出具消费者信用报告,完整而准确地保存消费者信用信息,及时纠正其中错误,更好保护消费者享有的知情权。第三,平等授信法律。主要指国会于1974年颁布的《平等信用机会法》(Equal Credit Opportunity Act,ECOA),该法禁止信用交易中的歧视行为。得益于该法规定,消费者在申请贷款时,不会因性别、种族、婚姻状况等因素而受到银行、零售商等债权人歧视。第四,公平债务催收法律。主要包括旨在禁止债务催收中的不合法、不适当行为的《公平债务催收业务法》(Fair Debt Collection Practice Act,FDCPA),该法由国会于1974年制定。第五,信用修复(删除信用报告中的负面信息并收取费用的业务)规定。主要是国会为限制信用修复机构的欺诈行为而在1996年制定的《信用修复机构法》(Credit Repair Organization Act,CROA)。美国信用法律形式多样,除国会立法外,还有行政规章和联邦最高法院判例;除联邦立法外,还有各州自行制定的有关法律。就联邦法和州法的关系而言,往往同时存在于某一特定信用领域,各有分工,有时又交织在一起。从权限看,联邦享有禁止各州制定信用法律的宪法权力,但通常情况下,联邦立法并不完全排除州法,而只是对州法进行限制。此外,美国州法律统一委员会于1967年起草了《统一消费者信用法典》(Uniform Consumer Credit Code,UCCC),以促进各州信用法律统一。

## 二、英国信用制度体系

19世纪中期,由于交易中诈骗、赖账等导致交易双方不信任情况频繁发生,为促进交易顺利进行,征信公司或信用局应运而生。1830年,英国伦敦成立世界第一家征信公司。从征信机构所有者性质看,英国征信机构都是私人部门所有。英国有两家跨国征信公司:益百利(Experian)和艾可飞(Equifax)。益百利公司是一家国际性信息服务公司,隶属于英国一家大企业集团,主要业务分布在欧洲和美洲;艾可飞是一家总部设在美国的国际信息服务咨询公司。两家公司都以市场化方式运作,收集信息不付费,查询有偿,盈利性较好。

由于英国没有统一的ID号码,或类似于美国的社会保险号码,英国征信机构一般从选举人登记系统、邮局等公共部门采集消费者信息,并通过对各方面信息的处理来辨别消费者身份。消费者信用信息主要来自私人部门和法院判决(如个人破产等)。消费者个人信用报告包括以下内容:一是公共信息:从英国各选区获取所有超过18岁的选民登记信息,包括姓名、出生日期、居住地等;从邮政部门获取的地址、邮编;从各地方法庭获取的法院判决书;从政府有关公告中获取的个人破产信息、债务调解协议和行政处罚资料。二是账户信息:由信贷机构提供。根据签订协议,各信贷机构提供各自信贷客户详细资料,包括借款人在什么机构获取信贷、信贷内容、良好或不好的还款信息以及房屋抵押或转让资料。三是查询信息:在数据库中对个人信用信息被查询情况作详细记录,包括什么机构查询,查询内容和次数,查询目的是发放贷款还是追账等。四是关联信息:收集记录个人与他人的共同账户信息,如家庭同姓成员情况和同居不同姓而有信贷联系借款人的信息等。五是欺诈信息:收集记录个人不诚实信息,包括信贷诈骗和逃废债务情况。六是其他信息:主要是别名和地址变换情况。征信机构可以免费采集政府部门和法院相关信息,但在采集邮局信息时一般要向邮局支付费用。采集私人部门信息是否需要付费,一般由征信机构和信息提供者协商确定。互利原则和信息提供者的积极参与是英国实现信息共享的经验。

由于征信机构的信息使用者同时也是信息提供者,使得信息提供者能够并且愿意同征信机构在各个方面积极合作。比如,征信机构和信息提供者在信息采集方式上相互支持使现代信息技术在征信行业得到广泛应用。在个人征信管理方面,英国成立了隶属于议会的信息委员会,专门从事信息数据管理工作。在消费信贷方面主要颁布了两个法案,即1974年的《消费信贷法》和1998年的《数据保护法》。这两个法案对数据的取得和使用作了详细规定,对征信公司和保留个人信息的部门实行数据使用的报备制度,规定个人有权知道被收集了什么信息及谁使用了这些信息，这些信息只能保留 6 年[①]。在法律允许范围内，金融机构和零售商、个人都可以查询，房东在出租住房时可以查询租房者的个人历史信用情况，以确定是否能够向其出租住房；警察局只有在立案情况下，才可以查询个人信用记录；贷款机构只能出于信贷目的进行查询，不允许信贷机构用于信贷发放以外的目的；政府机构出于工作需要，在法律允许范围内可以查询征信公司个人信息，但政府部门的这种权利没有法律上的详细规定，征信公司可以拒绝其查询。政府部门被拒绝后经法院判决可以查询才能查询，但征信公司可按最高标准向其收费。

英国征信机构具有独特运作方式。以益百利和艾可飞为例，这两个跨国公司采用先进计算机和网络技术，对数据进行集中处理，建立了一个庞大的数据中心并异地备份，数据库中有英国 2.5 亿条个人记录，还有从其他国家收集的数据。它们与客户一般通过专线连接，大量利用国际互联网技术，每周查询超过 100 万次，数据每月进行更新。两个公司对于信息数据的处理在技术上是自动完成的，以防止人工干预出现错误，防止违法使用个人客户信息。两大公司通过对收集数据的加工处理，为金融机构和零售商有偿提供信用产品及服务，主要是提供信用报告。同时，利用对数据的深加工，帮助金融机构和零售商深入了解客户和开发有利润潜力客户，进行目标营销；利用其先进的信用评分技术，帮助金融机构和零售商快速处理客户申请并准确决策；利用其人才、技术和管理优势，提供特定服务，向外进行技术扩张。英国征信市场发展历史表明，征信行业具有持续稳定和快速增长特征。随着征信机构采集信息不断增多，其数据库内容日趋完善，为银行等主要信息使用者提供的信用报告稳定增长。对消费者信息进行综合评分，当客户查询消费者资料时，系统会自动打出该消费者分数。评分服务不仅使信息使用者方便使用征信机构信息，而且提高了信息使用者的决策效率。随着征信市场发展日趋成熟，依靠信息资源为客户提供更多增值业务对征信机构越来越重要，需要征信机构从业人员对主要客户业务有更深入了解。而征信机构采集信息日渐增多，现代信息技术在征信行业应用日益深入，增值业务品种不断开发，对征信机构数据库建设和管理等提出更高要求。目前，征信行业已经成为知识和技术含量很高的行业。以益百利为例，公司总部仅软件工程师就有 200 多名。

## 三、德国信用制度体系

德国是信用经济高度发达的国家，商业信贷、贷款买房购车、邮购商品、分期

---

① 周显志. 英美消费信贷法律制度的历史考察. 消费经济，2002(2)

付款和信用卡支付等信用消费在社会经营活动和日常生活中十分普遍，总体而言，德国社会诚信度很高。这主要得益于德国建立了一套相对完善的社会信用制度和管理体系，该体系将各种与信用相关的社会力量结合起来，共同促进社会信用的完善与发展，制约和惩罚失信行为，从而保障社会秩序和市场经济正常运行。

德国目前缺乏专门的信用管理法，有关信用管理法规散见于商法、民法、信贷法和数据保护法等法律法规中。主要规定包括：第一，规范信用信息公开法律。德国《商法典》(HGB)规定，成立公司必须在地方法院以公开可信形式，即通过公证进行商业登记注册，以载入商业登记簿。商业登记包括公司法律形式、工商注册号、公司地址、注册资本、法人代表、主要股东、营业范围等内容。商业登记簿可公开查阅。德国《特定企业与企业集团账目公布法》对超过一定规模的企业如何公布账目作了明确规定。凡符合下列三个条件中两个的企业有义务在做年终决算报表日后的第 3 天首次公开账目。这三个条件是：年终决算报表中资产总额超过 6 500 万欧元；年营业额超过 1.3 亿欧元；员工总数超过 5 000 人。德国《破产条例》规定，企业破产必须到当地破产法院申请。该条例对企业和消费者破产的条件、过程做了明确规定。破产申请经破产法院审核批准后即进入破产程序，法院将破产企业或消费者列入破产目录并予以公布。联邦各州须建立各自破产目录中心。德国《民事诉讼条例》(ZPO)第 915 条对债务人名单的建立、公布和销毁作了明确规定。无偿还能力者可到地方法院做代替宣誓的保证(EV)，地方法院将此记录在债务人名单内，并在全国范围内予以公布。作了 EV 的消费者 3 年内无权享受银行贷款、分期付款和邮购商品等信用消费。第二，保护个人隐私法律。德国保护个人隐私法律主要有《联邦数据保护法》、《信息和电信服务法》及 1998 年 10 月生效的《欧盟数据保护指南》。法律对个人数据的获取、储存、使用、传播等方面都有严格规定。征信机构必须公正、合理地收集消费者和企业的信用资料。消费者有权了解征信机构收集、保存的本人信用资料。数据处理单位工作人员有保密义务，只有在法律允许或经用户同意情况下，有关公司才能提供用户信用数据。禁止在消费者信用报告中公开消费者收入、银行存款、生活方式和消费习惯、超过法定记录期限的公共记录中的负面信息等。第三，规范催账程序法律。2000 年 5 月 1 日生效的德国《反不道德支付法》规定，客户收到账单 30 天后或在账单规定的付款截止日后 30 天仍未付款，债权人可加收超过银行贷款利率 5%的滞纳金。如客户在收到连续 3 次催账警告后仍置之不理，债权人可向地方法院申请强制执行。第四，信用监督法律规定。德国《信贷法》(KWG)规定，德联邦银行和联邦金融服务监管局负责对银行与金融机构监督与管理。联邦银行是唯一具有对金融机构行使统计权力的机构,各类金融机构须每月向联邦银行报送包括信贷业务数据在内的各类统计报表。联邦银行通过建立“信贷登记中心”信息共享机制控制银行业内部信用风险。德国《联邦数据保护法》规定,德联邦内政部负责国家秘密保护工作的指导、监督和管理。联邦政府及各州政府均须设立个人数据保护监管局,负责对掌握个人数据的政府机构和信用服务机构进行监督和指导。

从信用信息来源看,德国社会信用体系包括公共信用信息系统和私营信用服务系统两大部分。公共信用信息系统主要包括联邦银行信贷登记中心系统、地方法院工商登记簿、法院破产记录和地方法院债务人名单。除联邦银行信贷登记系统供银行与金融机构内部使用外,工商登记簿、破产记录和债务人名单均对外公布并可查询。公共信用信息系统是德社会信用体系的有机组成部分,也是私营信用服务系统的主要信息来源之一。私营信用服务系统主要包括从事企业与个人资信调查、信用评级、信用保险、商账追收、资产保理等业务的信用服务,公司根据自身业务需要建立的企业与消费者信用数据库及其提供的信用服务。私营信用服务系统是德国社会信用体系的主体,内容包括:一是资信调查与评估。资信调查与评估公司收集与企业和消费者个人信用有关的所有信息,加以分析评估,建立庞大信用数据库,所提供服务产品主要是信用报告和信用风险指数。德国知名资信调查与评估公司有 Creditreform,Buergel,Schufa 等。二是信用保险。信用保险通常是以他人信用风险为保险责任的财产保险业务,保障投保企业应收账款免受不正常损失。信用保险分外贸和内贸服务两大块。出口信用保险包括政策性和商业性信用保险。三是商账追收。商账追收业务是指商账追收公司受客户委托从事的催账和账款追收活动,其特点是使用合法手段但不通过法律程序追收拖欠债款。四是资产保理。资产保理业务是指保理商(Factoring)通过购买他人债务而提供的客户应收账款服务。与商账追收业务最大的不同是,保理服务是一种债权转让交易,保理商采用立即付款方式购买客户应收账款,以便客户及时获得所需资金。保理商虽从中收取一定费用,但承担债务风险。德国目前有 20 多家从事资产保理业务的公司,其中 19 家是保理商协会会员。

德国社会信用体系的特点可以概括为:第一,信用体系结构多样化。德国社会信用体系涵盖目前世界上三种最普遍的社会信用体系模式:以中央银行建立的“信贷登记中心”为主体的公共模式;以私营征信公司为主体的市场模式;以行业协会为主体的会员制模式。后者以具有公司性质的通用信用保险保护协会为代表,由协会建立信用信息系统,为协会会员提供个人和企业的信用信息互换平台,通过内部信用信息共享机制实现征集和使用信用信息的目的。这三种模式在德国相辅相成,构成统一完整的社会信用体系。第二,信用保险和征信公司规模较大。德国三大信用保险公司(裕利安宜、Atradius 和科法斯)占信用保险市场份额的98%。Creditreform,Buergel,Schufa 等三大征信公司在资信调查与信用评估业务领域占主导地位。第三,混合经营成为信用服务公司的发展趋势。德国信用服务公司经营模式已从单一资信调查、信用评级、信用保险、商账追收等服务向同时提供多种信用服务的模式发展。良好的信用文化传统和自律意识为混合经营模式奠定了基础。目前,较大规模的征信公司均提供信用报告和信用风险评估服务。大的信用保险公司更是提供从信用咨询、信用保险到商账追收和资产保理等全方位信用服务。

## 四、其他国家信用制度体系

由于经济发展水平和法制文化环境不同,征信国家社会信用体系的制度特点存在差异,比较典型的社会信用体系模式可被划分为三种:第一种是市场主导型模式。这种模式的特征是征信机构以盈利为目的的收集、加工个人和企业信用信息,为信用信息使用者提供独立的第三方服务。美国、加拿大、英国和北欧国家采用这种模式。第二种是政府主导型模式。这种模式是以中央银行建立的"中央信贷登记系统"为主体,兼有私营征信机构的社会信用体系。法国、德国、比利时、意大利、奥地利、葡萄牙和西班牙等7个国家有公共信用登记机构,即中央信贷登记系统。第三种是会员制模式。这种模式是指由行业协会为主建立信用信息中心,为协会会员提供个人和企业信用信息互换平台,通过内部信用信息共享机制实现征集和使用信用信息目的。日本采用这种社会信用体系模式,主要是日本行业协会在经济中具有较大影响力。以个人信用体系为例,目前日本信用信息机构大体可划分为银行体系、消费信贷体系和销售信用体系三类。

由于所处发展阶段和国情差异,各国建立本国信用制度过程中同发达国家经历并不完全一致。以我国香港地区为例,20世纪80年代初期,香港金融诈骗行为猖獗,所有从事有抵押借贷的财务机构都遭受严重亏损。为抑制"重复租赁"等类型的诈骗,迫切需要成立一家中央信贷处理机构为信贷机构提供信贷资料。1982年,香港资信有限公司应运而生。20世纪80年代末期,香港金融业兴旺,信用贷款及信用卡市场迅速发展,香港资信有限公司服务日益重要,到2000年年底,该公司资料库已有100多万份档案,每月平均提供38万份信贷资信报告。印度、泰国等国家信用中介机构的出现则是资本市场发展的迫切要求。在尼泊尔,重建信用信息局已作为尼泊尔金融部门改革的重要内容。在墨西哥,1994～1995年金融危机后,为增强金融系统运行有效性,墨西哥政府向议会提交《公平信用保障法》草案,此外,参议院通过新的《公司破产法》,两部法案的颁布表明始于1995年的墨西哥银行系统的管制和法律框架改革逐步深入,目前评级机构、信用局等信用中介服务机构在金融系统中发挥重要作用。由于发展中国家金融市场不发达,商业银行系统所承担的信用风险最大,因此多数发展中国家信用体系建设都由银行推动。如泰国第一家资信评级机构即泰国评级和信息服务公司就是由泰国银行发起设立,孟加拉国信用信息局则是作为中央银行的一个部门形成。菲律宾信用信息局最初由菲律宾中央银行、证券交易委员会和菲律宾金融学院于1982年联合建立,创立之初作为一个非股份化和非营利公司,后来政府赋予该公司在金融系统中建立并维持有效的信用评价和监督制度义务,公司从1985年开始发布对当地公司的信用评级商业报告。1997年菲律宾信用信息局将其主要业务分为两个独立公司:菲律宾信用信息局评级公司(现为菲律宾评级服务公司)和菲律宾信用信息局信息公司,继续提供信用报告和在线数据服务。马来西亚中央银行规定公司债券发行必须经过资信评级机构评级,以提高债券透明度。泰国评级和信息服务公司最初在发展其资信评级方法和管理模式方面,得到标准普尔集团三年技术支持,印度、马来西亚和菲律宾等国信用中介机构在发展初期也同标准普尔等国际知名公司进行战略合作。斯里兰卡信用信息局根据《斯里兰卡信用信息局法案》建立,该机构发起股份的51%由货币委员会持有,30%由商业银行持有,其余19%由其他放款机构持有。由于各国信用行业发展处于初级阶段,信用信息局核心资料主要来自银行等金融部门,因此对信用行业管理通常由中央银行承担。

## 第四节　中国信用制度的剖析

### 一、转型经济信用制度的体制缺陷

我国经济转轨时期,银行信用如履薄冰,企业信用缺失。信用缺失导致市场交易行为混乱,市场交易主体之间缺乏信任,债务纠纷不断,不正当竞争屡禁不止,如假冒他人注册商标,侵犯他人商业秘密等。

转轨时期国有银行和国有企业都在一定程度上享有部分自主权,但并未真正拥有财产权和成为自主经营、自负盈亏和自我发展的经济主体,信用关系很大程度上受政府控制。由于没有独立财产权,两者的财产权同属国家这一最终所有者,因此,并不具备履约的信誉和偿债能力以及对破产所负的财产责任[①]。于是,在同一产权主体内部是否可以建立真正的契约关系,同属一个产权主体的两个企业之间出现信用纠纷将如何处置等问题,成为信用研究需要特别关注的问题。

① 孙国峰.社会信用的制度分析.社会科学研究,2002(5)

从形式上看，任何法人和自然人都可以签定合同，与交易对方建立契约关系。但如果出现合同纠纷，就会涉及财产处置权问题。从古典经济学角度看，经济主体间的契约关系是一种完全的合同关系，双方都对交易对方的生产经营情况和未来预期收益了如指掌，交易双方遵守规则，契约体现双方自由意志，如果发生纠纷，第三方可以强制执行合同。也就是说，经济合同没有风险，契约能得到完全执行。但是，现实世界是不确定性事件的集合，由于市场的不确定性和不可能性等因素存在，经济合同不完全，从而以信用契约构筑的经济主体之间的关系存在不确定性。信用经济中，当债务方不能按合同履约或归还贷款，债权人财产索取权无法实现，可通过法律程序获取财产，国家司法机构可以依法对其纠纷进行裁决。但如果借贷、赊购、赊销发生在同一产权主体内部，并且这一产权主体是国家最高统治者，司法机构调解和仲裁则显得无能为力（政府权利和法律责任出现重叠），只有由政府对借贷双方利益进行调解，政府按照自身利益最大化原则处理财产纠纷，信用原则退居第二，当毁约收益大于履约成本则信用风险产生。我国银行巨额不良资产和企业高额债务，正是由产权制度缺陷所造成。国有企业与国有银行财产同质性使债权人和债务人关系变得模糊，真正意义的信用交易行为不存在。在“所有者缺位”状态下，企业只是在内部人控制下运转，国家承担内部人和投资决策风险；银行资金提供给不具备偿债能力的债务人，意味着国有银行用信贷资金代替国家对国有企业进行注资。负利率和无法收回的坏账，形成国家对国有企业“隐性补贴”，造成企业软约束，维持亏损企业低效生存，并最终导致两种后果。一是无法培育真正的企业竞争机制。企业赖账不还，无限期拖欠银行债务，最终通过坏账被取消，滋生企业随意违约、毁约、赖账、废债等不讲信用行为，企业缺乏真正通过转换机制提高效率和促进发展的动力。二是破坏全社会商业信用。由于企业赖账行为，企业间债务演变成一种非正常债务链，这种非正常赖账模式，在全社会的银行与企业、企业与企业、企业与客户间蔓延，破坏全社会商业信用。

我国信用缺失有其市场性因素：首先，市场经济发育不成熟，信用机制形成的作用不明显。现代市场经济运行规则由两种力量支撑，一是法律体系，划分各种经济活动的具体范围，强制规范各种经济活动的行为准则；二是信用机制，确保各种经济活动有序运行的自律体系。中国经济系统中的大规模企业通常都是国有企业，产权不明晰和一些行业所处的垄断地位，使其缺乏信用生成的内外动力；大量中小企业处于资本原始积累阶段，分工程度低，企业之间信用发生频率小，信用需求动力不足；市场规模大，交易者众多，投机空间大，消费者货币投票权利不足，无法有效形成对失信者的淘汰机制；非市场配置资源因素的存在，公平交易无法实现。其次，信用市场发育缓慢。目前社会信用记录主要集中于政府部门,组建信用担保、信用评级、信用征集等机构,主要由政府部门直接负责或由其下属事业单位负责,信用收集、整理和分析基本由政府部门垄断,信用信息资源没有公开和开放。建立的信用中介机构大多有政府背景或以政府出资为主,有些是政府控股或政府独资,市场化程度和信用数据开放度低。另一方面,信用中介机构执业整体水平过低。我国目前有实力提供高质量信用产品的机构很少,经营分散,缺乏行业自律,尚未建立起一套完整而科学的信用调查和评价体系。另外,法制建设严重滞后于经济发展,信用缺失无法可依。我国《民法通则》、《合同法》和《反不正当竞争法》中虽然都有诚实守信的法律原则,《刑法》也规定对诈骗等犯罪行为处以刑罚,但不足以对各种失信行为形成强有力的法律规范和约束,缺乏专门信用立法。

## 二、政府信用缺失对信用制度维护的损伤

### (一)政府信用缺失表现

我国地方政府保护等行为引起信用缺失,损害信用制度正常运行①。地方政府目前仍属于"管理型",政府职能错位决定了其对经济的干预程度及其具有的资源配置特权。地方政府不习惯运用法律调节手段履行经济职能,从而产生两种失信行为:一是不恰当地介入或过分干预经济活动。如一些地方政府拖欠债务,违规为企业担保造成不良后果。二是政府制定的政策具有随意性,从而失去公众对政府公信力,政府行为激励错位。具体表现为:①现行政府人事任免制度存在缺陷,地方领导干部任期内只考虑本届政府目标,缺乏长远战略;新官上任重新树立自己"政绩工程",导致政策缺乏连续性;政府部门收入与责任不对称,一些政府官员利用权力寻租,人为破坏信用。②根据现行人民代表大会制度规定,地方各级法院院长每年代表本部门向本级人代会报告工作,而人大代表绝大部分由下级政府部门官员或一些利益群体代表组成。若法院严格执法过程中不顾及地方部门利益,直接后果可能是审议法院工作报告时,因代表投不满意票造成法院班子集体离任,否则将造成执法不公正或执法不严。③现有政府财政层级过多加剧道德风险。我国现行政府财政层级分为中央、省、市、县和乡共五级,相应形成中央对省、省对市、市对县、县对乡四对财政关系。根据我国《预算法》,各级政府是独立利益主体,但现实中财政关系由行政隶属关系决定,上级政府对下级政府的行政权力体现为其具备下级的收入分配和和支出责任的经济权力,双方形成委托-代理关系。委托-代理层次越多,代理成本越高。而且层级越

① 韩克勇.社会信用缺失的表现、成因及治理对策.福建论坛,2003(7)

多，自上而下的信息传递可能延缓和失真，加剧信息不对称。四对财政关系形成的四重委托关系中，前三层代理者具有双重身份，即相对于前一层次委托者是代理者，相对于后一层次代理者又是委托者，从而上级政府缺乏足够积极性监督下级政府，可能出现道德风险。

财政体制造成地方政府财力减少，许多地方政府无法通过正常预算内收入和转移支付获得财力，只有求助银行贷款等各种债务融资手段，或暂时挪用其他专项拨款，保证政府基本职能正常履行，或从维护局部经济利益动机发展为利用行政权力"寻租"动机，从而产生以政府欠款、地方保护主义纵容改制企业逃废银行债务为主要特征的政府失信行为。各种失信行为互为因果，造成恶性循环。政府考核机制缺陷导致统计数字造假和形象工程，赤字财政不得不拖欠民工工资和教育经费等，造成地方政府失信；企业交易发生失信行为，由于司法不公，正常企业合法权利得不到有效保护，产生负面示范效应；政府和企业失信使诚实守信无法形成。

#### (二)政府信用缺失的危害

我国政府信用缺失的危害主要表现为"马太效应"。由于市场经济的信用特点，信用水平的地区差异直接导致地区经济发展不平衡。信用越好的地区越容易获得资金资源，经济发展越快，推动信用水平提高；信用越差的地区越不容易获得资源，经济发展乏力，加剧经济发展不均衡态势。

交易费用理论认为，一个完善且稳定的社会信用体系框架的存在将很大程度削减交易过程中的内生和外生交易费用，从而使社会交易得以顺畅进行和持续扩展，市场机制有效发挥作用，整个经济体因交易扩展不断完善发展。政府失信严重破坏地方政府形象，降低公民对政府信任度，影响各项政策有效推行。政府失信提供错误导向，对普通企业和公民产生示范效应，造成社会诚信丧失，个人道德沦丧，破坏社会良好的道德风尚和传统美德。行政机关无法履行债务，造成违规行为增多，地方政府失信影响本地区声誉和经济环境，影响外来资金流入，抑制地方经济发展。地方政府失信也导致法院执行困难，降低法院权威性和裁决公信力，破坏法制环境。

### 三、我国信用制度建立模式探索

#### (一)建立国家信用管理体系

国家信用管理体系是监督和管理市场信用行为和信用活动的系统，政府、银行、民间是信用管理体系三个重要组成部分①。我国在建立信用管理体系中,政府的主要职能是制定市场经济活动中各种信用活动和信用服务规则,以及社会信用体系总体框架,提出预期目标,出台相关政策和法律,指导信用行业发展,加大对失信的监督和惩罚力度。商业银行和征信公司是国家信用管理的核心,其职能主要是从事各种征信、授信、惩罚失信活动。民间组织发展应立足自律,组织各类信用管理协会,加强行业自律。

### (二)制定信用法律和法规

立法旨在创造一个信用开放和公平享有并使用信用的环境。我国应修改现行法律法规,为征信数据开放和实施以及对提供不真实数据进行惩罚做准备。尽快建立并完善失信惩戒机制,其预期结果是提高失信成本,减少失信收益。完善的法律制度是市场经济的基础,创建一整套符合我国国情的信用管理相关法律,是建立社会信用制度和信用体系的基础。尽快做好制订适合国情的信用立法工作,建立相关科研机构,实质性推动信用法规出台。修改现行法律法规,在宪法、民法、刑法、保密法、银行法和行政法等法律法规中,修改和增加有关信用方面条文,为社会信用数据开放、信用中介服务组织发展提供法律依据。出台信用新立法,在此基础上加强法制管理,严格执法,加大执法力度,建立惩戒机制。

### (三)加快建立社会信用服务体系

建立全国统一的企业信用代码制度,以信用代码为核心建立全国联网的数据网络平台,为征信、授信和建立失信惩治机制奠定技术基础;尽快制定和出台相关法律,作为建立企业信用体系的政策法规,并指导各地制定相应政策措施,规范企业信用活动,确定各种信用活动基本准则;明确为企业提供信用服务的业务范围和经营规则,制定防范信用风险的监督管理和责任追究的相应措施;建立强制性征信和开放征信数据的相关制度,排除信用征集和发布的体制性和法律障碍;加快成立信用担保机构、行业协会等中介组织,发挥行业协会优势,增强各类企业信用担保机构自我发展能力,特别是发展商业担保机构,完善以企业互助和商业担保机构为主体的信用担保体系;制定政策扶持专业征信公司发展,使征信、授信实现产业化和专业化;根据不同行业和地区特点,按照统一规范原则,制定和执行统一信用行业和信用水平评价标准;加快成立企业信用评价联合会或协会,加强行业自律,协调和指导企业信用评价各项工作。

---

① 陈梓.我国信用制度建设的模式选择.中国城市金融,2002(8)

**(四)加强信用管理教育**

信用管理教育是信用管理人力资源的基础①。信用管理发达的国家都很重视信用管理教育。我国目前就业市场上资信调查、信用评级、市场调查、统计模型、数据库、信用管理咨询、信用保险服务、保理服务等方面人才十分匮乏,应尽快在有关高等院校设置信用管理专业,开设相关研究生课程,培养面向大中型企业等的各级信用管理经理人员。同时普及公民社会信用教育,推广信用文化,增强社会信用意识,提升社会信用水平,形成社会信用的舆论监督氛围,使企业和个人在巨大社会压力下依法守信、履行承诺,并把维护信用体制运行纳入政府宏观经济调控行为中。集中社会有效资源,整顿社会信用环境,严惩恶意逃废银行和企业债务、拖欠账款、逃税漏税等违法犯罪活动,切实改善社会信用环境。

① 吴晶妹.信用规模、信用结构与经济增长——从美国信用活动轨迹看我国信用制度建设.金融论坛,2004(4)

# 第四章　金融体系:体系、动态与变革趋势

## 第一节　金融体系的相关理论

金融体系的建立与国家的经济发展水平、经济体制、信用发达程度有密切的联系。

### 一、计划经济的金融体系理论

在计划经济中,政府是经济的设计者和推动者,对经济运行的干预程度较高,政府通过金融体系支持产业发展,往往制定了特殊的金融政策、金融总量和金融结构。

#### (一)国有化银行理论

马克思运用历史主义观点,分析了资本主义的历史趋向,揭示了社会主义经济发展的一些特征;列宁将马克思主义原理和俄国的实际相结合,提出了社会主义所有制理论、再生产理论、计划经济理论等。马克思关于国家银行必须"独享垄断权"、"把信贷集中在国家手里"的思想和列宁关于建立"大银行"的思想,形成了马克思、列宁关于社会主义银行的理论,成为计划经济国家建立金融体系的理论指导。

马克思依据生产力和生产关系的历史唯物主义基本原理,研究了所有制实现形式问题,形成了国有制的基本观点,提出社会主义革命胜利时,"最先进的国家几乎都可以"在关系国计民生的重要领域[①]"强制性"实行国有制,建立"独享垄断权的国家银行","全部运输业"实行国有制。在《共产党宣言》中指出:银行制度"是资本主义生产方式的最精巧和最发达的产物"[②],无产阶级革命胜利后

① 马克思恩格斯选集.第1卷.人民出版社,1995.293

② 马克思恩格斯选集.第1卷.人民出版社,1995.293

必须掌握大银行，通过银行国有化把全部运输业集中在国家手里、增加国有工厂等[①]，要使银行"独享垄断权"，并指出"按照全体人民的利益来调节信贷事业，破坏大金融资本家的统治"[②]。马克思在《资本论》等著作中多次谈到货币的推动力作用，以及银行信用对社会经济发展的推动作用。

资本主义从自由竞争阶段发展到垄断阶段之后，列宁探索俄国向社会主义过渡的独特道路，认为"无产阶级革命的主要困难，就是在全民范围内实行最精密的、最负责的计算和监督，即对产品的生产和分配实行工人监督"[③]。最主要的监督办法包括：把所有银行合并为一，由国家监督其业务，或实行银行国有化；把各个辛迪加即资本家的最大垄断组织（糖业、石油业、煤油、冶金业等辛迪加）收归国有；强迫工业家、商人以及一般企业主辛迪加化（即强迫他们合并为各种联合组织）；强迫人民联合在各种消费合作社中，或奖励这种联合并且对它们实行监督；等等。列宁反复强调"工人监督"在俄国革命第二阶段中的重要作用，"对银行实行监督，把所有银行合并为一，这还不是社会主义，但这是过渡到社会主义的一个步骤"[④]；"实行土地国有化，把一切银行和资本家的辛迪加收归国有或至少由工人代表苏维埃立即加以监督等等措施，决不等于'实行'社会主义……这些措施只是走向社会主义的步骤，在经济上完全可以实现"[⑤]。在帝国主义阶段，列宁对于金融资本的作用有了新的认识，指出，银行由担任支付的简单中介人变为万能的垄断者。列宁发展了马克思的思想，提出改造资本主义银行，"砍掉使这个极好机构产生资本主义畸形发展的东西，使它成为更巨大、更民主、更包罗万象的机构"[⑥]。按照列宁的构想，社会主义要在生产资料公有制的基础上，把整个社会组成为一个全民的、国家的"辛迪加"或"托拉斯"，成为一个管理中心，成为一个劳动平等和报酬平等的工厂，提出了银行的国有化、把全部土地收归国有、强制中小企业辛迪加化等一系列措施，强调"银行是现代经济生活的中心，是全部资本主义国民经济体系的神经中枢"。

**(二)金融抑制理论**

1973年，美国斯坦福大学经济学教授罗纳德·麦金农(R. J. Mckinnon)出版了《经济发展中的货币与资本》一书，其同事爱德华·肖(E. S. Show)也于同年出版了《经济发展中的金融深化》一书。肖和麦金农以发展中国家的金融为对

---

① 马克思恩格斯选集．第1卷．人民出版社，1995.293

② 马克思恩格斯选集．第1卷．人民出版社，1995.286

③ 列宁选集．第3卷．人民出版社，1987.310

④ 列宁选集．第3卷．人民出版社，1987.34

⑤ 列宁选集．第3卷．人民出版社，1987.51

⑥ 列宁选集．第3卷．人民出版社，1987.137

象,从一个全新的角度对金融进行了开创性研究。

罗纳德·麦金农与爱德华·肖认为,金融变量与金融制度对经济成长和经济发展来说,并不是中性:既能起到促进的作用,也能起到阻滞的作用。在计划经济的条件下,由于市场化程度低、市场机制不健全、金融市场特别是资本市场非常落后、经济的货币化程度低,加之政府对金融实行严格的行政干预,金融业缺乏竞争,金融机构难以有效吸收社会闲置资金并将其分配到投资领域。政府对金融的干预和管制形成了金融机构压制,损害了金融机构与金融市场自我进化的机制,形成了“金融抑制”,这种“金融抑制”制约着金融业的成长和经济发展。即国家对金融的过度干预阻碍了经济的发展,经济不发达又限制了资本的积累与对金融服务的需求,造成了金融与经济相互牵制落后的恶性循环①。

金融抑制对经济与金融的发展和成长存在四个方面负效应:第一,负收入效应。许多奉行金融抑制的发展中国家都存在着严重的通货膨胀,作为实际货币余额 M/P 的持有者和使用者,公众和企业为避免承受物价上涨的损失,就会减少货币形式的储蓄,储蓄下降致使投资减少,总需求下降,国民收入的增长减缓,收入增长随之降低,国民经济和收入的增长速度都进入负循环之中。第二,负储蓄效应。由于存在着市场分割和经济货币化程度低、金融工具品种单调、数量很少的问题,官定低利率不能抵补价格上涨给储蓄者造成的损失,储藏物质财富、增加消费支出以及向国外转移资金成为规避风险的方式,储蓄率的提高受到很大影响。第三,负投资效应。金融抑制限制了对传统部门的投资,农业投资的减少致使农业产出下降,增加了国家对粮食和原材料进口的需求,又在一定程度上不得不靠境外的供给来满足;本币的高估和对小生产贷款的限制,严重阻碍了出口增长;同时,一些国家的领头部门存在着较高的资本——劳动比率,不熟练的生产技术和经常性的过剩生产能力,降低了投资的边际生产力;城市基础设施建设的滞后,恶化了投资环境和条件,这些都阻遏国家投资的增长。第四,负就业效应。金融抑制对传统部门的抑制,是负就业效应的重要原因。城市化和工业化过程对就业产生积极影响的过渡效应、溢出效应或联结效应,在金融抑制的国家得不到充分明显的表现②。

**(三)金融深化理论**

麦金农和肖首次指出,发展中国家经济落后的症结在于金融抑制,主张推行金融深化,以金融自由化为目标放松或解除不必要的管制,开放金融市场,实现金融市场经营主体多元化以及货币价格(利率)市场化,使利率真实反映市场上

① 爱德华·肖. 经济发展中的金融深化. 中国社会科学出版社,1989

② 罗纳德·麦金农. 经济发展中的货币和资本. 上海三联书店,上海人民出版社,1988

资金的供求变化，由市场机制决定生产资金的供求变化和流向，刺激社会储蓄总供给水平的提高，从而便利资本的筹集和流动，有效地解决资本的合理配置问题，提高投资效益。

麦金农与肖提出的金融改革的政策建议主要包括五个方面：第一，放开利率。要使人们持有的实际货币数量有较大的增长，必须取消对存款利率的限制，提高名义存款利率，同时减少政府财政赤字，严格控制货币发行，降低通货膨胀率，从而使人们持有货币的实际收益增加。第二，鼓励银行竞争。应当削弱少数专业化金融机构在吸收存款和分配贷款时所处的垄断地位，变专业银行为商业银行，成立新的银行，以鼓励竞争；增加期限长、利率高、数量大的贷款，有利于技术进步。第三，扩大对效率高的小经济单位的放款。应当扩大有组织的金融机构对城乡小规模经济单位的信贷。大银行也可以把货币贷给地方信用合作社和钱庄，再让他们以较高利率贷出。虽然这种贷款利率较高，但可以把资金从效率低的地方引导到效率高的地方。第四，金融改革与财政改革同步。金融与财政要各尽职守，金融不能代行财政的职能，不能靠通货膨胀帮助政府增加收入，或通过利率来进行补充。财政也不能代行金融的职能，如以行政拨款的形式进行优先投资，进行人为的资金配给等。要进行税制改革，从而减少财政赤字，缓和并消除通货膨胀。第五，金融改革与外贸改革同步。外贸改革的核心是让汇率自由浮动，实行外币自由兑换。取消对进出口的歧视关税和特惠补贴，逐渐降低本币汇率，实现外贸全面自由化。根据爱德华·肖的分析，金融深化的主要标志是整个经济中金融部门的发展和社会货币化程度的提高①。

## 二、转轨经济的金融体系理论

20世纪80年代末期，中东欧、前苏联、中国以及波罗的海沿岸的社会主义国家，开始从计划经济体制转向市场经济体制。从计划经济向市场经济的转轨过程中，金融制度也开始由计划金融向市场金融转变，金融业开始从单一集中的银行向多元银行体系过渡，将中央银行职能从商业银行中分离出来，大部分国家允许成立新的银行，金融体系呈现现代化金融机构与传统金融机构并存的二元金融体系结构形式。

### (一)金融结构理论

1969年，美国经济学家雷蒙德·W·戈德史密斯(R. W. Goldsmith)出版了《金融结构与金融发展》一书，强调金融结构与金融发展对经济增长的引致效应，

---

① 爱德华·肖．经济发展中的金融深化．中国社会科学出版社，1989

强调金融机构与金融工具的数量和多样化，强调金融机构类别与构成的优化，提出了金融结构理论。

雷蒙德·W·戈德史密斯认为，以金融工具和金融机构多样化为表现形式的货币替代进程，是金融发展的现实路径。金融发展意味着金融结构的变化，金融结构是各种金融工具和金融机构的相对规模，既包括金融与实质经济的配比关系，又包括各类金融工具和金融机构在金融资产中的比例关系。戈德史密斯主要围绕金融相关率指标展开，分析了自由经济和带有中央政府管制（计划）的混合经济对金融结构的不同影响，提出金融发展实质上是金融结构的优化和金融市场效率的提高。金融结构的优化包含两层含义：一是金融工具种类与规模的扩张；二是金融机构类别与构成的优化。金融工具的多样化发展有助于提高金融中介效率，而金融工具多样化依赖于金融机构的多样化发展。发达的金融结构对经济增长的促进作用，是通过提高储蓄、提高投资总水平和有效配置资金两条渠道达到的。因此，一个国家经济金融的发展取决于金融结构优化，“对于经济分析来说，最重要的是金融工具的规模以及金融机构的资金与相应的经济发展之间的关系”①。其中，金融相关性比率是金融上层结构与经济基础结构之间的关系，即金融资产的市场价值总额与国民财富的市场价值总额之比，是衡量一国金融结构和金融发展最总括性的指标。

戈德史密斯通过对 35 个国家近 200 多年金融发展历程的考察分析，将金融发展的一般轨迹以定性的形式概括为 12 条规律：第一，在经济发展过程中，一国的金融上层结构的发展要快于其国民生产和国民财富基础结构的发展，金融相关比率有上升的趋势；第二，金融相关比率的增长并不是无限持续的过程，若经济发展达到某一阶段，特别是金融相关比率达到 1～1.5 之间时，该比率就会停止增长或趋于稳定，超常的比率仅仅限于短期之内；第三，金融相关比率大致能够反映金融发展的水平；第四，金融相关比率的水平与动向反映了采用外部融资方式或利用内部融资方式筹资的程度，该比率越高，储蓄进程和资本形成进程分离的程度就越大；第五，在大多数国家中，金融机构在金融资产的发行与持有上所占的份额，随经济发展而显著提高，甚至在全国性的金融相关比率已停止上升时仍会持续增大；第六，储蓄的“机构化”和持有金融资产的“机构化”程度对金融工具主要类型具有不同的影响；第七，具有现代意义的金融发展始于银行体系但依赖于纸币在经济中的扩散；第八，随着经济的发展，银行体系资产在全部金融机构资产中的份额趋于下降，新型金融机构（主要是非银行金融机构）占全部金融机构的比例及其资产占全部金融资产的份额均有所增长；第九，作为补充国内

① 雷蒙得·W. 戈德史密斯. 金融结构与发展. 上海三联书店，上海人民出版社，1995

资金的源泉或作为本国不易运用资金的出路，对外融资在大多数国家经济发展的某些阶段起着十分重要的作用；第十，金融发展水平与融资成本应该呈现反方向的变化趋势；第十一，在金融工具和金融机构方面，技术转让比在许多其他领域更易于完成，且更为成功；第十二，经济发展与金融发展之间存在着大致平行的关系。

**（二）金融约束理论**

进入20世纪90年代，信息经济学的成就被广泛应用到各个领域，特别是在金融领域中被应用到对政府行为的分析中。很多经济学家分析了在信息不完全的前提下金融领域的“道德风险”、“逆向选择”等问题，托马斯·赫尔曼（Thomas Herman）、凯文·穆尔多克（Kevin Murdoch）、约瑟夫·斯蒂格利茨（Joseph E. Stiglitz）等为代表的新凯恩斯主义经济学家从不完全信息市场的角度，于1996年在罗纳德·麦金农和爱德华·肖的金融深化理论基础上，提出了金融约束理论。

金融约束理论运用信息经济学理论对发展中国家、经济体制转型国家的金融市场和金融体系进行了研究，由于经济中普遍存在着由信息不对称导致的逆向选择和道德风险以及代理行为等因素，从而导致金融市场失灵。金融市场失灵本质上是信息失灵，它导致了金融市场交易制度难以有效运行，因而必须由政府供给有正式约束力的权威制度来保证市场机制的充分发挥。政府可以通过金融约束政策为金融部门和生产部门创造“租金机会”，并通过“租金效应”和“激励作用”来有效解决不完全信息问题。即政府通过控制存款利率使其低于竞争性均衡利率水平（但保持实际利率为正值），从而为银行创造了获取租金的机会。政府这种选择性干预将有助于金融的发展。金融约束理论认为在金融管制之下，仍可按照市场经济的原则有效配置经济金融资源。政府通过为微观主体即银行机构创设租金的方式来激励和调整微观主体的行为，促进其改善融资市场的信息不完全状况[①]。

金融约束理论提出，经济落后、金融程度较低的发展中国家或转型国家应该实行金融约束政策，在宏观经济稳定、通货膨胀率低且可以预测、正的实际利率等前提下，通过对存贷款利率加以控制、对市场准入及竞争加以限制以及对资产替代加以限制等措施，为金融部门创造租金，并提高金融体系运行的效率。“金融约束的本质是政府通过一系列的金融政策在民间部门创造租金机会，而不是直接向民间部门提供补贴。”租金创造并不一定要靠利率限制来达到，政府也可

---

① 托马斯·赫尔曼，凯文·穆尔多克，约瑟夫·斯蒂格利茨．金融约束：一个新的分析框架．中国经济出版社，1998．182～235

以采用金融准入政策、定向信贷和政府直接干预等创造租金,只要政府使银行和企业获得了超过竞争性市场所能得到的收益而政府并不瓜分利益,就可以说政府为微观主体创造了租金。通过创造经济租金,使银行和企业股本增加,从而产生激励作用,增加社会利益。

金融约束理论提出的金融约束政策,主要体现在三个方面:第一,政府控制存贷款利率。将存款利率控制在一个较低的水平上(但要保证实际存款利率为正值),降低银行成本,创造增加其"特许权价值"的租金机会,减少银行的道德风险,激励其长期经营。只要干预程度较轻,金融约束就会与经济增长正相关。第二,严格的市场准入限制政策。严格的市场准入政策并不等于禁止一切的进入,而是指新的进入者不能侵占市场先入者的租金机会,如果没有市场准入的限制政策,银行数目的增加将使资金市场竞争加剧,租金下降,激烈的无序金融竞争会造成社会资源浪费,甚至还可以导致银行倒闭,危及金融体系的稳定。为保护这种租金不至于消散,一个重要的手段就是限制进入者的数量,以维持一个暂时的垄断性存款市场,对现有存款市场的少数进入者进行专属保护。严格的市场准入政策可提高金融体系的安全性,对整个社会经济具有重要的外部效应。第三,限制资产替代性政策。限制居民将正式金融部门中的存款转化为其他资产,如证券、国外资产、非银行部门存款和实物资产等。在证券市场尚不规范,非正式银行部门的制度结构薄弱的情况下,存款若从正式银行部门流向非正式银行部门会减低资金使用效率,也不利于正式银行部门的发展。而资金若由居民部门移向国外,则会减少国内资金的供应,扩大国内资金的缺口,对国内经济尤为不利①。

### (三)金融资源理论

1998年,我国学者白钦先教授提出了"金融是一种资源,是一种稀缺资源,是一国最基本的战略资源"②的观点,积极倡导实行金融可持续发展战略,引起了金融理论界的热烈反响和回应,促进了金融资源理论的发展。

金融资源理论以21世纪知识经济时代金融全球化为背景,确立了金融理论研究的三个层面:第一,金融资源各要素的协调开发与配置——金融组织系统各要素之间的协调运行问题;第二,金融资源与经济发展的协调问题——经济金融化条件下的金融与经济的关系,即经济协调发展中的金融功能;第三,金融资源与社会的协调问题——金融资源与文化、科技、教育、生态、环境等社会因素之间

---

① 托马斯·赫尔曼,凯文·穆尔多克,约瑟夫·斯蒂格利茨.金融约束:一个新的分析框架.中国经济出版社,1998.182～235

② 白钦先,姚勇.金融可持续发展理论研究导论.中国金融出版社,2001

的关系。金融资源理论认为，金融发展的关键在于金融质量的提高，合理地开发、利用和配置金融资源，同时，注重作为资源配置手段和机制的金融整体效率和功能的改善，是实现金融可持续发展的必经途径。

金融资源理论的核心，就是将金融视为一种具有极端重要战略地位的资源。金融既是资源配置的机制，同时又是资源配置的对象。金融属性的这种两重性并不矛盾。金融资源理论是金融可持续发展理论的理论起点、推理线索和政策操作目标，在金融可持续发展理论体系中，金融资源理论是核心和基础。金融资源理论的内涵主要体现在三个方面：第一，将金融作为一种资源进行研究。传统的金融理论一直将金融作为一种外生的工具、手段，从现代金融与经济社会的内在关系来看，割裂了金融与经济之间的内在联系；而金融资源理论将金融作为经济发展的内在要素来研究，并指出了金融的资源属性，在一定程度上具有了确立新金融理论基础的意义。第二，揭示现代金融变化的趋势。金融资源理论指出，现代金融与经济的运行存在越来越显著的背离——金融活动相对独立于经济活动，成为一个独立活动领域。20 世纪七八十年代以来，金融运行独立于实体经济之外的现象不仅在国际金融活动中体现得十分充分，在国内金融活动中也是十分明显。金融与经济的相容性和相悖性，是金融运行的时代特征。第三，揭示金融与经济、社会之间的关系。金融资源理论从社会系统论视角出发，认为社会是人类生存的大系统，经济是这个系统的核心，金融是内在于社会特别是内在于经济的要素系统，在多数情况下依存于经济系统，有时又独立运行。金融资源之间、金融资源与经济资源之间、经济资源与社会资源之间的协调性，以及金融资源开发配置与经济资源协调运行的高度关联性和统一性，成为社会经济协调发展的关键。

## 三、市场经济的金融体系理论

在市场经济体制下，金融制度的安排、金融体系的效率与经济的发展有着极强的互动关系。随着金融深化的发展，金融对各国经济的影响日益增强，而金融环境与金融制度、金融体系的变化与各国经济运行高度相关。对于市场经济来说，依靠政策协调已不能满足金融国际化发展的需求，金融制度性的协调、金融创新是金融深化和金融发展的内在要求。

### (一)金融协调理论

金融协调理论是在充分把握经济发展变迁中普遍存在的互补性和报酬递增的现实条件下，以金融效率为中心，运用系统分析和动态分析方法，研究金融及其构成要素的发展规律，研究由此决定的内部效应与溢出效应，揭示金融要素之间、金融与经济增长、金融与社会协调发展的一般规律，从而构造金融协调运行的政策调控体系，以促进金融与经济的高效、有序、稳定、健康发展[①]。

金融协调理论认为，金融协调运行是以市场经济运行规则为基础，以金融制度为保障，以金融商品为载体，货币、资本为核心形成的金融要素之间的协调，是金融运行与经济运行的协调，是金融运行与社会发展的协调。金融协调主要包括：第一，多层次的金融协调，即金融内部协调，包括金融体系的构成要素、金融监管当局、金融制度等，金融与经济，以及金融与社会的协调。第二，非常广泛的金融协调内容。既包括宏观方面的协调又包括微观方面的协调。金融协调研究的重点是在分析金融体系构成要素运行机制的基础上，解决金融的所有权结构协调、金融与技术效率协调、外部性协调、跨企业资金配置协调、跨行业资金配置协调、金融与社会环境制度协调、金融宏观效率和微观效率协调、动态效率和静态效率协调等问题。第三，国际金融协调。美联储前主席保罗·沃尔克(Paul Walker)在其与日本金融专家行天丰雄合作的《时运变迁：国际货币及对美国领导地位的挑战》一书中写道："简单地说，协调就是一个国家的政府在国际磋商的基础上采取行动，而不是按一方之见行事，要预测其他国家可能作出的决定。而决定的时间、程度和实质，会受到其他国家行为的影响，反之亦然。基本理论在于如果各国的行动相互补充，最终所有国家的国内、国际目标相对而言更容易达到。"[②]第四，三个统一原则，即金融数量发展与金融质量发展的统一、金融宏观效率与金融微观效率的统一、金融动态效率与静态效率的统一。第五，多样的金融协调方式，包括市场机制协调、计划和行政制度协调以及网络协调。计划和行政制度协调是市场机制协调的替代；网络协调是经济主体之间形成的其他特殊关系和制度安排，厉以宁教授将其中的习惯与道德调节称之为第三种协调，国外网络组织学者拉森(Piker Larsson)将网络协调称之为看不见的手与看得见的手的握手。

### （二）金融体系脆弱性理论

随着金融自由化、金融国际化进程的不断深入，金融危机不断爆发并呈现出与以往不同的特征：金融动荡只发生在相对封闭的金融领域内，金融风波发生之前的宏观经济状况良好，金融动荡与实际经济的联系甚微。传统的宏观经济视角解释金融危机越来越缺乏说服力，这迫使人们放弃传统思维方式，从金融制度自身来解释新形势下金融危机发生的根源。在这样的背景之下，金融脆弱性的

① 孔祥毅．百年金融制度变迁与金融协调．中国社会科学出版社，2002

② [美]保罗·沃尔克，(日)行天丰雄著．时运变迁：国际货币及对美国领导地位的挑战．中国金融出版社，1996

概念应运而生，产生了金融体系脆弱性理论。

金融体系脆弱性理论认为，金融体系具有内在的脆弱性，特别是在经济全球化、金融自由化发展的过程中，由于新兴金融市场的国家被迫实行自由化和放宽金融管制，证券市场占据金融市场的中心地位，金融监管原则、投机性攻击以及危机救助机制的不对称性，造成各国金融监管效能不一致。金融市场特有的运转方式孕育的危机，随着金融脆弱性程度加剧，将向经济的其他领域蔓延，使金融危机、金融动荡频繁地发生。金融业作为一种高负债经营的行业，具有内在的脆弱性，这是金融业的一种本性，“金融内在脆弱性”被称为狭义的金融脆弱性；而一切融资领域中的风险积聚，特别是金融安全性降低对市场的冲击，称为广义的金融脆弱性。

I·P·戴维斯(I. P. Davies)从金融危机、金融动荡的现象来定义金融体系的脆弱性，他认为：“金融体系的脆弱性被用来描述金融市场上出现的这样一种冲击：它可以导致信贷市场或金融资产市场上的价格和流量发生无法预测的变化，使金融公司面临倒闭的危险，这种危险反过来又不断蔓延，以致支解了支付机制以及金融体系提供资本的能力。”这是从现象定义金融脆弱性，描述了金融脆弱性问题的表象。米·阿格利塔(M. Aglitare)从金融活动主体行为的角度来说明金融体系的脆弱性，他认为，应该将金融体系的脆弱性看作是“微观经济行为与由行为所决定的宏观经济状况之间的一种特殊关系”，是由“下面这种经济状况所显现的必然性，即个体经济主体对他们感觉到的风险的理性反应，远远不会通过多样化的方式更合理地分配风险，而是导致普遍增加的不安全感”。1982年，美国经济学家海曼·明斯基(Hyman P. Minsky)在《金融体系内在脆弱性假说》一书中，最先对金融体系的脆弱性做了系统的解释，形成了“金融脆弱性假说”。明斯基认为，金融体系的内在脆弱性是金融业的本性，是由金融业高负债经营的行业特点所决定的①。

随着信息经济学和行为金融学的兴起，银行脆弱性研究有了突破，形成了金融机构内在脆弱性理论。这一理论指出，由于信息不对称在金融市场上普遍存在，使道德风险成为金融体系承担的主要风险之一。虽然金融机构可以限制道德风险的发生，但要受两个前提条件的限制：一是储户对金融机构的信息维持不变，二是金融机构对借款人的筛选和监督高效低廉。在他们看来，储户的信心以及金融机构资产选择过程中的内在问题，会使得金融风险不断产生和积累，最终可能引发金融危机。

① Hyman Minsky. Stabilizing an Unstable Economy. New Haven：Yale University Press，1986

### (三)制度学派的金融创新理论

20 世纪 70 年代以来,随着信息技术的进步、金融全球化、金融管制放松和金融创新加速,促进了金融的国内竞争与国际竞争,从金融工具、金融机构与金融市场关系的重新构造到金融监管,各国金融体系都发生了革命性的变化。

从制度的角度讨论金融创新理论的学者较多,主要以戴维斯(L. E. Davies)、塞拉(R. Scylla)和诺斯(D. North)等为代表,形成了制度学派的金融创新理论①。

制度学派的金融创新理论认为,作为经济制度的组成部分,金融创新应该是一种与经济制度互为影响的制度改革。金融创新并不是 20 世纪电子时代的产物,而是与社会制度紧密相关。在计划经济体制下,由于高度集中统一和严格的计划管理,无法开展金融创新。在完全自由放任的市场经济制度下,金融业研究得到充分发展,金融创新可施展的空间很小,没有为了规避官方管制而创新的必要。因此,全方位的金融创新只能在受管制的市场经济中出现。金融创新是一个"管制→创新→再管制→再创新"的螺旋式发展过程,其中的政府管制干预行为本身就是金融制度领域内的创新。基于这种观点,金融体系的任何因制度改革引起的变动都可以视为金融创新。因此,政府行为的变异会引起金融制度变化,虽然以建立一些新的规章制度为明显特征,但意义已不是以往的"金融压制",而是带上了"创新"的印记。最明显的例子是 1919 年美国联邦储备体系和 1934 年存款保险金制度的建立,都是作为政府当局为稳定金融体系而采取的有力措施,虽然是金融管制的一部分,但也可以认为是金融创新行为。制度学派将政府行为也视为金融创新的成因,实际上是将金融创新的内涵扩大到包括金融业务创新与制度创新的两个方面。

# 第二节　金融体系的共性与个性

## 一、经济基础与金融体系的相关性

现代经济本质上是货币金融经济,货币关系是将市场经济各行为主体联系起来的纽带,随着货币金融在现代经济中的地位和作用日益提升,金融发展与经济发展水乳交融,货币金融要素成为实体经济要素的牵引力量。

### (一) 货币与经济增长理论

20 世纪 60 年代之前,西方经济增长理论主要是探讨资本、劳动及技术等实

① 陈野华. 西方货币金融学说的新发展. 西南财经大学出版社,2001

物因素与经济增长之间的关系，虽然这种理论研究也离不开货币，但却比较少的注意货币因素在经济增长中所起的作用。1956 年，詹姆·托宾(Jamas Tobin)发表了《动态总体模型》一文，第一次将货币因素引入经济增长理论的研究，提出了货币增长的模型，首创了货币增长理论。约翰逊(Johnson)、莱芜哈里(Levhari)、斯泰因(Stein)和帕廷金(Patinkin)等人进一步发展了托宾的货币增长模型，形成了新古典货币经济增长理论，将货币理论与经济增长理论联系起来，研究货币与经济增长之间的内在联系，以及货币政策对经济增长的影响。

1. 托宾模型——货币增长模型

托宾第一次将货币因素引入经济增长理论，并创立了货币增长模型。货币增长模型的结论是：货币不是中性的，政府完全可以运用货币政策调节经济，实现经济的增长。

托宾认为，在货币经济条件下，人们所持有的财产由实物资产与实质货币余额两部分组成。由于在名义货币余额($M$)不变条件下的物价水平($P$)下降，或在物价水平($P$)不变条件下的名义货币余额($M$)增加，都将导致人们财富的增加，也就是人们可支配收入($Y_D$)的增加，因而实质货币余额也是一种财产。因此，货币对经济增长的作用是通过货币影响可支配收入 $Y_D$，进而影响消费或储蓄而实现的。

假设 $M$ 代表货币供应量，$P$ 代表物价水平，$M/P$ 代表实质货币余额，$U$ 代表货币供应量变动率，$\pi$ 代表物价水平的变动率，则：

$$Y_D = Y + \mathrm{d}(M / P) / \mathrm{d}t = Y + M / P(U - \pi)$$

托宾从货币增长模型中得出结论：货币经济中能转化为实物投资的人均储蓄小于实物经济中的人均储蓄，因而货币经济中的人均资本也就小于实物经济中的人均产出。这个结论被称之为“托宾反论”，因为托宾货币增长模型的结论与一般常理相悖，将货币引入经济增长模型却使人均资本与人均产出降低，显然背离人们引入货币加速经济增长的目的[①]。

2. 新古典经济增长理论模型——实物增长模型

美国经济学家罗伯特·索洛(Robert M. Solow)英国经济学家斯旺(Swan)首创的新古典经济增长理论是在生产函数理论的基础上发展起来的，而生产函数是对投入与产出之间技术关系的数学描述。新古典经济增长理论主要探讨资本、劳动以及技术等实物因素与经济增长之间的关系，并认为在市场价格机制自动调节的作用下，经济能够处于稳定均衡的增长状态。

从宏观来看，如果只考虑资本 $K$ 和劳动 $L$ 两种生产要素的投入，并假定技

① 詹姆·托宾．经济学论文选：理论与政策．麻省理工学院出版社，1982

术不变,总产量或国民收入用 $Q$ 代表,则生产函数为:

$$Q = f(K,L)$$

如果人均资本的变动率用 $dK / dt$ 表示,即对人均资本 $k(= K / L)$ 求时间的导数等于人均储蓄或投资减去为保证人均资本不变而满足劳动力增长所需要的资本量,国民收入 $Q$ 中的一定比例 $s$ 用于投资,劳动力的增长率为 $n$,则新古典经济增长模型的基本方程式为:

$$dK / dt = sf(k) - nk$$

索洛等人认为,由于市场价格机制的自动调节作用,经济总是处于稳定均衡的增长状态。在稳定均衡的增长状态下,人均资本不变,人均储蓄总是等于为保证人均资本不变而满足劳动力增长所需要的资本量。也就是说,在经济处于稳定均衡的增长状态时,人均资本是固定不变的。由于人均资本不变,人均收入亦不变。在这种情况下,资本($K$)和产量($Q$)或收入($Y$)的增长率都是由劳动力的增长率 $n$ 所决定的①。

### (二)实质经济与金融体系的相关性

金融体系以及相对应的金融资产结构作为社会经济制度架构的一个组成部分,总是与实质经济的发展并行推进。一个成功的金融体系只有适应一定历史条件下的实质经济状况,以及各国客观存在的经济基础、特定的政治文化背景,才能促进经济的长期稳定增长,并且其自身也才能够在不断的振动和变化中完善与发展。

在一定金融资产结构基础上的金融体系对于实质经济的作用并非中性,既具有一定的推动作用,又有可能阻碍经济的发展和社会进步。而且,对于不同的国家,在不同的历史阶段,不同的政治、经济、文化背景之下,存在着适应或不适应的金融资产结构和不同的金融体系。研究金融结构的最具代表性的人物——戈氏的理论分析视角,就是要说明决定金融体系结构的因素是国民财富、国民产值、资本形式、技术条件、储蓄水平等实质经济,对于不同的国家,在不同的经济发展阶段,金融结构、金融体系以及变化方式都存在着差异,从金融结构、金融体系的状况能够判断出一个国家金融的发展程度。戈氏理论十分注重不同国家金融结构的差异,强调金融结构与实质经济之间、金融结构与金融发展之间的关联与一致性。而道格拉斯·诺斯(Douglass C. Noth)在其著作中曾提出了一个深邃且不同凡响的见解,指出"经济长期增长的关键是适应效率而非配置效率"②,从制度变迁的视角来解释经济增长,认为对于经济增长起决定性作用的是制度

---

① 戴维·罗默. 高级宏观经济学. 商务印书馆,2004

② 诺斯. 制度、制度变迁与经济成就. 上海三联书店,1994

因素而非技术因素，认为富有适应性效率的经济组织是经济增长的关键。诺思提出的金融适应效率突出经济的长期稳定增长，突出金融结构可能是适应的，也可能是不适应，不适应的金融结构将会对经济造成破坏性作用。另一方面，金融资产结构、金融体系的变化是适应于实质经济的发展程度与发展需要的。从金融体系的适应效率角度来分析，金融资产结构的变化主要适应于实质经济的发展程度和发展需要。实质经济的构成因素包括生产力的推进、生产方式的变化、新的发明和技术变革、人口变化等诸多因素，其中最根本的、或者说是作为基本前提的是一个国家经济增长背景下的居民收入水平和财富积蓄程度。每一种金融资产(货币、债券、股票等)都具有特定的融通资金、配置资源的功能，但却不能按照自然科学的思维从技术性的角度直接推导出其对于社会、经济的作用。分析金融发展的历史，能够作为印证的案例比比皆是。可以说，金融资产结构的变化、金融体系的演变主要是与经济基础、经济发展程度以及经济发展需要相适应的。

### (三)金融与经济关系理论研究的发展

金融体系、金融资产结构是一个历史范畴，历经了漫长的渐进演变。纵观各国的金融发展史，在不同的历史时序阶段，金融结构的变化、金融体系的变化大多表现为受到外来力量的冲击或是权力人物的强制政策而振动反复，偶发性的金融事件迭出不已，经济运行也由此受到刺激或扰乱的影响。在金融创新速度不断加快，金融形态、组织和制度经历了前所未有的整合和重组的情况下，一方面推动了世界经济和金融全球化、一体化的趋势，出现了传统金融经济理论可能无法解释的新金融经济关系以及相互作用形式和机制；另一方面，金融经济关系变得更加扑溯迷离，重新审视金融在现代经济增长的地位和作用，深入剖析经济增长过程中金融体系演化的变迁规律和发展趋势，成为金融经济理论研究的重要课题。关于金融与经济关系的研究经历了一定的发展过程，大致可以分为三个阶段：

第一阶段：20 世纪 70 年代之前。在这个阶段，关于金融与经济关系的学说主要有重商主义的货币财富观、古典学派的货币中性论、信用媒介论、魏克塞尔创立的货币经济理论、熊比特的信用创造论、以及 20 世纪 60 年代经济学家格利和肖・帕特里克(H. T. Patrick)、希克斯(J. Hicks)和戈德史密斯(R. W. Goldsmith)所做的研究。亚当・斯密强调的是金融的媒介功能，熊比特强调的是金融的信用创造功能，格利和肖强调的是金融储蓄转化为投资的功能，帕特里克强调的是金融的资源配置功能，希克斯强调的是金融提供流动性以分散风险的功能，这些研究为以后经济学家的研究提供了丰富的思想资源。

第二阶段：20 世纪 70 年代到 80 年代。1973 年，罗纳德・麦金农、爱德华・

肖分别出版了《经济发展中的货币与资本》、《经济发展中的金融深化》一书,开创了金融发展理论的研究先河。在金融发展理论的领域中,将货币理论与发展理论融合,克服了主流货币理论忽视发展中国家货币金融特征的缺陷,弥补了传统经济发展理论忽略货币金融因素的不足,为发展中国家制定金融货币政策、推行金融货币改革提供了一定的理论依据。麦金农、肖的研究分析建立在完全竞争市场的假设条件之上,在方法上仍然采用一般均衡理论方法,因而提出的金融自由化政策主张在实践中遭到了失败。

第三阶段:20 世纪 90 年代至今。这个阶段的研究是在吸收了金融发展理论、信息经济学、新制度经济学、以及垄断竞争理论研究成果的基础上,以内生经济增长理论作为分析框架而发展起来的。这个时期的研究主要围绕着金融体系的内部生成、金融作用于经济增长的内在传导机制、以及金融发展与经济增长之间互为因果关系等三个主要问题进行。这三方面的研究取得了丰硕的成果,但研究方式存在的内在缺陷也比较明显。

## 二、经济发展中的动态金融体系规律

任何经济体系都必须维持金融体系的稳健,让资金融通安全有效率,促进经济发展。随着经济发展,金融结构和金融体系也在发生演变。

### (一)金融体系的形态、功能演进与经济发展

金融体系功能观点最早由默顿(Robert C. Merton)、博迪(Zvi Bodie)和皮尔士(Charles S. Peirce)提出,用于对金融中介运行和管制的分析。在这之后,经济学家开始将这一方法运用于对全球金融体系以及货币政策和监管的分析,逐步将研究侧重点从资源配置的角度集中到对金融功能的研究。

金融体系是一个复杂的系统,一般由金融部门、融资模式与公司治理、以及监管体制三个相互关联的部分组成。不同国家金融体系之间的区别,不仅是构成之间存在差别,而且构成部分之间的相互关系、协调关系也存在一定的差异。金融体系的功能与实现功能的构成形态之间存在着关联性,它表现在四个方面:第一,从金融体系的结构、组成部分看,要使得一个国家的金融体系能够更好地履行经济功能,金融体系必须具备与其功能目标相适应的金融产品形态结构、金融机构形态结构和市场形态结构。第二,从金融体系的机构结构看,金融体系中各种金融机构履行的功能不应由政府当局划定。确定其从事的金融业务活动,限制其与其他金融机构之间的竞争或与市场的竞争,应该由市场和机构的核心优势来决定。一项金融功能并非一定要由同一类金融机构来承担,一家金融机构可以有多项金融功能,金融功能的有效匹配,可以提高金融体系的整体效率。

第三,从金融体系各个构成部分的经营活动来看,一项金融活动有可能是若干种金融功能的组合体,并且,某类金融业务出现功能性分化或功能的重新组合也是合理现象。第四,从金融产品来看,同一个金融功能可以由不同的金融产品执行。总而言之,金融体系的一项金融功能可以由不同的金融机构、通过不同的金融产品和金融业务活动来执行,一种金融形态即金融机构或金融产品可以同时执行几项金融功能。可以说,金融体系各种金融形态之间可能存在着金融功能上的交叉,各种金融功能存在着金融形态上的交错。

金融体系功能由金融体系与外部需要的相关性所决定,是适应外部环境对金融体系的功能需求的结果,反映了金融体系与其他体系之间的功能耦合关系。美国弗吉尼亚大学经济学家 R·列文(R. Levine),把金融体系的功能概括为五项:动员储蓄、配置资源、监督经理和实施对公司的控制、风险管理、推动商品和服务的交易;博迪与莫顿将金融体系的功能概括为六项:在时间和空间上转移资源、管理风险、清算和支付结算、储备资源和分割股份、提供信息、解决激励问题[①]。在各国的经济发展中,金融体系的主要功能可以概括为:第一,金融服务功能,即提供清算、结算等支付服务以及其他的金融服务;第二,信用中介功能,即通过金融机构与金融市场,积聚社会资源,引导储蓄向投资的转化;第三,资源配置功能,即实现社会资源在不同时期、不同地域和不同主体之间的转移;第四,公司治理功能,即为企业、公司提供所有权分散机制,以及解决激励问题或委托代理问题;第五,信息处理与传递功能,即为经济体系中分权决策的主体提供信息、处理方法,传递市场变化趋势、价格信息等;第六,风险分担与管理功能,即提供风险管理的方法,通过信息提供、金融交易等方式,与经济主体实现利益共享、风险分担。金融体系最根本的功能是引导储蓄向投资的转化,最重要的功能是资源配置[②]。

金融体系的功能与形态存在一定的差异。金融形态随着经济发展水平、货币化程度、市场化程度、金融化程度、制度和技术条件等金融发展的初始条件和环境的不同和变化,也在不断变化和发展,导致金融体系功能发挥的作用方式、绩效、以及行使基本功能的金融机构的性质和组织结构也将随之发生变化。从各国经济发展中不同金融形态在履行金融体系基本功能发挥作用的变迁历程来看,金融体系的一些基本功能较少发生变化,但执行金融功能的金融体系的结构和金融形态却随着经济发展和市场条件的改变发生着变化,因而,金融体系基本

---

① Cohen W. M. and Levin D. A. Innovation and Learning: the Two Faces of R&D. Economic journal, 1989(397)

② 兹维·博迪,罗伯特·C·莫顿. 金融学. 中国人民大学出版社,2000

功能的实现由于具体条件的差异，形成了各种不同形态的金融结构形式。

金融体系的功能内生于交易，随着经济发展，金融体系功能变化，实现金融功能的金融结构形态也会发生相应的改变。并且，不论是从历史角度还是从逻辑角度看，金融结构形态的变迁都可以看成是货币金融功能分工和外化的结果。从影响金融体系的结构和形态演化看，金融体系结构和形态取决于分工专业化、信息和交易费用、风险和不确定性、以及经济增长水平等基本因素。金融体系变迁的内在逻辑性，在于金融媒介的演化是货币形式的缺失所隐含的内在矛盾运动导致货币功能的不断外生化的结果，金融体系变迁的客观性要求在于风险、不确定性以及交易费用，变迁的现实性在于制度和技术的发展①。

### （二）金融体系与经济发展

大量文献都试图对金融体系发展与经济发展之间理论联系的重要性进行实证评估，许多经济学家的研究结果说明，拥有一个相对良好的金融体系，会有一个较高的投资与GDP比率；在发达国家，金融市场更活跃和更有效率，金融体系也更发达。可以说，金融体系的规模与经济发展水平显著相关，金融发展水平是预测经济增长、资本积累与技术变化的一个指标。

主流金融理论将分散化的储蓄者与投资者的效用函数作为分析研究的出发点，从微观基础的角度分析了金融体系具有的功能，提出了金融发展与经济增长间存在着双向因果关系，建立了诸多模型来说明金融中介机构与金融市场产生的条件，形成了一种循环论证。

主流金融理论认为，金融发展与经济增长正相关，金融体系是经济实际需求的产物，金融体系的功能能够影响实际经济行为和经济发展。当国家出现融资需求时，将出现金融服务，实现融资供给，也就是"实业引领，金融跟随"。因而，经济发达的国家由于经济快速发展，经济绩效驱动金融变化，拥有更庞大的金融体系。美国耶鲁大学经济学家休·T·帕特里克（H. T. Patrick），在1966年发表的《欠发达国家的金融发展和经济增长》一文中，提出了金融发展中的"供给导向法"和"需求导向法"两种模式之间的区别。"供给导向"的金融发展优先于对金融服务的需求，并且假设金融体系的优先发展对早期的经济增长有着自主的积极作用；"需求导向"的金融发展是实际经济发展的结果。帕特里克的假设强调金融发展与经济增长的因果关系。建立金融体系需要花费固定的成本，除非经济增长对融资提出了足够需求，且人均收入水平能够弥补金融体系的成本，否则，金融体系就无法建立。由于存在着金融发展的临界人均收入水平，金融发展

① 徐良平．金融经济关系研究的功能范式：一个初步分析框架．经济评论，2004(1)

与经济增长之间有可能存在多重均衡:高收入水平支持金融体系的充分发展,金融体系的发展又为经济增长提供了高均衡状态;低收入水平使得金融体系难以发展,经济增长低水平均衡。多重均衡意味着在金融发展与经济增长之间,存在着互为因果的关系。

## 三、发达国家的金融体系的轨迹

随着世界金融与资本市场的变动,金融市场一体化的发展推动了先进的欧美国家的金融机构对高效率的追求、市场支配能力的提高以及大规模的合并,各国金融体系正在发生着变革。

### (一)金融体系的演进

19 世纪 80 年代前,西方工业化国家就出现了金融交易,但这一时期的证券交易呈现交易比较分散、交易规模不大、交易品种单一以及交易无序的特点。随着证券交易的不断扩大,金融市场逐渐发展,金融交易呈现从分散到集中、交易成本从高到低、交易工具从单一型到多样化、交易风险由从小到大、交易市场从国内到国外的演变规律。19 世纪 80 年代到 20 世纪 30 年代,金融业经历了起伏跌宕的不稳定时期。第二次世界大战到 20 世纪 70 年代,西方工业化国家的金融业发生了重大变化,金融业经历了停滞、发展以及限制的运行轨迹,出现了金融机构发展的不平衡,金融竞争日益激烈,银行经营规模化、垄断化,限制了金融创新以及工业资本与金融资本的相互融合,孕育并引起了金融体系的变化。20 世纪 80 年代之后,科技进步和经济金融国际化的发展,对传统的金融业产生了广泛影响,引发了金融体系的根本性变革,银行之间的兼并与收购日益增加,金融领域呈现出金融服务一体化、国际化、自由化和综合化的发展趋势。

在发达国家金融体系中,各国根据各自的经济金融环境,采取了不同的管理手段,维持了金融体系和金融秩序的稳定。20 世纪初期工业化各国都建立了中央银行体系,并通过不同的手段和方式,对金融业进行了监督管理。美国 1913 年建立了联邦储备体系之后,通过颁布一系列法规,使美国的金融活动由松散灵活走向了法制化、制度化的发展道路。

### (二)金融体系演进趋势

20 世纪 80 年代以来,经济发达的各国开始了金融的自由化发展,陆续放松了金融限制,金融机构出现了"同质化"。金融自由化使竞争日益激烈,盈利空间逐渐狭小,于是,银行不断开拓表外业务、零售金融业务,保持和提高盈利水平。几乎所有的工业化国家都实现了金融开放,允许本国金融机构从事跨国经营和金融市场的全面开放,适应经济一体化的要求,银行业出现了并购浪潮,金融业通过合并、并购,走向了金融集团化发展道路。在银行集团化、大型化的发展中,大银行势力增强,随着金融创新的不断发展,银行更愿意进行高风险的投资和向大企业集团进行大规模的投资,出现了大银行经营上的集中性和高风险性,引起银行资本的集中和垄断经营,而垄断经营将有可能导致金融效率的下降。

根据保罗·克鲁格曼(Paul Krugman)和约翰·迈克尔·豪泰斯(John Michael Hatikes)对经济体制与经济结果之间关系的研究,一个国家的金融秩序主要由金融环境、金融制度以及金融政策三者的函数决定。如果金融环境在一定时期内为常数,金融政策可以归划到金融制度之中①,这样金融秩序完全取决于金融制度。经济发达国家的历史、政治、经济、传统以及文化等方面存在着差异,但却具有基本相同的金融制度、金融结构,以及由市场经济为依托的现代金融制度所决定的金融秩序。发达国家具有最为突出的二级银行制度,拥有完善的中央银行制度、以法律规则为核心的金融监管制度、以及作为基本结构的微观金融组织安排,体现了金融体系中的宏观金融调节与微观经营活动的分离。在整个金融体系的运行中,金融主体与金融组织机构按照市场经济规律运营,金融交易实现了公平交易、自主经营、平等竞争,金融商品的供求决定了金融价格,根据金融活动影响社会经济运行的效率和稳定状态,需要对金融体系加以调节和管理,建立宏观金融管理与微观金融经营分离的现代金融制度。

目前,金融结构在西方各国出现了融合趋势。以间接金融为主导的德国、日本等国家纷纷大力发展直接金融,向以金融市场为主导的金融结构发展;在非银行金融机构以及其他国家全能型银行的挑战下,英国、美国等国家的商业银行不断创新,以金融控股公司的模式回归混业经营的道路。资本市场与商业银行互补共生,两者共同发展不仅有利于满足经济持续增长对资金的需求,还有利于优化金融结构,提高金融体系的稳定性。信息技术革命导致了金融服务业的规模经济效应扩大,大型商业银行之间以及银行与其他金融结构之间的并购和合作趋势加强。

## 四、发展中国家金融体系的变迁

发展中国家的金融市场并不发达,但都根据本国经济发展的需要,建立了适应国情的金融体系。

### (一)发展中国家金融体系的特征

发展中国家由于经济结构和社会结构的二元化,形成了现代化金融机构与

① 马洪. 金融市场与秩序. 中国经济出版社,1999.115

传统金融机构并存的二元金融体系结构。大银行与非银行金融机构有着雄厚的资本和资金实力,精良的设备和技术,先进的制度与管理方式,主要集中在大城市;钱庄、当铺为代表的小型金融机构,主要分布在广大的农村。

在发展中国家的金融体系中,金融机构具有高度的国有化,金融业缺乏竞争,国有银行经营效益与经营效率低下,缺乏金融创新的环境和动力。特别是实行计划经济的国家,金融市场被严重分割,限制了金融体系动员和分配资金的作用,导致资本供给不足、资金使用效率低下。

国家政府对金融业实行严格的管制,通过银行国有化,严格控制各种金融机构的利率和信贷分配,以此作为实施经济发展战略的一种重要手段,实现资源的合理配置。在政府规定的低利率水平下,金融体系很难有效地吸收闲散资金。金融体系只能在政府控制下,以"配给"方式提供信贷,能获得贷款的多数是享有特权的国有企业,或与官方金融机构有特殊关系的企业。贷款是珍贵的稀有资源,成为政府控制经济发展的手段,不讲求经济效益使资金浪费状况存在,严重阻碍了经济的发展,容易引发通货膨胀。

**(二)发展中国家金融体系的发展**

随着发展中国家经济金融的发展,对于宏观经济的调控逐渐由直接调控方式向间接调控方式转变,中央银行货币政策的独立性在不断提高,中央银行能够针对不同时期、不同经济发展阶段的特点,有效制定和实施货币政策,对各类金融机构、金融市场进行适度的有效监管,促进了金融机构的发展、金融体系的完善。

在发展中国家,金融体系机构增多,打破了国有银行的垄断特权,各类金融机构展开竞争,金融体系的整体效率大幅度提高。金融机构的所有制形式也呈现多样化特征,国有型、股份制型、内外合资型、独资型等各种性质的金融机构并存,并且现代企业制度型的商业银行成为主要形式①。

科技进步使社会财富增加,财富增加促使金融业发展,人们对金融资产和金融交易的需求日益增长,推动金融市场的不断发展。在世界经济全球化、金融国际化的深入发展过程中,发展中国家的金融体系既要受到国内经济体系、金融结构的影响,又要受到世界经济周期、发达国家金融政策和国际短期资本的冲击等外部因素的影响,资本跨国流动使发展中国家逐渐开放了资本市场,金融市场的开放程度逐步提高。

---

① 康书生. 商业银行内控制度:借鉴与创新. 中国发展出版社,1999.6

## 五、中国金融体系的变迁

在渐进式经济改革背景中形成的中国金融体系,既留存着改革前旧体系的某些特点,又受到经济金融改革所带来的金融体系模式和金融体制变革的影响,逐渐发展成为一个开放有效的、运作有序的金融体系。

### (一)中国金融体制变革的路径

1949 年至 1978 年的 30 年,中国金融处于高度金融压制与国家化的封闭状态,财政占据主导,金融处于附属地位。1978 年,以金融机构体系的多元化为起步,开始了中国金融体制的改革,1984 年中国人民银行开始专门行使中央银行职能,确立了二级银行体制。随着金融改革的不断深化,一批全国性和地区性的商业银行设立,证券公司、保险公司等非银行金融机构也迅速建立,形成了以中国人民银行为领导、商业性银行为主体、政策性金融机构与多种非银行金融机构并存、合资金融机构和外资金融机构存在的多元化的金融体系。

经过 30 年的金融体制改革,金融结构发生了根本性变化,建立了开放有序的现代金融体系。融资方式由过去单一的财政拨款融资发展到商业融资、银行融资、证券融资、财政融资和国际融资等多种方式,融资工具由单一的银行资产向市场化、多元化方向发展,金融工具的创新也得到了新的发展,融资主体的多元化融资方式为中国金融市场发展奠定了基础。

### (二)开放经济中金融体系的构造

中国需要以市场化的法则重塑金融体系,从根本上确立金融体系运作的规则和秩序,建立以资本市场为基础、商业银行为主导的现代化金融体系,充分发挥市场机制在配置金融资源方面的基础性作用,金融各业协调发展、具有较强的风险防范能力、市场创新能力和国际竞争力,能够充分满足经济社会对金融服务的需求。

2007 年 1 月全国金融工作会议在北京举行,主要任务是:总结金融工作,分析金融形势,统一思想认识,部署今后工作。

要深化中国工商银行、中国银行、中国建设银行和交通银行的改革,关键是继续完善公司治理,加快转变经营机制。稳步有序推进中国农业银行股份制改革,强化为“三农”服务的市场定位和责任,更好地为“三农”和县域经济服务。按照分类指导、“一行一策”的原则,推进政策性银行改革。推进国家开发银行改革,全面推行商业化运作,主要从事中长期业务。对政策性业务要实行公开透明的招标制。不失时机地推进其他商业银行和金融资产管理公司改革。

从多方面采取有效措施,加强对农村的金融服务,为建设社会主义新农村提供有力的金融支持。加快建设适应“三农”的多层次农村金融体系。健全农村金融组织体系，充分发挥商业性金融、政策性金融、合作性金融和其他金融组织的作用，推进农村金融组织创新。适度调整和放宽农村地区金融机构准入政策，降低准入门槛，鼓励和支持发展适合农村需求特点的多种所有制金融组织，积极培育多种形式的小额信贷组织。大力推进农村金融产品和服务创新，积极发展农业保险。加大对农村金融的政策支持。

加强资本市场基础性制度建设，着力提高上市公司质量，严格信息披露制度，加大透明度。加快发展债券市场，扩大企业债券发行规模，大力发展公司债券，完善债券管理体制。进一步推进保险业改革发展，拓宽保险服务领域，提高保险服务水平，增强防范风险意识和能力。

提高金融调控的预见性、科学性和有效性，合理调控货币信贷总量，优化信贷结构，促进经济平稳较快发展。加大对中小企业、自主创新、社会事业和欠发达地区的金融支持。稳步推进利率市场化改革。完善人民币汇率形成机制，加强外汇储备经营管理，积极探索和拓展外汇储备使用渠道和方式。

## 第三节　金融体系的动态比较

金融体系作为社会经济制度构架的组成部分，在不同的历史时期与实体经济的发展并进。一个成功的金融结构体系只有适应实体经济，以及各国所特定的政治文化背景，才能促进经济的长期稳定增长。

### 一、金融结构的动态比较

金融结构是构成金融总体或总量的金融工具、金融机构、金融市场等各个部分的规模、运行和组成状态，主要表现为金融工具结构、金融组织结构、金融市场等的性质、规模、种类和集中程度，以全部金融资产价值与同期国民生产总值之比的金融相关率作为主要衡量工具。在现代经济中，以物质财富构成的经济结构，与以金融财富构成的上层建筑同时并存，二者密切联系。金融财富的主体是各类金融工具，主要由金融机构发行和持有，这样，不同类型的金融工具和金融机构的存在及其各自的性质、分布和相对规模就构成了金融结构。

戈德史密斯提出，“金融结构即金融工具和金融机构的相对规模”，“金融结构取决于金融工具与金融机构的结合”，“各种金融工具和金融机构的形式、性质及其相对规模共同构成了一国金融结构的特征”。并且，金融结构“随时间而变化的方式在各国不尽相同”[①]。戈德史密斯认为，一国现存的金融工具与金融机

① 雷蒙得·W·戈德史密斯．金融结构与发展．上海人民出版社，1995

构之和构成该国的金融结构,其中,包括各种现存金融工具与金融机构的相对规模、经营特征和经营方式,以及金融中介中各种分支机构的集中程度等。金融结构随着时间推移而变动。

### (一)金融宏观结构的动态发展

金融宏观结构是指在金融体系中金融机构、金融业务、金融工具、金融资产等各个组成部分的比例、相互关系及其变动趋势。金融宏观结构可以概括为四个部分:①金融产业结构,即银行业、证券业、保险业、信托业等不同行业在整个金融产业体系中的比重、地位与发展趋势,反映在金融产业中不同业务领域的地位和发展状况。金融产业结构包括各种金融产业的融资规模、客户数量以及各种金融产业资产在全部金融资产中的比重等。②金融机构结构,即金融机构的形式、种类、数量以及各类金融机构在整个金融机构体系中的比重。在不同的历史时期和经济发展阶段,金融机构的组织形式不尽相同,特别是随着金融创新的不断深入,新的金融机构不断涌现,改变着金融机构结构。③金融工具与金融资产结构,即金融工具与金融资产的主要存在形式、各种类型在金融市场中所占有的比重。④金融业务国际结构,即在金融全球化的背景下,国际金融业务的规模与国内金融业务相比的发展状况,它反映了一国金融业务国际空间拓展的程度,影响着国内宏观金融结构的变动。

金融宏观结构随着经济的发展,主要表现为:第一,金融产业由单一化到多元化发展。在世界各国,金融产业从单一的银行信贷业,发展到现代银行业、保险业、证券业、信托业等多元化产业。第二,金融机构种类不断增加。在各国金融产业发展过程中,各类金融机构不断发展,丰富着金融机构结构的内容和数量。第三,金融资产日益多样化。随着金融创新的不断深入和发展,金融工具、衍生金融产品的日益增多,金融资产的存在形式也日益多样化,金融工具与金融资产结构以多样化、全面发展的形态不断演进,满足各阶层、不同投资者和融资者的全方位需求。第四,国际金融业务不断增大。在金融国际化、金融一体化趋势日益增强的环境下,金融市场不断融合成为一个整体,跨国金融集团在全球开展业务,国际金融业务所占比重上升,有些国家的国际金融业务成为主导业务。

### (二)金融微观结构的动态发展

金融微观结构是指在金融体系中,金融机构、金融业务和金融资产等各个内部构成、比例关系及其变动趋势。金融微观结构是从金融结构的内部考察,主要由三部分构成:①金融机构的资产结构,即各种金融机构所拥有的资产数量、组成形式、构成比例。在一个国家存在着各种不同类型的金融机构,各种不同类型的金融机构各自从事着相对集中并各具特色的金融活动,不同金融机构拥有的资产数量与资产结构的变化，不仅反映着金融机构自身经营活动的变化，而且反映着整个金融业的变化状况。②金融机构的业务结构，即同一类型的金融机构在银行业、保险业、证券业、信托业等不同金融产业领域开展业务的数量和比重。在分业经营管理体制下，一种金融机构主要从事一定范围内的金融业务，但随着混业经营趋势的发展，金融机构通过各种创新逐渐地扩大或改变业务经营范围，业务结构的变动反映出金融发展的趋向。③金融机构的收益结构，即各种类型的金融机构业务收益在总收益中的比重，它在一定程度上反映了金融业务结构与资产结构。

## 二、金融结构与金融稳定

金融体系是一种社会公共品，金融体系的基本功能运行良好，金融市场就能得到有效控制，实现金融资源的优化配置和金融稳定。金融是现代市场经济的灵魂和社会资源配置体系的核心，金融业是工业化中后期重要的先导性产业。金融稳定关系到经济与社会的稳定，金融安全关系着国家安全。因此，金融体系的结构是一个国家经济结构中最敏感、最复杂的部分。

### (一)金融结构的稳定性决定金融稳定

不同的经济发展水平对金融服务的要求不同，因而各国的金融结构各具特色。经济结构的变化必然引起金融结构变化，因为任何行业的发展变化都会在股票市场或债券市场上得到反映，金融机构则根据市场状况适时调整信贷战略和对策，从而引起金融结构发生一定程度的变动。由于经济总量决定着金融总量，经济结构决定着金融结构，金融结构根据实体经济的需要采用不同的具体表现形式，实体经济发展的不足、经济结构的不合理甚至扭曲等外部因素必然影响金融结构，有可能引致金融的不稳定。因此，金融结构是经济影响金融稳定的一种外在表现。健康、良性运行的经济环境有利于金融健康有序的发展，金融结构也能够按照经济发展的需要和金融发展的规律正常演进；而在经济动荡、无序特别是经济危机发生的情况下，经济环境必然成为制约金融发展的重要因素，破坏金融体系结构的稳定性，威胁金融稳定。

### (二)金融结构的协同性影响金融稳定

金融结构是在经济与金融环境中实现的，特定的经济结构、经济发展水平、以及金融环境需要特定的金融结构，因而，金融结构必须进行适时的调整与实体经济的协同性。但是，在实际经济金融活动中，金融结构与经济发展的内在要求之间会出现偏差，造成金融结构与实体经济的阶段性失衡。当不协同严重引致金融体系脆弱性累积到一定程度时，会引发金融结构的急剧变动，甚至诱发金融危机。

### (三)金融结构的风险性威胁金融稳定

在市场经济活动中，金融不稳定性是一种常态，不稳定性意味着风险性。一个功能健全的金融体系能够通过各种金融合约、金融工具、金融组织方式等的使用，有效提高资源配置效率，为市场主体提供转移、分散和规避金融风险的手段和机会。但是，金融体系在运行中，由于金融结构的变动，打破原有的状态过渡到另一种结构状态中，有可能导致原有金融结构的内部失衡，增大金融体系的不确定性，威胁金融稳定。一般来说，金融体系结构中的构成要素和制度环境安排，产权制度、市场制度、监管制度、制度环境中的政治、法律和社会规则，外部的宏观经济环境，以及司法、审计、会计、评估、新闻舆论和社会金融意识等社会基础，都不可能在短期之内同步实现，这些都可能成为威胁金融稳定的因素。

## 三、金融体系的动态比较

根据金融中介机构与金融体系的作用不同，各国金融体系可以分为两种类型：一种是美国为代表的"以市场为基础的金融体系"；一种是德国为代表的"以银行为基础的金融体系"。

### (一)间接融资为主的金融体系

间接融资为主的金融体系是以银行为基础的金融体系(bank-based financial system)，因而，又称为银行主导型金融体系。在金融体系中，银行占据着绝对重要的地位，银行在动员储蓄、配置资本、监督公司投资决策，以及提供风险管理工具等方面，发挥着关键性的作用，而金融市场则不发达或作用很小。

在经济不发达的国家或经济处于赶超的发展中国家，面临着严重的资金短缺与瓶颈的制约，以及法律的不健全。资金瓶颈的制约使得股票市场的发展缺乏资本基础，加之相关金融法规的不健全，不具备管理和监督股票市场的知识储备和人力资源，大力发展股票市场不仅不现实，也是无效率的。因而，股票市场在动员储蓄方面的作用远远小于传统银行机构，在短期内也难以将发展资本市场作为金融发展的主要方向。而以银行为主的金融中介机构，比较适合作为政府发展经济、赶超战略和产业政策的工具，在资金配置上也更容易控制。因此，经济处于赶超的发展中国家的金融体系主要是银行主导型。

德国、日本、法国在传统上是银行在金融体系中发挥主要作用。特别是德国，大银行在金融体系中发挥支配作用，因而，世界上将间接融资为主的金融体系称之为德国式"以银行为基础的金融体系"。在东亚经济发展的过程中，银行机构在动员储蓄、资本配置、监管企业运作、保持金融体系的稳定、实现产业政策目标上承担着重要使命，东亚传统的金融体系也是银行主导型。

### （二）直接融资为主的金融体系

直接融资为主的金融体系，是整个社会的资金融通主要通过金融市场，以股票、债券等各种证券的发行和交易来实现的金融体系。由于直接融资为主的金融体系是以金融市场为基础的金融体系（market-based financial system），又称市场主导型的金融体系。在金融体系中，金融市场（主要是证券市场）在积聚社会资金和向企业融资过程中，与银行同样居于金融体系的核心地位，或者证券市场在金融体系中的地位已超过了银行机构，证券市场在融通资金、实施公司控制以及风险管理方面发挥重要作用。

在经济发达或比较发达的国家中，银行机构、非银行的金融机构以及股票市场都比较发达，特别是高收入国家，股票市场相对于银行更加活跃。随着经济的增长，金融体系更多显示出以市场为导向的发展趋势，因此，发达国家以股票市场为主的证券市场比较发达，金融体系一般是市场主导型金融体系。特别是对股东权益进行严格保护、会计监管良好、腐败行为较轻的国家，一般拥有更加市场导向型的金融体系。美国、英国的金融体系都是市场主导型金融体系。

### （三）金融体系类型的动态比较

1. 金融体系功能的差异

世界各国金融体系的功能存在一定差异，主要表现在：

（1）信用中介功能的差异性。在储蓄向投资转化的过程中，不同金融体系中金融机构与金融市场作用的重要性是不相同的，主要区别体现在储蓄与金融资产的结构上。

（2）公司治理功能的差异性。在银行主导型的金融体系中，由于资金提供者或者是公司的大股东，或者是公司的主要贷款者，拥有对融资公司的一定控制权，对融资公司的监督功能可以由单个银行来执行，不必依赖资本市场和外部投资者，银行不但对公司提供融资，而且控制公司的监事会，并借助于内部信息的优势减少相互信息不对称，降低监督成本。以银行为主的金融机构在公司治理结构中发挥的作用，远远大于资本市场的监督作用。

（3）风险分担与管理功能的差异性。金融市场的主要功能之一是为投资者、融资者提供分散、分担风险的机会。金融市场允许投资者根据风险承受能力调整资产组合的风险大小，分散投资组合，对冲特殊风险，实现在既定时点上的不同投资者之间的风险互换。在银行主导型的金融体系中，金融机构能够通过积累低风险、高流动性的资产的方式，借助于跨期平准实现减少风险、规避风险，通过资本市场实现的跨期分散风险的功能就不是很重要；在市场主导型的金融体系中，横向的风险管理主要依靠市场。一个发达的金融市场、发达的衍生金融市场的存在是分散风险、实现风险管理的保证，借助于金融机构来实现跨期分散风险的功能却受到市场的一定抑制。

(4)信息处理功能的差异性。不同的金融体系，在信息的生产与使用方面存在很大区别。不同的信息处理和传递，对资源的使用效率会产生不同的影响。在市场主导型金融体系的国家，金融市场拥有大量的上市公司，相关金融监管当局要求上市公司广泛公开信息，众多分析师密切关注着企业与市场，因而各种信息的来源主要是由资本市场提供。

2. 金融体系结构的差异

不同的金融体系拥有不同的金融结构(见表 4－1)。以证券市场为主的直接融资模式的金融体系，通过竞争方式发行股票、债券、商业票据，拥有非常发达的资本市场、广泛分散的股份所有权、开放型公司以及活跃的公司控制权市场；以银行为基础的间接融资模式的金融体系，公司股份集中持有、集团成员发挥重要作用，全能银行和主体银行在融资和公司监控方面进行实质性参与，企业的规模扩张受制于企业可以获得的市场空间，一旦企业的市场扩张受阻，金融危机就不可避免。保罗·克鲁格曼在 1998 年曾指出："亚洲金融危机的根本原因不是汇率失调，而是坏的银行制度。"这种制度存在三个主要问题：银行信贷过度扩张；政府过度担保；企业过度负债。

**表 4－1 美国与德国金融体系结构的比较**

| 金融体系结构＼国家 | | 美 国 | 德 国 |
|---|---|---|---|
| 金融机构 | 商业银行 | 提供短期工商企业贷款、住宅贷款、农业贷款，以及对同业贷款。《格拉斯－斯第格尔法》禁止商业银行从事投资银行业务，自 1999 年 11 月后放松 | 主要包括三大全能银行银行：德意志银行、德累斯顿银行、德国商业银行，从事存贷款、生命保险、有价证券承销和投资多种业务 |
| | 储蓄机构 | 传统上提供抵押和其他消费信贷；多数是互助性质的，即存户同时是股东 | 兼顾公共利益，不以盈利最大为目标；共有三级：地方、州和中央储蓄银行 |
| | 保险机构 | 生命保险公司提供税收比较优惠的储蓄手段；财产保险公司主要目的是提供保险，投资工具只是副产品；很多公司是互助性质的 | 全能银行与保险公司均能提供保险。但是与银行不同，保险公司受到严格监管 |

**续表 4－1**

<table>
<tr><td colspan="3">国家 / 金融体系结构</td><td>美 国</td><td>德 国</td></tr>
<tr><td rowspan="2">金融机构</td><td rowspan="2">养老保险</td><td>官办</td><td>涵盖所有员工;保费与平均收入相联系;替代率较低</td><td>涵盖所有员工;保费与工作期间平均收入项联系;替代率较高</td></tr>
<tr><td>私营</td><td>主要包括根据最终收入决定的固定受益人;通常不采用指数化;固定认缴计划日趋重要</td><td></td></tr>
<tr><td rowspan="3">金融市场</td><td colspan="2">股票市场</td><td>三大主要交易所为:NYSE, AMEX, NASDAQ;它们是经由初次发行(IPO)筹集资金的主要渠道</td><td>以法兰克福为中心的 7 个区域性交易所;上市公司数量较少</td></tr>
<tr><td colspan="2">债券市场</td><td>各级政府以及企业重要的资金来源</td><td>各级政府与银行重要的资金来源。对非金融企业不重要</td></tr>
<tr><td colspan="2">衍生市场</td><td>商品期货市场始于 19 世纪晚期。金融期权与期货市场始于 20 世纪 70 年代早期;互换和其他衍生工具柜台交易量很大</td><td>金融期权与期货市场始于 1990 年,交易量很小</td></tr>
</table>

资料来源:Allen & Gale, 2000 年版,第 53 页,第 72 页

3. 金融体系资源配置效率的差异

不同的金融体系依赖不同的主体来分配金融资源,存在资源配置效率的差异,主要体现在:

(1)在经济制度变迁中,金融市场相对于银行机构更具备进行微观运作的优势。一般来说,银行机构在缺乏激励的情况下,不能发挥其信息优势代替储蓄者管理好受托的金融资源,内部经理人在关系型融资中可以通过输送利益谋求信贷软约束;而金融市场却能够利用市场价格发现机制进行储蓄分配,金融市场上证券投资基金数量的扩大和证券投资选择的不断变化,造成输送利益逃避监管的行为将负担高昂的成本,内部经理人只有改善了企业的运作效率才能从金融市场上获得更多的金融资源。

(2)金融市场能够分流金融资源和提升金融资源效率。金融市场具有的信息披露制度和支付结算机制,能够打破银行存在的金融资源配置的地域性限制,缓解金融资源地域性配置失衡。多层次的资本市场有利于克服中小企业的融资

壁垒,充分的信息披露和分析能力将化解中小企业身份的"卑微"、资本的不足、成长风险上的缺陷,使金融资源在国民经济各个部门之间进行合理分配,使国民经济体系中最有活力的部分能够获得资本支持,提高经济增长的可持续性。

(3)金融市场的发展、金融体系形态向效率与均衡方向的加速演进,使银行体系面临提高资源配置效率的强大压力。金融市场的发展在金融体系内创造了一种具备杠杆效应的驱动力量,金融体系不再单纯依靠银行体系改善存量金融资源的配置,而是通过推动金融市场和金融中介的竞争来引导金融资源向更高效率的渠道流动,金融结构在金融资源流动中实现金融体系形态的同步均衡。

## 第四节　金融体系的变革取向

金融是现代市场经济的灵魂和市场性资源配置体系的核心,金融业是工业化中后期重要的先导性产业和大国经济发展的支柱产业。金融体系是一国经济结构中最敏感、最复杂的部分,随着金融国际化、自由化的发展,各国金融体系也在不断完善与发展。

### 一、发达国家的金融国际化、集团化发展

在金融国际化进程中,无论美国、日本等发达国家,还是韩国、新加坡等新兴工业化国家,金融体系都受到了金融国际化的影响,在不断调整和变化中呈现出金融集团化的发展趋势。

#### (一)金融国际化

金融国际化是经济全球化在金融领域的表现,给各国金融带来了极大的影响,主要表现在:第一,金融业混业经营、集团经营呈现加强趋势。为了拓展业务范围和提高抵抗金融风险的能力,获取更高利润,各国金融机构不断地进行业务创新和金融创新,开拓更多的金融业务。金融业综合化经营不断强化,金融机构与金融市场之间相互依赖的程度不断加深,导致金融体系的系统性风险上升,金融危机发生频率和破坏程度增大。第二,金融国际化意味着全球范围内的金融一体化趋势。金融国际化使金融资源在全球范围内配置,提高了金融资源的利用效率,对世界经济的发展具有促进作用;但是,金融资源的国际配置,导致了利率和汇率的频繁变动,使国际金融的不稳定性增强。

#### (二)金融集团化的模式

根据巴塞尔委员会、证监会国际组织和国际保险监管协会 1999 年 2 月联合发布的《多元化金融集团监管的最终文件》中的定义,多元化金融集团是指同一

控制权下，完全或主要在银行业、证券业、保险业中至少两个不同的金融行业大规模地提供服务的金融集团公司。金融集团是跨国银行发展的高级阶段，通过金融控股公司的形式来实现，因而，根据母公司是否有业务经营，可将金融集团划分为两种模式：一是母公司为纯粹控股公司模式，即母公司作为金融控股公司，只负责对附属金融机构的投资管理，不经营具体业务；二是经营性控股公司模式，即母公司本身开展业务经营活动，同时通过股权或委派董事控制附属金融机构。金融集团化发展有助于提高金融体系配置资源的效率，提升金融机构的竞争力，提高金融产品的互补性，产生范围经济，增加规模经济和消费者剩余，但是，金融集团化也将产生金融机构之间的利益冲突，传染金融风险。

**(三)金融集团化的特点**

金融集团化作为金融国际化的发展战略，不仅仅是金融机构的重新组合和跨国银行组织结构的简单调整，也不是跨国银行规模和层次的简单扩张，而是一种金融制度和金融结构的创新，它具有以下特点：

(1)复杂的组织管理结构。一般来说，金融集团内部至少有两个或两个以上的金融实体从事各异的金融业务，具有复杂的组织管理结构，通过产权纽带或其他方式形成一个控股公司的母公司、子公司、孙公司等多层次、宝塔型的产权结构组织体系。

(2)附属机构的独立法律地位。金融集团内部的各个附属机构都是各自独立的法律实体，在集团核心机构的集中统一控制之下，为了共同的战略目标和经济利益而发挥作用。

(3)综合经营与规模扩张。金融集团的主要特征是综合经营和规模扩张，金融集团综合经营的原动力是居民收入的提高与居民金融资产结构的变化，信息技术进步为金融集团的大规模经营提供了技术基础，日益激烈的竞争是金融集团规模扩张的外在压力，在全球金融竞争的舞台上，金融集团必须大规模地进行综合经营。

(4)母公司为控股公司。金融集团一般是通过控股公司形式组成，控股公司通常是通过发行债券或借款等举债方式筹集资金，向附属机构进行权益性投资，这种投资方式将造成整个集团的财务杠杆比率过高，影响金融集团的财务安全。

(5)内部控制与风险管理的难度加大。金融集团一般规模庞大，跨营多个金融服务领域，具有相对复杂的治理结构和组织结构，增加了集团内部控制和风险管理的难度，并使金融风险的传导效应急剧放大，多元化的金融服务所导致的利益冲突和关联交易也影响了金融集团的稳定性。

## 二、发展中国家金融自由化转型

20 世纪 70 年代中期以来，金融自由化已成为西方发达国家金融创新的主流。随着金融市场化和经济全球化的发展，发展中国家以金融自由化作为主要手段的金融改革也进一步加快，改变着落后的旧的金融体系。

### （一）金融自由化

在不同的时期，金融自由化的内涵不尽相同。20 世纪 80 年代，金融自由化的重点是推行国内利率自由化。进入 90 年代，随着国际金融市场的迅速壮大以及国际经贸一体化进程的发展，金融自由化的内涵进一步扩展。根据世界银行和国际货币基金组织的看法，金融自由化包括：对公共金融机构的私有化；允许外资银行进入；促进金融市场发展，加强市场竞争；减少存款准备金要求；取消指导性贷款；利率市场化和开放资本市场；等。

### （二）发展中国家金融自由化的改革

20 世纪 70 年代以来，以拉美国家为代表的发展中国家率先进行了以金融自由化为核心的金融体制改革，拉美国家的金融自由化具有典型的激进特征。拉美国家曾进行了两次引人注目的金融自由化改革：第一次，20 世纪 70 年代中期到 80 年代初期，智利、阿根廷、乌拉圭等拉美国家率先进行了金融自由化改革；第二次，20 世纪 80 年代末到 90 年代上半期，拉美国家开始了第二次金融自由化改革，这次金融自由化改革成为拉美地区经济改革的重要组成部分。20 世纪 70 年代中期，亚洲国家和地区也开始了相对比较平缓的金融自由化改革，除了个别国家，亚洲国家的金融自由化改革与拉美国家不同，主要采取渐进式金融自由化战略。在亚洲，发展中国家进行金融自由化改革的时间不尽相同。从发展中国家的整体来看，非洲国家的金融自由化改革进展最迟缓，成效也最小。20 世纪 80 年代中期，非洲国家才开始进行金融自由化改革，1983 年 4 月到 1991 年 5 月，加纳、南非、赞比亚、肯尼亚、尼日利亚、突尼斯、马拉维、津巴布韦和埃及等国家，先后实现了存贷款利率的自由化。虽然非洲国家进行了消除金融压制的金融自由化改革，但所有改革所带来的回报、收到的效果却非常小①。

20 世纪 90 年代之后，金融危机不断发生，许多人将金融危机归罪于金融自由化改革的步伐太快，国际上反对金融自由化、要求重新加强金融管制、建立健全国际金融新秩序、维护金融和经济安全的呼声日益强烈。但是，金融自由化已成为国际经济社会发展进程中不可阻挡的潮流，成为市场经济发展的结果。在金融自由化的世界潮流中，发达国家是潮流的倡导者和推动者，发展中国家是跟

① 黄金老．金融自由化与金融脆弱性．中国城市出版社，2001.7

随者和实施者。

## 三、国际金融体系的改革

经济全球化和区域集团化的纵深发展，要求各种生产要素特别是资金能够无阻地在全球范围内流动，以利率自由化、金融市场自由化和金融业务自由化为核心的金融自由化将深化，意味着金融业的竞争与风险与日剧增。

### （一）金融全球化

金融全球化是多数国家的金融机构和金融业务跨国发展，巨额国际资本通过金融中心按照国际通行规则在全球范围迅速运转，同质的金融资产形成统一的价格。金融全球化是生产全球化、贸易全球化和投资全球化发展的必然结果，与生产全球化、贸易全球化和投资全球化之间交互作用、交互影响。金融全球化因金融的特有性质与发展状况而具有独特的内容和运行规律，主要表现在四个方面：第一，国际资本规模不断扩大，主要表现为金融机构业务空间的增大与资本流动规模的扩大；第二，金融业务从传统方式向多元方式转变，商业银行不仅提供各类存贷款业务，还提供各种证券买卖、信托、保险等服务；第三，电子化打破了金融交易的地域限制，电子商务、电子数据交换、电子资金转账等金融电子已经遍及金融业务的各个环节，全球金融市场的一体化得以实现，数字金融利用网络展开之后，金融机构的地域限制被打破，市场准入的界线变得十分模糊；第四，金融监管的国际合作水平有所提高，国际社会越来越关注各国金融体系的安全。

### （二）国际金融体系的改革

国际金融体系，是在国际货币金融关系中对各国货币在国际支付、结算、汇兑与转移等方面进行调节所确定的各种规则、安排、惯例、政策、机制和组织机构形式的总称，主要包括国际汇率制度、国际收支调节体系、国际资本流动的管理、国际货币金融政策的合作框架，以及国际金融机构在促进全球金融稳定方面的各种机制。国际金融体系是国际货币关系的集中反映，构成了国际金融活动的总体框架，在市场经济体制下，各国之间的货币金融交往都要受到国际金融体系的约束。历史表明，一个理想的国际金融体系能够促进国际金融运行的协调和稳定，促进国际贸易和国际资本流动的顺利发展，使各国公平合理地享受国际经济交往的利益。随着金融动荡的频繁发生、金融危机的蔓延、国际资本市场的迅速发展以及国际监管体制的真空，国际金融体系的缺陷日益凸现，存在着许多风险和危机。国际社会已经意识到现存的国际金融体系存在的缺陷。保持国际金融市场的相对稳定和建立有效的国际货币监督体系，直接关系到世界各国的共同利益，因而，1998年开始，国际金融机构和主要工业化国家纷纷提出了各种改革现存国际金融体系的建议。

关于国际金融体系的改革，有关各方已经达成的共识是：加强对银行体系的监督，建立完善的银行监督机制；加强对短期资本流动的监督，增加对投资银行和对冲基金的信息披露要求；增加所有国家宏观经济，包括财政状况和货币状况的透明度；完善和加强国际货币基金组织提供应急贷款的机制和能力。国际货币基金组织提出了国际货币体系的新架构，主要包括五项：透明度、金融体系的稳健、私人部门参与、有序的资本市场开放、建立现代化的国际资本市场的原则和标准。同时，作为防范金融危机的重要措施，进一步推广关于数据公布的特殊标准，建立国际收支预警系统的政策，增加成员国经济信息披露。1998年以来，为了进一步增加成员国宏观经济状况和政策透明度，国际货币基金组织陆续提出了关于《财政透明度手册》、《货币与金融良好行为准则》的报告，开展提高成员国公开经济信息和政策透明度的工作，并对成员国提出了更多监管与信息披露的要求[①]。

① 徐明棋．论国际金融体系的改革与展望．国际金融研究，2001(2)

# 第五章　银行竞争：结构、规模与效益

## 第一节　银行理论认识的曲折

### 一、马克思的银行理论

马克思、列宁等对银行信用、银行制度等问题做过深入的研究。马克思关于银行理论的研究结论主要表现为以下方面：

#### （一）银行信用是整个社会信用的枢纽

马克思分析信用经济的过程时指出，生产者和商人之间的互相预付是信用的真正基础，这种预付产生的流通工具是信用货币如银行券等产生的基础。生产者和商人之间的预付，就是他们之间赊销赊购商品，即把商品预付给别人。这里预付的是生产过程中商品资本，商品资本需要尽快地转化为货币资本时，就会产生银行信用。因为，银行是集中经营货币资本的机构。这种转化是向银行请求贴现或向银行请求抵押贷款去实现的①。由此可见，商业信用是银行信用的基础，银行信用是整个信用经济活动的枢纽。

#### （二）银行制度是社会经济最精巧的机器

马克思指出，银行制度是资本主义生产方式的最精美和最发达的产物②。因为，现代大银行是适应现代化大生产的要求而建立的，银行是管理货币资金的部门，在商品货币经济的条件下，国民经济各部门、各单位的经济活动都要表现为货币资金的运动，银行通过遍布全国的分支机构，开展信贷、结算、货币流通等业务活动，从资金上把国民经济各部门、各单位的经济活动联系起来，为现代化大生产组成了一个庞大的管理系统。

---

① 马克思．资本论．第3卷．441

② 马克思．资本论．第3卷．578～579

### (三) 银行制度在经济中的作用

银行制度为资本主义生产方式创造了崭新的生产条件和交换条件[①]。如果没有银行制度的出现,如果没有信贷的集中,就不会使生产条件和交换条件发生革命,就不会有现代化大工业。这是因为以银行为中心的信用制度,打破了单个企业所积累的货币投资界限,缩短了商品资金向货币资金转化的过程,加强了消费和其他经济活动的联系。

### (四) 提高银行效率的手段

马克思对资本的流通过程分析表明,加速资本周转可以提高年剩余价值率和年利润率,指出,"一定量资本的作用程度,是由生产过程的各种潜能规定的,这些潜能在一定程度上与资本本身的价值量无关"[②]。加速资本周转之所以能够提高年剩余价值率和年利润率,是因为资本周转速度的加快,使同一资本在一定时期得到多次利用,便能发挥其潜能,提高年利润率和年利润总量。资本潜能的论点表明,提高银行效率依赖于充分挖掘多方面的潜力,不断增加投入。

## 二、列宁的银行理论

列宁对银行理论进行了进一步的研究,并得出了新的结论。

### (一)银行国有化是社会主义取得更高经济效率的前提

列宁认为,无产阶级夺取政权后,必须实行银行国有化。要取得最佳的整个社会经济效率就必须实行银行国有化。"现代的银行同商业(粮食及其他一切商业)、工业紧密地生长在一起,不'插手'到银行中,绝对不能做出丝毫重大的、丝毫'革命民主的'事情来。"[③]"只有把各个银行合并为一个国家银行,对业务进行监督,再采取一系列简单易行的措施,才能真正征收到所得税,才不致发生隐瞒财产和收入的事情,而现在的所得税在极大程度上都落空了。"[④]"银行国有化对于全体人民,特别是对于农民和小手工业者大众,而不是对于工人,好处是非常大的。银行国有化将会大大有助于保险事业的一并国有化,也就是把一切保险公司合并成一个,集中起来,受国家的监督"。[⑤] 只有把资本主义大银行国有化,才能粉碎金融资本的统治,为社会主义建设服务。也才能使国家稳定货币市场,充分发挥银行是国民经济体系神经中枢的作用,为发展经济服务,逐步提高人民

① 马克思．马克思恩格斯全集.第46卷.下册．225

② 马克思．马克思恩格斯全集.第23卷．64

③ 列宁．列宁选集.第3卷．人民出版社,1958.136

④ 列宁．列宁全集.第25卷.人民出版社,1958.321

⑤ 列宁．列宁全集.第32卷.人民出版社,1958.189~192

生活水平。列宁认为，银行资本的集中和垄断，以及与工业资本的融合过程与工业垄断的形成是同步的。没有大银行，就无法实现社会主义，同样也就无法发挥银行的宏观社会经济效益，整个社会经济效益也就难以得到保障。

### （二）加强对银行的监督与统计是提高效率的关键

列宁指出，“统计和监督是把共产主义社会第一阶段‘调整好’，使它能正确地进行工作所必需的主要条件。”因为，监督和统计能充分节约利用已有的人、财、物资源，提高劳动生产率。他认为，劳动组织是提高劳动生产率的一个十分重要环节，社会主义的主要任务之一，是要“加强劳动者的纪律和自我纪律，在各地建立起能够管理产品的一切生产和分配的、巩固的和严整的组织。”[①]银行是资金活动的总枢纽和信贷、结算、现金出纳“三大中心”，又是唯一的货币发行机关，是全社会的“公共薄记”，也是国民经济各部门联系的纽带和神经中枢，具有合理配置资源以及对产品生产、分配实行统计和有效监督的能力。因此，社会主义国家银行必须进行严格的统计和监督，提高银行经营效率，实现银行的宏观经济效益。

## 三、哈耶克的银行理论

从20世纪70年代末，自由主义经济学夺回了主流派地位，世界各国纷纷转向自由市场经济政策，“金融自由化”随之成为了世界浪潮。以哈耶克为代表的自由主义经济学家们，设想建立一个较为自由化的银行体系。这种体系中，在银行仍然履行其原有职能的同时，允许各银行发行货币，各种货币之间存在着竞争关系。

哈耶克提出，为了保证充分就业或屈从于利益集团的压力，政府对货币供给的控制几乎毫无例外地造成货币的超量发行，从而导致通货膨胀。哈耶克等学者设计了竞争性货币的方案，亦即在同一地域内存在多种货币，除政府外也允许私营机构发行自己的货币，这些货币各自都拥有计量单位。哈耶克认为，这种所谓的“竞争性货币”几乎不会对零售业产生任何的影响，但人们在储蓄时却会对“币种”有所选择。因此，货币发行者之间的竞争会有利于公众。

在竞争性货币环境中，货币发行符合市场经济中其他商品生产的规律。银行作为货币发行者可自行决定扩大其货币发行量，唯一抑制其大量发行货币的因素是供求关系。当某一特定银行超量发行货币时，单位货币所包含的实际价值将下降，储蓄者就会把资金撤出该银行。显而易见，为了稳定客户，银行应当

① 列宁．列宁全集．第27卷人民出版社，1958.183

使其单位货币具有相当稳定的实际购买力，从而对客户形成一种担保。这意味着任一银行应随时为客户将其货币转换其他货币提供服务。

尽管迄今为止，对于绝大部分国家来说，自由银行体系仍只是一种远离现实的理论构想，但却不能完全排除其在世界局部地区的可能性。

## 四、银行规模经济理论

银行规模经济理论是从微观经济学角度，阐述银行规模变动与银行收益变动之间关系的理论。在大量的现代文献中，关于银行规模经济的叙述基本一致。银行规模经济，是指随着银行业务规模、人员数量、机构网点的扩大而发生的单位运营成本下降，单位收益上升的现象，反映了银行经营规模与运营成本的变动关系。

根据经济学家马歇尔的观点，经济学中的规模经济可分为内部经济和外部经济。商业银行的规模经济同样包括了内部经济和外部经济两方面。银行内部经济是指单个银行由于营运规模的扩张，从而引起内部收益的增加。银行外部经济是指随着整个银行产业规模的扩大，单个银行得到了良好的人才、信息、资金融通、联行结算等便利服务，从而引起收益递增的现象。

银行业是存在规模经济的行业，主要表现在：银行靠信用生存，银行具有相当的规模后，使公众对该银行的信任感也增加；银行规模扩大后，银行吸引储户增加，储户越多，同时提取存款的可能性就越小，于是，银行就可相应减少现金准备，增加盈利性资产的比重，使经济效益得到提高；银行规模的扩大，常常伴随着分支机构和营业网点的增加，这是在办理结算、汇兑、资金调拨等方面比一般小型银行拥有的优势；规模大的银行资金远较中小银行充裕，这使大银行有条件更新设备，采用先进技术，率先实现银行电子化；银行规模扩大，用于信用支持的资金相应增加，银行有实力参与大型项目的融资，提高了批发业务在银行业务中的比重，降低单位金融产品的成本，达到提高经济效益的目的。

因此，按照规模经济理论的观点，商业银行是一种规模效应经济组织。其经营对象货币的同质性使银行业并购具有其他任何行业无可比拟的广阔市场，同时经营规模的扩大可以使银行取得规模效应，占据更大的市场份额，提高抵御风险的能力，从而增强银行的竞争力。

## 五、银行混业经营理论

目前，用来阐释商业银行混业经营的理论主要有资产专用性理论、交易成本理论、范围经济理论、效率理论、风险分散理论等。

### （一）资产专用性理论

资产专用性理论的主要代表人物，是最初对其作出过开创性研究的威廉姆森。根据威廉姆森的定义，资产专用性是指对投入生产过程的资产再配置的难易程度，或者说是再配置已投入要素成本的高低。不同的行业对投入要素的品质特征有着不同的要求，若要对资产要素进行配置必然需要一定费用。自然地，资产专用性越强，行业的退出与进入成本也越高，其他行业与该行业的结合与转化也就变得困难；反之，亦然。众所周知，银行、证券、保险和保理等行业的要素主要包括资本和信息，而资本主要指现实资本和人力资本。进一步分析表明：在以上诸行业中，现实资本如货币、存款、固定资产办公设备等近乎是通用的，资产专用性很低；而人力资本由于面临的金融市场高度相关，其知识和素质要求相似，故其专用性也很低。就金融信息来说，由于银行、证券、保险等行业面临着同样的宏观经济、行业与企业环境，所以，对宏观和微观信息的掌握与处理的区别不是十分明显，故信息的资产专用性也较低。银行、证券、保险等行业的资产专用性较低且呈递减的趋势，是商业银行实行混业经营的理论基础。

### （二）交易成本理论

交易成本理论的创始人科斯认为，市场与企业是配置资源的两种可以相互替代的方式。它们之间的区别是：在市场上，资源配置由市场价格机制来进行调节；在企业，相同的工作由行政管理来协调解决。二者之间的选择依赖于使用价格机制的成本和企业内部行政管理成本的比较，即两者交易成本的比较。对于金融企业是采取分业还是混业经营的方式，根据科斯的企业理论，这个问题的解决主要取决于金融企业和金融市场哪个配置资源效率更优，哪个交易成本更低。业务相近的银行合并往往伴随着分支机构和人员的裁减，使银行节约硬件设施的耗费，同时也降低了各项管理费用。两家银行在原有业务交叉的领域，通过合并精简分行和员工的数量，会使经营成本大大降低，增强市场竞争力。

### （三）范围经济理论

范围经济是指，当一个企业以同一种资源（或同样的资源量）生产一种以上的产品时，由于生产维度的增加（即生产范围在横向的扩展）所带来的效益增进（利润上升或者成本节约）。具体对于银行来讲，通常把在各种产品之间进行关联成本的节约能力，称为范围经济。混业经营的商业银行可以依靠其控股或全资拥有的证券公司、保险公司等向客户提供存贷款、投资、发债、资产管理、保险等金融服务。可以将其与某一客户关联的固定成本分摊到更广泛的产品上，通过调整公司内部的财务结构，适应金融产品和服务需求状况的变化，利用在提供一种服务时获得的信誉向客户推荐其他服务。

### （四）效率理论

当商业银行通过兼并证券、保险等公司实现混业经营时，实际上是一种并购行为，可以用并购理论——效率理论——来阐释。效率理论认为，企业并购活动能提高企业经营绩效，增加社会福利，对交易双方来说能提高各自的运作效率。主要包括两个观点：企业并购有利于改进管理层的效率；企业并购会形成协同效应。所谓协同效应是指两个或多个企业组成一个企业后，其产出比原先两个或多个企业的产出之和还要大的情形，即 1＋1＞2 的效应。

### （五）风险分散理论

该理论认为，混业经营的商业银行提供多元化金融服务具有分散风险的作用。把互不相关的几项金融服务集成在一个集团下，并不一定能够提高金融企业的利润率，但是这种业务组合可以减少企业利润率的波动。由于大多数投资者和股东倾向于风险厌恶，在金融服务平均收益率相同的情况下，如果能够减少收益率的波动幅度，就会增加上市金融集团公司股票对投资者的吸引力，为企业拓展业务和进行融资创造有利条件。

## 六、银行国际化理论

西方学者认为，应把银行业的国际化现象放在现代条件下的对外直接投资过程中来研究，并以跨国公司直接投资理论来解释银行国际化。虽然各种理论都仅仅解释了银行国际化的某些方面，但其中部分理论如垄断优势理论、内部化理论、折衷理论等，被西方文献广泛采用，也被用作制定银行国际化战略的理论依据。

### （一）垄断优势理论

垄断优势理论是美国学者海默（S. H. Hymer）提出的，主要思想是：由于不是在本国生产，存在着人地生疏的问题，跨国企业必须具有同东道国当地厂商进行竞争的垄断优势。垄断优势理论系统论证了市场的不完全性，使跨国企业拥有这种带有垄断性质的特定优势。这种垄断优势使得跨国企业能够克服海外投资的附加成本，抵消东道国当地企业的优势，确保海外投资活动有利可图，是跨国企业对外直接投资的决定因素。

在利用垄断优势理论分析银行国际化时，银行服务市场的不完全性是银行国际化的根本原因。这种不完全性产生于以下四方面：①由于金融产品的种类、产品的适用功能、产品的创新能力、产品的市场营销能力等原因，造成的金融产品市场的不完全；②由于跨国银行拥有特别的管理技能、筹集资金优势，以及拥有金融信息处理技术方面的差异造成的要素市场的不完全；③政府对本国金融的保护政策、对跨国资本流动的限制政策及对利率、汇率的管制等原因，造成的市场不完全；④由于规模经营使跨国银行在与东道国银行的竞争中占据有利地位，造成的市场不完全。

上述原因导致的银行市场的不完全性使得跨国零售业务银行在金融产品的开发及销售、管理技术、规模经营等方面具有垄断优势，从而促使其国际化。

### (二) 内部化理论

内部化理论最初由伯克莱和卡逊在 20 世纪 70 年代后期提出。该理论认为，在封闭经济条件下，用组织取代市场的内部化行为可以降低交易费用，而在开放的条件下，跨国公司通过对外直接投资，这种国际性的内部化行为可以降低在国际市场上的交易费用。

20 世纪 80 年代，罗格曼将其引入银行国际化分析，认为，现实的国际金融市场是不完全的，市场的不完全造成了中间产品交易的低效率。由于银行中间产品本身的可交易性很差，银行可以通过其有效的管理手段和组织结构，把银行的外部交易转变为内部交易。并且由于国际金融市场的不完全性比国内金融市场更大，其内部化收益大大高于国内市场，因此跨国银行往往比国内银行获利更多。此外，银行国际化还可以从投资多元化中获得优势，如分散投资风险等。这一理论回答了为什么银行要采用分行或附属机构等形式，而不是代理行形式在国际市场上开展金融服务业务。同时，也说明了跨国银行在自身系统内利用这些优势，比在外部市场上出售这些优势更有利可图。

### (三) 折衷理论

约翰·邓宁(J. H. Dunning，1977)在《贸易、经济活动的区位与多国企业——折衷理论探索》论文中，提出了国际生产折衷理论或 OIL 理论(Ownership，Internalization，Location)。他指出，企业跨国投资和生产需具备三个条件：一是企业必须有特定优势，二是外国区位能提供特定优势，三是企业具有内部化优势。格雷(Gray，1981)运用邓宁的国际生产折衷理论，来解释商业银行国际化现象。折衷理论以所有权优势、区位优势、内部化优势作为银行国际化经营的三种优势。

所有权优势是银行所拥有或者能够获得的东道国银行所没有或无法获得的资产。这种资产可以是如商誉、经验等无形资产，也可以是有形资产，如资金、技术、信息处理能力等。区位优势是指跨国银行在投资区位上具有良好的环境，如优越的经济地理、稳定社会环境、优惠的国家政策、良好的发展前景等，使得跨国银行在现在或可以预测的将来都能有较好的成长性。内部化优势是银行通过可控制的交易内部化取得利益，实现途径有资金调拨定价、广泛的客户联系、广大的信息网络等。跨国银行可以通过境内外合理设置分支机构、合理配置业务和人员、建立内部信息处理中心,达到优势共享、合理分配内部资源、增收节支的目的。以上这三种优势构成了折衷理论的核心内容,银行只拥有一种优势,不足以跨国经营,银行国际化扩张是三种优势在时间和市场上相互作用的结果。

# 第二节　银行竞争动力与外部性

## 一、银行业竞争:狭窄区域与竞争动力

### (一)银行业的狭窄区域

从传统的视角来看,人们更倾向于将商业银行等同于银行业。这显然无可厚非,因为在不同的管理体制下,银行的经营范围截然不同,而商业银行业的观点则更具有代表性。

在不同的经营管理体制下,银行经营范围有所不同,分业经营模式下的银行往往只能从事传统银行业务,这种强制性的划分往往人为地遏制了银行业的蓬勃发展,结果产生"银行具有天生的脆弱性"的理念。

这一理念的引出,基本上以1982年明斯基(Minsky)在《金融体系内在脆弱性假说》中提出的"金融不稳定性假说"为起点,之后广受理论界关注。戴蒙德(Diamond,1983),拉靳(Rajian,1992),以及卡夫曼(Kaufman,1996)等人,甚至试图从不同角度研究说明银行体系"脆弱性"的内在原因。克瑞格(J. A. Kregel,1997)引入了"安全边界说"(Margins of Safety)的观点,认为对摩根规则的过分信赖导致银行对扩大的信用敞口视而不见,从而导致了金融脆弱性的根源。金德尔伯格(C. Kindleberger, 1978,1994)从经济周期长波理论来解释信贷市场脆弱性的孕育和发展。卡夫曼(Kaufman,1996)的理论基本上是以银行体系比其他企业更易受到外界的影响这一观点为基础。此后,有人从信息经济学以及行为金融学的角度对这一理论进行了补充。最新的进展对此各执一词,如克鲁格曼(Krugman,1998)的"道德风险和过度投资共同作用"观点,麦金农和皮尔(1998)的过度借贷观点,而斯蒂格利茨(Stiglitz,1998)、德米格·昆特(Demirgul-Kunt) 和 底特基格(Detragiache,1998)则注意到了不合时宜地实行金融自由化的影响。

这些理论对于传统银行业的发展起到了推波助澜的作用,由此形成了传统银行业的狭窄经营区域,在分业经营模式下更是格外分明。

### (二)银行业竞争动力

熊彼特在《经济发展理论》(1912)中一针见血地指出,完全竞争的静止均衡

状态毫无价值,“完全竞争不仅是不可能的,而且是低劣的”。因为在完全竞争中,竞争者既没有必要,也没有能力开发新产品、运用新技术,所以,完全竞争无法实现经济和技术进步。而真正的竞争应该始终是一个变动的过程。企业一方面通过创新,籍以形成基于创新而产生的垄断,并由此获取作为创新成功者的奖励——传统意义的垄断利润;另一方面,企业却不能高枕无忧,源于潜在的竞争和模仿又促进了新技术、新生产组织形式的产生。如此周而复始形成竞争的动态过程。然而,这种追逐和保护并非水到渠成一帆风顺,银行除了要应付来自同类金融机构的竞争和冲击之外,还要面对来自金融市场的对传统银行业务的瓜分和掠夺。

关于银行业与金融市场之间竞争的论述,不得不提到金融中介论的贡献,以及现代企业理论更早的关于企业边界学说所做的铺垫。在科斯(Coase,1937)看来,企业与市场之间关系无非是两种不同交易方式,或资源配置方式之间的成本竞争和替代关系。金融中介理论中的交易费用范式,将金融中介和金融市场之间的关系做了类似的界定。金融中介机构得以降低金融交易费用的原因,可以从金融活动的规模经济特征和范围经济特征中得到解释。

奥利弗·E·威廉姆森在他的《资本主义经济制度》一书中认为,随着资产专用性下降,市场的治理成本终究会小于内部组织的治理成本,二者之差为零的点是内部组织与市场的边界。在内部组织治理方式下的治理成本,主要指内部组织官僚主义的无能所致的损失。而治理成本的对决并非内部组织与市场之间竞争的唯一方式,生产成本的较量构成了另一个方式。出于规模经济和范围经济效应的考虑,标准化的交易交给市场来通盘协调会大大节省成本,这也是许多标准化的金融产品由金融市场来提供较金融中介更具优势的原因。在这一分析范式下,金融创新成为金融中介为争取生存而努力凭藉的武器。

金融中介理论的另一个分析范式是非对称信息分析。在这套分析范式里,金融市场将面临如何解决“逆向选择”和“道德风险”的难题。基于阿克尔洛夫(Akerlof,1970)的柠檬市场模型,金融市场隐含着类似的风险。银行以节省信息生产成本的特点解决了单个存款者和借款者之间的信息不对称问题,以“信号传递”米切尔·史宾斯(Michael Spence,1973,1974)的形式(即自身的投资和担保)避免了金融市场的萎缩和崩溃,从而解决了逆向选择问题。利兰和派尔(Leland and Pyle, 1977)提出的 L-P 模型实际上就是一种“信号传递”模型(signalling model)。

拉马克里什兰和塔克(Ramakrishnan and Thakor,1984)则将融资中的成本,主要是信息生产成本问题鲜明地提出来。这些成本主要指投资者对投资对象进行的调查和监督。由于避免了各投资者对投资对象重复的调查和监督,在节省成本方面,金融中介相对于金融市场具有先天的优势。即便是考虑了金融中介本身的激励问题和相应的代理成本(delegation costs),戴蒙德(Diamond,1984)通过受托监控模型(delegated monitoring model),依然证明了金融中介具有信息生产和监控的优势。

## 二、银行竞争规律:需求、供给与均衡

在古典经济理论看来,只有需求等于供给时市场才能达到均衡。如果市场处于失衡状态——需求大于或小于供给时,市场通过价格机制能自动调节使之恢复均衡,称之为瓦尔拉斯均衡。然而,这种理想中的均衡却被现实中的信贷配给所取代,这是一种被古典经济学视作非均衡的新均衡。这一均衡的理论分析正以"信贷配给(credit rationing)"理论的面目大行其道。而斯蒂格利茨(Stiglitz)教授和韦斯(Weiss)教授于1981年发表的著名论文《不完美信息市场中的信贷配给》(*Credit Rationing in Markets with Imperfect Information*),奠定了他们在这一领域内的权威地位。

### (一)资金需求曲线和供给曲线

这里的供给曲线和需求曲线,并非传统所看到的总是单调增或者单调减。资金的需求取决于银行制定的利率,所以,资金需求曲线LD向右下方倾斜;而资金的供给曲线则由于取决于银行的期望报酬,随着利率的上升期望报酬呈现出先增后减的形态,相应的资金供给做相同方向的变化。

银行对每一笔贷款的期望报酬是该项贷款风险程度的减函数。企业投资项目只有当期望报酬(考虑财务费用之后)足够高的时候才会选择贷款。而项目的期望报酬是与风险正相关的,也就是说只有项目投资风险足够高的时候企业才会选择贷款。所以随着利率的提升,银行贷款的风险也会上升,因为选择贷款的项目整体风险提高了(通常被称作逆向选择的结果),相应的银行期望报酬就会下降。

1980年,弗里德(Fried)和休依特(Howit)将隐性合同理论应用到信贷市场研究中,指明不完全信息条件下银行与顾客间通过签订隐性合约进行信贷配给以降低风险。在他们的模型中,假设贷款利率随存款利率波动,风险中性的银行为保证顾客免受利率波动之害,同意签订固定利率的隐性合同,使贷款利率独立存在于存款利率之外,或同意签订多期的隐性合同,以目前较低的利率交换未来变动较小的利率,即对未来的利率变动给予保险。

斯蒂格利茨和韦斯通过引进担保品水平以阐明非利率条件与期望报酬之间的关系。事实上,随着担保品水平的提高,那些厌恶风险程度高的人将被逐出银

行信贷市场，致使银行承担风险上升，期望报酬下降（详细证明参见《不完美信息市场中的信贷配给》）。

### （二）银行信贷市场均衡

斯蒂格利茨和韦斯认为信贷配给指如下两种情况：①在所有贷款申请人中，被拒绝的贷款申请人即使愿意支付更高的利息也不能得到贷款；②给定贷款申请人的借款要求只能部分地被满足。当银行提高利率或者担保水平等条件时，银行期望报酬在到达极值后下降，资金供给随之减少。资金需求取决于银行制定的利率，往往大于资金供给，二者的缺口就形成了信贷配给。

至于为什么会有两个甚至更多个内部最优利率水平，这与潜在借款者的数量是离散型有关。我们可以假定有两组贷款者，风险高低不同，随着利率的提高达到一定水平，风险低的一组贷款者退出信贷市场，另一组就形成了新的最优利率。

## 三、银行竞争艺术：产品、文化与合作

现代商业银行竞争由传统的储蓄竞争发展到高层次的竞争，主要体现在产品竞争艺术、银行文化提升和合作竞争上。

### （一）银行产品的竞争艺术

菲利普·科特勒在《营销管理：分析、计划和控制》中对产品的定义是：凡能提供给市场以引起人们注意、获取、使用和消费，从而满足人们的某种欲望或需要的一切东西。西方市场营销学界对银行产品给出过两种不同的定义：第一种认为，商业银行的每一次服务都构成一个独立的商品。西方商业银行有的服务项目多达几百种，而客户倾向于从整体上了解或购买银行产品，如贷款的便利、简单或其他辅助服务组成一个综合体，使客户满意。第二种认为，把商业银行的全部服务看作是一个产品。可以看到，银行产品是服务，而就服务方式而言，很难分辨产品的差别。所以，银行产品的竞争艺术便是：①发挥优势，讲究特色；②着眼全局，注重效益；③敢于创新，善于联合[①]。

### （二）银行企业文化的提升

企业文化是20世纪80年代从管理科学中分化出的理论，是从泰罗的科学管理理论到行为科学，以及现代管理理论的一场新的管理革命，是当代管理科学发展的新趋势。对于“企业文化”这一概念，国内外管理学界有多种定义，但综合各种观点，基本内涵是共同的，即企业文化是经济意义与文化意义的混合体。也

---

① 彭雷清．银行业市场营销．广东经济出版社，2002

就是说,企业文化是在企业或企业界形成的具有个性的价值观念、行为准则及行为方式在企业人中和社会上产生影响的文化现象。企业文化不是一个纯粹的"社会性"概念,更多地体现出"经济性",与"民族文化"、"社区文化"有明显的区别,是通过文化的手段来进行企业管理。企业文化不仅是社会传统观念的积淀,而且是现代观念的积聚和升华,具有自我巩固、自我扩展和自我深化的系统特征。

商业银行企业文化表现出社会服务性、信誉至上性、求实创新性、廉洁高效性。商业银行企业文化是一种无形的管理方式,从非计划、非理性的感性因素出发来协调和控制员工的行为[①]。

**(三)银行合作竞争战略**

1.合作竞争的依据

博弈论的发展,为企业参与合作竞争,实现双赢提供了理论基础。在信息不完全和个体理性的前提下,参与个体之间的非合作博弈往往导致集体的非理性结果,"囚徒困境"就是典型的状况。合作博弈一反传统竞争零和博弈的结局,为实现双赢开创了可能。在重复多次的博弈过程中,惩罚约束机制的引入以及参与各方理性的预期,使得合作成为博弈的均衡结果。

面对市场环境的新变化,传统对抗性竞争理念正在为合作性竞争理念所取代。历史上曾经有多位经济学家提出过合作竞争的理念。如乔尔·布利克(Joel Bleeke)和戴维·厄恩斯特(David Ernst)在1993年《协作型竞争》一书中,摩尔(James F. Moore)在《竞争之死》一文中都提到了合作竞争的理念。而真正用博弈论解释合作竞争概念的应归属于耶鲁大学的奈尔伯夫(Nalebuff)教授和哈佛大学的布兰登勃格(Brandenburger)教授。他们在1996年出版了《合作竞争》(*Co-opetiton*)一书,并将企业经营活动视作一种博弈,并把企业经营活动区分为合作与竞争两个阶段。分别是产品生产过程当中的合作和销售过程中的竞争。合作竞争并不是"竞争"与"合作"的简单组合,而是一种动态的共同合作竞争关系,以此实现双赢。他们通过改变博弈方、策略集、博弈次序、博弈信息和收益等博弈五要素来分析博弈的均衡。

2.战略联盟合作伙伴

迈克尔·A·希特(Michael A. Hitt)和R·杜安·爱尔兰(R. Duane Ireland)关于合作战略的观点,是战略联盟中最基本的形式。将这一观点引入银行领域后,战略联盟就是银行之间形成的一种合作伙伴关系。这种合作关系使得

① 邓军.现代商业银行营销管理.中国财政经济出版社,1999

资源、能力和核心竞争力都能结合在一起共同使用,从而获得两者在产品或服务设计、生产、发送上的共同利益①。

合作伙伴的选择,关系到合作战略的成败和合作战略目标的实现。理想的合作者应该是那些与自身发展战略具有兼容性,在资源、能力方面拥有独特的优势,并且合作态度积极,乐于为合作投入其资源的利益个体。共同利益是合作的前提,也是合作各方应遵循的根本原则。借鉴企业组建战略联盟的成功经验,银行战略联盟的合作伙伴应优先考虑现有的合作伙伴,或者和本行有业务往来的同业银行,这比和一家完全陌生的银行建立合作关系风险小,成功率高,成本低。这种合作方式的优势除了由于彼此间业已形成的合作关系,以及对相互之间能力、经营理念、管理模式和企业文化的了解外,更出于双方长期合作利益的考虑。

当已有伙伴不能完全达到战略目标时,银行选择合作伙伴就需要扩大范围。国际上通常以洛朗杰(Lorange)和罗斯(Roos)提出的3C——兼容(compatibility )、能力(capability)和承诺(commitment )——作为选择合作伙伴的标准。

兼容指双方在经营战略、经营方式、合作思路以及组织结构和管理方式等方面的一致性。冲突将导致合作困难,协调成本增大,甚至使双方合作目标的成功倍受挑战。

能力即合作伙伴参与合作的能力。要求合作伙伴在产品、研发、技术、资源、营销等方面拥有独特的优势,能弥补本行的薄弱环节,即资源的互补性。这种互补使得相互间的合作易于成功开展,合作关系稳定。

承诺重点考察合作伙伴的责任感,是否能相互承担一定的责任和义务,以弥补联盟各成员在内部资源和经营目标上的差距。纵使目标合作伙伴表现得很有能力且相互很相容,但是如果没有投入必要资源的诚意,双方达成合作目标的前景将不容乐观。

战略联盟主要有两种基本形式。第一种形式是合作各方(银行或者银行与银行类金融机构之间)以出资或出资产的方式成立合资银行。这种方式通常在银行对外直接投资时采用。第二种形式是非资产战略联盟,即银行间通过签订合作协议的方式来实现某些银行业务的合作。具体包括:银行间委托代理某些信贷资产;国际业务拓展上密切与代理行的合作和拓宽汇入汇款渠道,减少行内汇划环节;中间业务方面如共同开发新业务品种,相互利用销售网络;以及银团贷款合作和联合征信等方面的合作。

---

① Michael A. Hitt, R. Duane Ireland. Strategic Management: Competitiveness and Globalization (Concepts). 4th Edition. 机械工业出版社,2002

## 四、银行竞争的外部性与经济效益

传统理论表明,竞争能消除各种限制性行为与做法,降低借贷利差,有助于提高银行业绩效。然而,银行业有自身特点,很难用传统的理论直接评价银行竞争[①]。在不完全市场条件下,银行竞争所产生的外部性往往会影响整个银行业的经济效益。一方面,银行竞争所产生的外部性,可以在一定程度上改善整个银行业的经营效率,从而提高社会资源配置的效率;另一方面,银行竞争所带来的外部性,也可能对银行业产生诸多不利影响,有时甚至使得一些有效率的银行变得更易于破产。

### (一)银行的外部性

外部性是一个经济人的行为对另一个经济人的福利所产生的影响,这种影响并没有从货币或市场交易中反映出来。在现实生活中外部性普遍存在,只要当个别经济人的行动引起个人成本与社会成本不相等,个人收益不等于社会收益时,就产生了外部性。外部性包括正外部性(外部经济)和负外部性(外部不经济)。某个经济人的行为给其他经济人带来了福利,但其他经济人不必为此支付任何费用,就产生了正外部性;某个经济人的行为给其他经济人带来了损失,但却不必为此承担任何责任,便产生了负的外部性。

金融外部性有狭义和广义之分,狭义的金融外部性是指金融行为中私人成本或收益向与金融行为无交易关系的第三方溢出的外部经济效应。广义的金融外部性指由金融行为所引致的在受影响者决策能力之外的经济影响[②]。当金融行为中的私人收益低于社会收益时,产生金融正外部性。某一银行机构研发出一种新型金融工具,其他银行机构很快学会并在市场上获利时,却不需要为最先研发这种金融工具支付任何报酬,体现了金融的正外部性。而当私人成本低于社会成本时,产生金融负外部性。由于信息不对称,某家银行倒闭导致公众对其他健全银行的信任度下降,误以为是整个银行体系都出现了经营问题,存款人纷纷选择加入挤兑行列,使得一些健全的银行受到损失,体现了金融的负外部性。

### (二)银行竞争的负外部性影响

按照一般均衡理论分析,在完全信息条件下,金融市场(存、贷款利率)受资本利润率和资本供求的约束,自发进行调节,形成均衡利率。当市场存款利率高于银行所能承受的利率水平时,银行会自发减少对资金的需求,从而使存款利率

---

① 周丽莉.银行竞争与银行体系脆弱性.江西社会科学,2003(9)

② 吴竞择.金融外部性与金融制度创新.经济管理出版社,2003

刘妤洵.不良资产与金融脆弱性:金融外部性视角分析.吉林财税高等专科学报,2005(12)

降低，实现资金的供求均衡。因而，在古典经济学里，商业银行的市场经营行为不存在外部性问题[①]。然而，在大多数情况下信息通常不完全，银行经营成本不一样。在均衡利率水平下，一部分经营成本高于均衡利率的银行相应出现亏损，低于均衡利率水平的银行能产生盈利。当银行出现连续亏损时，支付能力必然会相应降低，支付缺口加大，现有的存款市场增长份额难以满足其支付要求。这时，亏损银行可以以高于市场均衡利率的水平来吸收存款，虽然提高了经营成本，但可以通过这种手段来大量吸收存款，确保存款的支付，以此掩盖自身支付能力低下的矛盾，并可使其继续经营下去。相反，存款人一般很难了解存款银行经营情况，同时搜集信息又要付出成本，所以一般存款人普遍存在着一种“搭便车”的心理。在实际情况中，存款人往往会按照利率高低来选择存款银行。这样一来，就容易产生“逆向选择”问题。一般情况下，最有动力依靠提高利率来竞争存款的往往是低效率银行。由于存款市场本身是均衡的，银行一般根据存款的均衡增长来对资金进行运用，当亏损银行以高利率吸收存款时，由于信息不对称和利率的高弹性，必然会使存款人从盈利银行取出存款，向亏损银行进行转移，使盈利银行的存款出现下滑，由此破坏了盈利银行的资金平衡，并因此造成支付缺口，从而形成了明显的负外部性问题。长期下去，就可能危及盈利银行生存，在这种情况下，盈利银行也会提高利率，使其利率水平高于或等于亏损银行的利率水平，以此来实现存款回流。这样，亏损银行原先提高利率的策略就会失败，必然会使其再次提高利率，使利率水平高于盈利银行。由于盈利银行和亏损银行这种博弈实际上是以自身生存为基本目标的动态博弈，成本、利润已经成了这种博弈函数的次要约束条件，两者之间最后博弈的结果是存款利率的螺旋式上升，并最终使整体的利率水平高于均衡利率，造成两败俱伤，从而影响整个银行业的盈利能力。

## 五、跨国竞争的动因、风险与规则

跨国竞争是银行发展到一定阶段的产物，是银行顺应经济全球化发展和银行跨国发展的需要，也是银行拓展国际市场、开展国际竞争、提高自身竞争力的必然选择。银行参与国际竞争的路径一般有两种：跨国并购和对外直接投资。在国际市场上更多的不确定性将迫使参与国际竞争的银行要为面对更多的风险、不同的障碍和遵守新的规则做好充分的准备。

### (一)银行国际竞争的理论依据

跨国银行海外扩张理论，包括内部化理论、折衷理论、国际贸易理论方法、国

① 徐联初.金融外部性问题与中央银行监管的理论基础.武汉金融，2000(1)

际投资理论方法等,而内部化理论和折衷理论是研究跨国银行对外扩张的两个主流理论。如前所述:内部化理论的本质不在于资本的转移,而是基于银行所有权之上的企业管理和控制权的扩张。折衷理论则以所有权优势、区位优势和内部化优势作为银行国际化经营的三种优势展开研究,一方面解释了银行跨国经营的必要性;另一方面也从理论高度阐述了银行跨国经营的可行性。

### (二)跨国银行面临的主要风险

跨国银行是商业银行国际化的产物,当其参与国际竞争时除了要面临商业银行传统的风险,如信用风险、流动性风险、支付风险、利率与汇率风险、市场或价格风险、运营风险等,由于跨国经营还要面临着普通商业银行所不可能碰到的风险,如国家风险(包括政治风险、社会风险和经济风险)。

经济合作与发展组织(OECD)在关于国际贸易和信贷的"君子协定"中给出的国家风险,包含五个基本要素:由债务人的政府或政府机构发出的停止付款的命令、政治经济事件引起的贷款被制止转移或延迟转移、法律导致的资金不能兑换成为国际通用货币或兑换后不足以达到还款日应该有的金额、任何其他来自外国政府的阻止还款措施、不可抗力(包括战争和内战、没收、革命、骚乱、民变、飓风、洪水、地震、火山喷发、潮浪以及核事故)。

### (三)银行跨国竞争的规则

跨国竞争的风险之大无法言喻,所以,事先设定规则是必要的。当然,这些规则不一而足,因地而异。以下这些规则被认为是银行跨国竞争所要掌握的重要规则。

1.银行市场准入的国际化规则

(1)WTO市场准入标准统一化目标。世贸组织对跨国银行准入制度的规定体现在《服务贸易总协定》及两个金融服务附件(简称《附件》)、《有关金融服务承诺的谅解协议》及《金融服务协议》中。在市场准入问题上,《服务贸易总协定》要求WTO各成员给予其他任何成员的服务和服务提供者的待遇,不得低于其承诺表中同意的规定,即为各成员方设定统一的准入标准。当然这种统一还存在例外、一般例外、保障措施例外、边境贸易例外、政府采购例外、《附件》中保留了金融服务审慎监管例外和金融信息保密例外。WTO最终目的是力图通过界定各国针对外资进入本国银行市场的限制与承诺,构建全球开放的监督体制,以督促成员方的监管法制朝着减少和取消限制的方向发展。

(2)巴塞尔委员会倡导的统一风险防范措施。巴塞尔文件中关于市场准入监管的文件主要有1983年《银行外国设立的授权程序》(简称《授权程序》),初步构建了母国和东道国在准入监管上的基本职责;1990年出台的对《授权程序》的

《补充协定:银行监管当局之间充分的信息流动》(简称《补充协定》),强调母国与东道国在跨国银行准入问题上的合作,并且强调审批程序的合作是准入合作的基础,提出了具体的合作方案;1997 年的《有效银行监管的核心原则》系统阐述了有效银行监管体系必备的原则及其可采用的手段。

由于巴塞尔协议推出的各种监管指引文件的专业性和科学性,所以,目前全世界已有 100 多个国家实施《巴塞尔协议》,《巴塞尔协议》的原则或规则很可能以习惯的方式成为国际通用的惯例。

2. 一般竞争规则

(1)人员准入。东道国对外资银行分支机构的管理人员的条件要求包括管理人员的居住地、国籍和管理经验等,东道国监管当局设立此项要求旨在确保银行机构能正常守法安全地运营。

对外方高级管理人员的居留期限和管理经验的限制。美国在服务贸易谈判出价中规定,外国公司的经理、主管、专家等人员允许居留的期限一般为 3 年,最长不得超过五年,上述人员还必须有在美国以外的公司工作至少 1 年的经历。

对高层管理人员的国籍及住所的限制。美国金融监管当局规定,在美国的"全国性银行的董事必须全部是美国公民,除非这个全国性银行是一家外资银行的子银行,在这种情况下美国公民在所有董事中要超过半数";根据美国各州法律的不同规定,在美国成立的金融存款机构的董事会董事也被要求必须包括一定比例(多数,3/4 或全部)的美国公民。

(2)业务限制。包括业务执照的发放、业务范围及客户对象的限制等。从业务范围方面看,各国法律都倾向于对外资银行从事的零售业务进行适当的限制。同时对特殊客户对象的资产,负债业务还有相应的特殊限制。

(3)地域准入和数量限制。对外资银行进行地域和机构数量的限制,可以说是对外资银行进行有效限制的最为严厉的方式,也是追求金融体制开放国家所强烈反对的焦点。在各国金融开放的历史进程中,许多国家都采用了该种限制手段,当今这种对外资银行采取地域和数量限制的做法一般以发展中国家居多。

(4)组织形式的限制。各国银行业开放的程度和法制取向不同,由此产生了不同的有关组织形式选择的制度,尤其是在限制一些组织形式的选择上形成了一些特色。东道国允许外资银行选择哪种组织形式进入该国,将决定着外资银行分支机构的运作方式和管理成本,以及在当地开展经营的效果。

(5)控股权限制。外资银行通过并购的方式进入东道国市场时,许多国家的金融监管当局都会对外资银行的设立提出股权方面的限制,限制的目的是维护东道国在合资银行中的控制性权益,防止外资占据控制性的地位,限制的方法是将外资方在合资银行中的股权比例控制在一定标准以下。

(6)最低资本金限制。对外资银行拟设机构的最低注册资本金或营运资金要求的设置，主要是为了维护东道国良好的金融环境、保护存款人利益和公共利益。各国根据本国的实际情况，对外资银行分支机构的最低资本金要求也不尽相同。法国政府规定外资银行在法国开业必须至少拥有资本或营运资金 3 000 万法郎。美国联邦法律要求外资银行分行或代理行必须在其所在州保持一定的保证金。

# 第三节　银行规模的成本与效益

## 一、银行规模成本与收益的一般关系

市场经济环境中，作为理性经济人，在竞争机制的引导下总是力求加强在本行业的领先和支配地位，因而总是在最大限度上力求扩张规模。银行这一特殊的企业组织也不例外，在追逐最大利润的过程中，试图寻求最适合自身发展的规模，而银行实现规模扩张的动力归根结底来源于对规模经济的追求。

### (一) 规模经济的一般原理

规模经济也称规模的经济性，是经济组织因生产经营规模的变动而引起的收益变动，反映了生产经营能力的扩大使产品单位成本下降的趋势。通俗地说，规模经济就是大规模的生产经营所带来的好处[①]。

存在最早、流行最广的对于规模经济的定义，来自于新古典经济学厂商理论中的规模收益分析。根据解释，规模收益的变化是在其他条件不变的情况下，厂商内部各种生产要素按相同比例变化时所带来的产量变化。厂商规模收益变化分为规模收益递增，规模收益不变和规模收益递减三种情况[②]。其中，规模收益递增，是指产出增加的比例大于所投入的各种生产要素增加的比例；规模收益不变，是指产量增加的比例等于各种生产要素增加的比例；规模收益递减，是指产量增加的比例小于各种生产要素增加的比例。一般来说，规模与收益之间的关系还可以用平均成本与边际成本的关系来解释。随着生产经营规模的扩大，平均成本与边际成本之间将会呈现出三种形态。当边际成本位于平均成本下方的时候，生产额外一单位产出的成本将低于单位产出的平均成本，这样会产生规模收益递增，即规模经济；随着生产经营规模的不断扩大，平均成本曲线会不断下降，当规模增加到一定程度时，边际成本曲线与平均成本曲线将会相交或重合，这时边际成本与平均成本相等，使得规模收益不变；如果生产经营规模继续扩

① 葛兆强．规模经济、银行规模与银行规模边界．华南金融研究，1999(3)

② 赵紫剑．规模经济与银行业发展综述．当代财经，2004(5)

大，以至边际成本曲线位于平均成本的上方，则意味着规模不经济的出现，如图5－1所示。

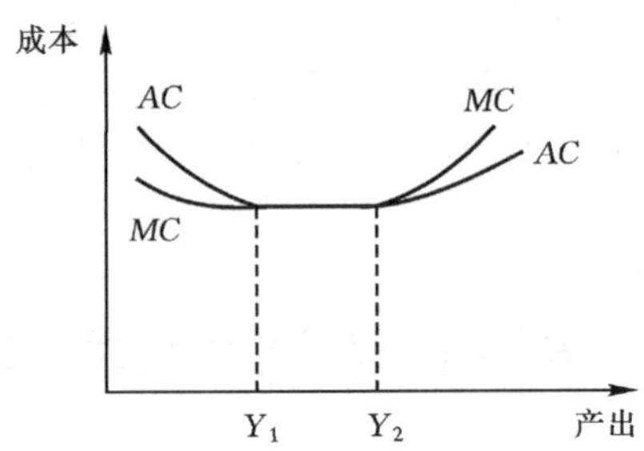


图5－1　规模经济与规模不经济

当产量位于$Y_1$左侧时，边际成本曲线位于平均成本曲线的下方，呈规模收益递增趋势；当产量位于$Y_1$与$Y_2$之间时，边际成本曲线与平均成本曲线重合，处于规模收益不变状态；当产量位于$Y_2$右侧时，边际成本曲线位于平均成本曲线上方，这时呈现出规模不经济。

**(二)银行规模经济**

规模经济理论所描述的企业规模成本与规模收益之间的关系，同样适用于金融企业，特别是银行的规模经济[①]。银行的规模经济同样既体现在单个银行内部，也体现在整个银行系统内。当然，无论是单个银行内部还是整个银行系统，当规模不适度时，都会出现规模不经济的问题。

**(三)银行规模成本与市场收益**

从单个银行内部来看，银行内在经济体现在单个银行由于业务营运规模的扩张，实现了内部边际成本的下降，从而引起边际收益的增加，比如某个银行在固定营业成本没有显著变化的情况下，经营规模扩大必然相应降低单位资金运营成本，这种节约所带来的效益提高是内在经济。与内在经济相反的是内在不经济，表现为单个银行在规模扩大的同时，由内部引起边际成本递增，从而导致银行边际收益的递减，如由于单个银行规模的不断扩大，整个内部组织体系会变得过于庞大，造成风险控制能力相对降低，监督和协调成本急剧升高，从而使得平均成本上升，出现规模不经济。大银行的规模不经济通常表现为资产质量较差、盈利能力较低、效率低下和较脆弱的资本结构。

从外部的整个银行系统来看，银行的外在经济体现为整个银行产业通过规

① 王振山.银行规模与中国商业银行的运行效率研究.财贸经济，2000(5)

模的扩大、产业结构和层次的优化,实现了系统内卓有成效的协作,使金融资源得到了有效地配置,从而单个银行得到了良好的人才、信息、资金融通、联行结算等便利服务,随之而来的是整个银行系统边际营运成本的下降与边际收益的上升。与外在经济相对的是外在不经济,主要体现在随着整个银行产业规模的扩大,使得各银行之间竞争加剧、管理效能降低、协调困难,从而导致平均成本上升、收益递减。

## 二、银行规模的"拉弗"曲线效应

### (一)银行规模扩张的内在动因

银行业属于规模经济效益很强的行业,所提供的产品或服务的特殊性及其技术革命的经济效应,决定了属于规模递增性质的产业[①]。

从技术经济的角度来看,银行很少涉及生产成本,银行经营一般需要采用较多的先进、高效、自动化程度高的设备,借此加速资金清算速率,降低信息成本,提高决策效率与质量,这种较大的成本在一定时期内相对稳定,并随着规模的扩大,可变成本增加,从而降低单位资产的平均成本。随着金融技术的不断发展,银行传统业务所占比例减少,表外业务尤其是金融衍生工具交易业务的大量增加,扩大业务量的边际成本几乎为零或很小,规模经济效应会更加明显。加之当今电子信息技术的飞速发展,银行业的竞争优势形成也要依靠科学技术,只有规模较大的银行才有能力进行。除此之外,大型银行能够充分利用商誉、管理水平、营销技巧等知识资产,这些资产的边际开发成本几乎为零,而供给弹性却是无限大的。

### (二)银行规模经济的"拉弗"曲线效应

供给学派代表人物拉弗,运用现代计量经济方法,提出了反映税率与税收量之间的关系曲线——拉弗曲线(如图 5-2)。拉弗曲线作为供给学派的理论核心,通过税率与税收量之间的关系来进一步反映税率对国民经济影响。

该曲线在于说明税率与税收量之间的函数关系。税率高低和税收量不总是成正比的,拉弗建立了一个关于两者之间函数关系的模型。在图中,横轴表示税率,纵轴表示税收量。税率从点 $O$ 增加到点 $B$ 的过程中,税收量从点 $O$ 上升到点 $G$ 再从点 $G$ 下降到点 $B$。当税率增加到点 $A$ 时,税收量达到最高点 $G$;但是当税率超过点 $A$ 继续升高时,税率越高税收量越低;当税率升高到点 $B$ 即达到

① 李文军.银行越大越好吗?——兼论银行规模问题.国际金融研究,1998(12)

100%时,税收量为零,因而图中的 $AGB$ 部分被视为课税的“禁区”[①]。在这里引入“拉弗”曲线理论,主要是为了协助我们更好地理解银行业规模与其收益之间的关系问题。

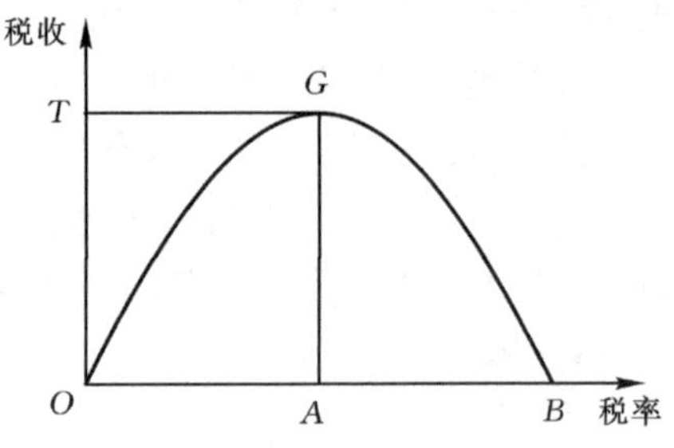


图 5-2 拉弗曲线

银行规模的扩大对其资金成本、风险管理能力以及组织管理效率等方面都会产生影响,而这些方面的变化又会对市场收益产生直接的影响。虽然银行规模的扩大,有利于运营成本的降低、经济效率的提高以及抵御风险能力的增强,但是,当银行规模扩张到一定程度后,也会伴随着规模不经济。由此可见,银行规模与其市场边际收益的这一变化过程恰与拉弗曲线的变化过程相符合,即银行规模经济具有“拉弗”曲线效应。

从银行资金成本的角度分析,银行规模扩大导致了银行资产规模的扩大,随着资产规模的扩大,公众对银行的信心增强,使得银行对外筹资的边际成本逐渐降低,从而大大加强了银行在资本市场上筹措资金的能力。资本金作为营运资金来源的功能越来越小,从而可以节省更多的资本,资本金相对减少和债务的相对增加,在一定程度上降低了资金的成本,产生规模经济。但是,随着负债的增加,债务持有人所承担的风险就会增加,从而所要求的收益率提高,在一定程度上抵消了依靠债务所节约的成本[②]。因此,资金成本降低所引起的规模经济是有一定限度的。

从银行风险管理能力的角度分析,随着银行规模的扩大,银行资产多样化的程度将会增加,从而分散了银行所面临的风险,由于银行抵御风险能力的加强,会从整体上降低银行风险管理的边际成本。风险管理成本的降低可以使有限的资源从风险管理领域中转移出来,转向收益更高的资产中,提高了银行的市场收益。银行平均成本的不断降低,促使了规模经济的产生。但是,规模扩张带来的风险监督和管理边际成本的降低往往会诱使银行主动承担风险,利用低风险成本的优势降低资产质量,以提高银行的市场收益。低质量的资产在银行总资产中所占比重越大,银行面临的风险就越大,这使得风险监督和管理成本增加,这些风险管理的额外成本又促使了规模不经济的产生。

从银行组织管理效率的角度来看,银行规模扩大带来的组织规模效益主要

① 坎南·马斯格击夫.公共财政与公共选择.中国财政经济出版社,2000

② 刘胜会.对我国商业银行规模经济的理论与实证研究.金融论坛,2006(6)

表现在以下方面:通过范围扩大的网络机构搜寻准确的客户信息,降低贷款过程中的信息成本,减少因逆向选择和道德风险而造成的贷款风险;规模扩大有利于降低新的金融产品、金融工具的试销促销成本;有利于银行高级业务和管理人员专业化发展,提高人力资本的使用效率。但是银行的规模扩张以后,随之而来的是机构设置增加,工作人员增多,以及管理层次的相应扩充。随着管理层次的增加,必然带来计划与控制的复杂性,信息沟通的低效性,也使得监督和协调难度加大,管理成本增加①。同时,随着银行规模的增大,银行系统内部的决策效率也在下降,决策效率的降低会进一步降低银行的有效产出量,影响银行的收益,从而出现规模不经济。

综上所述,随着银行规模的扩大,首先会带来资金成本的降低,风险管理能力的增强以及组织管理效率的提高,其市场边际收益会随着边际成本的降低而提高,出现规模经济的特征。但是银行规模的扩大有一个限度,这个限度就是所谓的最适度规模,在这一规模下,银行的规模收益达到最大,而这时银行的边际成本与边际收益相等,银行的规模经济不变。一旦银行规模超过这一限度,就会引起资金成本的上升,风险管理成本的提高以及组织管理效率的低下,从而使市场边际收益下降,出现规模不经济的现象。

根据银行规模与边际收益的关系,我们可以画出银行规模经济的"拉弗"曲线如图 5-3 所示,大致可说明银行规模与市场边际收益的关系:

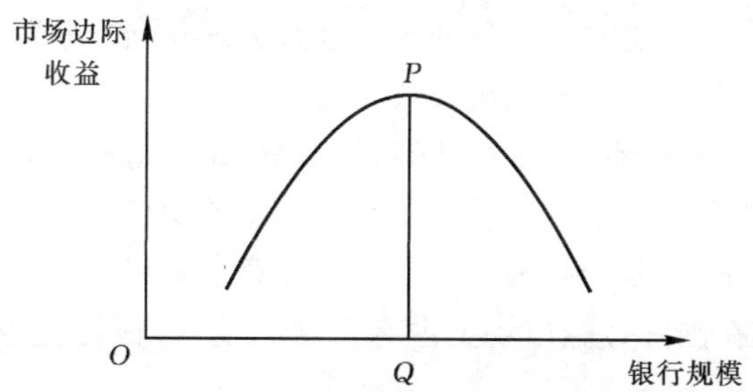


图 5-3　银行规模经济的"拉弗"曲线

## 三、管理学视角的银行适度规模与风险控制能力

### (一)银行适度规模的界定

上述分析可知,银行规模的扩大会引起长期平均成本的递减,给银行带来更大的经济效果。但是,这并不意味着银行规模越大越好,理论表明,银行长期平

① 高波,于良春.中国银行业规模经济效应分析.经济评论,2003(1)

均成本不是无限递减，其曲线通常表现为 $U$ 型。同时，银行的平均利润也不是无限递增，通常呈倒 $U$ 型。按照规模经济理论，银行存在一个最适度规模，在这样的规模下，单位产品成本最低，又可获得最理想的利润。

从实证角度出发，银行的适度规模是相对而言的，没有一个统一标准。在不同的国家和地区，银行的适度规模不同。美国的蒂米(1990)、劳拉斯(1991)通过对美国银行的实证研究认为，最低成本点通常出现在银行资产规模达到＄20～100 亿之间。根据黄宪(1998)提供的中国银行业效率数据，王振山(2000)研究表明，我国商业银行的资产利润率呈现倒 $U$ 型。中型存款银行的资产利润率为 1.587%，几乎是大型和小型银行资产利润率的 2.8 倍。效率最高的是存款规模位于 100～2 000 亿元之间的中型银行。

### (二)管理学视角银行的适度规模

从微观管理角度看，单个商业银行经营规模越大，在竞争中越有优势；从宏观管理角度看，单个银行的经营规模如果在整个金融系统中所占比重过大，可能出现垄断现象，使得整个银行业效率低下。银行的大小，集中度高低，也是相对于产业、企业的大小和集中度而言[①]。因此，所谓银行适度规模问题，实际上是个“相对”概念。

从单个银行的角度看，适度规模是多种因素共同作用的结果，概括起来主要有以下几个方面：①银行经营业务品种的选择和合理的分工安排；②是否达到客户需求的规模；③经营机构在地理分布上是否合理；④管理技术和管理水平的状况如何；⑤银行管理层次及系统决策效率的高低。

从整个社会的角度看，单个商业银行的规模是否适度，同样也是由多种因素共同决定的：①单个商业银行的规模是否有利于资源合理配置，是否有利于充分发挥竞争的积极作用，是否有利于世界银行业竞争格局的发展；②单个银行的规模是否有利于其在国际金融市场上占有一席之地；③银行业务集中度与企业的集中度是否相适应。

### (三)银行规模与风险控制能力

众所周知，银行是承担风险、经营风险的中介机构，考察银行的规模经济必须从银行的风险特性着眼。银行的规模直接影响到其风险控制的能力，从控制金融风险的角度来看，银行规模扩张与风险控制能力的关系主要表现在以下几个方面：

随着银行规模的扩大，为了抵御市场风险，银行可通过资产的多样化组合分

---

① 何靖华.我国商业银行发展中的规模经济研究.重庆大学硕士学位论文，2004(5)

散潜在的市场风险,这样从整体上降低了商业银行风险管理的边际成本,提高了银行的风险控制能力;然而,风险管理成本的降低使得银行愿意主动承担更大的风险,将资产投入于风险更高的领域,以求更高的收益,这样做产生的结果就是伴随着银行风险的加大,风险管理的成本又会越来越高,降低了银行的风险控制能力。

在道德风险方面,很难说大银行会优于中小银行。这是因为大银行由于规模庞大,其经营成败对社会影响巨大,就使得其经理人员相信国家不会听任其倒闭,即使这个金融机构不是国有的。结果是增加了大银行在经营过程中发生道德风险的可能性,增加了银行风险管理与监督的成本,从而加大了风险控制的难度。鲍德(Boyd)和科特勒(Certler)在 1993 年的研究指出,美国的大型银行的确比小银行发放了更多的高风险贷款,并由此造成了大量的损失。

扩张性结构风险是银行在经营过程中,机构数量规模的过度扩张使收益和规模不对称所造成的风险。银行在经营过程中为扩大市场占有率,增大资产规模,必定会扩展银行的分支机构,但扩展超过一定程度后将出现规模不经济,内生结构风险①。银行存在一个适度规模的问题,如果规模过大,往往会因为机构庞大,固定成本太高,管理难度加大,使得银行对结构风险的控制能力相对减弱。

### (四)银行规模的管理成本

从管理学角度出发,银行内部组织资源,配置资源要付出成本,这种成本被称为管理协调成本。当银行规模扩张后,机构设置增加,工作人员增多,管理层次必然相应扩充。随着管理层次的增加,必然带来计划与控制的复杂性,信息传递的扭曲变形,也造成管理费用的增加和管理难度的加大。这样,随着银行规模的扩张,系统内的决策效率下降,则进一步降低银行的有效产出量,从而出现规模不经济。银行过度扩张的同时导致了银行的管理成本增大,管理效率下降,减少了利润空间。

### (五)银行规模的边际成本

银行规模的边际成本代表银行规模每扩大一个单位,引起成本总额的变化。根据银行规模的"拉弗"曲线效应可知,随着银行规模的扩大,其边际收益首先会上升,呈现出规模经济的现象,这时银行规模的边际成本下降;当银行达到最佳规模时,边际收益达到最大,这时银行规模的边际成本达到最低;当银行继续扩大规模,边际收益不增反降,出现规模不经济,这时,银行规模的边际成本则呈上升趋势。

---

① 张云.规模扩张与国有银行的结构风险和规模经济问题.统计与预测,2003(5)

# 第四节 银行风险管理系统的构造

银行管理过程是经营风险和管理风险的过程。随着全球金融一体化进程的加快，银行尤其是大规模银行面临的风险日益复杂，风险管理影响着银行的经营业绩，决定着银行的生死存亡。

## 一、银行风险管理的发展

商业银行风险管理是通过风险识别、风险估计、风险评价和风险处理等方法，预防、规避、分散或转移经营中的风险，以最少的成本将风险减少到最低限度的科学管理方法[①]。20 世纪 60 年代以前，银行风险管理主要偏重对资产业务的管理，强调保持资产的流动性。商业银行发展极为重视资产业务的风险，努力减少投机性的贷款需求，提高银行的安全度，确立了稳健经营的基本原则。20 世纪 60 年代以后，银行风险管理重点转向负债管理。欧美发达国家经济增长普遍较快，对信贷资金具有很强的需求，西方银行又面临资金严重不足的缺口。为扩大资金来源，西方银行转向负债管理，通过使用借入资金扩大资金来源，保持或增加资产规模和收益，满足银行流动性需求。由于借入资金成本的增加，也加大了银行的财务风险。20 世纪 70 年代初，西方银行受金融市场大幅震荡的影响，难以通过资产或负债的单边管理确保安全性、流动性和盈利性的均衡。为此，银行从资产和负债两个方面管理风险，强调通过资产负债表两边的偿还期对称、经营目标互相替代和资产分散来实现总量平衡和风险控制。出现了调整资产负债不平衡的主要技术方法，包括利差管理、缺口管理、期限管理、金融期货交易、期权交易等，弥补了资产负债管理理论的不足，使资产负债管理理论趋于完善。

尽管在整个 20 世纪，商业银行的主流管理思想是资产负债管理理论，但这种理论的局限性是过分强调利率风险以致忽视信用风险或操作风险。1988 年，《巴塞尔资本协议》的出台，标志着西方银行风险管理理论与实践日渐完善。2004 年 6 月 26 日推出的《巴塞尔新资本协议》更将银行风险管理推向高潮。在新巴塞尔协议框架中，强调三大支柱，且在第一支柱中将银行面临的主要风险归类为三大风险，即：除传统的信用风险之外，还加强了对市场风险、操作风险管理的要求，首次引入了全面风险管理理念，鼓励各大银行采取积极的、全面的风险管理方法，成为商业银行在未来完善风险管理体系中的参照系，也成为商业银行风险管理的趋势。

---

① 任远．商业银行经营管理学．科学出版社，2004

## 二、当代银行风险管理的新特点

### （一）从单一风险管理到全面风险管理的转变

20世纪90年代以来，银行危机与金融危机的爆发对整个国际银行业产生了巨大的冲击，这使得人们认识到商业银行的风险不再是单一风险。巴塞尔新资本协议的修订过程，清晰地表明银行的风险管理已从单纯的信用风险管理阶段走向全面风险管理阶段。

全面风险管理是对整个银行内各个业务层次、各种类型的风险进行的通盘管理。全面管理目标是风险和收益的平衡，基本理念是将这种风险可能造成的损失限制在目标范围之内。全面风险管理表现在风险管理范围、管理体系、管理过程、管理方法等方面。

风险管理范围包括银行集团内部各个层次的业务单位，各个风险类别，将不同业务产品承担的信用风险、市场风险、操作风险等全部纳入到统一的管理框架中，按照统一的标准进行度量、控制和管理。风险存在于每一个环节，这种内在风险特性决定了风险管理必须体现为每一个员工的行为，所有银行工作人员都应该具有风险管理的意识。

商业银行的国际化发展趋势要求风险管理体系必须是全球化的，应该根据业务中心和利润中心建立相适应的区域风险管理中心，与国内的风险管理体系相互衔接和配合，在全球范围内对所承担的各种风险进行统一的衡量，对各国、各地区的风险进行甄别，对风险在国别、地域之间的转化和转移进行评估和风险预警。

风险管理技术由以定量、定性分析相结合，逐步过渡到以量化工具技术为主导，依托风险信息系统的管理，使风险管理精细化、组合化，提高分析的准确性。管理对象由单笔贷款向企业整体风险转变，由单一行业向资产组合管理转变。由对单笔贷款的管理向对企业的整体风险管理转变，不仅要对财务情况进行审查，还要关注企业的经营管理、股权结构、对外投资以及全部现金流等整个过程。

总之，全面风险管理是清晰的风险管理战略、合理的组织架构、科学的分析工具、良好的风险管理文化的体现。任何风险的管理都不应游离于整个商业银行全面风险管理体系之外。

### （二）风险管理技术和手段的革新

传统风险管理主要依赖于定性分析，管理模式明显表现出主观性和随意性特征。现代风险管理越来越重视定量分析，大量运用数理统计模型来识别、衡量和监测风险，使得风险管理在更大程度上体现出客观性和科学性的特征。随着

20 世纪 80 年代以来金融工程的迅速发展，以期货、期权和互换为代表的金融衍生工具逐渐多样化，这大大增强了商业银行风险管理的能力，但与此同时，也增加了风险环境的复杂性。金融工程为风险管理提供了新的解决方法，通过金融工具的设计能够针对银行内部各种具体风险提出方案，这些方案一般是通过设计证券化的产品来实现。风险产品化意味着投资者面临的各种风险都可以被相互分离，可以转让流通，实现风险的市场定价，为商业银行进行灵活、有效的风险管理提供了技术支持。

#### (三)风险管理的网络信息技术革命

随着金融风险的来源和技术的复杂化，银行对风险的识别、估计、评价和处理都要求尽可能迅速。网络信息技术的迅速发展，恰好满足了商业银行风险管理的这一要求。可以说，现代风险管理离不开网络信息技术的支持。国际上大型银行非常重视采用最新的网络信息技术，建立高质量的风险管理信息系统。目前，无论是风险信息在全球范围的收集、传导和整理，还是风险管理模型所必需的数据库的建立和管理，对网络信息技术的依赖性都越来越强。另外，由于网络信息技术运用所带来的安全性、稳定性本身也作为操作风险的一部分被纳入了商业银行风险管理的范围。

### 三、国内银行全面风险管理体系的建立

随着金融全球化的不断深入，我国商业银行面临的风险更加多元化、多样化，这就要求商业银行在风险的管理方面不断完善，能够有效防范和化解银行内部经营风险，结合自身的实际情况，建立符合我国银行实际的全面风险管理体系。

#### (一)创建良好的银行风险管理环境

银行公司治理是协调股东和其他利益相关者相互之间关系的一种制度，涉及指挥、控制、激励等方面的内容，即借以处理银行各种合约的一种制度。广义的公司治理结构包括内部治理结构和外部治理结构，狭义的公司治理结构只包括公司内部治理结构，主要有产权结构、资本结构、制衡机制(股东大会—董事会—经理—监事会的制衡)、激励机制、信息披露制度等，其中最重要的是产权结构、制衡机制和激励机制。

内部控制是公司企业最高管理层为保证经营目标的充分实现而制定并组织实施的，对内部各部门和人员进行相互制约和相互协调的一系列制度、措施、程序和方法的总称。内部控制属于管理范畴，是企业为了稳健经营而采取的一种自律行为。商业银行内部控制是银行的一种自律行为，是银行管理的重要职能

之一。

风险文化由风险管理理念、知识和制度三个层次组成。风险管理理念是风险文化的精神核心;风险管理是商业银行的核心竞争力,是创造资本增值和股东回报的重要手段;风险管理的目标不是消除风险,而是通过主动的风险管理过程实现风险与收益的平衡。

#### (二)完善银行风险管理组织

董事会是商业银行的最高风险管理决策机构,承担对商业银行风险管理实施监控的最终责任,确保商业银行有效识别、计量、监测和控制各项业务所承担的各种风险。专门委员会是银行风险管理的常设机构,负责协调风险管理相关事宜。监事会是监督机构,对股东大会负责,从事金融机构内部尽职监督、财务监督、内部控制监督等监察工作。高级管理层负责制定风险管理政策,制定风险管理的程序和操作规程,确保银行具备足够的人力、物力和恰当的组织结构、管理信息系统以及技术水平,有效识别、计量、监测和控制各项业务的各种风险。风险管理部门加强识别潜在风险的思维意识,解释风险信息的知识能力,辅以强有力的流程和信息技术支持。

## 第五节 国际化环境下的集团化成长

### 一、共同利益下的金融国际化发展浪潮

#### (一)金融国际化进程

世界性的金融分支机构剧增,银行国际化迅速发展。世界各大银行致力于在各国广设办事处、代表处和分行,建立海外附属行以及附属金融机构,建立合资银行或国际银行集团。西方各国以及亚洲都对资本转移放松了限制,使资本的输出输入更加自由,金融资本与商品资本几乎完全分离,金融资本脱离生产发展规模而迅速膨胀。1987 年,韩国政府制定的第六个五年计划中,进一步放宽了金融国际化限制。政府提供各种特殊优惠政策,引进外国银行,外国银行不仅开设分支机构,而且渗透到韩国银行业务中,为其金融国际化创造条件。

由于金融活动突破了区域界限,使得世界主要金融市场日益紧密联系、相互影响,形成统一的全球性金融市场。20 世纪 80 年代中期,20 多个西方发达国家都对外开放了国内金融市场,允许外国金融机构在境内与本国金融机构展开适度竞争;各国鼓励金融机构极力向外扩张,为本国和当地企业及跨国公司提供贷款和其他金融服务。另外,还设立离岸市场以吸引国际资金内流,提高了市场效率和资本配置率,为各国调节国际收支和促进国际贸易、投资创造了条件。

### (二)金融国际化下的共同利益

金融国际化通过促进国际贸易和投资的发展推动世界经济增长。国际贸易的发展对金融国际化提出了需求,金融国际化又反过来有力地促进了国际贸易的发展。以银行的国际化经营为例,一般说来,国际贸易的开展为银行的国际化经营提供了可靠的资金来源,为银行的跨国筹措资金提供了物质上的基础;同时,银行的国际化经营也为国际贸易的进一步拓展提供了资金上的支持。

银行国际化经营强化了金融资本的流动性,推动了国际投资的发展,为发展中国家经济发展提供机遇。银行国际化经营使得银行的资本筹措与资本使用均在国际经济大系统内进行。在其他条件相对不变的情况下,金融资本筹措的范围扩大在一定程度上增加了资本的筹措能力。

金融国际化推进了全球性金融的市场化改革,优化了资本等生产要素的配置。在金融国际化的背景下,资本等生产要素的大规模流动对资源的优化配置和世界经济的发展具有全方位的促进作用。投资活动遍及全球,成为经济发展和增长的新支点。国际直接投资额年均增长率高于国际贸易、世界总产值的年均增长率。各地区金融中心和金融市场形成了有机的整体,资金在世界范围内调配,经济发展不再受国内储蓄和资金积累的限制。

经济金融的国际化是市场行为,是国际分工深化和生产国际化的客观产物。虽然市场调节起着基础作用,但是,由于市场机制本身有缺陷,同时,市场也不能解决"外部不经济"问题,所以,政府干预是必要的。不过,在世界范围内并不存在世界政府。于是,对世界市场机制的调节主要依靠各国政府加强协调和合作来实现。同时,各国尤其是发达国家,也必须清醒地认识到加强各国之间协调和合作的必要性。

## 二、环境变化与发展战略

### (一)环境的变化

随着资本市场的飞速发展,直接融资方式的地位在上升,商业银行的中介作用在削弱,银行利润传统来源不断被侵蚀。商业银行资产与负债变动趋势呈现四个特点:一是存款在银行总负债中所占比重有所下降;二是贷款在银行总资产中所占比重普遍下降;三是银行可交易负债在银行总负债中所占比重上升;四是银行资产日益转向证券投资。

存款在负债中占比下降表明银行传统的融资渠道正在日益受到客户流失的威胁,由于资本市场的发达、投资渠道的增多和投资品种的增加,使银行吸收存款的功能日趋下降;传统贷款业务在资产中所占比重的下降,进一步表明了银行传统地位的下降,银行贷款作为社会资金供给唯一或主渠道的作用已开始发生重大变化,迫使银行不得不追求资产多元化。

尽管对产生的影响还难以作出全面的判断,但是这些变化已对国际金融领域产生了重要的影响,带来了一些值得关注的问题。

大规模的银行并购将改变国际银行业的竞争格局。经过多次的并购之后,银行业将更加趋向大型化、综合化和国际化,银行的数量减少。在这种情况下,一国或地区的银行业务或绝大部分银行业务将由少数几家银行所控制,银行业的竞争主要是在大银行之间进行,国际银行业趋向垄断。

并购加大了金融监管的难度,存在着金融动荡的潜在风险。银行并购促进银行业向综合化和国际化发展,金融创新工具的广泛使用使高风险投资大量增加,无疑都加大了金融监管的难度。诚然,银行并购在一定程度上有利于金融体系的稳定,但银行规模的扩大,随之而来的内部经营管理问题、风险控制问题都可能带来“并购风险”。

自1933年美国通过《格拉-斯蒂格尔法》之后,商业银行经营体制便出现了分离和全能银行体制并存的局面。对全能银行的批评主要集中在三个方面:道德风险问题、经营风险问题和操纵证券市场问题。尽管这些批评不无道理,但国际银行业依然最终选择了全能银行体制,当美国在1999年11月4日出台《金融服务现代化法案》后,全能银行趋势更加明显。这有其内在必然性,反映了金融全球化背景下国际金融发展的历史趋势和迫切要求:一是为了应对激烈的市场竞争;二是资本市场的迅速发展;三是金融创新的推波助澜;四是金融机构国际化的要求。

20世纪70年代到80年代期间是跨国银行数量迅速增长时期,进入21世纪以后,跨国银行的总体结构趋于稳定,出现了一些新的变化:一是发达国家跨国银行进行结构调整,主要表现在设立在发达国家的实体性机构出现了下降趋势,电子化意义上的网络在不断扩大,设在发展中国家的机构数量则相对增加;二是发展中国家跨国银行的海外机构数量在不断增加,近年来已显示出大举进入发达国家开办分行或代表处的趋势。

**(二)商业银行竞争发展战略**

20世纪90年代以来,各国跨国银行纷纷致力于全球战略。新兴国家银行参与国际化基本上都要面临资本充足率低、资产质量差、国际化程度低以及国际型人才匮乏等问题,部分中小股份制商业银行在管理水平、资本充足率、历史包袱等方面具有优势,但在资本实力、市场份额和规模方面又存在较大差距。根据银行业所面临的国际金融环境和自身现状,商业银行必须构造一个国际化总体战略,通过跨国经营与发展,建立综合型、全能型的世界一流跨国银行。

综观世界金融业的发展，混业经营组织模式大致分为两类：一是在同一法人内部实行银行、证券、信托、保险等业务的综合经营，如德国、瑞士、英国等国的制度，对于商业银行来说，就是德国式的“全能银行”；二是通过资本联系，在集团内部实行法人分业、集团综合的经营方式。金融控股集团就是金融业在集团业务中占主导地位，所属的受监管实体至少明显地从事两种以上的银行、证券和保险业务的集团。相对于全能制银行式的混业经营方式，金融控股公司模式能够通过设立“防火墙”将风险隔离在其特定机构。事实上，金融控股公司具有分业经营、股权集中的特点，是分业经营向“全能银行”意义上混业经营转型的模式。

## 三、从制度变迁看分业和混业

制度变迁是制度供给满足制度需求的过程，是一种新的有效率的制度对原有的低效率制度的替代，是制度由非均衡状态达到新的均衡状态的过程。制度变迁主体包括制度需求者与供给者，戴维斯和诺斯认为，需求者之所以有新制度需求，是因为特定的技术和社会环境发生变化，如生产技术发展、市场规模扩大、价格上升等，但由于规模经济的要求、厌恶风险或政治压力等因素的影响，致使原有的制度(或制度安排)未能发生相应的变化，制度与其环境的匹配不再最优，便产生了新的潜在的收益，这一收益在原有的制度内不可以被内在化，而若实行新的更有效率的制度就能获取这种利润，这样，在原有制度的支配下，总有部分人或组织为获取这一潜在的利润而率先起来去克服各种困难，提供新的制度供给，实现新的制度均衡。制度供给者从自身利益出发，权衡制度变迁的预期收益与成本，从而决定制度的供给与否。

1933 年的美国，由于经济金融危机的影响，出现严重的投资萧条，投资者的信心需要制度保证予以重建。在当时环境下，政府进行了强制性制度变迁——对商业银行业务与投资银行业务实行严格的分离，实行存款保险，相继颁布了《证券法》和《证券交易法》，稳定了公众预期，对恢复和发展经济起到了重要作用。20 世纪 80～90 年代，由于信息技术的高度发展，全球市场的拓展，银行混业获得了收益，金融实体成为制度的需求者。另外，发达国家的公司治理、银行经营水平，金融监管水平的提高，制度变迁的收益大于成本，因此，纷纷采用大银行大混业的模式。从制度变迁的过程来看，它不能被理解为简单的分分合合，而是一种螺旋式的上升，有着新的政治、经济和文化基础。

## 四、从日本、西欧银行大合并到美国的金融集团

### (一)世界上主要国家的银行并购风潮

1995 年 5 月，瑞士银行以 8.6 亿英镑收购英国最大商业瓦堡银行。瑞士第

二大银行瑞士信贷银行 1996 年 4 月 9 日向瑞士联合银行提出合并建议。若此两家银行合并成功，总资产可达 67 80 亿美元，员工约 6.3 万人，营业点遍布世界 40 多个国家和地区，将创下世界最大合并案，成为举足轻重的全球金融服务机构。①

1995 年 10 月，英国第三大银行劳合银行宣布与 TSB 集团合并，组成劳合-TSB 集团，资产总额近 1 500 亿英镑，为全英最大零售银行，拥有 3 186 家分行，1 570 万个客户，4 400 个自动售款机，市场占有率为 18%。1995 年 6 月，德国雷斯登银行以 10 亿英镑收购英国克兰沃特·本森银行。德国最大银行德意志银行收购意大利和西班牙的零售银行。1995 年 2 月，英国最老牌商业银行巴林兄弟银行因其新加坡期货公司经理尼克·利森操作日经股价指数期货失利，导致亏损 8.23 亿英镑，于 2 月 26 日宣告破产。随后于 3 月 1 日由荷兰国际银行购买，接管巴林集团所有业务、资产和负债。

1996 年 3 月，美国汉华银行公司与大通银行公司完成合并，沿用大通银行公司名称，资产总额为 3050 亿美元，超过花旗银行，成为全美第一、全球第四大银行。第一联合公司于 1995 年 6 月宣布以 54 亿美元收购第一弗德里奇银行公司，资产总额达 1 237 亿美元，成为全美第六大银行。第一芝加哥公司与 NBD 银行公司于 1995 年 7 月宣布合并，称为“第一芝加哥 NSD 银行公司”，资产总额达 1 201 亿美元，为芝加哥第一、全美第七大银行。

1996 年 4 月 1 日，东京银行与三菱银行完成合并，称为东京三菱银行，资产总额达 7 014 亿美元，有 2.1 万多国内员工，在世界各地开设 1 194 多个营业点，一跃成为全球最大银行。日本第一劝业银行与美国美林证券公司签署合并协定，希望借助与债信评级较高的美林公司合作重新拉回世界各地的大客户。

### (二)银行业并购风潮的动因

国际银行业的经营曾一度陷入困境，一是越来越多的非金融机构和跨国公司等介入传统的银行领域；二是随着资本市场的发展创新，银行与存款客户之间的关系逐渐失去重要性，大客户转向资本市场直接筹资。这样，造成银行业容量相对过剩，竞争日趋激烈。银行为取得竞争优势而追求资产扩张，一再缩减利差，使得收入减少。在资产扩张过程中，银行大量投资于新技术和增设分支机构，增加工资开支，造成内部成本的管理失控。另外，由于世界经济增长较缓，股价下跌，银行经营风险高，利润率低，使得银行无法靠发行股票筹措资本，只有走兼并、合并的途径来渡过难关。

---

① 于思邦. 国际金融业的并购风潮. 国际资料信息，1997(2)

西方国家以“自由化”为特征的金融改革对银行业发展产生两方面的直接影响：①金融机构趋向提供同样或类似的产品或服务，金融领域的竞争日益激化，银行边际利润下降。② 激化竞争使银行改组兼并日益风行，银行规模越来越大，银行数目减少，金融垄断加剧。在日本，随着金融市场的开放，国内经营竞争加剧，银行利润普遍下降，加之股票市场动荡，大银行经营陷入困境。因此，日本全国信用协会向会员提出强烈要求，面对利率自由化所带来的竞争，应考虑合并。日本中央银行和大藏省也一再令各银行抑制放款，要求较大型金融机构以合并或收购的方式带动有困难的银行渡过难关。

对大多数寻求合并的银行来说，无疑是为了在日益激烈的金融竞争中扩充实力，除维特原有的市场份额外，通过合并进入新的地区和新的业务领域，取得竞争优势。西欧银行兼并或合并的目的是在国内金融市场日益开放、欧洲统一大市场已形成的形势下，保持本国银行的独立性，应付外国银行侵入欧洲市场和国内市场的压力，通过合并集中力量拓展国际业务，在国际竞争中争得一席之地。

伴随电子技术的广泛应用，银行资金以“光速”流动。为了能向客户提供更快、更好、更完善的服务，银行必须进行巨额的高科技投资。实现合并后，银行充分发挥“规模经济”效益，通过优化组合裁减冗员，降低成本，调出资金进行技术改造，增强竞争力。

### （三）美国的金融控股集团

巴塞尔委员会、国际证券联合会、国际保险监管协会对金融控股集团下的定义为：“在同一控制权下，完全或主要在银行、证券、保险中，至少两个不同的金融业大规模提供服务的金融集团。”金融控股集团实质是一个以股权为中心的金融集团，随着经济和金融的国际一体化，金融集团化经营已成为国际潮流。

20 世纪 30 年代经济大危机之后，美国采取了单一银行制度，但许多银行仍然以银行控股公司形式进行跨州经营业务，1956 年美国金融监管当局制定了《银行控股公司法》。随着外来金融机构和本国非银行金融机构竞争的增强，银行业更加剧了突破分业经营制度的需求，美国颁布了《1970 年银行控股公司修正法案》，为之提供了许多优惠和便利，银行控股公司开始向金融控股公司过渡。顺应金融创新的要求，80～90 年代美国出台了一系列放松管制的法案。90 年代世界各国混业经营趋势的确立、金融机构之间的兼并浪潮以及美国银行界地位的滑坡，最终使美国于 1999 年颁布了《金融服务现代化法案》，将银行控股公司全面提升为金融控股公司，获得了合法的地位。

# 第六章　资本市场:博弈、跌宕与经济风向标

## 第一节　资本市场的理论脉络

在资本市场漫长坎坷的发展历程中,人们对资本市场的认识和理解经历了一个渐进的过程。

### 一、资本市场理论的形成与发展

20世纪以前,对资本市场理论没有单独的研究,只能从关于货币、储蓄、投资等内容的宏篇巨著中找到零星论述,这反映出资本市场在当时金融市场及整个社会经济制度中微不足道。20世纪20年代,美国经济学家欧文·费雪在与奥地利学派庞巴沃克的论战中,把投资回报率与投资机会相联系,摆脱了古典"客观价值论"的束缚,从而为资本市场的投资理论奠定了现代基础。

1947年,冯·诺依曼(Von Neumann)和摩根斯坦(Morgenstern)合作完成了《博弈与经济行为》一书,提出"预期效用函数"作为在不确定情况下进行决策的评价标准,深化了资本市场投资理论。1952年,哈里·马克威茨(H. Markowitz)的《资产组合选择》在《金融杂志》发表,提出了如何通过证券组合的有效边界来选择最优组合,通过分散投资来降低风险的新概念,开创了现代资产投资理论的先河。1958年,莫迪利安尼(Modigliani)与米勒(Miller)发表了《资本成本,公司财务与投资理论》,提出了著名的MM定理,奠定了公司金融理论的基础。1963年,马克威茨的学生威廉·夏普(William Sharpe)提出简化的资产选择模型,这使资产组合理论应用于市场操作成为可能。早在资产组合投资广泛应用于实际之前,夏普,林特和莫森三人同时独立地提出一个问题:假如每个投资者都用组合理论来管理投资,这将对市场定价产生怎样的影响?在回答这个问题时,他们分别于1964年、1965年、1966年提出了资本资产定价模型(CAPM)。1969年,萨缪尔森提出了随机动态过程规划方法在资产定价方面存

在着重大潜在价值。1973 年，费希尔·布莱克(Fisher Black)和迈伦·斯科尔斯(Myron Scholes)共同发表《期权与公司债务的定价》，提出了著名的 Black-Scholes 欧式期权定价模型(option pricing theory，OPT)，为期权这一重要的资本市场衍生工具定价提供了理论基础，成为不仅在金融领域而且在整个经济学中最成功，最具实用价值的理论之一。资本资产定价模型在金融领域盛行 10 多年，然而到 1976 年，理查德·罗尔对这一模型提出批评，因为这一模型无法用经验事实加以检验；与此同时，史蒂芬·罗斯(Stephen Ross)突破性的发展了资本资产定价模型，提出套利定价理论(arbitrage pricing theory，APT)，从更宽泛的角度探讨了风险资产的均衡定价问题[①]。正因为过去的理论有诸多局限，从 20 世纪 80 年代开始金融学家进行了广泛的新探索，这一探索分两条线索展开：一方面，在过去的理论模型中嵌入制度等因素，着重研究金融契约的性质和边界、金融契约选择与产品设计、金融契约的治理和金融系统演化、法律和习俗等因素对金融活动的影响等。另一方面，一些学者基于卡尼曼(D. Kahneman)等人发展的非线性效用理论，开始引入心理学关于人的行为的一些观点，来解释金融产品交易的异常现象，比如有限套利、噪音交易、从众心理、泡沫等，这些理论形成了现代金融理论的行为学派，又称为“行为金融”。

从目前的理论发展看，两条线索相互竞争，相互促进，共同发展，基于信息不完全、不对称和一般均衡理论的模型，在解释金融市场异常方面有明显不足。但行为金融还不能有效地应用于金融产品定价，并且现有的金融理论模型本身缺乏更广泛的经验证据支持。双方处于争论阶段，构成现代金融理论发展过程的主旋律。

很明显，现代资本市场理论从 20 世纪 50 年代开始逐步摆脱了纯货币理论的状态，确立了资产定价的核心地位。20 世纪 80 年代以后，通过经济学家的不懈努力，金融产品和金融复杂性日益受到关注，金融理论开始走出资产定价技术这一狭窄范畴，从金融活动参与者的行为本身来解释纷繁复杂的金融现象。行为的多元化导致金融产品和金融系统的多元化，也导致金融理论的多元化[②]。

## 二、现代资本市场理论的多元化构成

### (一)有效市场假说

有效市场假说是现代金融经济学的基础，经济学家们在理论推理和实证检

---

① 王益．资本市场．经济科学出版社，2001

② 戴维·G·卢恩伯格著．投资科学．沈丽萍，文忠桥译．中国人民大学出版社，2003

验两方面都验证了该理论的合理性，奠定了其权威地位。

有效市场假说是对市场反映问题进行研究的学说。所谓“有效市场”，是指资产的现有市场价格能够充分反映有关和可用信息的市场。在现实中，某种信息对股票价格的作用可能快于，也可能慢于其他信息。为了分析股票价格对不同信息的反应速度，一般将信息划分为不同的种类。一般的信息可以分为三种：基于过去价格的信息、公开信息和所有信息。1970 年，为了便于进行分析和理论上的验证，法玛(Eugene Fama)将有效市场划分为程度不等的三类，即弱式有效市场、次强式有效市场和强式有效市场。多年来，人们就实际运行中的资本市场到底属于哪类市场进行了多方面的验证和分析。

如果某一资本市场上的证券价格充分地包含和反映其历史价格和信息，那么，该资本市场就达到了弱式有效市场的标准。由于历史的股票价格信息是最容易获取的信息，因此，弱式效率是资本市场所能表现出的最低形式的效率。如果我们能够从股票价格的历史信息中发现某种可以获得超常利润的机会，那么，其他人也可以做到，超常利润将随着更多人的争夺逐渐减少最后趋于零。

如果某一资本市场上的证券价格充分反映了所有公开可用的信息，那么该资本市场就称为次强式有效市场。例如一家公司公布其盈利上升，某一投资者可能考虑在听到这一信息公布后就投资这一股票。但不管怎样，在次强式有效市场的条件下，价格将在这一信息公布后立即上升。因此，投资者最后仍然付出较高的价格，获利的机会随之消失。

如果某一资本市场上的证券价格充分反映了所有的信息，包括所有公开的和内幕的信息，那么该资本市场就称为强式有效市场。强式有效市场假设理论指出，任何与股票价格有关的信息，即使是只有一个投资者知道的信息，也充分反映在了股票的价格中。

有效市场假说是建立在以下三个假设之上的：①理性投资者假设。投资者被认为是理性的，他们能对证券做出合理的价值评估。②随机交易假说。即使在某种程度上假设投资者并非完全理性，但由于他们之间的证券交易是随机进行的，他们彼此之间的交易对价格产生的影响会相互抵消。③有效套利假说。假如某些投资者非理性且行为趋同，他们的交易行为不能相互抵消，理性的套利者也会消除他们的行为对价格的影响。

### (二)MM 定理

MM 定理的全称为 Modigliani-Miller 定理，由其提出者莫迪利安尼(Modigliani)和米勒(Miller)的名字命名。MM 定理是现代资本市场结构理论的核心和基础。

MM 定理具体由 MM 定理 1、MM 定理 2 和 MM 定理 3 构成。其中 MM

定理 1 可表述为:任何企业的市场价值与其资本结构无关,而是取决于按照与其风险程度相适应的预期收益率进行资本化的预期收益水平;MM 定理 2 可表述为:股票每股预期收益率应等于处在同一风险程度的纯粹权益流程相适应的资本比率,再加上与其财务风险相联系的溢价。其中财务风险是以债券比率与纯粹权益流量资本化率和利率之间差价的乘积来衡量;MM 定理 3 可表述为:任何情况下,企业投资决策的选择点只能是纯粹权益流量资本化率,完全不受用于为投资提供融资的证券类型的影响。

在三个 MM 定理中,定理 1 是最为关键的,是整个 MM 定理的核心,最为集中地体现了 MM 定理的精髓;定理 2 和定理 3 是在资本成本理论领域的派生,定理 3 则是定理 1 和定理 2 在投资决策上的应用。

### (三)资产组合理论

美国著名经济学家马克威茨于 1952 年提出了确定最小方差资产组合的思想和方法,从而开创了资产组合理论,并奠定了资产定价理论的基础。马克威茨在创立资产组合理论的同时,也用数量化方法提出了确定最佳资产组合的基本模型,在以后的岁月中,经济学家们一直在利用数量化的方法不断丰富和完善金融学理论,并使之成为金融学的主流方向。

资产组合理论模型有四个基本前提假定:①投资者事先知道投资收益率的概率分布。②投资风险用投资收益率的方法或标准差表示。③影响投资决策的主要因素是期望收益率和风险两项。④投资者都遵循占优原则:在风险相等时,选择较高的收益;在收益相等时,选择较低的风险。

如果选定了每个证券的投资比例,就确定了一个证券组合,进而可以计算这个组合的期望收益率和标准差。从几何的观点看,以收益率为纵坐标,标准差为横坐标,就可以在坐标系中确定一个点。因此每个证券组合都对应于坐标系中的一个点,而坐标系中的每个点都代表一个投资组合。每个证券组合在坐标系中将组成一个区域,这个区域便是可行集。可行集中的点对应的证券组合才是有可能实现的证券组合。可行集之外的点是不可能实现的证券组合。一般来说,可行集的形状呈伞状,但在实际中由于各种证券的特性千差万别,因此可行集的位置也许比图中的位置有所变化,但它们的基本形状大致如此。

马克威茨的投资组合理论致力于使和投资者期末财富有紧密联系的预期效用实现最大化。效用和财富之间的确切关系被称为投资者的财富效用函数,每个投资者都拥有不同的财富效用函数,这使得每个投资者从每一额外货币单位的财富中都获得不同的效用增加额,也就是说财富的边际效用对不同的投资者是不同的。

根据投资者对风险的态度,大体上有风险厌恶、风险偏好和风险中立三种类型。而一般假设投资者是风险厌恶的，即财富的边际效用是递减的。所以，财富效用函数曲线是凹进的(向下弯曲)，当财富增加时，相应增加的效用越来越小，也就是说，边际效用是递减的。

投资者的目标是投资效用最大化，而投资效用取决于投资的预期收益率和风险，其中预期收益率带来正的效用，风险带来负的效用。对于一个不满足和厌恶风险的投资者而言，预期收益率越高，投资效用越大；风险越大，投资效用越小。

最优投资组合的选择需要遵守以下基本原则：

(1)只有风险资产是投资的选择。具体讲，不同的投资者将根据自己对风险与收益的替代关系的判断(由风险与收益无差异曲线表示)来选择合适的投资对象。

(2)资本市场线中的市场资产组合是由市场中每一风险资产的风险与收益关系及它们之间的相关关系决定的，与投资者个人的风险偏好和风险承受能力无关。于是，投资者在资本市场上的投资行为可分两步进行：第一步，不考虑投资者的风险偏好和风险承受能力，只根据风险资产的特点确定市场资产组合；第二步，在确定市场资产组合之后，根据自身的风险承受能力调整资产组合中无风险资产与市场组合的比例，使之适合自己的风险偏好与风险承受能力的要求。这就是著名的分离定理。

### (四)资本资产定价模型

资本资产定价模型最早是由夏普、林待勒和莫森等人，根据马克威茨的资产组合理论分别独立提出。资本资产定价模型要解决的问题是：在资本市场中，单个资产的均衡价格是如何在收益与风险的衡量中形成的，或者说，在市场均衡的条件下，单个资产的收益是如何依据风险而确定的。

资本资产定价模型的假定包括：①所有投资者都属于马克威茨分散者，即投资者依据投资收益率的均值和方差作投资决策；②投资遵守占优原则：在同风险水平下，选择收益率较高的资产组合；在同一收益率水平下，选择风险较低的资产；③所有投资者的投资期限均相同；④每种资产都无限可分，即投资者可以以任意净额投资于各种资产；⑤存在无风险资产，投资者可以相向的无风险利率借人或贷出任意数量的无风险资产；⑥允许无限制地卖空；⑦税收和交易费用均忽略不计；⑧没有通货膨胀和利率的变化；⑨所有投资者对于各种资产的收益率有预期；⑩单个投资者不能通过买卖行为影响资产价格，即市场是完全竞争的。

模型的基本要素包括证券市场线、$\beta$系数和资本资产定价模型(CAPM)。

资产市场线反映的是有效组合的预期收益率与标准差之间的关系，任何单个风险证券由于不是有效证券组合“定位于资本市场线”的下方，因此资本市场线并不能告诉我们单个证券的预期收益与标准差之间应存在怎样的关系。而证券市场线就是用来解决这个问题的。

从风险与收益配比的角度出发，在考察某一证券风险程度时，重要的并不是该证券自身的风险，而是其与市场组合的协方差。自身风险高的证券，并不意味着其预期收益率也相应较高，自身风险较低的证券，其收益率也不一定就较低。单个证券的预期收益率水平应取决于其与市场组合的协方差。

根据协方差的性质，证券 $i$ 与市场组合的协方差 $\delta_{iM}$ 等于证券 $i$ 与市场组合中每种证券协方差的加权平均数：

$$\delta_{iM} = \sum_{j=1}^{n} X_{im}\delta_{ij} \tag{6-1}$$

由于资产组合的预期收益率和标准差分别是各种证券预期收益率和各种证券与市场组合协方差的加权平均数，其权数均等于各种证券在市场组合中的比例，因此如果某种证券的预期收益率相对于 $\delta_{iM}$ 其值太低的话，投资者只要把这种证券从其投资组合中剔除就可以提高其投资组合的预期收益率，从而导致市场失衡。因此，具有较大 $\delta_{iM}$ 值的证券必须按比例提供较大的预期收益率以吸引投资者。在均衡状态下，单个证券风险与收益的关系可以写为：

$$E(R_i) = R_f + \frac{E(R_M) - R_j}{\delta_M^2}\delta_{iM} \tag{6-2}$$

这就是著名的证券市场线，它反映了单个证券与市场组合的协方差和其预期收益率之间的均衡关系。图 6-1 是证券市场线的示意图，又称为证券市场的协方差版本。

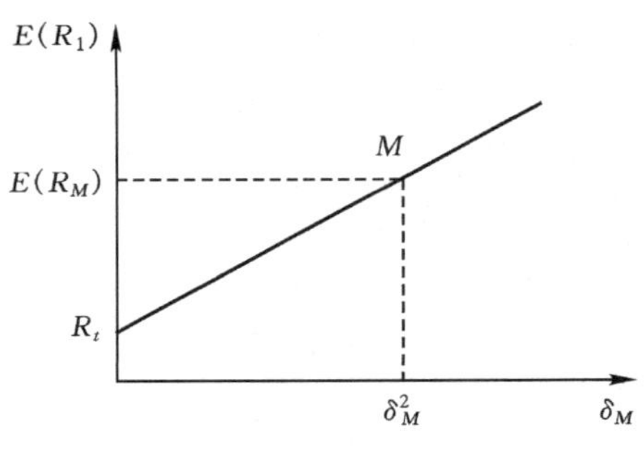


图 6-1

我们知道，市场风险可以分为系统性风险和非系统性风险。非系统性风险可以通过有效的证券组合得到减少或消除，而系统风险则不能通过证券组合加以减少。$\beta$ 系数就是用来衡量某个证券或某证券组合的系统性风险的指标。

如果我们把证券市场处于均衡状态时的所有证券按其市值比重组成一个“市场组合”，这个市场组合的非系统性风险将等于零。这样我们就可以用某种证券的收益率和市场组合收益率之间的 $\beta$ 系数来衡量这种证券的系统性风险。某种证券的 $\beta$ 系数 $\beta_i$ 指的是该证券的收益率和市场组合的收益率的协方差，再除以市场组合收益率的方差 $\delta_M^2$，即：

$$\beta_i = \frac{\delta_{iM}}{\delta_M^2} \tag{6-3}$$

上式中，$\delta_{iM}=\rho_{iM}\delta_i\delta_M$，$\rho_{iM}$ 为证券 $i$ 与市场组合 $M$ 的相关系数。

由于系统性风险无法通过多样化投资来抵消，因此一个证券组合的 $\beta$ 系数等于该组合中各证券的 $\beta$ 系数的加权平均数，权重为各种证券的市值占整个组合总市值的比重 $X$，即：

$$\beta_P = \sum_{i=1}^{n} X_M \beta_i \tag{6-4}$$

如果一种证券或证券组合的 $\beta$ 系数等于 1，说明其系统性风险与市场的系统性风险完全一样；如果其 $\beta$ 系数大于 1，说明其系统性风险大于市场的系统性风险；如果其 $\beta$ 系数小于 1，说明其系统性风险小于市场的系统性风险；如果 $\beta$ 系数等于 0，则不存在系统性风险。

在引入了 $\beta$ 系数之后，我们对证券市场线再作进一步分析，导出资本资产定价模型（CAPM）。我们把 $\beta$ 值的计算公式 6－3 代入证券市场线的表达式，可得到

$$E(R_i) = R_f + \beta_i[E(R_M) - R_f] \tag{6-5}$$

引入了 $\beta$ 系数后的证券市场线表达式，也就是资本资产定价模型的表达式，图 6－2 是证券市场线的 $\beta$ 版本。

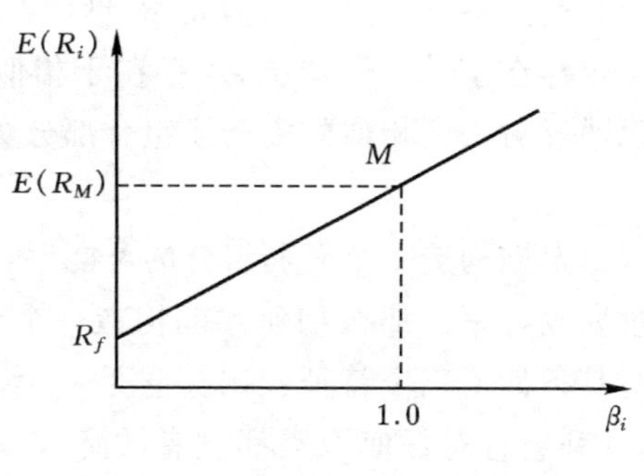


图 6－2

根据公式 6－5 我们可以计算出每一证券或证券组合的预期收益率，在实际

中只是通过对历史数据进行分析得出的。

CAPM 所揭示的投资收益与风险的函数关系，是通过投资者持有证券数量的调整并引起证券价格的变化而达到的。根据每一证券的收益和风险特征，给定一个证券组合，如果投资者愿意持有的某一证券的数量不等于已有的数量，投资者就会通过买进或卖出证券进行调整，并因此对这种证券的价格产生上涨或下跌的压力；在得到一组新的价格后，投资者将重新估计对各种证券的需求并进行调整。这一过程持续的结果，使证券市场达到均衡。

**（五）套利定价理论**

CAPM 描述了均衡状况下不同资产期望收益不同的原因，即资产的不同收益率是因为它们具有不同的系数。但是，CAPM 是建立在严格的假设前提条件基础上的，这些前提条件在实际应用中很难得到满足。因此，在 CAPM 提出以后，不少学者提出了多种经过改进和发展的定价模型。套利定价理论（arbitrage pricing theory，APT）就是其中最重要的一个，它是由罗斯（Ross）于 1976 年最早提出的。

APT 要研究的是，如果每个投资者对同种证券的收益具有相同的预期，各种证券的均衡价格是如何形成的。研究者拓展问题的思路是：首先，分析市场是否处于均衡状态；其次，如果市场是非均衡的，分析投资者会如何行动；再次，分析投资者的行动会如何影响到市场并最终使市场达到均衡；最后，分析在市场均衡状态下，证券的预期收益由什么决定。

APT 认为，如果市场未达到均衡状态的话，市场上就会存在无风险的套利机会。由于理性投资者只有风险厌恶和追求最大化收益的行为特征，因此，投资者一旦发现有套利机会就会设法利用它们；随着套利者的买进和卖出，资产的供求状况将随之改变，套利空间逐渐减少直至消失，有价证券的均衡价格将得以实现。而且，套利机会不仅存在于单一资产上，还存在于相似的资产或组合中，也就是说，投资者还可以通过对一些相似的资产或组合部分买入、部分卖出来进行套利。

因此，投资者会竭力发掘构造一个套利组合的可能性，以便在不增加风险的情况下，增加组合的预期收益率。那么如何才能构造一个套利组合呢？一般来说，套利组合必须同时具备如下三个特征：首先，它是一个不需要投资者任何额外资金的组合；其次，套利组合对任何因素都没有敏感性，因为套利组合没有因素风险。这一特征可表示为：

$$\beta_{pj} = 0 \tag{6-6}$$

在存在多个影响因素的情况下，可具体表示为一个方程组：

$$\begin{cases} x_1\beta_{11} + x_2\beta_{21} + \cdots + x_n\beta_{n1} = 0 \\ x_2\beta_{12} + x_2\beta_{22} + \cdots + x_n\beta_{n2} = 0 \cdots\cdots \\ x_1\beta_{1k} + x_2\beta_{2k} + \cdots + x_n\beta_{nk} = 0 \end{cases} \tag{6-7}$$

为了找到满足上面两点特征的解，就要求证券的个数要多于因素的个数，即 $n>k$。严格说，除了风险因素等于零之外，一个套利组合的非因素风险也应该等于零。但是，套利组合的非因素风险实际上往往会大于零，只是其数量非常小，APT 认为可以忽略不计。

最后，套利组合的预期收益率必须是正值。即：

$$x_1E(R_1) + x_2E(R_2) + \cdots + x_nE(R_n) > 0 \tag{6-8}$$

当一个组合的投资权重可以同时满足以上三个条件时，该组合就是一个套利组合，这样的套利组合对任何一个渴望高收益且不关心非风险因素的投资者都是具有吸引力的，因为它不需要任何额外资金，没有任何因素风险，却可以带来正的预期收益率。

下面介绍 APT 的基本内容：

APT 基本内容的推导基于如下两个基本观点：第一，在一个有效的市场中，当市场处于均衡状态时，不存在无风险的套利机会；第二，对于一个高度多元化的资产组合来说，只有几个共同因素需要补偿。由此，证券 $i$ 与这些共同因素的关系为：

$$E(R_i) = \lambda_0 + \beta_{i1}\lambda_1 + \beta_{i2}\lambda_2 + \cdots + \beta_{ik}\lambda_k \tag{6-9}$$

这便是套利定价公式。其中 $\lambda_k$ 为投资者承担一个单位 $k$ 因素风险的补偿额，风险的大小由 $\beta_{ik}$ 表示，当资产对所有 $k$ 因素都不敏感时，这个资产或资产组合就是零 $\beta$ 资产或资产组合。

套利定价公式还可以有另外一种表达方式。由于无风险资产对于任何因素均无敏感性，所以等于无风险利率，每一个 $\delta_j$ 的值代表一个资产组合的预期回报率，该组合只对因素 $j$ 有单位敏感性而对其他因素无敏感性。由此可得套利定价公式的另一表达式：

$$E(R_i) = R_j + (\delta_t - R_f)\beta_{i1} + (\delta_2 - R_f)\beta_{i2} + \cdots + (\delta_k - R_f)\beta_{ik} \tag{6-10}$$

**（六）期权定价理论**

自期权交易出现以来，尤其是标准期权交易出现以来，学者们就一直致力于期权定价问题的探讨。在这方面做出里程碑式贡献的是布莱克—舒尔斯模型(Black-Scholes Model)，它于 1973 年由芝加哥大学教授费雪·布莱克(Fischer Black)与斯坦福大学教授梅隆·舒尔斯(Myron Scholes)提出，布莱克-舒尔斯模型为期权定价奠定了一个总体性的框架，当在各式各样的实际情况中运用时，模型需要进行进一步的修正。期权定价的另一个模型:二项式期权定价模型(binomial option pricing model, BOPM),可以使我们对期权价值的决定因素有更深入的了解。下面,首先介绍二项式期权定价模型。

二项式期权定价模型(BOPM)是一种简便易行的期权定价方法,其理论要点主要取自考克斯(Cox)、罗斯和鲁宾斯坦(Rubinetein)等学者的研究成果。BOPM 基于一种简单的资产价格运动过程,该过程认为在任意时间,资产的价格都可能向两种可能的方向变动。二项式模型可描述为:在存在风险的情况下,未来的现金流是不确定的,即有多种可能性。二项式模型是在每一期将出现两种可能性的假设下构建的现金流量或某种价格波动的模型,如图 6-3 所示,其中 $F$ 是标的资产的价格,"$u$","$d$" 分别表示变量数值的上升和下降。其包括一期二项式模型,二期二项式模型和 $n$ 期二项式模型。

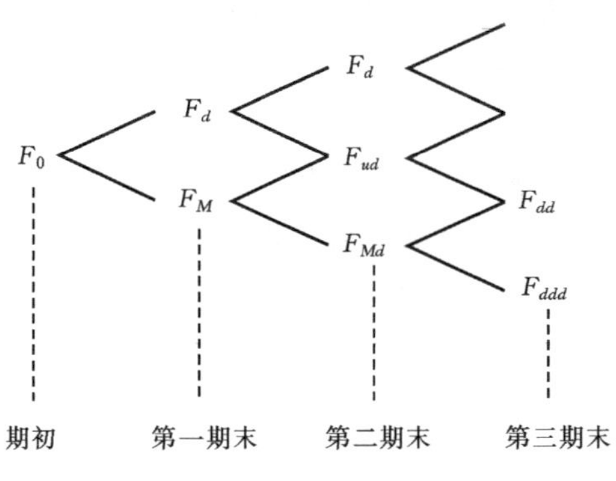


图 6-3

下面介绍布莱克一舒尔斯模型。

二项式模型为期权价值的决定提供了一种直观的方法,但它需要大量的数据,即每一个时点上预期的价格。布莱克一舒尔斯模型并不是另一种不同的定价模型,它只是二项式模型的一个特例,但它极大地减少了所需要的信息量。

布莱克一舒尔斯模型有如下假设;①对卖空不存在障碍和限制;②交易成本与税收为零;③期权是欧式的;④不支付股票红利;⑤股票价格是连续的;⑥市场连续运作;⑦短期利率已知且固定;⑧股票价格是对数正态分布的。

这些假设是使布莱克一舒尔斯模型成立的充分条件。然而,当这些条件不成立时,对模型做些改动常常有效。

无疑,说布莱克一舒尔斯模型是金融学理论中最重要的贡献之一,是毫不夸张的,它使任何人在给定若干参数下能计算期权的价值。该公式的吸引力在于有四个参数是可测定的:资产现行价格 $S$、执行价格 $E$、无风险收益率 $r$ 和距到期日的时间。只有一个参数必须估计：收益的方差。

为了看看这个公式是多么具有吸引力，请留意一下哪些参数是不必要的。首先，投资者的风险厌恶程度不影响期权价格；其次，它不以标的资产的期望收益为依据，对股票的预期收益有不同评估的投资者都能接受它的看涨期权价格。

**（七）行为金融理论**

行为金融理论是在对现代金融理论的挑战和质疑的背景下形成的。行为金融理论的支持者认为，效率市场假说是建立在经典的现代金融理论基础上的，而这些经典的现代金融理论的某些基本假设与投资者在证券市场上的实际投资决策行为是不相符合的，主要表现在：

第一，经典的现代金融理论认为人们的决策是建立在理性预期、风险回避、效用函数最大化以及不断更新自己的决策知识等假设之上的。但是，大量的心理学研究表明人们的实际投资决策却并非如此。比如，人们总是过分相信自己的判断，人们更多的是根据其对问题（如投资）的支付状况的主观判断进行决策的，等等。尤其值得指出的是，研究表明这种对理性决策的偏离是系统性的，并不能因为统计平均而消除。所以，人们的总体决策也就会偏离经典现代金融理论的假设。

第二，经典现代金融理论和效率市场假说是建立在有效的市场竞争基础之上的。经典现代金融理论认为，在市场竞争过程中，理性的投资者总是能抓住每一个由非理性投资者创造的套利机会，使得非理性的行为人在市场竞争中不断丧失财富，并最终被市场所淘汰。因此，能够在市场竞争中幸存下来的只有理性的投资者，证券市场的投资行为是由理性的投资者主宰的。而由于证券市场上投资者人数众多，交易成本很低，所以，这一假设是成立的。对上述假设持怀疑态度的研究者认为，假设证券市场上的投资者由两部分人组成，一部分是完全理性的投资者，一部分是“不那么理性的”投资者，则证券市场由完全理性的投资者主宰需要满足下列条件：①在时刻 T 证券的真实价值将为投资者所了解；②在包含时刻 $T$ 在内的足够长的时间期间内可以无成本的卖空；③投资者的投资期间将包含时刻 $T$；④没有“太多”的“不那么理性的”投资者；⑤只有理性投资者才卖空。但在实际中上述条件并不能得到满足：人们并不知道何时能够知道证券的真实价值；长时间无成本卖空也不现实；投资者的投资期间是否会持续到时刻 T 也是不确定的；而证券市场上更不一定只有理性投资者才从事卖空活动。其次，这些研究人员还认为，轻易地假设随着时间的推移，非理性投资者将在与理性投资者的交易过程中成为失败者，这种假设也是危险的。

相关研究表明，在某些情况下，非理性投资者实际上可以获得比理性投资者更高的收益。另外，由于淘汰过程本身较为缓慢，因此，即使非理性的投资者得到的期望收益确实较低，但仍然可以影响证券（资产）的价格。而且，如果把“理性”看做一个选择过程的话，则不论人们如何做出选择，投资者能够生存下来本身就证明了其决策是“理性”的。

事实上，现代金融理论要解决两个问题：第一，通过最优决策模型解释什么是最优决策；第二，通过实际决策模型讨论投资者的实际决策过程。在解决第一个问题方面，现代金融理论所取得的成就是无可置疑的，而且，如果人们的实际决策过程是最优决策过程，则现代金融理论也同时提供了一个关于投资者实际决策过程很好的描述性模型。但是，如果人们的实际决策过程并不是(或在很多情况下并不是)如最优决策模型所描述的那样，则用最优决策模型作为描述性决策模型将不能正确地描述和讨论投资者的实际决策过程，从而不能对证券市场的实际动作状况给予合理的解释。

行为金融理论的支持者认为，人们的实际决策过程并不很好地遵从于最优决策模型，因此，不但需要讨论人们应该如何决策(最优决策)，而且需要建立一套能够正确反映投资者实际决策行为和市场动作状况的描述性模型来讨论投资者实际上是如何决策的，这就是行为金融要解决的问题。行为金融理论具体由期望理论、行为组合理论、羊群效应理论等基础理论组成。

期望理论是行为金融学的重要理论基础。Kahneman 和 Tversky 通过实验对比发现，大多数投资者并非标准金融投资者而是行为投资者，他们的行为不总理性，也并不总是风险回避。期望理论认为，投资者对收益的效用函数是凹函数，对损失的效用函数是凸函数，表现为投资者在投资账面值损失时更加厌恶风险，而在投资账面值盈利时，随着收益的增加，其满足程度速度减缓。

期望理论成为行为金融研究中的代表学说，利用期望理论解释了不少金融市场中的异常现象：如阿莱悖论、股价溢价之谜(equity premium puzzle)以及期权微笑(option smile)等，然而，由于 Kahneman 和 Tversky 期望理论中并没有给出如何确定价值函数的关键参考点以及价值函数的具体形式，在理论上存在很大缺陷，从而极大阻碍了期望理论的进一步发展。

一些行为金融理论研究者认为，将行为金融理论与现代金融理论完全对立起来并不恰当。将二者结合起来，对现代金融理论进行完善，正成为这些研究者的研究方向。在这方面，行为组合理论(behavioral portfolio theory, BPT)和行为资产定价模型(behavioral asset pricing model, BAPM)引起了金融界的注意。BPT 是在资产组合理论(protfolio theory)的基础上发展起来的，正如前面所介绍，资产组合理论认为投资者应该把注意力集中在整个组合，最优的组合配置处在均值方差有效前沿上。BPT 认为现实中的投资者无法做到这一点，他们实际构建的资产组合是基于对不同资产的风险程度的认识，以及投资目的所形成的一种金字塔式的行为资产组合，位于金字塔各层的资产都与特定的目标和风险态度相联系，而各层之间的相关性被忽略了。BAPM 是对资本资产定价模型(CAPM)的扩展，与 CAPM 不同，BAPM 中的投资者被分为两类：信息交易者和噪声交易者。信息交易者是严格按 CAPM 行事的理性交易者，不会出现系统偏差；噪声交易者则不按照 CAPM 行事，会犯各种认知偏差错误。两类交易者相互影响共同决定资产价格。事实上，在 BAPM 中，资本市场组合的问题仍然存在，因为均值方差有效组合会随时间而改变。

BSV 模型(Barberis, Shleifer 和 Vishny 模型)是行为组合理论的重要组成部分，该模型认为，人们进行投资决策时存在两种错误范式：其一是选择性偏差(representative bias)，即投资者过分重视近期数据的变化模式，而对产生这些数据的总体特征重视不够，这种偏差导致股价对收益变化的反应不足。另一种是保守性偏差(conservation)，投资者不能及时根据变化了的情况修正预测模型，导致股价过度反应。BVS 模型是从这两种偏差出发，解释投资者决策模型如何导致证券的市场价格变化偏离效率市场假说的。

DHS 模型(Daniel, Hirsheifer 和 Subramanyam 模型)是行为组合理论的另一重要组成部分。DHS 模型将投资者分为有信息和无信息两类，无信息的投资者不存在判断偏差，有信息的投资者存在着过度自信和有偏的自我归因(self-contribution)。过度自信导致投资者夸大自己对股票价值判断的准确性；有偏的自我归因则使他们低估关于股票价值的公开信号。随着公共信息最终战胜行为偏差，对个人信息的过度反应和对公共信息的反应不足，就会导致股票回报的短期连续性和长期反转。所以，Fama 认为 DHS 模型和 BSV 模型虽然建立在不同的行为前提基础上，但二者结论相似。

HS 模型(Hong 和 Stein 模型)又称统一理论模型(Unified Theory Model)。HS 模型区别于 DHS 模型和 BSV 模型之处在于：把研究重点放在不同作用者的作用机制上，而不是作用者的认知偏差方面。该模型把作用者分为"观察消息者"和"动量交易者"两类。"观察消息者"根据获得的关于未来价值的信息进行预测，局限是完全不依赖于当前或过去的价格；"动量交易者"则完全依赖于过去的价格变化，局限是预测必须是过去价格历史的简单函数。在上述假设下，该模型将反应不足和过度反应统一归结为关于基本价值信息的逐渐扩散，而不包括其他的对投资者情感刺激和流动性交易的需要。模型认为最初由于"观察消息者"对私人信息反应不足的倾向，使得"动量交易者"力图通过套期策略来利用这一点，而这样做的结果恰好走向了另一个极端——过度反应。

羊群效应理论(herd behavioral model)认为，投资者羊群行为符合最大效用准则，是"群体压力"等情绪下贯彻的非理性行为，有序列型和非序列型两种模型。序列型模型中，投资者通过典型的贝叶斯过程从市场噪声以及其他个体的决策中依次获取决策信息，这类决策的最大特征是其决策的序列性。但是，现实中要区分投资者顺序不现实，因而，这一假设在实际金融市场中缺乏支持。非序列型则论证无论仿效倾向强或弱，都不会得到现代金融理论中关于股票的零点对称、单一模态的厚尾特征。

行为金融理论已经开始成为金融研究中一个十分引人注目的领域，对于原有理性框架中的现代金融理论进行了深刻的反思，从人的角度来解释市场行为，充分考虑市场参与者的心理因素的作用，为人们理解金融市场提供了一个新视角。行为金融理论是第一个较为系统地对效率市场假说和现代金融理论提出挑战，并能够有效地解释市场异常行为的理论。行为金融理论以心理学对人类的研究成果为依据，以人们的实际决策心理为出发点，讨论投资者的投资决策对市场价格的影响。注重投资者决策心理的多样性，突破了现代金融理论只注重最优决策模型，简单地认为，理性投资决策模型就是决定证券市场价格变化的实际投资决策模型的假设，使人们对金融市场投资者行为的研究由“应该怎么做决策”转变到“实际是怎样做决策”，研究更接近实际。因而，尽管现代金融理论依然是对市场价格的最好描述，但行为金融的研究无疑是很有意义的[①]。

## 三、资本市场理论评析

### (一)关于有效市场假说

纵观现代资本市场理论的发展与演变可以看出，奠定其整个理论基础的是有效市场假说。然而，有效市场假说在受到普遍赞同的同时，也一直面临着各种挑战，根本原因在于有效市场假说也是建立在一系列假设条件之上，而这些假设条件所具有的局限性决定了其脆弱性：首先，有效市场假说的假设前提是市场是一个完全竞争、信息可免费获得以及无摩擦的市场。其次，Fama 是在理性预期基础上给出有效性定义的，这就要求投资者必须是理性的。

随着有效市场理论的改进，在理性人的假定上出现了三个逐渐放松的假设：①投资者一般是理性的，能对证券做出合理的价值评估；②在某种程度上有些投资者并非理性，但由于证券交易是随机进行的，非理性会相互抵消，所以证券价格并不会受到影响；③某些情况下非理性投资者会犯同样的错误，但在市场中会遇到理性的套利者，套利者会消除他们对价格的影响。根据上述假定，资产今天的价格变化只能由今天新信息的到来所引起，从而今天的收益与昨天的收益将是相互独立的，遵循随机游走。当这些相互独立的观测数趋向于无穷时，根

① 何小锋，黄刘秦．资本市场运作教程．中国发展出版社，2003．274～303

据中心极限定理，其概率分布就是正态的。这就是有效市场假说所隐含的独立性假设，它为统计技术应用于资本市场研究奠定了基础，成为支持对数正态分布收益率假定的理论依据。根据法玛(1970)对市场有效性的定义，由于信息能够被迅速反映于价格中，因此，基于某种信息的交易是不能够获得超额收益的。但20世纪80年代以后，很多实证研究发现了有悖于这种有效性的各种市场“异象”(anomalies)。鲍尔(Ball)和布朗(Brown,1968)发现了与盈余公告有关的价格漂移现象；Basu(1977)发现以市盈率可以预测股票收益 (663～682)；Banz(1981)的研究发现小公司效应的存在，即通过投资于小公司股票可以使投资者获取长期收益的一种现象。除此之外还普遍存在着一月效应、周末效益和日内模式等令人困惑的市场“异象”。这些“异象”成为对有效市场假说的有力挑战，它们是有效市场理论所无法解释的。对一种理论的质疑通常从其假设前提出发。有效市场理论假定市场是无摩擦的，投资者之间信息是完全对称的，这些假设以及由此所隐含的独立性或高斯分布假设自产生以来就不断受到质疑。实证结果与理论的背离越来越引起人们的重视，普遍存在的各种市场“异象”不断引发人们多角度地进行新的思考和探讨①。

**(二)关于投资者行为理性**

理性的中心定义是，投资者的定价决策建立在利用所有可知信息所作的最佳预期基础之上，投资者是回避风险的；如果人们准备接受更大的风险，就必须得到更高收益率补偿，风险与收益之间线性交换。虽然有大量的证据支持这一理论，但也有一些重要的检验对此提出质疑或得出相反的结论。

布莱克(Black) 和詹森(Jensen,1972) 等在其著名的对 CAPM 的检验中发现了两种情况：1931～1965 年，高 $\beta$ 股票的收益率比低 $\beta$ 的股票要高，其关系近似线性，高风险高收益率。但将此期间划分为 4 个分期间所作的检验却表明，风险与收益率交换不稳定，在后二个分期间则与 CAPM 的预言相悖：1948 年至 1957 年，收益率与风险无关；1957 年至 1965 年，高风险意味着低收益率。1977 年罗尔(Roll) 的一篇经典论文具有重大意义。他指出，对 CAPM 的检验只能在原理上进行，线性关系仅说明被验证模型的数学性，对 CAPM 的有效性说明不了任何问题，若想证明投资者的真实行为模式与理论模式相符，是一件不可能的事情。特韦尔斯基( Tversky, 1990) 的研究表明，在盈利状态下作选择，大多数人是回避风险的。但如果在面临亏损或者不赌一把就必然受损时作选择，人们却会变成追求风险型。在以小博大的情况下人们尤其偏好风险，大西洋

① 冯玉梅．现代资本市场理论：发展，演变及其最新发展趋势．中国地质大学学报，2005(11)

城和拉斯维加斯的名望证实了这一点。更极端的例子是彩票抽奖。购买彩票的期望收益率应该是负的，否则发行人无利可图，抽奖是非理性投资者所为，但大收益的诱惑抵消了小亏损的风险，无数的彩民仍然乐此不疲。

还有研究显示，风险与收益与投资持有期有关，投资水平日期不一样，信息集合的重要性与最佳预期就有差异。另外，股市中的小公司效应、低市盈率效应等，都可以在不显著增加风险时给出超额收益率。风险与收益之间存在着非线性关系，认可投资者理性仍缺乏坚实的基础。

**(三) 关于收益率随机游动**

主流理论认为，由于价格反映了所有信息，价格变化只能来自没有预期到的信息。因此，今天价格收益率的变化与昨天无关，是相互独立的随机变量，当其观察值趋于无穷时的概率分布就变成正态分布，正态分布有稳定的均值和有限方差。批评者认为，有经验数据表明了明显地偏离随机游动现象。特纳(Turner,1990) 等学者使用 1928～1990 年 S &P500 指数的日收益率所作的易变性研究发现，股票市场的收益率分布是非正态的，有更高的峰部和更胖的尾部。彼得斯(Peters,1996) 编制的同期该指数的 5 天对数一阶差分频数分布图也显示了同样的结果。弗里德曼( Friemand,1989)等人指出，从季度的时间框架观察，1987 年 10 月 19 日的股市下跌，只是几次非常大的回升与下降中的一次。还有的实证研究不支持方差是稳定和有限的结论。因为，就时间稳定性来看，当收益率序列是随机的、正态分布时，方差具有随时间的平方根增加这一性质，但检验发现，标准差并不按此法则缩放。席勒(Shiller,1981) 重点分析了在一个理性市场框架中，价格变动的标准差究竟应该有多大。他指出，理性投资者对股票的估价基础应该是持有股票所能得到的期望股息。然而，价格的易变性实在太大，以致无法通过股息支付的变化来加以说明。恩格尔的 ARCH 模型也看到了易变性是以过去的水平为条件的：高易变性水平后面跟随更高的易变性，而低易变性水平后面跟随更低的易变性。如果市场收益率非正态分布，支持价格和收益率随机游动的独立性假设就有问题①。

# 第二节 发达国家的资本市场

## 一、美国的资本市场

美国资本市场是一个以证券市场为主的多层次市场，由四个部分组成，即股

① 韩旺红.资本市场理论:主流与新范式.社会经纬，2002(2)

票市场、债券市场、长期借贷市场和抵押市场。

股票市场也呈现多层次,是整个资本市场中最重要的市场。大部分大公司是上市股份公司,股票市场的变化往往反映了这些公司的经营业绩和人们对经济发展的看法。债券市场的规模远大于股票市场,是世界上最大的、最活跃的债券市场。2001 年,美国公司债的规模达到 14 万亿美元,超过了股票市场的总市值,且当年公司债的发行规模是股票发行规模的 16 倍。各种各样的投资者、商业银行、投资银行、货币市场基金、保险公司、个人投资者、外国中央银行,在国债市场上投资和对冲,国债收益率被广泛用作其他债券定价的基准,也反映市场参与者对经济和货币政策未来走向的预期。

虽然银行贷款在美国企业融资结构中占重要地位,银行业的发展仍不及证券业发展迅速。美国证券市场高度发达,法规完善、机制健全,企业能便捷的通过证券市场融资。相比之下,商业银行数量居多,但因为顾虑其手续繁琐及贷款期限短、融资规模小、利率高等缺陷,使得中长期投资资金的需求者对此类融资方式不愿问津。

抵押贷款在资本市场中占据最大的份额。抵押市场上的贷款有居民抵押贷款和非居民抵押贷款两种,其中,居民抵押贷款(主要是住房抵押)往往占 70～80%的份额,与此相适应,家庭成了抵押市场上最大的资金需求者,工业公司和农场次之。

以华尔街为代表的资本市场依托于实体经济迅速壮大,而实体经济的飞速发展同样也不可能离开资本市场,两者的良性互动缔造了美国全球经济霸主的地位。根据 2004 年美联储数据,资本市场中的股市市值达到 17.2 万亿美元,占美国 GDP (12 万亿美元) 的 143% ;债市市值达到 36.9 万亿美元,占到 GDP 308%,两者的总规模远远超过美国的实体经济。

美国资本市场的历史几乎从美国建国和纽约建市时就开始了,在经济崛起的过程中,不同的历史时期,资本市场承担了不同的历史使命。十九世纪上半叶,新生的资本市场立刻成为大规模运河和铁路建设的重要融资渠道,使得美国这个地域广阔、运输不便的新兴国家迅速整合成为一个一体化的经济实体;在决定命运的南北战争中,北方的联邦政府有效地利用了华尔街发行战争债券,从经济和财政上击垮了南方,奠定了胜利的基础;在十九世纪末期开始的重工业化浪潮中,华尔街为美国在钢铁和化工各个重工业迅速超越欧洲强国提供了源源不断的资金,其自身也在这个过程中扩大了规模和影响。第一次世界大战前后,纽约股票交易所一举成为世界上规模最大的交易所,纽约取代伦敦成为世界第一大金融中心。而同时,美国超越英国成为世界第一强国(1913 年,美国人均 GDP

首次超过英国)。三个事件发生在历史的同一瞬间,说明在美国宏观经济急速壮大的过程中,资本市场的作用功不可没[①]。

二次世界大战之后,美国、欧洲和日本都经历了战后经济恢复性高速增长,这是由于战争时代被严重抑制的民用需求得以释放,拉动了以初级消费为主的经济成长。但是,在经历了二三十年的粗犷式的发展之后,从70年代开始,这些西方发达国家都不约而同出现了停滞不前,很大程度上是因为初级消费进入了饱和期。时至今日,欧洲国家和日本至今未能走出低增长的困境,美国则依靠资本市场的推动成功地实现了经济转型,高科技浪潮帮助美国经济成功地实现了产业升级。过去的30年中,在世界范围内,几乎所有的高科技产业都从美国兴起,今天,仍然引导全球高科技产业的发展,而其他国家包括很多发达国家都只是在跟踪或模仿美国。

美国得以近几十年里在包括高科技产业等经济领域保持巨大的优势,是依靠一个以资本市场为核心的技术与资本相结合的强大机制。也就是说,与其说高科技产业是美国经济持续增长的原因,不如说高科技产业是美国资本市场有效运行的结果。

以硅谷和华尔街为代表,美国形成了以科技产业、风险投资和资本市场联动的一整套发现和筛选机制。1971年英特尔公司、1980年苹果公司、1986年微软和甲骨文公司上市,奠定了计算机行业在全世界的垄断地位;1990年思科公司和1996年朗讯公司的上市,推动了美国通讯行业迅猛的发展;1996年时代华纳公司、1996年雅虎公司、1997年亚马逊公司和2004年Google公司上市使得美国成为网络科技行业当仁不让的“超级弄潮儿”。这样的例子在半导体、生物制药等其他高科技行业中俯拾即是。在知识经济时代的今天,美国资本市场的优势发挥得淋漓尽致,资本市场将知识和经济紧密地结合起来,推动着科技的飞速发展,使美国在当今激烈的国际竞争中,在具有战略意义的科技领域里始终保持领先地位。

## 二、欧洲国家的资本市场

### (一)欧洲资本市场的萌芽

十四、十五世纪西班牙和葡萄牙的一系列航海大发现为欧洲国家带来了繁荣的海上贸易,同时,也使得欧洲资本市场从这里发源。

---

① 祁斌. 资本市场与大国博弈. 搜狐财经,2006-2-6

1602年，荷兰政府成立了联合东印度公司，是一个前所未有的经济组织，是第一个联合股份公司，为了融资，他们发行股票。在荷兰人创造出一种新的融资工具的同时，还创造了一种新的资本流转体制。1609年，世界历史上第一个股票交易所诞生在阿姆斯特丹。东印度公司的股东们可以随时通过股票交易所，将自己手中的股票变成现金，这便是欧洲资本市场的萌芽阶段。虽然是在四百多年前，但在阿姆斯特丹的股票交易所中，已经活跃着超过1 000名的股票经纪人。他们虽然还没有穿上红马甲，但是固定的交易席位已经出现了。

很快这里成为当时整个欧洲最活跃的资本市场，欧洲各国的投资者来进行股票交易，大量的股息收入从这个面积不超过1 000平方米的院子，流入荷兰国库和普通荷兰人的腰包，仅英国国债一项，荷兰每年就可获得超过2 500万荷兰盾的收入，价值相当于200吨白银。当大量的金银货币以空前的速度循环流通时，荷兰的经济血脉开始变得拥堵起来。荷兰人解决问题的探索就是建立银行，他们将银行、证券交易所、信用，以及有限责任公司有机地统一成一个相互贯通的金融和商业体系，由此，萌芽阶段的资本市场带来了爆炸式的财富增长。

第二次世界大战结束后，欧洲经济遭到了毁灭性的打击，私人银行贷款和证券投资受到相当程度的抑制。在战后废墟上崛起的布雷顿森林体系下，各国普遍对资本流动进行不同程度的控制，此时的欧洲市场是一个个孤立的市场，国别间资本的流动有很大的壁垒。但是，还是有一部分在严格控制下资本绕开管制在货币发行国境外流动，形成了欧洲资本市场的雏形①。

### （二）欧洲资本市场的整合

欧共体内部资本市场的整合，可以看作是从1960年欧共体首次颁布成员国开放本国金融市场为开端的。从20世纪60年代到80年代，这一阶段欧洲资本市场的整合主要以欧共体各成员国放松金融管制为主。20世纪60年代中期欧共体执委会已明确提出，成员国应拆除本国对资本跨国界移动的各种限制，以允许境外金融机构进入国内资本市场开展金融业务。这反映了在资本市场一体化进程的早期欧共体，为推进成员国银行业解除市场进入壁垒所做的积极努力。70年代后期，针对成员国银行跨国界设置分支机构活动的增加，1977年欧共体颁布《第一号银行令》，为成员国银行跨国界金融活动协调监管制订了基本原则。80年代初，欧共体银行咨询委员会在对成员国信贷机构境外经营活动所尝试的大量协调性管理基础上，进一步增强了金融机构间的资本流动关系和区域内信贷与银行机构经营活动的统一监管。

① 大国崛起.第二集.小国大业(荷兰)

这一阶段欧洲各国金融市场的整合尚处在初级阶段，各国只是放松管制，使得资本在各国资本市场的流动更加顺畅，并没有实质性的整合动作，各国的金融市场仍处于相互独立状态。但是，受20世纪70年代上半期布雷顿森林体系解体带来的国际金融市场动荡，以及世界性经济和金融危机对成员国国际收支产生的不利影响，相当部分成员国曾利用《罗马条约》中的“保护条款”而一度恢复对资本自由移动的限制，个别新成员国甚至因允许享受“过渡条款”而暂时保留本国对资本跨国流动的管制。因此，80年代中期，12个成员国中除西德、荷兰和英国已完全取消资本跨国界流动限制，以及比利时和卢森堡拆除了大部分资本移动壁垒以外，法国、意大利、丹麦、爱尔兰、西班牙、葡萄牙和希腊等多数成员国在银行跨国界设立分支机构、开展境外金融服务、跨国界金融竞争及银行信贷机构管理等诸多领域都保留了相当程度的资本流动限令和金融政策的独立性，整个区域内资本和金融市场仍呈现较为严重的分割性。

**(三)欧洲资本市场的深化发展**

20世纪80年代之后，随着在共同农业政策、共同财政政策及欧洲货币体系运行等宏观经济领域的政策协调不断加强，欧共体经济一体化的整体基础继续提升，各国对加快货币金融领域一体化，进而实现内部共同大市场目标和推进经济货币联盟进程的迫切性不断增强。与此同时，金融交易系统的发展也为不同证券市场的联合提供了技术支持。于是，从这时起，欧洲资本市场开始了一系列的尝试，试图建立一个泛欧洲的资本市场，以实现资本的无国界流动，同时抗衡强大的美国证券市场。

1985年，欧共体米兰首脑会议发表了《1985年欧共体委员会关于建立单一欧洲市场的白皮书》，明确提出要在1992年底前排除所有物质、技术和财政上的障碍，基本建成欧共体内部商品、资本、劳务和人员统一大市场的目标和一系列立法措施。在卢森堡12国首脑会议上，以此项白皮书为基础通过并签署了《欧洲单一法令》①。这项以修改和扩充《罗马条约》来促进欧共体内部市场一体化进程的纲领性文件，主要目的是通过对成员国间共同立法程序的调整，来切实加强经济货币联盟建设进程中所一贯强调的各国宏观经济政策的协调和统一以及法律上确保商品、资本、劳务和人员统一大市场的按时建成。因此，该法令在过去几十年里推动资本要素自由流动所做努力的基础上，为全面促进成员国真正建立广泛和深层面的资本无障碍流动，奠定了极为重要的法律基础。

在这项具有历史意义的统一大市场法令推动下，20世纪80年代后半期至

① 何敬中，宋德杜．论欧洲证券市场的一体化．德国研究，2003，1(18)

90年代初是欧共体最为集中地推进资本市场自由化和一体化进程的时期。所颁布的一系列促进资本跨国界流动的金融建议、提案和指令，要求金融市场开放步子较慢的成员国依照已颁布的相关指令继续解除外汇管制、拆除资本移动壁垒；同时根据各国经济和金融发展条件的实际差异，对成员国在90年代上半期跨入单一资本市场的时间表作出差别性安排；并针对成员国金融市场不同程度的隔离状况，力促区域内银行业和证券业市场的联接和整合。特别是1985年证券业指令、1988年欧盟投资银行条令和1988年欧共体第二号银行令提案的实施，对各国投资银行保证自由进入对方资本市场发行和承销债券和股票，以及成员国信贷和银行机构在单一经营许可证(a single banking license)条件下，向其他成员国提供广泛的包括存款、贷款、租赁、现金与票据支付、担保和承诺、外汇和证券交易、银行参股、货币经纪、证券管理与咨询、信用评级等公平竞争的跨国金融服务产生极大的推动。到1994年底所有成员国宣布已全面解除资本跨境流动限制。自此，区域内单一资本市场基本建成，欧盟资本市场一体化进程迈上一个历史性的新台阶[①]。

20世纪90年代末，欧洲资本市场开始的一系列整合活动，旨在建立单一的欧洲资本市场。在这一阶段初期，欧洲多个国家都提出自己的方案，但是由于各国利益不能平衡或技术原因，大多数计划多以失败告终。1998年7月，伦敦和法兰克福签订协议，决定创建以它们为核心的泛欧股票市场。协议的最终目的是设立共同平台，交易欧洲最大的300只蓝筹股。然而为了维护各自的利益，双方在许多问题上难以达成共识，导致合作计划搁浅。1998年11月巴黎又召集阿姆斯特丹、布鲁塞尔、马德里等8所欧洲交易所对此计划再度磋商。

20世纪90年代末欧洲中央银行体系的运作和欧元的如期启动，为欧元区资本市场和整个欧盟单一资本市场的深化发展提供新的动力。在信贷市场90年代中期以来欧盟成员国银行的加速购并继续引发大规模的泛欧银行体系重组，分割的、垄断性强的成员国信贷市场进一步为单一的、接近完全竞争市场的一体化资本市场所代替。同时，欧洲中央银行统一货币政策的实施以及共同货币使用和汇兑风险的消失，为欧元区资本跨国界完全自由移动扫清最后的障碍。尤其是货币区内金融资产统一定价、共同货币政策调控下短期利率趋同、以及中长期资本市场上证券投资收益率差别缩小，进一步稳定了单一资本市场的资金流动关系，减少货币区内外的投机性资本冲击，增强欧元信贷资金和证券投资的价格透明度，进一步缩小资本和金融市场的分割性，极大地扩展和增强了欧元区以及整个欧盟资本市场范围的资本联接关系。在单一资本市场的广度和深度的

① 严红波.试论欧盟资本市场一体化的进程与影响.经济评论，2003(3)

拓展方面，以欧元充当共同交易和投资货币角色的单一银行业市场和证券市场规模急剧扩大，欧盟金融资产的流动性大为增强，过去以成员国本币业务为基础的、分割的资本市场，进一步为联合的、巨大的、更具效率的资本市场所代替；同时，欧元区货币的统一和汇率风险的解除使银行信贷机构、证券承销机构和保险公司提供的抵押放款、外汇票据、消费者信贷、各类证券交易和商业保险等金融产品定价差别迅速缩小。1999年欧盟执委会颁布欧盟银行业批发市场、证券投资业和零售保险业市场一体化进程的金融服务一体化行动计划(financial services action plan)，促使欧盟银团贷款市场和欧盟债券市场发挥更强的整体资本市场功能，并使区域内资金交易和资本投融资市场深度得到新的延伸。在资本流动和交易的市场技术条件、市场惯例和风险协调监管等领域，欧洲中央银行积极推进成员国加快泛欧支付体系一体化进程，新建欧元资金划转系统和泛欧票据清算体系，提高了资金跨国界移动的支付效率，降低了系统交易成本和交易风险。同时，进一步改革和协调原先以本国资本市场为基础进行金融交易和投资的市场惯例，提高金融服务业市场的交易效率和投资透明度。特别是欧元区成员国证券市场连接步伐明显加快，继1999年3月法国、德国、荷兰等8家证券交易所建立股票联合交易平台(alliance of the eight european exchange)之后，今年初阿姆斯特丹、布鲁塞尔和巴黎三家证交所又在新签署的股票、债券和金融衍生品联合交易协议基础上建设欧洲大陆最大的联合交易所。证券市场的整合不仅极大地改变了成员国本国证券市场容量小、流动性弱的状况，而且不断缩小各国在证券发行和分销技术及交易惯例的差异，使区内各国证券市场朝着建立一个泛欧的、一体化的证券交易市场网络目标迈进。此外，欧盟委员会通过对单一金融服务业市场运行的指导，以及欧洲中央银行对成员国金融机构跨国界活动监管职能的行使，各国加强重视资本市场一体化进程中资本风险协调监管(risk capital account plan)，为提高货币和金融手段的流通效率，建立更为公平的金融竞争秩序，进一步促进欧盟资本市场一体化的深化和成熟发展提供必要条件[①]。

## 三、日本的资本市场

日本资本市场是三大市场中历史最短、竞争力强、潜力大的资本市场。1868年明治维新结束了日本长期闭关锁国的状态，开始发展资本主义的近现代工业化道路。当时日本引进了作为西方资本主义两大支柱的现代银行制度和股份公司制度，为资本市场的建立奠定了经济基础。1878年明治政府颁布了《股票交易所条例》，同年在东京和大阪先后成立了证券交易所，这标志着日本资本市场

① 严红波. 试论欧盟资本市场一体化的进程与影响. 经济评论，2003(3)

的正式成立。战前日本资本市场基础十分脆弱的,资本市场对日本资本主义经济发展的作用并不明显,只是由于日本特殊的政治经济机制使日本资本市场总处于为战争融资的位置,其次是财阀垄断抑制着资本市场的发展,再次是日本资本市场充斥着投机性色彩,这些因素均制约着日本资本市场的发展。

二战后,日本实行证券业和银行业分离的金融结构体制,以及实施投资引导(靠高投资刺激经济增长)、出口导向(向国外寻求产品市场)、人为低利率的经济政策,形成日本企业在战后的巨额投资需求。由于当时日本的证券市场极不发达,不利于企业进行直接融资,而银行能提供稳定、巨额的资金,并且人为制定的低利率政策,都促使企业依赖于银行信贷融资。直到20世纪70年代,银行融资占企业外部融资额80%以上。可以说银行信贷融资在战后日本经济复苏中起到了至关重要的作用,推动了二战后到70年代日本经济的高速发展①。

20世纪70年代之后,日本经济高速增长结束,企业经营战略逐渐改变,银行借款比例逐步下降,证券融资比重大幅度提高,到了20世纪80年代末,证券融资比重超过了银行融资。

目前,日本证券市场已经发展成为世界第二大证券市场,东京证券交易所发行新股筹资居世界第三位。在东京证交所上市的2 000多家上市公司,在日本200万家企业中只占0.1%,市价总值为GDP的83%。

日本证券市场的一大特色是金融机构发行的债券和股票占了相当比重,大银行、证券公司和保险公司都发行金融债券和股票。因为日本金融和产业紧密关联,大型产业集团都以大银行为中心的而组建。这些大银行是日本产业发展的纽带,发行金融债券筹集资金,又向企业提供长期产业资本,金融机构与企业之间的交叉持股,更让资本市场渗入到各个领域。

20世纪80年代的证券市场高速发展,为日本经济发展提供了大量资金。繁荣的证券市场又引发了过度投机行为,股价偏离国民经济实际增长,泡沫经济膨胀。进入90年代后,股价大幅下降,泡沫经济开始崩溃。从1991年开始,日经指数连续长时间下跌,十年跌幅累计达到70%。由于股市连续下跌,十多年来日本经济出现三次衰退,每次衰退都由股市引发并加剧②。

日本泡沫经济的崩溃不仅对股票市场,而且对实体经济、金融体系甚至国民经济都产生巨大影响。投资者对市场失去信心,新公司股票发行惨淡,企业很难筹集到资金。以法人为中心的持股结构,使得股票大幅下跌,下跌后企业蒙受巨额损失,进而引发财务危机。股票经纪市场功能的不完善以及泡沫经济的破灭,

---

① 霍学文.英、美、日资本市场效率比较研究.日本云南大学出版社,1997

② 陈燕.美国、日本资本市场功能分析.国别经济,2005(6)

所带来的不动产市场低迷相互作用，导致日本经济的长期萎靡不振，时至今日也未完全走出经济低谷。

## 第三节 发展中国家的资本市场

### 一、发展中国家建立资本市场的初衷

二战后，几乎所有的发展中国家都实行严格的资本管制，以限制国内居民持有外国资产，保证国内储蓄用于国内投资，减少或消除由短期投机性资本流动引起的国际收支危机或汇率波动。随着经济的发展和资本市场的孕育成长，20 世纪 60 年代中后期以来，不少发展中国家也放宽了对资本流动的限制，提高了货币的可兑换程度。发展中国家的资本市场也得到了一定程度的发展，直到 90 年代，发展中国家资本项目自由化进程才加快。开放资本项目所带来的大量外资缓解了发展中国家的资金约束，然而在实际的经济发展过程中，外资的作用并未达到最佳借款标准，发展中国家利用国际资金的进程被接二连三的金融危机打断。继 1994 年墨西哥的金融危机后，亚洲国家也发生了空前严重的金融危机，波及范围之广、持续时间之长、危机程度之深重足以使世界为之震动。在世界经济日益一体化的今天，国际资本流动正在对一国宏观经济的运行产生越来越大的影响，发展中国家发展资本市场为本国经济服务这个初衷，也应该从更多的方面予以分析。

20 世纪 70～80 年代以来，随着发展中国家经济的快速增长，国内普遍存在资金不足的现象，投资—储蓄缺口越来越大，成为经济发展的瓶颈。因此，各国纷纷实行对外开放政策，力图以国际资本来弥补国内资金缺口。同时，发展中国家较高的投资收益率也是吸引外资的重要砝码。发达国家流入发展中国家的资本在技术水平和管理经验上一般会存在明显的优势，发展中国家的外资企业会利用这种优势获取更多的市场分额以攫取超额利润。上述原因导致了资本向发展中国家的大量倾斜，特别是在各国为吸引外资纷纷降低引资标准的竞争性环境之下，这一倾斜趋势愈加明显。

据国际清算银行的报告显示，发展中国家的借款余额从 1983 年的 4 374 亿美元增加到 1990 年的 4 944 亿美元，这一数据在 1994 年为 6 379 亿美元，前七年的平均增长率为 1.8%，后四年的平均增长率为 6.6%。表明了发展中国家引入外资的数量加大，增长势头越来越猛。1990～1995 年发展中国家平均每年引进外国直接投资 646 亿美元，占全球年平均直接投资总额的 32.5%。国际直接投资开始明显的向发展中国家倾斜，说明发展中国家存在较高的资本收益率，也表明了外资对发展中国家的经济影响越来越大。大量资本流入发展中国家，这

些国家也从最初的盲目引进变成了有条件的选择:既要合理、健康的使用外资服务于经济发展,又要最大限度的避免外资带来的风险。

事实上,有效吸引和利用国际资本是一项非常棘手的政策难题。一方面面临经济发展和资本稀缺的矛盾,另一方面对国际资本流动的冲击和破坏性心存余悸。新兴市场危机尤其是亚洲金融危机的惨痛经历,使得资本流动这把"双刃剑"的两面性显露无遗。如果配置和管理得当,国际资本流入有利于弥补国内资金缺口,增加社会财富。如果管理失控,将对经济金融乃至社会稳定带来灾难性后果。作为资本输入国,发展中国家政府在如何甄别资本风险,以及如何构造基础设施吸引国际资本流入等方面仍有许多工作要做。

## 二、亚洲国家的资本市场透视

20 世纪 70 年代开始,亚洲资本市场发展的最大特征,是各国先后放松了对于资本项目的管制。1970 年,印度尼西亚先行实现了资本账户的可兑换,成为最早实现资本项目自由化的发展中国家之一。1981 年韩国实施资本市场国际化计划,次年中国台湾省也开始实施证券市场国际化计划。在 80 年代的债务危机中,亚洲国家中对资本项目的限制没有增加。90 年代,亚洲特别是东南亚国家加快了资本市场国际化的进程,以泰国最为明显。1990 年泰国接受国际货币基金组织第 8 条款,实现了经常项目下的货币自由兑换。1994 年 1 月,泰国完全放开了对资本项目的控制。

东南亚国家对早期资本流动管制的放松是谨慎的,这一时期对国际资本"奖入限出"倾向是各国共同特征,这一政策倾向也为东南亚各国带来巨额的国际投资。其中,外国直接投资爆发式的增长是印度尼西亚、泰国和马来西亚在 80 年代后期的共同经历,致使这些国家向需要外资的出口导向工业化的转变。1985 年广场协议导致了日元急剧升值,日元高市值促使日本对外投资的增长。东盟五国是海外投资受益者(菲律宾受益较小)。在 80 年代后期,当亚洲新兴工业经济体成为净资本出口国时,印度尼西亚、泰国和马来西亚的外国直接投资得到了第二次推动。在印度尼西亚,从 1986 年到 1990 年期间外国直接投资的实际净流入额增加了 5 倍以上(从 2.58 亿美元增加到 13.59 亿美元),外国直接投资占国内投资总额的比率相应地从 1986 年的 1.46 提高到 1990 年的 3.74。泰国直接投资净流入增加比印度尼西亚更显著。马来西亚在吸引外国直接投资方面取得了长足的进展,外国直接投资实际净流入额增加了近 6 倍。随着这些国家外国直接投资的急速发展,外国直接投资占国内投资总额的比率急剧上升。

国际资本的大量涌入给东南亚国家的经济发展注入了新鲜血液,但同时也给这些国家带来了种种风险,造成了这些国家金融市场的动荡。以泰国为例,泰国在5年之内(1990～1994年)基本完成了资本帐户的开放,并从1989到1995年每年流入的外资数额约占GDP的9%～13%。这些外资弥补了泰国政策的外债,也掩盖了经常项目赤字的问题,在这期间,泰国经常项目的赤字达到了GDP的8%。随着外资的大量流入,货币发行量不断增加,通货膨胀持续。同时,随着政策的放松,国内利率高于国际利率,大量短期外资流入,1995年,短期资本占到了外资总流入量的60%,给经济带来了极大的不稳定性。同时,大量的外资在泰国并没有投入到实物生产部门,更多流向股票市场和房地产市场,使得这些市场充斥着大量的泡沫。通货膨胀的继续,使得利率和实际汇率维持在较高水平,极大的打击了出口部门,导致经常项目继续恶化,严重威胁到金融体系的安全。1996年以后,泰国经常项目赤字、高利率和高通货膨胀率的整体经济环境,极容易受到外部的攻击。以至于在受到短期流动资本的攻击时,金融体系很快就陷入了瘫痪状态,泰铢贬值,并且迅速延续到周边的国家和地区,使金融危机的范围扩大到了整个东南亚地区。

韩国在发展本国资本市场时具有稳扎稳打、循序渐进的特点。虽然在发展中国家的地位遭到质疑(很多西方发达国家认为韩国属发达国家),但其发展资本市场的手段和步骤无疑可供借鉴。从1992年起,证券市场已直接对外资开放,政府在推进资本市场开放的过程中,十分注意防范国际资本涌入带来的不良影响,限制外国投资者持有韩国企业上市股票的份额,限定外资只准购买已上市的股票,规定外国投资者(包括个人和机构)的持股份额上限,对于关键部门则给予特别保护。与此同时,政府对于国内机构投资者购买外国证券,也有一定的限制。资本市场开放最大的特点是计划性,每一步推进都拟定了详细的计划。也注意到了与国内的经济发展相适应。如在资本市场国际化计划执行不久后,由于1985年后韩国经常账户的状况明显改善,尤其是1987年、1988年出现了巨额顺差,盈余分别达到100亿美元和140亿美元,并由此引起韩国货币供应量增长过速。因此,韩国政府决定放慢证券市场国际化计划的进程。当局规定,外国投资者除了可购买由韩国四家大公司发行的可转换债券外,不得在证券市场上从事任何直接的股票投资。发展资本市场有较高的稳妥性,有效降低了国际资本的冲击,对于经济健康、平稳发展是有利的。

在东南亚金融危机中,不同经济体有其不同的特定成因。泰国、马来西亚和印度尼西亚都经历了资本市场中外国证券投资的巨大冲击,同时伴有国际对冲基金的“攻击”。香港是世界上最自由的金融市场之一,但是当时证券和房地产市场过分膨胀,以及联系汇率制度下的货币高估等内部问题出现时,失衡也就产生了。亚洲这些新兴市场经济的脆弱性还反映在,当泡沫破灭时,国际金融市场中不同的参与者之间的损失程度不同。国际投资银行和对冲基金能够迅速逃离,或者因国际货币基金组织的“拯救方案”使其贷款得到支付,从而得到解救。甚至其中一些银行和对冲基金能够在市场下跌中盈利,它们能准确地预测到,通过攻击有问题的经济并且将资金抽走。而它们居然将这些攻击称作是对“揭露问题”的贡献。由此可以看出,隐藏在发展中国家开放的金融市场中的问题,虽然在经济高速发展时,似乎发达国家和发展中国家实现了所谓的“双赢”,但一旦市场出现危机时,发达国家通过完善的制度和良好的管理最终将大部分损失加在了发展中国家身上,加重了本来就不负重荷的金融市场的负担。就这次金融危机来说,东南亚国家的经济遭受了巨大的打击,各国货币竞相贬值。中国大陆在 1997 年并没有开放资本市场,但是为了地区经济与政治稳定,作出了人民币不贬值的承诺。

当然,东南亚金融危机的成因并不能简单归结于资本市场的开放,这些国家自身经济结构存在不合理性,而且政府监管力度不够。这就启示我们,在开放资本市场的同时也要加强金融监管,保障金融安全。要健全法律、法规。从发展趋势看,各国政府越来越注重用法律手段来监管金融,防范金融风险,保障金融安全。加强对资本市场的监管,包括加强对透支的监管、建立健全证券的清算和托管系统、强化对证券交易所会员公司的资本要求、健全证券市场、证券委托交易自由化等。加强对资本流出入以及外资流出入的管理控制,特别要注意加强股票市场的透明度。

## 三、南美国家的资本市场剖析

南美国家发展资本市场有一个共同特点,就是政府职能的主导化。经济结构的演变和经济发展的过程由政府推动,特别是在市场化初期,政府的作用表现出替代市场功能的倾向。市场主体受政府政策的影响很大,这种影响不是互动的,因为市场主体要么是政府直接设立的机构,要么是国家通过制定政策来影响的私人主体。这一特点在巴西资本市场的发育过程中表现得十分明显。

巴西最早的证券交易所是里约热内卢证券交易所和圣保罗证券交易所,分别成立于 1845 年和 1890 年。1986 年,巴西政府批准建立外资投资基金和证券组合投资基金,由此,外资大规模进入巴西资本市场,巴西资本市场特别是证券市场进入了一个新阶段。1987 年后,巴西颁布法规给予外国投资者免于缴纳资本利得税的优惠。巴西本国居民的对外证券投资从 1983 年 10 月就没有限制,1990 年 3 月巴西实现货币自由兑换,本国居民可以自由买卖外国股票。在开放资本市场前,政府实行进口替代的发展战略,试图以此加快本国工业化进程,培植民族资本发展的基础。这一过程是靠金融当局的货币投放来实现的,因而不可避免的导致了通货膨胀率的快速上升。巴西资本市场的开放更加剧了人们对于通货膨胀的预期，使国内利率处于非常高的水平，国内利率与国际利率的巨大差异变成了外资流入的决定因素。1992 年，巴西取消了对汇往国外的利润和红利征收的额外所得税，使资本流动进一步自由化。另外，外国投资者可以投资于衍生金融市场，使外资的投资选择进一步增加。在这种情况下，巴西在 1993～1999 年间又实施了一系列管制资本流入、放松资本流出的政策。巴西的资本管制政策虽然没有减少资本的流入规模，同时，资本流入的结果是中央银行的外汇储备急剧增加，但对巴西渡过金融危机和动荡发挥了稳定的作用。从 1993 年开始，巴西实行资本管制政策并维持较高的国内外利率差，这为“雷亚儿计划”实施赢得了时间。外汇的增加也是政府能够继续维持汇率稳定的主要因素。特别是在墨西哥、亚洲和俄罗斯金融危机以及 1999 年初巴西的金融动荡中，较高的外汇储备起到了稳定的作用。另外，尽管资本管制政策没有产生理想效果，但对于限制资本流入也起到了一定的作用。由此可以看出，资本市场的开放并不等同于资本完全自由流动，政府应当根据经济环境调整措施，保持国内资本市场的稳定，促进经济发展。

2001 年 7 月，由于阿根廷经济持续衰退，税收下降，政府财政赤字居高不下，面临丧失对外支付能力的危险，酝酿已久的债务危机终于一触即发，短短一个星期内证券市场连续大幅下挫，国内商业银行纷纷抬高贷款利率，甚至达到 250%～350%。8 月份阿外汇储备与银行存款开始严重下降，外汇储备由年初的 300 亿美元下降到不足 200 亿美元。危机爆发后短短几个星期内，居民已从银行提走了大约 80 亿美元的存款，占私人存款的 11%。12 月，实施限制取款和外汇出境的紧急措施，金融和商业市场基本处于停顿状态，进一步削减了公共支出。同时，政府与 IMF 有关 12 亿美元贷款的谈判陷入僵局，有关阿陷入债务支付困境和货币贬值的谣言四起，银行存款继续流失。此后，阿终于宣布放弃了比索与美元 1∶1 挂钩的货币汇率制，阿比索贬值 40%，引发了阿周边国家的连锁反应，巴拉圭和乌拉圭等国也相继对本国货币宣布贬值，以减轻阿根廷出口产品在国际贸易市场上的冲击。

阿根廷债务危机的原因在于过分依赖国际债务市场，所以，国内一旦出现偿付困难，投资者对该国的投资信心立即下降，阿根廷在国际市场上就不能吸收足够的资本，必然影响本国经济的发展。同时，经济低靡导致税收下降，反过来影响政府债务偿付，在恶性循环中走向债务危机，造成国内经济和政治的动荡不安。

国际经验和教训启示我们，资本市场的开放应该循序渐进，进行多渠道融资，对于债务融资要把握期限，注重控制长期债务和短期债务的合理比例，避免债务到期日的过度集中导致偿债能力不足。

## 四、中国资本市场的发展路径

中国资本市场从无到有，基本上是以政府为主导发展起来的。因此，在其发展环境与资金供给方面，都受到政府宏观调控的较大影响。1991年，随着沪、深两个证券交易所的成立，资本市场由分散交易进入集中。证券交易所的成立，是中国资本市场正式形成的标志，是资本市场发展的转折点。不仅市场容量有了很大提高，市场规划的建设、市场体系的完善以及与国际惯例的接轨等都取得了较快进步。1991年底，人民币B股的发行，开辟了吸引外资的资本市场。截至2007年8月底，中国境内上市公司总数达到1 400多家，证券公司133家，其中，具有股票主承销资格的公司77家，获得受托投资管理业务资格的公司有70家，获得网上委托业务资格的公司有98家，获得证券咨询资格的证券公司有89家。

1992年，中国建立了专门针对外国投资者的B股市场。建立B股市场以来，B股公司新发和再融资，为国家吸收了大量的外资，2001年2月19日前，B股是向境外人士发行的人民币特种股票，以美元或港元计价和交易，交易所在境内，投资者为境外人士。B股市场定位比较模糊，设立的初衷是解决国内企业的外汇需求，在人民币不能自由兑换的前提下，既从国外筹集了资金，又避免外资对处于起步阶段的国内证券市场造成冲击。1991年，上海、深圳两地选择了上海电真空、深圳南坡等12家企业进行发行B股的试点，上市公司结构趋于多元化。B股市场使国际投资者日益关注中国证券市场的发展，许多国际著名的投资银行介入B股的承销与经纪业务。

虽然中国的资本市场取得了长足的发展，但存在的矛盾也不容忽视。中国的资本市场规模小，发育程度低，固定收益类债券所占的比重较低，市场化程度低，受到行政部门的制约。资本市场的运行难以脱离行政管理体制。

在认识到开放资本市场对中国经济发展具有重大意义的同时，也应考虑到作为国民经济的“中枢神经”的金融业，对外开放将使经济面临着巨大的风险。一旦银行业、证券业、保险业、信托业为外国资本所控制，政府部门和货币当局就会丧失对金融的监管与控制能力，使财政和货币政策的实施受到干扰，从而难以调节宏观经济的运行。当大量资本流入时，资本项目出现的巨额顺差会造成对进口产品的过度需求，使经常项目赤字高居不下。外汇储备的增加令基础货币投放量增大，货币供给过多，推动通货膨胀。当大量资本流出时，国内货币市场猛然紧缩，货币供应剧烈减少，可能导致金融动荡经济衰退。这两种极端情况说明了外资的流入和流出，使货币政策的自主性受到了很大影响。作为一个发展中国家，对于财政政策、金融政策、产业政策等宏观调控手段的使用尚未得心应手，决策机构面临着严峻的考验。同时，对于尚处在发展和培育中的市场体系，市场本身的诸多不安定因素和不完善，会加剧金融体系的不稳定。

## 第四节 资本市场的国际化步伐

### 一、资本市场国际化的动因

在资本及资本市场国际化的问题上，马克思和列宁早有论述①。马克思根据资本追求利润的本性以及资本主义生产方式的内在必然性，说明了资本国际化的动因。列宁从19世纪末20世纪初垄断资本主义即帝国主义发展阶段的特点，进一步说明了大规模资本输出的必然性。

国外学者从重商主义到当代，都有关于资本市场定价、资本市场一体化的论述。重商主义联系货币差额或贸易差额；古典学派在金本位制下，结合国际收支说明黄金流动原因；马歇尔分析了贸易及国际收支差额的原因；维克塞尔分析了国际收支完整的概念；俄林分析了汇率决定及国际收支的影响因素，及资本流动引起的购买力转移问题；金德伯格分析了短期国际资本的概念；勒纳研究了利率提高能否制止黄金外流；米德把国际收支平衡理论从贸易或经常项目平衡的传统认识扩大到国际资本运动的总平衡，分析了影响国际资本流动的七个因素，特别是财政货币政策的作用；缪尔达尔应用“二元结构理论”分析国际资本流动；马柯洛普提出了国际投资乘数理论；纳克斯研究了不发达国家的资本形成与外债清偿能力；凯恩斯和阿利布尔提出并发展了利率平价理论，包括抵补与非抵补的利率平价理论，建立了资本流动与利率之间的关系模型。这个时期的资本流动均局限于银行信贷与直接投资方面。海外直接投资理论、金融引导理论、金融深化论均提出了金融国际化、金融自由化的观点。

在经历了拉美国家的债务危机后，许多新兴市场国家转向了股票市场开放，而亚洲金融危机又引起了人们对股票市场激进开放的质疑。从此，资本市场特别是股票市场的一体化和自由化对经济的影响引起了极大的争论②，支持观点多从宏观方面寻找证据，而宏观的证据往往不具说服力；所以又从微观方面寻找证据，如资本控制造成资本外逃，小企业融资成本提高，与政治有关系的大企业利润提高，等等。众多学者们从信息与数字化社会对金融影响，从资本市场一体化的国家效应与产业效应，从外国资产组合投资对经济发展影响，从新兴市场国家的投机者的积极作用及与发达国家的近似的易变性，从税收合作与时间不一致性，从资本市场一体化对福利的不利影响等，提出了资本市场一体化的有关理

---

① 马克思．马克思恩格斯全集.第2卷

② 张秀生.中国资本市场的国际化问题.金融研究，2001

论。反对观点从国际短期资本的投机和金融危机的国际传导，国际政治经济的霸权主义等方面来阐述资本市场国际化的危害。中庸一点讲，发达国家对资本市场自由化有较高的要求，但又需要结合新兴市场国家的发展实践；对于中国而言，需要坚持公有制为主体，又要实现公有制多样化，以充分利用资本市场国际化。

## 二、资本市场的国际化趋势

资本市场的国际化不单纯是资本市场的完全开放，更重要的是资本市场的游戏规则、交易体制、会计制度要与国际惯例接轨[①]。按照 Gultekin(1989)的定义，若具有相同报酬与风险特征的证券等资本市场工具，在不同国家中具有相同价格时，这些市场即具有国际化之特征。因此，资本市场国际化的核心，在于以证券形式为媒介的资本能够在国际上自由流动，任何市场参与者都能够在他国发行或交易，享有与当地本国参与者相同待遇，相关的交易成本和法规障碍也应排除至最低。从这一意义上看，资本市场国际化的过程也即市场参与者、金融产品，以及市场规则逐步国际化的过程。

### (一)资本市场各参与主体趋于国际化

随着资本市场的开放和国际化，国内外资本市场日益密切，国内企业和中介机构介入国际资本市场的程度，及国内资本市场对外国投资者和中介机构放开的程度都大幅提升。当代资本市场国际化发展的重要趋势，主要表现在四个方面：外国上市公司在本国交易所中占据越来越重要位置；跨国证券交易量大幅度增长；证券公司经营全球化；交易所走向合并联盟。

### (二)金融创新是资本市场国际化的重要推动力量

金融创新，特别是金融衍生品的不断涌现，可使投资者有效地规避证券市场潜在的风险，直接推动了国际资本的大规模流动和证券市场的国际化。反过来，资本市场的国际化发展也直接促进了金融产品的极大丰富。20 世纪 70 年代以来，金融期货、金融期权等金融衍产品大量涌现，面对投资者及其投资范围的全球化，金融产品及金融工具创新呈现出国际化特征，货币掉期、利率掉期、票据发行及期权交易等金融创新，都是资本市场逐步国际化的产物。金融交易品种多样化与资本市场国际化相辅相成、密不可分。

### (三)资本市场的各项制度与国际惯例接轨

资本市场的国际化不单纯是市场的开放，更重要的是游戏规则、交易体制、

① 刘慧敏.我国资本市场国际化的战略选择.证券市场导报，2004

会计制度与国际惯例接轨。因而，遵循全球统一的技术标准和制度规则是资本市场国际化的重要标志。根据WTO金融与服务贸易协定，发展中国家开放证券市场只能遵循固定的规则；在证券上市和投资者保护方面，各国证券监管部门都趋于协同，跟随证监会国际组织的监管原则和框架内容，使得各国证券监管内容与基本制度国际化；国际会计准则成为各国证券市场普遍采用的核算方法，上市公司也必须遵循公司治理的核心原则；除此之外，国际货币基金组织的规划和巴塞尔协议的商业银行监管原则，把全球的金融体系都纳入了一整套国际化框架之中。

## 三、资本市场国际化对世界经济发展的影响

资本市场国际化的作用，在发达国家和发展中国家表现不同。发达国家的资本市场国际化，更多地表现在利益的驱动和资本市场自身功能的改善和效率的提高。对于发展中国家来说，则更多地表现在有效地利用外资，促进经济发展和现代企业制度的建立，加快经济改革的步伐，并促进资本市场的规范化发展。但无论如何，资本市场国际化最终将促进世界经济的发展。

爱德华·肖重视金融系统的中介作用①，强调以提高金融相关率，即金融资产额占国民收入份额来实现金融的增长；通过强化金融沟通储蓄与投资的中介功能来提高融资效率，并以金融发展带动经济增长。表明了资本市场的作用，即强化了金融中介的作用。资本市场国际化在促进资本市场自身的功能与效率方面的作用越来越大，换言之，资本市场国际化有利于提高金融深化。

在现代经济中，资本市场对经济的贡献体现在三方面②：一是促进要素投入量的提高。资本市场发展使可能的储蓄转化为实际储蓄，在一定时期内提高了储蓄率；同时，资本市场的发展还使储蓄最大限度地转化为投资。二是促进劳动生产率的提高。资本市场的发展促进了资金的合理流动和资源配置优化，对提高经济增长率做出贡献。三是金融业产值增长对经济发展有直接贡献。随着经济发展，金融业产值在GNP中的比重在不断上升。目前在发达国家，该项比重已占GNP的15%～20%。资本市场的发展通过上述三个方面的作用，使其在经济增长中的贡献达到五分之一。

在开放经济条件下经济的快速发展中，资本市场乃至国际资本市场在强化储蓄转化为投资、促进资本的合理流动和最优配置，以及扩大金融业在国民经济

① 爱德华·肖．经济发展中的金融深化．中国人民人学出版社，1999

② 王光谦．经济发展中金融的贡献与效率．中国人民大学出版社，1997

中的比重方面将发挥更重要的作用,在金融深化中的作用越来越大,对资本的合理流动和最优配置以及扩大金融业在国民经济中的比重方面将发挥更重要作用。

资本市场国际化固然会对世界经济产生积极的效应,但我们也必须充分认识到,资本市场的国际化也是一个充满风险的过程,其负面效应也伴随着积极效应渐渐地显现出来。

纵观 20 世纪 90 年代以来频频发生的金融危机,大致是由三个方面原因引起:泡沫经济、外汇波动和金融衍生品投资①。这三种金融风险无一例外都与日益活跃的资本市场国际化密不可分。虽然不能全部据此加以解释,但至少部分地可以说明和印证。国际游资的大量涌人,由于其短期性、流动性、盲目性、分散性、隐蔽性、投机性的特征,会给一国的资本市场乃至整个经济体系带来不稳定的因素。一体化的资本市场会将他国资本市场的波动和危机传染,使市场中的资产价格背离基础因素决定的基本价格,形成“泡沫经济”。一体化的资本市场还有可能使一国经济深受国际经济周期性波动的影响,经济运行的不稳定性增强,可能削弱国家经济决策权和宏观调控权②。

## 四、资本市场监管的国际化合作

证券市场的国际化已成为国际资本市场发展的趋势,证券发行与交易的国际化,不可避免地引发了关于投资主体的证券投资行为及跨国证券发行与交易行为的法律适用问题。在法律冲突中,当证券市场上出现违规、违法行为时,传统域外取证方法存在的诸多缺陷,极大地阻碍了国际监管合作的顺利进行。

世界上许多国家制定了严密的银行保密法( secrecy laws),要求金融机构严守秘密,不得向第三者披露业务资料和有关客户的任何信息,包括其银行账户及其交易情况。在网络全球化和证券市场全球一体化的时代,证券商普遍在互联网上推介各种投资计划、招股计划,许多投资者往往因此上当受骗。因此,国际监管合作机制的建立与加强就显得十分重要。

随着证券市场国际一体化的日益加深,现代科学技术的普遍运用,国际贸易中政治壁垒的消除,证券市场的发展愈趋全球性③。但是,证券市场的国际化的发展,在方便国际证券交易和分散投资风险的同时,也为各种跨国证券违

① 吴鑫.资本市场国际化.山东人民出版社,1998.9

② 王秀珍.国际金融自由化与中国资本市场的发展取向.集美大学学报,2000

③ 丘永红.证券跨国发行与交易中的法律问题研究.法学论丛,2000

法犯罪活动和过度投机行为的产生创造了新的机会。因此，在国际化的同时加强金融监管，以遏止和抑制证券违法犯罪活动和过度投机行为，已成为摆在世界各国面前的一项紧迫任务。

# 第七章　货币市场:运行机制与国际环视

## 第一节　货币市场的理论足迹

### 一、货币市场的理论基础

货币市场的主要理论包括真实票据理论、货币市场均衡理论、流动性资产组合理论和金融市场创新理论。

#### (一)真实票据理论

真实票据理论产生于16世纪,代表人物是苏格兰的货币市场理论家约翰·劳。真实票据理论的主要观点是,票据的签发必须以真实的事物交易为基础,这样票据才具有广泛的可接受性。亚当·斯密在《国富论》中,对真实票据理论如此描述:“假设银行给商人贴现的乃是有真实债权人向真实债务人开发而到期时后者会立即兑付的汇票,那么,银行垫付的就只是这部分的价值,即商人以现钱形式保留着以备不时之需的这部分价值。这种汇票一到期就会兑付,所以,银行垫付出去的价值及其利息也一定可以取回。要是银行只和这类顾客来往,银行的金柜,就像一个水池,虽有水不断流出,也有水不断流入,出入数量相等。因此,积水常常一样充满,或几乎一样充满,无须时刻留神。”

真实票据理论是论证商业票据安全性的一个重要依据,成为商业票据交易的理论基础。以真实交易为基础而形成的票据市场,具有较强的安全性,这类票据在承兑、贴现、转让过程中有着广泛的可接受性。在现代金融市场中,以抵押、质押和担保方式签发的票据或发行的债券,实质上都是以真实票据理论为基础发展起来的。但是真实票据理论没有包括除了现金交易和短期赊欠交易以外的其他金融业务,不能满足现代商品经济中对资金的需求。

#### (二)货币市场均衡论

货币市场是一个以货币供给和货币需求为内容的市场,利率是由货币供求决定的。经济活动会向均衡水平趋近，但没有理由认为这种均衡的产出水平就是充分就业的产出水平。如果失业率过高，政府决策者可能希望通过增加总产出来减少失业。在凯恩斯主义的货币模型中，货币市场是决定产品市场和劳动力市场均衡的关键，货币市场的一般均衡通过利率来调节的。所以，对货币短期供求变化的预期，可以成为宏观经济政策制定和调控的基础。因为，当货币供应量增加时，货币存量增加，对债券的需求会增加，实业部门会得到更多的投资，就业增加，产出增加，商品市场的价格也随之发生变动；当货币供应量减少时，变化相反。

### (三)流动性资产组合论

资产组合理论认为，一项资产的需求量通常和社会财富正相关，奢侈品需求受财富的影响比必需品更为强烈；一项资产的需求量与该资产相对于替代性资产的预期回报率正相关；一项资产的需求量与该资产相对于替代性资产的流动性正相关。

根据流动性偏好理论，对现金货币的需求取决于收入和利率。在以下两种情况下，现金货币需求与收入正相关。第一，收入的增加使经济活动的交易水平上升。由于通常是用货币来完成这些交易，所以货币需求增加。第二，收入的增加提高了现金货币的需求。因为这增加了个人持有的财富数量，使人们愿意持有包括现金货币在内的更多资产。持有现金货币的机会成本是没有持有其他资产(如债券)而损失的利息，利率上升，则持有现金货币的机会成本上升，从而对货币的需求下降。

阿罗认为，在所有的公司财务中，各项资产都应该为公司带来收益。公司对各种金融资产要选择某种组合形式，力求达到流动性、安全性和盈利性的合理配置。托宾也认为，各个经济主体都会根据经济形势及其客观情况的变化不断地对其资产价格水平进行调整，事实上，资产结构主要取决于当期各种资产的利率结构、收益率水平、价格水平和预期因素①。货币市场就是流动性金融资产的组合场所，通过政府短期债券、银行存单、商业票据的买卖以及货币互换、短期资金借贷等方式，为金融机构、工商企业、政府和家庭提供投资条件。

### (四)金融市场创新论

自熊彼特(Joserph Alois Schumpeter)于 1912 年提出“创新”一词至今，创新理论便不断发展完善并被应用于实践。20 世纪 60 年代以来，西方国家掀起

---

① Tobin, James. Monetary Policies and the Economy: The Transmission Mechanism. Southern Journal, 1978(1): 421～431

了一场金融创新的热潮,金融工具、金融业务、金融管理、金融体制不断创新,金融创新理论也随之不断发展。

西尔柏(W. L. Silber)的约束诱导性金融创新理论,主要是从供给角度来探索金融创新,提出金融创新是微观金融组织为了寻求最大的利润,减轻外部对其产生的金融压制而采取的"自卫"行为。凯恩(E. J. kane)的规避性金融创新理论认为,金融创新是回避各种金融控制和管理的行为,即当外在市场力量和市场机制与机构内在要求相结合时,回避各种金融控制和规章制度时就产生了金融创新行为。以戴维斯(S. Davies)、塞拉(R. Sylla)和诺斯(North)等为代表的制度学派的金融创新理论,认为金融创新是一种与经济制度互为影响、互为因果关系的制度改革,金融体系的任何因制度改革的变动,都可以视为金融创新。希克斯(J. R. Hicks)和尼汉斯(J. Niehans)的金融创新理论认为"金融创新的支配因素是降低交易成本"。

此外,财富增长创新理论的代表人物格林(B. Green)和海伍德(J. Haywood)认为,财富的增长是决定对金融资产和金融创新需求的主要因素。以格利和肖为代表认为,金融中介是经济增长过程必不可少的部分,金融创新是盈余或赤字企业的需求与金融部门提供的服务相匹配的结果。

## 二、货币市场的演进

由于历史、文化、经济体制以及经济发展进程的差异,各个国家和地区货币市场的形成与发展历程不同。随着世界经济全球化程度的不断加深,货币市场的广度和深度得到了更大的发展。

### (一)以英美为代表的传统货币市场

最早的现代典型的货币市场是英国19世纪初出现的贴现市场,主要是在商业信用的基础上利用银行信用对票据进行贴现。从19世纪初到20世纪50年代中期长达150多年的时间里,英国货币市场只有贴现市场。到19世纪末,英国贴现市场开始流通财政部发行的国库券和短期债券,直到20世纪60年代以前,贴现市场一直是英国货币市场的中心。

商业票据也是所有货币市场工具中最古老的交易工具之一,最早出现于19世纪末的美国。货币市场投资基金使投资者能够获得比银行存款高的收益率,并且实力雄厚的非银行机构可以通过向货币市场出售商业票据,筹集到比银行借款更便宜的资金,这些都促进了商业票据市场的蓬勃发展。如表7-1所示[①]。

表 7-1 全球国内货币市场金融工具 单位:10 亿美元

| | 1994 | 1996 | 1998 | 1999 | 2000 | 2001 |
|---|---|---|---|---|---|---|
| 商业票据 | 857.6 | 1 072.7 | 1 473.3 | 1 733.3 | 2 089.4 | 1 938.2 |
| 短期国库券 | 1 993.2 | 1 965.4 | 1 826.2 | 1 982.8 | 1 888.2 | 1 901.0 |
| 其他短期票据 | 1 385.7 | 1 610.6 | 1 860.1 | 2 004.2 | 1 930.8 | 1 949.6 |
| 总计 | 4 236.5 | 4 648.7 | 5 159.6 | 5 719.6 | 5 908.5 | 5 788.8 |

### (二)新兴货币市场的发展

20 世纪 30 年代,货币市场的繁荣景象受到经济危机的沉重打击。第二次世界大战期间,由于美国在战争中处于特殊地位,再次刺激了货币市场,特别是国家债券和国库券市场的发展与繁荣。美国政府开始大规模发行国债,国债的期限和利率结构趋向多元化,为国库券市场的发展创造了良好的环境。财政部是货币市场上短期金融债券最主要的发行者,发行的短期国库券,在短期债券市场占据主要地位,占美国各类短期债务额的 80%[②]。

20 世纪 20 年代,出现了一个新的货币交易工具市场——联邦基金市场。联邦基金市场与美联储政策密切相关,美联储将短期内多余储备金投向联邦基金市场,既简单又无风险,并且可以在很短的时间内从该市场筹集资金以应对紧急情况,对银行储备金的日常管理十分重要[③]。

与美国联邦基金市场功能相同的银行同业拆借市场在 20 世纪初到 20 世纪 50 年代之间,相继在日本、英国、德国等国家出现。银行同业市场的利率成为所有新兴货币市场最重要的指示器,其中,伦敦银行同业拆放利率(LIBOR)最为重要,已成为国际金融市场广泛的参考利率。1969 年在美国金融市场上又出现了一个创新市场——回购协议市场,目前已成为各国货币市场上一个重要的市场,是商业银行的一种重要资金来源。

### (三)欧洲货币市场的发展

就欧洲货币市场的前身欧洲美元市场来说,金融创新动机来自冷战的威胁。

① [英]马克·莱文森.金融市场指南.中信出版社,2005

② 海外货币市场研究课题组.海外货币市场研究.经济科学出版社,2001

③ Cook,Timothy Q. , Robert K. La Roche, eds.. Instruments of the Money Market. 7th ed. Federal Reserve Bank of Richmond,1993

由于伦敦银行不受美国司法管辖,这为新金融市场的运行打下了基础,使得欧洲货币市场成为最主要的货币市场[①]。

从1981年起,非美国居民也可以通过美国境内国际银行机构办理欧洲美元存款,满足了外国居民、公司或政府在美国的信贷需求。所以,“欧洲货币”一词是指所有在货币发行国之外借贷的货币,或者在不受或发行国中央银行管辖范围而借贷货币的总称。

在资本和外汇受到严格管制的20世纪60年代和70年代,欧洲货币市场具有非常特殊的重要性。尽管冷战的威胁已消失,但欧洲货币市场仍然持续发展。在欧洲货币市场上存款机构可以免去在国内市场所面临的许多成本,美国银行的国外分行接受欧洲美元存款,可以免缴准备金和存款保险费。在伦敦或其他地方商议的交易能够过账到巴拿马或开曼群岛,甚至美国的银行最后也将分行设在巴拿马和荷兰的安的列斯群岛。这些优势使得接受欧洲货币存款的机构能向其储户支付更高的利率,向借款者征收更低的利率。

由于不受美联储的管制,欧洲银行可以通过有竞争力的利率吸引存款,欧洲货币市场在20世纪60年代间有了突飞猛进的发展。在70年代,经常项目盈余的石油输出国组织(OPEC)向发展中国家的经常项目赤字国提供资金时,欧洲货币市场起了极大的作用。欧洲货币市场规模非常大,在资金供给方面,欧洲货币市场的资金主要来源于国际性的商业银行、国际银团、跨国公司、大型工商企业以及石油生产国的巨额石油收入等;在资金需求方面,欧洲货币市场上资金的使用者,主要是跨国公司、各国的中央银行、商业银行及其他工商企业。

**(四)金融衍生产品市场的出现与发展**

20世纪80年代以来,货币市场监管当局日趋严格的金融监管与金融交易主体创新力量展开激烈的较量,金融全球化趋势的加强和金融市场变化的加剧,增强了货币市场的竞争,激发了越来越强烈的创新需求。同时,新技术革命成果在金融领域的广泛应用,带来了金融交易技术、金融市场格局和金融交易形式的巨大变革。在此背景下,世界主要货币市场在金融工具、交易形式和金融组织形式等方面不断创新,各种金融衍生产品包括票据发行设施、货币和利率互换、远期利率协议和金融期货期权等金融创新工具不断推出,使货币市场也变得更加活跃,结构更趋复杂。

① Gibson H. The Eurocurrency Markets ,Domestic Financial Policy and International Instability. New York: St. Martin's Press,1989

## 三、货币市场的体系

从发展来看，货币市场基本上可以划分为两大类：一类是以美国、英国为代表的传统市场经济国家，大多是从票据市场发展起来；另一类是以香港和新加坡为代表的新兴工业化国家和地区，根据本国和本地区的具体情况，优先发展了银行市场，其后才发展了票据市场，并且商业票据市场占份额较小①。

### （一）货币市场的主要构成

发达国家由于市场经济制度建立的较早，货币市场随着市场经济制度的完善得到逐步发展。美国货币市场体系由许多短期信用相互关联的子市场组成。这些子市场包括规模最大的国库券市场；规模仅次于国库券市场的商业票据市场；体现金融创新的大额可转让定期存单市场；另外还有联邦基金市场、银行承兑汇票市场、回购协议市场、联邦资助机构证券市场等。

英国的货币市场是一个由银行同业拆借市场、存单市场、地方机构债券市场以及金融公司市场、公司同业拆借市场、伦敦欧洲货币市场、欧洲商业票据市场以及能高效贯彻货币政策意图的贴现市场构成的市场体系。

日本货币市场体系随着金融自由化、国际化的发展，在建立债券回购市场、拆借市场、贴现市场、大额可转让定期存单市场等子市场的基础上，又培育了商业票据市场、银行承兑汇票市场、东京美元拆借市场以及欧洲日元市场，最终形成了比较完善的货币市场体系。

### （二）货币市场的协调与衔接

市场经济体制历史悠久和市场机制完备的国家，货币市场发育齐备，各子市场间能够均衡、协调。美国各子市场的协调发展使货币市场作为一个整体健康发展，为短期货币资金的融通和货币政策的传导发挥着重要作用，同时，为融通长期资金的资本市场的发展提供了基础条件。英国的货币市场中，传统的贴现市场和新兴货币市场作为最重要的两个子市场发挥着主导作用，其他市场作为辅助构成了整个货币市场体系。日本、德国和法国的同业拆借市场，在本国货币市场体系中居于主市场地位，其他市场作为辅助市场存在。货币市场构成体系的主辅分明，不仅使各子市场功能定位准确，而且使货币市场各主、辅市场各司其职，发挥作用。

新加坡和中国香港地区作为区域性国际金融中心，金融机构的需求是货币市场产生的最主要动力。同时，本地区企业对直接融资的需求较小，主要依赖于

---

① 海外货币市场研究课题组．海外货币市场研究．经济科学出版社，2001

间接融资，因而，银行同业拆借市场成为整个货币市场的中心，相比较而言，商业票据市场不发达。

可以看出，货币市场的建立没有统一模式，各个子市场的发展也没有固定的顺序，每个国家和地区可以根据实际情况构建，主要取决于市场的需求。

## 四、开放背景下的货币市场国际化

在全球经济金融一体化背景下，货币市场国际化成为趋势。由于各国货币市场在形成和发展过程中有差异性，各国货币市场化的程度也有比较大的差别。

### （一）交易主体的多元化和国际化

随着经济的发展，政府干预和调控经济需求的不断增强，国库券等新的市场信用工具不断被创造，政府和中央银行逐步参与到货币市场中来，货币市场逐渐成为中央银行实施和传导货币政策的重要场所。

信用工具日益丰富，对资金需求者和供给者的吸引力不断增强，经济环境的变化使得微观经济主体对货币市场的需求不断增强。二者相互作用使得货币市场的融资效率不断提高，交易费用不断降低。

除了市场自身的发展外，另外两个因素促进了市场交易主体的多元化和国际化：一是许多国家政府降低了市场准入标准，放松了机构进入货币市场的限制，吸引了更多的参与者；二是专门从事货币市场交易的中介机构出现，大大降低了市场交易成本，提高了交易效率。货币市场包括了中央银行、商业银行、企业、投资机构、政府及其机构、外国中央银行及商业银行、非居民机构以及居民个人等。

### （二）主要国家（或地区）货币市场交易主体多元化构成

美国的货币市场限制最少，个人、机构和团体都可以交易。针对不同的子市场有相应的规定，各个子市场上的交易主体也不尽相同。其中，商业票据市场上的主要交易者是大公司、商业银行、保险公司、年金组织以及外国投资者。联邦基金市场的主要交易者限于金融机构，以商业银行为主。国库券市场上的主要交易者为政府（联邦、州和地方政府）、联邦储备银行、商业银行、非金融公司与外国人。

在英国，贴现市场与新兴货币市场上的交易主体略有差异。其中，贴现市场上的主要交易主体包括贴现行、英格兰银行、清算银行、商人银行、证券经纪商和承兑行等；新兴货币市场上的交易主体主要包括贴现行、贴现经纪人、商业银行、地方政府、金融行、房屋互助协会及工商企业等。

日本货币市场严格划分为银行间市场和短期公开市场两部分，银行间市场作为银行等金融机构参与的市场，交易主体主要包括都市银行、地方银行、相互银行、依托银行、长期信用银行、外籍银行、保险公司、证券公司和短期资金公司，其中，短期资金公司作为中介机构存在；公开市场是金融机构以外的个人和一般企事业单位参与的短期资金市场，参与者除了本国金融机构外还包括企业法人、个人、外国银行、外国货币当局等。日本货币市场上一直以金融机构为主，企事业单位被严格限定在公开市场上，对个人的限制更为严格。

香港地区作为自由港和亚太地区国际金融中心，货币市场具有较强的开放性与国际性，交易主体包括本港三级银行(持牌银行、有限制牌照银行、接受存款公司)、海外银行、工商企业、投资银行、香港金融管理局等。其中，海外银行在香港货币市场中的地位很重要，这与伦敦欧洲货币市场类似。

## 五、在岸货币市场与离岸货币市场的联系

20 世纪 60 年代，世界货币市场发生了变化，出现了欧洲货币市场。如前所述，欧洲货币市场归因于国家金融管理的差别，以及对国际资本流动阻碍的日益减弱。

由于欧洲货币市场已经扩展到欧洲以外的金融中心(比如巴哈马群岛、新加坡和巴林)，离岸更适合于描述市场位置，在岸表示传统的国内市场。离岸与在岸的重要区别在于管理环境。

图 7－1 是对国际金融市场的程式化解释。行栏是在岸和离岸市场，即市场的地理、政治和管理量纲[①]。很清楚，投资者(借款人)可以在美元和日元面值的

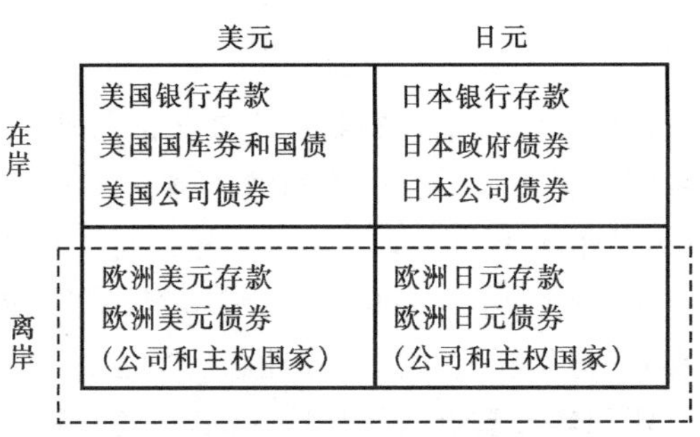

美元
日元
在岸
美国银行存款
美国国库券和国债
美国公司债券
日本银行存款
日本政府债券
日本公司债券
离岸
欧洲美元存款
欧洲美元债券
(公司和主权国家)
欧洲日元存款
欧洲日元债券
(公司和主权国家)


图 7－1　国际货币市场划分

资产(负债)之间进行选择。美元证券市场与日元证券市场展开竞争，通过远期外汇合约可以将一个市场的日元(或者美元)证券转换为类似的合成美元(或者

① [美]理查德·M·莱维奇．国际金融市场价格与政策．中国人民大学出版社，2002

日元)证券。因此，合成美元证券与传统美元证券展开“竞争”，合成日元证券与传统日元证券展开“竞争”。

国际金融市场上，在岸市场证券承担一定的管理费用和政治风险。如果这些费用或者风险很大，将激励当事人直接进入离岸市场，设计新的证券和制度结构。因此，离岸市场的金融产品(以存款和贷款开始且包括更多复杂的金融工具)与以传统在岸市场为基础的金融产品展开竞争。

### (一)在岸市场与离岸市场存款的制度差异

在岸金融市场的金融机构必须接受所在地监管机构的监管，吸收存款必须按照所在地中央银行的要求缴存存款准备金，发放贷款的信用扩张能力要受中央银行货币政策的制约。

离岸货币市场的市场监管制度不同，大多数情况下，这个定义符合美国之外的美元存款、英国之外的英镑存款等[①]。因此，离岸货币市场的经营活动既不受货币发行国监管制度的制约，也不受经营活动所在地国家金融监管部门的制约，其存款、贷款利率完全是市场上资金供求的结果，通过市场竞争得出资金价格——利率[②]，同时，所吸纳的存款也不需缴存准备金。此外，一些国家还设立了特殊的规则允许在国内从事“欧洲货币存款”。在美国，存放于国际银行业务设施(IBF)中的美元存款，比存放于美国银行的普通美元存款受到的管理制约少。IBF 的存款等同于欧洲存款，但是只适用于非居民，并且 IBF 账户不能用于从事美国国内交易。

### (二)在岸市场与离岸市场业务的关联

对商业银行体系内存款创造过程的传统描述给人一种假象，好像离岸货币市场是个封闭的银行业体系。克罗克特认为，离岸货币市场的规模“不是由施加给银行的特殊资产组合约束，而是由可贷资金的供求”决定。即使市场无准备金比率要求，资金供求的相互作用意味着“不受控制的信用扩张这一幽灵可能会由一个无限大的(存款)乘数显露出来，但这只是一个幻觉”。

因为离岸市场只是国际银行业市场的一部分。如果离岸市场借入的资金存回到美国“在岸”银行业体系，实行比例准备金的银行业存款创造过程可能会停止。因为从离岸市场向在岸市场资金的漏出，可能发生并抵消最初从在岸市场漏出到离岸市场的资金，离岸货币市场绝大多数的存款是定期存款，这排除了可能诱发对离岸银行存款的一轮提前提款。实践中，离岸银行倾向于采取保守的

---

① Crockett, Andrew D. The Euro-Currency Market: An Attempt to Clarify Some Basic Isasues. IMF Staff Paper 23, no. 2(July 1976):375～386

② Einzig, Paul. The Euro-Dollar System. 4th ed. London: St. Martin's Press, 1970

策略，以市场利率吸收短期存款，并与贷款利率相匹配。

**(三)离岸存款的风险**

在岸存款与离岸存款相对于存款人来说，离岸跨境存款将面临更多不确定因素，从而导致存款具有更高的风险，包括管制风险、冻结资金风险或者能够影响存款及时、足额收回的其他事件的风险。这也是在岸货币市场能够源源不断吸收到资金的重要原因。

如果跨境交易中存款人与银行之间出现争论，难以预先知道哪个国家将对此主张管辖权，以及适用的法律判例。更为复杂的问题关系到离岸银行组织形式，它应该作为独立的子公司还是作为母银行的分行。作为一个独立的法律实体，子公司可能被征用或破产，存款人对其母银行无追索权。相反，一家分行的负债由母银行承担最后责任。

## 第二节　开放环境下的货币市场运行

### 一、货币市场的主体多元化动力

许多不同的机构因在货币市场上作为批发性借款者和贷款者获利。这些机构包括商业银行、政府、央行、企业和金融公司、养老基金和保险公司、经纪人和交易商，以及货币市场共同基金和个人。

通过公开市场买卖短期国库券或回购协议，中央银行控制着存款机构持有的准备金水平。当中央银行买入证券，准备金进入经济体系，降低了中央银行基金利率；当中央银行卖出证券时，准备金退出经济体系，提高了基金利率。基金利率的变动进而影响货币市场，并引起其他利率同向变动。利率的变动同样会影响消费购买行为和商业投资行为，而这两者都是经济产出的重要组成部分。

企业和金融公司作为货币市场的重要参与者，主要目的是通过货币市场弥补临时性资金缺口，提高短期资金的使用效率。金融公司发行大量商业票据作为其主要的资金来源，并将筹到的资金贷给个人用于购买汽车、住房及住房装修和其他风险性个人信贷。金融公司也将资金贷给公司用于购买存货、设备和房地产投资。其他企业一般发行商业票据来弥补其临时性资金短缺。

保持资产的流动性使养老基金和保险公司成为货币市场重要的资金供给者。养老基金和保险公司利用货币市场来进行资金管理，保持资产流动性，以避免出现流动性过低的资产组合。

经纪人和交易商作为货币市场最重要的参与者，保证了该市场的有序运转。经纪人和交易商帮助货币市场发行证券，并随时准备购买这些证券单，这促进了大额可转让存单、银行承兑汇票、欧洲美元存单、政府短期国库券，政府机构证券、商业票据、市政债券和各种衍生产品二级市场的建立。

货币市场交易标准的提高促使货币市场共同基金的形成，给个人投资者在金融货币市场进行投资带来可能。1978年，美林创造了一种叫货币市场共同基金（MMMFs）的短期投资组合工具，MMMFs通过销售基金股份筹集资金，并将资金投资于商业票据、回购协议、存单、短期国库券、银行承兑汇票和其他美国及外国短期债券。这个创新使得个人投资者进入先前只对机构投资者开放的回报高、安全性强的货币市场成为可能。

## 二、激烈竞争下的货币市场工具创新

伴随着金融创新的出现，货币市场信用工具开始不断完善和丰富。大额可转让定期存单、回购协议等新的信用工具都是金融创新的结果。市场信用工具的不断创新和多样化，不仅使人们有条件对各种信用工具的风险与收益进行比较并做出选择，也使市场交易深度不断拓展，交易规模不断扩大。

### （一）跨国存款欧洲美元

在20世纪60年代末期，美国的通货膨胀加速，利率也开始上升，利率上升意味着市场利率高于Q项条款规定的定期存款可支付的上限。20世纪60年代末期，商业银行急切要求去寻找这样一种新的资金，它们既不受制于法定储备要求，又不受Q项条款利率上限的限制。于是银行发现了既规避存款准备要求又绕过存款利率上限的资金来源——欧洲美元。由于欧洲美元是从美国之外的银行借入的，它们既无须提取法定准备金也不受Q项条款的制约。同样，由控制银行股份的母公司发行的商业票据是不作为存款看待的，因而它们也不受Q项条款的限制。

### （二）NOW账户

NOW账户是由储蓄机构开发的，储蓄机构希望用NOW账户绕过禁止它们提供活期存款的限制，以打破商业银行对这类存款的垄断。1972年5月汇票以可转让的取款命令形式出现，能够签发这种汇票的账户被称为NOW账户①。1972年7月，马萨诸塞的储蓄银行开始提供NOW账户。9月份，新汉普郡的储蓄银行得到法庭的允许，它们开始向居民客户提供NOW账户服务。1973年8月，美国国会允许马萨诸塞和新汉普郡所有的存款机构（除了信用协会）发行NOW账户。20世纪90年代早期，几乎所有交易存款的增长都归因于NOW账

① ［美］乔治·考夫曼．现代金融体系——货币、市场和金融机构．经济科学出版社，2001

户，这一账户的规模超过了美元活期存款的规模[①]。

### （三）货币市场共同基金

由于货币市场工具的面额巨大，超过了一般个人的承受范围，只有那些非常富有的投资者才有能力购买，因此，1978 年以前很少有个人直接参与货币市场。1978 年，美林创造了货币市场共同基金的短期投资组合工具。这是由于高利率和存款利率最高限的 Q 条例，导致了货币市场共同基金的产生。现在 MMMFs 投资工具已被世界许多国家使用。

### （四）大额可转让定期存单

从 1946 年到 1960 年，商业银行在所有私人金融机构中的市场份额从 57% 恶化到 39%，他们在存款机构市场中的份额从 82% 下降到 66%，商业银行存款份额下降是他们强调活期存款的结果。由此银行开始探索阻止金融服务市场份额下降的途径。1961 年，花旗银行推出了一种大面额依法可流通的证明（CDs，通常的面额为 100 万美元），但是，流通需要有一个可进行交易的二级市场。因此，花旗银行安排了一家大型投资银行业公司——第一波士顿公司——为这些证明提供二级市场（一家银行不能为自己的 CDs 提供市场，这等于在 CDs 到期之前赎回定期存款）。这使 CDs 不仅有可转让性，也有可转让的市场，不仅满足了大额存款者对高流动性的要求，也满足了银行对有确定到期日资金的需要[②]。存单发展迅速，比国库券的利率稍高，是一种收益较高的掉期工具。

### （五）回购协议

最初的回购协议是由美国的联邦储备系统开创，为了支持经济体中出口部门的发展，从 1914 年开始以银行承兑票据作为担保提供低利率的贷款，这些贷款是最初的回购协议[③]。20 世纪 60 年代末私人金融中介机构和非金融类的公司意识到了这一金融创新工具的多用性，开始大量使用回购协议，形成一个新的金融市场[④]。回购协议最初是一种成本不太高的融资来源，完全担保化的设计方式来源于最早使用者希望来避免信用风险暴露。美联储利用回购和反回购协

---

① Edward J. Kane. Good Intentions and Unintended Evil: The Case Against Selective Credit Allocation. Journal of Money, Credit and Banking, 1977(2): 55～69

② Goodfriend, Marvin , et al.. Recent Financial Innovations. Economic Review, Federal Reserve Bank of Richmond, 1980(3～4): 14～27

③ Allen L. S. Peristiani, and A . Saunders. Bank Size, Collateral , and Net Purchase Behavior in the Federal Funds Market: Empirical Evidence. Journal of Business, 1989(11):335～361

④ Lumpkin S. Repurchase and Reverse Repurchase Agreements. Instruments of the Money Market , 7th ed. , Richmond ,Va. : Federal Reserve Bank of Richmond, 1993: 59～74

议实现其货币政策目标,并作为公开买卖政府证券的替代方法;非金融类公司把回购市场看作是一个在短期投资上可以获取近似无风险利息收益的渠道;私人金融中介机构则把这个市场看作是资金的一种来源;地方政府进入回购市场为自己持有的闲置现金余额寻找收益。大量从业人员参与到回购与反回购市场中,对利率风险敏感程度的增强和持有闲置资金的机会成本,都是导致这个市场上交易迅速膨胀的原因。

### (六)银行信用卡

从20世纪早期,大型的百货商店和汽油公司便开始使用信用卡。这类信用卡大多数只限于购买发卡商的货物,是一种双方信用卡(twa-party credit cards)。第二次世界大战结束后,迪那斯俱乐部建立了在餐馆中使用的三方信用卡(three-party credit cards)市场,这种信用卡的使用后来扩展到交通和娱乐业,并且以T&E交费卡而著称。美国捷迅公司和卡特布兰奇公司不久也推出了类似的信用卡。因为这种信用卡可以对使用者融资,它们在发行之初吸引了许多商业公司和富人①。

20世纪60年代末,一些大银行精心策划后推出了新的信用卡。银行尽了极大的努力争取尽可能多的商家参与计划,为了做到这点,银行不得不表明这种卡有大量的使用者。一些银行大规模地向邮寄名单上的人寄送这种信用卡,希望人们能够使用。这种做法导致了大量的偷盗和诈骗行为,但银行最终拥有了足够多的持卡者。

## 三、信息逐步充分进程中货币市场工具的定价

许多类型的货币市场工具一般不支付利息,只是到期时归还本金。这些货币市场工具的价值被衡量为到期时支付的本金现值。货币市场工具的贴现率是投资者要求的收益率(必要收益率)。这样,货币市场工具的价值反映了未来支付的总金额的现值。例如,一个票面价值为1万美元,期限为1年的货币市场工具,假设投资者对这一证券所要求的年收益率为7%,则该证券的现值(PV)为:

$$PV = 10\ 000\text{美元}/1.07 = 9\ 345.79\text{美元}$$

像债券一样,货币市场工具的价值与利率变动是反向关系。为了说明这个道理,重新考虑先前例子中的货币市场工具,如果利率较高,投资者只愿意购买能提供高收益的货币市场工具。例如,如果投资者要求证券有9%的收益率,它的现值是:

---

① [美]乔治·考夫曼. 现代金融体系——货币、市场和金融机构. 经济科学出版社,2001

$$PV = 10\ 000 \text{美元}/1.09 = 9\ 174.31 \text{美元}$$

这个值低于先前例子的计算结果,因为投资者只有当这种证券的价格足够低的时候才愿意购买。如果短期利率下降,货币市场工具的必要收益率就会下降,货币市场工具的价值就会上升。虽然货币市场工具价值对利率变动的反应是与长期债券同方向变动,但它没有长期债券对利率变动那么敏感。较低的敏感性主要是因为货币市场工具的到期期限短,利率对货币市场工县的影响主要集中在下一年的本金偿还时,而长期债券的本金偿还会需要 10～20 年。换句话说,利率上升对货币市场工具影响不会那么大,因为它很快会到期,投资者可以以当前利率进行再投资。利率上升对 20 年期债券的影响更大,因为投资者在 20 年内只能获得该债券的低利息支付。

### (一)货币市场中的短期无风险利率和风险溢价

货币市场工具的市价($Pm$)应该等于未来现金流的现值。货币市场工具通常不进行定期利息支付,它们的现金流是一次性支付的本金。因此,货币市场工具的市价可计算为:

$$Pm = Par/(1+k)^n$$

式中:$Par$——到期时支付的面值或本金额

$k$——投资者的必要收益率

$n$——到期期限

既然货币市场工具的期限为 1 年或更短,$n$ 用一年的天数来衡量。

$p$ 的变化可以建模为:

$$\Delta Pm = f(\Delta k) \text{ 和 } \Delta k = f(\Delta Rf, \Delta RP)$$

其中 $R_f$=无风险利率

$RP$=风险溢价

因此 $\Delta Pm = f(\Delta R_f, \Delta RP)$①

图 7-2 显示了影响短期无风险利率(国库券的利率)和风险溢价的基本因素,也就是引起货币市场工具价格变动的主要力量。为国库券定价时,重点在于确定影响无风险利率的因素,风险溢价则没必要考虑。因此,风险型货币市场工具(如商业票据)与国库券(给定期限)的必要收益率之间的差异是风险溢价,其受到经济、行业和特定的公司状况的影响。

① [美]杰夫·马杜拉.金融市场与金融机构.中信出版社,2004

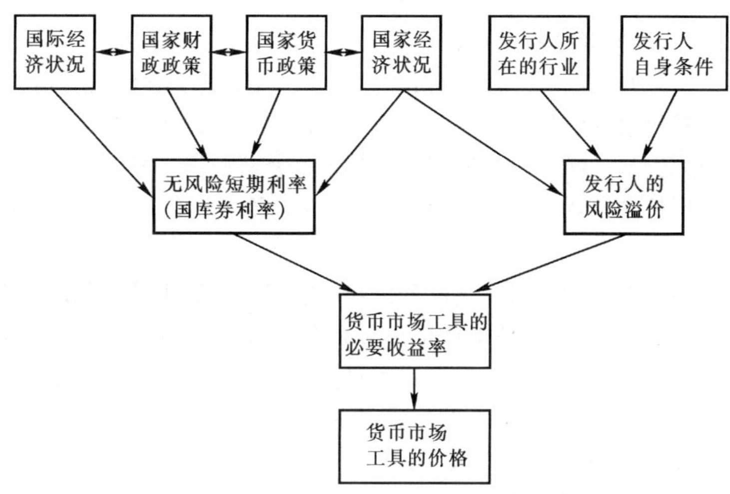


图 7-2 货币市场工具定价因素概览①

### (二)经济走势是货币市场工具价格的指标

货币市场参与者密切注视反映未来经济走势变化的指标,这些指标是短期利率和货币市场工具的必要收益率变化的信号。一些更受关注的经济指标包括失业率、国内生产总值、零售额、工业产值和消费者信心。这些指标利好的变动会导致经济增长、利率上升,并对货币市场工具产生贬值压力。

货币市场参与者也密切注意通胀指标,这些指标的意外上升会产生高利率预期,并对货币市场工具价格产生下降的压力。当指标反映了利率潜在上升时,货币市场参与者都会将投资转到短期的证券上,以便在利率上升时再投资于新发行的证券获得高收益。

### (三)货币市场工具的收益和风险

当公司财务主管、机构和个人投资者投资于货币市场工具时,他们要承担投资收益低于他们期望的风险收益,他们不可能准确预测影响货币市场工具价格的因素,因此,也不能准确预测货币市场工具未来的价值(收益率)。如果货币市场工具未到期,价格和投资收益将取决于无风险利率和该证券被卖出时的预期信用风险。因为货币市场工具的投资是短期的,不会因利率上升而有大的损失,但依然面临货币市场工具发行者的违约风险。

如果公司财务主管、机构和个人投资者想避免风险,他们可以购买国库券并持有至到期，但是购买国库券的投资者放弃了较高的收益，因为国库券不提供风险溢价。因此，投资者必然权衡投资于其他货币市场工具的高收益与风险(实际收益可能比预想的要低)。由于受损失的风险主要取决于违约的可能性，投资者通常投资于其收益率仅仅比国库券收益率略高同时违约风险很小的货币市场工具(诸如商业票据)。尽管投资者可以通过评价经济状况和特定公司的状况来确定货币市场工具发行者的信用风险，但能获得的关于发行者融资状况的信息是很有限的。

货币市场的参与者可用敏感性分析来确定货币市场工具价值怎样对利率变化做出反应。例如：假定长岛银行持有面值为1亿美元、期限为9个月的货币市场工具。由于该银行在3个月后需要大量资金，它想知道从现在起3个月后卖掉这些证券能得到多少现金。假定剩下的6个月这些证券的必要收益率为3%，3.5%，3.8%的概率都是33.3%。

图7-3显示了长岛银行3个月后卖掉这些证券可得到的资金的概率分布，可以看出银行至少可得到96 339 113美元，但如果利率(以及必要收益率)在3个月后相对较低，则银行能得到更多的资金。通过分析结果的概率分布，银行可以预期收到的资金是否满足3个月后需要的资金数量。

| 不同的必要收益率 | 概率 | 不同情形下的证券价值（单位:美元） |
|---|---|---|
| 3% | 33.3% | 97 087 379 |
| 3.5% | 33.3% | 96 618 357 |
| 3.8% | 33.3% | 96 339 113 |

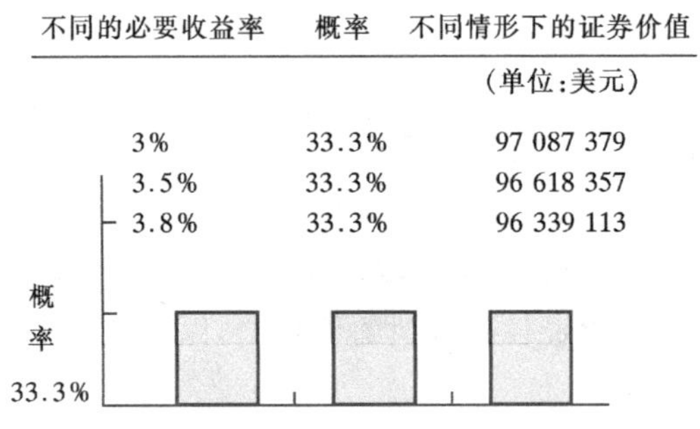


图7-3 出售货币市场工具的收益率的概率分布

**(四)货币市场各种收益率之间的相关性**

在经济增长不确定时期，投资会由风险型货币市场工具向政府证券转移。这种“追逐质量”倾向增大了各种收益率之间的差距，也就是说，风险性货币市场工具必须提供大量风险溢价来吸引投资者。

图7-4显示了美国货币市场工具的收益率[①]。各种证券的收益率之间明

① [美]杰夫·马杜拉．金融市场与金融机构．中信出版社，2004

显具有高度相关性。国库券一直提供略低于其他证券的收益率,因为它具有非常强的流动性,而且无信用风险。

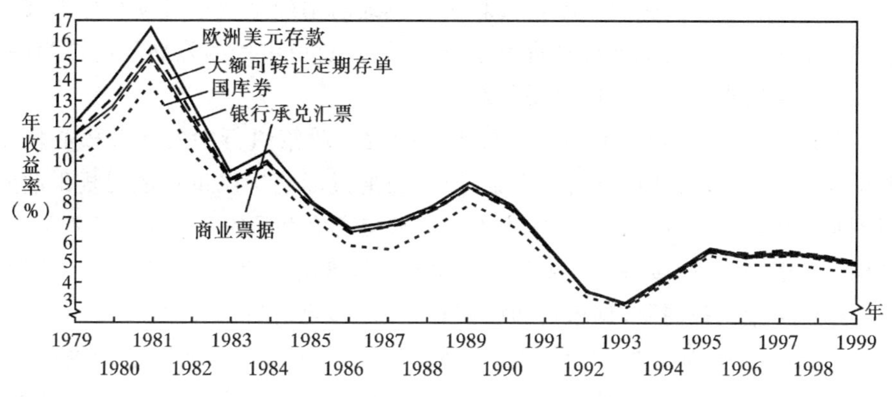


图 7-4　美国货币市场工具的收益率

## 四、货币市场与相关市场的关系

大多数情况下,外汇交易与有价证券、特殊债券和货币市场工具的交易密切相关。投资者如果认为某种货币将升值,将不会以现金持有这种货币,而会购买这种货币,并投资于高流动性的生息资产,然后在他希望卖掉这些货币时,实际卖掉这些资产以获得现金。

投资者通常希望不必投入额外的资金便能够增加他们的资金量,这可以通过越来越多的杠杆工具来实现。借钱购买外币是货币市场投资者运用杠杆的最简单方式。在即期市场交易中,通常没必要进行杠杆操作,因为欠款必须支付的利息较高,很容易超过投资者从汇率变动中赚取的收入。期权和期货合约允许投资者以小博大,只需相对较少量的资金,便可以从汇率变动中得到大量收益。大企业和机构投资者可能会在衍生交易市场中持有大量杠杆头寸,市场中两种货币的汇率如果按所预期那样变动,会获得很大的收益,如果朝预期的相反方向变动,会遭受很大的损失。

货币市场的投资者也可以利用关于货币市场利率的期货合约,实现多种目的,包括套期保值和现金管理。通过买入或卖出短期利率或者短期债券的期货合约,投资者可以凭借合约到期日的实际利率高于或低于合约规定利率来获利。利率期货也可用来抵御货币市场工具贬值的风险。

## 五、货币市场与货币政策的效率

伴随着经济市场化程度的不断加深，中央银行的货币政策调控从直接调控向间接调控转变。转变货币政策宏观调控模式的基础是货币市场充分发展，货币政策工具发挥作用的基础是货币市场。因此，货币市场的发展程度成为决定或影响一国宏观调控模式的重要因素。

在许多国家里，货币市场在中央银行的货币政策执行中发挥着核心作用。近年来，金融体系发达国家的中央银行，一般通过回购协议市场运用货币政策，而不是直接进行证券买卖。一国中央银行参与货币市场的方式受制于货币市场结构。一般而言，间接参与主要发生在银行间同业拆借市场，直接参与一般发生在短期证券市场(包括票据市场和国债市场)。因此，在货币市场发展均衡的国家，中央银行一般通过在同业拆借市场的间接参与和短期有价证券市场的直接参，同时实施和传导货币政策；在同业拆借市场发达的国家，中央银行主要通过同业拆借市场实施货币政策；在短期有价证券市场相对发达的国家，主要通过短期有价证券市场传导货币政策。

美联储最主要的货币政策工具是公开市场操作，国库券市场是公开市场操作最重要的市场。英格兰银行采取直接方式通过货币市场公开市场操作来实施和传导货币政策的同时，也在其独具特色的贴现市场上，通过贴现公司间接参与货币市场。日本中央银行通过短期证券市场实现稳定货币市场的季节性波动。1988 年以前，中国香港地区货币市场不发达，主要依赖对外汇市场的直接干预，稳定港元与美元的汇率，伴随货币市场的发展，尤其是外汇基金票据市场的发展，香港金融管理局通过参与货币市场达到稳定港元联系汇率的目标。

中央银行作为货币市场的重要参与主体，创造了一定的货币市场信用工具，不仅有效地增加了货币市场的信用工具种类和数量，促进了货币市场的发展，而且实现了中央银行在货币市场的有效参与。在德国货币市场上，既有联邦政府为筹措资金、平衡财政赤字而发行的融资证券，又有联邦银行出于货币政策需要自主发行的债券。在印度尼西亚货币市场交易工具中，短期债务凭证(SBI)和货币市场票据(SBPU)发挥着重要作用，二者都是由其中央银行印度尼西亚银行所创造和发行。两种证券的发行不仅促进了印度尼西亚货币市场的发展，而且使公开市场操作日益成为货币政策的重要工具。

# 第三节　发达国家货币市场的繁荣

## 一、美国货币市场能够快速发展的原因

迄今为止,在美国货币市场交易中,尽管市场利率瞬息万变,然而纠纷现象却很少发生。显然,交易双方诚实守信成为现代货币市场运行稳定有序的基本原因。美国货币市场的信用制度是整个金融体系发展的基础。

货币市场和资本市场是金融市场中两个相互联系、不可分割的有机构成部分。规范完善的货币市场不但能够使金融机构在资本市场上推动储蓄转化为投资,而且能够补充资本市场的融资功能。没有货币市场作支持,资本市场很难在广度和深度上发展,也就很难提高运作效率和规避系统风险。如果货币市场发展滞后,有可能导致不良后果:第一,货币市场缺乏深度且不规范,当资本市场行情看涨时,货币市场资金大量涌入资本市场,容易造成货币市场紧张,金融机构因流动性不足形成支付危机,诱发金融危机;第二,货币市场资金极易大量、频繁地进入资本市场,诱发股价剧烈波动,刺激和鼓励股市投机,对投资者不利,有损股市稳定和经济健康发展;第三,大量短期资金涌人资本市场,推动市场价位脱离内在价值,市场风险过度,造成资本市场虚假繁荣,使资本价格在短期内迅速上涨,最终引发通货膨胀和经济虚假繁荣,破坏经济运行。

市场参与者是货币市场的基本要素,从美国货币市场的发展看,货币市场的交易主体包括任何参与交易的个人、企业、各级政府(中央银行与财政)和商业经营性金融机构。各参与主体在不同阶段和不同经济环境中资金供求状况不一样,相互之间有着不同的需要。正是由于各参与主体的差异性和各自的需求不同,才使货币市场上的资金融通成为必要。

美国货币市场包容多个子市场,子市场包括:同业拆借市场(即联邦基金市场)、银行票据承兑贴现市场、商业票据市场、一般存贷款市场、可转让定期存单市场、国库券市场以及其他短期融资券市场等。市场之间进入壁垒低,投资者在市场间的交易和套利活动构成一个统一的大市场,真实地反映了资金的供求状况,有效地调节资金供求,合地理配置资源。

## 二、英国货币市场为何经久不衰

英国货币市场发展的持续动力来自工商业和对外贸易。英国曾是资本主义世界的旗帜,发达的经济和贸易活动,使货币市场很早就发展起来。在货币市场主体的培育与发展方面,英国政府从两方面着手:一是逐渐增加货币市场交易主体的数量,放宽限制。英国最初的市场主体仅限于商业银行、中央银行和货币市

场经纪人或中间商，随着货币市场范围的扩大和交易工具的增加，货币市场交易主体逐渐扩大到银行和非银行金融机构，以及一般工商企业和投资者个人。这不仅是因为所有市场主体都不同程度地存在着流动性需求与支付动机，更重要的是交易主体的扩大，是货币市场供求机制发挥作用、市场机制不断深化的要求；二是在培育货币市场主体的过程中，加强市场主体的信用约束，建立和健全信用制度，规范货币市场行为。

英国由于交易的传统习惯和货币市场中介机构的构成、地位和业务的侧重点定位，使其贴现交易选择通过贴现公司进行。贴现公司从清算银行和其他金融机构借入短期资金，将资金投资于英国政府债券、商业票据和其他短期债券。中央银行并不直接参与贴现市场，而是通过向贴现公司提供资金融通的方式间接进行，通过调整再贴现利率干预市场。这种方式既可以充分动员闲置资金，又可以通过清算银行与贴现公司之间的交易影响银行的准备金，实现货币政策的有效传导。

英国货币市场是一个国内业务与国际业务相融合的市场。国内货币市场以票据贴现和银行同业拆借为主，国际业务以欧洲货币市场为主。英国货币市场既是国际货币市场体系的中心环节，又是货币市场的有机组成部分，既与英国经济贸易的国际化程度相关，又与一贯坚持宽松的金融监管环境不可分割。欧洲货币市场的发展不仅为英国经济贸易发展带来了巨大的商业利益，也使交易技术、交易工具和交易主体始终保持世界领先水平。

经纪人的存在有利于提高货币市场交易的专业化，通过专业化改善货币市场的交易条件，提高交易效率。对各种交易主体而言，经纪人制度有利于改善货币市场交易的信息条件，创造多样化和公平的交易机会，更好地满足交易者对流动性和债务支付的需求以及投资者的投资要求。英国货币市场的经久不衰与其拥有一批世界一流的经纪人和经纪人制度有密切关系。

## 三、日本货币市场崛起的经济环境

二战后，日本为了满足经济高速发展对资金的需求，建立了以银行间接融资为主的金融体制，对金融实行严格的管制，即严格的分业和管制：长短期金融业务分离、银行业务与信托业务分离、银行业务与证券业务分离、外汇和利率管制。在这种金融体制下，日本银行得到了巨大的发展，但金融市场却失去了发展的基础。日本货币市场仅限于银行间同业拆借市场、债券回购市场，在当时利率管制的条件下，这些货币市场发展不健全。

20 世纪 70 年代末、80 年代初，日本启动了以金融自由化、市场化和国际化为主要内容的金融改革，逐步实现了利息率市场化和金融业务自由化。日本逐渐拆除了金融业务间的限制，对一些限制进行了调整，逐步放宽了对金融机构业务的管制，允许同一金融机构经营银行业务、证券业务和信托业务。在金融改革下，日本货币市场取得了发展，相继发展了拆借市场、票据市场、回购市场、大额定期存单转让市场、银行承兑票据市场等货币市场。这些货币市场先后对证券公司开放，打通了货币市场和资本市场的联系。

20 世纪 90 年代初，日本泡沫经济破灭，金融业陷入危机之中。金融机构破产事件接二连三，国际评级一落千丈。由于国内金融交易品种单调，交易成本上升，加之金融动荡，大量资金流往国外，导致金融空心化。一系列问题表明，大幅度改革金融制度已成为当务之急。1996 年 11 月 11 日，日本政府提出金融改革计划，期望通过金融体制的全面改革，争取在 2001 年前实现金融自由化，给经济注入新的活力。随着 1998 年 4 月 1 日日本新银行法和新外汇法的正式实施，被称为金融“大爆炸”的金融改革全面启动。金融体制改革的内容主要包括四方面：一是扩大投资者和筹资者的选择范围；二是促进竞争，提高金融中介的服务质量；三是完善金融市场，方便服务客户；四是建立可信赖的、公正的、透明的金融市场。

通过金融改革计划，银行、证券和保险实行了混业经营，打破了货币市场和资本市场的传统界限，银行业和证券业的融合极大地促进了资本市场和货币市场的发展，资金实现了两个市场间的无障碍流动，逐步走上相互融合的发展道路。

## 四、德国货币市场发展的稳健制度

德国金融体系的典型特征是“全能银行”，很多货币市场和资本市场的工具都由商业银行创造。一方面，银行以购买者身份在债券市场所进行的投资，直接影响资本市场的运行和发展，导致了德国资本市场对货币市场较强的依赖性；另一方面，全能银行制所带来的货币市场与资本市场的密切联系，有利于货币政策的有效实施。作为世界上极少的实行全能银行制的国家，货币市场与其他国家货币市场不同，这种区别源于全能银行制度。

德国同业拆借市场层次多、深度大且体系完善，在商业银行的流动性管理中发挥着重要作用，满足了商业银行对“头寸”调节的需要，也成为德国货币市场的标志和特征，完善的同业拆借市场体系是德国货币市场发展的重要特点。

在德国货币市场上，既有联邦政府为筹措资金、平衡财政赤字而发行的融资证券，又有联邦银行出于货币政策需要而自主发行的流动资金债券。短期有价证券的丰富为联邦银行的公开市场操作提供了重要的操作工具，使货币市场上的公开市场操作成为重要的货币政策工具。上述两类证券的发行，在保持中央银行独立性的同时，实现了中央银行对财政的支持，也为中央银行货币政策操作能有效调节金融系统的流动性提供了重要支持。

德国回购协议市场的发展，使联邦银行可以有效地调控中央银行货币，调节货币市场的资金供求，影响商业银行的流动性和市场利率水平。有价证券回购业务目前已经成为联邦银行资产负债表中仅次于“外汇储备和其他外国资产”的第二大资产项目，成为货币政策操作的主要手段。在 1992 年外汇大量涌入的情况下，为了缓解其对德国经济的冲击，联邦银行通过回购协议市场有效地进行了对冲操作，中央银行投放了 1 890 亿德国马克，其中有 2/3 的部分是通过购买有价证券的方式实现的①。

德国货币市场的发展也曾出现过安全与效率的矛盾，政府从维持国内金融市场安定的角度出发，对金融市场实施了严格的管理，尤其对非居民持有马克资产限制颇多。对货币市场的管制主要体现在禁止非居民从事货币市场证券交易，征收利息预扣税，限制发行大额可转让存款单等高流动性、自由利率的金融工具。这种严格管制固然对国内金融市场的稳定有好处，但却使近邻的卢森堡金融市场获得迅速发展，使联邦德国的金融市场日渐冷清。为此，1985 年 12 月德意志联邦银行做出允许银行发行大面额可转让定期存单的决定，并于 1986 年 5 月开始实行。在商业票据的发行与流通上，联邦银行一直严格管制，严重制约了该市场和货币市场的拓展，只是到了近几年才开始放开限制。

在欧元产生之前，德国货币市场是一个相对独立、封闭的市场，交易主要基于商业银行在国内业务经营活动基础上的流动性管理的需要，交易对象仅限于德国的信用机构，以及中央银行对经济宏观调控的需要。货币市场的运行与发展主要受制于本国经济发展的需要，也服务于本国经济运行和发展。欧元诞生后，欧洲中央银行确定了统一的货币政策，德意志联邦银行作为欧洲中央银行体系的组成部分，主要职责是稳定货币并办理国内外往来支付的银行业务，失去了货币发行权和制定货币政策的权力，再贴现、再信贷、公开市场政策和最低准备金政策功能发生了转变，主要职责将转变为执行欧洲中央银行制定的货币政策和仅仅决定业务政策。

## 第四节 发展中国家货币市场的兴衰

### 一、*政府力量推动下的新加坡货币市场*

1965 年脱离了马来西亚联邦的新加坡因天然资源匾乏，只能以传统的中介

① 海外货币市场研究课题组．海外货币市场研究．经济科学出版社，2001

贸易为主要产业。政府在推行国内工业化的同时，将国际金融中心的发展作为经济发展计划的一个基本战略。为了把新加坡建设为国际金融市场，政府通过实行各种限制和管理引导市场，扶植金融部门。

新加坡货币市场具有明显不同于其他国家和地区的特点。同业拆借市场在新加坡是一个自发形成的市场，市场形成最早，运作也比较完善，票券贴现市场发展缓慢。在银行同业外汇交易中有70%—80%是与国外的交易，国内比重不足10%。以银行间借贷为中心的短期金融市场，成为新加坡发展银行筹措和运用亚洲美元债券的场所。

新加坡商业银行分为三类：第一类是完全执照银行，可以经营一切国内外银行业务，可以开设分行和支行，接受存款不受限制；第二类是限制执照银行，业务范围受到限制，不得为客户开立储蓄账户、不准设立分行等，只允许经营外汇、接受存款、发放信用卡等；第三类是离岸银行，即只对外经营离岸银行业务的外国银行，业务只限于经营亚洲美元单位和其他外币的存款，不得设立分行，不得接受当地居民的存款，不得为客户开立储蓄账户等。这3类商业银行都以公司形式登记注册，受《银行法》的制约和金融管理局的监督。完善的商业银行体系，为新加坡货币市场的运行提供了良好的金融秩序。

许多国家贴现市场上，都是工商企业向银行贴现，银行向中央银行再贴现。新加坡由于没有中央银行，金融管理局代替中央银行行使职能，因而当工商企业向银行贴现后，银行再向金融管理局进行再贴现时，必须通过贴现公司背书。此外，值得一提的是，新加坡银行同业拆借市场除了经营本币新加坡元以外，也进行外汇拆借。从市场供求对比看，银行同业拆借的净拆出者多为本地银行和金融公司，净拆入者多为外资银行，因此，新加坡的银行同业拆借市场沟通了境内外资金市场。

由于商业银行都是新加坡金融管理局依据《银行业条例》批准，所以，尽管作为银行管理者的金融管理局对货币市场进行监管，但实际上所有市场参与者在经营中均受市场准则和道德习惯的约束。由市场参与者和新加坡金融管理局组成的外汇市场委员会负责仲裁争议，通常是通过相互协商解决。金融管理局把货币市场利率作为指示器加以密切关注，以减少资金供求失衡产生的利率波动，对于货币供应量和利率没有特定的管理目标。在较长时期，为维持无通货膨胀的经济增长，金融管理局尽力维持支持汇率政策的货币市场状况，必要时，金管局主要通过在银行同业拆借市场和外汇掉期市场操作影响银行资金。金管局的货币市场操作，采用直接借贷、外汇掉期、新加坡政府债券的直接买卖、回购和出口票据再贴现等形式进行。

为了促进货币市场的发展，新加坡金融管理局从20世纪70年代起废除了存款证、汇票、本票的印花税，批准银行发行新元存款证等流通工具，增加国库券的期限种类，允许银行利率自由浮动。同时，货币管理局规定各银行流动资金的比率和流动资产的构成，达不到法定流动比率的银行将被处罚。通过这种管理，鼓励银行在保证金融稳定和有序的前提下开展竞争。

## 二、香港(地区)货币市场的快速繁荣

香港货币市场包括港元同业拆借市场、短期存款市场、商业票据市场和外汇基金票据市场，与其他国家相比，香港没有可转让存单市场和国库券市场，外汇基金票据市场与短期存款市场是香港货币市场的特色。在众多的子市场中，港元同业拆借市场在整个市场中的地位举足轻重，短期存款市场和外汇基金票据市场次之，商业票据市场所占比重最小。原因在于港元同业拆借市场发展最早，金融机构众多，同业之间的资金调剂较为频繁，相比之下，由于大企业较少，缺乏完善的信用评级制度，使得商业票据市场发展缓慢，这与许多发达国家大不相同。来自于金融机构的需求是货币市场产生的主要动力，所以，同业市场成为整个货币市场的中心。

香港货币市场表现出了较强的开放性与国际性，以港元同业拆借市场表现得最为突出。港元同业拆借市场的参与者主要是香港的三级银行、经纪行和海外的主要银行。港元资金的主要供应者大多是本地银行，同业港元资金的需求者主要是海外银行，尤其是那些在港只有一家分行的银行。另外，香港的经纪行大都是国际性机构，使同业市场更加国际化。香港政府对货币市场的监管没有统一的监管方式，针对不同的市场采取不同的监管措施。对同业市场的监管主要依靠银行公会的指示和参与者的自律，无明确的监管法规；对商业票据市场的监管主要通过香港证监会审核，借助税收管理；对外汇基金票据市场的监管主要通过市场委员会和市场监管小组委员会进行，两个委员会主要制定外汇基金票据市场的规则，由香港金融司做出决定。

香港实行联系汇率制，港元与美元挂钩，相应地，香港货币政策的首要目标是维持港元与美元汇率的稳定。1988年以前，香港政府主要依赖对外汇市场的直接干预来稳定港元与美元之间的汇率。香港金融管理主要通过以下渠道影响流动性：一是在同业市场上直接发放或借入港币；二是与其他市场参与者进行外汇掉期；三是买卖、发行或兑换外汇基金票据。

## 三、韩国货币市场的演进和特点

韩国有组织的货币市场开始于20世纪60年代，当时主要是银行同业间的拆借。虽然早在1961年和1967年韩国就首次发行了货币稳定债券和国库券，

但是直到70年代初,政府采取了一系列措施,把场外资金导入金融机构并组织更为系统的短期金融市场后,交易才活跃起来。1972年,随着《短期融资业务法》的出台和投资财务公司的成立,由非金融企业和投资财务公司发行的票据,开始在市场上流通,意味着向发达货币市场的转变迈出了第一步。1974年,银行开办了可转让存单,即固定期限、固定利率的大额存款业务。此外,根据"银行机构拆借办公室协议",1975年建立的同业拆借办公室,将过去发生于单个银行之间的拆借业务放在一个有组织的基础上。1977年,韩国证券融资公司与证券公司间开始进行回购协议下的短期债券买卖业务。随着金融机构数量的不断增加,各种新的金融工具包括商业票据从20世纪80年代初起相继推出,拓宽并活跃了货币市场。货币市场自建立以来,发展较快,其成交量在1980年仅有15 484亿韩元,到1990年达到了442 976亿韩元,而到1995年底达到1 155 305亿韩元,是1980年的75倍。从产品种类来看,商业票据占的比重最大,为38%多;其次是货币稳定债券,占22.4%;可转让存单位居第三,为18.2%[①]。

韩国货币市场结构表现出两个特点:一是商业票据市场在整个货币市场交易中占有绝对的比重,其他市场则比较分散,尤其是同业拆借市场不发达;二是近年来韩国货币市场的发展呈现出一种专业化的趋向。除了通常的拆借市场、商业票据市场、短期政府债券市场等一些基本的子市场之外,韩国货币市场还包括货币稳定债券市场、商业发票与贸易票据市场、金融票据市场等一些新兴的子市场,这些子市场的运作通常是专门经营一种类型的金融资产,为其主要参与者提供专门的服务。

韩国货币市场上的交易工具比较有特色,除了一些常见的货币市场工具以外,像货币稳定债券、外汇稳定基金债券、粮食管理基金债券、商业发票与贸易票据等信用工具都是韩国货币市场上所特有的,虽然它们的交易额都不大,但近年来的发展却呈现出不断上升的势头。韩国货币市场的参与者主要包括银行、商人银行、保险公司、证券公司、经纪商、企业及公众,其中经纪商在整个市场中的作用极为重要,如同业拆借市场80%以上的交易都是通过经纪商来进行的。

货币稳定债券市场与金融票据市场的存在是一个主要特色。货币稳定债券是韩国货币市场上特有的一种信用工具,其目的是为控制货币增长,稳定韩元币值。目前,货币稳定债券市场已成为韩国货币市场中仅次于商业票据市场的第二大市场。另外,韩国的金融票据市场也是一个非常有特色的子市场,该市场的交易量虽然不大,但却对活跃整个货币市场起到了积极的作用。

---

① 海外货币市场研究课题组．海外货币市场研究.经济科学出版社,2001

## 四、印度货币市场的结构和特色

印度货币市场处于发展的阶段，货币市场的运行特征表现为期限短、数量大和市场参与者少。货币市场的发展有赖于能为市场参与者提供满足其需求的工具数量的多少。直到1986年，市场中有活力的工具仅包括短期拆借资金、票据再贴现以及91天期国库券。从那时起出现了一系列新的工具，如182天期国库券和364天期国库券、可转让存单、商业票据、银行间信用凭证、信用贷款等等。另外，还有很多新的工具像期权、期货、浮动利率协议等，都已经被引入到货币市场中来。总的来说，印度货币市场的工具主要有以下几种：短期拆借资金(call loans)、国库券( TBs )、可转让存单(CDs)、商业票据(CPs)、购买期权/近远期期权(REPO or RF)、银行间信用凭证(IBPCs)、信用贷款(credit)、期权(option)、金融期货(financial future)、远期利率协议(FRA)等。印度货币市场的突出特点是发展极不均衡，体现在货币市场以银行间拆借市场为核心，近年来，票据市场在政府和货币当局的支持和培育下有较大发展，但仍处于从属地位。

印度货币市场的发展，突出体现在政府和货币当局对票据市场的大力支持上。面对票据市场发展滞后的局面，为了培育印度票据市场、进一步发展印度的货币市场，1952年印度储备银行推出票据市场模式，由印度储备银行担保，提高票据的融资功能；1988年规定规模为50万卢比或高于50万卢比的基金必须将其国内信用额的25%用于票据业务，同时，印度政府减去了对该项业务的印花税，降低票据业务的成本，提高票据业务的吸引力；1987年进一步降低票据再贴现率，使票据业务在利息率方面比法人贷款者的优先固定贷款利率还要低一个百分点。上述措施的出台，极大地推动了票据市场的发展，但由于票据市场模式的全部潜在优势并未被市场参与者全面认识，其发展仍面临一定的制约。

作为印度的中央银行，印度储备银行被赋予了代表国家发行国债的权利和任务，而且可以认购国库券，在国债业务方面具有一定的优势，但却很少参与国债二级市场的交易。这一特点反映了印度中央银行在货币市场流动性调节功能方面的滞后，更多地注重国债的筹集资金功能，未将之作为公开市场业务操作的主要信用工具，也未将国债作为中央银行调节商业银行流动性和实施货币政策的重要工具。

印度金融机构体系的特点为：国有银行在金融体系中占据主导地位；金融机构体系呈现明显的二元结构特征，既存在以发达的商业银行体系和外资银行体系为主体的金融机构体系，也存在采用传统方式经营的非正式金融机构体系；银行网络遍及城乡；政府倾向于对国民经济的核心部门实行有效的控制。

# 第五节　我国货币市场的快速培育

## 一、理论困境中的中国货币市场艰难建立

我国狭义货币市场起源于20世纪80年代,各地纷纷成立了货币拆借融资中心,成为货币市场的雏形。市场走过了一个相当曲折的历程,1996年在上海建立了统一规范的全国银行间同业拆借中心。1997年,银行间债券交易从交易所市场转移到银行间债券市场,货币市场的两大组成部分同业拆借市场、短期债券及债券回购市场,从此落户上海全国银行同业拆借中心,成为名符其实的中国货币市场中心。2003年,银行间同业拆借中心将近年来迅猛发展的票据交易纳入市场,形成了银行间票据市场。

目前我国货币市场主要是两部分:一是上海银行间市场;二是各银行组成的信贷市场。银行间市场按产品分类,包括银行间同业拆借市场、银行间票据市场、银行间债券市场。其中,银行间债券市场同时交易长期债券等资本市场工具和短期债券及债券回购等货币市场工具。

### (一)货币市场非均衡发展

图7-5列出我国货币市场各个子市场2003年底的余额,包括同业拆借、短期债券、央行票据、债券回购、银行承兑票据、银行贷款等。图7-5和图7-6显示,我国狭义货币子市场中,如果以余额衡量,银行承兑票据份额最大,占到60%,债券回购其次,占到19%。如果以交易量衡量,则债券回购跃居第一,占68%,银行承兑票据居第二,占17%。无论以余额和交易量衡量,短期国债和短期金融债份额都很小,在0%～4%之间。

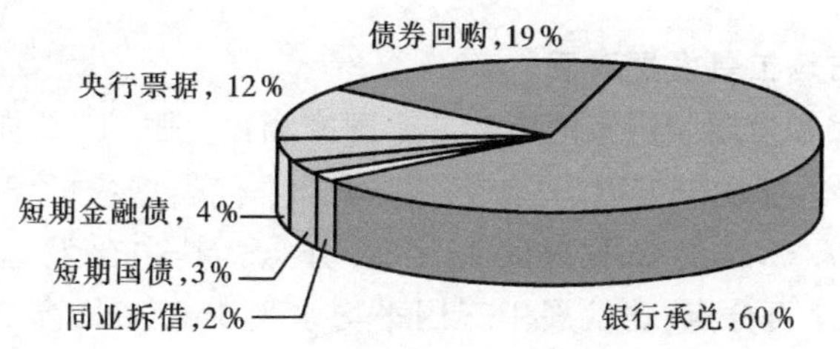


图7-5　2003年我国狭义货币市场余额

货币市场中，同业拆借成交金额从1998年的1 1978亿元增至2005年的1.3万亿元,年均增长31%,债券回购成交金额从1998年的1.4万亿元增至2005年的18.2万亿元,年均增长44%,银行承兑汇票的承兑余额从1995年末

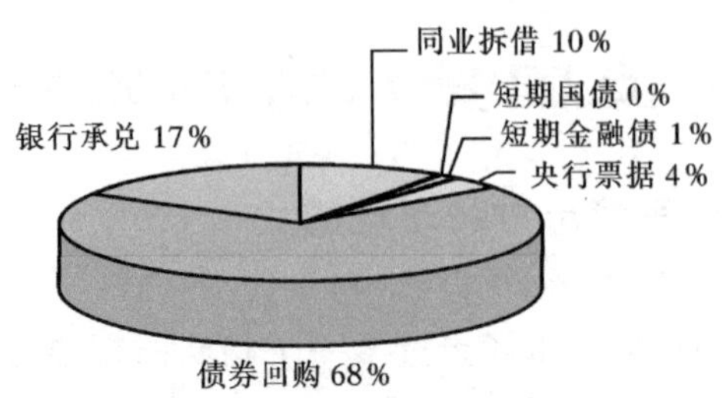


图 7-6 2003 年我国狭义货币市场交易份额

的 865 亿元增至 2005 年末的 2 万亿元,年均增长 37%。

如果将货币市场概念扩充到广义,银行贷款这一传统的货币子市场占据绝对比例,为 90%以上,而其他交易类市场与之相比都处于相对弱势。

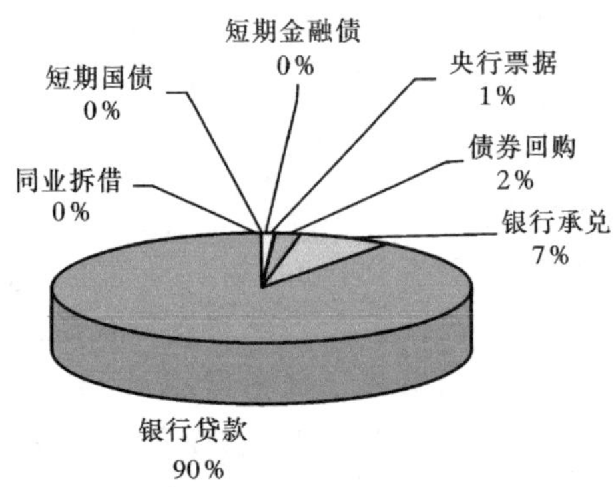


图 7-7 2003 年我国广义货币市场余额份额

### (二)货币市场工具发展滞后

与发达国家和发展中国家两类共 6 个国家相比,我国广义货币市场与 GDP 比例为 165.79%,仅次于英国、马来西亚,居 7 个代表国家的第三位,比其他 7 国平均比例 147.63%的水平高出 18 个百分点。其中比发达 3 国平均水平 138.85%高 27 个百分点,比发展中三国平均水平 156.41%高 9 个百分点。我国广义货币市场存量居世界前列。

除马来西亚外,世界各主要国家狭义货币市场各子市场之间发育均衡,各国没有单独子市场份额超过 50%的情况。美国联邦基金和回购、短期国债(包括市政债)、商业票据、大额 CD 四个市场占据主要地位;英国以同业拆借、债券回购,大额 CD 三足鼎立;日本短期融资债占比最大为 36.7%,最小的银行承兑票据也占 7.9%,其他均在 10%左右;韩国央行票据占比最大为 40.7%,但其他子市场份额都在 8%以上;泰国以同业拆借、债券回购、短期债券三分天下。我国狭义货币子市场主要集中在前两个品种,银行承兑票据和债券回购共占到 80%左右市场份额,其他子市场发育不足,尤其是短期债券市场和同业拆借市场。总体来看,我国货币市场在总量上并不落后,某种程度上货币体系过分依赖间接融资。但是货币市场内部子市场之间发育很不均衡,尤其是银行贷款、银行承兑票据等市场化不强的工具在货币市场中占据 97%以上份额,风险集中,亟待向市场化更强的货币子市场和资本市场分流和转化。

**表 7-2　主要国家广义货币存量①**

| 项目 | 广义货币市场/GDP | 银行贷款/GDP | 狭议货币市场/GDP | 资本市场/GDP | 债券余额/GDP | 股票市值/GDP |
|---|---|---|---|---|---|---|
| 中国 2003 年 | 165.79% | 147.82% | 17.97% | 64.06% | 28.48% | 56.30% |
| 美国 2003 年 | 91.07% | 44.45% | 47.42% | 290.66% | 169.64% | 129.01% |
| 英国 2000、2003 年 | 103.92% | 134.20% | 49.74% | 296.54% | 175.40% | 125.14% |
| 日本 2003 年 | 140.77% | 102.55% | 58.42% | 209.76% | 146.29% | 63.47% |
| 韩国 2003 年 | 120.02% | 94.85% | 55.17% | 112.40% | 57.95% | 54.49% |
| 泰国 2000、2003 年 | 152.72% | 101.27% | 51.55% | 119.85% | 40.32% | 79.52% |
| 马来西亚 2003 年 | 108.51% | 152.92% | 55.59% | 240.82% | 77.60% | 165.22% |

### (三)货币市场主体逐步多元化

近年来,除政策性银行、商业银行、信用社等银行业金融机构外,非银行金融机构和企业参与程度快速提高,机构投资者表现活跃,个人投资者通过基金等集合型投资工具积极参与市场交易。截至 2005 年底,同业拆借市场成员数由 1997 年底的 96 家增至 695 家;银行间债券市场成员数由 1997 年底的 61 家增至 5 508 家,债券发行人范围由财政部、政策性银行扩大至商业银行、非银行金融机构、国际开发机构和企业等各类市场主体②。

## 二、货币市场与资本市场的连通

主体连通是两个市场的投资主体之间互通有无,资本市场与货币市场的投

---

① 赢家人才网.资本市场与货币市场连通研究报告,2006-8-15

② 中国人民银行.2005 年国际金融市场报告,2005

资主体之间的关联程度越大，两个市场的联通越紧密。我国货币市场的投资主体主要为商业银行、保险公司、其他非银行金融机构、企业单位、个人投资者等；资本市场的投资主体主要是证券投资基金、券商机构、企事业单位、个人投资者。货币市场的主要投资者商业银行与保险公司长期以来并不是资本市场的参与者，资本市场的主要参与者对于货币市场来说也可有可无。因此，在主体连通方面并不如国外市场那样紧密。

制度连通是投资主体虽然不能完全覆盖，但是两个市场的投资主体之间可以通过跨市场融资制度的安排进行资金互通。资本市场的投资主体可以通过货币市场融到资金进行投资，反之，货币市场参与者也可以将资本市场的资金灵活调整到货币市场。在我国，由于股票质押、融资融券等融资制度的不完整和缺位，以及券商融资渠道的狭窄，资本市场从货币市场融资的制度连接不畅通。

产品联通是两个市场可以提供足够的跨市场产品给市场参与者进行交易，使资金通过跨市场产品在两个市场间自由流动。共同基金是典型的跨市场产品，将货币市场中的储蓄引导到资本市场投资股票和债券。除此之外，还有很多跨市场产品如银证理财计划、结构产品存款等等，都是针对资本市场不同目标群体设计的投资产品。

我国资本市场在上海证券交易所和深圳证券交易所，主要交易股票等股权类产品，也交易债券产品。其中，交易所债券市场除了交易长期债券外，也存在债券回购的短期品种，货币市场和资本市场的边界划分如图 7-8 所示。

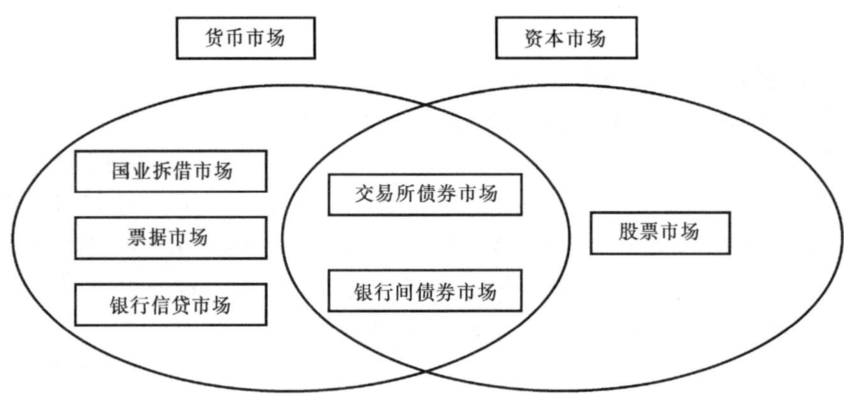


图 7-8　我国货币市场与资本市场边界划分图

资金连通表现为，一是银行间货币市场和深沪股票市场资金上存在此消彼涨的关系。股票市场与拆借市场的资金连通程度在增强，而与回购市场的资金连通程度在减弱。总体来看,深沪股票市场与拆借市场、回购市场的关联程度都很小。二是银行间信贷市场和深沪股票市场资金关联程度较大,我国货币市场和股票市场上存在短期信贷资金套利的行为。

价格连通表现为,一是银行间货币市场与深沪股市收益率的相关性很弱;二是深沪股票市场的收益率与拆借市场的关联程度明显比与回购市场得关联程度强,这说明拆借市场在货币市场中地位在增强,对资本市场的影响也在增强。

通过对我国货币市场和资本市场资金和价格连通的实证分析发现:

银行间同业拆借和回购市场与深沪股市的连通程度很低,金融机构贷款与深沪股市的关联性较高,说明灰色渠道甚至高于正当渠道进入了股票市场;货币政策对股票市场的影响很小;债券市场收益率与股票市场收益率不相关,两个债券市场利率期限结构割裂,资本市场的两个子市场也严重分割。需要进一步制定政策措施进行两个市场的连通,包括货币市场与股票市场的连通、两个债券市场的连通、货币市场与债券市场的连通、债券市场与股票市场的连通[①]。

## 三、中国货币政策对货币市场发展的影响

自 1998 年中国人民银行恢复公开市场操作以来,公开市场操作以金融机构超额存款准备金为主要操作目标,动态监测分析财政库款、外汇占款、现金投放与回笼等影响流动性变化的因素,根据货币调控总体的需要灵活开展公开市场操作,适时适度调节银行体系流动性,及时熨平流动性波动,保持流动性总量适度和结构合理,为货币市场的发展创造了平稳的市场环境。近年来,中国人民银行在灵活开展公开市场操作的同时,综合运用多种货币政策工具实施宏观调控,取得了明显的调控效果,为货币市场的发展创造了良好的外部环境。

2003 年以来,为对冲外汇占款快速增加,有效调控货币信贷增长,中国人民银行开始发行中央银行票据收回银行体系多余的流动性,截至 2005 年末,累计发行中央银行票据数量超过 5 万亿元。这一工具创新不仅使中国人民银行在外汇储备刚性增长的情况下获得了货币调控的主动权,而且弥补了货币市场、债券市场缺乏短期工具的不足,为金融机构提供了新的流动性管理工具。

为了适应公开市场业务发展的需要,在 1997 年选择了一批资金实力强、管理水平较高、资信良好,具有货币政策传导能力的金融机构作为公开市场业务的交易对象。目前,公开市场业务一级交易商共有 52 家,机构范围包括存款类机构、证券公司、保险公司及基金公司,这些一级交易商不仅积极参与公开市场业务和债券市场交易,而且代理其他机构进行交易。

---

① 王一萱,曲文洲. 我国资本市场与货币市场连通问题研究. 证券时报,2005-3-11

1996 年全国银行间拆借市场正式建立以来，货币市场和债券市场获得了长足发展，货币市场体系逐步完善。1996 年起，相继建立全国统一的同业拆借市场、银行间债券市场、商业银行国债柜台交易系统，1998 年，在银行间债券市场实现招标方式发行债券，2004 年，实现了券款对付(DVP)结算方式，市场建设和清算系统升级为货币政策传导提供了必要的渠道和场所。市场成员由最初不足 100 家增加到 5 500 多家，交易主体几乎涵盖所有种类金融机构，以及企业等非金融类机构。推动货币市场工具创新，引入新的发行主体，除国债、政策性金融债券和中央银行债券外，商业银行次级债券、商业银行金融债券、资产支持证券、企业短期融资债券等新工具不断涌现，直接为货币政策操作提供了大量可操作工具。

近年来，随着我国货币市场向纵深发展，货币市场和债券市场对中央银行货币政策操作的敏感性不断提高，货币市场利率和债券市场收益率与中央银行操作利率之间的关联性逐步增强，从一个侧面反映了货币政策实施效果的提高，为促进向间接调控方式转变的最终实现创造了重要条件。中国人民银行加大金融改革力度，采取各项措施推动货币政策调控方式的转变，取得了明显效果。已初步形成从中央银行到货币市场、到金融机构，进而影响实体经济部门的货币政策传导体系，货币市场成为货币政策传导中的重要环节。

# 第八章　外汇市场:从美元霸主到多元国际货币

## 第一节　主要汇率理论的梳理

### 一、国际借贷理论

国际借贷理论(theory of international indebtedness)也称外汇供求理论,由英国经济学家葛逊(G. L. Goschen)提出,是说明外汇汇率变动的最重要的理论。国际借贷理论认为,一国货币汇率的变化由外汇供给与需求决定,外汇的供给与需求取决于国际借贷。国际借贷分为固定借贷和流动借贷,前者指借贷关系已形成,但未进入实际收付阶段的借贷,后者指进入收付阶段的借贷。葛逊认为,只有流动借贷的改变才会对外汇供求产生影响。

流动借贷对外汇供求及汇率的影响可以概括为:①一国对外流动借贷若出现顺差,即对外债权大于对外债务,则外汇供给大于需求,外汇汇率会下降,本币汇率上升。②一国对外流动借贷若出现逆差,即对外债务大于对外债权,则外汇需求大于供给,外汇汇率会上升,本币汇率下降。③一国对外流动借贷相等,对外债权与对外债务相等,则外汇供求平衡,本币汇率不变。

国际借贷理论以金本位制为前提,通过国际借贷差额以及外汇供求的变动来解释汇率的变动。在金本位制汇率较稳定的时期,该理论有其合理的部分。但是,国际借贷理论也有其不足之处:它只阐述了影响汇率变动的因素,忽视了对汇率决定基础的论证,并没有说明若在国际借贷总额平衡时,汇率水平决定于什么;解释了在金本位制下汇率变动的主要原因,对影响汇率变动的其他重要因素没有做出充分说明,只能解释短期汇率的变动。随着金本位制的瓦解,在不兑换纸币流通制度下,决定汇率的因素包括经济、政治等诸因素。

### 二、购买力平价理论

一战后,随着金本位制的崩溃,汇率剧烈波动。瑞典经济学家古斯塔托·卡塞尔(Gustav Cassel)提出了“购买力平价理论”(theory of purchasing power parity)[①]。基本思想是:本国居民之所以需要外国货币或外国居民之所以需要本国货币,是因为这两种货币在各自的发行国具有购买力,两国货币的价值之比实际上就是购买力之比,因此货币的购买力大小决定汇率的基础,汇率涨落是货币购买力变化的结果。

购买力平价理论有两种形式:绝对购买力平价理论和相对购买力平价理论。前者解释某一时点上汇率决定的基础,后者解释某一时间段上汇率变动的原因。

绝对购买力平价是在一定的时点上,两国货币汇率决定于两国货币的购买力之比。如果用一般物价指数的倒数来表示各自货币购买力的话,则两国货币汇率取决于两国的一般物价水平之比。用公式表示即为:

$$E = P/P^* \tag{8-1}$$

$E$ 表示均衡汇率(直接标价法,即以本国货币表示的外国货币的价格),$P$ 表示国内一般物价指数,$P^*$ 表示外国一般物价指数。上式表明,任何两国货币间的汇率,等于该两国一般物价指数之比。

绝对购买力平价实际上是国际间的“一价定律”(One Price Law)。在自由贸易的情况下,由于各国商品可自由流通,无任何贸易费用及关税,同一种商品在世界各地以同一货币表示的价格是一样的。但由于各国使用的货币不同,一种商品以不同货币表示的价格,就需要经过均衡汇率来折算,才能保持相等,用公式表示为:

$$P = E \times P^* \tag{8-2}$$

这表明,通过汇率折算,本国一般物价水平与外国一般物价水平相等。否则,国际间的商品套购活动也会使现实汇率调整到与绝对购买力平价相等为止。

一战结束后,由于各国在战争期间滥发不兑现银行券,导致了通货膨胀与物价上涨,促使卡塞尔对绝对购买力平价进行修正,相对购买力平价因此而产生。相对购买力平价理论把汇率的升降归因于物价或货币购买力的变动,在一定时期内,汇率的变动与同一时期内两国物价水平的相对变动成比例。相对购买力平价说明汇率水平的变动由两国的通货膨胀率的差异决定。如果本国通货膨胀率超过了外国,本币贬值。由于通胀率的数据比较容易获得,从而使相对购买力平价比绝对购买力平价更有说服力。

购买力平价学说无论在理论上还是实践中都具有广泛的影响,成为 20 世纪最重要的汇率理论之一。卡塞尔认为,两国货币的购买力(或两国物价水平)可以决定两国货币汇率,这是从货币所代表的价值量这个层次去分析汇率决定的,

---

① 卡塞尔.1914 年以后的货币与汇率理论.1922

抓住了汇率决定主要问题。该理论以国内外物价对比作为汇率决定的依据，说明一国货币的对外价值是货币对内价值的表现，货币的对内贬值必然引起货币的对外贬值。有助于说明通货膨胀率与汇率变动之间的联系，揭示了汇率变动的长期原因。在西方各国实行浮动汇率制的今天，这一学说在一定程度上符合汇率运动的现实，因此有很强的生命力。

该理论也存在缺陷：①理论以货币数量论为基础，实质上是把货币数量的变动作为引起汇率变动的基本因素。②其物价指数仅限于贸易商品，但物价水平包括贸易商品和非贸易商品，且非贸易商品的价格不能通过国际贸易传递而趋于一致。③只考虑了国际收支经常项目中的贸易项目，忽略了国际资本流动、生产成本、贸易条件等，而国际资本流动对汇率所产生的冲击，往往是现实汇率在短期内偏离购买力平价的根本所在。④没有对物价如何影响汇率的传导机制进行具体分析。⑤绝对购买力平价以自由贸易为假设前提与现实存在较大差距，另外，在计算购买力平价时，编制各国物价指数的方法、范围、基期汇率选择等方面也存在着技术性困难。

## 三、利率平价理论

利率平价理论是英国经济学家凯恩斯 1923 年在《货币改革论》一书中提出，此后英国学者进一步阐述了汇率与利率之间的相互关系。

由于国际间的套利性资金流动，利率与汇率之间存在着密切的关系。远期差价（期汇汇率与现汇汇率的差额）是由两国间的利率差异决定的，利率高的货币在期汇市场上贴水，利率低的货币在期汇市场上升水，在没有考虑交易成本的情况下，远期差价等于两国利率差，即利率平价成立。在资本具有充分的国际流动性的条件下，投资者的套利行为使得国际金融市场上以不同货币计价的相似资产的收益率趋于一致，套利资本的跨国流动保证了一价定律适用于国际金融市场。若用 $r$ 表示以本币计价的资产的收益率（年率），$r^*$ 表示以外币计价的相似资产的平均收益率，$E$ 表示即期汇率（直接标价），$Ee$ 表示预期将来某个时点上的即期汇率。假设投资者是风险中性，根据一价定律可得：

$$1 + r = (1 + r^*) \times Ee/E \tag{8-3}$$

对等式(8-3)作适当的数学处理，得到：

$$r - r^* = \Delta Ee \tag{8-4}$$

其中，

$$\Delta Ee = Ee/E - 1 \tag{8-5}$$

等式(8-4)就是无抛补的利率评价表达式。表明：当本国利率高于（低于）外国利率时，本国货币期待贬值（升值），本币预期贬（升）值得幅度等于国内与国际利率水平之间的差异，等式(8－5)是本币的预期贬(升)值率。投资者在国际市场上对以不同币值计价的资产进行充分的套利是无抛补利率平价得以成立的关键。

与无抛补的利率平价相比，抛补的利率平价并未对投资者的风险偏好作出假定，因为远期外汇市场的出现使套利者可以免予承担由于汇率波动而产生的汇率风险。套利者在套利时，可以在期汇市场上签订与套利方向相反的远期外汇合同(掉期交易)，确定在到期日交割时所使用的汇率水平。由于套利者利用远期外汇市场固定了未来交易时的汇率，避免了汇率风险的影响，使整个套利过程得以顺利实现。

利率平价理论不是一个独立的汇率决定理论，只是描述了汇率与利率之间相互作用的关系，即不仅利率的差异会影响到汇率的变动，汇率的改变也会通过资金流动影响不同市场上的资金供求关系，进而影响利率。更重要的是，利率和汇率可能会同时受到更为基本的因素的作用而发生变化，利率平价只是变化过程中利率与汇率之间的联系。因此，利率平价理论与其他汇率决定理论之间是相互补充而不是相互对立的，常常作为一种基本的关系式而被运用在其他汇率决定理论的分析中。

## 四、货币供求理论

货币供求理论由货币学派考伯·弗兰克尔(Jacob A. Franked)和哈里·约翰逊(Harny G. Johson)等人提出，强调货币市场和货币存量的供求情况对汇率变动的影响。

该理论建立在以下假设上：货币供给是由货币当局决定外生变量，在价格弹性的假定下，利率、实际国民收入与货币供给无关；汇率是一种货币现象，国民收入、利率等因素通过货币供求作用于汇率，实际货币需求是实际国民收入和利率水平的稳定函数；购买力平价有效成立，它提供了两国价格水平之间的关系；国内货币需求的收入弹性和利率弹性与国外对应的弹性相等。

基于上述假设，汇率水平取决于本国和外国的实际国民收入、利率以及货币供给，即：

$$e = (Ms - Ms^*) - \alpha(y - y^*) + \beta(i - i^*)$$

上式中，$e$ 表示汇率，$Ms$ 和 $Ms^*$ 分别表示本国和外国的货币供给，$y$ 和 $y^*$ 分别表示本国和外国的实际国民收入，$i$ 和 $i^*$ 分别表示本国和外国的利率水平，$\alpha$，$\beta$ 为系数。

本国货币供给相对于外国货币供给增长时，将迅速导致本国价格水平等比例上升。在购买力平价有效成立的条件下，本国货币汇率等比例下降，本国收入水平和利率则不发生变动；本国实际国民收入相对增长，导致货币需求的增加，在名义货币供给不变的情况下，国内价格水平下降，在购买力平价有效成立的条件下，本国货币汇率相应上升，进而维持货币市场均衡。货币供求说认为，一国货币贬值是货币供给增长过快所致。其原因是，为了维护汇率稳定，货币供给的增长应与国民收入的增长保持一致，否则，一国货币的币值将是不稳定的；本国利率水平相对提高，会导致国内货币需求下降，价格上升，在购买力平价机制的作用下，本国货币汇率将下降，本币贬值。

在货币论中所揭示的汇率决定的三个重要因素均与购买力平价机制的成立密切相关，因而，通常认为货币供求说是购买力平价理论的现代表现形式。另外，货币供求说模型把外汇市场与货币市场联系起来，将分析视野拓展至货币供给、实际收入水平和利率水平等名义和实际变量，发展了购买力平价。但是，该理论只注重与货币因素有关的因素如国民收入、价格水平、利率水平对汇率变动的影响，忽略了社会经济内部结构、政治因素对汇率变动的影响，因而具有一定的片面性。

## 五、中间制度理论

中间制度理论又称中间制度消失论。主要观点为，只有自由浮动制或是具有非常强硬承诺机制的固定汇率制是唯一可持久的汇率制度，介于两者之间的中间性汇率制度，包括“软”的钉住汇率制如可调节的钉住、爬行钉住、幅度（目标）汇率制以及管理浮动制，都将消失或正在消失。

萨莫斯（Summers，1999）认为，金融市场一体化由国际和国内因素共同促成，一国难以阻挡发展（除非实行资本管制）。根据“三元悖论”，在金融市场一体化的条件下，一国政府要么选择汇率稳定而放弃货币主权（“硬”的钉住汇率制），要么放弃汇率稳定而坚持货币独立（自由浮动汇率制）。在这种情况下，政府的汇率决策，类似于寻求运筹学中单纯形方法的“端点解”。

中间制度消失论还有一个解释是，当一些国家采取钉住汇率制并发现问题后，往往由于政治原因必须等待很长时间才能够调整汇率水平，或改变汇率制度，但已太晚。故中间制度的代价太大。

弗兰克（Frankel，2000）用可核验性来建构中间制度消失论的理论基础，他指出，当政府宣布实行某种汇率制度时，要使这宣布有公信力，就必须使这种制度简单而又透明，公众自己能立刻检查出政府实际所实行的制度确实就是宣布要实行的制度。这里，“可核验性”是指市场参加者能从所观察到的资料中，在统计上推断出政府所宣布的汇率制度确实是实际上实行的制度。只有具有公信力，才会具有自我实施性，从而具有可维持性。完全的钉住制或完全自由的浮动制，对公众来说比较简单、容易进行自查。所以，各国会最终选择这些可检查的汇率制度而放弃中间制度。

中间制度理论目前还并不是一个成熟的理论，实证上也缺乏有力的支持。但是，亚洲货币危机后发生的关于国际汇率制度的大辩论，确实凸现了发展中国家在选择汇率制度方面存在结构性困难。

## 六、害怕浮动理论

雷恩哈特(Reinhart)于 2000 年提出害怕浮动论(the fear of floating hypothesis)。该理论是指这样一种现象：一些归类为实行浮动汇率制的国家(主要是新兴市场经济体)，将其汇率维持在对某一货币(通常为美元)的一个狭小幅度内，没有真正浮动，反映出这类国家对较大汇率波动存在长期的恐惧，实际上是变相的钉住汇率制。

一些声称实行货币汇率自由浮动的国家，实际上其货币并未能真正浮动，实际观察到的汇率变动率相当低。名义汇率的低波动率，并不是因为这些经济体未受到实际或名义的冲击，实际上，同美国和日本相比，这些国家在贸易条件等方面受到的冲击更大而且更频繁，汇率可变动性强，完全是政府有意造成的。同时，国家国际储备极易变动，而在典型的浮动汇率制下，国际储备应相对平稳。在这些国家中，名义和实际利率的变动性异乎寻常地高，与那些真正的浮动汇率制国家无法相比。害怕浮动的现象非常普遍，在发展中国家与一部分发达国家中都存在。雷恩哈特进一步认为，从资产市场方面来看，一国实际上从汇率的灵活性上不能获得任何好处。研究表明，新兴市场国家具有结构性的不适合汇率浮动的理由，因此这些国家应该实行美元化。

害怕浮动的原因是，在这些国家货币贬值具有紧缩效应。长期以来，这些国家的经济政策缺乏公信力，一旦发生贬值特别是当汇率和利率两者都波动的时候，政府往往倾向于汇率稳定，这样可以让汇率起一种"名义锚"的作用，以增强政府的公信力，所以，就限制了政府让汇率浮动特别是下跌的可能性。如果这些国家货币贬值，不但将更难进入国际金融市场，而且国际资本流入可能停止，进而影响经济增长。此外，在新兴市场国家，汇率变动对贸易的影响想要比在发达国家大得多，货币贬值通过国内物价上升而传递通货膨胀，即传递效应高出许多。

害怕浮动理论确实指出了发展中国家若实行自由浮动将会遇到的结构性问题，但这并不意味着国家必须实行坚硬的固定汇率制。实行硬钉住制在短期内有吸引力，但如不具备条件，会导致巨大的长期成本。害怕浮动在发展中国家是普遍的，但并不是必然的。

# 第二节　外汇储备的规模与风险

近几年来，发展中国家外汇储备大幅度增加，提高了国际清偿能力，但在开放的市场经济条件下，外汇储备已不仅是一种财富，其规模、结构的变化都会对一国国内宏观经济产生重要的影响。

## 一、外汇储备的途径与经济效应

外汇储备与货币当局的黄金储备、在国际货币基金组织的头寸、特别提款权及其他债权一起，构成一国（或地区）的国际储备。外汇储备是国际储备中规模最大、频率最高、增长最快、地位最重要的资产。一国增加其外汇储备的主要途径有三类：第一，国际收支顺差。国际收支顺差主要包括经常项目顺差和资本项目顺差等，其中经常项目顺差是一国增加其外汇储备最稳定和最可靠的来源渠道。当然，资本项目顺差也是一国增加外汇储备的一个来源，甚至在某一时间还可能是最主要的来源，但资本特别是短期资本的流动性使资本项目具有相当的不稳定性。第二，一国货币当局向国外借款。当需要补充外汇储备时，一国货币当局可以直接从国际金融市场或国际金融机构借款来补充外汇储备。储备货币的发行国还可以通过货币互换协议（swap arrangement）相互提供外汇储备。第三，本币升值时的外汇干预。当一国的本币在外汇市场上升值时，为稳定本币汇率，该国的货币当局在外汇市场上会抛售本国货币，购入外国货币，这部分新增加的外汇就列入外汇储备。通过外汇干预增加外汇储备具有相当的不稳定性，因为当本币贬值时，外汇储备就会减少。

作为影响经济发展的重要因素，外汇储备与其他宏观经济变量之间有着密切的关系。这里主要从四个方面来探讨外汇储备的宏观经济效应。

首先，从基础货币与货币供应量的角度来看。外汇储备通过作用于基础货币进而对货币供应量的变动产生影响，中央银行货币概览和资产负债表的平衡关系表明：基础货币＝国外净资产＋国内信贷－其他负债和资本，其中，国外净资产由中央银行所掌握的外汇储备、黄金、特别提款权以及在国际金融机构的存款构成，所以外汇储备增加必然导致基础货币增加，而基础货币的增加又通过货币乘数引起货币供应量的增加。

其次，从外汇储备与利率之间的相互关系来看。在固定汇率制下，当外币流入时，中央银行为保证汇率稳定，会在外汇市场上购买外汇，投放本币，使货币供应量增加，在流动性偏好不发生变化的假设前提下，利率会随货币供应量的增加而下降。在浮动汇率制下，当外币流入时，本币汇率调高，会对本国的进出口贸易产生直接影响，出口减少，进口增加，而对利率的影响相对较小。利率也会对外汇储备产生影响，利率上升，外资流入，外汇储备会上升；利率下降，外资流出，外汇储备会下降。

再次，外汇储备的规模对汇率的决定也起着关键的作用。在开放经济条件下，货币当局为了同时实现内部和外部均衡必须对利率和汇率同时进行调节，由于极大的本外币资产存量，汇率形成的机制发生了变化，汇率不再是简单的两国之间货币的买卖价格，而是投资者在本币、本币资产以及外币资产之间进行资产组合的均衡价格。因此，外汇储备在汇率决定中起到了关键的作用。外汇储备可以作为货币当局干预汇率的政策载体，中央银行可以通过对外汇储备的调节来引导汇率变动。

最后，外汇储备具有防范风险作用。可以提高货币政策信誉，稳定汇率预期，保持对本币的信心，保持政府对市场的最后干预能力。并且，外汇储备还是债务国偿债能力和国际商业信誉的最终表现。

## 二、如何看待外汇储备规模的合理程度

一国的外汇储备规模多少为宜？作为一国弥补国际收支逆差、保持汇率稳定、维护该国资信和防范经济金融风险现实能力的标志，外汇储备规模不能过小，以避免该国发生支付危机、债务危机和经济衰退，需要保证经济的稳定增长。然而，一国的外汇储备规模也不能过大，否则会带来诸如国内资源闲置、通货膨胀压力、本币不断升值、丧失国际货币基金组织(IMF)贷款等负面影响。

关于外汇储备规模的合理程度的探讨，西方经济学家有过不少论述，但到目前为止，对其适度性的理解并不统一。弗莱明给出的定义是：如果储备规模和增长率使储备的“缓解”程度最大化，则该储备规模和增长率就是合理的。他所说的“缓解”程度，指的是一国金融当局相信，运用储备融通国际收支逆差而无须采用支出转换政策、支出消减政策和向外借款融资的能力。海勒认为，能使国际收支逆差所采取的支出转换、支出消减和向外借款融资政策的成本最小的储备规模就是合理的外汇储备需求水平。巴洛提出的标准是，在现有的资源存量和储备水平既定的条件下，能促进经济增长率最大化的储备增长就是合理的。阿格沃尔对发展中国家适度储备规模所作的解释是：如果储备持有额能使发展中国家在既定的固定汇率上融通其在计划期内发生的预料之外的国际收支逆差，同时使该国持有储备的成本与收益相等，那么其规模就是合理的。

究竟如何确定一国适度的外汇储备规模呢？下面介绍几个有影响力的外汇储备适度规模理论。

### (一)比例分析法

特里芬(Triffin,1947)是最早研究适度储备规模的经济学家。他在对外汇储备历史数据的研究中发现,外汇储备与年进口额之间存在大体稳定的比例关系,前者占后者比例的上下限分别为40%和20%。因此,认为外汇储备需求的上升应与世界贸易的增长同步,把进口视为唯一的一个变量,著名的外汇储备与进口额的比率(R/M)成为衡量这种适度水平的直接标准[①]。他指出外汇储备与年进口额的比例应维持在25%左右,既保证3个月进口的用汇需要。

但是,特里芬的外汇储备与进口额的比率只是一个来源于经验的法则,缺乏理论依据。外汇储备的主要作用在于作为“缓冲存货”以弥补一国国际收支的逆差,并不是为一国进口交易总额提供融资。忽视了出口额,仅以资金的单向流动来衡量外汇储备,也忽视了劳务支出、短期和长期资本流动等因素,仅以贸易额来衡量储备需求,较为片面。

### (二)货币分析法

蒙代尔(Mundell)和约翰逊(Jonhnson)创立了国际收支的货币分析法(monetary approach to the balance of payments),并由约翰逊于1965年将这一理论方法应用于国际货币体系的流动性问题的研究中[②]。该理论认为,一国的外汇储备持有量依赖于该国国内货币的供求关系,外汇储备的增量应为该国货币需求与货币供给的增量之差,即$\Delta R=\Delta-\Delta Ms$,如果国内货币供给$Ms$的增长速度低于国内货币需求$M_d$,那么一国的外汇储备将增加,意味着额外的需求由国外部门来满足;相反,如果存在多余的货币供给,人们手中和银行账户上的现金余额超出了他们愿意持有的量,那么,外汇储备将会减少。

### (三)成本收益分析法

这种方法以微观经济学中厂商收益最大为理论基础。自20世纪60年代末以来,一些经济学家开始用此理论来研究外汇储备需求的适度性问题。假定政府同其他经济单位一样,具有一种社会效用函数,在对不同的行为做出选择时,往往在衡量边际收益和边际成本以后才制定政策,这样,国家外汇储备需求就可以按一种精确的程序直接进行估计。成本——收益分析法的引入,为外汇储备需求的计量研究开辟了一条新的途径,也使外汇储备需求理论进入了一个全新的发展阶段。现有运用成本收益法进行分析的两个主要模型是海勒模型[③]和阿

① R·特里芬. 国家中央银行与国际经济. 经济研究评论,1947(2)

② H·G·约翰逊. 国际贸易和经济增长:纯理论研究,1965

③ [英]H·R·海勒. 适度国际储备. 经济杂志,1966(6)

格沃尔模型。

在海勒模型中，一国持有储备的成本等同于这笔储备用于国内生产性投资所能带来的收益与持有储备获得利息的差额(用 $r$ 表示)。而一国面临国际收支逆差时所必须做出的调整政策的代价即为持有储备的收益，可用边际进口倾向的倒数 $1/M$ 来代替(削减 1 单位的进口，需要削减 $1/M$ 单位的收入)。海勒还假定国际收支逆差的发生是一个对称的随机过程，每一过程长度为 $h$，发生顺差和逆差的概率相同，均为 0.5，那么，连续发生逆差使得储备减少 $R$ 的概率为：

$$P=0.5^{R/h}$$

因此，增加单位储备持有的边际收益为：

$$MB=0.5^{R/h}/M$$

根据海勒模型最大化条件：$MB=MC=r$，可求出适度储备需求水平：

$$R^{opt}=h\lg(rM)/\lg 0.5$$

阿格沃尔模型①是对海勒模型的修改和完善，充分考虑了发展中国家与发达国家在制度和结构方面的差别。该模型认为，持有外汇储备的机会成本为：

$$RC=Y_1=Rk/q_q$$

式中：$RC$ 为持有外汇储备的机会成本；$Y_1$ 为使用所持有的储备购买生产性进口物品所生产出的产品产量；$R$ 为能够用于进口生产性物品的外汇数量；$k$ 为资本产出比的倒数；$q_1$ 为追加的可使用资本品的进口含量。

持有外汇的收益可表示为：

$$RB=Y_2=cR/q_2\,,\ c=(P)^{R/W}$$

式中：$c$ 为国际收支出现逆差时该国动用外汇储备进行调节的概率；$w$ 为国际收额；$p$ 为国际收支出现逆差的概率。$RB$ 为持有外汇储备的收益；$Y_2$ 为如果实行减少进口的调节方式而使国内减少的产品产量；$R$ 为外汇储备数量；$q_2$ 为进口的生产性物品与一国经济中总产量的比率。

根据 $RC=RB$，经整理，阿格沃尔得出发展中国家外汇储备水平的适度性公式：

$$R=W(lgk+lg-lg)/lgp$$

**(四)储备需求函数分析法**

在储备需求函数分析法的研究中，主要有三个模型来说明外汇储备规模的适度性：

第一个是弗兰德斯(M. J. Flanders)模型②。弗兰德斯考察了影响国际储备

① J·阿格沃尔.发展中国家的适度货币储备.世界经济文汇，1971(107)

② M·J·弗兰德斯．国际储备的需求．普林斯顿大学国际金融研究丛书，1971(27)

需求量的一些经济变量，认为有 10 个经济变量最重要，包括出口收益率的不稳定性、私人外汇和国际信贷市场的存在、持有储备的机会成本、储备的收益率、储备的变动率、政府改变汇率的意愿、政府调节所支出的成本、贸易商品存货水平及其变化、贷款成本和收入水平等。弗兰德斯得出的国际储备需求函数为：

$$L/M=a_0+a_1F/L+a_2\delta_1+a_3GR+a_4D+a_5Y+a_6V$$

式中：$L/M$ 为国际清偿力与进口的平均比率；$F/L$ 为一定时期内官方外汇储备与其清偿力的年平均比率；$\delta_1$ 为国际储备的波动大小；$GR$ 为以生活水平指数调整 GNP 的年增长率；$D$ 为以生活水平指数调整的本币贬值幅度；$Y$ 为人均 GNP 占美国人均 GNP 的百分比；$V$ 为出口变动大小。

弗兰德斯的储备需求函数比较全面，具有一定的代表性，但由于一些变量无法定量，或者难以获得统计数据，储备需求函数并没有得出一个实际结果。

第二个是弗伦克尔(J. A. Frenkel)模型①。弗伦克尔认为，决定发展中国家和发达国家国际储备需求函数的主要因素大致相同，他选择进口倾向、国际收支变动率和进口三个主要的影响变量构造储备需求函数，建立的储备需求函数为：

$$\lg R=a_0+a_1\lg m+a_2\lg\sigma+a_3\lg M$$

式中：$R$ 为国际储备需求量；$m$ 为进口水平表示；$M$ 为进口倾向；$Y$ 为 GDP；$\sigma$ 为国际收支的变动率；$a_1$，$a_2$，$a_3$ 分别表示 $R$ 对变量 $m$，$\sigma$，$M$ 的弹性。

第三个是埃尤哈(M. A. Iyoha)模型②。埃尤哈认为，影响一国储备需求的因素有：出口收入($X$)、进口支出的变动率($\sigma^2$)、持有的外汇资产的利率($r$)及一国经济的开放程度($P$)。以上 4 个因素与储备规模均为正相关，利用两期滞后调整，建立储备需求函数的具体形式如下：

$$R=a_0+a_1X+a_2\lg\sigma+a_3r+a_4P+a_5R_{-1}+a_6R_{-2}$$

式中：$R_{-1}$，$R_{-2}$分别表示前一期和前两期的储备量。

埃尤哈的分析结果比较接近实际，根据目前的数据该模型能够衡量发展中国际储备额的适度规模。

## 三、东亚国家高外汇储备的原因

表面上看来，过高持有外汇储备似乎成为东亚一些国家和地区的共同偏好。从深层次分析，由于东亚国家和地区所处的发展阶段、经济体制和产业结构的相

① [英]J·A·弗伦克尔. 发达国家与欠发达国家对国际储备的需求. Economica，1974(2)

② [美]M·A·埃尤哈. 欠发达国家对国际储备的需求：一种可分配的时候阐述. 经济学评论，1976(8)

似性，因而东亚地区外汇储备的急剧增长具有共同的原因。

东亚国家和地区在一定程度上存在着将持有和增加外汇储备作为增强民众信心、提高国际信誉、改善对外融资能力、降低经济改革风险的手段。美国经济学家马克卢普把货币当局这种追求货币储备最大化的行为，比喻为他太太对衣橱中更多新衣服的追求，又称为“马克卢普夫人衣橱理论”。这种倾向源于传统重商主义的基本理念。此外，东亚历来就有高储蓄率的传统，这一点自然也体现在对外汇储备的积累上，货币当局存在将外汇储备增长作为政策目标的倾向。

20 世纪 90 年代以前，大多数经济快速增长的东亚国家和地区主要依靠国内、区内储蓄为投资提供资金，此后这种情况发生了变化。工业化国家的经济增长放慢，造成了国际利率水平的不断下降，东亚经济体实施的结构性改革和宏观经济政策调整，使国际投资者相信这一地区的经济具有良好的增长前景。伴随着资本管制的放松，特别是资本流入限制的大规模解除，东亚地区的新兴市场发生了资本的过度流入。尽管亚洲金融危机的惨痛一度引发了投资者们从新兴市场撤资的浪潮，但最近三四年随着经济的复苏，流向东亚地区的资本量又明显回升。如此大规模流入的国际资本并没有完全被实体经济部门吸收，相当一部分滞留在金融系统内成为相对过剩的资本，直接导致了外汇储备的增加。值得强调的是，由于国际社会目前普遍存在对东亚货币升值的预期，所以，近期资本流入中也有一部分是因此产生的资本投机性回流。另外，大部分东亚国家和地区长期实行出口导向型增长战略。金融危机以后，东亚各国和地区经济的恢复与发展也主要依靠出口行业带动。这种以出口为导向的经济增长模式导致东亚出现庞大贸易顺差，部分顺差转化成外汇储备，并且规模越来越大。

经过 20 世纪 80 年代末期开始的宏观经济政策调整后，不少东亚新兴经济体的财政赤字大幅减少，包括泰国在内的一些国家甚至还出现了财政盈余。同时，一些国家面对资本大量流入而实行的紧缩性货币政策也在一定程度上减少了私人投资和消费。在资本大量内流的情况下，国内需求的相对不足是东亚地区外汇储备增长的另一个重要原因。

在汇率制度安排这个问题上，东亚地区的货币当局倾向于采取钉住汇率制。如香港地区自 1983 年以来实行联系汇率制，实际上是“最为坚硬的钉住汇率制形式”；中国 1994 年汇率制度改革时形成的“有管理的浮动汇率”，在亚洲金融危机后演变成了“钉住美元的固定汇率”，2005 年改为参考一揽子货币的有管理的浮动汇率制；东亚其他大多数国家和地区目前也相继恢复了亚洲金融危机前实际钉住美元的汇率制度，即“东亚美元本位的复活”。这些经济体为了避免本币的过快升值和促进出口，不得不用增加外汇储备的办法进行市场干预。日本虽然实行自由浮动汇率制度，但外汇储备规模扩张同样是央行频繁入市干预的结果。所以,东亚国家和地区的巨额外汇储备,也是政府支撑缺乏弹性的汇率体制的直接结果。如果一国或地区货币处于国际储备货币地位,可以通过增加本国或本地区货币的对外负债弥补其国际收支逆差,就无需太多的外汇储备。除日元以外,东亚国家和地区的货币都处于非储备货币地位,也享受不到主要工业国家货币的特权。

一国外汇储备的多少与其在国际金融市场筹措资金和潜在借款的能力密切相关。一般说来,发达国家由于有经济实力作保证,国际融资能力很强,一旦国际游资发起攻击,很容易获得商业性外汇信贷和其他中央银行的货币互换支持,所需的外汇储备相应少些。东亚的情况是,除日本和新兴工业化经济体外,多数发展中国家的国际融资能力有限,发生意外冲击时难以从国际金融市场上获得融资,这一点在亚洲金融风暴中得到了证实。所以,面对潜在投机性货币攻击的压力,唯有建立巨额外汇储备的方法。虽然,历次金融危机的实践证明外汇储备充裕未必就能抵御金融危机的袭击,但在缺少其他有效措施的情况下,东亚国家和地区仍愿加强外汇储备的积累以备不时之需。

## 四、汇率变动对国家外汇储备带来的风险

汇率变动,不论是储备货币本身价值的变化,还是本国货币汇率的变化,都会对一国外汇储备产生影响:增加或减少外汇储备所代表的实际价值;增强或削弱外汇储备的作用。

储备货币的汇率变动影响一国外汇储备的实际价值。储备货币汇率上升,会使该种储备货币的实际价值增加,储备货币汇率下降,会使该种货币的实际价值减少。储备货币实际上是一种价值符号,实际价值由实际购买力决定。如果外汇储备代表的实际价值随货币汇率的下跌而减少,会使拥有该种储备货币的国家遭受损失,而储备货币发行国则因该货币的贬值而减少了债务负担,从中获得了利益。

当然,储备货币汇率水平下跌同样会危及到发达国家,使发达国家的外汇储备遭受损失,但是与不发达国家相比,发达国家遭受的损失相对要小,因为在各国的国际储备中,发达国家家的黄金储备占的比重要比发展中国家占的比重大,即发展中国家外汇储备占比重比发达国家占的比重大。

一般来讲,一国货币汇率稳定,外国投资者能够稳定的获得利息和红利收入,有利于国际资本的投入,从而有利于促进该国外汇储备的增长;反之,本币汇率不稳,则会引起资本外流,使该国外汇储备减少。同时,当一国由于本币贬值使其出口额增加并大于进口额时,该国外汇收入增加,外汇储备相对增加;反之,亦然。本币汇率变动会直接影响到本国外汇储备数额的增减。

一国选择储备货币总是要以储备货币汇率的长期较为稳定为前提。如果某种储备货币其发行国国际收支长期恶化，货币贬值，汇率下跌，该储备货币的作用就会削弱。二战后，英国的经济与金融由于受到战争的影响而衰落，英镑不断贬值，汇率下跌，在国际支付中的使用量缩减，英镑的国际储备货币的地位也因此大大削弱。

## 第三节　美元国际货币的收益与约束

作为当今世界最重要的国际货币，美元在世界经济发展中起着举足轻重的作用。通过对美元运行、现状和发展趋势的分析，可以看到作为一种国际货币美元所面临的国内外约束，以及美国如何从这种特殊地位中获取的受益。

### 一、从美联储资产负债表看美元运行

联邦储备体系作为掌管国家货币政策的美国政府机构，在货币供给过程中发挥着关键性作用。货币供给量的波动，有四分之三以上归于基础货币的变动，基础货币恰是由美联储控制。显而易见，美联储是美元货币供给过程中的主角。通过美联储的资产负债表(见表 8－1)，可以清楚地把握影响基础货币的各种因素。

**表 8－1　美联储综合资产负债表(1993 年底)[①]　单位:亿美元**

| 资产 | | 负债 | |
|---|---|---|---|
| 证券:美国政府及其机构证券和银行承兑票据 | 3 455 | 联邦储备券 | 3439 |
| 贴现贷款 | 9 | 银行存款 | 350 |
| 黄金和特别提款权凭证账户 | 191 | 美国财政部存款 | 148 |
| 硬币 | 4 | 外国和其他存款 | 8 |
| 待收现金项目 | 65 | 待付现金项目 | 55 |
| 其他联邦储备资产 | 382 | 其他联邦储备负债和资本账户 | 93 |
| 总额 | 4 093 | 总额 | 4 093 |

通过以上资产负债表，可以推导出以下等式：

① 米什金．货币金融学．中国人民大学出版社，1997

联邦储备券＋银行存款 $=MB=C+R$

＝证券＋贴现贷款＋黄金和特别提款权＋硬币＋待收现金项目＋其他联邦储备资产－美国财政部存款－外国和其他存款－待付现金项目－其他联邦储备负债和资本账户

表中影响基础货币的9个因素,其中前6个因素的增大使基础货币扩大,后3个因素的增加使其减少。

美联储操纵货币供应常用三大政策工具:公开市场操作、变动贴现率和变动法定准备金。通过公开市场操作购买证券,扩大基础货币,出售证券则相反。贴现率上升,减少贴现贷款,减少基础货币,这样使资产负债同时减少;贴现率下降则相反。法定准备金的变动是通过影响货币供应乘数而影响货币供应的。法定准备金率提高,会减少一定水平基础货币所能支持的存款额,从而导致货币供应收缩;反之亦然。

随着国际贸易在经济中的重要性增强,美元汇率问题越来越受到重视。美元价值上升使美国产品外国竞争力削弱,美元价值下降又会刺激美国通货膨胀。就构成了美联储货币政策的主要目标,这些目标在运行中又有很多互相矛盾,正是这些目标之间的冲突和协调构成了货币供应量的波动。

## 二、美国发行货币的国内外约束

国际货币发行国可通过发行国际货币获得巨大的国际利益,如国际铸币税收入、政治利益、非对称性政策优势等等。但同时也必须承担一定的成本,尤其是该国可能面临着内外政策的两难。特里芬分析了在布雷顿森林体系下,美元承担的两个责任,即保证美元按官价兑换黄金、维持各国对美元的信心和向世界提供清偿力之间是相互矛盾的①。伯格斯坦则对美元作为国际中心货币所面临的政策两难作了较为全面的分析②。

### (一)货币政策的两难

一国货币成为国际货币后,该国将有大量本币在境外流通,可能会扰乱国内货币政策。如国内实行紧缩政策时,该国商业银行可以很方便地从境外市场借入大量的本币资金以满足客户的借款需求,其他逐利性资本也会迅速流入。大量的货币迅速回流,使紧缩政策很难发挥作用。当增加政策工具来处理本国境

① 麦金农和肖提出了"金融抑制论"和"金融深化论",拉美国家和东南亚国家进行了"金融深化"改革。

② 戈德史密斯. 金融结构与金融发展. 上海三联书店,1994

外货币回流问题时，可能会对货币政策产生不利影响。如中央银行采取紧缩政策，当预测会有大量的货币回流时，可能会采取更加紧缩的政策，试图抵消货币回流导致的影响。但若回流没有实现，必然造成国内货币环境的过度紧缩。

**(二)价格政策上的两难**

维持国内价格的稳定是保持国际货币信心的重要因素，但稳定价格的政策对国际货币发行国来说存在难度。持续的价格稳定意味着通货膨胀率低，价格较低，有利于实现国际收支的顺差。但是国际收支顺差可能导致本币的升值，使得以本币标值的对外借款缺乏吸引力。持续的价格稳定容易形成较低的通货膨胀预期，使该国际货币利率较低，其对外国的私人和官方交易者就缺乏吸引力。过于稳定的价格可能会违背就业目标以及经济增长目标，而经济增长也是国际货币的一个标准。如果价格过高，发生通货膨胀，会造成该货币的对内对外贬值，国际货币价值稳定的标准会被破坏。而控制通货膨胀会导致利率上升，又会陷入利率上的两难。

**(三)国际收支维持的两难**

国际货币应满足这样的条件：对保持其信用而言，国际货币应具有稀缺性，即该货币的对外输出量应与价值稳定性要求相一致，才能保持货币价值的稳定；对提供国际清偿力而言，国际货币应保持充足性，即国际货币发行国必须有大量的货币在境外流通，以满足世界经济发展对国际货币的需求和本国获得铸币税的需要。但两者往往存在冲突，难以兼得。

国际货币发行国的国际收支顺差越大，货币价值越高，货币的国际信用会因稀缺性而变得越高，该货币的价值稳定性就越能得到更好的维持；但国际收支顺差不仅直接导致了该货币在世界上的流通量减少，而且持续的顺差也会导致该货币升值，外国借款者就不愿意借入该货币，使该国货币在国际经济中的流通量相对或绝对减少，不能满足世界经济发展对国际清偿力的需求，该国也无法获得货币国际流通带来的铸币税收益。

国际货币发行国的国际收支逆差越大，越能增加世界的流动性和国际清偿力，增加该国货币在世界的流通量，满足了国际货币的充足性标准；但恶化的国际收支将会破坏国际货币的稀缺性标准，影响对该国货币的国际信心，该国货币的稳定性将难以维持。

**(四)财政政策上的两难①**

国际货币的特性要求国际货币发行国发挥世界性的作用，广泛参与国际事

---

① 姜波克，张青龙.国际货币的两难及人民币国际化的思考.学习与探索，2005(4)

务以维持国际货币地位。而对外的军事安排和对外国的援助是参与国际事务的主要内容。对外军事开支和援助开支增加，有利于增强该国在国际上的影响力和竞争力，维持国际货币地位，但这必然会造成大量的预算，使国际收支出现逆差，动摇该货币的国际信心。减少政府的对外支出，包括减少海外的军事开支和经济援助，有利于国内的财政预算平衡，并改善国际收支。但减少开支，减少对国际事务的参与，会降低该国的世界政治作用，又不利于维持该国货币的国际地位。

**(五)三元悖论的困惑**

三元悖论提出，政府有三种政策组合，即汇率稳定和资本自由流动、汇率稳定和货币政策的独立、资本自由流动和货币政策的独立。但对于国际货币发行国来说，只能有一种选择：即汇率稳定和资本自由流动的组合。因为，一个高度开放的不受管制的金融市场和货币价值的稳定是国际货币的重要前提。因此，资本自由流动和汇率稳定是一个国际货币发行国唯一既定的政策组合，在此政策组合下，该国货币政策的独立性必然受到限制。尽管根据资本流动程度和汇率稳定程度不同，还会有其他形式的政策组合，但政策自主权肯定会受到限制。而且，在国际资本流动的规模越来越大、速度越来越快的今天，国际货币发行国的政策自主权必将受到更为严重的约束。

## 三、为什么说美国在消耗全球资源

作为一种国际货币，美国政府可用美元购买其他国家的商品，从而享受超过本国商品、劳务、生产额的消费，而其他国家的商品源源不断地送到美国，换回的不过是美元(绿色的纸片)，也就是说，美元可以利用其特殊地位，只需用信用货币即可换取它国资源。而这中间的收益可以称作是美元的国际铸币税收益。

毫无疑问，美国是世界上受益于国际铸币税最多的国家。处在世界银行家的地位上，对外投资是一种自然的结果。在20世纪60年代以前，美国的经常账户一直保持顺差状态，为满足其他国家对美元的巨大需求，对外直接投资就成为美元输出的一个主要渠道。由本国发行的价值被高估的货币购买其他国家的资产，收益不言自明。布雷顿森林体系崩溃后，美元的霸权地位虽受到了一定程度的削弱，但依然能使美国最大程度地获取国际铸币税利益。

据IMF统计，截至2007年7月，在美国以外流通的美元有2.24亿，每年为美国提供大量的国际铸币税。美联储认为，在国外流通的2万多亿美元如同提供给美国政府的一笔无息贷款，每年因此可节约数百亿美元的费用。

目前，世界各国及地区的中央银行持有的以美国国库券形式存在的外汇储备超过2万亿美元，大量的需求提高了美元资产的流动性，减轻了美国外债负担,降低了财政赤字的融资成本,同时,低成本的资本输入和高回报的资本输出使得美国获取了发展中国家经济增长中的利益。这些外汇储备一般都会存入国际货币发行国的银行。这样,其他国家节约的外汇,没有用于国内经济,却为货币发行国的经济发展提供了充足的资金来源。在当今的世界上,绝大多数跨越国境的货币收支,如国际贸易中的贷款结算、国际金融市场上的资金借贷、跨国公司的利润汇出等,都用国际货币来进行。就使国际货币成为一种非常紧俏资源,为了得到这种资源,必须用本国商品进行交换。

在美国境外沉淀的巨额美元,意味着美国可以年复一年地无偿利用他国等额的商品或服务,无须增加国内的货币供应量,这有利于美国向其他国家特别是发展中国家转嫁通货膨胀。据统计,20 世纪 80 年代中期以前,以美国为代表的发达国家与发展中国家通涨率差异在 3%左右,此后,这种差异扩大到 6%至 8%,20 世纪 90 年代后,美国更是一度步人了所谓无通涨经济增长期。

## 四、美元贬值对对美国经济的得失

自 2000 年起,美国经济发生转折性的深刻变化,新经济泡沫破灭,美元资产出现大幅缩水,投资出现负增长,股市不断振荡下跌。20 世纪 90 年代中期以来,支持美元汇率走强的经济基础发生动摇,强势美元与其经济基本面弱化的不对称性逐渐凸显,美联储一再下调利率,削弱了美元在利率方面的优势,致使美元汇率波动增大并开始走软。

美元汇率持续下跌,主要原因是政府在调整实施长达 8 年之久的强势美元汇率政策。强势美元汇率政策的动摇,是因为困扰经济发展的结构性因素长期得不到解决所致。在美国经济步入衰退后,经济结构性问题对经济的不良影响加大,双赤字问题更加突出,政府不得不暂时放弃强势美元政策,通过美元贬值促进出口,减缓经济衰退,帮助经济复苏。

一般来说,如果汇率下跌,外国货币的实际购买力将相对增强,会起到鼓励出口和抑制进口的作用。美国经济状况和理论相吻合,美元汇率下跌,相应地日元,欧元等货币升值,升值的货币实际购买力将相对增强,有利于美国产品出口。如美国的化学工业、汽车工业、机床工业等,都因美元贬值而增强了竟争力①。

美国作为世界上最大的债务国,其债务有很大一部分表现为外国人持有大量美国证券,同时,美元又作为世界基础货币,是石油、初级产品和飞机等贸易的主要支付手段,在各国中央银行的货币储备中 70%用美元记账。随着美元贬值,这些以美元计价的债务也相应贬值,另一方面,也可以轻易地将债务负担转

① 吴先满.美元贬值及其经济影响与对策.世界经济与政治论坛,2002(6)

嫁到持有美元资产的国家和个人，有利于减轻美国的债务负担①。

美元贬值有利于增加美国的经常项目收入。近几年，美国的经常项目收入一直不尽人意。财政赤字和贸易逆差越来越大，而这次美元下跌对不景气的美国经济则是雪中送炭，有利于促进美国出口的增加，进而改善经常项目。

美元贬值，日元相应攀升，不利于日本的出口。日本一些经济学家认为，美元贬值，虽然未必会对日本厂商造成难以想象的影响，但足以扼杀日本经济的复苏，美元贬值有利于美国夺回昔日失去的市场。

美元贬值是一把双刃剑，可以带来经济复苏，也会伤害美国地位。美国的做法已引起国际货币组织的严重关注和世界上许多国家的强烈反感。美元贬值不仅无法从根本上解决美国的“双赤字”问题，还可能使地位和形象大受影响，导致大量资金撤离，最终给美国经济带来灾难性后果。与此同时，美元贬值、油价上涨和劳动力成本增加，正在加大美国通货膨胀的压力。沃尔克也强调，如果任由美元贬值下去，美国在未来5年内爆发货币危机的可能性很大。因此，无论就美国着眼还是长远利益，或是从确保国际金融体系的安全运行，保持美元相对稳定都是美国不可推卸的责任。

### 五、美元国际货币地位的前景分析

从目前看，至少在近年内仍然很难出现与美元抗衡的国际货币，美元仍然是国际贸易和国际金融市场的主要计价货币和交易媒介，是重要的价值储藏手段，依然作为大部分国家货币的“名义锚”，同时，拉美国家出现的美元化趋势也说明了美元在当今世界货币体系中的重要地位。

随着美元持续地贬值，欧元有可能成为各国的主要储备货币。虽然美元贬值可以帮助削减美国贸易和预算赤字，但是，这种将痛苦转嫁到债权人身上的做法，最终将削弱美元世界储备货币的作用。美国净债务的大幅上涨提高了美元大幅贬值的可能性，美元贬值将使债权人蒙受资本损失。在欧元崛起的背景下，并刺激外国投资者提高对美元资产回报率的要求。格林斯潘也指出，世界各国中央银行将寻求分散外汇储备投资，从而降低风险，如果投资者得不到更高的回报，将不会购买美国国债、股票和其他资产。

## 第四节　欧元与美元的联动钳制

欧元是国际货币史上的重大突破，对欧洲经济的发展起到重要作用。对长

① 周梅，赵彦志. 美元贬值及其经济影响. 经济理论与经济管理，2003(8)

期以来一直处于货币霸权地位的美元来说,更是重大挑战。

## 一、美元独霸时代的国际外汇市场

二战尚未结束,美国已开始着手建立国际经济新秩序,在国际金融领域创建布雷顿森林这个特殊的体系下,开创了美元独霸时代。在布雷顿森林体系下,美元同黄金的兑换比率固定为35美元兑换1盎司黄金,其他国家货币也要公布单位本币所代表的含金量,并与美元保持固定平价,波动幅度不得超过平价上下的百分之一。固定美元的黄金价格意味着美元的购买力将同黄金一样好,决定了在这个时期,美元同黄金一样成为各国追逐的对象,大量的需求造成了美元的高估。

美元被人为高估使美国处于一个特殊的地位:可以入不敷出,保持经常账户的赤字,而不用担心美元贬值。在布雷顿森林体系下,美国是一个资本与商品市场不受控制的中心地区。处于外围的日本与欧洲国家为了保持在美国商品市场上的竞争地位,需要不断买入美元,以避免本币对美元的升值。因此,选择低估本币,控制资本流动和贸易,积累外汇储备,运用中心地区(美国)作为金融中介融资,进一步加大了对美元的需求。

然而布雷顿森林体系自身存在着"特立芬难题",即如果美元与黄金要保持固定官价,其他货币与美元保持固定汇率机制,美国的经常账户就必须保持顺差或维持平衡,否则就会丧失对美元的信心。同时,为了维持全球经济与贸易扩张,满足世界对美元需求,美国的经常账户又必须是逆差。这种"两难困境"决定了布雷顿森林体系是不可持续的。尽管在早期阶段,美国通过对外直接投资输出美元,但全球范围内仍然呈现出"美元荒"。为此,国际货币基金组织不得不使用成员国所交纳的黄金,购买美元和在美国资本市场上发行美元债务筹集美元。但是,在1959年之后,其他国家对美元地位的信心已不再基于美国经济的霸主地位,越来越多地关注美元的实际含金量。因此,美国国内政策和国际金融市场的任何风吹草动都会诱发外国中央银行向美联储兑现黄金。这使得美国国内财政货币政策自主性的逐渐丧失,当美元发生危机时,其他国家已不愿意分担美国责任,而是要求美国实施紧缩性的财政金融政策,通过通货紧缩提高美元的价值。

## 二、欧元的历史必然与天然缺陷

1999年1月1日欧元正式启动,作为账面货币,经过3年与欧元区成员国本国货币同时运行的过渡期,2002年1月1日欧元纸币和硬币投人流通,成为欧元区12国的共同货币。欧元的出现开创了当代不同主权国家使用单一货币的先例,在完善欧盟内部大市场方面迈出了最重要的一步,将增强西欧的地位和竞争力。

从历史的角度看,内部市场的不统一严重影响了欧洲的国际竞争力,也是欧洲在国际竞争中落后于美国和日本的原因之一,欧元的出现是欧盟一体化的必然结果。1985年《单一欧洲法案》提出了扫除阻碍内部市场障碍的目标,统一货币可以避免这些弊端,推动经济发展[①]。

欧元的面世将消除货币联盟内的汇率风险,促进和扩大内部贸易,有利于促进欧盟内资源的优化配置,提高劳动生产率及竞争能力,改善欧洲乃至世界的宏观经济环境。欧元对欧洲经济和世界经济的积极影响成了各国关注的问题,使得欧元先天不足的因素被忽略。

欧元区将货币政策集中到欧洲中央银行,使各成员国对本国经济进行宏观调节的回旋余地缩小导致高度集中的货币政策与各成员国经济政策各不相同的需求矛盾[②]。欧元区建立后,欧洲中央银行在欧元区内实施统一的货币政策,各国中央银行失去用货币手段协助本国政府对本国经济进行宏观调控的能力。在各国对本国经济进行宏观调控中,作为两大政策手段之一的货币手段基本上不存在,各国的中央银行只能决定本国的短期利率。政府对经济进行宏观调控的财政手段,也因欧元区稳定公约中要求维持财政赤字,不能超过国内生产总值的3%的规定而大打折扣。欧元区将面临一个高度集中的货币政策与情况各不相同的成员国政策需求的尖锐矛盾。

欧盟将各成员国紧紧地联合在一起,但基本利益主体单位仍然是各成员国。经济一体化带给成员国的利益差异常常是成员国与一体化之间的矛盾根源。欧元将给所有成员国带来实惠,但欧元实施也会带来利益差异,个别成员国得到的实惠可能会因欧元损失而打折扣。这样的损失会对欧元区的稳定产生负面效应,共同货币带来的利益差异可能引发个别国家与货币联盟的矛盾。

货币联盟本身是在经济领域一体化的一次重大飞跃和突破,但是,与经济一体化相比,欧盟政治一体化大大滞后了。欧盟不是一个有国家主权的政治单位,它既不是联邦,也不是邦联,甚至连政治联盟建设都还没有开始。没有高度统一的民族利益,缺乏大规模国民收入再分配的机制和能力,没有进行财政转移支付的法律依据。因此,当统一的货币政策和个别成员国的经济利益不一致时,特别是当个别成员国面临严重经济困难而又缺乏必要的货币政策调节时,容易与欧

---

① 卓主出．论欧洲经济货币联盟及欧元在世界货币体系中的地位．吉林大学出版社,2003

② 申皓,蔡铭华.欧元区单一货币政策浅析.武汉大学学报,2004(9)

洲货币联盟发生冲突，引发经济上与政治上的矛盾[①]。

## 三、欧元与美元的外汇市场

欧元启动后成为第二大国际货币，对美元构成了现实挑战，欧元与美元之争实质是欧美以经济为基础的综合国力竞争。与世界经济多极化大趋势相适应，国际货币格局演变也将走向多极化，但欧元要取得与美元平起平坐的地位是个长期复杂的过程。欧元启动以来，在经历种种考验后，现已确立世界第二大货币地位。目前世界上有 50 多个国家货币与欧元建立了联系汇率制，使特别提款权发生了变化。在国际贸易方面，美元仍是主要计价货币，但以欧元计价并统计有关数据的做法也越来越普遍。

在外汇市场上，欧元与美元全球交易额比过去马克与美元交易额高 10%，欧元在全球外汇交易中的份额高于欧元区成员国原货币所占份额的总和。就外汇交易市场增长情况而言，欧元是最有活力的货币。欧元区国家对区外国家的商品与服务出口贸易中，以欧元结算大幅增加，欧元区与区外贸易的 50%～60%使用欧元结算。现在，欧元在全球外汇储备中约占 1/5，与欧元建立联系汇率制的国家，其外汇储备的大部分是欧元。在国际资本市场上，欧元作为国际融资货币的作用日显突出。2003 年，欧元在国际债券存量中的比重由 1999 年的约 20%增至 30%以上。

与国家货币不同，国际货币的地位是由市场力量决定的，背后起支撑作用的是货币发行国的经济实力。如今的欧元无论是经济规模、发展水平，对外经济开放度和依存度，还是金融体系的发达程度、政治实力和影响力都已达到一个国际货币所必须的程度。但是，与美元的地位和影响相比，欧元还存在着差距。欧元赶超美元是一个十分艰巨的任务，欧元的汇率还不很稳定，欧盟经济增长还取决于一体化的深化以及内部结构调整的进展，以及欧元自身的天然缺陷，政治一体化的复杂性等。

从长远看，美元地位下降难以根本改变，欧元挑战美元霸权乃大势所趋，这是由欧美实力对比决定的。从发展角度看，美元国际货币地位与美国国际经济地位不相称。随着欧元运行顺利和币值趋稳以及欧洲政治一体化推进，欧元将发挥越来越大的作用，欧元与美元并驾齐驱的局面终将形成。当然，任何一种国际货币从启动到成为主要国际货币都要经历很长时间，欧元也不例外[②]。一方面，欧元运行过程中尚有许多不定和不利因素，要解决这些问题需要时间；另一

---

① 罗敏. 从欧元体系的结构弊端看欧元内在危机. 世界经济研究，2006(6)

② 鲁世巍. 欧元挑战美元及其前景. 国际问题研究，2005(1)

方面,美元的主导地位是国际金融市场长期发展的产物,美国将长期保持金融、经济和综合实力优势,加上惯性因素,使得经济因素对货币国际地位的影响往往有滞后效应,美元在国际经济中占主导的状况还会沿袭很长一段时间。

未来国际货币格局不只是欧元一家挑战美元,日元和东亚货币崛起也是势趋。它们的崛起伴随着欧元挑战美元的进程,使得欧元与美元之间的竞争与合作关系更加错综复杂,国际货币格局总体上呈现多极化趋势,欧元对美元不是简单的替代关系,而是竞争与合作并存。这与世界经济多极化和政治多极化趋势相一致。

## 四、对欧元问世以来的总体评价

从欧元启动之日起,便有效运作,欧洲的证券和其他资产等,也都在高效率的情况下换算成欧元。由于欧元打破了欧元区的“货币边境”,使地区债券市场出现了空前繁荣。1999 年 1～11 月份,欧洲债券市场上的欧元债券发行量就超过了 5 470 亿欧元,为 1998 年全年的两倍多。在国际债券市场上,欧元债券发行额已达 12 320 亿欧元,占国际债券市场总额的 44.4%,同期美元债券发行额占 43.4%。这是多年来美元在国际债券市场上发行量首次居于另一种货币之下,打破了美元在全球债市“一统天下”的局面。由欧元问世引起的债券市场的活跃正导致西欧企业融资模式发生重大变化,活跃的债券市场不仅扩大企业融资规模,更有效地分散了企业风险,降低企业融资成本,促进企业结构调整。同时,购买债券的银行也可获得更高的收益。因此,目前无论是银行还是企业,都倾向于将债券发行作为借贷的替代手段,这无疑是对欧洲经济发展的一大贡献。

欧元刺激欧元区内国家之间的贸易和经济一体化,由于汇率风险为零,节省了巨额的货币兑换费用和风险防范费用。因此,欧元大大降低了贸易成本,引发欧元区内企业购并联合,参与国际市场竞争。由于统一货币增加了市场透明度,简化了结算程序,促进欧元国家之间的相互投资及资本流动,带来了欧盟各国的财政政策的趋于一致。

欧元的使用形成了一个统一的大欧洲金融市场,吸引了大量的国际金融资本参与,特别是投机商在外汇交易中大量使用欧元,减少了对美元使用的频率,使欧元国家在国际金融市场上筹集资金更加容易,为欧元国家的企业带来商业上的巨大便利。

欧洲各种金融工具、投资工具转换为以欧元单一计价后,改变了欧洲金融市场的面貌,为银行提供了庞大的投融资渠道,从根本上降低了欧元区货币的转换成本。由于欧元国家对商品统一使用欧元定价,比价的因素将使得同一商品很难在不同的国家采取不同定价,向欧元国家销售的商品物价趋同。跨国经营因接受欧元的使用而开设欧元帐户,取代原来的多个外汇帐户。

## 五、从欧洲经济窥探欧元的生命力

2000年欧元区GDP增长率3.8%，2001年以后，欧元区与世界上其他经济体一样难逃衰退厄运，经济增长率下降到1.9%，2002年为0.9%，2003年仅为0.7%。2002年世界经济与美国经济开始缓慢回升，但欧元区经济乏力，直到2003年中期才开始复苏，2004年进入较强复苏阶段。2005年世界经济恢复的势头迅猛，持续超过预期水平。同期，欧元区的经济复苏也呈现增强态势。欧元统计报表明:2006年第一季度欧元区GDP的增长水平为0.3%，低于2005年第四季度的0.6%。然而，通过观察短期波动，评价近期经济指标和调查资料，可以发现，欧元区经济活动的绩效在不断提高，呈现短期强劲增长。欧洲中央银行2006年3月份的宏观经济规划方案预期，2006年欧元区的年均实际GDP增长幅度为1.7%～2.5%，2007年为1.5%～2.5%，略高于2005年12月欧元体系的预测值。

总体而言，欧元诞生以来，欧元区与世界经济的增长态势基本一致。2001年欧元区的经济增长率为1.9%，高于世界发达经济体(1.2%)与美国(0.8%)的水平。但是，其余时间欧元区的经济增长率一直低于世界发达经济体以及美国。

从短期看，欧元将促进欧元区的消费需求、投资需求以及对外出口，刺激欧洲的短期经济增长。从长期看，欧元将通过促进技术创新、资本供给和创造劳动就业增强欧洲长期经济增长潜力。更为重要的是，欧元将促进欧元区内市场结构和政策结构的一致性，为欧洲经济的持续增长奠定稳固基础。但是，欧元对欧洲经济增长的作用需要一定时间才能逐步发挥。欧元对经济增长的作用是一个先破后立的过程，有一个时滞。这主要是由于欧洲过去的经济行为更多的是以本国为基础进行预期，欧洲经济一体化进程实际上是在建构一个全新的市场结构，这种结构由于没有历史先例使得市场主体预期缺乏确定的基础。因此，当欧洲开始跨越国界建立新的政治经济实体时，欧洲市场主体便变得相当谨慎。

欧元要想成为与美元平分秋色的货币，还有很长的路要走。这不仅需要进一步强化经济一体化程度，而且要加快政治一体化进程。在这些方面取得实质性进展之前，欧元的地位很难与美元相提并论。所以，认为欧元很快就会取得与美元同等地位的预言，显然过于乐观。同样，认为欧元前景不容乐观，甚至将走向解体的看法，也没有多强的说服力。虽然，摆在欧盟国家前面的道路并不平坦，欧洲一体化进程完全有可能会出现一时倒退，甚至不排除在突发事件作用下，目前已加入欧元区的个别国家会因与整体利益冲突而暂时退出欧元区的可能。但是，从总体上讲，欧洲一体化进程是不可逆转的趋势。

## 第五节　日元国际货币的实力与脆弱

### 一、日元成为国际化货币的经济背景

#### （一）日元国际化的起步

20 世纪 60 年代，日本成为国际货币基金协定“第 8 条成员国”，开始承担日元自由兑换的义务，标志着日元国际化起步。70 年代初，在国际货币体制由固定汇率制转变为浮动汇率制的背景下，日元放弃了 360 日元兑换 1 美元的汇率水平，为了避免汇率波动的风险，在出口贸易中由美元结算改为日元结算，成了日元国际化的最初动因。70 年代后期，由于美元危机和日元升值，世界各国出现日元需求，造成境外居民日元存款和购买日本债券、股票的数量增加，同时，日本低利率也使世界各国对日元债和日元贷款的利用呈上升趋势。具体数据显示，1976～1980 年，在世界各国的外汇储备中，日元比重由 2.0%上升为 4.5%，1982 年，在欧洲金融资本市场的通货构成中，日元占 1.6%，在国际债券发行额中日元债券占 5.6%，在各国银行对外资产中，日元资产占 3.7%。

1972 年 5 月日本政府废除“外汇集中制度”，1978 年 4 月开始准许居民进行国内外汇存款等，1980 年 12 月《新外汇法》实施，将日元在国际贸易中的使用由“原则上禁止”改为“原则上自由”。1978 年 12 月，大藏省提出了“正视日元国际化，使日元和西德马克一起发挥国际通货部分补充机能”的方针，采取了“大幅度缓和欧洲日元债发行方面的限制”和“促进日元在太平洋地区流通”等政策措施。

#### （二）日元国际化的有效推进

20 世纪 80 年代，日元国际化达到高潮。鉴于其在日本对外经济战略中的重要地位，日本政府积极地推进日元国际化进程：1986 年 12 月正式建立了东京离岸市场；1988 年 1 月和 12 月先后向国外开放了日元 CP 市场和外汇 CP 市场；1989 年 5 月向国内开放了中长期欧洲日元贷款，6 月对欧洲日元债和居民的海外存款实行了自由化。这一系列措施使日本在完善国内金融市场，健全金融规则，创立东京离岸金触中心，推进欧洲日元交易自由化等方面取得积极进展。1980～1990 年，日元结算部分所占比率在日本出口贸易和进口贸易中占比分别为 37.5%，14.5%，比 1980 年分别提高 8.1 和 12.1 个百分点；1985～1990 年，以日元计价的外债发行额由 3.1 万亿日元增长为 5.4 万亿日元。其中欧洲日元发行额由 1.7 万亿日元增长为 4.0 万亿日元；1983～1990 年，日本中长期对外

日元贷款余额由4.5万亿日元扩大为15.1万亿日元。1989年,在全世界外汇交易中,日元的比重为13.5%,与德国马克持平,高于英镑的7.5%和瑞士法郎的5.0%。1990年,日元在世界各国外汇储备中占比为8.0%,超过了英镑3.0%,在IMF成员国官方外汇储备中所占的比重也由4.3%提高为8.1%。

#### (三)日元国际化的停滞和倒退

20世纪90年代,日本泡沫经济的破灭和亚洲金融危机的影响,重创了日本经济国际化和金融国际化进程,日元首当其冲,使日元国际化进程和国际货币地位所依赖的金融体系和金融实力,以及国家经济都受到严重的损害。首先,损害了日元币值的稳定,汇率大起大落,造成持有和使用日元的巨大风险;其次,损害了日本金融体系的稳定,形成巨额不良债权,使许多金融机构面临破产,金融体系动荡不安;再次,损害了日本金融机构的声誉和国际地位,巨额不良债权和经营赤字的困扰使日本的国际大银行也难以开展正常的国际金融业务;最后,损害了日本的国民经济实力,使日本的经济增长优势在90年代出现逆转,并落后于美国和欧盟。据统计,各国外汇储备方面,日元占比持续下降,从1991年末的8.5%下降为1999年末的5.1%;在全世界国际债券余额中,日元债券占比由1995年末的17.3%下降为2000年末的8.6%。随着1999年欧元的启动,日元的国际货币地位更是岌岌可危①。

#### (四)日元国际化再掀高潮

90年代的金融危机使亚洲乃至世界经济受到巨大影响和冲击,盯住美元的汇率体制暴露出的弊端,使亚洲国家意识到盯住篮子货币的浮动汇率制度相对安全,同时,IMF在亚洲金融危机中未能起到关键"救援"作用,使得亚洲国家产生建立亚洲货币同盟的构想,以便危机来临时可以有效的抑制其蔓延。在此背景下,日本以亚洲经济领头羊的姿态,积极推进国际货币制度改革,倡导建立以日元作为轴货币的货币同盟,为重新推动日元国际化创造条件。

### 二、日元自由兑换的金融环境

日元实现自由兑换,在国际范围执行货币职能至少要满足流通性、稳定性和便利性。日元自由兑换离不开具有宽松汇率安排、健全金融制度和高效发达金融市场的金融环境。从20世纪90年代以前日本金融创造的奇迹和辉煌中不难看出,实现日元国际化基本具备这样良好的金融环境:第一,日本经济规模不断扩大,经济实力日益增强,80年代成为世界上最大的资本输出国和债权国,经常

① IMF, Year Report, 1999

项目顺差,1988 国民资产总额高达 5393 万亿日元,人均资产额超过美国,为日本金融自由化和日元国际化奠定了物质基础。第二,日本金融机构实力雄厚。1991 年,全球前五大银行和人寿保险公司中,日本分别占有四家[①]。商业银行以强大的攻势在国际金融市场上扩张业务,国际范围不断壮大,促进了日本金融国际化,为实现日元在国际货币体系中的国际通货职能创造了有利条件。第三,股票市场和债券市场日益庞大,特别是海外发行的债券和证券投资数量上升。第四,外汇市场迅速崛起。80 年代中期,随着日元汇率的一路走强,日元的国际地位逐步提高,在许多国家储备货币中的比例不断上升。第五,东京金融市场国际金融中心的位的确立。日本金融实力的增强和日元的升值使东京金融市场成为世界最大的外汇和股票交易市场之一,使日元在国际结算、国际投融资等领域发挥的作用越来越大。

以上事实表明,从 20 世纪 80 年代到 90 年代,日本金融环境为日元自由兑换提供了良好的契机,将金融自由化和国际化不断向前推进。

## 三、日元升值时期的经济政治环境

日元升值时期伴随着世界货币史的大变革。20 世纪 70 年代实行浮动汇率制以来,日元保持了长达 23 年之久的升值趋势,从 1970 年的 1 美元兑 360 日元升到 1995 年 4 月的 1 美元兑 79 日元。

**表 8-2 日元汇率变动情况**

| | 第一阶段 | 第二阶段 | 第三阶段 | 第四阶段 |
|---|---|---|---|---|
| 时间 | 1971 年 8 月～1973 年 7 月 | 1976 年 1 月～1978 年 10 月 | 1985 年 2 月～1988 年 12 月 | 1990 年 4 月～1995 年 4 月 |
| 对美元汇率 | 1 美元＝360—260 日元 | 1 美元＝305—180 日元 | 1 美元＝260—123 日元 | 1 美元＝160—80 日元 |
| 日元升幅 | 38% | 70% | 110% | 100% |

资料来源:伊藤隆歌,Thomas F. Cargill, Michael M. Hutchison《金融政策的政治经济学——战后日本的金融政策的检证》(上),东洋经济新报社,1997 年

从 20 世纪 70 年代到 90 年代,日本经济先后经历了相对稳定发展时期,80 年代后半期到 90 年代的泡沫经济,以及 90 年代“失去的十年”的经济衰退。伴随着日本经济的浮浮沉沉,日元汇率呈现出期长升值的趋势,是当时特定经济和

① 国枝康雄. 日元国际化的进展状况. 东银周报,1995,39(18)

政治环境造成的必然结果。

从国际经济政治环境看，20 世纪 60 年代末，美国陷入周期性的经济危机。美国的国际收支逆差给国际货币体系提供了持续增加的额外清偿能力，损害了人们对美元汇率稳定性的信心，各国纷纷抛售美元，抢购黄金、日元、马克。而这个时期，日本经济正快速发展，年平均增长率在 10%左右。

进入 80 年代后，日本经济蓬勃发展的势头更令世界瞩目。自 1981 年以来连年出现顺差，1985 年贸易顺差额为 461 亿美元，成为世界最大的债权国，加剧了美日间的贸易磨擦，美国要求日元升值的呼声日益高涨。在此背景下，1985 年 9 月 22 日，美国、日本、英国、法国、德国等 5 国财长和央行行长在美国纽约的“广场饭店”举行会议，决定 5 国政府联合干预外汇市场，使美元对主要货币有序下调，以解决美国的巨额贸易赤字问题，即著名的“广场协议”。“广场协议”签署后，5 国政府开始联合干预外汇市场，各国抛售美元，继而形成了市场投资者的抛售狂潮，导致美元持续大幅度贬值。

在 20 世纪 70 年代到 90 年代的升值历史中，“广场协议”成为一个最具代表性的事件，也被认为是日本泡沫经济的导火索。20 世纪 90 年代初日本“泡沫经济”崩溃，金融体系遭受重创，影响到实体经济。为了摆脱泡沫破灭造成的不景气，日本货币当局开始转向扩张性金融政策，连续降低中央银行贴现率，增加货币供应量，以汽车为主的出口额迅速增长，使日本贸易盈余上升。然而，墨西哥金融危机和日美贸易摩擦的加剧，却造成日元开始新一轮的急剧升值。

从日本国内经济政治环境看，日元升值有内在原因。20 世纪 70 年代起，日本迈出了经济金融自由化的步伐，80 年代这一进程加快，政府逐步放宽利率限制，修订《外汇与外贸管理办法》，开放了金融市场，积极拓展海外业务。随着金融市场走向开放，日元的魅力展现出来，需求增加必然带来日元攀升。日本政府期望以经济的迅速发展为契机，广泛参与国际经济政策的协调，1983 年，中曾根首相访美，在谈话中表示，“就太平洋两侧整个地区的和平与繁荣来说，日美两国都负有世界性的责任。我们要以密切的合作关系相互协作”，这一洋溢着大国战略思维的“中曾根主义”，充分显示了日本谋求政治大国地位的强烈愿望，也成为广场协议的一个重要原因①。换言之，日本以牺牲经济利益换取了政治收获。日美之间的巨额贸易逆差，使两国之间的摩擦日趋激烈，日本认识到转变传统的经济增长模式的重要性。于是，在 1985 年前后开始了经济增长模式的大变革，由“外需主导型”向“内需主导型”的转变。并在《经济白皮书》中明确指出：日本

① 伊藤隆歌. 金融政策的政治经济学——战后日本的金融政策的检证（上）. 东洋经济新报社，1997

需要扩大内需，以缓和国际关系。日本政府相信通过内部经济增长模式的变革，可以补偿日元升值造成的对外贸易损失。

综上所述，日元升值是20世纪70年代到90年代，日本在特定的国际和国内政治经济环境中，受多方面因素影响的必然结果。

## 四、日本经济结构与日元内在脆弱

稳定的价值尺度是一国货币充当国际货币的基本条件。货币价值的稳定不仅表现在对内购买力的稳定，还表现在对外价值即汇率的相对稳定，只有这样的货币，才能被他国在国际贸易计价与结算、国际信贷、国际储备中广泛使用。从20世纪70至90年代，日元对美元处于大幅度的波动中，特别是在“广场协议”以后，日元大幅升值，特别对日本国内以出口为主导的产业产生很大的负面影响。为了应对这种局面，政府以降低利率等宽松的货币政策维持国内经济的景气。从1986年起，日本基准利率大幅下降，使得国内剩余资金大量投入股市及房地产等非生产工具上，形成了80年代著名的泡沫经济。经济泡沫在1991年破灭之后，经济陷人了战后最大的不景气，整体经济基本是在萧条和回升乏力中渡过。经济的低迷大大影响了日元的国际地位，也使得日元的国际化进程受挫。事实上，“广场协议”规定的日元升值是当时日本经济发展和其在世界经济中的地位不断提高的自然结果，并不能直接作为造成后来日本经济长期低迷以至于日元国际化受阻的原因，日本经济结构和日元内在的脆弱性，才是日元国际化的真正制约因素。

二战以后，作为赶超型的资本主义国家，日本政府确立了“经济增长至上”的方针，以发展本国经济作为首要任务。美国为了冷战战略的需要，积极扶助日本的发展。在本国政府政策的有效干预和美国财力、技术和市场的支持下，日本经济迅速发展，而且保持着较高的对美贸易依存度。由于美元一直处于主要货币地位，所有进口几乎都以美元结算，因此，日本出口也就难以提高日元结算的比率。在进口方面，日本进口的产品中大多数是燃料等初级产品，初级产品使用美元结算居多。日本的初级产品进口比率高于欧美国家，所以，日本在进口时以日元结算的比率处于很低的水平。虽然经过多年的努力已使日元成为国际基础货币，但所占比重很小，作为世界货币的职能作用不完整，只是承担其储备职能，常常成为国际游资的投机对象，日元处于升值状态，使日本经济因出口遭到打压而受到拖累。

二战后，日本推行贸易立国的外需型经济增长模式造成大量贸易盈余，导致境外日元供应不足。一般来说，国别货币同时充当国际货币，意味着世界上其他国家持有大量该国货币或以该国货币计价的资产。然而，日本国土狭小，国内需求有限,不能为其他国家提供巨大的市场,使境外的日元资产主要来自对外投资和对外发展援助,但每年庞大的贸易顺差又使境外的日元资产大量流回。亚洲货币危机以后,日本银行纷纷从海外撤退,对外投资萎缩导致境外日元资产减少,使其缺乏作为国际货币的基本条件①。日本外需主导型经济增长模式带来境外日元资产短缺,限制了日元的国际化。

从日元汇率变动趋势可以看出,日元对美元总是处于大幅波动中,同基本经济状况的相关度不完全一致。相比之下,美元在亚洲受青睐不仅因为它是关键货币,具有很高便利性,而且由于它相对稳定、汇率风险小,所以,在交易中选择美元居多,通常将日元用作外汇或金融资产投机。海外日资企业不选择日元从事日常交易,不仅是因为东京金融资本市场的不完善,亚洲外汇市场日元交易稀少也是阻碍其国际化的重要因素。在亚洲各地的外汇市场上,日元与当地货币的交易量由于交易成本高、交易手续繁杂,以及缺乏便利性等问题变的微乎其微,导致日元陷入恶性循环,与亚洲外汇市场的美元交易形成了鲜明的对比。日本金融体系在泡沫经济破灭后积累了大量不良债权,股票市场也因泡沫经济破灭一落千丈,股票交易、期货交易、外汇交易及东京证交所上市的外国企业出现"海外大逃亡",日本金融市场出现"金融空洞化"现象,限制了日元扩展其国际货币的地位。日元国际化虽然是个经济问题,但经济与政治紧密相连,日本曾经的侵略罪行阴影挥之不去,和东亚各国屡次发生政治摩擦,各国对日本的不信任和戒备,必然造成其国际化进程中的阻力。

## 五、日元汇率起伏的教训与启示

日元汇率起伏的历史过程,特别是泡沫经济及其破灭后对日本的严重影响对日本政策制定当局来说是个深刻的教训。

### (一)一国应充分重视货币升值压力下宏观经济政策的运用

20 世纪 60 年代以前,日本当局曾经运用货币政策有效维持了固定汇率平价和国际收支平衡。继 1971 年实行更为灵活的汇率政策后,日本中央银行运用货币政策,辅之以对外汇市场的干预,平抑汇价的剧烈波动,取得了一定效果。"广场协议"后,为了减轻日元升值对国内经济的不利影响,实行了宽松的货币政策,一再降低利率促进了金融机构贷款增加。由于在资产价格暴涨的同时,消费物价没有大幅度上涨,在 1991 年日本泡沫经济破灭前的相当长的一段时间,决策者把注意力放在实体经济增长、物价稳定和国际收支平衡,忽视了资产价格泡

① Krugman. Pricing to Market When the Exchange Rate Changes. in S. W. Amdt and J. D, 1987

沫。因此,金融领域和资产价格方面的一些异常,在当时物价稳定的情况下,被实体经济增长的所淹没,决策当局并未采取实质性的应对措施。到1989年底,日本经济政策过急收缩,泡沫经济破灭,从此陷入了长达10几年的经济衰退。由此可见,日元升值是泡沫经济产生的导火索,政府宏观经济政策失误是直接原因。

### (二)一国应充分重视维持储蓄投资的平衡

崇尚节俭是日本的传统文化,加之不可预期的预防心理,造成居民的大量储蓄,以及大量金融机构活跃于储户和企业之间,促进了战后经济的发展。然而,必须注意到,80年代日本民间部门已出现了大量的储蓄过剩,本应由扩张的财政政策吸收,但是政府急于解决财政赤字,坚守紧缩的财政政策,加剧了资产的投机炒作,造成房地产和股票市场聚积大量风险,为经济泡沫的破灭埋下祸根。同时,过度储蓄造成的储蓄与投资失衡,使一国经常项目产生大量盈余,进而和主要贸易伙伴国发生贸易摩擦,本国货币必会受到升值压力。

### (三)一国应充分重视技术升级和产业结构的调整

作为一个自然资源贫乏的岛国,日本经济发展建立在进口资源的基础上。日元升值后,以较少的费用便可以进口足够的资源,资源不再是经济发展的制约因素。同时,以日元升值为契机,优化了产业结构,由"重厚长大"向"轻薄短小"型转变;由能源消耗型向知识密集型产转变;由低附加值产品向高附加值产品转变。在结构调整的同时,利用升值时机,加强技术引进和开发力度,促进技术升级,并将这些尖端的技术应用于汽车、家用电器和精密仪器等领域。20世纪80年代后期,生物工程、新能源技术和新材料工业等凭借技术实力竞争的新型出口产业得以发展,第三产业、信息服务业在产业结构中的比重逐步提高,在一定程度上有效削弱了日元升值带来的不利影响。客观的讲,日元升值有助于日本克服资源对经济发展的制约。

## 第六节　人民币自由兑换的展望

当一国货币在经常项目和资本项目上都实现了可兑换,称为实现了货币的自由兑换。货币自由兑换不仅能带来资本更为自由流动的各种收益之外,更是一国综合经济实力与自信的表现。

2006年7月1日,俄罗斯已经实现卢布的自由兑换。同属新兴市场经济体的大国——中国,虽然尚未宣布实现人民币自山兑换,但是,从近年来在外汇管理特别是资本项目管理方面所做出的种种放松管制的努力来看,说明人民币的国际化渐行渐近。

人民币若实现了资本账户开放，最终完全自由兑换，将带来以下积极影响：资本帐户开放可以使我国经济获得由金融服务专业化带来的效率增加，加强金融部门的活力；资本账户开放不仅吸引更多的外资金融机构，而且引进国外先进的管理机制与制度，引入外国金融创新的技术与产品，带来竞争与示范效应。这样，国际范围内的竞争会迫使金融机构提高管理效率；资本账户开放会使国内居民有机会在国际范围内对证券资产进行分散组合，减少各种来自国内金融或实际部门冲击的不利影响，尽量保证收入和财富的稳定性；取消资本管制有助于一国进入国际金融市场，降低借款成本使政府执行更为合理的措施。资本项目的自由兑换可推动人民币国际化，使人民币在更多的国家或地区发挥交易手段、支付手段、储备手段等功能，在国际范围内获得铸币税的好处。

## 一、人民币价值的经济基础

人民币成为国际货币，与中国的经济实力密切相关，改革开放 30 多年来，中国经济持续增长。中国的发展增强了亚太地区的经济互补性，激发了经济增长的活力。外汇储备由 1978 年的 1.67 亿美元增长到 2007 年的 10 月的13 000亿美元，中国经济在世界经济中的地位越来越重要，其他国家必然关注人民币汇率的变化。

经济的快速发展以及政局稳定为人民币价值稳定和上升提供了基本条件，人民币价值与政治基础和外汇制度有很大关系。加之经济体制的转轨，金融管制放宽和向金融自由化方向发展，汇率变化逐步体现市场因素，人民币升值已成了一个世界性问题。国民经济运行平稳，经济发展进入以提高质量为特征的阶段。稳健的经济政策和健康的经济形势是稳定人民币价值的重要因素，不断增强的经济竞争力是保持外贸顺差的条件，雄厚的外汇储备是干预外汇市场的有力手段。

## 二、人民币在周边国家和地区的影响

近年来，人民币在港台地区及周边一些国家自发流通与使用。尤其是在亚洲金融危机期间，人民币不贬值大大提高了地位。目前，在港台地区及周边国家中，人民币不仅被越来越多的商家普遍接受，还开始充当边境贸易计价、结算的工具，表现出承担区域货币职能的趋势。

在蒙古，人民币已占当地流通现钞总量的 60%，双方银行都可以将对方的货币兑换成本国的货币。在蒙古首都乌兰巴托的几个较大的外汇交易市场里，人民币和美元是成交量最多的外币。饭店、商场都可以直接使用人民币。商家很乐意接受，希望手头能有更多的人民币，方便到中国进货。许多蒙古人也持人民币到中国旅游、学习或看病。人民币已经成为蒙古人使用得最普遍的外币之一。由于银行开设的兑换点成本较高，因而，银行兑换点的密度较低。一些地下钱庄利用经营灵活的优势，在边境口岸等摆摊设点。

在越南，人民币兑换主要通过“地摊银行”进行，越南正规银行并不办理人民币的买卖业务。“地摊银行”遍布中越边民互市贸易区，主要提供货币兑换服务，一般没有固定的营业场所。目前，该类摊点的合法地位已经获得越南官方的认可。

在泰国和马来西亚，一些主要商业区都有直接使用人民币的商场柜台。不少连锁便利店和个体户摊点都乐意接受人民币现钞。中国游客一般在马路边的水果摊上，都直接使用人民币而不需要兑换当地货币。

越、老、缅三国，人民币也有一定市场。在越南，交通、购物都可以拿人民币直接付账；在老挝的北部省份芒塞省，来自中国重庆与四川的中国人非常多，在他们之间流通的就是人民币，当地人也毫不拒绝人民币。缅甸政府允许赴缅甸旅游观光的中国游客，用人民币支付在缅甸旅游期间的费用，来缅甸旅游的每位中国游客可携带 6 000 元人民币入境，不必向缅甸海关申报。在某些地方，市面上几乎见不到缅甸货币。甚至连当地政府也用人民币来采购货物。

柬埔寨、尼泊尔两国公开宣称，欢迎人民币在本国市场上正式流通。在柬埔寨人民币虽然没有在市场上直接流通，但在一些中国游客光顾较多的金店和旅游商品店里，人民币可以直接用来购物。

孟加拉国、马来西亚、印度尼西亚、菲律宾、新加坡、韩国等国家已经接受人民币存款和办理人民币其他业务。人民币在东南亚地区的自由流通已受到“第二美元”的待遇，一些国家和地区的居民把人民币作为一种储藏手段。

人民币在周边国家和地区的流通为人民币的国际化积累了经验，这种流通与使用是自发形成的，与真正意义上的国际货币尚有很大差距。但是，随着人民币被越来越多的国家和地区所接受，在一定程度上扮演准区域货币角色，最终促进人民币的完全可自由兑换进程。

## 三、“双顺差”下人民币的升值压力

### （一）我国外汇储备的历史和现状

20 世纪 80 年代，我国对外贸易规模很小，出口产品竞争力较弱，经常项目上一般为逆差，外汇储备在 90 年代以前一直处于短缺状态。从 1979 年至 1990 年的 12 年间，外汇储备年均 45 亿美元，最高的 1989 年 89 亿美元。

20 世纪 90 年代以后，我国产品在国际市场上的竞争力逐步增强，外商直接投资增势迅猛，带动出口的增长，形成了经常项目和资本项目长期“双顺差”的局面。特别是 1994 年 1 月外汇体制进行了重大改革，汇率并轨，统一的外汇市场建立，从此，外汇储备规模迅速扩张。1994 年底，外汇储备 516.2 亿美元，1996 年突破 1 000 亿美元大关。进入 21 世纪，国际国内经济形势明显好转，经济对外开放的力度进一步增大，外汇储备增长再次加速。到 2007 年上半年，外汇储备已达到 13 000 亿美元。

#### （二）人民币面临的升值压力

由于多年保持经常项目和资本项目的“双顺差”，外汇储备快速增加，因而，人民币面临升值的压力。当然，也有其他原因：①中国多年来的经济增长速度保持在较高水平，GDP 一直稳步增长，人民币与其他国家货币相比有上升趋势。②人民币利率比美元低，按利率平价理论，远期有升值的压力。③最早要求人民币升值的是日本财相，先在七国财长会上提出要求，后有美国斯诺讲话和印尼召开的亚欧会议的声明，2003 年美国“健全美元联盟”又提出欲通过“301 条款”促使人民币升值，2003 年 7 月 16 日格林斯潘的讲话，更是让世人再次聚焦人民币。这场由日本挑起、美国担纲主演的人民币汇率之争全面上演，使中国人民币升值成为世界关注的中心。

### 四、人民币自由兑换的经济政治环境

一国货币实现自由兑换需要具备健康的宏观经济状况，包括稳定的宏观经济形势和成熟的宏观调控能力。健全的微观经济主体，包括一般企业和金融性企业。合理的经济开放状态，包括充足的国际支付能力和足够的外汇储备。人民币的自由兑换也必须满足以上条件。

#### （一）健康的宏观经济状况

任何一种货币要完全自由兑换，币值必须稳定可靠，而币值的稳定主要取决于该国的宏观经济形势和成熟的宏观调控能力。多年来，我国宏观经济形势稳定，宏观经济管理部门转向使用经济和法律手段进行间接调控。中国人民银行长期实行稳健的货币政策，成功地在亚洲金融危机期间赢得了国际信誉。国际社会认识到，人民币的稳定是有能力的、负责任的。汇率并轨后，国内外市场联系更紧密了，内外商品价格差距缩小。汇率水平高低将主要取决于国内整个货币环境，基础货币、利率等不仅影响国内价格水平和经济增长，而且直接影响汇率水平。这对中央银行货币政策操作的要求将更高，但要达到这一点，也并非一日之功。目前这一条件还不是很成熟。

宏观经济状况以微观经济主体为前提,人民币自由兑换,企业将面临着非常激烈的来自国内国外同类企业的竞争,生存和发展状况直接决定了人民币自由兑换的可行性。就一般企业而言,制度上要求企业是真正的自负盈亏、自我约束的利益主体,能够对价格变动做出及时反应;技术上要求企业具有较高的劳动生产率,产品能够在国际范围内具有竞争能力。

2005 年 7 月 21 日,为了健全以市场供求为基础的、有管理的浮动汇率制度,开始实行以市场供求为基础的、参考一篮子货币有管理的浮动汇率制度。人民币不再盯住单一美元,形成更富有弹性的人民币汇率机制。这是汇率制度的重要改革。中国人民银行于每个工作日闭市后,公布当日银行间外汇市场美元等交易货币对人民币汇率的收盘价,作为下个工作日的中间价格。中国人民银行根据市场发育状况和经济金融形势,适时调整汇率浮动区间。同时,根据国内外经济金融形势,对人民币汇率进行管理和调节,维护汇率的正常浮动,保持人民币汇率在合理、均衡水平的基本稳定,促进国际收支基本平衡,维护宏观经济和金融市场稳定。

总之,要实现人民币的完全自由兑换,还需要一个过程。要进一步深化金融体制改革,不断解决存在的问题,逐渐创造条件,尽早实现人民币的可自由兑换。

## 五、人民币成为国际货币的充分条件

中国的对外经济活动主要使用美元等自由兑换货币,进出口额以及大量的无形贸易与资本项目交易都要经过货币转换,增加了交易成本。如果人民币实现了自由兑换,可大大降低交易成本。实现了人民币自由兑换,那么当与美国之外的任何贸易伙伴进行交易时,就可自由选择交易货币,减少对美元的利率风险。全球美元外汇储备,主要分布在东亚和产油国,除日本之外的其他发达国家很少。发达国家之所以保存较少的外汇储备,除了发达国家有较强的融资能力之外,一个更为重要的原因就是本国货币的国际化程度较高。

货币国际化意味着货币更易受到外部冲击,也意味着一国宏观经济管理特别是货币政策调控的运行机制将发生深刻的变化,给货币政策施加了约束条件,增加了实施货币政策的难度。人民币要成为国际货币,必须要能承担起相应的义务,必须为币值稳定提供保证,否则货币国际化就难以持续。

当前,人民币的国际化有非常有利的条件。外汇储备充足且保持增长态势。各种管制措施的放开带来人民币资产与美元资产的相互替代、官方外汇储备与民间外汇资产的相互替代。巨大的经济规模和比较高的开放程度,经济增长速度全球最快,随着体制改革的深入,中国经济的规模将会更加扩大,对其他经济体产生更加巨大的影响。中国经济的开放度很高,贸易依存度达到了 70%,加入WTO后的中国越来越开放，随着中国—东盟自由贸易区的建立，中国已取代日本成为东盟主要的贸易顺差来源地。外汇体制改革加快了货币可兑换进程。近年来为了缓解人民币升值的压力，政府已经大大放松外汇管制，在周边国家贸易中，人民币流通已达到一定的规模，在香港的流通和清算已纳入正式的轨道。自从2005年7月21日人民币汇率形成机制改革以来，人民币汇率更富弹性，外汇市场在市场交易主体、交易工具和交易规等方面都有了较大的变化，这些都为人民币的国际化提供了有利条件。

# 第九章　保险市场:发展、创新与全面开放

## 第一节　保险市场的相关理论

### 一、期望效用与保险需求

保险产品尽管有其特殊性,但对于消费者而言,对它的购买仍然要符合个人效用最大化原则。因此,要确定保险需求的量,要借助效用函数及期望值的概念。效用函数是表示消费者从商品中获得的满足程度($U$)与既定财富水平($W$)关系的函数。我们假设消费者是理性人而且是风险规避者,则其效用函数满足以下特征:函数对于财富量的一阶导数为正,对于财富量的二阶导数为负。即财富增加,消费者总效用上升,而边际效用递减,效用函数是严格凹函数。

假设某人的效用函数为$U(W)$,预计会以$p$的概率发生$L$的损失。该消费者面对投保与不投保的选择。如果投保,将向保险公司缴纳一定的保费(损失期望值$pL$),并在损失发生时获得$L$的赔付。期望效用函数为:

$$\begin{aligned}EU_I &= p\times U(W-pL-L+L)+(1-p)\times U(W-pL)\\ &=U(W-pL)=U[p(W-L)+(1-p)W]\end{aligned}$$

如果不投保,则不需要缴纳保费,损失发生时自己承担。期望效用为:

$$EU_{NI}=p\times U(W-L)+(1-p)\times U(W)$$

根据詹森不等式(Jensen's Inequality)[①]可知,$EU_{NI}<EU_I$。其经济含义是,只要保险公司按照精算纯费率提供保险产品,消费者进行充分投保后的期望效用总是大于不投保时的期望效用,数量$L$即是该消费者在精算纯保费下的保险需求。

不等式$EU_{NI}<EU_I$的另一个重要含义是,保险费在精算纯保费之外存在一定的上升空间。也就是说,实际中保险公司即使收取比精算纯保费高出一定比

---

① 詹森不等式是指,$E[f(X)]<f[E(X)]$,即对于任何严格的凹函数$f(X)$,其期望值总是严格小于$X$的期望值的函数值。

例的保费,对于消费者来说,这一期望效用不等式仍然成立,即参加投保比不投保时的境况好。高出的部分通常称作附加保费,它和精算纯保费一起构成保险价格,对保险市场上消费者的保险需求进行调节①。

## 二、保险业的信息不对称

信息不对称对保险业来说是个特别重要的问题。早在1963年阿罗(Arrow)就指出信息不对称是妨碍保险机制顺利运转的主要障碍,这种信息不对称可分为两种情况:道德风险与逆选择。

### (一)道德风险

理查德(Richard)在论述道德风险的性质时说:道德风险(moral hazard)是指个人行为由于受到保险的保障而发生变化的倾向。它可以分为事前道德风险和事后道德风险,两者差别在于保单持有人采取的与损失发生有关行为的时间。保险可能会对被保险人的防损动机产生一定的影响,这种影响叫做事前道德风险(ex-ante moral hazard)。例如,投保汽车险的人可能比未投保的人开车更莽撞一些,因为他们知道任何由于事故引起的损失都可以获得赔偿。更极端的情况是,保险的存在可能会引诱少数被保险人从事保险欺诈——即故意引起保险损失以获取保险金。损失发生后,保险可能会对被保险人的减损动机产生一定的影响,这种影响叫做事后道德风险(ex-post moral hazard)。例如,享受失业保险的人可能比条件相同却没有失业保险的人在找工作时付出的努力要小②。

郝姆斯哲姆(Holmstrom,1979)等人对事前的道德风险进行了研究,研究结论是:如果保险人无法控制被保险人的行为,那么,购买保险将减少被保险人谨慎行事的动机。戴恩尼(Dionne,1982)指出,即使当保险事故的发生会导致非货币损失(如一件不可替换的商品丢失)③,道德风险仍然存在。一般来讲,在存在道德风险的条件下,部分保险(不足额保险)将是最优的均衡结果(对社会——即由保险人与被保险人组成的整体——而言)。此外,大额损失表明被保险人的行为可能不谨慎,因此,最优保险合约应明确规定把保障范围作为损失发生额的非递增函数,即小的损失可以足额保险,而当损失超过一定限度后则实行部分保险。善维尔(Shavell,1986)对责任保险中的道德风险问题进行了研究,研究证

① 孙祁祥.保险学.北京大学出版社,2005.82~83

② [美]小哈罗德·斯凯博.国际风险与保险.荆涛等译.机械工业出版社,1999.26

③ 此处的非货币损失主要是体现在精神损失,也就是说保险公司对被保险人或受益人的赔偿只能是货币形式的,保险事故对被保险人的精神伤害是无法完全用货币补偿的。但是,即使在这种情况下,戴恩尼认为道德风险依然存在。

明,强制性责任保险会导致谨慎行为的减少。

那么,保险公司在市场存在道德风险时可以采取哪些改进措施?或者说,如何减弱道德风险的影响呢?理查德认为,为了解决这个问题,保险公司试图使谨慎行事的边际收益之和大于不谨慎行事的边际成本。一种方法是在设计合同时,通过免赔额或共同保险条款使保单持有人承担至少某种损失的费用;另一种方法是,奖励采取防损行为的保单持有人[①]。罗宾斯坦(Rubinstein)和雅安利(Yaari,1983)曾经证明,在一个无限期重复的模型中,保险人通过将被保险人的行为表现同所收取的费率水平联系起来,可以使被保险人有动机去关心保险标的,从而消除道德风险问题。但一般来说,这一结果并不适合于有限期间的情况。此外,由于保险市场的激烈竞争,保险公司一般不会分享潜在的客户信息,因此被保险人可以转到另外的保险公司投保,这使得保险公司很难在实际经营中对行为表现不好的客户实行惩罚性费率。

事后的道德风险最早由思本斯(Spence)和塞克赫瑟(Zeckhauser,1971)提出的,此后,戴恩尼(1982)等人对这一问题进行了深入研究。在事后道德风险的情况下,由于无法观察到保险事故发生的真正原因,保险人只能依赖于被保险人的报告或者是进行成本较高的调查。摩克吉(Mookerjee)和庞(Pang,1989)证明,在这种情形下,保险人的正确对策就是进行随机的审计抽查。

阿奴特(Arnott)和斯蒂格里兹(Stiglitz,1990)、阿奴特(1992)就道德风险对市场经济效率的影响进行了研究。他们证明:道德风险使有效的市场均衡无法达到,即使在最好的情况下,不完全的保险保障也只能导致次有效均衡。这是因为,"道德风险涉及到两个存在对立关系的目标之间的平衡。这两个目标分别是有效的风险分摊和有效的激励,有效的风险分摊目标要求把风险转移给保险人,而有效的激励目标则要求人们对自己的行为负责,也就是说,如果某项决策会产生某种后果,那么,作出决策的人应当对此种后果承担责任"[温特(Winter,1992)]。不过,在这种情况下,政府的干预并不一定会提高社会福利,结果如何将取决于政府是否在掌握信息方面比保险人更占优势。

道德风险在经济学中已经是一个得到广泛讨论的问题,这不仅是因为道德风险在保险业中存在使得经济运行机制不能达到最优状态,而且还因为(也许是更重要的原因)道德风险在社会经济生活中是一个广泛存在的现象。正如温特(1992)所指出的那样,道德风险可以定义为一个组织的集体利益与组织中的个体私人利益之间的冲突。一般而言,当委托人的最终收益不确定或者部分依赖于代理人的行为,且代理人的行为又不能完全被观察到时,就会产生道德风险。

---

① [美]小哈罗德·斯凯博.国际风险与保险.荆涛等译.机械工业出版社,1999.27

保险市场为道德风险提供了最生动的说明实例，但是实际上，道德风险也存在于劳动关系、金融合同等其他领域。总起来看，在道德风险的研究方面，保险经济学的发展与主流经济理论的发展紧密相关。

**（二）逆选择**

现实中，潜在的保险购买者比保险人具有更多关于个人损失倾向的信息，市场存在严重的信息不对称。保险购买者运用优越的信息优势以获取更低价格的保险产品的意图和行为即被称为逆选择(adverse selection)。逆选择的直接后果是保险人无法针对不同类型的风险标的确定相应的合适的保险费率。例如，知道自己可能生病的个人更愿意投保健康险，不熟练和不负责任的医师更容易投保责任险。如果保险人能够精确地区分高风险群体和低风险群体，就可以有针对性地收取不同的费率，但问题是，对于保险人而言，作出这种区分的难度和成本很高[①]。

理查德的研究表明，如果可以分辨投保人的高风险和低风险，保险公司就会按照公平精算价格提供保险；假设保险人无法区分高风险者和低风险者，保险人会对每个被保险人收取同样的保费，即他们公平精算保费的算术平均值，这样，低风险者实际上补贴了高风险者。结果是，高风险者会愿意投保，因为保费低于期望损失；由于低风险者不投保时的期望效用更高，低风险者会理智地放弃投保，这对保险公司非常不利。有两种方法可以帮助保险人缓解逆向选择问题。由于逆向选择的原因是保险人和潜在的被保险人之间信息的不对称，解决这个问题的方法之一就是保险人从投保人那里获取更多的信息，并对投保人进行更准确的分类；第二种方法是设计不同的合同，鼓励风险类型不同的个人选择最适合自己的风险种类的合同[②]。

在逆选择的研究方面，诺斯洽尔德(Rothchild)和斯蒂格里兹(1976)做出了成绩。在论文中，他们将被保险的人群分为两类："好风险"的被保险人与"坏风险"的被保险人。区分这两类人的唯一标准就是保险事故发生的概率不同。作者证明，在逆选择的条件下，一个竞争性的保险市场不会达到均衡。有效均衡状态下保险的供给应当是歧视性的：对"坏风险"的被保险人提供一个高价格的足额保险，对"好风险"的被保险人则提供一个低价格的"部分保险"[③]。该模型的

① 孙祁祥．保险学．北京大学出版社，2005.87～88

② [美]小哈罗德·斯凯博.国际风险与保险．荆涛等译．机械工业出版社，1999.28～29

③ 保险合同包括两个方面：价格和质量。保险产品的歧视不同于一般商品的价格歧视，保险不会对不同的质量定相同的价格。保险的产品质量相当于承保责任范围。被保险人通过选择不同的保险合同而显示出自己的类别。该模型中没有"统一"的均衡，而只有"分离"的均衡。

政策含义是:保险市场存在失灵的情形,而垄断的保险市场(在政府的监管下)可能是一个次优选择。

威尔逊(Wilson,1977)等人对诺斯洽尔德-斯蒂格里兹模型做了扩展,他们去掉了保险人的短视行为假定,并假定保险人能够控制个人对保险的购买,或者是各个保险人之间能够做到客户信息共享,在这种情况下,分离均衡将总是存在的。

其后,一些学者的研究指出,保险公司可以根据被保险人的过去表现确定费率并将风险分类作为歧视性合同的替代或补充。古伯(Cooper)和赫斯(Hayes,1987)将诺斯洽尔德-斯蒂格里兹模型扩展到两期合同的情形。他们的模型很好说明了在保险人完全信守承诺的条件下,保险人根据被保险人的过去表现确定费率将达到怎样的福利效果。

克罗克(Crocker)和斯诺(Snow,1986)以及其他一些学者研究了风险分类。他们使用各种统计数据分析风险类别与各个可观察变量(如年龄、性别、住所等)之间的关系。研究表明,如果对风险类别的划分无需成本,那么,风险分类将会提高市场效率;但是如果统计信息的获取是有成本的话,风险分类的效果就不易判断了。鉴于对使用可观察的个人信息(如性别、种族、甚至病史、基因等)进行保险定价存在道德方面的激烈争论,这一结果显然具有非常重要的政治意义。

如同道德风险一样(只不过程度稍低一些),逆选择也是一个超出保险领域的重要问题。保险经济学对逆选择的研究已经应用到经济学的其他领域,不过,需要指出的是,在这些模型里,代理人都会进行能揭示其质量信息的信号传递,从而克服信息不对称问题。然而,在实际的保险市场上,信号传递并不存在,被保险人通常不会参与能够揭示他们是否“好风险”的特殊活动。

正如阿奴特(1992)指出,道德风险与逆选择的问题在实际的保险市场中常常是纠缠在一起的,也使得保险经济学在这两个问题上的实证研究和经验调查受到很大限制。总起来看,保险经济学中将道德风险与逆选择放到一起考虑的研究成果还较少①。

## 三、金融与保险的融合

从狭义的角度来说,金融常被用来指银行和证券,不包括保险。这一现象在国内国外都存在,只不过中国的这种情况可能更普遍一些。历史地看,由于保险公司的业务与其他金融业务有很大的不同,保险业的经营与其他金融行业(如银行业)的经营一直保持着较为分明的界限。以美国为例,即使是在 1929 年的“大

① 李扬,王国刚,何德旭.中国金融理论前沿.社会科学文献出版社,2003.458～462

危机”之前，银行业与保险业的联系也远没有银行业与证券业之间联系的那样紧密。保险公司主要的业务内容(或者说主要的利润来源)有两块，一是承保业务，二是投资业务。按照保险公司传统的经营方式，这两块业务基本上是分开的，与此相适应，学术界对保险公司的分析也基本上遵循两分法的模式，即一方面是保险运作，另一方面是保险投资。然而，这种截然分开的经营和研究模式在现实中已经受到越来越大的挑战。

阿罗(1970)曾经说过，“保险就是货币与货币的交换”。格里(Gurley)和肖(Shaw，1960)也曾指出，保险公司是一种金融媒介。他们的看法无疑是对金融与保险融合趋势的大胆预言。20世纪70年代期权理论的发展给金融理论带来了革命，一个重要特点就是强调保险理念和金融创新产品之间的相似性(如资产组合保险)。目前，保险研究已经深深地受到主流金融理论的影响，在经历巨大发展的同时，分析方法和研究范式也越来越遵循一般的金融理论框架。

### (一) 资产组合理论与保险

资产组合理论对保险需求分析有很大的影响，对保险的供给研究也有深刻的影响。在资本资产定价模型提出之后，人们认识到，所有的金融机构都可以看作是资产与负债的组合，这一方法很快被用来分析保险管理。按照这一方法，保险公司被看作是对一个资产组合进行管理的机构，这个资产组合由相互之间具有相关性的保险负债和投资资产组成。在管理中，保险公司必须将资产负债的规模扩张与偿付能力限制都考虑进来，而不能把保险公司的运营分为两个截然不同的领域。

对保险业实际运营的研究形成后来的所谓保险定价理论。在这方面，通过将资本资产定价模型应用到保险领域后发现，均衡状态的保险价格应当反映保险经营中不可分散风险。如果保险风险与金融市场的风险不具有统计上的相关性，那么，均衡状态的保险价格将由未来预期索赔成本的现值给出；相反，如果两者在统计上具有相关性，保险的均衡价格应当在未来预期索赔成本的现值基础上加上或减去一定的附加费用。佛尔雷(Fairley，1979)等人发展了这方面的模型，卡敏斯(Cummins)和汉因顿(Harrington，1987)对此模型做了实证检验，还曾经被用来评价马萨诸塞州保险费率的公正监管问题。

### (二)期权定价理论与保险

资本资产定价模型的一个主要局限性，是该模型没有考虑非线性因素的影响，比如有限负债或具有不对等性质的纳税行为，解决这一问题需要使用期权定价理论。期权条款本身就意味着资产组合收益呈现一种非线性特征。卡敏斯(1988)等人最先利用这一理论分析了有限负债与信用风险对保险定价的影响，而拉伯格(Louberge,1983)等人则研究了不对等的纳税行为对均衡的保险价格，以及风险中性的保险人之间再保险交易的影响。研究证明，保险产品的附加费用不仅反映了存在交易成本、信息不对称或者是保险人本身的风险厌恶态度，而且还表明由于存在组织特征而造成的不可分散风险，因此，保险价格必须反映对不可分散风险的均衡分摊，即使市场参与者都是风险中性的。

期权理论对于保险经济学的重要性在人寿保险领域也得到了明显的体现。由于保险公司与银行在吸引客户储蓄方面的激烈竞争，使寿险合同中包含了越来越多的期权特征。目前，期权理论常被用来评估人寿保险合同的价值或者是评估寿险监管的效果。

人寿保险合同和养老金计划都是复杂的金融证券产品，自身具有多种多样的变化形式。在欧盟、美国以及日本，有一种寿险产品非常流行，该产品每年都提供一个有保证的回报率直到合同终止。这种“保证利率”实际上是一种金融期权的变形。不过，如果深入研究就会发现，传统的寿险产品中包含的期权因素不只是这一种形式。很多寿险合同都不同程度的规定，投保人可以获得一定比例的从投资中产生的超额回报，这实际上是一种红利期权。此外，许多产品都赋予保单持有人在合同到期之前中止的权利，据此可以认为，该寿险产品包含了一种退保期权。

人寿保险和养老金产品中的一种或多种期权因素对这些产品的优化管理和精确估价提出了巨大挑战。然而，并不是期权因素本身使事情复杂起来，关键原因是还有其他因素，如资本产生的收益如何计算，公告并分摊给每一个保单持有人，这些因素在产品估价时都需要认真考虑。在投资联结寿险产品中，合同的收益一般是与某一种参照性的证券组合的市场价值直接相联系，并且合同的隐含保证也几乎总是一种到期保证，保证在合同到期时支付某一绝对数量的金额。按照这种定义，投资联结寿险产品通常可以使用修正过的布莱克-舒尔斯(Black-Scholes)期权定价公式进行定价。

但是，由于存在一些由来已久的习惯作法，如将收益在时间上进行修匀，在资产负债表的负债一方使用账面价值等等，这就导致在估算合同收益时存在严重的路径依赖。最近，有一些如学者贾克·金森(Bjarke Jensen,2001)探讨了存在路径依赖情形中的寿险合同估价问题。在这种合同中投保人是分红性质，而不是投资性质的。隐含的期权采用保证年收益率的形式，并且也可能具有美式退保特征(American - style surrender)[①]。金森等人将金融分析理论和死亡率风险管理的精算理论结合起来，构造了处理上述复杂合同性质的模型。他们发

① 即在到期日之前可以随时执行合同。

展了一种数值方法，在把金融合同分解为无风险债券、红利期权以及退保期权（如果提前执行合同被允许的话）等各种成分后，这种数值方法可以把这种合同成分的价值分别计算出来。金森等人发现，这种分红保单的价值对到期时间、保证利率与市场利率的差额以及投资政策的变化（波动程度）非常敏感。因而在实践中，应特别注意这些合同的期权成分，因为他们对发行人（保险公司或养老基金）偿付能力的影响非常大，而且这种影响的变动性很强。这些期权成分可能有时会强有力的提高发行人的偿付能力，但在承诺回报率很高而实际红利准备金很低时则会严重危害发行人的偿付能力。

**（三）保险与金融市场**

在当今发达国家，保险与金融的融合已是明显的趋势，特别是保险公司与银行业务的相互渗透日益深人，以至于日内瓦大学的拉伯格（1998）教授做出这样的感慨，“现在的问题已经不是银行与保险是否关系紧密，而是要回答两者之间究竟有什么区别了”。

在此，需要特别讨论的是近十年来保险风险向资本市场或金融市场的转移，目前这种转移基本上限于自然灾害保险。事实上，由巨大的自然灾害引起的各个风险载体的损失之间是存在相关性的，从这个角度来说，这类风险应当被排除在私营保险的业务范围之外（按照传统的风险管理理论，巨灾风险不是理想的可保风险）。然而，私营保险公司目前对这些风险通常也都是予以承保的，其原因在于，通过国际再保险市场可以将这些风险进行地理上的分散化。但是近些年来，私营保险业对这类风险的承保能力受到了现实的挑战，这表现在飓风等巨大灾害损失的发生频率日趋上升，保险标的在地理分布上越来越集中，例如国际再保险业务的大多数保险标的都集中在美国的加利福尼亚、佛罗里达、德克萨斯三州以及日本和西欧等国家，这使得巨灾造成的潜在索赔损失已经超过了再保险市场可以提供的财务承保能力。

解决这一问题的传统办法就是使用政府保险，由政府通过税收手段建立保险基金①。第二种解决办法是借助各种衍生金融产品市场将这类风险予以证券化。芝加哥商品交易所（CBOT）采用了这种办法，并在 1992 年 12 月最先推出了巨灾期权和期货合约。第三种方法则是使用普通证券（如债券）对这些风险进行证券化，这些证券可以由金融公司（代表保险人）来发行，也可以由公共机构（代表国家）来发行。

国内部分学者对保险与资本市场的联系也一直非常关注。“9.11”事件对美

① 法国政府通过对财产-责任保险合同征收特种税建立了一个储备基金，负责巨大灾害的补偿。

国的保险业产生了巨大冲击，同时也对世界保险业提出了一个全新的课题："9.11"事件之后许多保险公司和再保险公司倾向于把恐怖主义风险从保险条款中免除，而与此同时，人们对恐怖事件保险的需求较之以前更高了。针对这种供需背离进一步扩大的状况，保险业急于寻求一个有效途径来解决。目前，得到普遍认同的解决方案是，由政府建立专门基金承担恐怖事件的巨额损失，但还没有从通过资本市场来转移恐怖主义巨灾这个角度来思考问题。对此，孙祁祥、周奕(2002)认为，这种做法可解短期之虞，但不是长久之计。他们在比较了自然巨灾风险和恐怖主义巨灾风险共性与特性的基础上，提出了通过资本市场来转移恐怖主义巨灾风险的建议，并研究了转移恐怖主义巨灾风险时，每一具体产品的可行性以及设计中需要注意的问题。

保险风险证券化的发展显示出保险企业与其他金融机构，特别是与投资银行之间的联系日趋紧密。简言之，保险证券化的意义主要表现在两方面，一是为个人和各类社会组织面临的巨大风险提供了新的转移渠道；二是为证券投资者提供了新的选择，可以通过这些保险证券进一步分散资产组合的市场风险。保险风险证券化虽然在发展过程中面临种种障碍①，但鉴于世界资本市场所能提供的巨大的风险吸收能力，从长期来看，发展潜力不可低估②。

## 第二节　国际保险市场发展与创新

### 一、二战后世界保险业的发展

第二次世界大战以后，伴随着现代科学技术的进步和世界经济的恢复与发展，世界保险业得以迅速发展。在许多国家的国民经济结构中，第三产业迅速增长，在国民经济中的地位不断提高。目前，在一些发达国家中，第三产业产值占国民经济总产值的50%～60%，在第三产业中，金融、保险和证券业已成为三大经济支柱，在国民经济中发挥着日益重要的作用。

#### (一)保费收入及其增长率

1950年，世界保费收入(未包括前苏联、东欧和中国)为210亿美元，到1980年增长至4350亿美元，30年间增长了20多倍。20世纪80年代以来，世界保险业稳步增长，以1987年、1993年、2000年、2002年、2005年为例，世界保费收入分别增至10 701亿美元、18 027亿美元、24 436.73亿美元、26 268.98亿美元、34 257亿美元。从1980年到2005年，25年间世界保费收入增长了6.87倍，年

① CBOT的部分保险期货期权已经停止交易。

② 李扬，王国刚，何德旭．中国金融理论前沿．社会科学文献出版社．2003.465～471

均增长幅度在20%以上,大大高于同期世界经济发展速度。

### (二)保险密度和保险深度

由于各国人口、面积、经济总量等诸多差别,仅以保费收入规模来比较各国保险业之间的差别是不够的,国际上还常用保险密度和保险深度来综合反映保险业的国别差异。保险密度是指按一定范围人口计算的年人均保费支出,它与一国保险业发展水平及普及程度成正相关关系。保险深度是指某国家(地区)当年保费收入占其国内生产总值(GDP)的比重,它反映一国(地区)保险业在其国民经济中的地位或贡献度。

**表9-1　2005年部分国家保费收入、保险密度与保险深度比较**

| 国家或地区 | 美国 | 日本 | 英国 | 韩国 | 中国 | 印度 | 巴西 | 南非 |
|---|---|---|---|---|---|---|---|---|
| 世界排名 | 1 | 2 | 3 | 7 | 11 | 19 | 20 | 16 |
| 保费收入(亿美元) | 11 429.12 | 4 764.81 | 3 002.41 | 829.33 | 601.31 | 250.24 | 239.55 | 331.86 |
| 实际增长率(%) | -0.3 | 0.7 | 1.3 | 8.5 | 12.1 | 9.4 | 3.4 | 6.8 |
| 占世界份额(%) | 33.36 | 13.91 | 8.76 | 2.42 | 1.76 | 0.73 | 0.70 | 0.97 |
| 保险密度(美元) | 3 875.2 | 3 746.7 | 4 599.0 | 1 706.1 | 46.3 | 22.7 | 128.9 | 714.6 |
| 保险密度名次 | 6 | 7 | 2 | 22 | 72 | 78 | 50 | 32 |
| 保险深度(%) | 9.15 | 10.54 | 12.45 | 10.25 | 2.70 | 3.14 | 3.01 | 13.87 |
| 保险深度名次 | 12 | 6 | 3 | 7 | 50 | 43 | 46 | 2 |

注:摘自《保险研究》,2006年第8期第93～95页,中国有关数据未含港、澳、台地区。

与经济发展水平相适应,保险业在不同国家(地区)之间呈现出明显的差异性。表9-1以2005年的数据为例,显示这种差别。①2005年全球保费收入达34 257亿美元,比上一年增长了2.5%。西方七国集团(美、加、英、德、法、意、日)保费收入为25 570.22亿美元,占世界的74.6%,其中,美国和日本两国的保费收入之和占世界的比重达到47.3%。②发达国家保费增长率增速普遍趋缓,低于世界平均水平(2.5%),亚非拉等发展中国家的保费收入以远高于世界平均水平的速度增长,工业化国家与新兴市场之间的保费收入差距正在慢慢缩小。2005年,新兴市场保费收入的世界份额由2004年的11.47%提高到了12.47%,工业国保费收入的世界份额由2004年的88.53%降到了87.53%。③在保险密度与保险深度的国际比较中,可以发现,发达国家(地区)的保险密度多在1 000美元以上,保险深度一般在10%左右;而世界平均保险密度为518.5美元,保险深度为7.52%。

## 二、国际保险市场的结构特点

国际保险市场是一个比较成熟的市场。所谓成熟，一方面是指保险对各个领域的渗透已经很深刻，保险业务总量缓慢增长；另一方面，经过上百年的竞争和演变，保险业的各种制度和技术都已比较规范，各大保险公司都有一套适合自身情况的竞争法则。

### （一）发达国家与地区的保险市场结构

世界保险市场90%的业务汇集在北美、日本以及欧洲经济发达国家，基本控制了国际保险业的大局。分析发达国家的保险市场结构可以发现，从20世纪90年代以来，并购浪潮兴起，整个保险市场通过公司并购进行了整合，增强了保险公司的金融实力，使得市场集中度有所提高，由于历史原因、政府政策不同以及经济发展水平差异，使得不同发达国家的保险市场结构呈现出不同的特点。

欧洲各国保险市场从总体上看接近于完全竞争市场。随着欧盟一体化进程的加快，保险业管制的放松，欧盟保险业逐步走出低谷，2004年欧洲国家保险业的平均增长率为3.2%，高于美国（1.1%）和日本（－0.9%）。但是在欧洲国家中，增长率相差却很悬殊，乌克兰的增长率最高达到56.2%，最低的冰岛增长率为－4.8%。在一个国家的保险市场上，同时存在着为数众多的保险公司。任何公司都可以进入市场，在不受阻碍和干扰的情况下自由竞争。在类似于完全竞争的情形下，欧洲的保险市场集中度比较低。只是近年来各个保险公司努力通过并购来扩大自身的规模和实力，在各国保险业形成统一大市场的进程中，保险资源也在进一步的整合中，德国安联、法国安盛，英国商联、英国皇家太阳联合、瑞士丰泰、苏黎世金融服务以及意大利忠利7家大型保险公司，占欧洲市场的份额已达到39%以上。欧洲保险业的整体效率和水平也有很大提高。

**表9－2　欧洲部分国家保险市场集中度比较**

| | 国别＼年份 | 1981年 | 1987年 | 1994年 | 1999年 |
|---|---|---|---|---|---|
| 前15家大公司在本国的市场份额(%) | 英国 | 76 | 64 | 63 | 80 |
| | 法国 | 59 | 60 | 56 | 85 |
| | 德国 | 44 | 44 | 45 | <70 |
| | 意大利 | 57 | 58 | 61 | |

资料来源：刘茂山，《国际保险学》，中国金融出版社，2003年，第250页。

日本保险市场属于寡头垄断竞争市场结构模式。日本是世界一流保险强国，其寿险业尤为发达。日本保险市场具有与其他行业一样被少数大企业垄断经营的特点。这种寡头垄断竞争模式的主要特点之一是国家保险监管机构对经营主体的数量控制极为严格,新公司进入市场极为困难,但市场结构较为稳定。例如,2000 年日本传统寿险公司排在前十位的保费收入总和占日本国内总保费收入的 91%。

美国保险市场属于垄断竞争的市场结构模式。该结构模式也是目前西方发达国家普遍采用的市场模式。美国是世界最大的保险市场,不仅保险业务规模领先于世界各国,而且其经营主体、从业人员数量以及经营形式的多样化也居世界首位。美国近年来拥有 5 000 多家保险公司,其中只有 1 000 多家是在全国范围经营业务的公司,其余皆为地区性公司。市场主体较为分散,但也存在少数几家大型保险公司和集团占据主要市场份额的市场结构,只是与其他国家相比,美国的保险市场集中度还是相对低一些,比较而言,寿险市场的集中度和垄断程度低于财险市场。1999 年,美国最大的寿险公司(metropolitan life insurance company)占市场份额的 4.8%,前 10 家寿险公司占市场份额的 30.6%;而最大的财险公司(state farm group)占市场份额的 11.3%,前 10 家财险公司占市场份额已达到 41.8%。

**(二)发展中国家和地区的保险市场结构**

大多数发展中国家保险业的市场化基本上是在 20 世纪后几十年才开始,起步比较晚,保险市场竞争主体相对较少,市场集中度普遍偏高,再加上国家政府出于对民族产业的保护,对国外保险公司进入本国市场设立了诸多限制,一定程度上抑制了竞争主体的数量激增。随着保险业全球化发展,这些市场准入的限制条件在逐步放松,有所改观。

对亚洲国家的市场集中度的把握,要将寿险与非寿险分开考虑。寿险市场上,各个国家的市场集中度很高。1998 年,印尼、马来西亚、韩国、泰国、新加坡的前 5 位公司的市场份额之和分别为:71.9%,70.7%,78.7%,90.9%,92.%。在非寿险市场上,韩国少数大型保险公司借助与其集团公司之间的关系垄断了大部分非寿险业务,市场集中度比较高,1998 年前 5 位公司的市场份额占 71.5%;东南亚各国没有国营保险公司的垄断,市场由众多公司瓜分,每家公司所占的市场份额都很小,市场集中度较低,通常国内排名前 5 位的公司所占市场份额为 30%~40%。

南美国家的保险业伴随其经济的迅速发展以及对外开放政策的实施,取得了长足发展。20 世纪 90 年代,多数拉美国家取消了关于外资持股比例和设立子公司的限制后,保险市场的开放程度有了明显提高,保险公司的数量逐步增加,加之并购浪潮的波及,使得市场向着集中方向发展。然而,各国保险市场的规模水平又是该国经济发展程度的体现,归根结底受制于该国经济制度、经济政策以及生产力发展水平等诸多因素，导致各国的具体情况不尽相同，但总体来讲，寿险市场的集中度比非寿险市场集中度高一些[①]。

## 三、国外保险业的创新趋势

20世纪以来由于国际经济环境的改变，科学技术的突飞猛进，金融监管的放松，金融市场的改变，银行、证券和保险相互融合的趋势，全球经济一体化、金融自由化和信息技术革命产生的新的机遇和挑战等因素的作用，保险市场创新层出不穷。保险创新就是在保险领域内将各种保险要素重新组合。保险创新有广义和狭义之分[②]（如下图），这里仅限于针对狭义的保险创新的分析。

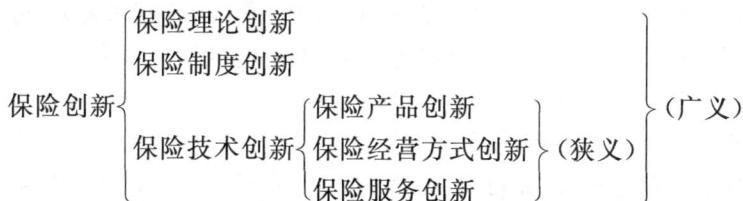

保险创新（广义）
- 保险理论创新
- 保险制度创新
- 保险技术创新（狭义）
  - 保险产品创新
  - 保险经营方式创新
  - 保险服务创新

### （一）保险经营方式的创新

20世纪70年代银行保险出现并迅速推广。银行保险是指“经由共同的销售渠道，提供保险与金融商品及服务共同的客户群”。70年代之前，实行严格的分业经营，保险业同其他的金融业有分明的界线。70年代银行保险首次出现在欧洲。银行保险的出现是银行业和保险业为了获取更大的利润和经营稳定性而向彼此的业务领域扩张，通过银保合作，银行可以赚取中间业务的手续费，而保险公司可以利用银行的客户资源和销售网络，扩大销售，改变销售方式的单一和对传统直销方式的过度依赖，而监管的放松起到了推波助澜的作用。随着时间的推移，西方主要工业化国家竞相进行了必要的金融改革，从而形成了一股声势浩大的金融自由化浪潮。美国、日本等国家纷纷修改本国法律，解除金融分业经营的禁令，鼓励大银行、大保险公司向混业经营方式发展。不仅可以建立金融保险集团，采用金融控股公司形式或者母子公司形式，为客户提供一揽子金融服务，还可以在国际金融市场设立专业的银行保险公司，银保合作由低层次向更深层次的战略性合作发展。

### （二）经济一体化下的保险产品创新

20世纪80年代投资型保险产品问世，有深刻的时代背景。20世纪70年代

---

① 刘茂山．国际保险学．中国金融出版社，2003．249～253

② 肖文．中国保险业的创新与监管．中国社会科学出版社，2005.7

末的两次石油危机，导致全球能源价格飚升，引发了全球成本推动型恶性通货膨胀，引起了保险公司的经营危机，在经济出现危机时，不仅保险公司业务量急剧萎缩，而且通货膨胀吞食了保险公司的资产，利率大幅上调使保险公司遭遇退保潮。因此，保险公司不得不寻找战胜危机、走出困境的出路。在此背景下，具有投资功能的保险产品——万能保险、投资连接保险——和变额年金为主的投资型产品应运而生。而在远东保险市场，具有投资功能的财产保险产品也相继在韩国和日本等国出现。这些保险产品的适时创新适应了经济环境的变化和人们需求的变化，很好地缓解了经济波动所产生的经营危机。20 世纪 90 年代保险业的发展同资本市场对接，保险风险证券化产品被创新出来。随着人们财富的增长，财富越来越集中，巨灾损失的可能性、损失的频率和幅度越来越大，传统的保险市场、再保险市场市场容量、承保能力不足，不能满足现实的转移巨灾风险的需要，因此人们将目光转向资本市场，想利用资本市场的巨大资本容量吸纳巨灾风险。借助于金融衍生工具，使保险与证券相连接，使套期保值、风险证券化成为可能。除巨灾债券外，巨灾期权、应急资本、行业损失担保和巨灾互换等新的金融工具，把风险转移到了资本市场，对再保险起到了很好的补充作用[①]。

**(三)信息技术推动下的保险服务创新**

20 世纪 90 年代以后迅速发展起来的电子信息技术和国际互联网正在引起保险业的一场新的革命，保险业电子商务作为一种新的经营方式和商业模式，其中所蕴含的商机已被越来越多的保险人和保险中介机构所意识。近年来，在互联网上提供保险咨询和销售保单的网站在欧美大量涌现，网上保险业务激增。目前，保险业借助先进的电子信息技术、利用互联网这个平台所开发的新的保险业电子商务模式包括：保险公司网站；网上保险超市；网上金融超市；网上风险交易市场；网上风险拍卖市场。网络经济这一新型经济形态的出现已促使保险公司由单纯的产品竞争、费率竞争、服务竞争，转变为网络竞争、技术竞争和商务模式竞争。

## 四、国际保险业的并购与重组

世界保险业的并购之风发端于 20 世纪 80 年代，90 年代后日益加剧。世界范围内出现的金融服务业一体化并不是、也不会是半个世纪前金融服务业混业经营的简单重复，是在市场需求形态高级化、现代金融业经营管理手段有了巨大发展和进步的情况下，金融服务业走向更高级经营阶段的标志。

---

① 叶鹏．我国保险市场创新研究．2006. http://www.cnki.net

### (一)保险公司并购的动因

冷战结束后,各国的市场开放程度越来越高,统一的国际市场逐步形成,世界经济逐步打破国家之间的经济壁垒,商品、服务、技术以及资金等显现大规模的跨国流动,国际之间经济相互渗透、相互依存、相互促进的关系进一步加强。世界贸易组织的建立,不仅标志着一个规范化、法制化的世界市场的形成,而且标志着世界贸易自由化程度也达到了一个新的阶段。商业保险公司面对的不再是一个狭小的国内市场,而是一个世界大舞台,并购重组就成了增加实力、扩大规模、进军国际市场的现实选择。自 20 世纪 90 年代以来,全球金融保险一体化的步伐明显加快,保险业实际上呈现出无国界经营态势,导致国际保险市场份额和市场格局的重新调整,从而推动和促进了国内和跨国之间保险业的大规模并购。从经济学角度分析可以知道,由于存在规模经济,在达到一定规模时,成本和费用都会降低,利润水平会上升。保险企业的并购重组正是为了使双方都达到一定的规模,从而使双方的成本与费用支出都大为降低,利润水平相对上升,抵御风险的能力增强,市场承保能力增加。此外,并购可以节约交易费用,因为内部交易的费用要比外部交易费用低一些,还可以通过并购一个损益表为负值的保险公司进行避税,更好的服务客户需要,以及进入新地区和跨行业经营的需要①。

政府政策导向和监管条例的变化对保险业的并购起到了推波助澜的作用。20 世纪 90 年代,欧美等国从国家的全球经济发展战略考虑,对包括保险业在内的企业并购都采取积极支持和扶植的态度。各国纷纷修改出台一系列政策法规,鼓励保险业在国内外并购,打造保险“巨无霸”,提高本国保险业的国际竞争力。如美国国会于 1999 年 11 月废止了《格拉斯-斯蒂格尔法》,通过了《金融服务现代法案》,这标志着美国银行业、证券业、保险业分业经营历史的结束。政府监管上的松动,强有力地推动了保险业之间、保险业与银行业、证券业之间的混业经营、合作与合并。

### (二)国际保险业并购的新特征

并购主体由过去的弱弱合并、以强吞弱逐步转向强强合并。从历史上看,保险并购的基本特点表现为:一是弱弱合并;二是以强吞弱。然而,20 世纪 90 年代以来的保险并购,基本上是以强强联合为主。世界保险业中排名第 11 位的瑞士苏黎世保险集团与英美国烟草集团的金融服务机构(BAFS)合并后,更名为苏黎世金融服务集团,成为世界上最大的金融服务集团之一和世界第一大保险

① 沈阜周. 保险公司并购研究. 2003. http://www.cnki.net

公司;德国安联保险集团收购法国第三大保险公司(AGF) 51%的股份后,就保费收入而言,安联集团成为全球最大的非寿险保险公司;美国国际集团公司(AIG)接管美国银行家保险集团公司(ABIG)后,成为美国最大的保险公司,总资产达到2 150亿美元。在英国保险业排名第3位的英国商联保险公司与排名第4位的诺威奇联合保险公司,合并组建商联保众保险公司成为英国第一大保险公司。自20世纪90年代以来,保险业跨国并购呈不断增长之态势,如加拿大宏利寿险公司与北美人寿保险公司合并,法国AXA保险公司收购德国科隆保险公司,德国慕尼黑再保险公司收购美国再保险公司,荷兰全球人寿保险集团收购全美人寿保险公司等。以世界最大的保险业集团——德国安联保险公司——为例,1998年兼并法国AGP集团,1999年投巨资兼并美国从事固定利息投资的皮姆科资产管理公司使之成为世界第六大资产管理公司,2000年通过收购美国尼古拉斯·阿普古格特金融管理公司,使其总资产由原来不足4 000亿欧元迅速上升至近7 400亿欧元。该公司在短短的3年时间里,通过兼并收购等方式,迅速发展成为一个集保险与金融投资服务于一体的综合性金融企业。

并购形式由过去比较单一的横向并购开始向混合并购转化。历史上的保险并购主要以横向并购为主,以减少同业竞争对手,扩大对相关市场的占有和控制,增强经营的规模效益和垄断利润。然而,随着各国政府管制的放松和监管条例的变化,近年来的保险并购出现了新的跨行业并购态势,使分业经营的保险业逐步向多功能方向发展,保险、银行、证券相互融合。20世纪90年代中期,在美国资产超过100亿美元的银行中,有83%从事保险业务。资产在10亿美元至100亿美元的银行中,这一比例为63%。目前,在许多保险业发达国家,其金融保险集团涉足经营范围相当广泛。1998年4月美国花旗银行与旅行者保险集团的合并属于商业银行与保险机构的合并,经营范围涵盖了银行存贷、消费者融资、信用卡、投资银行、证券经营、资产管理、人寿保险和非人寿保险等业务。

并购策略由过去的恶意并购、强制并购为主转向主动合作和自然重组。20世纪90年代掀起的全球保险业并购浪潮,一改过去依托市场进行血腥吞并,在并购和反并购大战中进行搏杀的做法,更多地采取出于战略动机开展的战略联盟,这种并购不是以一方战胜另一方为主要特征,而是强调主动接触,充分酝酿,积极协商,认真筹备,强调优势互补,共同发展。通过保险公司之间或保险业与银行业、证券业之间的战略联盟,一方面可以避免两虎相斗,两败俱伤,造成不必要的利益损失和市场损失;另一方面可以分担成本与风险,集中资源优势,增强资产与业务品种的联系和契合力,将同类竞争演变为局部的内部联合。

并购交易金额不断增加,一些超级保险公司不断涌现。保险并购由保险业发达国家蔓延到保险欠发达国家和地区,并购交易金额每年呈增长态势,且单一并购案的交易金额越来越高，参与并购的保险公司的规模不断增大，大公司之间的并购产生出一批保险“巨无霸”。在全球25大保险公司中（按资产排名），绝大多数保险公司都有并购行为。目前，许多大型保险公司都将并购特别是跨国并购作为拓展市场领域、扩大市场规模战略目标的主要方式①。

## 第三节　我国保险市场的曲折变化

### 一、我国保险市场的发展与体制变迁

回顾历史，中国保险业经历了一个公私合营以至私营保险机构逐步退出，到最后完全消失的历程。中国人民保险公司成立后，国家开始在保险行业进行产权改造。同时，由于政府明确向计划经济过渡，通过统一的国家保险为社会建立经济补偿制度，增强财政后备力量，业务也由自愿转向强制或变相强制实施，这样的结果加快了私营保险业的萎缩。随着全保险行业公私合营的完成，至1957年底，私营保险公司完全退出了国内市场。在保险行业产权改造中，当时国有产权在保险业中扩展的目的是，一方面为经济提供安全保障，另一方面为国家建设提供后备资金。当时的“保险机构”，实质上已是财政的附属机构，其所从事的保险业务不是完全意义上的商业保险，也有别于社会保险。因此，停办国内保险业务有内在的必然性。由于商业保险丧失了生存环境，在整个国民经济结构发生巨变、国有产权急剧扩张的条件下，商业保险潜在的市场需求下降，尤其是在农村公社化与城市实行供给制以后，国家承担了企业职工的生老病死和企业财产损失，商业保险已经没有生存下去的基础。当时，银行成为国有企业的资金供给部门，在为国家财政提供金融剩余的机构中，银行实际上已经具备了取代保险机构的可能。这样，财政与银行分别取代了保险的部分职能，从而停办了国内保险业务②。

为适应经济体制改革和开放的需要，从1980年开始，中国人民保险公司在全国各地逐步恢复办理国内保险业务，继续扩展涉外保险业务。为了适应我国经济体制改革发展的需要，更好的建立我国的经济补偿制度，当时的保险监管机构——中国人民银行，先后于1986年7月批设了新疆建设兵团农牧业生产保险公司（后更名为中华联合保险公司），1987年批设了交通银行及其分支机构设立保险部（1991年独立成为中国太平洋保险公司），1988年3月批设了平安保险公司（后更名为中国平安保险公司）。这些保险机构的建立，激活和拓展了我国的

① 蒋永辉．保险并购：21世纪中国保险业发展的战略选择．河南金融管理干部学院学报，2004(5)

② 肖文．中国保险业的创新与监管．中国社会科学出版社，2005.46

保险市场，使国内保险市场开始出现竞争格局。这一期间的保费收入从1980年的4.6亿元增长到1986年的45.8亿元，再增长到1991年的235.6亿元。1992年以来，随着市场经济体制的建立，《保险法》及相关法规的颁布实施，中国保险监督管理委员会的成立，加入世界贸易组织的推动，保险业的改革和开放得到了进一步发展，保险市场主体逐步增加，逐渐形成了以国有保险公司为主体，中外保险公司并存，多家保险公司竞争的多元竞争格局。1992年，美国友邦保险公司获准进入上海营业，成为首家进入大陆的外国保险公司。1994年，平安保险公司首次引入外资入股，成为国内第一家吸收外资入股的保险公司。1996年，中国人民保险公司率先改组为中保集团，下设中保人寿、中保财产、中保再保险三家专业保险公司；1999年再次分立为中国人寿保险公司，中国财产保险公司和中国再保险公司；2002年，这三家国有独资保险公司进行股份制改革，分别改制为中国人寿保险集团公司、中国人民保险控股公司和中国再保险集团公司。

## 二、我国保险市场现状分析

2005年，全国保费收入4928.4亿元，保险密度379元，保险深度2.7%，与2000年相比，分别增长了2.1倍、2倍和提高了0.9个百分点。保费收入世界排名由2000年的第16位上升到2005年的第11位。保险公司总资产2005年达到15 296.3亿元，比2000年增长了3.6倍[①]。

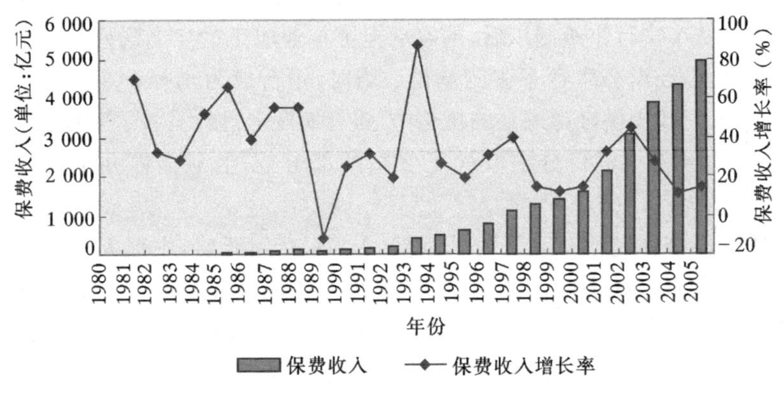


图9-1 1980～2005年我国保费收入及增长率

截至2005年底，全国共有保险机构93家(包括外资保险公司40家)，其中保险集团和控股公司6家，财产险公司35家，人身险公司42家，再保险公司5

① 新华网．2006-10-15

家，保险资产管理公司5家[①]，初步形成了国有控股（集团）公司、股份制公司、政策性公司、专业性公司、外资保险公司等多种组织形式、多种所有制成份并存及公平竞争、共同发展的市场格局。保险市场活力明显增强，市场竞争日趋激烈，规模较大的保险公司所占市场份额逐步下降，保险业寡头垄断的格局逐步被打破，市场结构也正在发生重大的改变。

**表9－3　1999～2005年我国保险市场集中度一览表**　%

| 险种＼年份 | 2005 | 2004 | 2003 | 2002 | 2001 | 2000 | 1999 |
|---|---|---|---|---|---|---|---|
| 寿险 | 75.91 | 80.73 | 90.14 | 91.13 | 95.25 | 97.22 | 97.55 |
| 产险 | 80.75 | 85.70 | 91.12 | 95.42 | 96.57 | 97.19 | 97.68 |
| 整体 | 65.28 | 70.49 | 75.91 | 88.85 | 95.51 | 96.81 | 96.44 |

注：1999～2003年数据根据2000年－2004年《中国保险年鉴》相关数据计算得出；
2004年、2005年数据根据中国保监会网站相关统计数据计算得出。

可以看出，我国保险市场无论是产险还是寿险，市场集中度都在逐年下降，保险市场整体$CR_4$从1999年的96.44%下降至2005年的65.28%，说明我国保险市场结构逐渐向竞争型过渡，截至2005年末，产、寿险的市场集中度$CR_4$仍分别高达80.75%和75.91%。根据产业组织理论的代表人物美国经济学家贝恩对市场结构的分类，我国产险和寿险市场结构仍属于寡占Ⅰ型（$CR_4 \geqslant 75\%$），即高寡占型市场结构。

从产寿险业务结构来看，由于寿险营销方式的创新和投资性产品的热销，寿险保费收入增长迅速，但不同年份增长幅度变化较大，总的趋势是寿险保费收入占保险业总保费收入的比重不断增加。1997年寿险保费收入首次超过财产险保费收入，占总保费收入的55.33%，财险占比为44.67%。此后年份寿险持续超过财产险保费收入，2005年寿险与财险占比分别为74%和26%，见表9－4。

再保险是保险的保险，是现代保险经营的一种非常重要的稳定机制。在1996年以前，我国没有独立的再保险公司，只有中国人民保险公司的再保险部经营再保险业务。1996年，由中国人民保险（集团）公司控股的专业再保险子公司——中保再保险有限公司——成立，作为独立法人，代行国家法定再保险职能，经营法定再保险和商业再保险业务。1998年，中保集团撤销后，中保再保险有限公司更名为中国再保险公司，成为国家再保险公司。按照入世承诺，我国再保险市场从入世起即对外全面开放，没有地域或发放经营许可证的数量限制；而

① 吴定富．努力建设创新型行业 促进保险业又快又好地发展．保险研究，2006．(1)

表 9－4 1995～2005 年 我国寿险与非寿险保费收入及其比重

| 年份 | 寿险保费收入(亿元) | 财险保费收入(亿元) | 寿险同比增长(%) | 财险同比增长(%) | 寿险占比(%) | 财险占比(%) |
|---|---|---|---|---|---|---|
| 1995 | 204.20 | 390.70 | 24.93 | 15.95 | 34.33 | 65.67 |
| 1996 | 324.62 | 452.48 | 58.97 | 15.81 | 41.77 | 58.23 |
| 1997 | 601.96 | 485.94 | 85.44 | 7.39 | 55.33 | 44.67 |
| 1998 | 747.70 | 499.90 | 24.21 | 2.87 | 59.93 | 40.07 |
| 1999 | 872.10 | 521.10 | 16.64 | 4.24 | 62.60 | 37.40 |
| 2000 | 997.50 | 598.40 | 14.38 | 14.83 | 62.50 | 37.50 |
| 2001 | 1421.70 | 687.70 | 42.53 | 14.92 | 67.40 | 32.60 |
| 2002 | 2274.60 | 778.50 | 59.99 | 13.20 | 74.50 | 25.50 |
| 2003 | 3011.00 | 869.40 | 32.37 | 11.68 | 77.60 | 22.40 |
| 2004 | 3193.59 | 1124.55 | 6.06 | 29.35 | 73.96 | 26.04 |
| 2005 | 3646.23 | 1281.11 | 14.17 | 13.92 | 74.00 | 26.00 |

注:1990～2004 年数据来自《中国保险业发展报告 2004》，2004 年、2005 年数据来自中国保监会网站。

且,对 20%的法定再保险,入世后每年降低 5 个百分点直至取消。入世后 5 年来,我国完全履行了再保险方面的承诺,锐意改革开放,使再保险市场发生了可喜的变化。首先,我国已经从 2003～2006 年逐年减少直至取消了法定再保险,同时,大力发展商业再保险,通过市场机制按照自愿分保原则办理再保险。2001 年,我国实现分保费收入 163.22 亿元,其中,法定分保费 156.04 亿元,占 95.6%,商业分保费 7.18 亿元,占 4.4%;2005 年,我国实现分保费收入 229.96 亿元,其中,法定分保费 86.39 亿元,占 37.57%,商业分保费 143.57 亿元,占 62.43%。其次,引入世界著名的慕尼黑再保险公司、瑞士再保险公司、科隆再保险公司和劳合社,开放了再保险市场,使市场格局开始发生重大改变。其三,中国再保险公司经过股份制改造成为中国再保险集团公司,大幅扩充了资本金,提高了承保能力和市场竞争力,成为我国再保险市场的中坚力量。

## 三、中国保险市场的对外开放

目前,外资介入保险市场的形式主要有三种:其一,外国保险公司在中国设立分公司;其二,外国保险公司与中资公司合资,成立中外合资保险公司;其三,外国企业作为战略投资者参股中资保险公司。截至 2003 年底,已经有来自 13

个国家或地区的外国保险公司在中国保险市场设立分支机构或成立合资公司。已开业的外资保险公司分公司有22家,注册资本总额为41.032亿元人民币,其中有15家财险公司、5家寿险公司和2家再保险公司;合资保险公司17家,注册资本总额为71.92亿元人民币,外方资本约为36.07亿元,占合资公司注册资本总额的50.15%,而这17家合资公司全部为寿险公司。这些外资保险公司的数量占当年我国保险公司总数的63.9%(见表9-5)。

**表9-5 2003年底中国已开业外资保险机构概况**

| 组织形式 | 业务类型 | 主体数量(家) | 注册资本金(亿元) | 外方资本(亿元) | 外方资本母国/地区(主体数量) |
|---|---|---|---|---|---|
| 外国或地区保险公司分公司 | 产险 | 15 | 27.032 | 27.032 | 美国(5),香港(3),日本(3),瑞士、英国、韩国、德国(各1) |
| | 寿险 | 5 | 8 | 8 | 美国(5) |
| | 再保险 | 2 | 6 | 6 | 德国、瑞士(各1) |
| 合资公司 | 寿险 | 17 | 71.92 | 36.065 | 美国(5*),英国(3),加拿大(2),德国、法国、澳大利亚、意大利、日本、荷兰、瑞典(各1) |

数据来源:根据吴定富主编,《中国保险业发展改革报告(1979~2003)》,中国经济出版社,2004年版的相关数据整理而得。

本表未计入外国保险公司支公司和合资公司的分公司。

*其中太平洋安泰的合资方——美国安泰保险有限公司的国际业务已经被荷兰国际集团收购,本文仍按最初资本属性视其来自于美国。

另外,有8家中资保险公司吸引了外资战略投资者参股,各公司为外资所拥有的股份比例分别为:平安(集团)23.74%、新华人寿24.9%、泰康人寿25%、华泰财产22.13%、太平人寿74.95%、太平保险55.04%、生命人寿24.9%、民生人寿5%,据此计算,外资参股中资公司带来的资本金总额已经达到29.78亿元。在中国潜在巨大市场的吸引下,还有来自众多国家和地区的相当数量的外资保险公司在排队等待进入,截至2003年底,共有19个国家和地区的128家外资保险机构在华设立了192个代表机构和办事处。

从经营的业务范围来看,根据入世协议,从2003年1月11日起,在华的外资非寿险机构已经可以向国内客户提供除法定业务外的全部非寿险服务;合资寿险公司可以向外国公民和中国公民提供个人(非团体)寿险服务。而到2004年底,它们还可以向外国公民和中国公民提供健康、团体险和养老金/年金服务,其经营业务范围已大大扩展。

随着对外开放力度的加大，外资保险公司的数量不断增加，业务规模也迅速扩大，市场份额显著提高。2005 年，中资保险公司保费收入 4 586.15 亿元，同比增长 8.52%；外资保险公司保费收入 341.3 亿元，同比增长 248.45%（包括当年中意寿险公司获得其中资股东中国石油天然气集团公司 193.3 亿元保费的团体年金大单这一非常因素，若剔除该因素增幅为 50.9%），增幅明显高于同期中资保险公司的增长速度。从市场保费份额看，2003 年外资保险公司的市场份额为 1.73%，2005 年已增加到 6.9%。从外资公司相对更为集中的区域保险市场来看，外资保险公司的市场份额更高，例如，2005 年，在北京、上海、广东地区，外资寿险的市场份额分别为 51.86%（含中意人寿大单），19.79%，12.24%。可以预见，随着我国保险市场进一步开放，外资保险公司的竞争优势将进一步显现，在我国保险市场中所占份额会快速提高，中资保险公司将面临着日益严峻的竞争挑战。

## 四、我国保险市场的创新

### （一）产品创新

20 世纪 90 年代中后期，我国银行利率的几次调整曾给保险市场带来了沉重利差损包袱，银行利率和投资渠道对保险市场带来较大的影响和限制，因此，我国保险产品的创新主要集中在对银行利率依赖小的万能寿险、分红寿险和变额寿险等新型寿险产品上。1998 年以来，随着人们保险需求的多样化和保险资金投资渠道的不断扩展，各寿险公司相继推出了投资连结、分红和万能等一系列寿险新型产品，这些产品在传统保险保障功能的基础上，突出了投资功能，在一定程度上满足了社会多元化的保险需求，防范了利差损风险，成为寿险公司新的业务增长点。

新产品的开发在养老和健康保险方面也取得了一定的发展。近年来，人们对养老、健康保险的需求日趋强烈，保险公司为适应形势发展需要，积极开发年金、商业健康保险产品。有些公司对原有的保险产品进行升级改造，使之适应范围更加广泛，例如，新华人寿保险公司对“员工福利团体退休金保险条款（A 款）（分红型）”进行改造，使之适用于残疾家庭。还有一些公司针对不同的风险及需求设计符合特殊需求的不同产品，如恒康天安人寿保险公司以附加险的方式推出的两款针对现代女性的保险产品——“伊人风尚”“母子安康”，专门针对女性疾病保障和母婴疾病保障设计。另外，在应对突发事件方面，保险公司能够及时开发保险产品，如 2003 年“非典”期间，各保险公司共开发出 53 个应对非典的保险产品；2006 年，在禽流感盛行的时期，又有多家公司开发出针对禽流感的应急险种。财产保险产品创新也有了实质性的突破,除传统的车险与企财险产品外,责任保险、信用保险、农业保险、工程保险等对国民经济具有重要作用的险种也相继推出,保险领域和责任范围不断扩大。

### (二)营销方式和服务创新

自1992年以来,我国保险营销方式发生了很大的变化,个人营销、银行保险、团体保险逐步成为三大主渠道,在发展个人分散性保险业务方面,个人营销和银行保险功不可没,既促进了我国保险业特别是寿险业的蓬勃发展,又推动了我国银保合作和金融一体化进程。此外,随着电子商务在国内外的日益流行,各保险公司纷纷建立自己的网站,使客户可以通过网络直接咨询和投保。

在服务创新方面,我国保险公司作了很多尝试,服务手段和服务方式日趋多样化,主要体现在服务理念不断改进以及由此引发的服务手段的创新和服务体制的改进。各保险公司树立"以客户为中心"的经营理念,在为客户提供一般保险保障服务的基础上,围绕保险销售、理赔等环节向保险市场提供高附加值的延伸服务。如定期开展客户回访,建立全国统一服务电话,24小时为客户提供各种咨询、投保、索赔、投诉等服务;利用风险管理上的优势,实施全面的保险防灾防损、施救等服务;围绕健康保险业务的开展,定期为被保险人提供免费体检,健康咨询等服务。在理赔方面,各公司大力改进理赔服务,力争做到快速、准确、及时、周到,如有些公司推出异地出险就地理赔、车友俱乐部、事故代步车、小额快速理赔通道等,提高了理赔服务的质量。在服务内容上,从最初的劝说客户购买某一险种,发展到针对客户的需要,将市场上各种产品包括医疗、养老、子女教育以及银行存款等各种投资理财方式进行组合,为客户量身定做全面的家庭理财规划,提供全面的理财服务。

### (三)组织形式创新

我国保险业在成功地进行股份制改造和海外融资的同时,保险公司的组织形式与经营业务也逐渐多样化和专业化。2005年1月,我国国内第一家相互制保险公司——阳光农业相互保险公司成立。阳光农业相互保险公司在黑龙江垦区十多年互助保险实践的基础上,参照国际成功经验组建,将垦区风险互助合作规范为相互制公司化运作,在垦区范围内经营种养两业险、财产保险、责任保险等险种,为我国保险业组织形式创新探索新路。从保险公司的经营业务来看,从事专业经营的保险公司不断出现,主要有以下几类:①养老保险公司。2004年12月,国内首批专业养老保险公司——平安养老保险股份有限公司和太平养老保险股份有限公司——相继开业。②健康保险公司。2005年上半年,中国人民健康保险股份有限公司率先开业。③汽车保险公司。2004年12月,国内第一家全国性汽车保险公司——天平汽车保险股份公司——开业。④农业保险公司。2004年9月17日，上海安信农业保险股份有限公司挂牌开业。多样化的组织形式和专业化的经营丰富了我国保险市场及保险产品，为我国保险业的进一步发展创造了有利条件。

**(四)保险资金运用创新**

我国保险企业资金运用经历了从无到有，从无序到有序，不断规范发展的阶段。1980～1987年间，国内保险业务基本上没有投资业务，大部分保险资金以法定形式固化在银行存款。1987～1995年《保险法》颁布前，为无序投资阶段，保险投资渠道一度放宽，盲目投资于房地产、证券、信托以及信贷，从而形成大量不良资产。1995年《保险法》颁布后对保险资金运用做了比较规范的管理，规定“保险公司的资金运用，限于在银行存款、买卖政府债券、金融债券和国务院规定的其他资金运用形式。”随着国内外经济形势的变化，新的问题不断出现，银行数次降息导致寿险公司利差损的出现，促进了投资型保险产品的推出及流行，各保险公司日益重视保险资金的管理和运用，社会各界也增大了对保险资金投资的关注，我国保险投资政策不断发展变化，保险资金运用的制度建设取得一定进展，保险资金运用渠道逐步放宽。1998年10月，中国人民银行下发了《关于保险公司加入全国同业拆借市场有关问题的通知》，保险公司可以加入全国同业拆借市场，从事债券现券买卖业务。1999年7月，保险公司经批准可以在国务院批复的额度内购买信用等级在AA级以上的中央企业债券，并可对上市债券进行交易。1999年10月，国务院批准保险公司通过证券投资基金间接进入证券市场，在二级市场上买卖已上市的证券投资基金和在一级市场上配售新发行的证券投资基金[①]。2002年10月，修订后的《保险法》取消了“保险公司的资金不得用于设立证券经营机构和向企业投资”的规定，改为“保险公司的资金不得用于设立证券经营机构，不得用于设立保险业以外的企业”。这为保险资金从事权益性投资和直接进入股市扫清了障碍。此后，经国务院批准，保险企业又陆续被允许投资于企业债券、股票、基础设施项目等领域。在陆续拓宽保险投资渠道的同时，中国保监会配套颁布了《保险资金运用风险控制指引》、《保险资产管理公司管理暂行规定》等一系列法规文件，以规范保险业资金运用管理。

随着政策的不断变化，我国保险公司资金运用的结构不断调整，目前，银行存款虽然仍是主要资金运用形式之一，但其所占比重已经明显下降，债券、基金和其他形式的投资比重相应增加，详见表9-6。随着保险资金运用结构的变

① 肖文．中国保险业的创新与监管．中国社会科学出版社，2005.64～66

化,保险投资效益也稳步提高,从2001～2006年,我国保险资金运用已实现的收益率分别为4.30%,3.14%,2.68%,2.87%,3.60%,5.80%[①],保险业正在走向负债业务和资产业务并举的良性发展道路。

**表9-6 2000～2005年我国保险资金运用结构** %

| 年份 | 银行存款 | 国债 | 投资基金 | 其他投资 |
|---|---|---|---|---|
| 2000 | 51.0 | 37.3 | 0.8 | 10.9 |
| 2001 | 48.7 | 37.7 | 5.3 | 8.3 |
| 2002 | 52.0 | 28.8 | 5.4 | 13.8 |
| 2003 | 52.0 | 28.0 | 5.0 | 15 |
| 2004 | 46.5 | 24.8 | 6.3 | 22.4 |
| 2005 | 37.1 | 25.4 | 7.8 | 29.7 |

资料来源:《中国保险年鉴》,中国保险监督管理委员会网站(2004～2005年保险业务经营数据)

## 第四节 当前保险市场的理论争鸣

### 一、保险功能论

#### (一)保险功能问题的提出及其学派

保险功能是保险本质的表现形式,关于保险功能的理论研究都是从研究保险本质问题出发的。对于保险本质问题的认识,国外的研究有“十九大学派”之说,即损失补偿说、损失分担说、危险转嫁说、风险减轻说、人格保险说、否认人身保险说、不能统一说、需要说、欲望满足说、经济需要说、经济确保说、储蓄说、经济生活平均说、相互金融说、经济后备说、共同财产准备说、收入确保说、所得转移说、预备货币说等[②],日本园乾治教授将其归结为损失说、非损失说和二元论“三大流派”。国内的研究也有“四大关系”之别,即保险经济关系学说、保险法律关系学说、保险制度学说、保险供求矛盾学说等。正是由于大家对保险本质的认识难于统一,所以在保险功能的认识上就出现了争议和分歧。

国内保险学者在20世纪80～90年代关于保险功能的主要观点:一是单一功能论,认为保险的功能只有一个,即经济损失补偿。单一功能论抓住了保险的

① 中国保险报,2007-1-22,第8版。

② 魏华林.论人类对保险功能的认识及其变迁.保险研究,2004(2)

经济损失补偿制度这一本质，但它只强调了保险机制的目的和社会效应，未能说明该机制实现的手段。二是基本功能论，认为保险具有分散风险和经济补偿的功能，保险运行机制应该是目的和手段的统一，分散风险是保险机制赖以运行的技术手段，经济补偿是建立保险基金的根本目的，两者的统一构成了完整意义上的保险。三是多元功能论，认为保险除了具有分散风险和经济补偿两个基本功能之外，还具有给付保险金、资金融通、储蓄、防灾防损等功能。四是二元功能论，认为保险的功能可从两个不同的角度进行理解，从财产保险角度看，保险具有经济补偿的功能；从人身保险角度看，保险具有给付保险金的功能。

### （二）"现代保险功能说"的提出

"现代保险功能说"认为保险具有经济补偿、资金融通和社会管理三大功能①，这一学说的提出拓展了人们对保险功能的认识，近几年，在我国引起新一轮对保险功能的探讨。在传统保险理论关于保险具有经济补偿和资金融通功能的基础上，20 世纪 70 年代后期，许多研究者运用系统工程理论和动态分析等方法，剖析了保险在国民经济和社会安全体系中的重要地位，表明商业保险作为现代生活风险管理最基本、最主要的手段，在社会经济生活中扮演了非常重要的角色。

美国经济学家舒尔茨认为保险是一种有效影响生产要素的所有者之间分配风险的制度，有利于减少社会的交易成本。保险不仅分散了风险，提供了经济补偿，而且可以在更广泛的层面上为增进社会福利做贡献。因此，这一时期对保险功能理论的发展主要是对其社会管理功能的提出及逐步拓展。从本质上讲，保险的社会管理功能主要是通过促进社会资源的配置效率来推动经济发展。

## 二、银行保险

银行保险即银保合作，有狭义和广义之分。狭义的银行保险是指保险公司通过银行出售保险产品，银行只是受保险公司之托，利用自身的各种渠道和销售方式向客户提供各种保险产品。广义的银行保险不仅是银行代理销售保单，而且是银行与保险两大产业之间深层次的相互合作，特别是在金融自由化的背景下，混业经营已成趋势，银行不但可以自己设计开发保险产品，而且还可以通过合资入股的形式参与保险经营。

20 世纪 90 年代以来，随着我国经济改革和对外开放的深入，金融业发生了深刻的变化，在西方银行保险概念的启示和国内相应理论研究的指导下，1997

---

① 吴定富：中国保监会主席，首届中国保险业发展改革论坛暨现代保险功能研讨会上提出发挥保险的三大功能，并首次提出社会管理功能。

年以来，金融业纷纷在国家政策允许的范围内，共同创新业务品种，开辟新的业务经营领域，各家商业银行纷纷和保险公司签订保险代理协议，促进了我国银行保险的快速发展。目前，银行和保险之间正在向共同开发新产品和全面合作的纵深方向发展，出现了从代理方式向互融互动方式发展的势头。从双方签订的合作协议看，合作范围包括代收保费、代支保险金、代销保险产品、融资业务、资金汇划网络结算、电子商务、联合发卡、保单质押贷款、客户信息共享等方面。出现了双方业务领域互相渗透的产品，如投资连结保险、分红险、万能寿险等新型保险产品。银保合作向战略关系发展，一些银行或保险公司尝试建立了金融服务集团。如中国银行和平安保险公司签订了战略合作协议，合作内容包括共建银行保险部、交叉销售产品，中行负责平保的资金清算和结算，中银国际将成为平安境外上市的主承销商之一等内容；近几年，中国银行和中国平安保险公司均有了各自的保险或银行机构，正在朝金融集团的方向发展。

银行保险是银行与保险分别在物质技术层面、组织制度层面和文化意识层面等全方位的创新产物[①]。银行保险在保险公司业务拓展过程中，从产品销售渠道选择到主动开发设计适合银行柜台销售的保险产品，再发展到与银行联盟或控股，成立相关的银行保险组织机构，银行拓展了新的业务空间，满足客户对长期年金储蓄类产品的需求，提升了银行的综合竞争能力；保险通过银行销售保单，从而专注于产品的开发设计、风险管理和核保核赔等核心业务，实现了业务经营的专业化，有利于扩大业务规模，提高经营管理水平。

银行保险是金融技术创新的产物。随着世界经济一体化的发展，保险精算技术的成熟，金融市场的日趋完善，市场需求的多样化，出现了以金融工具为核心的创新浪潮，很多金融性保险产品不断被开发出来，如万能寿险、变额寿险等投资性保险产品，这些险种将投资和保障联系起来，有效解决了保险公司面临的市场风险。

银行保险的发展带来了正的和负的两方面作用。从正的效应方面说，银行保险拓展了保险的营销渠道，扩大了保险公司的市场规模，降低了保险的经营成本，有利于提高保险公司专业化运作，促进保险业的发展；另一方面，银行保险促进了银行业的发展，银行可以有效利用资源，拓宽利润空间，可以通过提供多样化的服务和产品，提高客户的忠诚度，同时还可以降低银行的经营风险，加速金融一体化进程。从负的效应方面说，银行保险可能使金融业的风险相互蔓延；对金融监管也带来一定的挑战[②]。

---

① 浦成毅．中国保险业重大现实问题．机械工业出版社，2006

② 辛立秋．银保合作研究．博士论文

## 三、保险业资产负债管理

资产负债管理的原则是对称和匹配，根据资产负债的相互匹配来制定统一的投资原则和产品设计，理解并管理利率波动风险对财务报表的影响。如果资产与负债均衡匹配，则利率的波动对整体资产负债组合没有影响或影响很小。

资产负债匹配的方法主要为缺口管理、久期匹配、凸性匹配、现金流匹配以及币种匹配等，目标在于调整投资组合的期限，使之与保单赔付责任相符。缺口管理是最早的资产负债匹配管理技术，通过测算资产负债的缺口差额和缺口比例，粗略度量期限匹配风险，并根据利率走势预期调整缺口额或缺口比例，以兼顾收益性、流动性和期限匹配。久期匹配和凸性匹配通过计算负债的久期和凸性，调整资产组合，使二者的久期和凸性尽量接近或相等，达到对利率风险的免疫。现金流匹配管理技术是通过最优规划，选择投资组合，保证满足每期现金流条件下，投资成本最低①。

保险业由于资产和负债以及风险和收益不匹配将引发经营风险，包括资产流动性不足所引发的现金流匹配风险，由于资产负债期限结构不匹配引发的期限匹配风险以及投资收益无法达到产品预定利率要求引发的收益匹配风险。资产负债管理作为保险公司全面风险管理的重要环节，已经成为有效防范和规避现金流风险、利率风险、再投资风险和资产负债不匹配等方面风险的最重要的方法和手段之一，在保险企业全面风险管理、资金运用、产品定价、确定分红额度和保险监管中具有非常重要的意义和作用②。

目前国内寿险公司资产负债不匹配现象较为严重，资产负债不匹配主要体现在三个方面：一是期限不匹配；二是数额不匹配；三是收益率不匹配。从期限上来看，负债的长期性和资产的短期性矛盾十分突出。20 年期以上的长期负债匹配状况最差；10～20 年的中长期负债的失配状况比较严重；10 年期以下的中短期负债基本得到匹配。粗略估计，5 年期以上资产负债缺口占比超过 50%。20 年期以上的负债匹配在 5 年及 5 年以下的短期资产上，蕴藏着极大的再投资风险，也直接影响了资金运用效率和收益率的提高。

由于历史原因，我国保险业在以往的发展中比较偏重于保险业务本身，从而导致保险负债业务和资产业务的发展极不协调，保费收入的快速增长和资金运用收益偏低的矛盾十分突出，直接影响到保险公司的偿付能力和经营的稳定性。具体表现在：①资金运用渠道狭窄，限制了资产方与负债方在收益率上的匹配。

---

① 李扬，李光荣．2005 中国保险前言问题研究．中国经济出版社，2005.324～326

② 马驰．论寿险公司资产负债匹配管理．保险研究，2005(10)

根据寿险负债来源和性质不同，其产品划分为以下四类：一是由寿险公司担保投资回报的传统产品；二是由寿险公司和客户共担风险的分红产品；三是完全由客户承担风险的投资连结型产品；四是客户利益与金融指数和物价指数连结型产品。这些负债品种性质不同、风险偏好不同、经风险调整的收益要求不同，其投资品种和方式应随之进行调整。如传统产品应主要投资于协议存款和国债等风险较小、回报稳定的品种；分红产品则需要进行良好的资产配置，对股票、企业债等风险较高的产品进行一定比例的投资，保证较好的分红水平；投连险需要加大对股票、企业债等的投资比例，实现高风险回报。我国当前企业债的发行量很小，保险资金投资于股票的限制比例只有企业总资产的5%，很难保征收益率的匹配。②资产负债管理的专业化程度不高。随着投资环境和投资领域的发展变化，对资产负债管理的专业化要求日益迫切，而国内缺乏国际先进的资产负债匹配技术和方法，无法有效度量该种风险，直接影响了对其风险程度和危害的认知。随着保险业国际化进程加快，国外资产负债不匹配引致风险的经验教训将逐步为业内人士所认知，这一风险必将受到重视[①]。

## 四、保险费率市场化机制研究

保险费率市场化实际上是让保险产品的价格发挥市场调节作用，利用费率杠杆调控保险供求关系，提高保险交易的效率性。保险费率市场化包括费率决定、费率传导、费率结构、费率管理、费率机制、资金价格、劳动力价格等要素的市场化。保险费率作为经济杠杆在保险业务中发挥着重要作用，宏观上，保险费率能够调节保险的供给和需求关系；微观上，能够改变个人和企业的行为偏好。

保险费率市场化改革需要建立健全完整的保险市场组织体系，将保险市场、再保险市场、保险中介市场的建设与建立新的保险费率调节传导机制有机结合起来，并整体推进。同时，保险费率市场化改革要求保险公司进行体制改革以适应市场化改革的需要，构造保险费率市场化改革的良好微观经济基础。

我国自改革开放以来，经过数年的价格改革，在绝大多数竞争性产业中，价格形成机制的转换已基本完成，但国内保险业的费率管制机制并未脱离计划经济和行政干预的束缚。今后，随着保险费率市场化进程的加快，保险公司自主定价的范围将不断扩大，因此，建立科学的保险产品定价机制，对于保险公司保障自身经营效益，巩固竞争地位，具有非常重要的意义。保险费率合理定价的基础，首先是各保险总公司需要根据资产负债管理的战略目标，根据保险条款的责任范围制定全系统的基准费率；其次是保险总公司确定各地保险分公司在公布

① 李扬，李光荣．2005中国保险前言问题研究．中国经济出版社，2005.330～333

的基准费率基础上的浮动权限，保险总公司对分公司的定价授权，应依据各分公司的经营管理水平、地区经济发展状况、地区风险分布情况、地区同业竞争关系等方面因素进行确定；最后是建立一套保险费率执行的反馈体系，全面掌握保险市场需求的变化，适时对保险费率做出调整，提高自身的市场竞争力。

放开保险费率决不等于放手不管，保险产品的费率一般根据损失资料、经营成本和市场供求关系由保险公司自行确定，同时有些险种的费率仍将由保险监管部门制定，或由保险行业协会制定，这是西方发达市场经济国家普遍采取的惯例做法。在保险费率市场化改革之初，保险监管部门或保险行业协会，可以根据市场情况制定某些主要险种费率作为基准费率用于指导保险费率的走向，通过这种基准费率来操纵市场费率的变动。

保险费率市场化改革的目的是引入市场竞争机制，但同时我们也必须清醒地认识到，竞争的结果可能会造成垄断，形成市场机制的失灵，造成保险资源的浪费。因此，在保险费率管理体制方面，政府的调控作用也不能忽视，要逐步建立起以市场供求关系为导向，以保险公司制定费率为主，政府调控费率为辅的保险费率管理新体制。这种体制改变了以往保险监管部门制定和管制费率的做法，同时又保留了监管部门必要的调控费率的作用，在目前保险市场运行机制还不完善，存在保险公司费率定价短期化倾向的情况下，保险监管部门可以对保险公司费率定价机制进行必要的约束和指导管理，规范保险公司的经营行为，最大限度地保护投资人和被保险人的根本利益，保证保险市场稳健安全运行。

保险费率的传导机制可以通过费率、保险供需、再保险价格、资金价格、资产价格、劳动力价格、销售成本等影响保险市场发展。随着我国加入世界贸易组织和外资保险公司的大量进入，国内保险公司股份制改革进程的加快，保险资产证券化的实施，保险产品和科技创新的促进，将推进保险费率市场化改革的进程，我国未来保险费率政策传导机制的制约渠道应该以保险产品费率和资产价格渠道为主。

保险费率是市场经济体制中保险产品价格政策的主要传导渠道。保险费率市场化改革一方面需要继续建立和完善保险费率定价机制，另一方面需要继续推进保险产业结构调整和保险公司体制改革，积极稳妥地推进保险费率市场化改革的进程，提高保险公司和社会公众对保险费率变动的敏感性。加快推进国有保险公司股份制改革和保险公司上市将有效地调整保险公司投资结构，实现对保险公司投资的多元化，培育真正的保险市场经营主体，建立完善的经营机制。只有这样，保险公司才能在内部建立起约束机制和激励机制，在保险供求关系和保险费率发生变化时，作出符合市场规则的反应，正确传导和扩大保险费率在调整保险供需方面的功效。

## 五、保险业诚信建设

现代保险业是市场经济发展的产物,诚信原则是保险的立业之本。保险本质上是人类面对共同风险威胁所展开的一种"我为人人,人人为我"的社会互助行为。维系这种社会互助机制的纽带就是人们的诚信。保险人在签订保险合同时承担的义务仅是一种对未来的承诺。由于保险合同具有射幸性和长期性的特点,保险人必须十分诚实守信,必须具备足够的偿付能力,才能履行保险单上承担的赔偿和给付保险金的责任。为了实现保险当事人之间及当事人与社会之间利益关系的平衡,保证保险业健康发展,使被保险人的利益得到保护,各国保险立法都把"诚信原则"作为重要的法律条款在保险法中明确规定。

我国保险业在快速发展的同时,市场出现了一系列违背诚信原则的现象。例如,投保易,理赔难;误导客户;保险公司业务信息披露不够,投保人无法了解保险公司的资产负债、偿付能力、经营状况和发展前景;骗保骗赔花样翻新,保险欺诈犯罪猖獗,等等。这些违背诚信道德和法律的行为对保险业的发展已造成了严重的损害。

保险业作为现代金融业的三大支柱之一,与银行业一样,负债经营是其基本特征,其自身拥有的资本金与负债规模相比,是不对称的。如果没有诚信,公众就会丧失对保险业的信心,切断涌向保险业的资金链条,动摇保险业生存和发展的基础。所以,加强保险业诚信建设,维护公众对保险业的信心,保证保险业充足的偿付能力,对于防范和化解金融风险,维护金融体系稳定,保证国家金融安全具有重要作用。

保险作为一种服务商品,其有形载体仅是一份保险合同,相对于一般商品而言,具有无形性、复杂性、长期性、内在价值透明度低等特点。从某种意义上说,保险公司经营的产品实际上是一种以信用为基础、以法律为保障的承诺。因此,保险业较其他行业对诚信的要求更高,良好的信用是保险业的生命线。

保险业所承担的特定社会责任决定了保险业诚信建设具有特殊意义。保险具有经济补偿、资金融通和社会管理等功能,担负着促进改革、保障经济、稳定社会、造福人民的重要使命,与经济发展、社会进步和人民生活水平提高息息相关。加强诚信建设,既是保险业持续快速健康发展、做强做大的迫切需要,更是保险业充分发挥其应有功能和作用的根本前提。

## 六、企业年金研究

企业年金既不是社会保险,也不是商业保险,而是一项企业福利制度,是企业人力资源战略的重要组成部分,其补充性、商业化或市场化运作的特征不影响也不能改变其本质属性。企业年金是社会保障体系的重要组成部分，是实施养老保障“多支柱”战略的重大制度安排，企业年金与公共养老金或国家养老金、个人储蓄性养老金一起构成多支柱养老保障体系。企业年金的责任主体是企业，是企业依据自身经济状况建立的企业保障制度，企业或职工承担因实施企业年金计划产生的所有风险；国家或政府作为政策制定者和监管者不直接干预企业年金计划的管理和基金运营，其主要职责是制定规则、依规监管。

1991 年，我国第一次提出提倡、鼓励企业实行补充养老保险，明确提出建立我国基本养老保险、企业补充养老保险和个人储蓄性保险相结合的多层次养老保险体系的要求。1995 年、1997 年，国务院重申了国家鼓励企业建立补充养老保险制度的政策，并对开展原则、经办机构等问题做出了相应规定。2000 年年底，国务院决定选择重工业基地辽宁省作为试点地区，进行完善社会保障体系试点。为支持试点工作的开展，国务院发布了《关于完善城镇社会保障体系的试点方案》的通知，提出“有条件的企业可为职工建立企业年金，并实行市场化运营和管理。企业年金实行基金完全积累，采用个人账户方式进行管理，费用由企业和职工个人缴纳，企业缴费在工资总额 4%以内的部分，可以成本列支”。该通知首次将“企业补充养老保险”改名为“企业年金”，这是我国企业年金发展上的一大里程碑。2004 年，劳动和社会保障部较为详细地规范了企业年金的筹资、运行、管理、发放等各方面的行为，成为建立企业年金的主要规则。建立企业年金制度对于国家养老保险制度的完善、企业激励制度的建立、员工退休生活的保障都是非常有益的。

对国家来讲，企业年金制度的建立符合我国建立社会保障体系的总目标，即建立独立于企事业单位之外、资金来源多元化、保障制度规范化、管理服务社会化的社会保障体系。企业年金作为国家社会保障制度的一个支柱，可克服公共养老保险的单一性，发挥多层次养老保险制度体系的灵活性与适应性，有利于降低国家基本养老保险的替代率(退休金与退休前工资之比)，减轻政府提供基本养老保险所面临的财政压力，应对即将到来的老龄化危机。而且，由企业年金积累起来的长期性投资基金，一方面可抑制消费基金过快增长，便于国家宏观调控；另一方面有利于促进金融市场及国民经济发展，特别是以企业年金为代表的养老基金，往往成为资本市场上重要的机构投资者。

对企业来讲，建立企业年金计划是优化人力资源管理，实施人才战略的一个重要手段，有助于改善员工薪酬结构，建立有竞争力的薪酬福利体系；有利于留住人才，增强企业凝聚力。企业年金的受托经营机构通过各种方式的资金运作，实现企业年金的保值、增值，从而为长期确保企业离退休人员的生活水平提供物质基础，可以妥善解决员工退休后的生活保障问题。可以享受国家对于企业年金制度给予的政策优惠，利用年金税收优惠降低企业税收成本。

对员工来讲，企业年金制度建立起的个人账户制度可以引导人们为老年生活而储蓄，有助于克服个人的“短视”行为。并且机构投资者的规模优势和专业优势有助于克服个人储蓄投资中的不良投资选择问题。最重要的是，由于今后基本养老保险的工资替代率会逐渐降低，基本养老金只够退休人员维持基本生活，而企业年金的建立能在较大程度上提高退休人员的生活水平，使其成为提高养老生活质量的主要依托。

## 七、存款保险研究

1930 年到 1933 年间，美国大批银行倒闭，美国金融管理当局开始认识到仅靠银行的存款准备金，还不足以避免美国银行的倒闭风潮。因此，根据美国 1933 年通过的《格拉斯-斯蒂格尔法》，联邦存款保险公司(FDIC)作为一家为银行存款保险的政府机构于 1934 年成立并开始实行存款保险，以保障银行体系的稳定。20 世纪六七十年代，欧美其他国家开始认识到存款保险制度的重要性，纷纷建立自己的存款保险制度。目前全球共有 78 个经济体建立了各种形式的存款保险制度。

存款保险可以分为隐性存款保险和显性存款保险两种。隐性存款保险制度多见于发展中国家或者国有银行占主导的银行体系中，指国家没有对存款保险做出制度安排，但在银行倒闭时，政府会采取某种形式保护存款人的利益，因而形成了公众对存款保护的预期。显性存款保险制度是指国家以法律的形式对存款保险的要素、机构设置以及有问题机构的处置等做出明确规定。显性存款保险制度的优势在于：明确银行倒闭时对存款人的赔付额度，稳定存款人的信心；建立专业化机构，以明确的方式迅速、有效地处置有问题的银行，节约处置成本；事先进行基金积累，以用于赔付存款人和处置银行；增强银行体系的市场约束，明确银行倒闭时各方责任。

# 第十章　农村金融:困惑、代价与出路

## 第一节　农村金融理论简介

### 一、关于农村金融发展的理论

20世纪70年代以后,研究发展中国家金融发展问题的理论主要是金融抑制理论与金融深化理论。90年代以后,斯蒂格利茨(Stiglitz)的不完全信息(或市场失灵)理论被引入发展中国家金融研究领域。由此,发展中国家的农村金融领域形成了三种理论:农业融资理论、农村金融市场理论和不完全竞争市场理论。

#### (一)农业融资理论

农业融资理论认为,农村居民,特别是贫困阶层没有储蓄能力,农村面临的问题是资金不足。由于农业具有收入的不确定性、投资的长期性和低收益性等产业特性,不可能成为以利润为目标的商业银行融资对象。因此,为增加农业生产和缓解农村贫困,有必要从农村外部注入政策性资金,建立非营利性的金融机构。同时,为缩小农业与其他产业之间的差距,对农业融资的利率必须低于其他产业。考虑到非正规金融利率较高,将导致农户更加穷困,阻碍农业生产的发展,故需要通过农业信用合作组织,将大量低利率的政策性资金注入农村。

在农业融资理论的指导下,20世纪60～70年代,发展中国家尤其是亚洲各国政府设立了专门的农业金融机构,应付农业发展中的资金需要。这一政策虽然促进了农业生产,也使农村金融陷入严重的困境:储蓄动员不力,过分依赖外部资金、资金回收率低下。从构建有效率的自立金融体系来说,这个理论是失败的。

#### (二)农村金融市场理论

农村金融市场理论重视市场机制,认为农村居民以及贫困阶层有储蓄能力,没有必要由外部向农村注入资金,低利率政策妨碍金融机构存款。农村金融机构资金的外部依存度过高,是导致贷款回收率低的重要因素,由于农村资金拥有较高的机会成本和风险费用，所以，非正规金融的高利率具有合理性。与此同时，还提出如下政策建议：农村金融的主要功能是进行储蓄动员；为了实现储蓄动员，利率必须由市场决定，且实际存款利率不能成为负；农村金融成功与否，应当根据金融机构经营的自立性和可持续性来判断，没有必要实行专向特定目标贷款制度。非正规金融具有合理性，不应一概取消，应当将正规金融市场与非正规金融市场结合起来。农村金融市场理论自 20 世纪 80 年代被各国广泛接受，至今仍是农村金融理论中主流理论之一。

### （三）不完全竞争市场理论

20 世纪 90 年代后，前苏联、东欧国家因市场经济转轨引发社会动荡，拉美和东南亚过快的金融自由化引发金融危机，都表明市场机制并非万能。受此影响，农村金融理论也认识到，培育稳定有效的金融市场，减少金融风险，需要一些非市场因素。在此背景下，斯蒂格利茨的理论框架被引入农村金融领域，形成了农村金融领域的不完全竞争理论。该理论认为，农村金融市场不是一个完全竞争市场，存在信息不对称。为了补救市场失效，有必要采用诸如政府适当介入金融市场以及借款人的组织化等非市场措施。主要政策主张包括：金融市场发展的前提条件是宏观经济稳定，在金融市场得到一定程度的发育前，利用政策手段确保实际存款利率为正，对于由此而产生的信用分配和信用需求过度问题；在不损害金融机构储蓄动员动机的同时，可由政府从外部供给资金，为促进金融机构的发展，应给予一定的特殊政策和保护措施。在不损害银行基本利润的范围内，政策性金融是有效的，可利用担保融资、使用权担保以及互助储金会等办法改善信息的非对称性，利用借款人连保小组以及组织借款人互助合作形式，避免农村贷款回收率低的问题；非正规金融可以通过政府的适当介入来加以改善。

## 二、农村金融市场发展的评价标准综述

评价农村金融市场的发展水平，一直是困扰各国政府和学界的问题。1992 年，世界银行农村金融顾问亚隆，通过对一些发展中国家农村金融市场和金融机构的考察，提出了一个较为具体的评价标准，有两方面内容：农村金融市场对经济发展的贡献度；农村金融市场的自立度和可持续性。在贡献度里，又有对于成长（生产）的贡献和经济公平（如对贫困阶层和落后地区的资金供给）两种判断标准。

亚隆认为，由于农村金融机构效率普遍不高，寻找恰当的方法衡量业绩较为困难。因此，应主要从服务范围和自我维系的程度两方面来判断。

**表 10－1 农村金融市场发展的评价标准**

| 评价角度 | 主要评价标准 |
|---|---|
| 对经济发展的贡献：<br>(1) 对经济成长(生产增加)的贡献<br>(2) 对经济公平的贡献(缓解贫困、缩小地区差距) | • 贷款额的增长;利率水平;存贷利差<br>• 向贫困阶层及落后地区贷款金额的增长 |
| 农村金融市场(机构)的自立性(资金的自我筹集、经营的持续性) | • 储蓄动员能力(存贷率);资金回收率;收益性;对补贴的依赖程度(SDI) |

在服务范围方面,农村金融机构服务的客户类型及其提供的金融服务的多样性,决定了服务范围的广度。如为农村穷人或低收入农民服务的多少、为农业还是非农业活动服务。服务范围的其他指标包括:贷款额和储蓄账户的数量、所提供金融服务的类型、已建立的分支机构和农村储蓄所的数目、为之服务的农村总人口的百分比、近年来资产的年增长率(实值)、以及妇女参与的程度等。在自我维持能力方面,当一家农村金融机构的收入等于或高于其支出时,就可以认为是可自我维持的。

虽然理论前提不同、各国农村经济状况以及金融供求等具体情况存在差异,评价标准各有侧重,但在实现公平和效率为目标的市场经济体制中,上述基本标准还是达成了共识。

# 第二节 我国农村金融道路的蜿蜒

## 一、从经济体制变迁审视农村金融轨迹

我国现代农村金融的起源可以追溯到 20 世纪世纪 20 年代初期,1923 年 6 月,河北香河县成立了第一家农村信用合作社。新中国建立以后,走过了计划向市场经济变迁的过程,农村金融大体经历了五个阶段。

### (一)农村信用社为主体的农村金融兴起阶段(1949～1957 年)

1949 年底,中国约有 800 多家农村信用合作组织,为了打击高利贷活动,保护广大农民的利益,中国人民银行总行于 1951 年 5 月召开第一次全国农村金融工作会议,决定大力发展农村信用合作社,并于 1951 年 8 月 10 日正式成立了农业合作银行,负责办理农业、林业、水利等方面的投资拨款业务及领导农村信用社。1952 年精简机构,农业合作银行被撤销,农村金融工作转由中国人民银行农村金融管理局负责领导和管理。1954 年始,随着农村掀起合作化运动,农村

信用社获得了发展。1955 年 3 月 1 日，中国农业银行成立，但 1957 年又被撤销。

### （二）农村金融发展的停滞阶段（1958～1976 年）

1958 年，农村信用社随着人民银行在农村的基层机构一并下放由人民公社管理，1959 年再下放生产大队管理，信用社的人权、财权、资金权转交生产大队。1963 年 11 月重建中国农业银行，统一管理支农资金及农业贷款，并领导农村信用社工作。1965 年 12 月，中国农业银行再次并入中国人民银行。1966 年农村信用社再次下放人民公社和生产大队管理。整个“文革”期间，农村信用社均受到了严重损害，农村信用社几乎到了破产边缘。

### （三）农村金融制度的恢复阶段（1977～1984 年）

“文革”结束以后，信用社被交由人民银行管理，信用社再次被纳入国家银行高度集中统一的管理体制之中。1979 年，国家再次决定恢复中国农业银行，领导农村信用社，发展农村金融。由于中国农业银行的所有存贷业务都要遵守国家指令性计划，所以，对信用社也采用了计划管理。这一时期，农村信用社的业务得到了一些发展，但也失去了自主权，走上了“官办”道路。伴随着 1980 年国内保险业的恢复，1982 年农业保险业务开始在农村恢复。

### （四）农村金融制度的发展阶段（1985～1995 年）

1984 年 10 月，我国商业金融体系建立并迅速扩张，商业银行制度开始进入农村。这一阶段，在农业银行的管理和领导下，信用社制度开始逐步在农村金融制度中占据主体地位。1994 年，组建政策性金融体系，中国农业发展银行组建，当年完成了省级分行的组建，县级机构逐步建立。1986 年 1 月，邮电部在北京、天津等 12 个城市试办邮政储蓄业务，同年，在全国范围内开展业务，从此，邮政储蓄进入农村。但是，邮政储蓄从农村抽走资金，也为导致农村资金大量外流埋下了隐患。1992 年末，全国建立的农村合作基金会在乡镇一级已达 1.74 万个，村一级达 11.25 万个，共筹集资金 164.9 亿元[①]。1994 年以代管金名义吸收短期存款，向乡镇企业提供大额贷款，增加了潜在风险。还大量出现了民间借贷、合会、摇会、钱庄等非正规金融形式。特别在东部沿海地区，资金的来源和用途也复杂多样，“合会”、“摇会”、“钱庄”等组织复活和蔓延，非法集资活动开始泛滥。

### （五）农村金融制度的改革阶段（1996 年至今）

这一阶段我国农村金融制度改革，主要表现为政府推进下的农村合作金融

---

① 程思危．改革与发展：推进中国的农村金融．经济科学出版社，2005(10)

制度改革。1997年6月，颁布《农村信用合作社管理规定》，信用社“由社员入股组成、实行民主管理、主要为社员提供金融服务”，宣布取缔农村合作基金会。2004年开始，保监会先后批准设立上海安信、吉林安华和黑龙江阳光三家专业农业保险公司，农业保险逐年萎缩的局面开始改善①。1998年开始国有银行逐步撤离县域，农村商业金融处于严重萎缩状态。农业发展银行的政策性贷款实际上也一直在缩减，农村非正规金融膨胀，邮政储蓄从农村抽走资金。直到2006年，中国农业银行才明确支持县域经济发展的目标。即将成立的中国邮政储蓄银行，将对稳定农村金融资源发挥一定的作用。

## 二、农村金融不被真正重视的原因

通过对我国农村金融变迁历史的回顾不难发现，虽然由于历史原因，农村金融与城市金融的差距一再被拉大，但中国农村金融落后于城市金融的主要原因，是长期以来中国一直奉行城市优先的发展战略，长期以工农业“剪刀差”的方式从农村抽走资源支援工业发展。20世纪90年代，国家又集中力量发展城市，使大量金融资源流入城市，由此，差距越来越大。

中国金融市场化改革的重点是对金融实行商业化改革，金融商业化改革的结果造成了金融向城市的集中。明确了建立社会主义市场经济体制的改革目标，中国金融体制进行了市场化改革，重点是对国有银行的商业化转轨，使国有银行向城市集聚。为了使中国难农业银行顺利实现商业化改革，在“分家”时将大量呆坏账甩给了信用社(保值贴补利息一直没有拨付)。农业发展银行长期投入不足，仅剩发放收购贷款一项业务。同时，在农村金融机构增设业务准入上设有较高门槛。当然，农村金融机构人员文化素质低、技术设备落后也是一个原因。

农村金融发展滞后的后果是马太效应，农村金融资源大量流向城市。据统计，近年来邮政储蓄从农村抽走的资金累计达5 000亿元，除此，1996～2002年，农村地区通过信贷渠道流出的资金达5 473亿元。由于农村金融资源大量流出农村，再加上国家通过各项农业税，使农村出现资金严重短缺的局面，加剧了农村金融发展的严重滞后。

## 三、非正规金融在农村经济发展中的影响

### (一)非正规金融产生的主要原因

金融体制改革初期，非正规金融一度非常活跃。20世纪90年代中期开始，

① 农业保险纳入我国农业支持保护体系[N].金融时报，2006-7-6(9).

中国人民银行开始加大了管制力度,解散了农村合作基金会,结束了非正规金融的有组织状态。但是,进入本世纪以后,由于正规金融机构收缩农村阵地,非正规金融又趋于活跃①。农村非正规金融的活跃,有多方面原因。许多有钱的农民因没有合适的投资项目,银行利息要征收利息税,所以,愿意选择利率高的非正规金融市场进行投资。非正规金融交易手续简便、灵活,与农业季节性生产相适应。

#### (二)非正规金融的外部性

由于非正规金融没有法律上的保障,金融当局一直限制打击。农村非正规金融的利率水平均高于正规金融,从而导致大量资金脱离正规金融机构,甚至出现正规金融机构的资金被用于非正规金融市场的现象发生,影响了农村资金的正常使用。由于农村非正规金融市场手续简便,但缺乏法律约束,极易出现拖欠和逃债现象,加之疏于监管,有些资金甚至被用作毒、赌资,借贷双方经常发生纠纷。由于非正规金融利率水平远高于正规金融机构,农民从正规金融机构得不到借款转向非正规金融市场融资时,不得不承担高额的利息负担。但是,近些年来,国家对农村非正规金融表现出了一些宽容,正在陕西、山西、贵州,四川等省试点的"小额信贷机构"是一种引导措施。

## 第三节 农村金融的经营性机构②

### 一、发达国家农村金融的经营性机构

#### (一)美国农村金融的经营性机构

美国农村金融体系由互助合作的农业信贷机构体系与政府农业信贷机构共同构成,其中互助合作的农业信贷机构体系为经营性机构,主要包括:联邦土地银行、联邦中期信贷银行和合作社银行。

联邦土地银行根据1916年通过的《联邦农业信贷法》于同年建立,全美12个农业信贷区每区设立一个联邦土地银行,同时,建立国民农业贷款协会即现在的联邦土地银行协会作为联邦土地银行的地方机构。银行创立资本金由联邦政府提供,1947年全额归还了政府资本,现在银行的全部股份由借款人持有,成了合作性质的农业信贷机构。资金来源主要是资本金、发行债券和票据以及借款。资金运用主要是为本地区农场和农业生产者以及与农业有关的借款人。

---

① 章奇.中国农村金融现状与政策分析[J/OL]

② 严永夫.中国农村金融业.中国金融出版社,2004

联邦中期信贷银行依据1923年农业信贷法建立，全美12个农业信贷区各设一家。下属有400多个生产信贷协会，作为其地方机构。协会还设有1 600多个农村办事处以及一些分支机构，构成了美国农业生产信贷体系。

合作社银行依据《1933年农业信贷法》建立，全国12个农业信贷区每区设立一家，在科罗拉多州丹佛市建立了中央合作社银行。中央合作社银行向各农业信贷区提供资金，办理清算。参与各合作社银行的大额贷款或独家承办跨地区大额贷款。资金来源包括：资本金、发行债券和票据以及借款。资金运用主要是贷款，用于帮助农业生产资料供应和开展与农业有关的其他业务活动。

**(二)法国农村金融的经营性机构**

法国经营农业信贷的金融机构主要有：法国农业信贷银行、互助信贷联合银行、大众银行和法国土地银行。法国农业信贷银行是法国农业金融的主体，有三个层次：全国性农业信贷银行、省级农业互助信贷银行和地方农业互助信贷银行。法国地方农业互助信贷银行建于1885年。1894年，法国政府通过立法，建立了一批小型互助银行——地方农业互助信贷银行，经营短期存贷款。地方农业信贷互助银行是省农业信贷互助银行的基层组织，也是法国农业信贷银行互助合作性质的体现。农业信贷互助银行营业所是法国农业信贷互助银行的主要服务网点。一般按行政区设立，建在集镇上。营业所分为两类，第一类是固定营业所，这类营业所50%以上设在乡村的行政所在地，约40%设在2000人口以上的农村集镇上，另有少数设在10万人口以上的城市里。第二类是定时定点流动营业所。流动营业所是固定营业所的附属网点，不单独立账，采取定时服务，一个固定营业所往往管辖几个甚至十几个流动营业所。1899年成立了地区农业信贷互助银行，是农业信贷银行系统在各省的基本单位，又是地方银行的支柱。依照法律和准则，以合作经济组织的方式进行活动，在机构设置、人员选配、业务经营、利率调整和财务管理等方面，享有较多的自主权。

**(三)荷兰的农业经营性金融机构**

早在1880年荷兰就设立了农民信用社。1972年荷兰合并了两个大合作社组织，组成了全国范围的拉博银行集团。拉博银行的组织结构自下而上分三个层次，一是拉博银行的基层信用合作社；二是地方性拉博银行，相当于我国目前的农村商业银行；三是中央拉博银行。中央拉博银行股份来自各地方性拉博银行、企业、公司及合作社集团，既是社员又是股东。通过地方代表大会、中央代表大会和技术委员会连接，形成自下而上的决策系统。

拉博银行集团基本上不受国家资助，是合股性质的信用合作组织、总行由地方拉博银行入股，各地方拉博银行是其会员和股东。拉博银行组织机构自下而上，垂直管理，自成体系，中央拉博银行相当于全国信用合作总社。荷兰基本上是单一信用合作系统的农业金融体制，在农业信贷方面，拉博银行集团拥有约90%的贷款市场份额，近年来拉博银行特别注重于扩大国际性业务，逐步向多功能的商业银行转化。

### （四）日本农村金融中的经营性机构

日本的农业金融制度是官办的"制度金融"和民办的合作金融并列的金融制度，其农村金融体系主要由"农业制度金融"、"农协系统金融"和"民间农业金融"三大体系组成，其中"农协系统金融"和"民间农业金融"为经营性机构。

农协系统金融是由各级农协信用组织经办的农业金融，分三级组成：最低层为市町村一级基层农协的信用部门，吸收存款、发放贷款，开展银行汇兑、转账结算等；中间层次为都道府县一级的"信用协同组合联合会"，主要职责是吸收基层农协组织的剩余资金，帮助基层农协进行资金管理，为基层农协提供融资服务；最高层为"农林中央金库"，主要职能是负责各级农协之间在全国范围内进行资金融通、调剂、清算，以及农协组织与外部金融机构相互融通资金的主渠道。农协组织也承担一部分政策性金融业务，属于政府规定的专项贷款，从政府那里得到补贴、担保。

## 二、发达国家农村金融经营性机构运行的启示

发达国家的实践证明，合作机构是组织个体农民、个体工商户及中小企业发展经济参与市场竞争的有效组织形式。在现代经济社会中，由于中小企业和个体私营经济占经济活动的大多数，而合作经济组织与中小企业和个体私营经济具有天然的联系，所以合作经济组织为中小企业和个体私营经济服务具有强大的生命力。比较以上各个国家的合作金融制度，可以看出他们有以下共同的特点：

多层次的法人联合。美国、法国、荷兰、日本等国家的合作金融制度有共同的特点：它们拥有一个多层次的合作银行体系，合作银行体系是各国主要的农业信贷机构。所不同的是荷兰的合作银行是非官方组织，而法国的合作金融制度则具有法律上的二重性——上官下民，即它的中央机构是公法性的，而地方和地区一级的机构则是私法性的。值得强调的是，各国多层次的合作金融机构的每个经济体在法律上都是互助独立的，它们各自的最高权力机构都是自己的董事会。各层次没有严格的等级制度，即中央合作银行、地区合作银行和地方合作银行都自成独立法人，相互之间既保持独立又发挥联合优势。这种联合是经济上的联合，每一个信用社是独立法人，每一个层次也分别是独立法人，是自主经营、

自负盈亏的主体。这种既相互独立，又密切联系的形式，充分体现了合作经济的特征。上级联社或者合作银行主要在资金融通、异地票据结算、进入有价证券市场买卖证券、与系统外的商业银行发生业务往来、制定业务指导规划和职工培训方面发挥重要作用。各层次之间都是资金往来关系，不伤害双方的利益，上级对下级信用社没有平调资金的权力，也不存在直接的管理与被管理关系。

维护合作制的原则基本不变。尽管西方国家经济比较发达，市场经济比较成熟，市场竞争比较激烈，但是合作金融机构从整体上不断得到发展，合作性质的基本原则也没有发生改变。信用社发挥小而灵活的优势，本着为中低收入阶层服务的宗旨，办理商业银行不愿办理的业务。信用社自愿参加，民主决策，为难以得到大银行服务的经济体融通资金。随着这些经济体由弱到强，信用社也逐渐发展壮大。多数国家的信用社的信贷决策仍然以基层信用社为主，而资金清算则以上层信用社为主。最基层的信用社是信贷决策的主体，上一层次的合作银行或联合社不进行干预，中央合作银行或中间层次的合作银行则发挥"信用社的信用社"作用，为基层信用社提供资金清算和融资服务。

政策多方面支持。那些坚持合作金融组织基本特点和性质的国家，基本仍然维持着对合作金融组织的优惠扶持政策，例如美国信用社享受免征联邦收入所得税的待遇，不缴纳存款准备金，也不交利息税；法国按规定和需要分配国家补贴利息的贷款，通过合作金融组织对各种农业组织、农村市镇小手工业等放款；日本为农业规模化和产业化发展、推进农业结构调整提供补贴，在金融机构向农户提供与农业现代化有关的贷款时，国家或地方政府利用农协系统的资金，政府给予利息补贴、损失补贴和债务担保，以利用较少的利息补贴支出推动数倍农业贷款的投入。

结合上述发达国家的做法，联系我国现实，我们认为我国应在如下三个方面借鉴发达国家的经验：第一，我国农村信用社体制改革，也应坚持自下而上持股，自上而下服务的模式，摒弃目前这种以省为单元，由省联社自上而下行政管理的改革模式，以避免上级社对下级的过度干预；第二，农村信用社要坚持为"三农"服务的合作制原则不变；第三，国家应给予农村信用社更多的政策优惠，而不是政策歧视。

## 三、中国农村金融的经营性机构

信用社是我国农村主要的正规金融机构。1998 年中国人民银行决定在江苏省进行农村信用社改革试点，内容包括：在清产核资的基础上，将各个具有法人资格的农村信用社、县（市）联社机构合并为单一法人机构；转换经营机制，明确产权关系，完善法人治理结构，实现农村信用社的自我约束、自我发展；组建江苏省农村信用社联合社。2002 年下半年，改革试点扩大到 8 个省市（吉林、山东、江西、浙江、陕西、重庆、贵州和江苏），此次改革试点方案有四点重大突破：一是关于农村信用社的产权结构，方案明确了三种方式，即股份制、股份合作制和合作制，由参与试点的省份根据自己的实际情况自行决定，可以搞“一省二制”或“一省三制”，而不再强调产权结构的统一性。二是对于农村信用社的组织模式可以采取股份制商业银行、股份合作制银行和合作社三种组织形式，同样由各参与省根据产权结构自行决定。三是下放了农村信用社的行业管理权限，交由省级政府机构负责，按照“国家宏观调控、加强监管，省级政府依法管理、落实责任，农村信用社自我约束、自担风险”的监督管理体制，分别明确了国家金融监管机构和省级人民政府对农村信用社的监督管理责任。四是明确提出了农村信用社历史包袱的解决方案，由财政补贴和减免税负予以支持。2004 年 8 月，改革试点进一步扩大为 21 个省。目前我国农村信用社实行县联社一级法人模式，实行证监会和省政府双线监管的模式（省联社对下级社有人事任免权）、贷款实行分级授权的形式，组织制度包括合作制、股份制和股份合作制三种型式。

中国农业银行是我国农村的正规性金融机构。1994 年把农村政策性业务交由中国农业发展银行，成为主要为城乡经济发展服务的国有独资商业银行。经营领域不再局限于为“三农”服务。由于一些客观原因，从 1998 年开始，中国农业银行又从中国农业发展银行接回了国家扶贫贴息贷款的发放与管理业务。

## 第四节　农村经济中的政策性金融

### 一、各国农业政策性金融机构简介

#### （一）美国的农业政策性金融机构

美国农村金融体系由互助合作的农业信贷机构体系与政府农业信贷机构共同构成，政府农业信贷机构为政策性金融机构，主要包括：农民家计局、商品信贷公司和农村电气化管理局。

农民家计局成立于 1935 年，当时名为农业振兴管理局，1937 年改称农业安全管理局、1946 年改组为农民家计局，是美国政府办理农业信贷的主要机构，由农业部直属管辖，是政府贯彻实施农业政策的主要工具。宗旨是：创立自耕农户、改进农业生产、改善农民生活。农民家计局不以盈利为目的，只有在借款人无法从商业银行筹到资金时才给予支持。在许多州、县分别设立办事处。

农民家计局的资金来源有政府提供的资本金、预算拨款和贷款周转基金。资金运用主要是提供贷款：直接贷款计划包括农场所有权贷款、经营支出贷款、农房建设贷款、水利开发、土壤保护贷款等；紧急贷款计划主要是帮助农民应付严重自然灾害，严重经济事件和商业性农业信贷出现意外短缺等造成的损失和困难。主要特点表现为：条件性，贷款对象必须是农民；中期性和低利性，以中长期为主，利率低于市场利率，多数贷款有贴息；高风险性，由前两个特点派生。

商品信贷公司成立于1933年，是政府为了应付农业危机，提高农民收入，培育高效率，有秩序的农产品销售体系而建立的政策性农业信贷机构。任务是管理实施价格和收入支持计划，进行价格支持，稳定农业生产者收入，保护消费者利益。

农业电气化管理局成立于1935年，是美国农业部下属机构，对农村电业合作社和农场等借款人发放贷款，用以提高农村电气化水平。资金全额由政府提供，后设立了农村电气化及电话周转基金。资金运用主要为贷款和担保。

### (二)法国的农业政策性金融机构

1920年成立了农业信贷中央银行，1926年命名为法国农业信贷银行，接受农业部和财政部的双重领导和监督，但不受银行管理委员会管辖，国家信贷委员会的决定不直接起作用。乡村法规定中央农村信贷银行的宗旨是协助、协调与监督地方和地区农业互助信贷银行开展业务。1945年由省级农业信贷互助银行组成的全国农业信贷联合会，与总行不存在隶属关系，但不从事金融活动。中央农业信贷银行是法国农业信贷互助银行的最高管理机构，审查各省行的资产负债表和监督业务活动，任命省行的经理、副经理。

法国农业信贷银行是上官下民的体制，第一个层次的地方农业信贷互助银行和第二层次的地区农业信贷互助银行，属民办性质，第三个层次是法人代表，是官方的行政机构，属于国家银行的性质。这种同一体系不同层次的机构所有制不同的特点，既保证了国家农业金融政策的计划的实施，又发挥了基层组织的自主权。

### (三)日本的农业政策性金融机构

20世纪50年代，日本农业仍保持小农经济形态，积累极为困难。日本政府采取了扶植农村经济的政策措施，通过扩大农户的贷款，直接促进了农业投资的增长。

日本的农业政策性金融也称为“农业制度金融”，“制度金融”把政府的农业金融政策、目标和措施具体化。主要提供：①农林公库融资，用于土地改良、造林、建设渔港等基础设施。在农林公库融资中，专门设有“推进农业结构经营事业”、“扩大经营规模资金”、“改善生产方式”等贷款项目。②农业现代化融资，在金融机构向农户提供与农业现代化有关的货款时，国家或地方政府给予一定的利息补贴。其目的是政府利用较少利息补贴支出推动数倍农业贷款的投入。③农业改良资金融资。一般委托农协组织代办,多为短期贷款,不收取利息,对具有典型示范效应的农业发展项目提供帮助。

### (四)韩国的农业政策性金融机构

20世纪60年代,韩国城市化仅28.5%,农业经济很差,三分之二山地,人均耕地0.79亩。由于农村生产力水平较低,致使大批农民离土离乡。当时,农业资金不足以使农业生产发展,农民难以摆脱贫困状态。1961年和1962年,韩国设立了国家农业合作联合会和渔场合作中央联合会,为农民提供金融支持。主要通过这些机构向私人部门不愿投入的领域,如农林水产业、环境保护、地域开发等提供低利信贷。经过韩国农业部门的努力,旧农协组织和农业银行合并,成为现在的具有综合协调和服务职能的农协,形成了由农协中央会、农协的信用基层部门、城镇银行、地方银行、村金库、互助金融组合等比较完整的金融服务体系,称为“制度金融市场”。

## 二、我国农村的政策性金融机构

中国农业发展银行成立于1994年11月18日,注册资本金200亿元人民币,主要任务是:按照国家法律、法规和方针、政策,以国家信用为基础,筹集农业政策性信贷资金,承担国家规定的农业政策性金融业务,代理财政性支农资金,为农业和农村经济发展服务。资金来源除资本金以外主要有:中央银行再贷款;政策性业务企事业单位开户存款;发行金融债券;代理拨付的财政支农资金等。资金运用主要包括:主要副产品的专项储备贷款;收购贷款及粮油调销、批发贷款;代理中央和省级政府的财政支农资金拨付;扶贫贴息贷款。

1994～1998年初,由于当时县以下不设机构,导致在收购资金分管理和扶贫开发等专项贷款管理方面存在问题。为了集中精力做好收购资金供应和管理工作,1998年3月,将农业综合开发、扶贫等贷款等划转中国农业银行,同时设立县级机构主要承担对粮棉油收购的信贷工作。

## 三、发达国家农业政策性金融制度的启示

发达国家的农业政策性金融制度有如下几个方面借鉴:第一,完备的农村政策性金融体系。发达国家基本上都有完备的农业政策性金融体系,由政府出资建立农业政策性金融机构,再加上经营性的合作制农业信贷体系,共同构成农业金融体系;第二,建全的政策性农村金融风险防范制度。由于农业金融风险较大,由政府出资建立风险防范制度以分散金融风险,如美国和日本由政府出资建

立了农业信用担保制度，美国政府出资建立了农业存款保险制度，日本政府出资建立了农业贷款保险制度。

# 第五节 中国农村金融的制度创新

## 一、主要学术观点

关于农村金融的改革目标，理论界有三种观点：其一，应该建立以商业金融为主，政策性金融为辅的农村金融体系；其二，农村金融应以合作金融为主；其三，商业金融与合作金融并重。关于农村政策性金融的服务功能的观点，包括充实中国农业发展银行的资本金，收回扶贫贴息贷款，明确农发行的政策性金融职能。关于农村非正规金融的观点，要客观认识农村非正规金融的作用，不能一味的“取缔、整顿、打击”，应该“疏、堵”结合，规范发展。关于农村金融监管制度的观点，包括适当降低农村金融市场的准入门槛，允许民营资本进入农村金融业，实现农村金融机构的多样化，将非正规金融纳入监管范畴。

除此，还包括要明晰农村金融机构的产权，完善法人治理结构；赋予农村金融机构国民待遇；政府采取政策措施，引导进入农村金融市场；引导农村资金回流。

## 二、农业经济发展的农村金融创新

### （一）农村金融产权制度改革

农村金融产权制度改革，是对现行农村金融产权制度实施变革，以明晰产权，使农村金融交易的受益效应与受损效应均担，实现农村金融资源优化配置。

农村金融产权制度要明确农村金融资源的所有权关系，扩大农村金融交易的范围，使农村金融资源服务于农村经济发展。强化农村金融交易中的委托—代理关系，消除信息不对称导致的金融资源不合理配置。明确农村金融的自主权，增强市场观念，降低交易风险。

目前，我国农村正规金融机构主要由信用社、农发行与农业银行共同构成。农发行与农业银行属公有产权，农村信用社属于合作组织。农村信用社的产权结构、股东权利、义务和责任都发生了变形，地方政府进行实际控制，使信用社演变为准国有机构，造成了严重的信息不对称和内部人控制。

理论界普遍认为，目前农村信用社产权制度改革方案的设计从形式上看是明晰的。但是，农村信用社归省政府管理，造成了信用社产权制度“残缺”。结果不仅使产权激励、约束功能丧失，更造成了地方政府对信用社的干预，使信用社处于“外部人”(政府)与“内部人”(信用社主任)的双重控制之下。国家应规定农业银行的农贷比例,避免远离“三农”,以立法形式划定涉农贷款比例并监督。

农业属于“公共品”,农业救济、开发与发展属于“公共服务”。“公共品”的供求均衡不是数量均衡,而是“林达尔均衡”——需求者支付的价格能够弥补生产者供给公共品的成本。由于“林达尔均衡”很难实现,国际惯行是由政府供给公共品。但并非所有的公共品都必须由政府提供,公共品由私人提供比由政府提供效率更高,所以,农业开发需要政府推进与支持,农业贷款由商业银行和信用合作社提供。由于农村非正规金融活跃有其内在逻辑,既然在逻辑上有其存在的必然性,政府应该加以引导,非正规金融交易主体的债权债务关系得到法律保护,促进农村金融资源合理优化配置。

### (二)农村金融组织体系创新与结构调整

农村金融组织体系创新与结构调整,使农村金融组织体系的结构更合理,填补农村金融服务真空,消除市场分割,促进金融资源流动。目前除了银行组织以外,保险、信托、金融租赁等金融机构缺位,造成农村金融工具和功能单一。当前应该对我国农村金融组织体系重新设计与定位,构建能够充分适应中国农村经济发展需要,优化配置农村金融资源的金融组织体系。

农村金融需求不仅是存贷款需求,即便是在落后地区,让“三农”发方便快捷才能激活潜在需求,萨伊定律在农村金融业也有一定作用。使农村金融组织体系实现多样化,建立包括农村政策性信贷与政策性保险机构、商业银行与商业保险机构、信用合作机构在内的多层次农村金融组织体系和网络。由于制度安排都内置于一定的环境之中,一个有效率的制度安排必须与环境相适应。所以,我国农村金融组织体系的结构安排,要与农村经济环境相适应。农村金融组织体系的结构从“一大两小”转变为“两大一小”,使政策性金融机构与合作性金融机构比重大,商业性金融机构比重相对小。

### (三)农村金融生态优化

由于长期的不平衡发展战略,农村金融发展受阻。构建农村金融生态的制度基础,是优化农村金融生态环境的有力保障,因此,必须完善农村金融生态的制度基础。加强农村经济金融的立法工作,加快农村社会征信制度建设,建立正向激励和逆向惩戒机制,制定适合国情的标准审计、会计、信息披露标准,强化信息披露的真实性。引导和鼓励会计、审计、律师等各类事务所以及动产、不动产评估和企业价值评估等中介机构发展,加强中介服务市场监管,规范企业破产改制行为,防止虚假破产。要注意对农村金融生态环境的前瞻性研究,为不同类型客户提供具有针对性、差别化的金融服务,加大信贷服务质量监督力度。从促进经济金融协调发展的角度出发，正确处理银政企三方面利益的均衡关系，工商、税务、财政、公安、检察、法院、金融机构、新闻媒体等相关部门相互配合，从制度和机制改善农村金融生态环境。

#### （四）农村金融市场机制引导

农村金融市场机制引导是指充分发挥农村金融资源配置中的作用，运用利益诱导机制引导资金流入农村并实现高效配置。合理调节资金流向，促进农村金融资源合理配置，减少农村资金流失，扩大农村资金供给，重点在培育市场机制。完善农村金融监管制度和金融法规制度，提高交易信息的完备性，纠正市场失灵，维护当事人的合法权益，激励交易。目前还没有农村合作金融法、农村政策性金融法以及农村金融促进法等专门法律，一定程度上造成了农村金融秩序乱，交易成本高。为了维护农村金融市场秩序，透明交易信息，加快农村金融法规建设步伐，要重视持续性监管，尽快出台农村金融法规，确保农村金融能够规范、有序发展，使农村金融资源流失得到遏制。

### 三、农村金融制度完善与创新路径

#### （一）循序渐进的推进农村金融制度创新

对我国农村金融制度的改革分三个阶段进行：第一阶段，推进农村金融产权制度改革。按照科斯定理，在交易费用不为零的前提下，产权的不同安排会对资源配置效率产生影响；第二阶段，推进农村金融体制改革，建立多元化的农村金融体制；第三阶段，推进农村利率制度改革，使农村金融市场的利率实现市场化。

#### （二）“平行推进”的农村金融制度改革路径

按照系统论的观点，制度结构内部各单项制度之间存在契合，一项制度是否有效，取决于制度本身效率和各单项制度之间的契合程度。改革农村金融制度必须选择“平行推进”路径。各单项制度之间尽可能协调、相互促进，“平行推进”强调改革“步调”最优，而非“次序”最优。目前农村金融制度改革重视“步调”问题不够，仅对农村信用社产权制度进行了部分改革，其他制度改革均未启动，“不协调成本”吞噬了信用社的改革效率。对农村金融制度实施创新，无论采用那种次序，其效率都是一样的。现在既已启动了信用社的产权制度改革，下一步要做的事情，应该是逐步对以农村金融组织体系、农村信用制度和农村金融监管制度为主要内容的农村金融体制实施改革与创新，逐步健全农村金融制度的市场化建设。

# 第十一章　行为金融：理性、预期与模型

## 第一节　行为金融研究的催生

行为金融学基于实验和心理研究。传统意义上的经济学为非实验科学，大多数经济学研究依赖于合理的假设，这些假设在理论分析中具有重要意义。然而，越来越多的研究人员开始尝试用实验的方法研究经济学，修改和验证各种基本的经济学假设，使得经济学的研究越来越依赖于实验和各种数据，从而变得更加可信。

### 一、行为金融研究的兴起

早在二百年前，亚当斯密认为，经济个体是效用最大化的理性人，个体行为是基于理性心理的结果。1902 年法国心理学家崔德(Tarde)出版了《经济心理学》一书，标志着经济心理学的诞生。经济心理学是关于经济心理与行为研究的学科，强调经济个体的非理性方面及其影响。1942 年雷兰德(Reynaud)在《政治经济学与实验经济学》中提出，人的行为并不严格合乎逻辑，往往存在非理性因素；美国经济心理学家坎通纳(Katona)在 20 世纪 60 年代，提出了消费感情指标(CSI)这一心理预期指标；迪查特(Dichter)对人类行为的非理性和商品购买动机进行了系统研究，行为经济学越来越为主流学界所认同。行为经济学家马修拉宾(Matthew Rabin)在 2001 年获克拉克奖，普林斯顿大学的丹尼尔·卡拉曼(Daniel Kaheman)和乔治梅森大学的弗农·史密斯(Vernon Smith)在 2002 年获诺贝尔奖就是明证。

行为金融学是行为经济学的一个分支，研究人们在投资决策中的认知、感情、态度等心理特征，以及由此而引起的市场非有效性。

现代金融理论已经发展了包括均值一方差理论(M－V)、资本资产定价模型(CAPM)、套利定价理论(APT)、有效市场假设(EMH)和 MM 定理五大理

论。在其中最引人注目的就是由法玛(E. Fama)所发展起来的有效市场假设,从20世纪70年代开始,有效市场假设一直是金融领域发展的一个里程碑,包括CAPM、APT等理论都把市场的有效性当做一个暗含的假设。同时有效市场假设在实际领域内也产生巨大的作用,在投资领域带来了巨大的收益,以至于资本市场中至今仍津津乐道那种大猩猩掷飞镖选股票的奇谈,无疑是有效市场最好的证据了。

不可否认的是,市场并非完全依照人们所想的那样完全有效,在有效市场假设提出后的若干年中,大量金融市场中出现的奇怪现象给有效市场假设带来巨大的冲击。以有效市场假说和理性人假设为前提的标准金融学,对金融市场的大量异象无法解释的困窘,表明了局限性。在这之中,大致可以分为两类,一类是以投资者为对象,研究投资者在面对市场时的反应,这类研究归为个体行为;另外一类是研究投资者在选定具体行为后市场的反应,这类研究归为市场行为研究。

20世纪90年代迅速发展起来的行为金融学以其逼近真实市场行为的理论分析展示了广阔的发展前景。纵观它的产生与发展,行为金融学不是纯粹的心理学,它只是将心理学作为其研究金融问题的一种工具,所以大多数学者趋向于把心理学与金融研究相结合的起点作为行为金融学的开端。

## 二、行为金融学的研究对象

19世纪,古斯特·伦布(Gustave Lebon)的《群众》和麦克里(Mackey)的《非凡的公众错觉和群众疯狂》就是早期研究投资市场群体非理性行为的经典之作。1951年,巴里(Burrel)发表《以实验方法进行投资研究的可能性》论文,提出了构造实验来检验理论的思路,开拓了量化投资模型与人的行为特征相结合的金融新领域,巴里也成为了现代意义上行为金融理论的最早研究者。1969年,巴鲁曼(Bauman)发表了《科学的投资分析:科学还是幻想》一文,强调了投资者的非理性。1972年,索威克(Slovic)发表了一篇具有启发意义的论文《人类判断的心理学研究对投资决策的意义》。1979年,心理学家坎哈曼(Kahneman)和特威史格(Tversky)的文章《期望理论:风险状态下的决策分析》,及1982年坎哈曼,索威克和特威史格的著作《不确定下的判断:启发与偏差》的面世,为行为金融学的兴起奠定了坚实基础。此后,席勒(Shiller)、昆鲁斯(Kunreuther)、拉孔尼绍科(Lakonishok)、斯特曼(Stateman)、希弗林(Shefrin)等学者也纷纷发表有关行为金融的研究成果。1985年,德布迪特(De bondt)和泰勒(Thaler)的《股票市场过度反应了吗?》一文的发表,掀开了行为金融学迅速发展的序幕。

行为金融学的研究一类是以投资者为对象,主要是研究投资者在面对市场时的反应，这类研究归为个体行为；另外一类是研究投资者在选定具体行为后市场的反应，这类研究归为市场行为研究。下面将对相关研究综述如下。

### （一）关于个体行为的研究

个体行为认知发生偏差的结果，认知偏差的形成过程主要产生于人的知识和经验。希弗林(2000)把认知偏差的形成过程分为两类：分别是启发性偏误和框架依赖。

启发性偏误是指在人们涉及到与统计有关的投资行为时，大量的行为学研究发现，人的心理状况会扭曲推理过程，导致一些不自觉的偏误，这些错误的推理结果表现为一系列的心理偏差，即所谓的启发性偏误。启发性偏误包括易获得性偏误、代表性偏误和锚定与调整。易获得性偏误指容易令人联想到的事件会让人误以为这个事件常常发生的现象；而代表性偏误是指人们倾向于根据样本是否代表总体来判断其出现的概率；锚定与调整指人们在判断和评估中，往往先设定一个最容易获得的信息作为估计的初始值(称之为锚点)，目标值围绕锚点做上下调整。当人们在决策过程中，不仅仅依赖已有的知识和记忆，事物描述和表现的方式会影响到我们对一个事物的认知和判断。

框架依赖是一个人会因为情景或者问题表达的不同，而对同一组选项表现不同的偏好序列，做出不同的选择。这些心理偏差导致投资者表现出各种各样的心理和行为特征，如过度自信、过度反应、后悔厌恶、神奇思考、自我控制等不符合理性原则的行为。近些年来，大量的学者对此进行了大量的研究。德布伦特(De Bondt)和泰勒(Thaler，1982)研究了过度自信行为，认为过度自信或许是人类最为稳固的心理特性，他们列举了大量证据显示人们在做决策时，对不确定事件发生的概率估计过于自信。巴贝尔(Barber)和奥丁(Odean，2000)研究了交易过度，实证结果表明，过度交易会降低投资者的收益率，根源在于投资者存在的过度自信倾向从而导致过高的交易量和交易成本。过度自信与后见之明有着密切的关系，人们经常在某件不确定事件结果出现后，自我觉得似乎我早就知道这个结果。席勒(Shiller，1997)的一篇文章中提到他在1987年股市大跌之后所做的一个问卷调查，结果显示大多数人都声称自己预见了股市大跌，同实际的情况恰恰相反，表明确实存在着后见之明的偏误。

### （二）关于市场行为的研究

区别于个体行为，市场行为总是伴随大量的个体交易而产生，市场行为是个体行为加总的反应。但这并不代表市场行为是个体行为的简单加和，由于群体之间复杂性，市场行为比之个体行为更难于解释，总的市场表现为一个非有效市场。区别于有效市场假设，行为金融学并不能像有效市场假设那样提供一个完美的研究范式，大量研究还是从证券市场中出现的异象出发，探寻这些异象背后的实质。在这一方面，以施莱弗(Shleifer)为代表，提出大量的模型、方法，极大的丰富了行为金融学的市场理论。建立了包括行为资产定价理论(BAPM)和行为资产组合理论(BPT)，已经初步的构建了现代金融理论的基础。

1. 羊群行为

市场行为的研究范畴，一般包括：市场中的群体行为，股市泡沫模型，行为资产定价模型，行为资产组合理论等方面。羊群行为是市场中群体行为的一个非常明显的例子，由于受到其他投资者采取的某种投资策略的影响而采取相同的投资策略，羊群行为的投资人选择表现为完全对大众行为的模仿，或者过度依赖于舆论，而不是自己挖掘的信息。

从羊群行为的定义来看，决策者参与羊群行为，可能是理性的，也可能非理性。这取决于他参加的羊群是否可以使其收益增加。如果参加羊群行为可以给他带来收益，那么，这种羊群行为就是理性羊群行为。彼克昌丹尼(Bikhchandani)和施曼(Sharma，2001)对理性羊群行为进行了综述，分析了理性羊群行为产生的原因。金融市场中的理性羊群行为有几个潜在的原因，其中，最主要的原因是不完全信息、基于声誉的考虑，以及补偿结构。

羊群行为对市场结构产生的效用，无外乎两种看法，一种是认为羊群行为具有稳定金融市场价格的作用，拉孔尼绍科、施莱弗和维什尼(Vishny，1990)认为，机构投资者可能在恰当时候对同一基本信息交易，这样机构投资者的羊群行为通过加速价格调整过程而让市场更有效。所以，机构的羊群行为不一定带来价格波动。另外一种观点认为，羊群行为对金融市场有非稳定作用，产生了价格泡沫，增加了价格的波动和市场风险。艾弗里(Avery)和缙绅(Zemsky，1995)发展了一个模型分析了羊群行为产生了价格泡沫的过程。由于羊群行为对市场的稳定性和效率具有很大影响，因此，国内外大量的学者纷纷围绕各国金融市场进行羊群行为的实证研究。

拉孔尼绍科、施莱弗和维什尼(1992)(以下简称“LSV”)提出了使用统计学方法来测量“羊群行为”，使用了 341 个不同的基金经理管理的 769 只美国免税权益基金进行实证检验，结果发现，这些基金经理不存在显著的羊群行为。然而，LSV 指出，如果没有关于股票需求弹性的精确认识很难估计羊群行为的影响，很可能很小的羊群行为却导致大的价格变化。格林布莱特(Grinblatt)、蒂特曼(Titman)和沃姆斯(Wermers，1995)使用 1974 年到 1984 年中的 274 只共同基金组成的投资组合数据，检验了基金经理间的羊群行为，已经产生这种惯性投资策略和表现的行为间的关系。他们的结果也没有发现显著意义上的羊群行为存在。沃姆斯(1999)使用 LSV 的方法对 1975 年至 1994 年间实际存在的共同基金的季度权益资产数据，发现对一般股票存在共同基金的羊群行为效应。

发达国家的实证研究多不支持存在显著的羊群行为，但在新兴市场中，由于这些市场还不够成熟，信息披露要求比较低，会计标准，管制松散，羊群行为更有存在的可能性。在中国金融市场的研究中，施东晖(2001)对1999年第一季度到2000年第三季度的我国基金进行分组研究，发现我国基金从整体上存在着明显的羊群行为，投资理念趋同，并且在一定程度上加剧了股价波动。宋军、吴冲锋(2001)进一步使用个股收益率的分散度指标对我国证券市场的羊群行为进行了实证研究。结果发现我国证券市场的羊群行为程度高于美国证券市场。

2. 股市泡沫与噪声交易

自20世纪80年代以来，金融和经济研究提供的大量证据表明，金融市场特别是股票市场上的价格会严重偏离其基础价值。为此，经济学家一直在寻找能够替代有效市场理论的模型回应这种挑战，根据有效市场假设，价格能够充分反映所有有关真实企业价值的(基础价值)现在可得的信息。布兰查德(Blanchard，1979)、梯若尔(Tirole，1982)等人把偏离基础价值部分的市场价格定义为理性泡沫。他们认为，这些泡沫是自我实现的理性预期的结果，如果没有外界某种因素导致“自我实现”消失，泡沫将一直持续下去。理性泡沫的假设非常局限，以至于只能描述泡沫能够持续的条件及其价格模式，而不能解释泡沫实际是如何生成的。一种更好的解释，来自行为金融学领域内对股票市场中噪声交易者行为的分析，由狄隆(De Long)、施莱弗、萨莫斯(Summers)和伍德曼(Waldmann，1990)建立的噪声交易者模型，区分了股票市场中不同交易策略的两种交易者，即具有理性期望的知情投资者和对理性期望的回报有着判断误差的噪声交易者，解释了理性的套利者为什么不能或不愿意通过价格把交易价格回归到基础价值。

狄隆等人(1990)提出了用股票市场中的正反馈交易来解释噪声交易者的行为，正反馈交易者实际上是一类特殊的噪声交易者，指那些在价格上升时买入价格下跌时卖出的投资者。狄隆等人建立了一个四阶段的DSSW模型，将预测噪音交易者需求的套利者与正反馈交易策略采用者结合起来，解释理性投机者的加入如何使市场价格变得不稳定。指出尽管在较长的时间价格会回到基本价值，两期收益之间也呈负相关关系，但短期收益还是正相关的。DSSW模型的意义还在于，对股价泡沫的产生机制给出了一个合理的解释。

### (三)行为资产定价模型与行为组合理论

金融资产定价是金融研究中的核心问题，始终是学术界关注的焦点。传统的资本资产定价模型，是以有效市场假说为基础，假设市场参与者是理性的，随着深入的研究发现，市场参与者之间的连动性越来越受到人们关注，许多研究开始考虑市场参与者的相互影响，综合了有限理性和人群之间的传染行为这些特征，行为资产定价模型能够更好的解释更加复杂的金融现象。希弗林和斯特曼(1994)建立了行为资产定价模型(BAPM)来作为对主流CAPM的完善。BAPM将投资者分为信息交易者和噪声交易者两种类型。信息交易者遵循CAPM交易法则，不存在认知偏误，而且不同个体之间表现良好的统计均方差性；噪声交易者则是那些处于CAPM框架之外的交易者，他们时常存在认知偏误，不同个体之间也有异方差性。两种交易者在BACM模型中同时起作用，共同决定资产价格。当信息交易者在市场上起主导作用时，市场有效；当噪声交易者在市场中起主导作用时，市场无效。BAPM中证券的预期收益决定于行为$\beta$系数，即正切均方差有效资产组合的$\beta$，由于存在着噪声交易者，正切均方差有效资产组合并非市场组合。为了纠正这种偏误，正切均方差有效资产组合较之市场组合要人为调高成熟型股票的比例。BAPM涵盖了包括理性趋利特性和价值感受特性的诸多因素，还对在噪声交易者存在的情况下，市场组合回报的分布、风险溢价、期限结构、期权定价等问题进行了全面的研究。

尽管在心理研究上行为金融学已取得许多成果，这些成果在学界也引起了巨大的反响，越来越多的学者投入到了行为金融学的研究当中，但运用心理学的工具来研究行为金融学还远未达到理想境地，这从该领域还未形成严谨的逻辑框架就可见之[①]。从已有的成果看，对行为金融研究不完善的地方主要表现在[②]：其一，行为金融学无法确定在众多心理因素中，起关键作用的是什么心理因素；其二，对于某些异象的解释，行为金融学没有形成统一的认识；其三，还有许多行为金融学无法解释的异象；其四，行为组合理论和行为资产定价模型的有效性尚待检验和论证。

## 第二节　传统金融理论解释的局限

### 一、标准金融学的回顾

1952年，哈里·马克威茨发表了《投资组合选择》，提出了均值一方差投资组合理论。标志着现代投资组合理论(morden portfolio theory，MPT)的开端。1959年，经济学家们根据罗伯茨(Roberts)和奥斯本(Osborne)的研究成果提出了有效市场假说(efficient market hypothesis， EMH)。1964年，威廉夏普提出了单因素模型(a simplified model of portfolio analysis)，并在马克威茨模型上构

① [德]乔齐姆·高德伯格，鲁狄格·冯尼采.行为金融.赵英军者译.中国人民大学出版社，2004

② 饶育蕾，刘达锋.行为金融学.上海财经大学出版社，2003

建了著名的资本资产定价模型(capital asset pricing model, CAPM)。1970年,法玛根据市场价格所反映的信息集将有效市场分为弱有效,半强式有效,强式有效三种市场类型。1976年,斯蒂芬·罗斯在CAPM基础上突破性地发展了套利定价理论(arbitrage pricing theory, APT)。此后,布莱克,斯科尔斯和莫顿提出期权定价理论(option pricing theory, OPT)。

由此,标准金融学已经发展成熟,并具备了一个比较完备的理论框架。

## 二、有效市场假说及其缺陷

有效市场理论体现了经济学家一直追求的完全竞争均衡。但是,由于该理论是在给定的假设条件下逻辑推导的产物,存在着诸多问题。最致命的是现实市场中存在一些与有效市场理论相悖的异象:如股票收益的日历效应和规模效应,还有像"黑色星期一"之类的暴跌。所以说,有效市场理论有缺陷,主要表现在三方面:

### (一)假设缺陷[①]

有效市场理论是在完全理性基础上的完全竞争市场模型,而完全竞争市场必须满足以下四个条件:①交易客体是同质的;②交易双方均可自由进出市场;③交易双方都是价格的接受者,不存在市场操纵行为;④所有交易双方都具备完全知识和完全信息。

在现代发达证券市场中,证券基本同质,且投资者进出市场没有限制,所以条件①和条件②满足。但投资者一般可分为个体投资者和机构投资者,而机构投资者掌握着巨额资金,丰富的投资知识和灵通的信息渠道,当对某个证券投资时,人为的供需不平衡和投资者心理的因素会影响证券价格。当几个机构投资者勾结,甚至可以操纵某类证券或某个市场的价格水平,条件③在现实中基本不成立。条件④是显然不能在现实市场上得到满足,因为有以下几个方面的原因:首先,证券市场存在太多的相关信息,投资者不可能在有限时间里获得所有相关信息;其次,开发已存在但未公布的信息是有成本的,对投资者都存在着因为预期不经济而放弃的可能;最后,信息的提供者可能为了某些原因故意扩大或缩小甚至隐瞒或伪造信息。由于后两个条件不能得到满足,所以,投资者面临的是一种不确定情况,这种不确定性会造成金融活动中的经济主体行为异化,即有限理性。表现在证券市场中,证券价格剧烈波动,证券市场表现得更加不确定。

① [美]安德瑞·史莱佛. 行为金融学导论. 赵英军译. 中国人民大学出版社,2004

### (二) 检验性缺陷

法玛(1991)论述过:市场有效性不可检验。对市场有效检验必须借助于有关预期收益的模型,如 CAPM 和 APT 等。如果实际收益与预期收益不符,则认为市场无效①。常见到的验证某一金融市场低价股和具有较高 B/M(book to market ratio)的股票存在超额收益率的实证研究,其实都是在试图否定市场有效性。但如何得出超额收益的预期模型本身就是错误的呢?因此,市场有效性必须和相关的预期收益模型同时得到证明②。这就陷入了一个悖论:预期收益模型的建立以市场有效为假定前提,而检验市场有效性时,又先假设预期收益是正确的。因此,用市场有效性前提下的预期收益模型是无法检验市场有效性的。

### (三) 套利的有限性

法玛给出一个理性套利模型来说明有效价格的实现机制。认为在证券市场上,技术熟练的理性套利者对抗非理性投机者。但对该模型提出最大挑战的是噪音交易理论。噪音交易者的存在,使得理性套利者面临不仅有基础性风险,还有噪音交易者创造的风险,就使得理性套利者的行为发生变异。

## 三、证券市场中的异象

有效市场理论是以行为理性为前提,理性人总是能够使预期效用最大化,并掌握处理所有可能的信息,形成均衡预期收益。然而,大量的实证研究和观察结果表明,股票市场存在收益异常现象,这些现象无法用有效市场理论和定价模型来解释,因此,被称为"异象"。

### (一) 股票溢价之谜③

梅拉(Mehra) 和普雷斯科特(Prestcott)提出了"股票溢价之谜"(eqiuty premium puzzle),指出股票投资的历史平均收益率相对于投资债券高出很多,虽然股票投资比债券风险大,但从历史来看,对于从现在开始为退休做 30 年储蓄的人来说,投资于股票市场的风险微不足道。股票溢价之谜的现象是,相对于债券而言,人们在股票市场上的投资为何如此之少?

耶鲁大学管理学院罗格·伊博森(Roger Ibboston) 教授曾分析过,1926 年的 1 美元投资于不同的金融资产上,到 1999 年 12 月能获得的回报如下:

投资于小公司股票在 1999 年底能获得 6 600 美元的回报;

---

① Tayler, Richard H. Advances in Behavoral Finance . New York :Russel Sage Foundation,1993

② 沈艺峰,吴世农:我国证券市场反应过度了吗?. 经济研究,1999(2)

③ Mehra Prescott. The Equity Premium :A Puzzle . Journal of Monetary Economics, 1985

投资于标准普尔组合能获得 3 000 美元的回报；

投资于"股票价格研究中心"股票组合能获得 2 000 美元的回报；

投资于 20 年期国债在 1999 年底时可以获得 40 美元的回报；

投资于 1 个月的短期国库券在 1999 年底则只能得到 15 美元的回报。

在 1926 年至 1999 年期间，股票投资组合的加权回报率比国债回报率高出 7.1%，尽管这期间美国经受了大萧条和第二次世界大战。同时，从历史趋势来看，股票回报率的波动率要比国债回报的波动率大得多。虽然，从厌恶风险的角度来看，人们选择多投资国债而少投资股票有其一定的合理性，但 7.1%的差异也太大了，现有模型与理论都不足以解释为何在投资取向上，会出现这种情形？

**(二)股利之谜①**

莫迪理亚尼(Modigliani)与米勒(Miller，1958)说明了在一个免税的市场上，股利政策与公司价值无关。然而，在美国的税收体系下，股利要比资本支付更高的所得税，对于要纳税的股东来讲，公司回购股票或保留盈余要比分配股利好一些。这种逻辑带来两大困惑，一是有关公司的行为，二是有关资产定价。为什么大多数的公司要派现金股利？为什么派发现金股利或者股利增长时，股价也上涨？这两个问题没有任何合理满意的答案。这一困惑被称为"股利之谜"(the uzzle of dividend)。

公司发放股利还是把更多的利润留在企业用于再投资，这一直是个问题。从公司角度讲，收益在持续增长，意味着公司要负担持续的股息增长，但往往公司投资的压力与其收益增长一样快。路易斯·洛温斯(Louis Lowenstein)曾在《公司财务的理性与非理性》②中指出，公司在股利问题上，将面临以下困惑：①公司如何在支付股息和将收益投入到企业进行再投资之间进行选择？②对于确实拥有足够的，吸引人的资本项目来吸收企业的全部现金流，并且已通过业绩证明了对资本项目的预测是现实的企业来说，这是否意味着不该支付任何股息呢？③在制定股息政策时，应该给税收方面的考虑赋予多大的权重呢？④投资者喜欢股息，股息有助于维持和抬高股价。那么，公司应当在多大程度上受这些股东和市场因素的影响？④如果公司确实拥有支付股息的可支配资金，公司是应当将它当作股息付出去，还是用于回购本公司的股票呢？困惑归困惑，现实情况是，最终美国的公司普遍给予股东稳定和持续的分红。

从理性决策来说，投资者没有必要对股利斤斤计较，股价上升的资本利得完全可以弥补红利。尤其当公司财务状况不好时，降红利发放，增强公司的现金

---

① Modigliani Miller. The Cost of Capital ,Corporate Finance ,and Investment AER. 1958

② 路易斯·洛温斯坦. 公司财务的理性与非理性. 张蓓译 . 上海远东出版社，1999

流，有利于渡过难关。但投资者却不这么认为，他们认为红利是真正的所得，资本利得只是意外之财。但根据标准金融学理论，在不考虑税收与交易费用的情况下，1美元的红利与1美元的资本利得没有差异，他们可以随时可以通过卖出股票而自制红利；而在收入税率高于资本利得税率的现实世界，减少股利支付会使股东境地更好。

**(三)股票价格对基础价值的长期偏离**

格雷厄母与多德在《证券分析》一书中，对1929年美国股票市场的暴跌作出了深刻的反思，认为股票价格的波动是建立在其内在价值基础上，股票价格会由于各种非理性因素而偏离内在价值，但在一个较长的时期内，这种偏离就会得到纠正，使股票价格向内在价值回归，因此，股票价格的未来表现可通过与内在价值的比较加以判断。内在价值取决于公司未来盈利能力。

但另人吃惊的是，股票市场的价格长期偏离基础价值。席勒(1979，1981)提出股票市场和债券市场的价格波动，远比单纯由基础价值来决定的剧烈得多。席勒在1981年发表的文章产生了巨大的反响，成为许多争论的话题。其中最核心的问题是：股票价格只是随着基础价值的变化而变化吗？由于美国股票市场在1987年10月崩溃，使得1987年成为关于股价与基础价值的关系的争论到达顶点。席勒(1990)认为，1987年的股市崩溃与基础价值没有任何关系。席勒在《非理性繁荣》一书中进一步表达了对非理性市场的忧虑。

**(四)赢者输者效应**[①]

德布迪特和泰勒(1985)将公司股票按照股价表现进行分类，将前3年内股票累积收益率排在前几位的公司构造成为赢者组合，将同一时期内累积收益率排在末几位的公司构造成输者组合，然后观察其后5年内它们的收益率，结果发现，赢者组合只有较低的收益率，而输者组合在形成期后，表现出很高的收益率，这种现象被称之为"赢者输者效应"(winner-loser effect)。由此说明，证券市场并不是有效市场，投资收益率是可以预测的，投资者可以基于过去的业绩表现构造出特定的组合战胜市场。

杰格蒂什和蒂特曼(1993)[②]通过对美国股票市场收益情况的考察发现，个股的走势在短期内具有持续性，同长期内价格走势趋于反转不同，个股在6～12个月内的价格趋向于在今后的6个月内表现出相同的方向走势。法玛(1991)也承认股票的收益是可以通过以往的表现预测的，这与他本人早期的研究结果有

① De Bondt Thaler R. Does the Stock Market Overreact ? Journal of Finance

② Jegadeesh Titaman . Returns to Buying Winners and Selling Losers Journal of Finance

异。

### （五）弗里德曼-萨维奇困惑[①]

在马克威茨均值方差模型中，投资者将一笔资金投资于多种不同的证券上，以构成一个有效组合，每个组合有两个指标：期望收益率和方差来衡量。其中，组合的方差是构成组合的单一证券的方差和单一证券间协方差的函数，代表投资于这个组合的风险。在这个模型中，投资者均是厌恶风险的，其差异只在于厌恶程度不同，也即投资者构造组合的方差不同。而对于一个特定的投资者来说，他的风险厌恶程度是确定一致的，不会因投资对象的不同而不同，最终由方差这一综合指标来表示。但现实与此不符，弗里德曼和萨维奇(1948)研究发现，人们通常同时购买保险与彩票，尽管赢得巨额彩金的机率只有数百万分之一，但全球数亿人还是买彩票。他们在购买保险时表现出风险厌恶，但在彩票投资上却表现出一种风险寻求。这种现象被称之为“弗里德曼-萨维奇困惑”(friedman-savage puzzle)。

### （六）规模效应

经济学家研究发现，股票收益率与公司大小有关，即存在“规模效应”(the size premium)。邦茨(Banz)是第一个发现规模效应的经济学家，他在 1981 年发现，在美国，无论是总收益率还是风险调整后的收益率都与公司大小呈负相关关系，即股票收益率随着公司规模的增大而减少。法玛和弗兰契(1992)[②]对 1963 年至 1990 年间，每年在纽约证券交易所，美国证券交易所和纳斯达克上市交易的股票按市值进行分类，然后算出每类股票下一年的平均收益。他们发现，在样本期内市值最小的 10%比市值最大的 10%的股票的年平均收益率要高，且每月都高出 0.74%。希格尔(1998)年扩大了样本范围，研究 1926 年至 1996 年间，纽约证交所市值最大的 10%股票的年综合回报率为 9.84%，而市值最小的 10%股票收益率为 13.8%。

此外，经济学家们对各主要发达国家的市场进行了广泛检验，其中，包括比利时、加拿大、日本、西班牙、法国等，除了加拿大和法国外，其他国家均表现出此种规模效应，如日本东京证券交易所小盘股与大盘股的平均收益率差异高达 8.74%。研究还发现，小盘股效应与 1 月效应高度相关，更准确地说，小盘股效应大都发生在 1 月，而 1 月效应现象则主要表现为小盘股股价行为。

没有理论或证据表明在 1 月份时小公司股票的风险性更大，公司规模和 1

---

① Friedman M and Savage . The Utility Analysis of Choices Involving Economics: AER.

② Fama and French. Size and Book-to -Market factors in earing and returns . Journal of Finance

月份到来对市场而言都是已知信息，这一证据表明与半强型市场有效性形成鲜明的对比，超常回报并不是基于新的信息之上的，而是建立在已知信息之上。

### (七) 账面市值比效应

假设一个投资者根据账面市值比(B/M)或市盈率(P/E)来选择投资组合，这个指标可被粗略地看作股票价格的便宜程度，账面市值比最小的是成长型公司，而账面市值比最大的是价值型公司，因此，向账面市值比大的公司进行投资有时被称为价值投资。

法玛和弗兰契(1992)[①]着重研究了股票的账面市值比对股票回报率的解释，他们把从1963年到1990年在纽约证交所，美国证券交易所和纳斯达克上交易的股票每年按账面市值比10%的间隔进行分类，然后计算出每类股票在下一年的平均收益率，发现账面市值比最高的10%的股票的平均收益比账面市值比最低的10%的股票收益率每月高1.53%。这个差距比两个组合间贝塔风险系数的差别，所能解释的差距要大得多。如果按市盈率分类进行计算的话，市盈率最大与最小的10%的两组股票组合产生每月0.68%的收益差。这意味着账面市值比高的股票的风险小，低账面市值比的股票风险大。账面市值比基本上能够解释股票报酬率的变化，解释力远大于贝塔风险系数，而贝塔系数根本解释不了股票的报酬率。椐此 Fama 和 French 宣称“贝塔系数完蛋了”。

### (八)日历效应

股票收益率与时间有关，也就是说在不同的时间，投资收益率存在系统性误差，这就是所谓的“日历效应”(calendar effect)。

1. 1月效应

罗哲夫(Rozeff) 和基尼(Kinney,1976)[②]发现，1904年至1974年间，纽约证交易所的股价指数1月份的收益率要明显高于其他11个月的收益率。加特金(Gultekin,1983)[③]研究了17个国家1959至1979年股票收益率，其中，13个国家1月份的股票收益率高于其他月份。科曼(Keim,1983)也发现公司的规模效应与1月效应有密切关系，他将纽约股票交易所的股票按规模分为10组，然后按月计算出规模最大的公司与规模最小的公司的收益率之差。1月份规模最小的公司比规模最大的公司的收益率要高出14%左右。

---

① Fama French . Common Risk Factors in Returns on Stock and Bonds. Journal of Finance

② Rozeff Kinney. Capital Market Seasonality : The Case of Stock Returns . Journal of Financial Economics

③ Gultekin. Stock Market Seasonality : Internation Evidence . Journal of financial Economics

2. 周一效应

投资者通常都假定股票的日回报率在一周的任何交易日都相同，但事实证明并非如此。对纽约证交所挂牌的日投资回报率统计研究表明，周一的平均回报率要比其他交易日要低得多。同样，对东京证交所 14 年的统计结果表明，周一的平均日益率为负，周三至周六的交易日均收益率为正。由此可见，周一效应存在是不容置疑的。

**（九）价格对非基础信息的反应**

大量事实表明，股票价格除了对影响基础价值的信息作出反应外，一些非基础信息也会导致价格的显著.波动和调整。

1987 年 10 月 19 日，星期一，道琼斯工业指数平均下降了 22.6%，这是此前历史上指数下跌最大的一天，事前没有任何消息。虽然市场各方人士都寻找暴跌的原因，但都没有说服力的证据表明是什么原因导致了股市崩溃。事实上，许多股票价格的剧烈波动并未随着相关的的信息出现。卡特勒(Cutler，1991)①研究了二战后美国 50 只最大的股票价格每天的波动情况，并且发现它们中的大多数价格上涨时都没有出现重要信息。

实证研究表明，股票纳入标准普尔 500 指数之内会引起对该股票的需求和价格的反应。沃格勒(Wurgler) 和朱拉夫斯卡亚(Zhuravskaya，2002)②研究发现，在 1976 年至 1996 年间入选标准普尔 500 指数实际上使得股票的平均价格上涨了 3.5%。1998 年 12 月，90 年代末最繁荣的网络股之一的美国在线由于入选指数这一消息而使得其上涨了 18%。这一证据引出了对有效市场假说基本含义的疑问，即：价格不应对与资产定价无关的信息作出反应。在有效市场假说下是不会得出上述股票收益的规律的，原因是投资者可以利用这些规律赢得超额回报，如果所有投资者都这样做，会使所有投资者只获得平均回报。而实证研究表明，这些异象在世界许多国家普遍存在。经济学家们为此搜寻了许多解释，法玛(1998)认为，这只是一种偶然结果，因为股价对市场信息的过度反应和反应不足同时存在，机会均等，而且检验出大部分异常报酬与选择的方法模型有关，找到适当的方法就可以消除异象，因而，市场仍是有效的，但理性的解释都不能令人满意。

① Culter . What Moves Stock Prices? Journal of Portfolio Management

② Wurgler and Zhuravskaya . Does Arbitrage Flatten Demand Curves for Stocks? Journal of Business

# 第三节　对预期效用理论的挑战

## 一、标准金融学的预期效用理论

预期效用理论是人们在不确定性条件进行决策时，理性预期，风险回避和效用最大化的理性行为的模型化描述。人们在经济生活中面临着各种各样的决策，决策是从多种备选方案或事件中作出的选择。从经济学意义上来说，这种选择应当最优。而偏好是人们对不同方案或事件状态进行价值与效用上的择优。因此，决策与偏好是紧密相联的，共同构成了人类所有经济行为的起点。总的来说决策可分为确定决策与不确定决策。作为一种理论分支和研究领域，经济学对决策问题的研究主要针对不确定决策。现代经济学在不确定决策同问题上的著名理论模型是“预期效用模型”。该模型由冯·纽曼(Von Neumann)和摩根斯坦(Morgenstern)[①]在 1947 年提出。基本内涵是，不确定性条件下最终结果的效用水平是通过决策主体对各种可能出现的结果加权估价后获得，决策者谋求的是加权估价后形成的预期效用最大化。

不确定状态下的决策可以看作是在期望或博彩间的一项选择，预期效用函数通常表示为财富的函数。核心是预期效用函数，即，冯诺依曼—摩根斯坦效用函数：

$$u(p,x;1-p,y)=p*u(x)+(1-p)*u(y)$$

其中，$u(.)$表示预期效用值。假设一个人面对一个有两种可能结果的彩票：$p(0<p<1)$概率的财富 $x$，$(1-p)$概率的财富 $y$。

如果决策人偏好确定性所得，那么，这种情况被作风险厌恶(如图 11－1 所示)：

$$u(p*x+(1-p)*y)<p*u(x)+(1-p)*u(y)$$

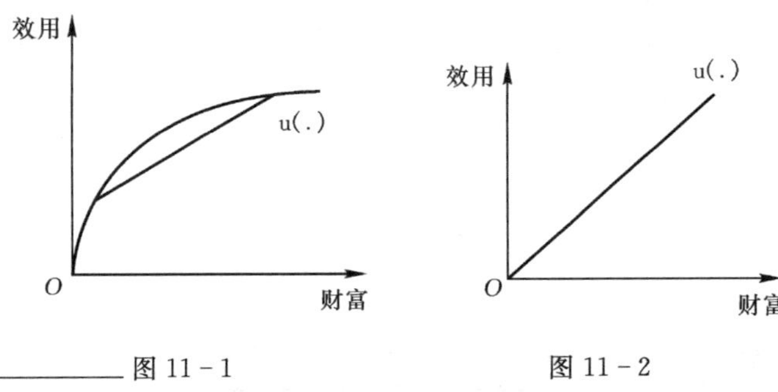


图 11－1　　图 11－2

① H·范里安著. 微观经济学现代观点. 费方域译. 上海人民出版社，2003

如果决策人只关心预期收益而并不关心是确定性所得还是不确定性的彩票，那么属于风险中性（如图11-2所示）：

$$u[p*x+(1-p)*y]=p*u(x)+(1-p)*u(y)$$

如果决策人偏好不确定的彩票收益，即为风险寻求（如图11-3所示）：

$$u[p*x+(1-p)*y]>p*u(x)+(1-p)*u(y)$$

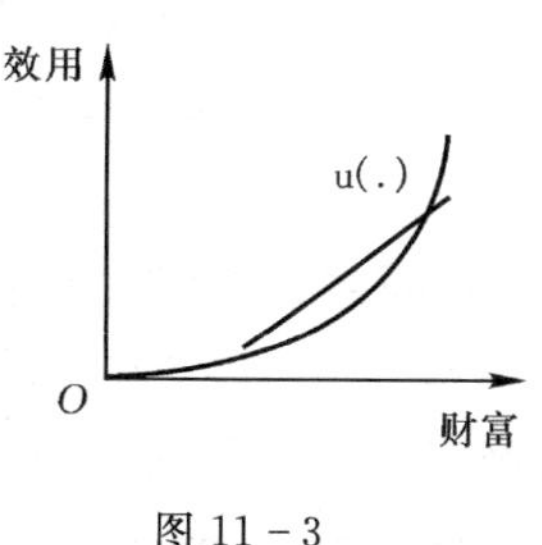

图11-3

预期效用模型建立在决策主体偏好的一系列严格的公理化假定体系基础之上，这些公理化假定主要包括：

### （一）优势性

如果期望A至少在一个方面不差于期望B，那么A优于B，这就是优势性。这个原则可能在理性决策中更加明显：如果一个方案在某一状态优于其他方案，并且在其他状态不亚于其他方案，那么这一优势方案将采用。对于不可量化的风险性方案，如果方案A的累计回报值高于方案B的累计回报值，那么，A优于B。优势性简单而有说服力，是标准决策理论的基石。

### （二）恒定性

标准决策理论的一个核心前提是恒定性（invariance）原则，即各个期望的优先顺序不依赖于它们的描述方式，或者说同一个决策问题即使在不同表象下也将产生同样的选择。也就是说，对方案的偏好不受方案描述的影响。决策者通过反思同一问题的不同描述而最终导致同一个决策方案。恒定性原则被人们普遍认同，以至于人们将它默认为公理而不需验证。比如说，将选择物作为随机变量的决策模型都假设同一时刻的随机变量的不同表象应该视为相同。

### （三）传递性

风险和非风险决策的基础假设是偏好的传递性（transitivity）。这一假设说明，对于效用函数$U$，只要$U(A)>U(B)$，那么，A就优于B；反之，只要A优于B，那么，就有$U(A)>U(B)$。一般地，只要A优于B，B优于C，那么，A就优于C。如果能够给每个方案都赋予一个不依赖其他方案的值，那么，传递性将被满足。传递性在独立评价各个方案时容易满足，当方案结果必须考虑诸如后悔值等因素时不易满足。支持传递性的一个通常观点是：循环优先权可刺激投资，就是说，非传递性的投资者将通过一系列的交易，最后又回到初始选择。

预期效用理论是人们在不确定性条件下进行决策时，理性预期、风险回避和效用最大化的理性行为的模型化描述，是现代经济学对不确定性问题的解答所给出的最经典模型。建立在个体偏好理性的一系列严格的公理化假定基础上的预期效用模型，是现代决策理论的基石，进一步发展成为价值理论的核心及市场均衡的前提，构筑了现代微观经济学宏伟而优美的大厦。

## 二、实验经济学对预期效用理论的挑战

预期效用理论在实验经济学的一系列实验中受到了诸多“悖论”的挑战。实验经济学在风险决策领域所进行的实验研究最广泛采取的是彩票选择实验(lottery-choice experiments)，即实验者根据一定的实验目标，在一些配对的组合进行选择，这些配对的选择通常在收益值及赢得收益值的概率方面存在关联。在预期效用理论中，收益的效用以它们出现的概率来衡量。与某种不确定性的收益相比，人们赋予确定性的收益更多的权重，这种现象被称之为“确定性效应”(certainty effect)。

### (一)确定性效应

最早的选择实验由诺贝尔经济学奖获得者，阿莱斯勒(Allais，1953)[①]作出。该实验产生了著名的“阿莱悖论”(Allais Paradox)。这个例子利用了确定性效应。下面的一对选择问题是阿莱例子的一种变形，与原型不同之处在于引用适度的收益而不是极端巨额的收益。以 N 来表示回答每一问题被试者的数量，括号中给出选择每一选项的人占总数的百分比。

问题 1：A：(2 500，0.33；2400，0.66；0，0.01)

B：(2 400)

$N=72$，A[18]，B[82]

问题 2：C：(2 500，0.33；0，0.67)

D：(2 400，0.34；0，0.66)

$N=72$，C[83]，D[17]

数据显示 82%的被试者在问题 1 中选 B，83%的被试者在问题 2 中选 C。对个人选择方式的分析表明，大部分人在两个问题中都做了情绪化选择。人们选择的方式违背了预期效用理论，根据这一理论，由于 $u(0)=0$，第一项选择意味着：$u(2\,400) > 0.33u(2\,500) + 0.66u(2\,400)$ 或 $0.34u(2\,400) > 0.33u(2\,500)$，而第二项选择则意味着相反的不等式。值得注意的是，问题 2 是由问题 1 中的 A 和 B 同时取消(2 400，0.66)得来的。显然，这一变化将预期的性质从确定性收益变为可能性收益时，导致了人们的预期比最初的和减少后的预期都不确定时更大的下降。实验结果是一个悖论，至少违背了预期效用理论关于偏好

① 阿莱斯勒.违背传统经济学的一个悖论实验. 张一行，刘志华译.计量经济学杂志

的优势性，传递性以及恒定性等公理化的假定。

由于阿莱悖论所反映的是相同结果不一致偏好情形，也称“同结果效应”(common-consequence effect)，对预期效用理论形成了挑战。在阿莱的实验之后，又有许多学者进行了大量重复实验，结果也都发现了该效应的存在。

### (二)反射效应

如果决策问题的符号正好相反，即以损失来代替收益时，会发生什么情形？卡拉里曼和特沃斯基(Tversky,1979)①用下表的左边栏列出了前面讨论过的选择问题，右边栏列出了收益符号相反的问题。表中，以—X 代表损失 X，以大于号呈优势的选择偏好，即大部分被试验者的选择。

下表中对每一问题的损失性预期的偏好都是对该问题的收益性预期偏好的镜像，因此，对预期的反射以 0 为中心改变了偏好的顺序，这一现象被卡拉曼和特沃斯基称为“反射效应”(reflection effect)。

**收益性与损失性的预期偏好**

| 收益性预期 | 损失性预期 |
|---|---|
| 问题 1：(4 000,0.8)>(3 000)<br>N=95 [20]　　[80] | 问题 A：(−4 000,0.8)>(−3 000)<br>N=95 [92]　　[8] |
| 问题 2：(4 000,0.2)>(3 000,0.25)<br>N=95 [65]　　[35] | 问题 B：(−4 000,0.2)>(−3 000,0.25)<br>N=95 [42]　　[58] |
| 问题 3：(3 000,0.9)>(6 000,0.45)<br>N=66 [86]　　[14] | 问题 C：(−3 000,0.9)>(−6 000,0.45)<br>N=66 [8]　　[92] |
| 问题 4：(3 000,0.002)>(6 000,0.001)<br>N=66 [27]　　[73] | 问题 D：(−3 000,0.002)>(−6 000,0.001)<br>N=66 [70]　　[30] |

资料来源：Kahneman 和 Tversky(1979)

反射效应表明，收益范围内的风险厌恶伴随着损失范围的风险寻求。问题 C 中，与确定性损失 3000 相比，大部分被试者愿意接受以 0.8 概率的风险损失 4000，尽管这一赌注的预期效用更低一些。所以，上表说明了对收益预期的偏好与预期效用理论并不一致，对相近的损失性预期的偏好也以同样的方式违背了预期效用理论。同时也说明了，在收益范围内，偏好确定性收益而不仅仅具有可

① Kanneman D. and Tversky A. Prospect Theory :An Analysis of Decision Making under Risk . Econometrica

能的更大收益，这种风险厌恶现象应归因于确定性效应；在损失性范围，同样的效应导致了偏好可能发生更大的损失，而不是数量小一些的确定性损失，从而表现为风险寻求现象。对确定性高估的同一心理导致了收益区域内的风险厌恶和损失区域内的风险寻求。

**(三)概率性保险**

人们普遍购买保险以防止损失，这是预期效用函数呈凹形的证据。为什么人们愿意以远高于预期成本的价格购买保单？概率性保险实验并不支持货币的效用函数在各点都是凹的假设。卡拉曼和特沃斯基(1979)向95名斯坦福大学的学生提出以下问题：假设你正在考虑是否为某种财产保险，以防止火灾或盗窃之类的损害，在考查了风险和保费之后，你发现自己在购买保险或让财产处于未保险状态两者之间并无明显偏好。如果保险公司提供一个新险种，叫做概率性保险(probability insurance)。在这个项目中，你付正常保费的一半，损失发生时，你有50%的机会会付另一半保费，保险公司赔偿全部损失；50%的机会你重新得到付出的保费，自己承担全部损失。例如，如果某月的奇数日期发生了一件意外，欠付了另外一半保费，损失由保险公司承担，但如果发生在某月的偶数日，那么你已支付的保费被退回，损失由自己承担。在这种情况下，你愿意购买概率性保险吗：

| | 愿意 | 不愿意 |
|---|---|---|
| N=95 | [20] | [80] |

尽管以上的问题显得有些牵强，但值得注意，因为概率性保险代表了为减少意外事件发生的可能性(不是完全消除)而付出确定性成本的许多种保护性措施。对于以上的问题及其他类似问题的反应表明，概率性保险通常是不具备吸引力的。显而易见，将损失的概率从$P$减至$P/2$不如将损失的概率由$P/2$降至0更有价值。

与这些实验结果相反，预期效用理论显示，概率性保险优于正常的保险，即如果当资产价值为$w$时，某人仅希望付保费$y$来保证避免以概率$p$损失$x$，那么，他将愿意付一数目较小的保费$ry$以使损失$x$从概率$p$降至$(1-r)p$，$0<r<1$。正常情况下，如果一个人对$(w-x,p;w,1-p)$和$(w-y)$反应差异不大，那么他应该更喜欢概率性保险$[w-x,(1-r)\ p;w-y,rp;w-ry,r-p]$而不是正常的保险$(w-y)$。

为证明这一观点，Kahneman 和 Tversky 演示如下：

$$p*u(w-x)+(1-p)*u(w)=u(w-y)$$

表明：

$$(1-r)*p*u(w-x)+r*p*u(w-y)+(1-p)*u(w-ry)>u(w-y)$$

为不失普遍性，令 $u(w-x)=0$，$u(w)=1$，因此 $u(w-y)=1-p$，我们希望得出：

$$r*p(1-p)+(1-p)*u(w-ry)>1-p \text{ 或者 } u(w-ry)>1-rp$$

当且仅当效用函数为凹时，上式成立。

这是一个相当令人困惑的风险厌恶结论。概率性保险在直觉上显得比完全消除风险的正常保险具有更大的风险。很明显，风险直觉假定与财富的效用函数为凹的假设并不吻合。

### （四）孤立效应

为简化在不同选项中的选择，人们通常忽略各项共有的部分而集中于相互有区别的部分。这一选择问题的方式可能引起不一致偏好，因为预期可以不止一种方式被分解成共同的和有区别的部分，不同的分解方式有时会导致不同的偏好，人们通常忽略选择中所共有的部分，这种现象称为："孤立效应"（Isolation Effect）。

问题 1：两阶段赌博，第一阶段中有 75％的概率盈利 0，和 25％的概率转向下一阶段。在第二阶段被试验者可选：

A：确定的盈利 3 000

B：80％的概率盈利 4 000

N＝141，A[74]，B[26]

被试验者必须在游戏开始前，即在第一阶段结果被告知之前，进行选择。141 名被试验者中有 74％的人选择了前一种预期。在这个游戏中，可以在以0.2的机会获得 4 000 的盈利和 0.25 的机会获得 3 000 两者之中择其一，因此，从最后的收益和概率形式来看，一个人将在(3 000，0.25)和(4 000，0.2)之间进行选择，这与下面的问题 2 是完全一致的：

问题 2：被试验者的选择：

C：25％的概率盈利 3 000

D：20％的概率盈利 4 000

N＝81，C[42]，D[58]

然而，两个问题的主导偏好却不同。被试验者对问题 1 作出的回答与问题 2 相反，58％的人选择了后一种预期，显然人们忽略了游戏的第一阶段，将问题 1 看作是(3 000)和(4 000，0.8)中的选择，两阶段游戏中的 3 000 盈利被臆断为确定的。这显然是与预期效用是不一致的。

### （五）偏好反转

如果说同结果效应及反射效应等实验发现对预期效用模型提出的尚属挑

战，那么，建立在偏好基础上的偏好反转问题的实验发现对其形成了真正的打击。所谓“偏好反转”(preference reversals)，即个体决策与偏好方面选择与定价不一致的现象。该现象在上世纪70年代被发现，随即获得了广泛的证实，并掀起了一场研究热潮。现考虑这样一组彩票组合：

A：(4，35/36；－1，1/36)

B：(16，11/36；－1.5，25/36)

实验表明，当被试验者在A与B中进行选择时，绝大多数选择A；而在对A与B进行最低定价时，绝大多数被试验者对B的定价高于A。这就是著名的偏好反转现象。该试验最初由心理学家里彻特斯坦(Lichtenstein)和索威克(1971)①在反复实验的基础上发现的。为验证其准确性，他们甚至在拉斯维加斯赌场进行了实际研究。

同样，在哈莫克(Hammack)和布朗(Brown，1974)②进行的一项调查中，猎人对于猎场被毁所愿接受的补偿为1 044美元，但愿意支付247美元用于对猎场的保护使免于被毁坏。这种买价与卖价之间的差别如此之大确实让人不解。如，在以下两个方案中选择：确定损失50美元；25%的概率损失200美元和75%的概率没有损失。试验结果表明，在以下情况下，80%的受试者偏好后者方案，这表现出风险寻求行为。另一方面，仅仅有35%的人拒绝付出50美元，以防范25%可能性损失200美元，由此可见，当同样一笔钱(50美元)从“不可避免的损失”框定转换为“为避免更多损失而付出的代价”框定时，便出现了偏好反转。

## 三、期望理论

阿莱悖论和其他一些异常现象促使人们对预期效用模型的修改，由于决策偏好的存在，概率(可能性)的变化是非线性的，然而，这些修改后的模型也认为，不确定条件下的决策偏好可被用来代表一个人的概率评估函数，独立于那些可能的评估所从属的不确定类型。艾斯博格(1961)③的研究表明，人们不会形成一致的主观上的概率评估，不管何种形式的不确定性产生的概率，均不会对决策偏好方式产生影响。

实际上，放弃预期效用理论就意味着放弃经济学的传统思维，实验经济学本

---

① Lichtenstein，Slovic. In Judgment under Uncertainty：Heuristics and Biases. Cambridge University Press

② Brown，Hammack. Volatility，Sentiment and Noise Traders. Financial Analyst Journal

③ Ellsberg. Risk，Ambiguity and the Savage Axioms. Quarterly Journal of Economics

身就意味着放弃经济学的传统思维，其学科价值不仅体现在实验方法的运用及对传统理论的验证上，而且体现在对人类经济行为规律的探究。卡拉曼和特沃斯基提出的期望理论，在一定程度上对个体决策与偏好的实验结果提供了合适解释，是对预期效用理论的某种替代。该理论用相关观点给我们的启发是：一方面，从信息加工角度可以揭示个体偏好中的基本特征，该特征既不是公理化假定中的绝对理性，也不是非理性，将其视为“有限理性”(bounded rationality)似乎较为恰当；另一方面，实验技术及心理学原理的运用，可能对经济学在行为层面上的发展与深化大有裨益，乃至引发一场经济学革命。

在卡拉曼和特沃斯基(1979)看来，个体决策实际上是对“期望”的选择。所谓期望即是各种风险结果，期望选择所遵循的是特殊的心理过程与规律，不是预期效用理论所假设的各种公理。期望理论发现了理性研究者没有意识到的行为模式，把这种模式归因于人类的两种缺点：一是情绪经常破坏对理性决策必不可少的自我控制能力；二是人们经常无法完全理解所遇到的问题，也就是心理学的认知困难。

**(一)个人风险决策过程**

卡拉曼和特沃斯基(1979)认为，个人风险条件下的选择过程分为两个阶段：编辑阶段和估值阶段。编辑阶段是对所提供的期望进行初步分析，使期望有一个更简化的表达形式；估值阶段是对编辑过的期望进行估值，并选出价值最高的期望。

编辑阶段的作用是对选项进行重新组织，以简化随后的估值和选择。编辑包括对与所提出期望相关的收益和概率进行变形处理，使决策任务变得容易，因此，在任何可能的时候它们都会被使用。编辑阶段包括以下几个内容：

卡拉曼和特沃斯基(1979)提出人们通常关注的是收益和损失，而不是财富或福利的最终状态。收益与损失的定义与某一参考点相对应，参考点通常与现有资产状况相关。在这种情况下，收益和损失与收到或付出的真实数量是一致的。但参考点的位置和对收益或损失的编码，会受到提供的期望表达方式和决策者预期的影响。

心理学证据表明，人们通常不是从总财富角度考虑问题，而是从输赢的角度考虑。主观价值是财富的变化而非最终状态，这一假设是期望理论的核心。卡拉曼和特沃斯基(1979)提出了“价值函数”(value function)与“决策权重”(decision weight)的模型，价值函数可以表达为：

$$V(x,p;y,q) = \Pi(p).v(x) + \Pi(q).v(y)$$

$V(x,p;y,q)$是决策者主观感受所形成的价值，$\Pi(p)$是决策权重，是一种概率评价性的单调增函数。

价值函数的特征:①以对参照点的偏离程度定义,向参照点的收益与损失两个方向偏离的反射性状,这就是所谓的“反射效应”。②对收益呈凹性,体现风险回避,对损失呈凸性,体现风险寻求。③收益变化的斜率小于损失变化的斜率,即个体对同等收益与损失的风险偏好程度是前者小于后者。

根据对价值函数 $V(p,x;q,y)$ 的描述,可以绘出下图:

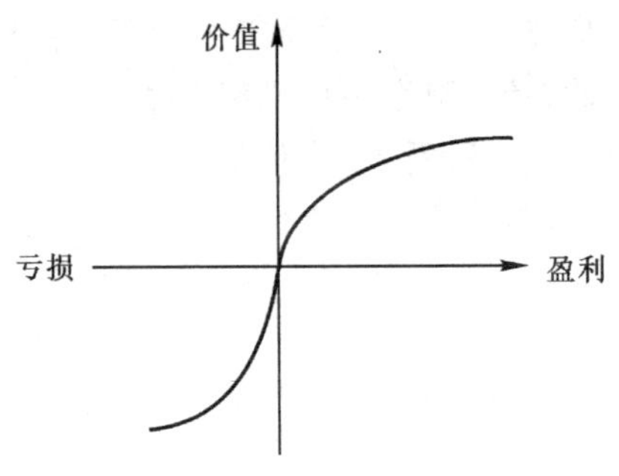


图 11-4 价值函数 $V$

上图描述的函数考虑的是盈利或损失,而非总财富。盈利区域为凹函数,损失区域为凸函数。损失部分明显比盈利部分陡峭,这就说明了损失厌恶。损失厌恶意味着:对损失 $X$ 厌恶程度比对盈利 $X$ 的满意程度要大。可以看出,这些偏好与价值函数在收益处凹,在损失处凸的假设是一致的。

损失厌恶可以解释人们为什么不愿意对等概率事件(如丢硬币)进行打赌,原因是在同一概率下,盈利的诱惑力不能抵消损失的厌恶程度。卡拉曼、索威克和特沃斯基(2000)[①]进行过一次试验:在一组以大学生为样本的试验中,如果他们最多的盈利不超过 30 美元,大部分人不愿意对丢硬币的赌博押 10 美元。上述函数损失区域的凸状所体现的风险寻求是期望理论中的一个创新。

风险寻求也在不涉及金钱的情况下存在,比如:痛苦的时间,死亡的人数。S 形价值函数——损失时的风险寻求和盈利时的风险厌恶——违背了理性人假说的“优势性”原则(即如果 A 期望至少在一个方面不劣于期望 B,那么 A 优于 B)和“恒定性”原则(即各个期望的优先顺序不依赖于它们的描述方式)。

人们在进行不确定性决策时,要通过概率推理得出适当的结论。概率论和统计学为处理概率信息提供了形式化模型,人们可以学习并掌握这些模型,但在直觉地加工不确定性信息时,往往偏离这些形式化模型的要求。概率可以分为

① Kahneman ,Sovic and Tversky. Choices ,Values,and Frames. Cambridge University Press, 2000

客观概率和主观概率两类，客观概率基于对事件的实际特性的分析，主观概率仅存在于人的头脑中，是人对事件的客观概率的主观判断。主观概率为 1 意味着人们相信某个事件会出现，主观概率为 0 意味着人们相信某个事件不会出现，而各个中间值则反映不同的信心水平。但是，这种计算不是基于对客观情境的分析，而是基于经验和希望。因此，主观概率和客观概率往往不相符合。

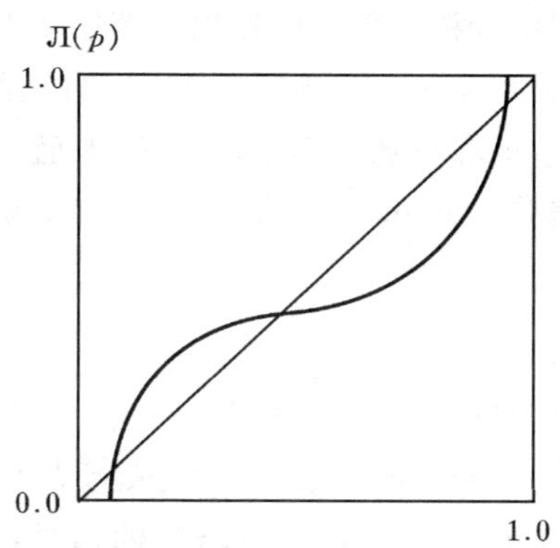


图 11－5　相对于概率 $p$ 的决策权重函数 $\Pi(p)$

预期效用理论认为，一个不确定性期望的价值（效用）可以通过将各个水平的可能结果按照它们出现的概率加权求和得到。

根据对决策权重函数的描述，可以绘出图 11－5。图中表示，人们把极不可能的事情看成是不可能的，而把极可能的事情看成是绝对的。然而，那些很不可能的事情却被给予很多的权重，人们的行为好像夸大了概率。那些很有可能的事情却被给予低的权重，人们的行为好像又低估了概率。由什么来构成一个极低的概率或极高的概率是由投资者的主观印象决定的。通过实验得出人们在对收益和损失的权重函数十分接近，相比之下，前者略为弯曲一些。因而，对中高概率事件来说，对收益的风险回避比对损失的风险寻求更为明显。

# 第四节　心理学理论在金融中的运用

## 一、金融市场中的认知与行为偏差

金融市场中的投资者，无论是初涉市场的个体投资者，还是精明老练的经纪人，或是资深的金融分析师，都试图以理性的方式判断市场并进行投资决策。但作为普通人而非理性人，他们的判断与决策过程会不由自主地受到认知过程、情绪过程、意志过程等各种心理因素的影响，以至于陷入认知陷阱，导致金融市场中较为普遍的行为偏差。以下主要论述金融市场中各种认知和行为偏差：

### (一)过度自信

心理学家通过实验和实证研究发现，人们往往过于相信自己的判断能力，高估自己成功的机会，把成功归功于自己的能力，而低估运气和机会的作用，这种认知偏差称为“过度自信”。行为金融学发现过度自信是典型而普遍存在的认知偏差，并在投资决策过程中发挥着重要的作用。例如在牛市中经常会出现“赌场资金效应”(house money effect)。投资者过分依赖自己的信息而轻视公司会计报表的信息，结果之一是，证券市场会表现出一种“账面—市值比效应”。过度自信也是导致“事后聪明偏差”(hindsight bias)与“过度交易”(over traded)的主要原因。

### (二)信息反应偏差

股票市场中存在对信息的“过度反应”和“反应不足”等现象。如果近期的收益朝相反方向转变，投资者会错误的相信公司是处于均值回归状态，并且会对近期的消息反应不足。如果投资者得到收益增长的信息，那么，会倾向于得出结论：公司正处于一种增长的状态，并且会过度地推理趋势，导致过度反应。反应不足是市场上对信息反应不准确的另一种表现形式。与个人投资者较多地表现为过度反应相反的是，华尔街的职业投资人更多地表现为反应不足。

动量效用(momentum effect)是指较短时间内表现好的股票将会持续其好的表现，而表现不好的股票也将持续其不好的表现。反转效用(reversal effect)则是指在一段较长的时间内，表现差的股票在其后的一段时间内有强烈的趋势逆转；而在给定的一段时间内，最佳股票则倾向于在其后的时间内出现差的表现。动量效用与反转效用产生的根源在于对信息的反应不足与过度反应。

隔离效用(disjunction effect)是指人们愿意等待直到信息披露再作出决策的倾向，即使信息对决策并不重要，或即使他们在不考虑所披露的信息也能做出同样的决策。隔离效应可以解释为什么有时在重要的公告发布之前，出现价格窄幅波动和交易量萎缩，而在公告发布之后会出现更大的波动或交易量的现象。

### (三)损失厌恶

损失厌恶(loss aversion)是指人们面对同样数量的收益和损失时，感到损失令他们产生更大的情绪影响。有研究发现，同量的损失带来的负效用为同量收益的正效用的 2.5 倍。期望理论认为，损失厌恶反映了人们的风险偏好并不是一致的，当涉及的是收益时，人们表现为风险厌恶；当涉及的是损失时，人们则表现为风险寻求。

### (四)后悔厌恶

后悔厌恶(regret aversion)是指当人们作出错误的决策时，对自已的行为感到痛苦。为避免后悔，人们常常做出一些非理性行为。后悔厌恶损失厌恶能够很好的解释“处置效应”，即投资者过长的时间持有损失股，而过早的卖出盈利股。因为投资者盈利时，面对确定的收益和不确定的未来走势时，为避免价格下跌而带来的后悔，倾向于风险回避而做出获利了结的行为。当投资者出现亏损时，面对确定的损失和不确定的未来走势，为避免立即兑现损失而带来的后悔，倾向于风险寻求而继续持有股票。

### (五)证实偏差

人们常常错误的将一些资产的价值估计得比另一些低。如赌场赢得的资金，股票市场获得的横财，意想不到的遗产，所得税的返还等都会被估计得比常规的收入低。人们根据资金的来源，资金的所在和资金的用途等因素对资金进行归类，这种现象被称为“心理账户”(mental accounting)。传统的经济理论假设资金是“可替代的”，也就是所有的资金都是等价的。然而人们眼里的资金通常并不是可替代的。人们倾向于武断的分配到单独的心理账户中。并根据投资所在的账户分别的做出决策。心理账户可以解释“弗里德曼-萨维奇困惑”，即：为什么投资者会同时购买保险和彩票这两种风险和期望收益完全矛盾的资产。心理账户同时也可解释“股利之谜”：因为投资者对投资收益的“资本账户”和“红利账户”两个局部账户，区别理解资本账户损失和红利账户损失。

### (六)证实偏差

一旦形成一个信念较强的假设或设想，人们会把一些附加证据错误地解释得对该设想有利，不再关注那些否定该设想的新信息。人们有一种寻求支持某个假设的证据的倾向，这种证实而不是证伪的倾向叫“证实偏差”(confirmation bias)。信念坚持是导致证实偏差的心理基础，当市场形成一种“股市将持续上涨”的信念时，投资者往往对有利的信息特别敏感或容易接受，而对不利的信息或证据视而不见，从而继续买进并进一步推高股市；相反，当市场形成下跌恐慌时，人们就只能看到不利于市场的信息，以至于进一步推动股市下跌。

### (五) 时间偏好

传统经济学假定效用是随时间以指数方式贴现的，这就意味着人的时间偏好在时间变量上是一致的，无论何时，他对效用的权衡都是一样的。拉宾

(Rabin,1996)①认为,人们倾向于推迟执行那些需要立即投入而报酬滞后的任务,而马上执行那些能立即带来报酬而投入滞后的事情。这就是所谓的"时间偏好"(time preference)。相关的心理学实验研究提出,人们是按照双曲线而不是指数曲线来贴现将来预测的效用值的。人们的时间不一致偏好,在经济的各个领域中都有普遍的表现。这样的偏好对于消费和储蓄决策很重要,因为当期消费的利益是立即可兑现的,而储蓄所允许增加的未来消费,在时间上是滞后的。有学者发展了储蓄行为时间不一致模型,它认为人们有较高的现在消费倾向,这种情况下"自我控制"就显得十分重要。

### (八) 羊群行为

金融市场中的"羊群行为"(herd behavior)是一种特殊的非理性行为,它是指投资者在信息环境不确定的情形下,行为受到其他投资者的影响,模仿他人决策,或者过度依赖于舆论,而不考虑自己信息的行为。羊群行为涉及多个投资主体的相关性行为,对于市场的稳定性、效率有很大影响,也与金融危机有密切的关系。

弗鲁林(Froot),沙夫斯泰因(Scharfstein) 和斯特恩(Stein,1992)②指出,机构投资者具有高度的同质性,它们通常关注同样的市场信息,采用相似的经济模型,信息处理技术,组合及对冲策略。在这种情况下,机构投资者可能对盈利预警或证券分析师的建议等相同的外部信息做出相似的反应,在交易活动中表现出羊群行为。由于基金持有人和基金经理的委托——代理关系,基金持有人的最佳策略是和基金经理签订与基准挂钩的报酬合约。在这种报酬结构下,基金经理往往会推断,模仿并追随其他基金的买卖行为,以免自身业绩落后于市场指数或同行。于是在这个市场上存在羊群行为。当机构投资者存在羊群行为时,许多机构投资者将在同一时间买卖相同股票,买卖压力将超过市场所能提供的流动性,从而导致股价的不连续性和大幅波动,破坏了市场的稳定运行。

### (九) 反馈机制

投资过程反映了投资者的心理过程,由于认知偏差、情绪偏差等各种偏差的存在,最终导致不同资产的定价偏差,而资产的定价偏差会反过来影响投资者对这种资产的认知与判断,这一过程就是反馈机制,形象的称为"反馈环"。这种反馈环是形成整个股市中著名的牛市和熊市的因素。金融市场中,由于反馈环的存在,可能使价格在一定时期内出现"泡沫"。如投资机构先购买某一股票,然后

---

① Rabion . Psychology and Economics, Journal of Economic Literature

② Froot,Scharfstein and Stein . Herd on The Street :Informational Inefficient in a Market with Short-Tern Speculation. Journal of Finance

散布利好谣言，正反馈交易者对这一谣言做出过度反应，积极购买，从而使投资机构能够顺利将股票高价抛出。希勒用这一机制解释了美国股票市场历史上1901年，1966年和1987年几次著名的投机泡沫和接下来的大崩溃，并在2000年美国网络股崩盘之前做出了预见。又如，索罗斯曾在1987年对自已的投资策略做出描述，在以往的20年里，他并不是依据基本面的分析而是通过对未来大众行为的预期进行交易。

# 第五节 对标准金融理论模型的改进

## 一、行为资产组合理论

行为资产组合理论有两种分析模型：单一账户行为组合理论（BPT - SA）和多重账户行为组合理论（BPT - MA）。区别在于单一心理账户下投资者同均值方差投资者一样，通过考虑协方差而将所有证券组合放入一个心理账户之中，而多重心理账户下则将证券组合归入不同的账户之中，并忽略账户间的相关性。

### （一）单一账户资产组合选择模型

单一账户行为组合理论建立在“安全、潜力和期望理论”（SP/A，Lopes，1987）①基础上。该理论并不仅仅是一个投资组合选择理论，而是在不确定条件下进行选择的心理理论，洛佩斯（Lopes）假定风险结果由两个相关变量来估价的，第一个变量是$E_h(W)$，它是期望财富$E(W)$受到感情因素的影响与支配的变形。第二个变量是$D(A)$，用$\text{Prob}\{w \geqslant A\}$表示，$A$代表投资期望值，$D(A)$是对安全的度量，其实也是对风险的度量。

洛佩斯使用一个两时期结构，这两个时期分别标识为0和1，假设时期1有$n$种状态，其中，$p = \text{Prob}\{W_i\}$，$i = 1, 2\cdots$，并且财富水平排列为：$W_1 \leqslant W_2 \leqslant \cdots W_n$。洛佩斯认为，有两种情感会通过改变期望财富$E(W) = p_1 w_1 + p_2 w_2 + \cdots$中的相对权重而对投资者冒风险的意愿产生作用：害怕和希望。“害怕”通过偏重于坏结果的权重而发挥作用，即用一个很大的$p_1$和个很小$p_n$的来计算$E(W)$。而“希望”则相反，它通过偏重于好的结果的权重而发挥作用。洛佩斯通过使用函数$h(D)$而定量考察了这两种感情因素对$E(W)$的修正。

期望财富$E(W) = \sum p_i W_i$可以表达为$\sum D_i (W_i - W_{i-1})$，其中$i$从1到$n$，$W_0 = 0$，且$D(x) = \text{Prob}\{w \geqslant x\}$，$\text{Prob}\{w \geqslant x\}$是一个连续概率。为了体现害怕心理对风险结果的影响，洛佩斯使用连续函数$h(D) = D_s^{(1+q_s)}$来计算$E(W)$，其

① Lopes. Between Hope and Fear: The Psychology of Risk. Advances in Experimental Social Psychology

中 $S$ 代表安全，$q_s>0$。这个函数赋予与 $D$ 中数值不相称的权重。其结果是，相对于不好的结果被赋予了较高的权重，而对好结果的权重则相应较低。希望同害怕一样发挥作用，不同的是它赋予较好结果以较高的权重，而较坏结果的权重则相应较低。对应 $h_s(D)$的是 $h_p(D)$，$P$ 代表潜力，$h_p$ 具有 $1-(1-D_p)^{(1+q_p)}$ 的形式。洛佩斯认为，害怕与希望这两种情感在所有投资者心理都是普遍存在的。综合反映每一种感情因素及二者相对力量的是联合 $h_s(D)$和 $h_p(D)$的凸函数，所以就有了 $h(D)$：

$$h(D)=\sigma h(D)+(1-\sigma)h(D)$$

这样，对于害怕心理很强的投资者，其 $E_h(w)$就要低于 $E(W)$，而且，愈是害怕，$E_h(w)$的值就愈小。类似地，希望通过增加相对于 $E(W)$的 $E_h(W)$的值而产生作用。通过 $h(D)$人们的感情因素被引入到决定期望财富的因素中来。在 SP/A 理论中，投资者以 $E_h(W)$代替 $E(W)$，以 $r_i=h(D)-h(D_i)$代替 $n$ 种情况的概率 $p_i$，投资者的目标是最大化函数 $U(E_h(W),D(A))$。

在某些方面，单一账户资产组合理论关于资产组合的选择类似于均值方差模型中的证券组合选择。均值方差理论的核心$(u,\sigma)$是平面中的均值方差有效边界。单一账户行为组合理论与之对应的则是$(E(W),Prob\{W\leqslant A\})$平面中的有效边界。在这两种情况下，投资者都将选择具有较高值的 $u$ 或 $E_h(w)$以及具有较低值的 $\sigma$ 或 $\mathrm{Prob}\{W\leqslant A\}$。因此，均值方差有效边界通过取固定 $\sigma$ 下的最大值 $u$ 而获得，而单一账户行为组合理论有效边界通过取固定 $\mathrm{Prob}\{W\leqslant A\}$下的最大值 $E_h(W)$而获得。

由此，单一账户证券组合选择模型为：

目标：$\max: E(W)=\sum\gamma_i W_i$

条件：$\mathrm{Prob}\{W\leqslant A\}\leqslant a$

$\sum\nu_i W_i\leqslant W_0$

其中，$\sum\nu_i W_i\leqslant W_0$ 是预算限制条件。模型假定状态按顺序排列，以使 $\nu_i/p_i$ 相应以 $i$ 递减。在此假定条件下可得其最优解为：

$W_i=0$，条件：$i$ 不属于 $T$

$W_i=A$，条件：$i$ 属于 $T$

$W_n=(W_0-\sum v_i W_i)/\nu_n$　　当 $W_0\geqslant\nu_n A$ 时，超过 $A$

式中的加和从1到$n-1$。$T$是一个状态子集，包括第$n$种状态$s_n$，且 $\mathrm{Prob}\{T\}\geqslant a$，但是 $T$ 中不存在真子集 $Tt$ 使 $\mathrm{Prob}\{Tt\}\geqslant a$。

由此可以确定单一账户行为组合理论有效边界。它就是在 $\mathrm{Prob}\{W\leqslant A\}\leqslant a$

的约束条件下由许多 Prob{$W \leqslant A$}值和对应的最大值 $E_h(W)$所构成的有序数对在($E_h(W)$,Prob{$W \leqslant A$})平面上绘出的曲线。投资者将通过沿有效边界最大化函数 $U(E_h(W),D(A))$来选择最优证券组合。

从模型解的形式可以看出单一账户行为组合理论有效证券组合收益的分布形式。其收益有三种可能的结果：0，$A$，高于 $A$ 的值 $W_n$。这种收益分布类似于由收益为 $A$ 或 0 的无风险债券和收益 $W_n$ 的彩票所构成的组合的收益分布。这与弗里德曼和萨维奇所观察到的人们同时购买保险与彩票的现象是一致的。这种同时性正是单一账户行为组合理论有效证券组合的表征。此外，其有效边界受到五个风险度量参数的影响。它们是：$q_s$，用来测量害怕的程度（对安全的需要）；$q_p$，用来测量希望的程度（对潜力的需要）；$A$，期望水平；$\sigma$，用来决定害怕与希望的相对强弱；$\gamma$，用来决定获取与害怕和希望相关的期望水平的欲望程度。这五个参数中任何一个参数值的变化都将会改变投资者对证券组合的选择。

**（二）多重账户资产组合选择模型**

多重账户资产组合选择模型是建立在期望理论之上的。希弗林和斯特曼(2000)提出投资者具有两个心理账户，分别对应高低两个值望值，代表投资者既想避免贫困，又希望变得富有的愿望。投资者的目标就是将现有财富 $W_0$ 在两个账户间分配以使整体效用达到最大。假设低期望账户的效用函数为 Cobb-Douglsa 函数：$U_s=P_s^{(1-\gamma)}E_h(W_s)^\gamma$，其中 $P_s$ 代表达不到低期望水平 $A_s$ 的概率，$W_s$ 代表财富，而 $\gamma$ 是一个非负权重参数。类似地，高期望账户的效用函数为：$U_r=P_r^{(1-\beta)}E_h(W_h)^\beta$，其中各参数含义与前式相对应。则可以假定投资者的效用函数与高期望账户的效用函数的联合体为：

$$U=[1+K_{dr}(P^{(1-\beta)}E_h(W_r)^\beta)]K_{ds}[P_s^{(1-\gamma)}E_h(W_s)^\gamma]$$

从投资者效用函数的形式可以看出，当低期望账户的效用为 0 时，投资者的效用也为 0；而当高期望账户的效用为 0 时，投资者的效用却不必为 0。这意味着财富中的一部分将首先分配给低期望账户。如果卖空被允许，投资者在他的高期望账户里可能会持有某些证券的空头，而在低期望账户里相应持有其多头。原因在于两种心理账户之间缺乏统一性，协方差被忽略了。

总之，投资者将心理账户与目标相匹配。两个心理账户不统一，最大化投资者整体效用的做法将会使低期望账户中的组合比高期望账户中的组合看起来更像无风险债券，而与之相反，高期望账户组合更像彩票。

均值方差模型与行为资产组合模型的分析框架是相似的，都是在一定风险下寻求最大化收益，在风险与收益平面内构造有效边界，并根据效用函数判断最优组合。但两者也存在较大差异，这体现在风险度量与未来收益的确定方面，这种差异主要源于对投资者心理与行为的理解的不同。均值方差模型中的投资者对未来各种不同前景出现的概率以及相应的期望值能够进行客观公正地估价，而且因为投资者均是理性人，他们的估值也无差异。其直接结果便是产生一条供所有投资者选择的有效边界，这条有效边界不会因人而异。但行为资产组合模型中的投资者是正常人，他对未来的估计会受到害怕，希望，期望等感情因素的影响，而且不同的投资者其影响程度不同。这种差异体现在对未来收益的期望均值估值上的不同，悲观者会使之偏低而乐观者会使之偏高，与此对应的是每位投资者都有属于自已的有效边界。

行为组合理论的诞生无疑给投资组合选择理论注入了新的生命力，但其研究才刚刚开始，尽管在理论上已具备较为完备的框架，但还有待于实证检验。因此，行为组合理论今后的发展方向应是针对不同的市场进行实证检验以判断其适用性，并在此基础上不断完善。

## 二、行为资产定价模型

早期的有关噪音交易者的资产定价模型认为，没有永久的证券错误定价，并认为噪音交易者风险具有独立性，这意味着，可以通过分散化投资而消除其风险。而可被消除的风险没有被 CAPM 定价。可见，噪音交易者更经常与信息交易者交易，而不怎么经常与别的噪音交易者交易，这是因为：噪音交易者与信息交易者有互相交易的渴望。然而，早期噪音交易者模型中，噪音交易者对证券市场的影响非持续，在与信息交易者进行交易时会失败，从而最终被淘汰出局。可见，市场中总存在着噪音交易者。这是因为，不断有新的噪音交易者产生，现有的噪音交易者会不断投入资金。噪音交易可能导致证券价格持续背离其价值。如果套利者的套利时间有限，那么，套利消除错误定价的能力将会有限。因为，大部分套利者都是券商或是大户，投资者经常根据他们的业绩评估套利者，缴纳管理费。套利持续损失的时间越长，人们越倾向于认为套利者处于市场劣势。在短期操作时，许多套利者从证券商那里借入证券或资金，由于套利者有偿还资金的义务。在价格下跌时还要追加保证金，所以，要面对清算风险，如果借入证券的所有者决定卖出证券，那么，套利者还有偿还证券的风险。

通常噪音交易者是乐观的，常常高估盈利和低估风险。由于乐观，倾向于购买更多的股票并因此而推动价格的上涨。而且，当噪音交易者平均持有更多的风险资产并赚取与风险不对等的高利润，噪音交易者的期望回报也增加了。通常可以看出，当别人都买进时噪音交易者也买进，当别人都卖出时噪音交易者也卖出，多数时候，噪音交易者在价格已经很低的时候卖出，在价格已经很高的时候买进，被称作弗里德曼效应，被看作是最差的市场时机选择。处置效应则是噪音交易者另一种表现。

希弗林和斯特曼(1994)[1]从不同的视角来看待噪音交易者。信息交易者依据的是贝叶斯学习过程,即理性的信息处理器;噪音交易者则不会理性的行动,而且他们并没有完全按模型的要求行动。噪音交易者所犯的错误以基础比率信息被错误认知的形式出现的。他们认为有效市场是保护噪音交易者的。如狄隆、施莱弗、萨莫斯和伍德曼(1990)[2]提出的DSSW模型可计算出噪音交易者产生的对某一种资产的需求。当噪音交易者高估预期收益时,他们比信息交易者需要更多的风险资产,而当他们低估预期收益时,他们则需要得更少。信息交易者对这一模型增加了一个稳定的影响值,以弥补噪音交易者的不稳定头寸。他们假设封闭式基金的资产净值(NAV)与市场价格之间的折价就是市场情绪的量度。当噪音交易者过度乐观时,折价减小,否则增加。李、希弗林和泰勒(1991)[3]计算了基金折价之间及基金折价的变化之间的平均相关系数,发现存在显著性。行为资产定价模型(BAPM)中证券的预期收益决定于其行为$\beta$,即正切均方差效率资产组合的$\beta$。由于噪音交易者对证券价格的影响,正切均方差效率资产组合并非市场组合。比如,噪音交易者倾向于高估成长型股票的价格,相应地,市场中成长型股票的比例也就偏高。为了纠正这种偏差,正切均方差效率资产组合较之市场组合要人为的调高成长型股票的比例。

传统$\beta$和行为$\beta$的估计是一个难点。在CAPM中,我们都知道市场组合的构成原理但却找不到精确构成市场组合的方法,因此在计算标准$\beta$时只好用股票指数代替市场组合。行为$\beta$的计算就更加困难。因为正切方差效率资产组合随时都在变化,这个月还起重要作用的行为因为在下个月就可能变得微不足道,我们很难找到它的有效替代物。

所有资产定价模型都是经济学中供求均衡基本思想的产物。供求曲线既决定于理性趋利特性,也决定于消费者的价值感受(如口味等)。在CAPM中,供求仅仅决定于理性趋利特性下的标准$\beta$,供求决定于公司规模,账面市值比以及市场组合本身。对公司规模和账面市值比的判断是具有理性趋利特性的客观标准呢?还是反映了投资者的价值感受特性呢?

BAPM涵盖了包括理性价值特性和价值感受特性的诸多因素,比如,"钦

① Shefrin and Statman. Behavioral Capital Asset Pricing Theory . Journal of Financial and Quantitative

② De Long, Shleifer, Summer and Waldman. Noise Trader Risk in Financial Markets . Journal of Political Economy

③ Lee, Shefrin and Thaler . Investor Sentiment and the Close—End Fund Puzzle . The Journal of Finance

佩”这种价值感受。《财富》杂志每年都对职业经理人和投资分析家最钦佩的公司做一次调查，发现回答者明显偏爱其钦佩的公司的股票，而且这种偏爱已经明显地超越了理性预期回报的解释能力。在股票市场上，人们对成长股的追捧同样超越了理性。事实证明，价值感受特性和理性趋利特性一样，应当成为决定预期收益的参数。

BAPM 模型产生行为 $\beta$，如果模型考虑了噪音交易者，BAPM 的估价就不再是噪音的，只反映了一个较低的风险，另一方面，CAPM 则产生一个传统的 $\beta$。因此可以认为传统 $\beta$ 将高于行为 $\beta$。所以可以定义 NTR 为传统 $\beta$ 与行为 $\beta$ 之间的差异。那么，CAPM 的 $\beta$ 将由两部分构成，即基础风险(即 BAPM 的 $\beta$)和噪音交易者产生的附加风险(NTR)。表达式如下：

$$\text{CAPM}\beta = \text{NTR} + \text{BAPM}\beta$$

零假设是指市场完全由信息交易者组成，噪音交易者不存在，使 NTR 为 0，这时 CAPM$\beta$ 就等于 BAPM$\beta$。不存在噪音交易者时，BAPM 并没有实用价值，然而拒绝零假设将导致 CAPM 和 BAPM 的矛盾。那么传统的资本市场线将不再适用，而需要重新寻求真实的市场线。

下图描绘了有效市场中的真实资本市场线(CML)。在市场上存在噪音交易者时，真实市场线就是 CML－BAPM，没有噪音交易者时的市场线是 CML－CAPM，两条资本市场线之间的差异可看成是噪间交易者风险(NTR)。

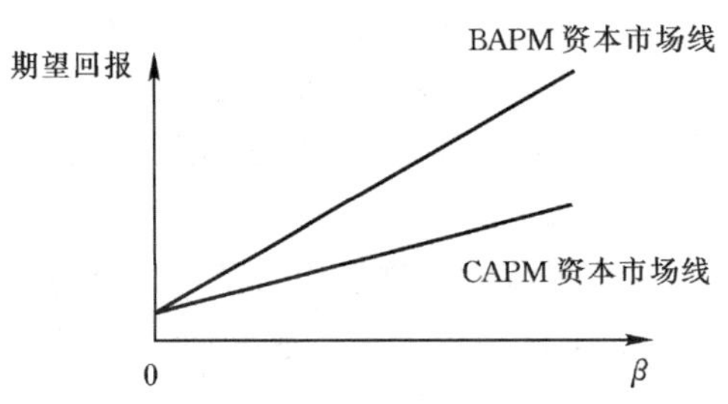


图 11－6　拉弗曲线

# 第六节　行为金融学在现实中的检验

## 一、行为金融学对经济的预测

在经济发展中，心理因素到底有多重要呢？经济学通常被认为只与数据相关，但按照耶鲁大学教授罗拍特希勒的说法，也与情绪和心理相关。为他带来卓著声名的《非理性繁荣》一书，解释了人的非理性心理因素对股市的影响。实际上，在过去十年里，希勒一直是行为经济学的前沿人物之一。《非理性繁荣》也许是希勒对行为经济学的最清晰的解释。

罗伯特·希勒在 20 世纪 80 年代就预感到股市的价值被严重高估了，当他试图将自己的思考写出来时，1987 年的黑色星期五已经不期而至。在 1999 年的最后几个月里，这位耶鲁大学的经济学教授担心，股市泡沫会在他写作完成之前崩裂。2000 年 3 月，《非理性繁荣》终于出版，希勒把一路凯歌的股票市场称作“一场非理性的、自我驱动的、自我膨胀的泡沫”。一个月后，纳斯达克股票指数由最高峰的 5000 多点跌至 3000 点。在此之前，尽管将互联网泡沫比作当年的荷兰郁金香，南海公司泡沫的警告不绝于耳，但只有希勒教授用清晰完整的经济学理论进行了解释。是什么支持了 20 世纪 90 年代股票市场的全球性繁荣，推动 90 年代后半期股市发生惊人的攀升？传统的经济学家面对美国持续 10 年繁荣的“新经济”、经济增长、失业率和通货膨胀率连动关系被打破时，仍试图对“失效的菲利浦斯曲线”进行模型解释，行为经济学家希勒却表示了对这种“非理性繁荣”的忧虑，预测新时代有终结。这位杰出的商业思想家说，导致美国股市持续繁荣的不是企业利润，它与收益或股利的增长根本无关，而是弥漫于整个社会的乐观情绪——人类心理的某种映射：社会上出现了一种信念，相信新经济摆脱了地心引力的影响，使人们相信，未来如此美好，随时可能创造奇迹，任何事情都是可能的。这种刺激了股市繁荣的人类心理，可以迸发出同样的力量将经济驱赶进万丈深渊，而完全无视各种经济数据。

在希勒的眼里，有一种叫做“时代风尚”的东西，能在市场上掀起狂澜。“时代风尚”，这个歌德发明的词，在希勒看来对市场起到了巨大的支配作用。希勒也对有效市场表示怀疑。该理论认为，价格清晰反映了公共信息。但股票价格从来都是过高或过低。即使在信息极对称的情况下，人们仍旧很难做出理性选择。经济学家可以有力的论述为什么股票市场被高估了，人们会从内心深处感到这样的分析是正确的，但没有人会就此改变自己的行为。从众行为的力量会驱赶人们继续做别人都在做的事，如果这种基本力量是乐观或贪婪，市场就会持续繁荣；如果这种基本力量是悲观或恐惧，不管收益或股利有多大的增长都对保持繁荣无能为力。这是新经济演变的最重要的一条教训。

有效市场理论是金融经济学的一块基石，但希勒却一向表示怀疑。他进行了一项统计学测试，比较股价与股利的波动。结果发现，股价的波动不能由股利的波动来说明。2000 年 4 月 14 日纳斯达克股市的暴跌就是绝佳的例子。在那一天，没有什么新信息突然出现导致股市一泻千里。只不过是纳税日的前一天，为了避税，有人开始抛售股票，很快就演变成了狂逃，“时代风尚”一夜转向，不久，雅虎和太阳微系统这样的公司市值就跌去了一半。

## 二、以行为金融学为基础的投资策略

行为金融学不仅是对传统金融学理论的革命，也是对传统投资决策范式的挑战。行为金融理论发现人类总是以一贯的态度偏离理性，这使得基金经理人得以利用这种行为所造成的股价反常现象获利。行为金融学把其理论应用于股票交易实践，提出了许多股票交易策略。至 2000 年，美国超出 700 亿美元的投资都运用行为金融理论，甚至连主流的基金经理人也开始基于行为金融学的投资策略。行为金融学的大师理查德泰勒既是理论家又是实践者，他与罗雪富勒在加州圣马提欧共同创办了富勒－索勒资产管理公司，管理着 15 亿美元的资产。他们认为，投资人犯下的许多错误似乎源于启发式行为，亦即投资人用以理解复杂现实问题的心理模型。人们往往以狭隘的观念来判断投资。他们的基金自 1992 年至 2001 年，基金报酬率每年达 31.5%，而大盘指数涨幅仅为 16.1%。

行为金融学在美国的一个重要特点是实业界的广泛参与，许多基金公司、投资公司、咨询公司等已开始在其业务中使用行为金融学的研究成果并取得了不俗的业绩。行为金融学家也大多成为这些基金公司的发起人或合伙人。

## 三、行为金融学在中国的应用

我国对于投资者心理导致的金融市场异象研究始于 20 世 90 年代末，沈艺峰、吴世农(1999)对我国股票市场是否存在过度反应进行了实证检验，结论是不存在过度反应。王永宏，赵学军(2001)①对中国股票市场的“惯性策略”和“反转策略”进行了实证分析，结果表明深沪股票市场存在明显的收益率反转现象，但未发现有惯性现象。李学(2002)②对中国证券市场的处置效应进行了实证研究，得出了我国证券市场存在处置效应的结论。除此之外的研究主要集中在对行为金融学的理论综述。总的来看，对于认知偏差，投资者情绪及基于投资者心理的最优组合投资决策和资产定价问题的研究，基本是空白。

长期以来，对于我国证券市场效率问题，备受学术界、实务界的关注与争议。涉及到证券市场是否有效、资产价格是否无偏差地反映所有信息以及投资者是否理性等问题。对这些问题的回答是中国证券市场能否健康稳定发展的关键之所在。

20 世纪 80 年代以来，以理性人假设为前提的标准金融学越来越无法对大量异象给予圆满的解释，而行为金融学却以其丰富的实验研究和精辟的理论分

---

① 赵学军，王永宏，中国股市“处置效应”的实证分析．投资与证券，2001(11)

② 李学．投资者收益．风险和行为研究．深圳证券交易所综合报告，2001(12)

析展示出广阔的发展前景。面对中国证券市场中投资者所表现出来的跟庄，推崇股评，高换手率等非理性行为和市场非有效的现实，对不同学术观点进行比较研究，并以更切合实际的理论深入探讨我国证券市场中投资者心理和市场效率的问题显得十分必要。

随着庄家时代的终结，内幕交易的禁止，中国证券市场在经过十余年的曲折成长已开始步入新的发展阶段，过去基于跟庄操纵市场，套取内幕信息等的投资策略不再发挥效力。近年来，国际上实力雄厚的投资机构在中国证券市场的加盟，中国证券业将面临前所未有的挑战。严峻的形势迫使我们要尽快寻求新的投资策略。

总而言之，外在的竞争压力与市场发展的内在需求，都需要我们对这一问题做出深入的研究。就微观层面而言，掌握投资者心理不仅可使自身有效避免决策错误，还可以基于他人的偏差制定特定的投资策略，通过对投资者心理与资产收益率之间关系的研究，将使我们洞悉影响资产定价的因素；就宏观层面而言，行为金融学必将对我国政策层与监管层合理预期证券市场和经济形势，制定合理政策提供重要的理论依据。

# 第十二章　金融生态:生存环境与金融健康

## 第一节　对金融生态的理论认识

### 一、生态概念向金融领域的移植

生态学(ecology)是德国动物学家海克尔(Haeckel)于1866年首先提出的,比生态经济学约早一个世纪。海克尔定义生态学是研究有机体与其环境全部关系的科学。其中,环境包括非生物环境和生物环境,前者如温度、可利用水、风,后者包括同种或异种其他有机体。海克尔的定义强调关系,或叫相互作用,即有机体与非生物环境的相互作用和有机体之间的相互作用。有机体之间的相互作用可分为同种生物间和异种生物间的相互作用,或叫种内相互作用和种间相互作用。后来的生态学家依据研究重点,赋予了生态学新的内容和动力,使其内涵更加丰富和活跃,但海克尔的定义始终是生态学的基础。生态学的研究对象从个体分子到生物圈,分为个体、种群、群落、生态系统四个层次。

英国生态学家斯坦利(Stanley)提出的生态系统学,极大地丰富了生态学的内容,为生态经济学奠定了自然科学的理论基础。20世纪20年代中期,美国科学家麦肯齐首次把植物生态的概念与动物生态学概念运用到人类群落和社会的研究,提出了经济生态学的名词,主张经济分析不能不考虑生态学过程。20世纪60年代后期,美国经济学家肯尼斯·鲍尔丁(Bordin)在论文《一门科学——生态经济学》中正式提出了"生态经济学"的概念。作者在文中对利用市场机制控制人口和调节消费品的分配、资源的合理利用、环境污染以及用国民生产总值衡量人类福利的缺陷等,进行了创见性的论述。

自鲍尔丁创立生态经济学概念以来,出现了一大批生态经济学著作。罗马俱乐部的第一个报告《增长的极限》、英国生态学家爱德华·哥德史密斯的《生存的蓝图》、法国学者加博(Gabe)的《跨越浪费的时代》、美国外交关系委员会主编的《60亿人——人口困境与世界对策》、朱利安·西蒙(Simon)的《最后的资源》

等对生态经济学都做出了重要贡献。莱斯特·R·布朗(Brown)在《生态经济》中认为,人造资本越来越雄厚,自然资本正在迅速成为制约因素,从破坏生态的经济转入持续发展的经济是地球生态系统的一部分,只有调整经济使之与生态系统相适合才能持续发展。

生态经济学另一重要来源是自然论经济思想,从古希腊思想到中国的道、儒、佛思想,再到法国自然论经济学派,后经亚当·斯密改造为自发的市场秩序,脱离了自然法体系的影响,过渡为一种自由主义经济思想。特别是透过马克思主义劳动价值论、效用价值论折射出的自然主义价值论,以及经济分析方法从市场空间向社会空间和自然空间的拓展,把经济的市场分析方法、社会分析方法和生态分析方法有机统一起来,为金融生态的提出和研究创造了条件。

国内周小川博士(2004)最早提出金融生态理论观点,将生态概念引申到金融领域,提出了"金融生态"的概念和改善金融生态环境的主张。周小川认为改善金融生态好比是"化学变化",这一发生不会非常快,要通过较长时间的努力才能实现。他指出金融生态是个系统工程,改善金融生态需要共同努力:建立良好的法律和执法体系,使信用活动受到有效约束;加快企业客户的市场化改革;建立完善的社会信用体系;提高会计、审计和信息披露等标准;提升中介机构的专业化服务水平;等。

## 二、生态学对金融的适用性以及与金融的差异性

### (一)生态学在金融领域的适用性

金融系统具有生态系统的特征。生物经历了从简单到复杂、从低级到高级的发展和动态演进过程,金融系统发展历程与之相似。生物与生物间、生物与非生物环境间彼此关联,相互作用,形成一个有机整体;金融系统内部各组织间也存在分工与合作,彼此联系、相互依赖和相互竞争,金融系统与外部的政治、经济、文化和法制等环境存在着千丝万缕的联系,相辅相成,互相促进和共同发展。生态系统中有物竞天择的法则,金融业演进同样充满着优胜劣汰的生存角逐;生态系统具有自动调节机制,金融系统也有相似功能,如市场利率调节资金的供求及结构,破产兼并可调节金融组织的数量规模,优化质量和强化功能,行业自律组织有助于防止盲目竞争和恶性倾向,增强系统的稳定性等。

同时,社会经济的系统性特征也是金融生态概念提出的重要基础。立足系统论,经济本身是一个多层嵌套的巨系统,全球经济可以被认为是诸多区域经济子系统构成的,是一个具有不同系统功能子系统的集合体,金融系统是这子系统之一。金融系统具有的系统功能,对经济资源按照优化规律进行配置。金融系

统正常的运转是整个经济系统有效运转的重要保证。如果金融系统无法正常发挥作用，经济系统运行的效率必然受到影响，甚至对系统稳定性构成威胁。反之，其他子系统也对金融系统的运行状况和效率水平产生影响。政治、法律和文化等系统外组织与金融系统进行信息和资源的交换，通过各种方式改变和影响着金融系统的环境和机制，使金融系统沿着多重因素共同作用的合力方向行进。

为了更准确和生动地表述金融系统在多重外部影响因素下的状况，金融生态作为一个经济领域的仿生学概念提出，是对经济金融领域“系统性”特征的理论阐述。与生态系统类似，金融系统在运行过程中也不断与外界经济子系统和非经济系统发生着信息和资源交换，与之形成彼此联系、相互作用的统一整体，这是一般意义上的金融生态。

### (二)生态学与金融现实的差异性

生态学的概念和理论与金融有许多相似之处，但并不意味着生态学与金融理论和现实完全一致。

生态学研究自然规律，金融学研究社会规律。自然规律的作用范围不太受人为因素(如民族疆域、行政区划等)的直接影响，在外部条件没有显著变化的情况下较为稳定；但社会制度、法律体系、政党主张等人为因素都会对社会规律作用的发挥产生影响。

生态学研究对象缺少能动意识，金融学的研究对象有明显的能动性。研究对象能动意识的强弱对研究成果的稳定性和精确程度有明显的影响。能动意识较弱则研究实验的可重复性较强，结论也能够达到较高的精确度；如果能动意识较强，研究对象就可能对研究结果作出一定的反应，使稳定性和准确性受到影响，需要经常作出校正和调整。

生态学和金融学根植于不同的理论基础。金融学理论发展主流是继承和发展现有的理论体系，对生态学理论的借鉴只能是有选择的和启发性的。每门学科都有自己的发展过程和理论体系，借鉴和引进其他学科新的观点是在传统框架下的创新，但是这种借鉴和引进是有条件的，只能在学科间存在高度的相似性和关联性的情况下才有价值。

## 三、对金融生态的狭义理解

金融生态作为仿生经济概念，狭义上说主要是指金融业得以生存和发展的微观制度环境，主要包括相关的法律法规、社会信用体系、会计与审计准则、中介服务体系、企业改革的进展以及银企关系等方面的内容。狭义金融生态范畴内，强调金融业作为一种高度依赖信用支持的产业存在和发展所需的必要条件。狭义金融生态有较强的针对性，指出了保持金融生态平衡的关键性问题。其中，与经济相关的法律法规、社会信用体系和中介服务体系，以及会计审计准则等是为了保证经济信息的可靠性。从生态学看，优化金融生存空间是为了维持经济生态链的稳定性，确保信息有效地进行传递；企业改革和银企关系是从客体角度关注金融生态，强调了金融生态与其他经济群落间的交融与协调。

## 四、对金融生态的广义理解

广义金融生态可以表述为，各种金融组织为了生存和发展，与其生存环境间及内部在长期交互过程中，通过分工合作形成的具有一定结构特征、一定功能作用的动态平衡系统。自然界中任何生物生存和发展都由自身条件和所处的外部环境二者共同决定，金融机构作为经济体系中的一员，实现生存和可持续发展，一方面要以自身建设和经营提升为基础，另一方面离不开外部环境。广义金融生态既包括狭义金融内容，也涵盖环境宏观经济周期、国家金融政策、世界经济动态、国际金融市场变化等。可见，狭义金融生态主要关注微观金融层面，广义金融生态则审视微观和宏观金融两个层面。因此，广义金融生态强调了一定时间和空间范围内，金融市场、金融机构、金融产品要素间及其与外部环境之间的相互藕联，使金融生态的概念更加全面和贴近现实，保持金融生态平衡考虑的要素也更加复杂和多样。

## 五、对金融生态的不同认识

王松奇认为，自然科学中的生命活动归根结底是自然生态环境中各种因素相互作用、相互制约的结果，生命过程本质上是一种化学反应过程。每一个或一类生命主体有其自身的化学反应过程，生命主体所处的生存环境会以物理的和化学的方式对生命进程产生这样或那样的影响。金融生态的通俗解释就是，金融结构和金融活动所面临的是由政治、社会、文化、意识形态、体制条件、政策约束、微观基础、法律法规、传统习惯等多种因素构成的环境条件。这些因素所构成的环境条件对金融机构的业务行为、经营效果、绩效评价有各种各样的牵制和影响。

韩平认为金融生态是一个各因素相互作用的动态平衡系统，是不断新陈代谢的系统。金融生态是指影响金融业生存和发展的各种因素的总和，既包括与金融业相互影响的政治、经济、法律和信用环境等因素，又包括金融体系内部各要素，如金融市场、金融机构、金融工业、金融产品，通过资金链条形成的相互作用和相互影响的系统。

宋逢明认为，金融生态环境改善需要整个社会来推进。良好的金融生态环境，能够促进金融业的健康发展，同时也能促进经济发展和社会进步。其中，良好的信用环境有两个标志：一个是公司治理完善；另一个是政府对于银行没有强烈干预。

穆怀鹏认为，金融生态是指影响金融市场运行的外部环境和基础条件，包括法律制度环境、公众风险意识、中介服务体系、市场信用体系、行政管理体制等内容。良好的金融生态，对于推动金融市场充分发挥资源配置功能、降低金融交易成本、促进经济健康发展具有重要作用。

苏宁认为，金融生态是借用生态学的概念来比喻金融业运行的外部环境，主要包括经济环境、法制环境、信用环境、市场环境和制度环境等。

关于金融生态的讨论虽多，但总的来说都源于生态经济学思想。一是“环境观”，这一观点来自于早期生态经济学观点；二是“仿生观”，这一观点来自于生态经济学借鉴生态学的观点；三是“经济生态观”，这种观点基于经济生态学，或者说经济演化理论，认为金融本身是一种生态；四是“结合观”，这种观点认为金融生态是金融与生态的结合，是经济学和生态学的边缘交叉学科。

# 第二节　金融生态的理论范畴

## 一、国家的社会信用体系

### （一）社会信用体系与金融生态的关系

社会信用体系是一国综合运用法律制度和信用管理技术进行社会信用管理，提高社会信用主体的信用意识、优化社会信用环境为宗旨的管理体系。市场经济是法治经济，也是以契约为形式的信用经济，一切市场交易和竞争都以信用为纽带，受信用关系的制约。因此，健全社会信用体系是规范市场经济秩序的治本之策。社会信用体系以法律和道德为基础，通过对失信行为的记录、揭露、传播等功能解决社会经济生活中信息不对称的矛盾，从而达到惩戒失信、鼓励守信、规范市场主体行为的目的。其基本架构包括社会信用制度、信用服务行业、社会信用活动和信用监管体系等。

市场经济发育不充分、国家信用管理体系不完善、相关法律法规和失信惩罚机制不健全，都将导致社会上信用缺失行为的发生。如政府的乱收费、乱摊派、空头承诺等行为，企业隐瞒真相、弄虚作假、商业欺诈、债务拖欠、合同违约的现象，少数个人重复抵押套取消费贷款、伪造资料、利用职权谋私、偷逃税款等，都严重影响了政府、企业及个人的诚信形象，造成经济关系扭曲、社会交易成本增加，影响了市场经济的正常运行。健全的社会信用体系有利于促进金融业及整体经济的健康发展。健全社会信用体系是一个庞大的系统工程,需要各方的协调合作,只有突出政府诚信是关键、企业诚信是重点、个人诚信是基础的信用理念,真正形成全社会的奖优惩劣机制,才能真正实现金融生态环境的良性循环。

### (二)我国社会信用体系中存在的问题

发达市场经济国家需要比较完善的社会信用体系,包括国家信用管理体系、企业信用风险管理与防范体系和信用风险揭示与评价体系三个组成部分。我国目前尚未真正确立适应市场经济要求的社会信用体系,这是信用环境恶化的根源。

一般而言,国家信用管理体系主要包括三方面的内容:征信数据开放、信用管理系列立法的完善和政府对信用管理行业的监管。我国在这方面的建设相对滞后。

信用资料开放是建立良好社会信用环境的前提,由于我国目前对信用数据的共享与开放问题未有明确规定,特别是信用资料数据库的建立相对滞后,因而信用资料采集的难度大、成本高,直接制约着信用中介服务行业的发展。

受发展阶段所限,我国与市场经济运行密切相关的法律法规还不完善,特别是与信用制度建设密切相关的法律法规比较缺乏,如信用法、公平交易法、信用中介机构管理条例等一些法律法规尚未出台。由于缺乏有效的法律法规保障,信用体系建设的规范性、完整性受到很大制约。

我国社会信用服务中介机构正处于建立监管体制的关键时期,但各部门出台的规定多是从本部门出发,造成对社会信用服务机构的多头管理,为社会信用服务机构业务的开展设置了很多障碍,无法形成有效的监管机制,加之相关法律法规的缺乏,社会信用服务机构处于散乱状态。

改革开放以来,特别是随着社会主义市场经济体制改革的逐步深入,信用功能在不断扩大。由于社会信用体系建设滞后,企业、银行和政府都面临很大的风险。为防范信用风险,企业的信用意识逐渐增强,但受条件所限,很多企业被迫通过抑制信用交易来回避信用风险,企业信用管理步入误区。随着信用交易范围的扩大,从20世纪80年代中后期开始,相继出现了征信公司、资信评级公司等一些社会信用服务中介机构。经过20年的发展,信用服务中介机构已具备一定的规模,初步建立了社会信用风险揭示与评价的方法与指标体系,在防范信用风险方面已开始发挥作用。但由于受发展时间短、企业信用意识薄弱、市场规模较小、国家信用法规和管理滞后等因素的影响,社会信用服务中介机构的规模普遍较小,规范性不够,未在市场中树立起独立性、权威性的形象。

## 二、国家主要的法律体系

### (一)法律体系与金融生态的内在联系

金融生态环境需要精心培育,尤其是需要法律制度来规范和调整。金融生态系统需要法律制度来调整,金融机构正常运作需要法律制度来保障。完善的法律制度可以规范金融机构的经营行为,提高金融机构内控水平和优化金融结构,强化金融功能和推动金融机构创新,防止金融恶性竞争,增强金融生态的稳定性和适应性,降低金融活动的交易费用,提高交易效率和推动交易增长。

法律体系通过两种不同机制影响金融发展:第一种机制是,不同的法律体系在处置产权和投资者权益的优先级次和对金融合约保障上的差异,导致了金融体系的不同发展方向。较倾向于保护私人产权的法律体系更有助于金融发展。第二种机制是,法律体系适应变化的经济环境,能更好地适应变化环境的法律体系有助于金融发展。

从金融发展历史看,银行产生伊始没有专门的金融法律体系。随着以商业银行为主体的金融机构调节经济的重要地位确立,国家开始采用法律手段来管理金融行为。这种法律约束,最初是个别的,得到迅速发展的最直接原因是金融危机。20 世纪 30 年代的"经济大危机",使大批银行破产倒闭、信用瓦解、货币制度崩溃,这使人们深刻认识到法律制度对金融稳定的重要性,认识到金融产业健康发展必须倚重法律规范。建立健全金融管理的法律机制,成为保护金融安全和促进金融健康发展的重要途径。

### (二)我国金融法律体系中存在的问题

1. 部分金融机构法律地位模糊,缺乏发展的法律空间

金融生态的主体由法律构建,明确的法律地位是金融机构生存发展的基础。但由于相关法律制度不健全,我国一些金融机构的地位比较尴尬。一是政策性金融机构运行缺乏法律依据。政策性银行的功能定位、经营范围、运行规则等不明确,导致政策性金融机构与商业性机构抢业务。二是金融资产管理公司法律地位不明确。金融资产管理公司的专门法律效率层次低,与金融资产管理公司的特殊地位及职能不相称。金融资产管理公司作为国务院批准设立的一个专门机构,是国有独资的企业法人,除了利用金融资产实现经营目标外,还要承担部分政府职能。三是法律灰色地带上组建的金融控股公司具有一定不确定性。金融控股公司在我国已经存在二十多年,一直没有法律定位和监管依据。2001 年《信托法》颁布后,信托活动虽有法律空间,但由于没有信托登记等配套制度安排,信托活动仍难做到"实至名归"。由于《信托法》规定信托公司公募信托,无法

从事证券投资基金等典型的信托业务,限制了发展空间。财务公司法律定位不准,目前经营状况良好的财务公司凤毛麟角。

2. 一些法律制度安排不利于金融债权保护

担保物权的优先性屡受冲击,债权保障功能近乎丧失。银行对建设工程的抵押权受"建设工程价款优先权"和"居住权"的冲击。2002 年 6 月最高人民法院批示的《关于建设工程价款优先受偿权问题的批复》规定,建设工程承包人的工程款优先于抵押权和其他债权。2004 年 11 月最高人民法院颁布的《关于人民法院民事执行中查封、扣押、冻结资产的规定》规定,对被执行人及其所扶养家属生活所必需的居住房屋,人民法院可以查封,但不得拍卖、变卖或者抵债。其本意是保障生存居住权,但实际执行结果却成为某些人逃避债务的屏障,使银行按照《担保法》设定的抵押权化为乌有。国务院发布的《关于在若干城市试行国有企业兼并破产和职工再就业有关问题的补充通知》(国发[1997]10 号)第 5 条规定,破产企业土地使用权及其他财产,即使已抵押也要优先用于破产企业职工安置,抵押担保制度对破产企业无效。

目前对企业改制、重组和退市等行为缺乏有效的法律规制,对利用改制重组逃避金融债务,以及企业被吊销营业执照、被撤销、关闭后清算主体不履行清算义务,悬空信贷债权的行为难以有效制裁。

我国《刑法》对"以非法占有为目的"的金融诈骗有明确规定,而对提供虚假资料骗取贷款却难以证明具有"非法占有目的"的行为,没有规定其应承担的刑事责任。行为人利用虚假信息骗取银行贷款的行为不构成金融诈骗罪,只能通过《合同法》追究民事责任。诸如此类,导致刑法对金融犯罪缺乏足够的威慑力,对金融发展具有负面影响。

3. 现行金融监管法律制度存在不协调之处

在市场准入方面,法律设置了高门槛,对非公有制金融主体有歧视性,使金融主体发育不健全,金融生态主体多元化和生命力受到严重影响。金融监管协调机制没有建立,缺乏有效制度安排以确保监管信息在金融管理部门间良好的沟通,没有从法律制度上明确矫正措施,市场风险得不到及时处置。现行《银行业监督管理法》、《商业银行法》、《金融机构撤销条例》、《金融机构管理规定》等法律法规只从宏观上规定了金融机构退出的清算原则,赋予银监会撤销金融机构的权力,但没有对具体问题做出规定。金融机构出了问题依靠中央银行救助,导致金融机构的预算约束机制软化,金融资源没有得到有效合理使用,反而给货币政策的有效性埋下隐患。大量监管法规渊源是行政规章和部门立法,过分强调部门利益和监管权利,对社会公众利益关注不够,缺乏有效监督的问责制度。

4. 规范金融生态外部环境的相关法制亟待优化

有关规范信用行为的法律制度没有真正有效建立,失信行为得不到惩戒;对会计、审计和公证等中介机构参与造假,为欺诈者提供欺诈条件等行为,法律监督制裁力度不够;如何从根本上避免行政对金融活动和司法审判的不恰当干预,没有有效的法律制度安排,讲法、依法、用法的良好氛围还没有真正形成。

## 三、产权制度的设计和安排

### (一)金融生态的产权理论基础

在传统经济理论框架中,产权制度常被视为既定不变的外生变量。新制度经济学家认为,产权制度会变迁,是影响人类社会经济发展的内生变量,这一观点在金融生态理论框架内同样适用。产权的重要性在于事实上能帮助一个人形成交易的合理预期,当行为主体期望获得搜寻活动和创造力带来的利益时,努力工作和进行足智多谋探索的可能性就大大增加。努力程度和质量以及寻求创新和使用资源的强度,一般与所获得的预期回报紧密相关。如果没有潜在回报的激励,行为主体将会发现花费过多的努力和创造力不值得。

产权界定明确了谁可以获取报酬以及谁承担损失,明晰的产权使财产所有者根据财产权利现值最大化来安排资源使用,在追求个人利益的过程中产生的成本由个人来承担。尽管市场交易有费用,在产权明晰的条件下,各方会通过合约找寻到费用较低的制度安排。明晰产权能降低生产和交换的交易成本,鼓励投资以促进整个经济增长。产权效率可用四个标准来衡量:一是产权的普遍性,即任何有价值的资源均为人们所共有,所有资源都得到有效的利用。因此,可消除无产权资源存在引起的资源无节制利用或浪费。二是产权的排他性,即排除他人对资源利用和对利用资源所产生的收益享用,使成本与收益内部化,对经济活动产生激励。三是产权的可转让性,即产权可以自由转让。产权可转让性有利于资源转向较高价值用途,增加资源投入的产出效率,实现资源重新配置和规模经济。四是产权的可分割性,产权分解使社会资源使用突破了财产所有者的局限,财产可以经济地用于各种目的。产权效率的这四个评价标准,在很大程度上也是评价金融生态优劣的重要指标。

### (二)我国金融产权制度存在的问题

到目前为止,金融产权制度和国有产权制度安排仍然存在许多弊端,许多领域的产权安排趋于低效。过往的改革中更多强调了产权的“权”和“利”,没有强调随“权利”而来的“责”和“本”。由于这种对产权的片面应用,导致政府和监管当局在处理包括信用社、农村基金会、信托等机构的风险时承担了过多的成本,反而恶化了对金融机构的外部监督环境。基于这一原因，国有企业改革中遗留了许多问题，对商业银行的生存环境构成了一定的威胁。金融体系中公有制金融机构占主体地位，其他产权主体对金融的介入尚未作出明确的基本法律规定，出现实际工作中许多金融机构名为股份制，但实为一股独大的国有控股，委托—代理问题没有得到有效的解决，出现"董事会不懂事、理事会不理事、监事会不监事、出了问题不见股东"的怪现象。金融产权制度的上述缺陷严重阻碍了金融生态主体的健康成长，扭曲了金融主体的行为。非公有制金融主体发育不健全，非正规金融仍处于灰色状态，使金融组织体系"一条腿长、一条腿短"。一些非公有制经济主体为了逃避管理规定，变相控制金融机构，即名义上公有或集体所有，实质上为私人控制；不仅追求利润，更主要的是为了融资，由内部人控制金融机构所产生的道德风险加重。

## 四、其他相关理论问题

国家的宏观经济政策是金融生态存在和发展的基础，金融生态的发展方向与国家宏观经济政策的主基调有密切关系。连续和平稳的经济政策有助于金融生态在相对稳定状态下形成子系统结构，在发展中与外界环境平衡适应。如果宏观经济政策持续波动摇摆不定，金融生态发展难免遭遇波折，发展始终处于无所适从的状态。在相对稳定的经济政策下形成的金融生态能够更好地适应经济发展的需要，与实体经济的发展相辅相成。

公民守信自律的程度与社会信用体系的建立有很大关系，对金融生态的作用和影响也有着很大相似性。这两个因素间又不能完全划等号，因为社会信用体系主要依靠正式制度安排维护，公民守信自律不仅依靠制度，还要依靠道德、习俗等非正式的制度来引导。相比之下，公民守信自律程度的提高需要一个更长的时间，守信自律程度的提高有助于社会信用体系的建立，成为这一体系维持的基础。总之，在以信用为生存基础的金融行业，公民守信自律程度是其生死存亡的土壤，对整个金融生态起着潜移默化的作用。

金融体系最基本的功能是提高储蓄转化为投资的比率和资本的边际生产率，其结构直接影响着金融生态环境的优劣与平衡，进而对国家经济增长产生作用。金融机构是一国金融体系的骨骼，在金融体系中居于核心地位。成熟的金融体系中，金融机构所从事的业务专门化程度较高，金融机构的分布较符合市场化原则。金融市场是核心和枢纽，根据交易对象的不同，金融市场可分为货币市场、资本市场、外汇市场和黄金市场。金融市场为资金的流动和逐利提供了场所，也为融通资金创造了条件。

金融监管体系在金融生态中占据重要地位。无论是金融选择分业经营、分业监管模式，还是采用混业经营、集中监管模式，监管目标都是一致的。健全的金融监管体系可以有效地防范金融风险，保证金融安全，促进金融生态良性循环，最终实现金融资源的优化配置。

## 第三节　金融生态平衡的标准和条件

### 一、金融生态平衡的基本衡量标准

#### （一）制度、法规的健全与合理程度

经济发展离不开合理的制度基础。一般来说，现代市场经济中由于交易费用的存在，常常会带来经济效率的损失，虽然市场有时能够自发形成规则避免损失，但这是一个缓慢和曲折的过程，要求政府能够提供健全合理的制度环境。通过提供市场制度来形成和保护私人产权，有效地执行合约形成对个人权利的约束，促进市场经济的繁荣。只有政府保护个人资产不受掠夺时，才有真正意义上的个人财产。一个社会只有能够保护和清楚界定个人权利时，人们才有动力生产、投资和从事各种交易。

一个经济繁荣的市场不存在对个人财产的掠夺，如果社会的财富为少数人攫取，社会创新将被窒息，价格机制会被扭曲，经济一定没有活力。无论是在计划经济还是在市场经济不发达的地方，对个人权利掠夺的情况总会发生。从经济环境到金融生态，同样需要有良好的制度环境，制度环境的优劣是衡量金融生态平衡的重要指标。

从正式制度来看，在金融生长的经济环境中如果存在着明确的法律制度，就为金融发展提供了制度支持，使金融生态能够在相对平稳的环境中修缮。金融存在的基础是信用制度，如果有法律对金融经济社会环境进行规范，金融生态将得到改善，金融生态平衡将会受到有效保护。当然，法律法规不足以衡量金融生态的平衡，其中一个重要原因是，法律自身也存在效率问题。有效率的法律法规能在较长时期内维持金融生态平衡，在较短时间里抚平外部冲击给金融生态平衡带来的冲击。在经济上缺乏效率的法律法规在维持金融生态平衡的过程中需要付出较高的成本，或者无法适应经济环境，可能只在短期内维持金融生态的静态平衡有效。

从非正式制度来看，社会信用水平同样反映着金融生态环境。在一个社会信用水平较高的经济体中，良好的社会信用环境就像肥沃的土壤，为金融发展及其生态环境的良性循环创造所需的条件。形成良好的社会信用环境需要一个漫长的过程，如果完全依靠自发方式营造环境，经济同样需要支付高额成本。在正

式制度的规范影响下,社会信用环境的优化和改善会较为迅速。

### (二)金融体系的结构和发展程度

金融系统作为经济巨系统内一个子系统,其发展既具有一定的个性,又与其他子系统密切关联。金融系统包含金融体系的结构和发展程度两方面,其中金融体系结构包括了金融市场的层次、金融机构构成和分布地理等内容,直接影响着企业融资倾向。金融发展程度则包括了金融深化程度、金融深度和广度等内容。就金融体系结构而言,在初级金融系统中,金融市场层次较为单一,结构也较简单。比如,许多发展中国家存在着金融市场缺失问题,有些没有正规货币市场,或缺少健全的资本市场。与此不同,在另一些国家,虽然金融市场形式上存在,但在实际运作中,往往由于制度不健全、交易工具过于单一等原因无法真正发挥作用。正是由于这些原因,初级金融系统无法满足经济主体对金融服务的需求,单一的融资渠道使企业无法选择最优的融资方式。初级金融系统在金融机构的分布上也有所表现,由于历史原因会存在金融领域的高度垄断,也可能出现过度竞争。类似地,金融机构在地理上的分布也有悖于市场化原则,呈现该多的地方不多,该少的地方不少的现象,不符合市场化发展的规律。从金融发展看,许多发展中国家表现出金融发展不足的现象,在很大程度上成为制约经济发展的重要因素。具体来说,金融压抑和严格管制不利于金融的发展,导致经济发展受制。另一方面,如果政府在金融发展问题上采取的政策过于宽松,甚至为了促进金融的快速发展而不合时宜地取消了必要的限制性措施,也会适得其反,对经济和金融发展起到负面影响。

从金融体系结构和发展程度来考察金融生态问题,使金融生态从整体上更加明朗。一方面,金融体系结构代表了金融生态环境的基本构成,金融体系结构成熟与否反映了金融生态的脆弱程度;金融体系成熟和健全,生态系统的稳定性就高。另一方面,金融发展程度从动态角度反映了金融生态与外部大环境的协调和共生性;金融发展稳定,与外部经济环境相符的金融生态才能稳固。

### (三)金融风险控制能力和监管水平

对金融风险的控制分为内部控制和外部控制。风险的内部控制是各类金融机构强化风险控制的内部制度建设,以便加强金融机构内部对风险的监控和化解。风险的外部控制是金融机构在参与市场竞争过程中,在金融监管的约束下,对风险的控制和化解。风险外部控制的主渠道是金融监管当局通过立法或颁布规章制度,对金融机构经营活动中的风险进行强制约束的行为。金融风险控制能力与金融发展有着较为密切的关系。成熟的金融体系对风险控制的自觉性较高,容易接受和采用先进的风险控制技术。长期的发展使金融监管当局能够贴近现实,设计出更具效率的风险防范措施,涵盖金融风险外部控制,从宏观角度对一定时期金融发展中全局性、系统性风险进行防范、监测和控制措施。

金融风险积累会给金融生态平衡带来压力。金融风险由金融行业自身特点决定,不可能完全消灭金融风险。但是,如果不对金融风险进行监控,会使金融生态日益严重偏离平衡。因此,金融风险的控制和监管水平在金融生态系统中体现为一种平衡机制和纠错能力,能够将发展稳定在一个平衡路径。因而有理由认为,在金融生态系统中是否存在良好的风险控制能力和较高的金融监管水平,是判断该金融生态系统是否动态平衡的一个重要标准。

## 二、维持金融生态平衡的外部条件

### (一)合理的产权制度和健全的法律环境

产权制度和法律环境是金融生态的外部条件,产权制度的合理化和相关法律的逐步健全是对金融生态环境优化的过程。

商业金融机构属于服务企业,经营活动与其他行业密不可分,这些非金融经济主体就是金融生态中的客体,与金融生态环境有着大量信息和能量交换。这些客体的状况对金融生态有较强的影响力,如果这些生态系统中的客体自身情况良好,金融生态环境在进行各种交换中就会有所获益,并与之相互促进共同发展。但是,如果这些客体本身具有缺陷,其势必传染给金融生态体系,给金融生态环境带来负面影响。现实中改善金融机构客户的产权状况和经营水平,就要使金融机构的服务对象具备完善的公司制度和治理结构,提高企业赢利能力,为金融生态营造良好的经营环境。

一个生物群落的存在、繁衍和发展需要有基本的外部自然环境,金融生态的平衡发展同样需要良好的外部环境。对于金融生态来说,影响显著的外部环境是社会信用。良好的社会信用环境可以使金融系统正常运转,降低成本,降低金融危机发生概率,提高金融效率,使金融生态得以稳定迅速发展。如果社会信用环境较为恶劣,金融生态维系就不得不消耗 "能量"改善生存空间。因此,要努力完善社会信用体系,在制定和完善有关征信的法规政策的基础上,制定出统一的信用体系、规范标准和查询体系,提高信用数据的开放共享程度,使信用度真正成为银行所能依靠的最重要的指标之一。

保持自然环境中的生态平衡需要满足一定的条件和符合一定的规律,金融生态概莫能外。金融生态系统中的信息真实性具有重要意义,真实信息的传递和扩散是保持金融生态平衡的重要条件。如果由于制度不健全导致虚假信息充斥金融市场,金融发展的方向被混淆,发展过程也会陷入混乱,由此,金融生态就无法向着真正适合自身特点的方向发展。因此，在保持平衡的金融生态过程中，要提高审计、会计和信息披露等信息真实性的标准。在向国际标准看齐的同时，制定适宜的审计、会计和信息披露标准。在执行方面，保证审计、会计准则在各类型企业中能得以严格执行，以此为金融生态稳定发展提供信息支持。

### （二）恰当的金融体系结构和金融发展程度

金融体系和结构发展程度应当与外部经济环境相吻合，当金融体系和结构发展程度滞后于整体经济环境，无法满足需要和要求时，"短板效应"会使经济增长受到迟滞，反过来影响金融发展。不仅如此，如果经济整体处于开放条件之下，滞后的金融体系结构和金融发展程度会受到外部冲击，外来的金融机构会在竞争中取得优势，对原有金融体系的稳定是一种威胁。如果在人为因素下，金融发展程度超出了与现阶段经济发展水平相适应的正常程度，金融体系的稳定和合理性同样面临问题。具体来说，超常规发展的金融体系从本质上讲只是在表象上取得了增量，能力并不能在短期内实现有效的超越，拔苗助长的金融发展不能持续，会使金融体系的脆弱性增强。在金融生态的视角，会有更加深刻的理解。金融生态作为经济的一个子群落，其发展如果滞后于外部步伐，势必受到来自外部的侵犯。这种侵犯有可能促进原有生态环境的进步和改善，但可能会给原有的金融生态带来毁灭性冲击。同样的，在外部干预作用下超速发展金融生态，由于背离了客观规律，表面繁荣的背后是生态的脆弱化。可见，保持金融生态平衡既不能坐视金融生态与经济大环境差距拉大，又不能过多干预，使金融生态脱离整体经济环境。

### （三）有效的风险监控能力和技术水平

提高金融风险的监控能力和技术水平是保持金融生态平衡的重要措施，有效的风险控制能力能够对维持金融生态平衡发挥作用。

假若有一家金融机构经营失败或发生危机，就会对整个社会经济生活带来不良影响，触动或损害相当一大批社会成员的利益，造成生态环境的整体性波动。如果能够通过有效方式对风险进行监测和控制，及时发现金融机构的问题并采取措施，就可以避免金融风险的积聚和金融危机的发生，增强金融生态体系的安全性和稳定性。

市场经济的金融生态中金融机构之间的激烈竞争不可避免，但这种竞争如果失去调节和监控，有可能演化为恶性拼杀，偏离正确方向，给金融生态健康发展带来不利影响。因此，通过对竞争进行控制，能使金融机构间的竞争保持在合理的限度内，避免对生态平衡的破坏，提高金融运行的效率。

金融机构特别是银行主要通过吸收城乡居民储蓄存款和企业存款获得资

金。社会公众作为金融业开展业务的基础，是金融生态赖以存在和繁衍的土壤，如果金融风险没有得到很好的控制而伤害到了土壤，金融生态则会在很长一段时间内难以恢复繁荣，金融生态的平衡状态就会发生改变。

## 第四节　金融生态的可持续发展

金融生态提出以后，得到了理论界和实际部门的广泛响应，与金融生态相关的各方面研究也相继展开并取得了一定的成果。

### 一、金融生态与地方政府

#### （一）地方政府对金融生态建设的认识

加强金融生态建设，实现金融与经济的良性互动与协调发展，是科学发展观的应有之意。金融与经济具有互补性、互动性，只有保持金融体系和谐，才能有效促进经济与社会的和谐发展。当前，我国正处于改革与发展的关键时期，必须坚持以科学发展观和构建和谐社会目标统领全局工作；加大改革力度，支持金融企业为提高运行质量所采取的措施。一个健康有活力的金融生态，对金融业的发展和经济与社会的发展都具有重大的意义。

加强金融生态建设，有利于促进金融产业发展，提高金融企业竞争力。自然界生物生存和发展都由自身条件和自然环境二者共同决定，金融业发展也高度依赖金融生态。加强金融生态建设，有利于提高金融机构的信贷资产质量，增强金融业竞争力，更好地发挥金融的核心作用，实现经济与金融双赢的发展局面。

加强金融生态建设，有利于推动经济发展，提高区域经济竞争实力。市场经济条件下资金流动取决于金融生态，这是资金按市场原则自由流动的规律。随着我国市场经济的逐渐成熟，良性互动互补更为密切。经济的市场化程度越深，金融生态对区域资金流动的决定作用就越明显。金融生态好，商业评级高，就会形成资金聚集的“洼地效应”，促进经济发展；反之，会引发资金外流，削弱地方经济竞争力。

加强金融生态环境建设，政府责任重大。在优化金融生态中，政府应当增强全社会的信用意识。信用是最有价值的政绩，效益是科学发展的核心。制度的稳定性是市场经济健康发展的基础，地方政府应把改善区域金融生态列入议事日程，加强政府诚信，推动社会信用环境建设。

#### （二）政府在金融生态建设中的地位

构建良好金融生态，政府的地位和职能是不可替代的。但是，对于政府应当通过与哪些因素相互协调发挥其职能，则有不同的看法。

一种观点认为，市场、法律和政府是金融生态三个重要的子系统。市场是基础系统，法律是保障系统，政府是调节系统。政府职能主要是监督管理和宏观调控，依据市场化规则引导和规范市场主体行为，消除市场失灵和市场有限性对金融业的影响。优化金融生态，引导资金流向，就是政府调控市场和市场配置资源的过程。但是，金融生态过程漫长，三个系统和谐共生需走很长的路，需要各方面的努力，既有外部环境建设，也有内部环境建设。据此，区域金融生态环境也存在外部路径依赖，在外部条件中市场和法律不完善情况下，区域间金融资源竞争单极化局面短期内难以改善。为了缩短这种非正常状态的持续，政府应当更加发挥作用，积极促成金融生态外部依赖条件的改善。

另一种观点认为，金融生态环境中政府、市场和企业是三个主体，政府是完全自觉的，市场是完全自发的，企业包括自发和自觉两种成分。政府需要转换职能，自觉发挥主导作用，发展金融市场和各类市场主体，促进企业健全机制，建立和谐共存的金融生态环境。完善金融市场需要不断发展壮大的金融市场主体，根据市场需要发展新的金融市场主体，如企业征信、资信评估、贷款担保、金融保险等机构，完善市场主体的功能，促进市场主体重视经营，完善股权结构和法人治理结构，改善金融主体与客户客体的经济关系，增强自主创新和持续发展能力，转换增长方式和赢利模式。政府要把在金融生态环境建设中的职能与市场和企业职能契合，加强和改善宏观调控，发挥市场和企业的作用，建立与市场经济体制相适应的金融市场体系。

### （三）政府对改善金融生态的作用

金融生态存在的局部紊乱和失调，是经济转型时期一些矛盾的体现。政府要对现存的制度按照市场、法制和诚信的要求进行规范，引入新的机构、制度和机制，使金融生态更加完善。地方政府可以建立包括金融稳定、反洗钱、反金融诈骗等协调机制，组建金融服务机构，制定区域金融业发展的战略规划，强化政府在提高社会诚信意识、夯实金融生态基础中的主导作用。

社会诚信意识的不断增强是改善金融生态的重要环节。为了提高全社会信用意识，政府必须实施综合治理，运用法律、经济、宣传教育、舆论监督等多种手段强化正面引导。政府应当对诚信建设的目标、任务进行全面规划，建立诚实守信区，加强金融生态规划，在构建部门联动机制中发挥主导作用。

金融生态的“自然法则”核心是尊重市场机制。金融生态的优劣很大程度上取决于市场机制发挥作用的程度。消除各种有悖于市场原则的体制性和机制性障碍，是政府的责任。其中重要的一点就是转变政府职能，地方政府要转变经济管理方式，从干预微观主体的经济运行转变为为经济主体营造良好的发展环境，努力建设阳光政府、责任政府、法治政府和服务政府。

## 二、金融生态与金融机构

营造良好的金融生态环境，规范金融生态秩序，强化全社会信用体系建设，建立以保护债权为中心、规范有序的社会法律和信用环境，可以降低交易成本。着眼于优化金融生态结构，鼓励合规资金进入资本市场，培养机构投资者，使之成为资本市场的主导力量。建立多元化的市场风险配置机制，能够有效配置金融资源，解决我国长期以来间接融资比重高、银行信贷过度运用的问题，逐步改变银行交易类资产的单一经营模式。

证券公司的生存和发展受到诸多因素的制约和影响，需要高度重视，逐步加以改善。改进金融监管对金融生态改善的作用非常重要，既要防止监管缺位，又要避免监管过度。由于证券市场是市场经济发展到一定阶段的产物，具有信息透明度高、参与者利益关联度高的特点，各种矛盾反映更充分、更迅速和更直接，决定了证券公司对外部环境更敏感，其生态建设更需要改善。改善证券公司的外部环境也是改善整个金融行业生态环境的需要，因为其处于市场化前沿，如果对遇到的问题加以研究就能从客观上改善了整个金融行业生态环境。

良好的金融生态有利于金融市场充分发挥资源配置功能，为保险业发展创造良好环境。货币市场和资本市场为保险资金的运用提供了丰富的投资工具，有利于提高保险资产管理水平，拓宽保险产品的销售渠道，促进银行与保险业协调健康快速发展。良好的金融生态有利于保险业防范、化解风险，维护公众的信心，增强保险业抵御市场风险的能力，有效控制风险在不同行业和机构之间传递，形成完善的法制体系和社会信用体系，为保险业奠定信用基础。

## 三、金融生态与金融业可持续发展

金融生态说到底是经济和金融市场发展的内在需要，要在顺应和遵循市场发展内在规律的基础上，通过完善法律、健全机制和维护秩序等手段正确规范引导，才能积极发挥作用。按照公开、公平和公正的原则，通过规范信息披露，培养合格的机构投资者和加强市场基础建设，市场创新也就会有一个大的发展。完善金融法治是建设金融生态的根本。《破产法》应成为债权人保护债权的手段。强化债权人在企业破产和重组中的法律地位，特别是赋予债权人的权利。在完善《担保法》方面，应强化担保债权的优先受偿顺序，将动产主要是企业应收账款和存货等纳入担保物范围。在完善《公司法》、《证券法》方面，适当降低股份公司的门槛，为私募及场外柜台市场的建立奠定基础，为多层次资本市场的建立留下空间。《专利法》应将金融产品创新的知识产权以专利等形式加以有效保护。

信用环境是决定一个地区金融创新效率和金融稳定的关键。以民间融资为例,这一现象在我国不同地区都存在,情况差异很大。浙江等沿海地区的不少民间金融活动活跃,在支持中小企业融资方面有创新,风险也控制得较好。但其他一些地区的民间金融风险很大,甚至沦为诈骗工具。之所以这样,关键在于各地的信用环境存在差异。浙江经济以民营企业为基础,市场竞争充分,政府职能转变到位,对信用意识培养和信用行为的形成具有重要作用。在建立完善社会信用体系方面,重点要加强企业个人征信系统建设,加快征信立法,形成有法可依、规范的征信市场;统一规划,分步实施,加快征信体系建设和市场培育,避免重复建设和信息分割;在信用评级、评估等信用增值服务环节,形成既能充分利用各项资源,发挥规模效益,又能适应不同征信需求的多层次征信机构体系,促进信息共享;建立分业监管、行业自律相结合的市场监管体系。

金融业可持续发展离不开经济协调发展,金融生态建设对于这种协调发展有积极的作用。近年来,我国金融业发展迅速,但金融机构产权比较单一、模糊,缺乏完善的产权制度造成金融主体组织形式及行为异化,带来所有权缺位、管理缺失、银政不分等弊端,制约金融业的可持续发展。因此,必须加大金融机构产权制度改革力度,促使二者协调发展。与快速发展的金融业相比,社会征信系统建设处于起步阶段,各种信用信息没有得到有效准确的评估,社会诚信意识比较淡薄,制约了金融业健康发展。

金融体系自身具备一定的调节功能,但外力对金融生态也产生重要影响。对于我国金融业过度保护问题,应该允许优胜劣汰的竞争规则在金融业发挥作用,使经营不善的金融机构及时有序退出金融市场。另外,对金融业监督过度和监管不到位同时并存,也是一种不平衡,需要改革。监管机关应该关注金融机构的风险控制体系、制度,以及制度的执行是否可信,不应该过多关注金融机构的具体业务与产品,努力促成金融机构内部自律和金融监管机关外部监管相结合的平衡调节体系。

与金融生态建设相比,金融生态的理论研究没有跟上,研究活动或局限于眼前发展,缺乏长期规划;或重视微观问题研究,忽视宏观探索;或固守陈旧,缺乏创新思想。要实现理论与实践的平衡,还有很多工作要做。

## 第五节 开放条件下金融生态的维护

### 一、金融生态的自然维护机制

金融生态的自然维护机制是一种自我调节能力,这与自然生态具有相似性。目前,我国的金融生态存在严重的自我调节能力缺失的问题,原因主要是在产权不明晰情况下产生的金融保护和管制过度所致。对金融业的过度保护和管制措施，极大削弱了竞争机制对金融机构功能作用的强化和创新推动。我国商业性金融机构在业务创新、资产质量、经营效益等方面较之于发达国家的金融机构严重落后，市场竞争力明显不足；不仅如此，过度保护和管制还导致了严重的资金定价问题和激励—约束机制问题。经营不善乃至严重资不抵债的金融机构无法及时退出金融市场，恶化了金融生态体系，导致有问题金融机构污染了正常的金融机构，如信用社经营不善、证券业不景气、国有银行不良资产两度剥离等都反映出这方面的问题。由中央银行和各级财政实施救助使金融机构的预算约束机制全面软化，对政府“兜底”行为的预期，刺激了金融机构的冒险性投资，降低了金融资源的使用效率。

完善金融生态的自然维护机制，要放松对金融业的过度保护和管制，通过市场化进程提高金融机构的自我创新和竞争能力。从金融机构内部来说，要加强内控制度建设，加强人力资源建设，培养高素质的人才队伍，重视对辖区金融生态环境的利用；既要研究微观，对客户、产品和市场营销等方面的研究利用，关注社会中介服务体系的建设和发展，又要研究宏观，对宏观调控政策、产业政策和市场发展趋势等方面的研究。依据市场经济变化转换经营理念，找准市场定位，提高金融创新能力，为客户提供需要的金融产品；加强信贷营销和管理，严格资产负债比例管理，注重资产负债期限结构的合理配置；密切关注企业的法律风险和道德风险，对欺诈冒险的企业要加以警惕，有效防范和化解信贷风险；提高金融服务水平，为经济发展提供高效优质的金融服务，加强协作和配合，规范合规竞争，促进金融生态环境改善。

我国要建立行之有效的金融企业破产和市场退出机制，加快金融机构破产法及配套法规体系的建立与完善，加强执行和监督力度；完善破产和市场退出的善后和稳定机制，培育金融机构的良性竞争机制；规范金融竞争行为，改变金融机构的市场营销策略，通过细化市场、错位竞争防止恶性价格战重演，使资金价格的确定真正依据资金供求状况和风险水平；加强宏观调控，强化对货币信贷政策传导机制的研究，通过利益导向引导各金融机构的经营行为，提高金融调控效率。

## 二、金融生态领域的“季风现象”

金融生态领域的“季风现象”，是指能够对金融生态产生明显的影响，但又不是固定的一种影响因素和过程。这种因素和过程发挥作用往往是受到某种外部力量的驱使，伴随着外部力量的由强变弱，影响力将逐渐减弱和消失。从现实中看，我国经常出现的对经济、金融领域的各种“治理整顿”实际上就是一种金融生态领域的"季风现象"。如治理银行乱拆借、治理银行的违规吸收资金、治理上市公司占用资金、治理保险公司的违规业务等等，如同季风一样，虽来势很猛，短期内可能产生一定的效果，但缺乏长期稳定性，不能从根本上改善金融生态。

金融生态领域"季风现象"的存在是由于金融生态的不成熟，许多应当以制度化形式稳定存在的并没有真正稳固下来，而是继续受到行政力量的支配和影响，以外生因素形式发挥作用。由于具有外生的特点，"季风现象"发挥作用的时间和程度都很难得到准确判断和预期，对金融生态的自身发展产生不利影响。退一步讲，即使这种"季风现象"是周期性的和有规律可循的，其对金融生态的成长仍然带有严重的负面影响。因为"季风现象"实际上是由外部力量替代生态系统内部机制，这种功能上的错位会使金融生态系统产生对外部的依赖性。

要使金融生态摆脱"季风现象"的影响，应当减少来自外部的对金融生态的人为干预。这种干预可能是善意的，但施加这种干预的主体在很多时候并不能直接感受和预见到干预可能产生的持久后果，因此，外来大扫除式的行政干预无论出于何种动机，都应当尽量减少。金融生态的"季风现象"减少后，金融生态系统依靠内在机制良性运转，因此，必须在较短的时间内完善金融生态的内部机制，将行政管制因素以正式制度的形式固定下来，使金融生态能够以独立完整的系统形式存在、发展。

## 三、我国经济中金融生态的区域差异

在统一的经济体内部，不仅市场应当统一，各经济主体赖以活动的制度环境也应当没有重大差异。在这样的经济体内，因信用等级不同而出现的微观经济主体间的个体风险差异是存在的，因经济周期影响和经济结构变动而造成的产业之间风险差异是存在的，但在该经济体内部的各个地区之间，不应当存在比较明显的风险差异。但是，我国的情况却显然不是这样。如图 12-1 所示，如果按照信贷资产质量来衡量，我国的区域间存在着巨大的差异。最差地区和最好地区的不良资产率居然能相差 10 倍以上。这种状况的形成不可能从宏观层面，而只能从各地区的差异区域结构层面找原因。在我们看来，这正是各地区间金融生态环境存在巨大差异的重要表现。

这种状况的存在清楚地说明，在我国，为了提高金融效率和管理金融风险，我们的视野必须延伸到地区之间的差异这个结构层面上，换言之，地区间金融生态环境的差异问题，应当得到正视并进行深入的研究。

### (二)金融生态区域差异的原因

近年来，一些学者开始尝试对我国地区间金融生态环境的差异进行分析。

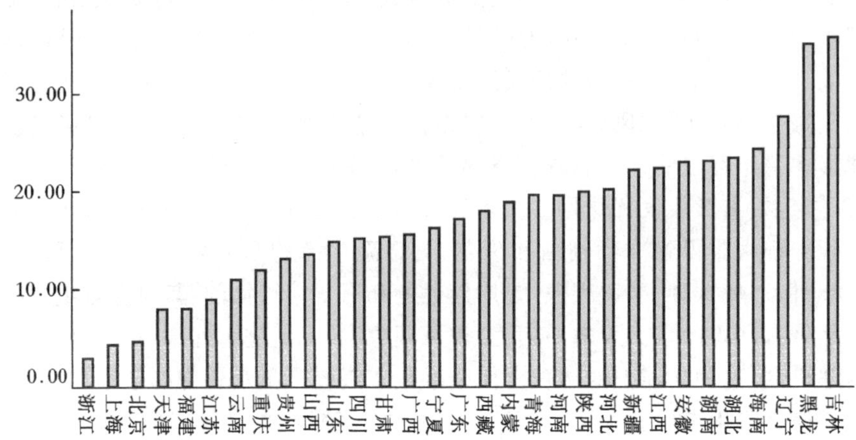


图 12-1　中国地区(省)不良资产比率(2004)

资料来源:中国社会科学院金融研究所课题组

中国人民银行行长周小川博士曾对此做过较为全面的总结。他指出,中国各地区的金融生态之所以存在差异,是因为:第一,各个地区对银行业务进行行政干预的程度不同;第二,各个地区在司法和执法方面对维护债权人权益的力度不同;第三,各个地区的商业文化有所不同;第四,权力部门(如军队武警公安部门)在各地区参与经营活动的程度不同;第五,商业银行过去实行的贷款规模管理不利于资金流动。

出于不同的分析目的,国内其他学者也曾深入探讨过我国客观存在的地区间经济发展水平、财政和金融资源的差异问题。他们认为,区域经济发展以及区域间金融生态环境的显著差异是多种因素综合作用的结果,包括区域间地理、历史、人文传统的差异,其所拥有的客观性经济发展要素的数量和质量的差别,经济发展模式差异,市场经济发育程度差异等。

问题不止于此,深入分析我国经济改革的进程便不难看到,除了上述客观原因之外,还有一些在经济改革过程中不可避免的战略性、体制性因素等主观原因同样不可忽视。这是因为,中国经济的市场化改革在相当程度上是由政府推动、主要依靠政策规范和法令来展开的强制性制度变迁,因此,中央政府在推进改革过程中的非均衡性策略选择,以及在体制改革过程中各级政府行为的差异,势必对各地区经济、金融、社会、法治以及其他制度环境造成不同的影响。

总之,中国的地区间发展的非均衡状态以及由此造成的金融生态环境的巨大差异,归因于多方面因素。其中,经济地理与文化差异,地区经济发展路径的差异,中央政府所主导的非均衡区域发展策略,以及现行分权体制下各级政府行为的差异等,是最主要的四项因素。

### (三)金融生态地区差异的消除

从上面的分析中可以看出,我国金融生态的区域性差异有着深刻的经济和社会根源,很难在短期内加以消除。但是我们相信,伴随着以下几方面改革的推进,金融生态的地区差异性问题将在很大程度上得到缓解。

首先是我国法制化程度的不断提高。法制化工作的不断推进,使国家统一的法律体系能够在不同的地区得到更有效的执行,也使地方性法规的制定更加科学合理,从而在很大程度上避免了因法律执行力度和执行标准不同而造成的金融生态地区差异。其次是金融业市场化改革的推进。金融业改革的推进,特别是银行业逐步走向全面的商业化经营,使银行对风险更加敏感,政府对商业银行市场行为的干预能力不断降低,这无疑也是金融生态全面走向良性化的一个重要标志。第三是中央和地方分权改革的深入。中央和地方的分权改革中,许多重要的经济部门都实现了垂直管理,这种趋势使地方政府对本地经济进行暗箱操作的能力受到了愈来愈大的限制,地方经济事务的透明度愈来愈高,这对金融生态的优化和区域平衡来说是一种进步。

## 四、开放进程中我国金融生态的保护

### (一)对外部"生态环境"中竞争原则的接纳

在开放条件下,金融生态面对着复杂多变的外部经济环境,经济环境在开放中不断演化发展,金融生态本身也受到外部相应生态系统的影响。对于开放条件下的金融生态,特别是原本处于封闭条件下的金融生态系统,要想维持自身的生态平衡就必须首先接受外部生态环境中的竞争原则。在自然界中,"物竞天择"的竞争原则是一切生态系统和生物群落必须遵守的生存规律,但是就封闭条件下的生态系统而言,它们就像人工构建的温室一样,与外界的自然环境有很大的不同。在温室中,竞争不再是维持生态平衡的准则,同样地,在封闭条件下的金融生态也缺乏市场竞争的激励,生态环境中的各主体缺乏必要的活力和竞争力。随着"温室"的种种保护措施被拆除和取消,原来的"人工"生态环境开始暴露于自然环境之下,面对各种富有竞争力的物种"侵袭",原来的生态系统必然会受到破坏,甚至被消灭,生态平衡无从谈起。由此看来,要在开放的过程中保持金融生态平衡,并在此基础上谋求进一步的发展,那么金融生态的"人工环境"就必须首先被打破,必须在由"人工环境"向"自然环境"演化的过程中主动引入竞争原则,让市场竞争成为金融生态中通行的原则和规范,使金融生态在竞争条件下实现自身的优化和演进，从而在开放的条件下也能保持金融生态的平衡和稳固。

### (二)对外部“生态环境”中生存标准的融合

在开放的经济条件下，经济环境更加复杂多变，竞争更加激烈，自然选择的标准也会愈发苛刻。在封闭的经济环境中，经济中的可控性因素较多，金融生态的体系结构和运作机制也都较为简单，生态环境在相当大的程度上受到人为调节。在这种环境下，金融生态表现得较为稳定，但在本质上却非常脆弱，因为在人工封闭环境下，金融生态内部各要素之间的相互联系的渠道较为单一，信息和能量的传递只能通过有限的渠道和方式进行，一旦这些渠道和方式失去原有的作用，信息和能量将无法继续在生态系统中循环和传递，金融生态就会陷入危机，而且将很难自发地再恢复到平衡的状态上来。正因为如此，我国的金融生态要在开放的条件下保持平衡，就必须与外部的苛刻环境相融合，准备经受严格的考验。从实践的角度来说，这些生存的标准主要包括商业银行的资本充足率要求、对不良贷款的划分和处置以及准备金的相关要求等。对许多发展中国家来说，执行这些国际标准有相当大的困难，但是从长期和发展的观点来看，排斥这些标准只能使自身的金融生态环境与外部的现实条件之间的差距越拉越大，难以实现金融生态在开放环境下的平衡发展。而对这些标准的接纳和融合虽然可能使生态环境在短期内陷入阵痛，但经过这种标准筛选的金融生态主题会更加富有生命力，由这些主体构成的金融生态环境才更容易在复杂多变的开放经济环境中保持稳定和平衡状态。

### (三)由过多的人为干预向市场化的回归

金融生态向开放的自然界的回归，实际上也就是由过多的人为干预金融发展，向更多地依靠市场化的手段和措施对金融发展施加影响转变的过程。在封闭的经济环境中，人为的作用通常会大于市场的力量，脆弱的金融生态无法像在正常条件下那样正常地运转和发挥作用，维持金融生态平衡的力量也就主要来自于人为干预。但是这种依赖于人为干预的生态平衡是不稳定的，通过过多的人为干预而实现的金融生态平衡只是一种表面现象，这种平衡不符合实现生态平衡的自然规律。不仅如此，人为制造的生态平衡的实现和维持从长期看只会使金融生态更加脆弱，生态系统陷入一种畸形的平衡和恶性循环之中。当然，这并不是要排除人为力量在保持金融生态平衡的作用，只是说人为的力量应当在金融生态受某种因素的影响、严重偏离平衡状态的情况下发挥一种矫正作用，避免金融生态因长时间偏离平衡状态而受到严重伤害。与上述情况相反，在开放的经济大环境中形成和发展起来的金融生态，通常都具有较强的自我修复能力，能够在比较短的时间内使偏离平衡状态的生态系统恢复到平稳的状态，或者会在较弱的外部冲击到来时直接将其化解掉。与封闭经济中的金融生态相比，开放条件下的金融生态所具有的各种优势主要来自于长期的市场竞争和灵活的市场机制，正是市场的力量使得金融生态及其内部的各种主体性要素更能适应开放经济的环境需要。由此可见，为了维持开放条件下我国金融生态的平衡，市场化的诱导和影响应当逐渐成为一种主流的工作方式，而人为干预方式则会逐渐被淡化，成为修正金融生态平衡的一项辅助性措施。

# 第十三章　金融调控:开端、争论与有效性

金融调控源于国家对经济的行政干预,在市场经济条件下主要通过货币政策实现。货币政策作为重要的需求管理政策开始走上历史舞台,对经济运行发挥重要调控作用,在 20 世纪 30 年代凯恩斯革命之后。

## 第一节　国家金融调控的开端

20 世纪 30 年代,资本主义世界爆发了空前的大危机,导致资本主义世界的工业生产下降了 37.2%,其中美国下降 46.2%;企业大批破产,银行纷纷倒闭,工人大批失业,国际贸易急剧萎缩。

### 一、金融调控的源头

为了挽救濒临崩溃的经济,最先爆发危机和遭受危机最为惨重的美国率先开始了国家对经济运行的干预,即著名的"罗斯福新政"。富兰克林·D·罗斯福(Franklin Delano Roosevelt,1882.1.30~1945.4.12)是美国第 32 届总统,又是 20 世纪影响最大的政治家之一。

从"银行休假令"到第二次世界大战爆发所实行的一整套施政纲领统称为"罗斯福新政"。1933 年 3 月 4 日,罗斯福就任总统。3 月 6 日,发布"银行休假令",全国银行放假 4 天。3 月 8 日,联邦储备委员会责成 2 月份以后从银行提取黄金的人送回黄金。3 月 9 日,签署"紧急银行法",授予总统全权管理货币金融,授权财政部储存黄金和黄金兑换券,并由财政部指派银行管理员全面检查银行。由复兴金融公司向银行发出 30 亿美元贷款。3 月 10 日,总统命令不得出口黄金。当天,联邦政府新钞分送到各银行。也在当天,银行收到挤兑者退回的、价值 3 亿美元的黄金。以黄金为货币准备,再印发 7.5 亿美元新钞票。3 月 11 日,部分银行开门营业,银行限提 10 美元以下存款。3 月 12 日,罗斯福向全美发表谈话,继续寻求支持。他指出:"至 3 月 3 日下午,全国几乎没有一家银行

开门营业，几乎全国各州的州长都发布通告暂时全部或局部地关闭了银行。在这种情况下，我发布公告，规定全国银行休假，这是政府重整财经结构的第一步。……对于人民给予的忠诚支持，我是感激不尽的。在我们调整金融体制上，有一个因素要比货币更重要，比黄金更重要，这就是人民的信心。执行我们计划成功的要素是信心和勇气。大家一定要有信念，一定不要听信谣言和妄加猜测而惊慌失措，要团结起来消除恐惧。我们已经准备好重建金融体制的手段，现在要靠你们给予支持，促其实现。"[①]3 月 13 日，13500 家银行重新营业，重新营业的银行已占全国银行总数的 3/4，银行危机在强力行政干预下，基本结束。4 月 5 日，宣布禁止美元停止兑换黄金。4 月 19 日，宣布美国放弃金本位制。5 月 12 日，宣布美元贬值 50%，政府开始印发第二批 30 亿美元的新钞票；"联邦土地银行"发行年息 4%的公债 20 亿美元。9 月，联邦政府财政部开始收购黄金。12 月，政府垄断收购白银。1934 年 4 月，美元再度贬值，美元含金量已降到 1900 年的 40.9%。同时，政府成立了房产所有人放款公司，发放 20 亿美元的公债。6 月，国会通过"工业贷款法"，政府向工业企业发放 5.8 亿美元贷款。1935 年银行法颁布，对美国银行制度进行了较大改革。1938 年 2 月，联邦政府成立商品信贷局，打折处理收购的过剩农产品。1939 年 9 月 1 日，德国突袭波兰。1939 年 9 月 3 日，英法对德宣战，第二次世界大战爆发。1941 年 12 月 8 日，美国对日宣战，罗斯福新政到此结束。

罗斯福新政中的金融宏观调控措施，大致分为两类：一类是非常时期的应急措施，如稳定银行系统、废除金本位制等。应急措施中的"银行休假令"等带有强烈的行政干预色彩。目的是为了稳定美国经济和保持社会稳定；另一类是改革，目的是为经济和社会的长期发展奠定基础。当然，上述两类金融宏观调控包括应急措施和改革，还谈不上是相对规范的货币政策调控。

## 二、金融调控的全球扩展

通过罗斯福新政调整，混合经济模式在美国成型，即国家垄断资本主义模式。应该承认国家垄断模式是适应当时生产力发展的需求，给经济带来了活力。由此，欧洲主要国家普遍认为，强大的美国是政府干预经济成功的典范。所以，二战后，政府干预经济在西欧国家风靡一时。

英国从 1945～1951 年先后将英格兰银行、民用航空、煤炭、电力煤气、电报、国际无线电和部分钢铁工业收归国有。法国在战后实行了经济改革，政府控制了对外贸易、没收了法兰西银行等 5 家大银行和 34 家保险公司，对煤炭、电力、

① 罗斯福．罗斯福选集．商务印书馆，1982.14～18

运输三个基础工业部门实行国有化。联邦德国在美苏英法同盟军占领下，由政府颁布法律形成混合经济体制。日本战后对经济、政治制度进行了重大改革。当时的日本外务大臣，后来成为日本首相的吉田茂说："这一巨大变化无疑可以称为'不流血的革命'。"他指出，在日本指导改革的美国人中，"新政派是具有代表性的人物，注重计划和理想并集中力量付诸实行"①。包括新政派参加的日本的改革，具有国家垄断资本主义性质的混合经济体制，为日本战后经济的恢复和发展打下了良好的基础。

与此同时，二战后出现了许多社会主义国家，普遍实行计划经济制度。20世纪70年代以来，社会主义国家先后开始了经济体制改革，开始了对经济的国家干预的实验（主要借助于财政政策和货币政策实现）。由此，以财政政策和货币政策为核心的针对经济运行的宏观经济调控便形成世界性潮流。

## 第二节　货币政策理论的学派争论

20世纪30年代凯恩斯革命以来，货币政策作为重要的宏观经济政策开始走上历史舞台，对经济运行发挥调控作用。与此同时，西方各经济学流派围绕货币政策及其有效性的论争也日趋激烈。

### 一、西方关于货币政策有效性的学派论争

#### （一）凯恩斯学派

凯恩斯学派（Keynesians）对货币政策作用的认识有一个从保守走向激进的过程。凯恩斯本人偏爱财政政策，在《就业利息和货币通论》中指出："就我自己而言，现在有些怀疑，仅仅由货币政策操纵利率到底有多大成就。国家可以向远处看，从社会福利着眼，计算资本边际效率，故我希望国家多负起直接投资之责。"②当然，其一生对经济学的重点研究仍然集中在货币政策理论上，并以货币金融理论的研究成就闻名于世。事实上，凯恩斯极力主张实施廉价货币政策以增加有效需求，促进充分就业，指出："有效储蓄之数量乃定于投资数量，而在充分就业限度以内，鼓励投资者乃是低利率。故我们最好参照资本之边际效率表，把利率减低到一点，以达到充分就业。"③"当然，当利率下降时，消费倾向很容易

① 吉田茂．激荡的百年史．世界知识出版社，1980．51～53

② 凯恩斯．就业利息和货币通论．商务印书馆，1983．140

③ 凯恩斯．就业利息和货币通论．商务印书馆，1983．323

加强。”[①]由此可见，凯恩斯并不是不重视货币政策，而是认为在经济衰退时期货币政策没有财政政策来得直接。此认识被后继凯恩斯主义者进一步阐发，并得到完善和强化。

号称“美国的凯恩斯”的汉森(A. H. Hansen)曾言：“货币武器确实可以有效用来制止经济扩张。”说明在经济扩张时期，紧缩性货币政策可以有效地抑制经济过热。同时注意到，“经济萧条所提供的充分证据表明，恢复经济增长仅靠廉价的货币扩张是不充分的。”[②]这说明在经济萧条时期，扩张性货币政策对于刺激经济增长的作用有限。由此可见，汉森已经认识到了货币政策作用的非对称性。

后继的凯恩斯主义者萨缪尔森(Paul A. Samuelson)和索罗(Robert Solow)等，虽然仍以“正统凯恩斯学派”自居，但认为凯恩斯低估了扩张性财政政策的负面影响，因而在理论上更多地倾向于货币政策，并完善了菲利普斯曲线[③]。萨缪尔森和诺德豪斯(William D. Nordhaus)指出：“凯恩斯革命早期，一些宏观经济学家对于货币政策的有效性充满疑虑，正如对新发现的财政政策充满信心一样。但是，最近 20 年来，联邦储备体系发挥了更加积极的作用，并显示出其有能力减缓或加速经济发展。”[④]“新古典综合派”的主要代表人物之一、美国著名的凯恩斯主义者詹姆斯·托宾(James Tobbin)断言货币政策具有重要性。指出：“现在几乎没有一个人——当然也没有一个新经济学的实践者或支持者——会认为货币无关紧要，货币政策与名义国民生产总值无关。”[⑤]甚至断言；“在美国，标准的新凯恩斯学说，即我前面所说的新古典综合学派，至少从 1950 年以来，也就是说远在货币主义兴起之前，便认为货币是具有重要作用的。至少从 1951 年签订了财政部—联邦储备系统协议以来，政府就已根据这种看法制定政策了。”[⑥]

伴随凯恩斯主义者对货币政策作用的认识的逐步深化，他们提出了“逆经济周期调节”的“相机抉择”的货币政策主张。但政策短期效应的长期化实践，使得凯恩斯主义在经历了 20 世纪 50～60 年代的辉煌后亦遭到“滞胀”现实的严峻挑战。

---

① 凯恩斯．就业利息和货币通论．商务印书馆，1983．325

② A. H. Hansen. Fiscal policy and Business cycles, New York; W. W. Norton and company. 1941

③ P. A. Samuelson and R. M. Solow. Analytical of Anti－inflation policy. American Economic Review, Vol, 50(May 1960).

④ 萨缪尔森，诺德豪斯．经济学．第 16 版．华夏出版社，529

⑤ 托宾．十来年的新经济学．商务印书馆，1980．55

⑥ 托宾．十来年的新经济学．商务印书馆，1980．56

**(二)货币学派**

货币学派是作为凯恩斯学派的对立面出现的,其显著特点是强调"货币最重要"。代表人物米尔顿·弗里德曼(Milton Friedman)认为,货币政策的作用有三:"货币政策能够防止货币本身成为经济波动的一个主要根源";"货币政策的第二个作用,是为经济运行提供一个稳定的环境——继续用米尔的比喻,就是使货币政策这架机器润滑运行";"货币政策有助于抵消经济体系中来自其他方面的主要波动。"[①]弗里德曼关于货币政策的三个作用就其实质而言,只是一个即稳定经济的作用。可见,货币学派对货币政策的作用的看法比早期的凯恩斯学派要积极,但不及后继的凯恩斯主义者激进。对货币政策作用的强调,也只是稳定经济而已,至于是否影响就业、产出等并未论及。

弗里德曼的货币政策是基于其"有限制性的政府干预经济"的经济哲学思想,这一思想与早期芝加哥学派一脉相承。在弗里德曼看来,消费函数具有稳定性,消费函数的稳定性决定了货币需求的稳定性,货币需求的稳定性决定了货币供给的稳定性,与货币供给的稳定性相适应,主张"单一规则"。"单一规则"与凯恩斯学派的"逆对经济风向行事"的货币政策形成了鲜明对照。但"单一规则"的货币政策主张给人的印象是"以不变应万变",有固定化和程式化的倾向。

**(三)理性预期学派**

理性预期学派对政策的作用持消极否定态度,货币政策自难例外。理性预期学派的主要代表人物之一卢卡斯(Robert E. lucas)曾提出著名的"政策无效性命题"。指出:"当扩张性货币政策反复推行时,不再能实现自己的目标。推动力消失了,对生产没有刺激作用,期望生产能扩大,结果却是通货膨胀。"[②]显而易见,理性预期学派完全否认货币政策的作用。事实上,理性预期学派是沿着货币主义的思路,特别是依据弗里德曼关于资本主义经济本身具有强有力的自动稳定趋势前进。因此,理性预期学派又称为"新货币主义"或"货币主义第二号"。如果说货币主义者承认总需求管理政策(财政政策和货币政策)可以用来影响短期的产量和就业水平的话,理性预期学派的"政策无效性命题"连总需求政策的短期效应也完全否定了。由此,卢卡斯比弗里德曼更弗里德曼,在自由放任的道路上走得更远了。

供给学派(supply-side economics)是"穿上现代服装的古典经济学",他们崇奉亚当·斯密(Adam Smith)的经济自由主义和萨伊定理(Say's Law),因而,漠

---

① 米尔顿·弗里德曼．弗里德曼文萃.北京经济学院出版社,1991. 510～512

② 陈银娥．凯恩斯主义货币政策研究.中国金融出版社,2000.142～143

视货币政策的作用。

### (四)新凯恩斯主义经济学

20 世纪 80 年代产生了新凯恩斯主义经济学(New-Keynesian Economics),开始批评新古典宏观经济学对凯恩斯主义的否定。新凯恩斯主义者认为,新古典宏观经济学并非关于人们实际生活世界的理论,研究方法只是一种远离客观经济世界的数学上的构想。经济理论应当切合于真实世界、真实世界的制度和现实行为。因此,必然发生凯恩斯主义的复兴。

新凯恩斯主义者阿兰·布林德(Alan Blinder)指出:"宏观经济学已处于另一次革命之中,这次革命等于凯恩斯主义的再现,但是具有更加严密的理论风格。"[①]著名新凯恩斯主义者保罗·克鲁格曼(Paul Krugman)撰写了《萧条经济学的回归》,指出:"萧条经济学,即专门讨论 30 年代世界经济面临的问题的经济学,已经重返历史舞台了。""萧条经济学回归了,意味着什么? 从本质上看,意味着两代人以来,宏观经济需求管理方面第一次出现问题,即私人支出不足以利用现有的生产能力,越来越成为世界大部分地区通向繁荣的障碍。"[②]显然,世纪之交全世界普遍存在的通货紧缩的阴影,为凯恩斯主义经济学梅开二度、再放光芒提供了广阔的舞台。

由上可见,货币政策有效性问题一直是货币经济学争论的焦点。当代最典型的三个学派——凯恩斯学派、货币学派、理性预期学派——的观点可大致归纳如表 13-2 所示内容。

**表 13-2　货币政策有效性问题的学派观点**

| 问题 | 凯恩斯学派 | 货币学派 | 理性预期学派 |
|---|---|---|---|
| 货币是否影响真实收入 | 是 | 是(短期内) | 否 |
| 积极的、相机抉择的货币政策是否能稳定经济 | 是 | 否 | 否 |

二战后,西方资本主义国家普遍实施凯恩斯主义扩张性财政政策和货币政策,为恢复战争创伤,促进经济增长发挥了巨大的作用。20 世纪 60 年代末,西方经济步入滞胀泥潭,各经济学派遂群雄并起,挑战凯恩斯主义的权威地位,西方经济学界进入"战国时代"。英美等国也曾改弦易辙,奉行货币学派和供给学

---

① 胡代光. 西方经济学的演变及其影响. 北京大学出版社,1998. 145

② 保罗·克鲁格曼. 萧条经济学的回归. 中国人民大学出版社,1999. 213

派的政策主张。世纪之交，全球经济面临通货紧缩的压力，萧条经济学开始回归。从全球实践看，凯恩斯主义“相机抉择”货币政策不管是否有效，却是客观存在的。

## 二、我国对货币政策有效性的讨论

1984 年中国人民银行才专门行使中央银行职能，真正的货币政策实践只有 20 多年。在二级银行体制建立前，中国奉行大一统银行体制，当时人们把货币政策与信贷政策混在一起，统称之为货币信贷政策、货币金融政策。严格地说，这些提法是不准确的[①]。

1984 年以来，中国经历了反通胀（1984～1997）与反通缩（1998～2003）正反两方面的货币政策实践，取得了一定的经验。与之相应，学术界围绕货币政策亦进行了热烈的讨论。具体而言，对货币政策及其有效性问题的讨论以 1997 年东南亚金融危机为分水岭大致历经了两个阶段：第一阶段（1984～1997）主要讨论货币政策目标、货币政策工具、货币政策传导机制以及通货膨胀与经济增长的关系。第二阶段即东南亚金融危机（1998 至今）以来，主要讨论货币政策有效性。由于“不考虑银行制度和所实行的信贷控制办法，就不可能（或者不该）讨论货币政策”[②]。

### （一）货币政策发挥作用的背景

1979～1988 年，是中国金融体制改革的初始阶段，经济体制发生了重大的变革，为金融体制改革打下了坚实的基础。改革开放以前，只有中国人民银行，既发行货币又办理信贷业务。1979 年 3 月，中国银行从中国人民银行分设，中国银行总管理处成为中国银行总行，同时成立国家外汇管理总局。1983 年，中国人民保险公司成为直属于国务院的经济实体。1985 年 11 月，建设银行的信贷计划纳入中国人民银行的信贷体系。1984 年 1 月 1 日，中国工商银行成立；1986 年 7 月，重组了交通银行。1987 年，相继成立了中信实业银行（后更名中信银行）、中国光大银行、招商银行、深圳发展银行和福建兴业银行等。1983 年 9 月 17 日，国务院决定中国人民银行专门行使中央银行职能，初步形成了以中国人民银行为核心，各家专业银行为主体、多家金融机构分工并存的相对完整的金融组织体系。1985 年，提出开放金融市场是金融体制改革突破口的观点。金融界逐步形成了加强金融调控、推进专业银行企业化、开放和完善金融市场的金融体制改革思路。近 30 年来，我国金融体制改革基本上是按照上述 3 条思路推进的。

---

① 崔建军. 货币政策十大理论问题辨析. 中央财经大学学报，2004(5)

② 阿列克·凯恩克劳斯. 经济学与经济政策. 商务印书馆，1990. 20

1988 年我国出现了严重的通货膨胀,当年通货膨胀率高达 18.8%,出现了全国性的抢购、挤兑风潮,金融秩序出现了乱集资等混乱局面。为此,全国范围内开始了治理经济环境、整顿经济秩序,整顿、巩固和提高阶段也被迫进入单纯的整顿阶段,货币政策由“松”到“紧”。通过治理整顿,金融秩序得到好转,通货膨胀下降。与此同时,经济增长速度开始出现滑坡,1989～1991 年的经济增长仅为 4.1%,3.8%和 9.2%。这样的经济增长率对于我国这样一个速度型的发展中国家来说,是难以容忍的。

1992～1996 年,为探索阶段和取得巨大成就阶段。这一阶段的显著特点是我国经济高速增长,但伴有改革开放以来最严重的通货膨胀,我国中央银行的金融宏观调控能力面临空前严峻的挑战。

**表 13-3　中国经济增长与物价情况**　%

| 年份 | 1992 | 1993 | 1994 | 1995 | 1996 |
|---|---|---|---|---|---|
| GDP 增长率 | 14.2 | 14.0 | 13.1 | 10.9 | 10.0 |
| CPI | 6.4 | 14.7 | 24.1 | 17.1 | 8.3 |

为了应对持续居高不下的两位数的通货膨胀压力,中央银行实施了适度从紧的货币政策和财政政策,至 1996 年,经济运行成功地实现了“软着陆”。1994 年,相继成立了国家开发银行、中国进出口银行和中国农业发展银行 3 家政策性银行,实现了政策性金融与商业性金融的分离。1995 年,颁布了《中华人民共和国中国人民银行法》和《中华人民共和国商业银行法》。1996 年,中国中央银行正式开办公开市场业务,为金融宏观调控增加了有力的货币政策工具。1996 年,中国经济运行成功实现了“软着陆”①,既控制了严重的通货膨胀,又保持了经济的较高增长。

1997 年,受东南亚金融危机的影响,我国消费不振、投资下降、出口受阻,经济运行开始面临空前的通货紧缩的巨大压力。我国经济运行遂发生了 6 个转变:①经济增长的制约因素由资源约束、供给约束转为需求约束、市场约束;②经济增长速度由“压”(1992～1997)到“保”(1998～2002)再到“调”(2003 年下半年以来,由于复杂的原因我国又开始控制经济增长速度);③从抑制通货膨胀转为应对通货紧缩;④从抑制需求转为启动需求;⑤从适度从紧的财政政策和货币政策转为积极的财政政策和稳健的货币政策;⑥2003 年下半年以来,针对经济运

① 1997 年 1 月 7 日,刘国光和刘树成研究员的长篇论文《论软着陆》,全面总结了我国经济宏观调控的经验。

行中出现的趋热苗头，积极的财政政策和稳健的货币政策转为“双稳健”。

**表 13－4　中国的经济增长与物价情况**　%

| 年份 | 1997 | 1998 | 1999 | 2000 | 2001 | 2002 | 2003 | 2004 | 2005 | 2006 |
|---|---|---|---|---|---|---|---|---|---|---|
| GDP 增长率 | 9.3 | 7.8 | 7.6 | 8.4 | 8.3 | 9.1 | 10.0 | 10.1 | 9.9 | 10.7 |
| CPI | 2.8 | −0.8 | −1.4 | 0.4 | 0.7 | −0.8 | 1.2 | 3.9 | 1.8 | 1.5 |

就金融体制改革而言，也发生了深刻变化：①1998 年 1 月 1 日，中国人民银行正式放弃贷款规模控制，标志着金融宏观调控由直接调控过渡到间接调控阶段。②1999 年，相继成立了长城、信达、东方、华融 4 家资产管理公司，剥离不良资产 13 900 亿元人民币。实现了优质金融资产与不良金融资产的分离。③2001 年 11 月，加入世界贸易组织，标志着对外开放进入了崭新的阶段。与此同时，市场化改革的方向不可逆转。④2002 年下半年以来，人民币升值的呼声持续不断，独立自主的货币政策面临严峻挑战。⑤2003 年 4 月 29 日，中国银行业监督管理委员会挂牌。至此，分业监管的体制框架正式形成。⑥2003 年以来，面对国民经济运行中的“冷”与“热”并存的复杂环境，货币政策频繁调整，法定存款准备率频繁变动（见表 13－5）。⑦2003 年底，国务院决定向中国银行和中国建设银行分别注资 225 亿美元，推动改制上市。

**表 13－5　中国存款准备金率变化情况**　%

| 时间 | 2003.9.21 | 2004.4.25 | 2006.7.5 | 2006.8.15 | 2006.11.15 | 2007.1.15 | 2007.2.25 | 2007.4.16 | 2007.5.18 |
|---|---|---|---|---|---|---|---|---|---|
| 存款准备金率 | 7 | 7.5 | 8 | 8.5 | 9 | 9.5 | 10 | 10.5 | 11 |

**(二)经济学界关于货币政策的讨论**

“货币政策能否有效发挥调控作用?”不完全归纳，中国经济学界主要有三种观点。

第一种观点认为，货币政策的作用过分突出甚至否定货币政策的有效作用。黄达认为：“我们上上下下注视到现代宏观经济政策是在 80 年代中期。就一般趋向看，是估计偏高。比如那时有一种颇为流行的观点，认为只要控制住货币，就可以给建设和改革创造一个比较宽松的经济环境。这样的高估价在 1989 年的紧缩中有明显的反映：紧缩的贯彻，货币政策显得单枪匹马，过分突出；企图扭转下滑的趋势，也过于单独依靠扩大货币供给这一个杠杆的‘启动’。给人的印象，货币政策得心应手，是极有利的工具。但实践证明，过分高估其效能，不是实现不了设想的目标，就是在强力贯彻实施中带来很大的副作用。”“在我们这里，由于财政与金融的实力对比急剧变化——集中的财力趋于畸弱，金融的力量变得畸强，以致于在宏观金融调控中形成了货币政策独木撑天的局面。……我们对货币政策的效力有高估的倾向，这除了在开始运用宏观政策之际易于过分关注其效应的原因外，也是由于财政金融实力畸形对比这个背景所致。显然现在已注意把货币政策和财政政策并提，但财政政策由于财政资金可以调动的余地不大，事实上难以发挥配合和缓冲的作用。”①谢平指出：“货币政策短期内的多重目标是否能同时达到呢？非常困难。由于多目标之间的互相矛盾，货币政策往往无所适从。”“面对通货紧缩，货币政策能否像抑制通货膨胀那样迅速有效呢？答案是否定的。”②

第二种观点认为，货币政策作用具有非对称性，即治理通货膨胀得力而治理通货紧缩乏力。吴军在《紧缩与扩张——中国经济宏观调控模式选择》中得出结论：“我国 20 世纪 80 年代末期的宏观经济调控实践，亦可以证明经济膨胀时期，在抑制物价方面，货币政策的强效应和财政政策的弱效应。”“进入 20 世纪 90 年代以后我国的宏观经济调控实践，可以证明在经济衰退阶段的恢复经济增长方面，财政政策的强效应和货币政策的弱效应。”③刘金全通过经验实证得出了同吴军基本一致的结论。刘金全指出：“检验发现，在我国经济运行当中，紧缩性货币政策对于经济的减速作用，大于扩张性货币政策对于经济的加速作用。”④

第三种观点对货币政策的有效性持肯定态度。范从来认为：“我国并没有陷入流动性陷阱，投资和消费的利率弹性是存在的，货币政策发挥作用的条件是具备的，通货紧缩时期货币政策仍然可以有所作为。”⑤戴根有指出：“相当多数的人认为，货币政策不像财政政策那样有效，认为这两年的经济增长只是积极的财政政策发挥了作用。……其实从理论上讲，货币政策是总揽社会总需求的，任何积极的财政政策如果没有相应的货币政策加以配合，都可能落空。所以从道理上讲，这两年财政政策作用，很大程度上是货币政策给予积极配合的结果。”⑥简言之，范从来和戴根有认为，即使是通货紧缩时期，货币政策的作用仍然巨大。

中国货币政策为什么难以发挥有效作用，许多学者从不同的角度给予了分析。谢平认为，货币政策之所以难以有效发挥作用，主要原因是货币政策操作面

---

① 黄达．宏观调控与货币供给．中国人民大学出版社，1997.225～226

② 谢平．新世纪中国货币政策的挑战．金融研究，2000(1)：2～3

③ 吴军．紧缩与扩张——中国经济宏观调控模式选择．清华大学出版社，2000.190

④ 刘金全．货币政策作用的有效性和非对称性．管理世界，2002(3)：43

⑤ 范从来．通货紧缩时期货币政策的有效性．经济研究，2000(7)：25

⑥ 戴根有．关于我国货币政策的理论与实践问题．金融研究，2000(9)：2

临9大挑战即多目标约束、与支持资本市场发展的矛盾、通货紧缩的压力、货币政策传导机制受阻、货币信贷计划的失效、货币政策工具选择余地小、货币乘数与货币流通速度难以预测、货币政策的国际协调、货币政策与最后贷款人的角色冲突等[①]。曾康霖认为,现阶段宽松的财政货币政策之所以难以发挥作用,原因是政策的作用被抵消掉了。具体地说是社会公众的预期心理、经济体制的因素、政策运作机制的副作用和政策的"挤出效应"抵消了货币政策的作用[②]。李晓西认为,当前国民经济活力不足,主要不是货币供给量的问题,而是货币政策传导机制存在体制性梗阻。货币政策传导的体制性梗阻表现为传导机构和客体缺乏活力、路径过窄 、速度下降、动力和信号失真、环境不容乐观等[③]。邱力生认为,近年来的货币政策效果不太理想,问题在于我国货币政策传导机制渠道中存在着一些梗阻,比如信用制度不健全、金融组织结构欠佳、产权制度和利益机制障碍及管理偏差等[④]。刘宪法认为,中央银行根据宏观经济形势的变化,做出了重大的政策调整,货币政策由适度从紧,转向适度放松。但其总体效果并不明显,经济增长乏力、物价持续下降的态势没有得到根本的改变。更为严重的是,自1998年下半年以来,出现了货币供应量持续回升,物价持续走低的情况。种种迹象表明,目前中国经济也陷入了与日本经济相类似的"流动性陷阱"的困境[⑤]。

针对导致中国货币政策效应不佳的国民经济运行环境与货币政策传导机制存在的问题,许多学者从不同的分析角度提出了提高货币政策有效性的途径。曾康霖认为,要继续发挥财政货币政策的作用,关键是:解放思想,提供政策环境;增强社会公众对经济、金融的信心;找准政策运行的切入点和着力点。范从来认为,货币政策对反通货紧缩是可以有所作为的,通货紧缩时期应该实施"积极主动的货币政策"。积极主动的货币政策是指适度扩张货币供给,一方面避免经济衰退阶段信用恶化、货币流通量过度紧缩,经济衰退情况进一步恶化;另一方面是为了积极配合其他政策(扩张性财政政策)的实施。刺激经济回升。李晓西、余明认为,提高货币政策传导机制运行效率,可在以下方面做工作:处理好防范金融风险和扩大银行信贷的关系;扩大基础货币投放,探索中央银行投放基础货币新渠道;扩大商业银行对贷款利率的浮动幅度,加快利率市场化进程;改进窗口指导的方法,加大商业银行对有效益有市场企业的金融支持力度;加快进行投融资体制改革;创造条件,把国有独资商业银行逐步改造为国家控股的股份制

① 谢平.新世纪中国货币政策的挑战.金融研究,2000(1):1~10

② 曾康霖.财政货币政策的作用不能高估,也不要低估.金融研究,1999(7):19~26

③ 李晓西,余明.货币政策传导机制与国民经济活力.金融研究,2000(7):1~9

④ 邱力生.我国货币政策传导渠道梗阻症结及对策探索.金融研究,2000(12):63~66

⑤ 刘宪法."日本陷阱"与当前中国宏观经济现实.经济研究,1999(8):44~47

商业银行；改变中央银行在实施货币政策时充当独角戏的局面；进一步开拓农村金融市场，完善金融组织体系；进一步改革货币市场体系，建立统一高效灵活的货币市场等。①

### 三、简要评论

20世纪30年代凯恩斯革命以来，西方经济学界围绕货币政策有效性问题进行了激烈的争论，经历了“肯定—否定—肯定”的过程。凯恩斯主义者肯定货币政策的有效性；货币主义者肯定货币政策的短期效应，否定货币政策的长期效应；理性预期学派完全否定货币政策的有效性；新凯恩斯主义者完全肯定货币政策的有效性。这就是西方经济学界对货币政策认识的演进过程。中国货币政策能否有效发挥调控作用形成了三种观点：否定论、非对称性论和完全肯定论。

从中外货币政策理论的演进中似乎可以得出结论：货币政策有效性既取决于货币政策本身，更取决于货币政策发挥作用的环境和条件。在治理通货膨胀和控制物价方面，货币政策的调节作用要大些；在治理通货紧缩和防止经济衰退方面，货币政策的调节作用要小些，此可谓货币政策作用的非对称性。当然，经济学是致用之学，应时代需求而生，又为时代的见弃而亡，这是经济理论的命运，也是经济学家的命运。由此，货币政策理论的优劣似乎亦不在货币政策本身，而在于时代的选择。

## 第三节 如何衡量货币政策的有效性

### 一、弗里德曼的观点

弗里德曼指出：“在评价货币政策的标准方面存在着很大的分歧：有些人认为，评价货币政策应注意货币市场状况、利率及货币数量；而有些人则认为就业情况本身应该成为衡量货币政策的大致依据”②。在进行观点概括后，他提出了自己关于评价货币政策的标准：“如果(正如货币当局通常所作的那样)货币当局以利率或者目前的失业百分率作为评价政策的直接标准，那么，将像一艘错误地选择了星球方位的宇宙飞船一样，无论导航仪多么灵敏、多么精密，终究都将驶入迷路。”③“我相信：某一货币总量是目前可得的、最好的货币政策的直接指示器或评判标准。——而且我相信：与选择价格水平的做法相比，具体选择哪一种

① 李晓西，余明. 货币政策传导机制与国民经济活力. 金融研究，2000(7)：1～9

② 米尔顿·弗里德曼. 弗里德曼文萃. 北京经济学院出版社，1991. 500

③ 米尔顿·弗里德曼. 弗里德曼文萃. 北京经济学院出版社，1991. 513

货币总量所带来的妨害则小得多。”[①]由此可见，弗里德曼认为，评价货币政策有效性的标准不是利率、失业率和价格，而是货币供应量。

## 二、弗里德曼的观点并不正确

其实，弗里德曼的观点并不正确。衡量货币政策有效性的标志既不是利率，也不是货币供应量，而是货币政策目标的实现程度[②]。货币政策有效性的标志不在于货币供给量本身，不在于金融宏观调控过程，而在于金融宏观调控的结果。若不联系国民经济运行的实际状况，单纯的货币供给量本身什么问题也说明不了。弗里德曼曾指出：“货币当局应该以本身所能控制的变量来指导自己，而不应该以不能控制的变量作为指导。”[③]其实，决定货币供给的三个变量分别取决于货币当局、商业银行和社会公众的行为，中央银行并不能完全控制货币供给量。况且，若中央银行能够完全控制货币供给量，又有什么必要将之作为目标追求呢？货币供给量是货币政策中介指标而不是货币政策最终目标从而难以成为衡量货币政策有效性的标志。

当今之世，无论是西方发达市场经济国家，还是正处于转型过程中的发展中国家，其货币政策体系框架大致如图 13－1 所示。

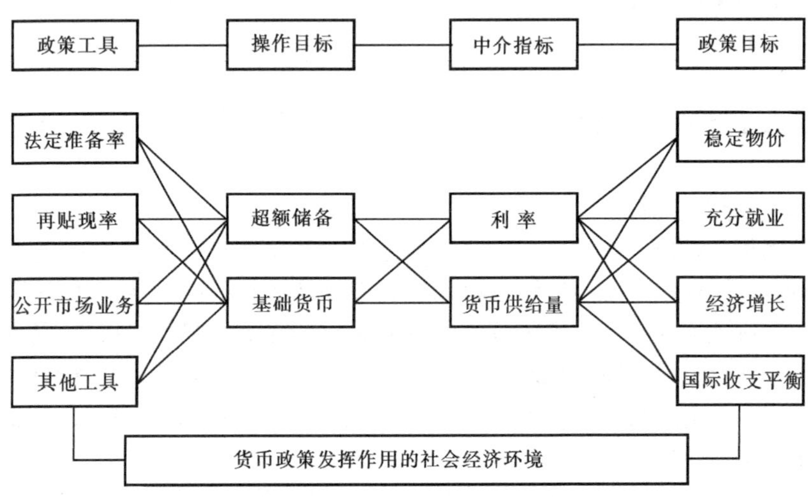


图 13－1 货币政策体系框架

① 米尔顿·弗里德曼．弗里德曼文萃．北京经济学院出版社，1991.514

② 崔建军．中国货币政策有效性问题研究．中国金融出版社，2006.106

③ 米尔顿·弗里德曼．弗里德曼文萃．北京经济学院出版社，1991. 513

货币政策就其全部内容而言可分为 5 大块：货币政策目标、货币政策工具、货币政策操作目标和中介指标、货币政策环境、货币政策效应。同时，我们清楚地看到，利率和货币供给量是货币政策中介指标而不是货币政策最终目标，从而不能成为衡量货币政策有效性的标志。

### 三、衡量货币政策有效性的标志：货币政策目标及其实现程度

研究货币政策有效性问题，应从货币政策的性质入手考察。货币政策是一项总需求管理政策，有效性主要用总需求指标以及由总需求指标所影响的总产出指标衡量。货币政策一般"逆对风向行事"，有效性要看其反周期作用及熨平周期的程度。若通货膨胀是由社会总需求大于总供给造成的，货币政策以稳定币值为目标，那么，紧缩性货币政策是否有效及有效性程度的高低，可以从下面几方面考察：①若通过货币政策操作，紧缩了货币供给并降低了价格水平，又不影响正常的产出水平，这时货币政策效应最佳。②若通过货币供给量的收缩，在平抑物价的同时也抑制了产出增长，那么货币政策有效性的大小，则须视价格水平变动与产出水平变动的对比而定。若产出数量下降但幅度较小，而平抑物价水平的目标已经实现或接近实现目标，这时货币政策的效应较大；若产出数量下降很大，且价格水平没有得到有效控制，则紧缩性货币政策效应较小。③若紧缩性货币政策的操作无力平抑物价，同时抑制了产出的增长，则可认定紧缩性货币政策是失败的。评价其他类型货币政策（比如扩张型等）的有效性，基本上也可采用类似的思路。

## 第四节　中国货币政策的效用验证

### 一、中国货币政策有效性的现实考察

为了检验中国货币政策的有效性，假定其他政策变量的影响为零，孤立地解析货币政策。前已述及，中国的货币政策始于 1984 年，故依据 1984 年以来中国的物价、失业、GDP 增长情况及国际收支状况的统计资料（见表 13－6），并结合中国经济运行的实际背景对之分别予以考察。

#### （一）稳定物价

1984 年以来 23 年的货币政策经历了反通货膨胀胀与反通货紧缩的考验。有成功的经验，亦有教训。经验方面最值得称道的是 1996 年成功实现了"软着陆"：物价水平得到有效抑制，同时保持了经济高速增长的势头。值得吸取的教训，主要是货币政策摇摆不定、大起大落，亦步亦趋地随经济涨落而动，疲于亡羊

**表 13-6 1984～2006 年中国失业、物价、GDP 和国际收支情况**

| 年份 | 通胀率(CPI) | GDP 增长率 | 城镇登记失业率 | 国际收支(亿美元)顺差(+)逆差(-) |
|---|---|---|---|---|
| 1984 | 2.7 | 15.2 | 1.9 | 0.95 |
| 1985 | 9.3 | 13.5 | 1.8 | -23.53 |
| 1986 | 6.5 | 8.8 | 2.0 | -19.54 |
| 1987 | 7.3 | 11.6 | 2.0 | 49.31 |
| 1988 | 18.8 | 11.3 | 2.0 | 23.18 |
| 1989 | 18.0 | 4.1 | 2.6 | -5.03 |
| 1990 | 3.1 | 3.8 | 2.5 | 121.18 |
| 1991 | 3.4 | 9.2 | 2.3 | -15.10 |
| 1992 | 6.4 | 14.2 | 2.3 | -21.35 |
| 1993 | 14.7 | 14.0 | 2.6 | 17.67 |
| 1994 | 24.1 | 13.1 | 2.8 | 305.27 |
| 1995 | 17.1 | 10.9 | 2.9 | 224.81 |
| 1996 | 8.3 | 10.0 | 3.0 | 316.43 |
| 1997 | 2.8 | 9.3 | 3.1 | 357.24 |
| 1998 | -0.8 | 7.8 | 3.1 | 64.26 |
| 1999 | -1.4 | 7.6 | 3.1 | 85.06 |
| 2000 | 0.4 | 8.4 | 3.1 | 109.44 |
| 2001 | 0.7 | 8.3 | 3.6 | 473.24 |
| 2002 | -0.8 | 9.1 | 4.0 | 755.07 |
| 2003 | 1.2 | 10.0 | 4.3 | 1 170.23 |
| 2004 | 3.9 | 10.1 | 4.2 | 2 063.64 |
| 2005 | 1.8 | 9.9 | 4.2 | 2 070.16 |
| 2006 | 1.5 | 10.7 | 4.1 | 1 221.12 |

资料来源:国家统计局编:《中国统计摘要 2006》,中国统计出版社 2006 年版

补牢。1984 年信贷失控、货币发行失控,1985 年即实行“紧缩银根”的货币政策,由于 1985 年的“急刹车”,1986 年转而实施“稳中求松”的货币政策,1987 年又转为“紧中求活”,1988 年由于物价急剧上升,出现了全国性抢购、挤兑风潮,货币政策转为由“松”到“紧”,1988 年下半年开始治理经济环境、整顿经济秩序。与

之相应,1989 年货币政策又变为“紧缩银根”,“紧缩银根”的货币政策抑制了通货膨胀,物价水平大幅度下降,1989~1991 年物价水平分别为 18%,3.1%,3.4%;同时,也抑制了经济增长,1989 年~1991 年,GDP 增长分别为4.1%,3.8%和 9.2%。特别是 1989 年和 1990 年的经济增长是改革开放以来最低的年份。1992 年,中国开始了新一轮经济改革热潮,经济高速增长。伴随经济过热出现了通货膨胀,特别是 1994 年,物价上涨高达 24.1%,这是我国最严重的通货膨胀。开始实施“适度从紧”的货币政策,1996 年,成功实现了“软着陆”;1997 年,爆发了东南亚金融危机,我国消费下降、投资下降、出口受阻,面对通货紧缩,政府适时推出了“稳健的货币政策”以应对。应该承认,“稳健货币政策”的推出,为启动内需、拉动经济增长做出了贡献,但操作过程中亦暴露出货币政策治理通货紧缩的有限性。结果,1998~2002 年,中国的物价持续走低,分别为−0.8%,−1.4%,0.4%,0.7%,−0.8%,经济面临通货紧缩的压力。

**(二)经济增长**

1984 年以来,中国经济保持着高速增长的势头,平均增速 9.8%,世界罕见。经济高速增长是多因素合力的结果,但货币政策功不可没。特别是 1997 年东南亚金融危机以来,货币政策配合财政政策对启动内需、拉动经济增长发挥了巨大的作用。对此,朱镕基总理说“如果不是采取积极的财政政策和稳健的货币政策,中国经济也许垮了”[①]。当然,23 年来的货币政策操作中,在推动经济增长方面也存在遗憾。1988 年下半年开始的持续 3 年半的治理整顿,在抑制了通货膨胀的同时,也抑制了产出。1989 年和 1990 年经济增长仅为 4.1%和 3.8%,是改革以来最低的经济增长率。

**(三)充分就业**

中国的城镇登记失业率很低。但失业率统计并不完整,只有城镇的登记失业率,农村大量的隐蔽失业和国有企业职工的下岗尚无科学的统计。给宏观经济分析来很大的困难。由于人口众多的国情,决定了就业任务的艰巨性和长期性。目前,需要实现再就业的下岗失业人员有 1 000 多万,加上城镇新增劳动力,每年需要成年劳动力高达 2 000 万。

从理论上讲,经济增长与充分就业正相关,但伴随经济的高速增长,就业压力却越来越大,这是一个需要深入研究的课题。根据奥肯法则(Okun's Law),GDP 相对于潜在 GDP 每下降 2%,失业率上升一个百分点。刘伟指出,当经济

---

① 在九届人大五次会议记者招待会上朱镕基总理答中外记者问. 人民日报,2002-3-16

增长1%时,会带动170万人就业[①]。1997年东南亚金融危机以来,积极的财政政策与稳健的货币政策,为启动内需拉动经济增长做出了巨大的贡献。基此,似乎可以认定,货币政策在支持充分就业方面可以有所作为。

#### (四)国际收支均衡

1984～2006年,国际收支只有1985年、1986年、1989年、1991年和1992年存在少量逆差,其余18年均为顺差,充分显示出国力日益趋强,外汇储备日益增加。2006年底,中国大陆外汇储备额已达10 663亿美元,位居世界第一。由此,从国际收支状况看,货币政策行之有效。

#### (五)货币政策有效性的整体评价

中国23年来的货币政策实践总体上是成功的。经历了反通胀和反通缩两方面的考验,特别是在反通胀中积累了丰富的经验。面对通缩,有许多经验教训值得总结。从积极的方面看,货币政策能够适时而动,灵活调节;从消极方面看,货币政策操作缺乏连续性,很少做到未雨绸缪。

### 二、影响中国货币政策有效性的因素

影响货币政策有效性的因素很多,既有经济金融运行及宏观政策操作过程中存在的深层次矛盾,又有金融体系本身存在的不协调改革举措,导致了货币政策传导机制不畅。

#### (一)国有商业银行在深化改革名义下向旧体制复归

对此,有人比喻为,从前金融机构是"上山下乡",现在是"知青回城",绝大部分县支行甚至地市行没有放款权利。银行信贷过度向大城市、大企业、重点行业集中,中小企业和县域经济资金短缺的矛盾十分突出,造成贷款上的"农转非",资金上的"乡养城",县域经济出现"金融服务真空"。国有商业银行缺乏经营贷款的激励机制,约束条件苛刻,如强令不良资产比例下降,否则就要降职处分。对此,有学者提出了"过度监管论"。在中国的银行主导型的金融系统中,国有商业银行是货币政策强有力的传导渠道,上述种种迹象表明,国有商业银行为防范金融风险所出台的种种措施,与稳健的货币政策操作完全背道而驰,造成了货币政策的紧缩效应。

#### (二)农民贷款难的问题依然没有得到根本解决

农村信用社组织资金难度大,不良贷款占比高的现象一定程度上影响了农

---

① 张玉玲.如何认识中国的就业压力——访刘伟.光明日报,2002-9-23

村金融主力军作用的发挥。结果是农民收入增长缓慢，这对开拓中国庞大而富有潜力的农村市场不利。

**（三）商业银行体系化解不良资产的难度依然很大**

尽管成立了政策性银行，剥离了部分政策性业务；成立了四大资产管理公司，剥离了 13900 亿元不良资产，但商业银行的不良资产存量仍然很大，增量仍在滋生。除了银行体系本身存在的问题外，还要看到积极的财政政策的操作中，也存在不和谐的音符。一方面，为了治理通货紧缩实行了积极的财政政策，另一方面，税收又在不断提高。众所周知，积极的财政政策和稳健的货币政策操作的目标，是为了防止通货紧缩、刺激需求和拉动经济增长，但市场化经济体制改革取向对需求的影响又是收缩性的，这是一对很难协调的矛盾。

## 三、提高中国货币政策有效性的途径

提高货币政策有效性途径：一是从理论上准确定位货币政策，包括货币政策能干什么，不能干什么，货币政策有无结构性调控功能，货币政策调控模式应选择“单一规则”还是“相机抉择”等；二是改善货币政策赖以发挥作用的经济社会环境。目前，主要需解决以下理论问题和实际问题。

**（一）货币政策的定位**

市场经济具有内在的不稳定性和盲目性，存在市场失灵。由此，政府宏观调控具有必要性和合理性。宏观调控主要靠财政政策与货币政策。作为总揽社会总需求的货币政策在宏观经济调控中具有其他经济政策无可替代的地位和作用。但经济运行具有自身内在的规律性，作为宏观需求管理政策之一的货币政策只能因势利导，不能一意孤行。因此，对货币政策的调控作用既不能低估，也不能高估。

作为宏观需求管理政策之一的货币政策发挥调控作用时，面对的是三种情况：①经济运行过程中总需求大于总供给即 $AD > AS$，说明经济生活中存在通货膨胀，宜实施紧缩性的货币政策，压缩总需求。② 经济运行过程中，社会总需求小于总供给即 $AD < AS$，此时经济运行面临通货紧缩的压力，宜实施扩张性的货币政策以增加有效需求，拉动经济增长。③ 经济运行过程中，总需求与总供给基本相适应即 $AD = AS$，此时宜实施中性的货币政策，努力保持社会总供求相对均衡的态势。

国民经济运行是一个从均衡到非均衡再到均衡的往复过程，均衡是暂时的。因而，货币政策的调控空间很大。在凯恩斯区域，货币政策的调控作用最大，扩张性货币政策能促使总需求曲线向右平行推进，促进经济增长但同时没有物价上涨;在凯恩斯主义区域,扩张货币政策在推动经济增长的同时,也带动了物价上涨,货币政策效应开始递减;至古典经济学区域,货币政策效应完全丧失殆尽,若继续实施不适当的扩张性的货币政策,则容易诱发通货膨胀。恰恰相反,此时宜实施紧缩性的货币政策压缩总需求,抑制通货膨胀。

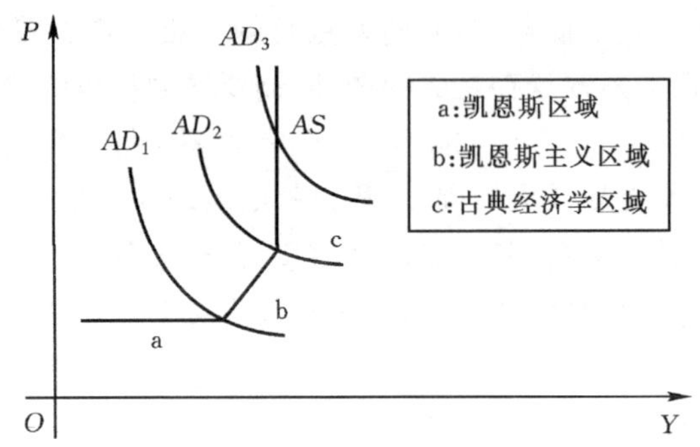


图 13-2 货币扩张对资源利用的三阶段

20 世纪 30 年代,凯恩斯即提出了“流动性陷阱”[①],坦言货币政策在大危机面前不如财政政策得力,但没有否定货币政策。20 世纪 40 年代初,美国著名经济学家阿尔文.汉森认识到了货币政策作用的非对称性,即货币政策治理通货膨胀的“强效应”和治理通货紧缩的“弱效应”[②]。

1976 年,美国著名经济学家萨缪尔森颇在《经济学》中写道:“经济科学已经知道如何使用货币和财政政策来使衰退不致滚雪球式的变成一次持续而长期的不景气”[③]。可见,萨缪尔森对货币政策的有效性的看法远比凯恩斯和汉森乐观得多,认为,货币政策和财政政策可以一定程度上防止经济衰退。当然,理性预期学派的卢卡斯也曾提出过著名的“政策无效性”命题。

在中国金融学界,也存在对货币政策不正确的“高估”和“低估”的倾向。高估倾向存在于 1997 年东南亚金融危机之前,普遍看好货币政策,对财政政策不够重视;东南亚金融危机以来,又有贬低货币政策、拔高财政政策的倾向,认为货币政策对启动内需、治理通货紧缩收效甚微。这些认识多少有点偏激。

**(二)挖掘货币政策的结构性调控功能**

货币政策既有总量调控功能,也有结构性调控功能。选择性货币政策工具

① 凯恩斯.就业利息与货币通论.商务印书馆,1983. 323

② A. H. Hansen. Fiscal Policy and Business Cycles, New York; W. W. Norton and Company. 1941

③ 萨缪尔森·经济学.商务印书馆,1979. 375

主要有：消费者信用控制、证券市场信用控制、不动产信用控制、优惠利率、预缴进口保证金等，这些工具针对特殊领域的信用加以调节和影响，具有针对性。一般性货币政策工具——存款准备金率、再贴现率和公开市场业务——也存在结构性调控功能。

存款准备金制度最初起源于英国。但以法律形式规定则始于 1913 年美国的联邦储备法，以确保商业银行体系不至于因为过度放款而发生清偿危机，实质是“冻结”部分商业银行体系的存款。作为货币政策工具发挥调控作用，始于 20 世纪 30 年代大危机后。凡奉行二级银行体制的国家，一般都实行存款准备金制度。20 世纪 80 年代以来，在一些西方国家，由于公开市场业务的广泛应用，法定准备金工具的作用弱化，法定准备金率有持续走低之势。

从中国货币政策实践看，存款准备金政策一直在发挥作用。1984 年，中国人民银行专门行使中央银行职能后，首次规定了各专业银行缴存存款准备金的办法，当时实行结构性存款准备金率：企业存款为 20%，储蓄存款为 40%，农村存款为 25%。1985 年，改结构性存款准备金率为总量性存款准备金率，按存款总额的 10%收缴；1987 年，为了适当集中资金，将存款准备金率由 10%上调至 12%；1988 年 9 月 1 日，面对当时严重的通货膨胀又将存款准备金率提高到 13%；10 年后的 1998 年 3 月，为了化解东南亚金融危机的负面影响，启动内需以拉动经济增长，对存款准备金政策进一步调整，存款准备金率由 13%下调到 8%；1999 年 11 月 9 日，中国人民银行再次宣布将法定准备金率下调为 6%；2003 年 9 月 21 日，面对国民经济运行过程中个别行业趋热的苗头，又将存款准备金率上调至 7%。2004 年 4 月 25 日，为了控制个别行业进一步趋热的苗头，遂将存款准备金率上调为 7.5%，与此同时，实行差别存款准备金率，对经济运行进行结构性调控。之后，为了抑制经济的结构性过热及股市泡沫，中国中央银行曾频繁调高存款准备金率（见表 13-7）。

从存款准备金制度的演进和中国人民银行对存款准备金政策的调整过程可见，在中国的金融系统中，存款准备金政策的作用巨大。存款准备金政策初始时，实行过结构性存款准备金率，主要是为了集中资金。2004 年 4 月 25 日，实施差别存款准备金率可以理解为结构性存款准备金率。这种差别存款准备金率将货币政策与金融监管相结合，表明货币政策操作走向成熟。面对我国复杂的经济运行态势，选择性货币政策工具的使用就显得愈加重要。

**表 13－7　中国存款准备金率变动情况(1984～)**

| 年 份 | 存款准备金率(%) | 背 景 |
|---|---|---|
| 1984 | 储蓄存款 40<br>企业存款 20<br>农村存款 25 | 1. 集中资金<br>2. 结构性存款准备金率<br>3. 同时要求商业银行另开备付金帐户并保留清算资金<br>4. 促进商业银行自求资金平衡 |
| 1985 | 10 | 变结构性存款准备金率为总量性存款准备金率 |
| 1987 | 12 | 适当集中资金 |
| 1988.9.1 | 13 | 针对通货膨胀 |
| 1998.3.21 | 8 | 合并法定准备金账户和备付金帐户 |
| 1999.11 | 6 | 继续启动内需 |
| 2003.9.21 | 7 | 结构性经济过热 |
| 2004.4.25 | 7.5 | 结构性经济过热;同时实行差别存款准备金率 |
| 2006.7.5 | 8 | 结构性经济过热 |
| 2006.8.15 | 8.5 | 结构性经济过热 |
| 2006.11.15 | 9 | 结构性经济过热 |
| 2007.1.15 | 9.5 | 结构性经济过热 |
| 2007.2.25 | 10 | 结构性经济过热 |
| 2007.4.16 | 10.5 | 结构性经济过热 |
| 2007.5.18 | 11 | 房地产价格上升过快,股市过热 |

### (三)发挥货币政策的“预调”、“微调”功能

世界各国在货币政策调控模式选择上,无一例外地奉行“相机抉择”模式。美联储利率的频繁调整众所周知,中国存款准备金率的变动曲线也不是水平的。从中国货币政策表述的繁复多变中,可以看到货币政策实践对“单一规则”的实际否定(见表 13－8)。

表 13－8　中国货币政策的具体表述(1985～)

| 年份 | 货币政策表述 |
|---|---|
| 1985 | 紧缩银根 |
| 1986 | 稳中求松 |
| 1987 | 紧中有活 |
| 1988 | 从“松”到“紧” |
| 1989 | 坚持“紧缩银根” |
| 1990 | 适时调节 |
| 1991 | 优化信贷结构，盘活资金存量 |
| 1992 | 从严控制货币、信贷总量，加强调控力度 |
| 1993～1998.10 | 适度从紧 |
| 1998.11 | 适当的货币政策 |
| 1999～ | 稳健的货币政策 |

由此，在货币政策调控模式选择上“相机抉择”有其存在理由；以不变应万变的“单一规则”只是理论模型，没有实践价值。政策就其本质而言，是为解决短期问题。货币政策“相机抉择”是现实选择，问题是，中国货币政策操作过程中，对货币政策的表述太过繁复，也太不规范。

## 第五节　货币政策的国际协调

经济全球化已成为不可抗拒的历史潮流。为此，研究货币政策有效性不能不探讨经济全球化条件下货币政策的国际协调。

### 一、现行多元化的国际货币体系及其存在问题

现行国际货币体系纷纭复杂，呈多元化的态势。具体地说，金本位制下的国际货币体系已经作为历史陈迹，退出历史舞台；金汇兑本位制的国际货币体系的痕迹依然存在；以美元为中心的布雷顿森林体系并没有“终结”和“崩溃”，它依然有重大的影响力；牙买加体系并没有完全动摇布雷顿森林体系，而只是对以美元为中心的布雷顿森林体系的继承和修补；世纪之交，欧洲货币体系开始崛起，作为国际货币体系的一个重要板块，发挥着越来越重要的作用。与此同时，还存在货币局制度(currency board arrangement )、联系汇率制度(linked exchange rate system)“美元化”(dollarization)等国际货币体系的另类形式。总体而言,现行国际货币体系给人的一个感觉是多元化的“乱”。国际金融市场动荡不安、国际金融危机的频繁爆发充分说明现行多元化的国际货币体系存在许多问题。

布雷顿森林体系建立以来,国际储备货币多元化。但无论美元、日元还是新近崛起的欧元,都难以独立承担起国际储备货币的重任。多种货币充当国际储备货币,难免使汇率问题复杂化。同时,也不符合一体化市场上货币排他性的本质特征。

布雷顿森林体系下,产生了国际货币基金组织,牙买加体系进一步强化了职责。国际货币基金组织的宗旨是,通过会员国共同研究和协商国际货币问题,增进国际货币合作;促进国际贸易的扩大和平衡发展,开发会员国的生产资源;促进国际汇兑、稳定货币汇率,避免竞争性的货币贬值;协助会员国建立多边支付制度,消除妨碍世界贸易增长的外汇管制;协助会员国克服国际收支困难。本来,国际货币基金组织应该承担起国际金融协调的责任,但事实上难当大任。由此,当前缺乏一个强有力的国际协调机构。

## 二、经济全球化条件下货币政策的国际协调

### (一)关于改革国际货币体系的讨论

如何改革国际货币体系,是普遍关注、热烈争论的问题。涉及汇率制度、国际本位货币等诸多方面。其中关键问题之一是国际本位货币的确定。

关于货币本位问题曾有三种观点:①恢复金本位论。该观点认为,金本位能够提供一个稳定和调节机制。但是,金本位形成和消亡的历史本身说明恢复金本位已经不可能了。现在,虽然黄金仍然在国际储备中占有一席之地,但比重已微不足道。②恢复美元本位论。该观点认为,无论在国际支付或国际储备中,美元依然占绝对优势;多种货币储备体系要受多国经济状况和政策的影响,可能比美元本位还脆弱。③多种货币本位论。该观点认为,在目前世界日趋多中心、多极化的形势下,国际货币多元化是一种必然选择,欧元崛起是一个例证。为解决以主权国家货币充当国际货币所面临的难题,曾有过发挥国际机构的作用,建立特别提款权本位的建议。但如何使国际货币基金组织真正履行世界中央银行的职能,是否能统一管理好国际储备并掌握好国际货币的发行,如何合理分配特别提款权等,都是很难解决的问题。

### (二)经济全球化条件下货币政策的国际协调

没有相对稳定的国际本位货币,就没有稳定的国际货币体系;没有稳定的国际货币体系,就谈不上货币政策的国际协调问题。要进行经济全球化条件下货

币政策的国际协调,必先以相对稳定的国际本位货币为前提。

理论上讲,经济全球化条件下的国际货币体系应该一元化。但目前的多种国际本位货币如美元、日元和欧元等并存。萨缪尔森和诺德豪斯认为:“1971 年5月15日,尼克松总统正式切断了美元与黄金之间的联系,从而结束了布雷顿森林体系时代:美国不再自动将美元兑换成其他货币或以每盎司35美元的价格将其兑换成黄金;美国也不再在设定美元的官方平价后不惜代价地来维持这种汇率。”①米什金认为:“在布雷顿森林体系下,由于美元是储备货币,即使美元高估美国也不可能降低美元汇率。在60年代,当美国企图用推行通货膨胀的货币政策来减少国内失业时,美元价值高估的‘根本性失衡’的程度加深了。因为顺差国不愿让汇率上升,布雷顿森林体系的调整无法实现,该体系终于在1971 年崩溃了”②。姜波克认为:“当1973 年2月外汇市场再度爆发美元危机时,布雷顿森林体系彻底崩溃了”③。

如果将布雷顿森林体系的内容理解为“双挂钩”,那么,布雷顿森林体系“解体”、“终结”或“崩溃”的说法或许有道理。但布雷顿森林体系的内容远比“双挂钩”丰富多彩得多。广义理解布雷顿森林体系,以美元为中心的布雷顿森林体系没有终结,依然发挥着巨大的调节作用,世界经济运行仍然处于布雷顿森林体系中。

直至1996年底,即萨缪尔森、诺德豪斯、米什金所言布雷顿森林体系崩溃后25年,世界官方外汇储备15 178亿美元,其中,美元储备10 415亿美元,占68.69%。作为布雷顿森林体系的产物的国际货币基金组织、国际复兴开发银行

**表13-9 美国GDP占世界GDP情况** 单位:亿美元

| 年份 | 2001 | 2002 | 2003 | 2004 |
|---|---|---|---|---|
| 美国 | 100 653 | 104 168 | 108 816 | 116 675 |
| 世界总计 | 311 358 | 322 527 | 363 562 | 408 878 |
| 美国/世界 | 32.32 | 32.29 | 29.93 | 28.53 |

资料来源:2004 年、2005 年、2006 年《中国统计摘要》

以及从属于国际复兴开发银行的国际开发协会、国际金融公司依然作为全球性国际金融机构在发挥作用,尽管它们的作用发挥得不好,不能令人满意。作为布雷顿森林体系的主导者的美国的优势经济地位并未动摇。今天,美国仍是超级

① 萨缪尔森,诺德豪斯.经济学(中译本).北京:华夏出版社,麦格劳·希尔出版公司,1999.580

② 米什金.货币金融学.中国人民大学出版社,1998.463

③ 姜波克.国际金融学.高等教育出版社,1999.330

大国，GDP 约占世界 GDP 总额的 30%左右，没有任何一个国家的经济实力与其相提并论。

与此同时，美国的进出口贸易在世界进出口贸易总额中也占有较高的比例，约占 13%左右。

**表 13－10　美国进出口贸易占世界进出口贸易情况　　单位：亿美元**

| 年份 | 1995 | 2000 | 2002 | 2003 | 2004 |
|---|---|---|---|---|---|
| 美国 | 13 556 | 20 404 | 18 963 | 20 296 | 23 443 |
| 世界总计 | 104 390 | 132 510 | 131 480 | 152 470 | 186 480 |
| 美国/世界 | 12.98 | 15.51 | 14.42 | 13.31 | 12.57 |

资料来源：2004 年、2005 年《中国统计摘要》

为了准确把握美国在世界经济中的地位，这里列示出其他七国集团的 GDP 和进出口贸易情况。

**表 13－11　日、德、英、法、意、加 GDP 占世界 GDP 情况**

| 年份 | 日本 GDP 占世界% | 德国 GDP 占世界% | 英国 GDP 占世界% | 法国 GDP 占世界% | 意大 GDP 占世界% | 加拿大 GDP 占世界% |
|---|---|---|---|---|---|---|
| 2001 | 13.3 | 5.92 | 4.57 | 4.20 | 3.50 | 2.23 |
| 2002 | 12.3 | 6.12 | 4.81 | 4.81 | 3.66 | 2.22 |
| 2003 | 11.9 | 6.60 | 4.93 | 4.93 | 4.03 | 2.29 |
| 2004 | 11.3 | 6.64 | 5.23 | 4.90 | 4.09 | 2.39 |

资料来源：根据 2004 年、2005 年、2006 年《中国统计摘要》有关资料计算

**表 13－12　日、德、英、法、意、加进出口贸易占世界进出口贸易情况**

| 年份 | 日本 占世界% | 德国 占世界% | 英国 占世界% | 法国 占世界% | 意大利 占世界% | 加拿大 占世界% |
|---|---|---|---|---|---|---|
| 1995 | 7.46 | 9.45 | 4.84 | 5.65 | 4.21 | 3.45 |
| 2000 | 6.53 | 7.97 | 4.78 | 5.06 | 3.60 | 3.96 |
| 2002 | 5.73 | 6.41 | 4.75 | 5.02 | 3.75 | 3.64 |
| 2003 | 5.60 | 8.85 | 4.53 | 5.07 | 3.79 | 3.39 |
| 2004 | 5.47 | 8.73 | 4.34 | 4.90 | 3.75 | 3.19 |

资料来源：根据 2004 年、2005 年《中国统计摘要》有关资料计算

可见，西方七国集团中位居世界第二的日本的 GDP 也只占美国 1/3 强。其他五国 GDP 之和只有美国 76.11%。基此，美国在世界经济中的主导地位牢不

可破。就进出口贸易而言，美国占世界进出口贸易总额的12.57%。紧随其后、位居世界第二的德国进出口贸易总额，也占世界进出口贸易总额的9%左右。

世界经济潮起潮落，美元难保一直能够保持优势。美元充当国际储备货币自然以美国的经济实力为后盾。美国一国要承担起稳定世界经济的责任，其困难显而易见。

国际货币基金组织本来负有协商国际货币问题，增进国际货币合作，促进国际贸易的扩大和平衡发展等职责，但实际上没能很好地履行职责。当然，原因多方面。最主要的原因在于缺乏权威性。国际货币基金组织缺乏权威性的原因，又在于世界领域的单边主义在作祟。为此，必须对国际货币基金组织进行改革，赋予并强化其世界中央银行的历史使命。与此同时，必须维护和加强国际货币基金组织的权威性，一切国际货币金融问题都必须在国际货币基金组织的框架下通过协商解决，不能抛开国际货币基金组织自行其是。美国、日本和欧盟抛开国际货币基金组织施压中国人民币升值，即是对国际货币基金组织权威的蔑视。

国际货币金融问题实质是经济问题，经济问题的实质又是国家利益问题。为此，真正解决国际货币金融问题必须协调各国的经济利益。否则，对国际货币金融问题就难以求得解决。

# 第十四章　金融聚集:交易、信息与金融中心

## 第一节　金融集聚的相关理论

19 世纪末 20 世纪初,金融业空间分布与集中趋势的研究,吸引了一些经济学家的视线。Powell(1915)在《货币市场的演进》中详细描述了银行聚集并集中在伦敦的金融机构演进过程;1955 年法国学者简·拉巴斯(Jean Labasse)最先从地理学的视角涉及到金融中心的研究,描述了里昂地区银行网络的发展,以及中心城市间的金融联系[①]。此后,在 20 世纪 70 年代,西方经济学界掀起了金融中心研究的阵阵热浪。在关于金融中心的众多流派中,金融集聚理论独树一帜。金融集聚理论从金融聚集效益出发对金融中心的形成进行理论阐释,更多意义上是一种"由果推因"的金融中心形成解释,即金融中心的形成是为了获取高的金融聚集效益。

### 一、金融集聚的交易成本理论

Vernon (1960) 认为,城市吸引着具有巨大不确定性、需要面对面接触的产业和服务业,吸引着那些以较快的互动速度为必要条件的行业。纽约港吸引了批发商,批发商带来了金融机构,金融机构又引来了全国性公司的核心机构。实践证明,产业集中为金融产业成长提供了承载空间,金融产业成长是产业集聚的动力性条件和重要力量,国际性金融中心总是出现在经济高度发达的经济中心。

虽然并非所有的金融中心都是由区域产业经济发展的带动形成,但大多数金融集聚区都可以成为需求推动型金融中心,特别是在其发展的初级阶段,是区域产业集聚的伴生物。产业集聚区金融机构的数量、种类的增加和规模的扩大、金融制度的完善和金融市场的发展能够通过信用机制的积累、储蓄时交易成本

---

① 温斯托·劳拉詹南. 金融地理学. 商务印书馆,2001

和信息成本的减少来改变本地区消费和储蓄的弹性比例，增加实际储蓄比重，形成以利益为导向、互补和竞争并存的多元化储蓄-投资渠道。金融中介的发展，能够凭借反映资金稀缺度和收益报酬率的利率杠杆和多样化的金融资产有效地分配储蓄，引导储蓄流向高收益的投资项目。同时，通过提高金融机构的业务能力和金融市场的运作效率，降低金融中介的交易成本，保持资金供给价格在较低的水平上，刺激投资主体竞相投资，从而达到缩短储蓄-投资转化的周期，促进有效资本的形成。在集聚资源和配置资源的过程中，资本市场可以分摊和细分与单个投资项目相关的成本和风险，推动区域经济集聚的进程。金融产业的成长通过减少信息成本、加快各种金融信息传递速度，扩大信息分布范围，促进资本在区域间的流动和国际贸易发展，为吸引、应用域外科技成果开辟途径，减少科技成果转化成本，促进科技进步，推动产业集聚。

## 二、金融集聚的高流动性理论

虽然在初期成长阶段，金融集聚以实体经济为依托，但金融产业达到一定的规模，金融本身的高流动性将加速金融集聚，使其甚至超过产业集聚的进程。

金融活动交易成本越低，金融产品的流动性越强，进而金融市场的效率越高。因此，为了节约金融交易成本，金融业务倾向于向某一些地方集聚，最终导致金融中心的出现。瑞托斯·劳拉詹索（瑞典）(Risto Laulajainen，1998)指出，一种可自由兑换的货币或一个国家的政府债券在实际上是一项商品，在各个地方都可以交易，逻辑上，这种交易更倾向于在流动性好的金融中心进行①。那么，金融中心是如何增强金融产品的流动性的呢？一般认为，金融中心主要从两方面促进交易成本的下降，进而增强金融产品的流动性。

阿伦和桑托马罗(Allen &Santomero，1998)指出，由于资产评估的固定成本存在，从而导致了金融中介相对于个人的优势，因为中介能使成本得到分解，从而比个人更容易分散交易成本，也就是说，更能使每个人分摊到的平均成本下降。由此进一步分析，金融中介的集聚——金融中心——的形成将使上述资产评估成本的下降幅度继续加大，因为更多金融中介的集聚会使得既定的成本分摊力度加大，即投资者可以在众多金融中介机构之中，选择对自己最为有利的一家作为合作伙伴。

由于金融中心不仅是机构、人才和技术的集聚地，还是信息的集中地，为此，在金融中心交易双方能够更加容易地获取相关交易的业务信息，降低原有的信息非对称性，降低信息搜索成本从而提高交易效率。此外，由于该理论主张交易

---

① 温斯托·劳拉詹南．金融地理学．商务印书馆，2001

成本降低进而带来的金融产品流动性提高，是金融中心形成的主要动力，相应地，一些不具备雄厚经济背景的国家同样可以建立金融中心，途径是实施灵活快捷的行政管理、轻松的法规及优惠的税收等区位软环境的优化措施。

## 三、金融集聚的阶段理论

以动态的、成长的观点分析金融集聚，把这一过程分为初级、中级、高级三个阶段，在此过程中，金融由经济发展的伴随逐渐演变为经济发展的核心。

### (一)金融集聚的初级阶段

在一些发展较快的经济区域，产业集聚带动金融产业逐步成长，金融逐步成为产业结构中不可缺少的部门。但受到成长能力限制，金融产业在产业结构中所占的比重较小，但属于发挥基础保障作用的基础产业。金融依然被定位为服务、中介、工具、杠杆，被认为依附于其他产业，是外在和从属的。金融产业初级成长阶段决定了城市的金融职能层次较低、规模较小、强度较弱，一般将此类城市称为金融支点。

### (二)金融集聚的中级阶段

金融产业进入中级成长阶段，开始在区域经济的产业结构中占据较大份额，逐步成为区域经济发展的动力性条件和重要力量，成为推动核心产业聚集的启动器和神经中枢，并对区域社会经济发展起支撑作用。这种状况下的区域金融职能层次较高、规模较大、强度较强，此类城市称为金融增长极。

### (三)金融集聚的高级阶段

金融产业跃升为主导产业，成长达到高级阶段。金融表现出强大的渗透力和推动力，在区域产业结构系统中起着带头作用，在很大程度上决定产业结构未来的发展方向和发展模式。金融产业凭借强烈的极化效应引致更大规模的资金流入，并在一定程度上脱离实体经济，表现出独立运动的特征。区域金融职能层次、规模和强度都达到高峰，此类区域称为金融中心。金融中心是区域金融等级结构的核心。发展到此阶段，金融不仅成为经济的主导与核心，同时也是社会、技术、文化等的信息中心，其整体功能不断扩展与提升，独立运作、追求效率、规避风险的产业特征逐渐凸显，并表现出一定的自组织和自我强化的特征，自身的发展成为更大规模、更高层次成长的条件和动因。这种自我增强特征源于外部经济的正反馈机制。集聚一旦形成，就能通过发挥其外部规模经济和外部范围经济的优势以及区域创新环境弥漫的“产业空气”，既促进区域内现有金融机构的衍生，又增强对区域外部金融机构的吸引力，从而使集聚的规模不断扩张，优势持续累积，体现出“路径依赖”和“累积因果”的自我增强过程。

## 四、金融集聚的信息流理论

信息流理论是新兴金融地理学的一个研究分支,强调从信息角度解释金融中心在地理空间的兴衰变更。该理论认为,金融中心在提供专业及高增值的中介服务的同时,很大程度上依赖信息,一个金融中心不单是信息的收集者和使用者,也是将低层信息升华为高层信息的中转站。信息与金融中心有一种唇齿相依的关系。前者的性质和流量主导着后者发展的步伐和方向,后者亦将前者引导向高层次化。简言之,信息流是金融中心发展的先决条件,金融业也可被理解为"高增值"的信息服务业。波带厄斯(Porteous,1995) 强调塑造和发展金融中心的背后力量,大致上可以从"信息外在性"( information externalities) 、"信息腹地"( information hinterland)、"国际依附性"( international attachment)、"路径依赖"( path dependence)和"不对称信息"(asymmetric information) 来解释①。这些背后力量是金融中心地位兴衰的决定因素,金融中心发展需经历两个阶段: ①首先创出一个最方便到达,同时又能以最高利润去开发有关信息流的"信息腹地"; ②着重对外界(与其他信息腹地和心脏带) 的联系,而条件在于该地区能否频繁而有效地接收运用外来信息。信息之所以成为塑造金融中心的最关键因素,在于信息具有的几个显著特征:

### (一) 信息的外在性

金融机构本质上是依靠经营信息赚取利润。在金融集聚区,金融机构的互动能产生大量具有经济利益的信息,很多信息的传播具有高速性和低成本性,特别是在一定程度上具有公共产品的性质,巨大的"信息外在性"使金融机构的集结能在信息量倍增中获益,产生信息套利活动。

### (二) 不对称信息

信息不对称被认为是金融中心发展的最关键因素。波蒂厄斯认为,尽管存在当今的电信革命,借贷双方的物理距离仍是金融交易的重要影响因素。他认为在证券抵押的二级市场上(即金融产品相对标准化的流动市场),借贷双方的相邻性大大影响到证券的收益;在金融产品非标准化的市场上,信息不对称创造了更大的空间效应,银行由于与借贷者在距离和关系上的邻近性,导致有关非标准化贷款的风险减少。

---

① Porteous D. J. The Geography of Finance : Spatial Dimensions of Intermediary Behavior[M]. Avebury, England. 1995

### (三) 默示信息

不对称信息与默示信息是指意义含糊、不明确和难以理解的，并且具有广阔文化和社会背景的信息①。这种信息的传递与获得具有歧视性和边际成本递增性，要想准确解释默示信息的内涵和价值，最好的办法就是尽可能的接近信息源。在全球化经济体系中，由于金融市场日趋投机，金融机构更应该进驻信息中心地，凭借“地方”信息看清市场②。当金融机构为了冲破地理约束，大规模集中到信息源时，金融中心随之产生。对于信息流理论，波蒂厄斯(1999) 还指出“信息外在性”和“路径依赖”能协助研究者了解金融中心在区内主宰的因素；而“不对称信息”和“信息腹地”理论能有效解释为什么金融中心地位会被其他中心取代。

综上所述，信息流理论强调信息在金融中心形成过程中的主导作用，充分结合了信息经济的时代背景，且最为先进之处在于，它能够对金融中心地理位置的兴衰变迁做出较为合理的解释。

## 五、金融集聚的空间外在性理论

19世纪末期，新古典经济学的完成者马歇尔(Marshall)首次提出了外部性的概念，认为外部性包括两个方面：内部经济和外部经济。其中，前者有赖于某产业的个别企业本身资源、组织和经营效率所带来的经济；后者有赖于该产业的一般发达所造成的经济，往往能因许多性质相似的小企业集中在特定的地方而获得。他认为，这种空间集聚：①能促进专业化投入和服务的发展尤其能提供不可贸易的特殊投入品。②为具有专业化技能的工人提供了集中的劳动力市场，有利于劳动力共享。③独特的非正式信息扩散方式有助于知识外溢，使公司从技术溢出中获益。我们这里所讲的规模经济理论，主要针对的是金融活动的外部经济，又称外部规模经济。

金融业作为一个特殊的行业，集聚的过程与机制虽然不同于一般产业，但是，马歇尔的空间集聚理论对金融集聚仍然有着基本的解释力。首先，金融产品和服务的生产乃至新产品的开发，都需要专门化的配套服务行业的发展，包括投资咨询、信用评级、资产评估、金融专业技术培训机构等。大量的金融机构聚集

---

① Porteous D. J. The Geography of Finance ：Spatial Dimensions of Intermediary Behavior[M]. Avebury, England. 1995

② Thrift N. On the Social and Cultural Determinants of International Financial Centres: the Case of the City of London[M]. in Corbridge S. Martin, R. L. and Thrift N. (eds), Money, Power and Space, Blackwell, Oxford. 1994

在一起能扩大需求市场来维持众多中介机构的存在,形成专业化的供应网络。这个网络越密集,竞争越激烈,关键的设施和服务越容易获得,而且越容易享受到合理的价格和更高的服务效率。集聚的金融机构可以支持更多专业化的附属产业,反过来,这些专业化的工业的优势使这些金融机构更有效率。第二,金融机构集聚能培育出可以共享的金融劳动力市场。不同经营水平的金融机构吸引不同层次的金融专业化人才,并可以通过不同经营状况下的余缺调剂实现人才共享。第三,金融集聚所产生的非正式信息包括所谓的缄默知识和黏性知识的外溢,使不同的金融企业从知识溢出中获益,成为创新的重要源泉。缄默知识是指在传播中不易留下痕迹的知识;具有高度语境限制的、不确定的知识则称为黏性知识冯·希伯尔(Von Hipple,1994))。缄默知识和黏性知识最好的传播方式是面对面的交流与连续地、重复地接触与联系。这类知识的传播不宜和个人、环境和社会分开,所以产生了知识溢出的地方性,才使空间集聚在知识传播中具有特殊意义。知识溢出既包括产业内公司之间的专业性知识溢出,也包括产业之间的互补性、差异性知识溢出,两者均促进了创新发明。朱英明(2003)将集聚与地方环境在促进创新中的作用相联系,将集聚经济根植于地理区域中,集聚的学习,才是最重要的。金融产业的核心资源即为信息,此类知识溢出、学习和创新效应更为重要。

韩国经济学家 Pak(1999)首先将规模经济理论应用于国际银行业的发展和国际金融中心的成因分析[①],指出,规模经济是指大规模的经济活动所体现的经济优势。具体来说,企业规模的扩大,可以节约各方面的费用,使设备和劳动力配置合理,从而提高生产效率。跨国银行亦可以视作企业,为了降低成本也会采取扩大经营规模的战略。作为这一战略的具体步骤便是在不同的国际金融中心设立分行,将银行服务的成本分散到全球金融业务中去。当一地跨国银行的数量增多、规模增大时,国际银行中心便有形成的可能,国际银行中心是国际金融中心的重要组成部分。潘英丽(2002)对其进行了修正和重新解释,提出,金融中心的建立可以形成如下外部规模经济:节约周转资金余额,提供融资和投资便利;提高市场流动性,降低融资成本和投资风险;金融机构的合作得以开展,其辅助性产业得以共享[②]。此外,冯德连(2004)也进行了类似阐述:外部规模经济是指第二和第三产业的微观经济单位在空间上彼此接近时所产生的降低成本和增加收益的经济效益。它是促成生产和经营单位空间聚集的主要动因。并指出国际金融中心形成的四种外部经济:行业内银行之间的协作;金融机构之间共享基

① 冯德连.国际金融中心成长的理论分析.中国软科学,2004(6):43

② 潘英丽.论金融中心形成的微观基础.上海财经大学学报,2003(2):51

础设施;生产者与消费者之间的邻近;信息沟通的快捷。由此可见,规模经济理论在金融中心形成原因方面的研究强调的是金融外部规模经济,正是由于这种规模经济的优势,才使得金融中心得以建立并不断发展壮大。

## 第二节 国际金融中心的雄踞

### 一、伦敦成为最早的国际金融中心的原因

伦敦是英国最大的城市,也是世界上最早的国际经济中心城市,位于英国东南部泰晤士河畔,距离泰晤士河入海口 15 公里。从 7 世纪起,伦敦成为英格兰的政治中心,但是,直到 15 世纪末,只有 5 万人口的伦敦还只是一个普通的城市。16 世纪中后期起,伦敦开始急剧膨胀,人口达到 20 万人。17 世纪中期,英格兰和苏格兰合并,伦敦成为英国的首都,同时成为英国最大的贸易中心(占全国贸易的 80%)和经济核心。是国内产品的主要输出港口,主要出口产品呢绒和小麦的绝大多数从这里输出;伦敦是进口货物的主要口岸,伦敦的进口量占到全国的 80%,是国际转运贸易的中心和国内的手工业中心。贸易和工业的迅速发展为金融中心的萌发奠定了基础。16 世纪,一批诸如东印度公司等的特许贸易公司都是以募集股金的形式建立的,此后不久,伦敦街头和咖啡馆就开始有了股票交易。1773 年,伦敦的皇家股票交易所开始营业,标志着伦敦成为证券交易中心。17 世纪,为了分担海运可能遇到的风险,英国率先出现航运保险业。1688 年,爱德华·劳合开设了一家咖啡馆,这家咖啡馆逐渐成为进行海运保险交易的中心。1720 年,英国议会通过一项法案,规定海运保险业只许在劳合咖啡馆进行,这标志着伦敦海运保险市场正式形成。1694 年,英格兰银行成立,伦敦逐渐成为全国的金融中心①。

19 世纪,工业革命使英国的生产力发生了质的飞跃,经济实力令其他国家望尘莫及,对外贸易迅速扩张,殖民地遍布全球。与此同时,英国建立了当时世界上最完善的银行制度,积极辅助英国对外经济扩张。当时的英国是世界上最大的工业品生产国和输出国,英镑也就成为当时世界上最主要的结算货币。一战前夕,英国的海外投资占西方总投资额的一半,全球 40%以上的国际贸易结算通过英镑完成,英国成为国际资本的供应国,以绝对优势取得了国际金融领域的统治地位。英国的首都伦敦也就从国内的工业中心、贸易中心和金融中心,发展成当时整个世界的工业中心、贸易中心和金融中心。一些世界领先的银行、保险、证券、航运、商品、期货以及其他金融服务和市场都在此落户。

① 蔡来兴.国际经济中心城市的崛起,上海人民出版社,1995

第一次世界大战后,英国的国力衰退。民族解放运动的兴起使得其殖民体系开始瓦解,军事实力下降。出口减少了近一半,传统的国际市场被新兴的工业国家抢走,战争还令英国欠下了巨额债务①。相应地,英镑作为主要的国际结算货币和国际储备货币的地位也大大削弱了。1929 年的世界经济危机又给英国带来了致命的打击,英国在世界工业生产的比重从 14%下降到 9%,在伦敦驻扎的国际金融机构开始寻找新的落点,伦敦的国际金融中心地位开始衰落。但是,伦敦仍然拥有当时世界上最发达最完善的银行设施,所以,与美国的纽约并列成为当时的两大国际金融中心。第二次世界大战后,英国的经济呈现出虚弱的态势,英镑的绝对国际主导地位被美元取代。失去了经济上的强大支持,伦敦第一国际金融中心的地位被纽约超越。

20 世纪 50 年代,伦敦迎来了复苏的机会。由于当时东西方处于冷战状态,苏联和东欧国家需要为其积累的美元寻求一个在美国之外存放和使用的市场,以逃脱被冻结的风险。于是,伦敦的银行吸收了大量的美元存款。1957 年,英镑危机,英国政府禁止伦敦的银行向第三方的贸易进行英镑融资,进一步促使银行多吸收美元存款从而进行美元贷款。于是,伦敦成为最早最主要的境外美元市场。60 年代,美国政府为了抑制美元外流颁布了一系列政策,这些管制措施促进了欧洲美元市场的繁荣,大批外国银行到伦敦开设分行②。到 1982 年底,外国银行在伦敦的分支机构达 449 家,世界上 100 家大银行中有 94 家在伦敦设立了分支机构。美国银行在国外交易额的近一半是通过在伦敦的分行经营的。古老的国际金融中心迎来了她的第二次繁荣。

1986 年 10 月 27 日,英国开始了一次"大爆炸"式金融改革,伦敦的金融机构由分业经营走向混业经营。虽然经济学家对这次金融改革的评价不一,但新的政策吸引了更多的外国金融机构进驻伦敦,本地的金融机构也积极地走向海外开展业务。截至 2001 年,伦敦共有 680 家银行,银行数居世界各大城市之首,其中,外国银行 307 家,在伦敦银行拥有的总资产达到 17 439 亿英镑。伦敦的国际金融中心地位进一步回升。

毫无疑问,伦敦作为全球性国际金融中心具有悠久的历史,是最早的国际金融中心。英国金融中心的形成与其经济发展密切相关,是伴随着英国经济地位的上升而自发形成的内外一体集成性的国际金融中心。英国最早建立资本主义经济制度,解放了生产力,刺激了资本主义经济的发展。第一次工业革命之后,英国经济飞速发展,航运事业和进出口贸易的兴盛诱使大量金融机构在伦敦聚

① 游碧蓉. 透视国际金融中心的百年变迁. 亚太经济. 2001(2)

② 谢太锋. 国际金融中心论. 经济科学出版社,2006

集，以满足国际贸易融资结算的需要。同时期，英国资本市场的快速壮大使伦敦作为国际商业和金融中心的重要地位迅速凸现。工业革命的发展使英国成为世界最早的资本主义强国，英镑随之成为国际间主要支付手段之一。英国号称日不落帝国，殖民扩张推动了国际贸易的大发展，与此同时，国际结算和规避国际贸易风险产生，伦敦逐渐成为国际金融中心。19 世纪初，伦敦作为欧洲以及世界金融中心的地位超越了阿姆斯特丹、汉堡和巴黎，吸引了大量外国银行在伦敦驻足，伦敦的金融集聚规模日渐显现，英镑成为最重要的国际货币，至今，伦敦仍然是世界上至关重要的金融中心。

## 二、纽约如何成为全球最重要的国际金融中心

纽约既是美国最大的金融中心，也是世界最大的金融中心，从美元作为主要的国际储备货币及其在国际货币市场上所占的比重、资本的输出入、贸易结算量和美国跨国银行在世界市场上的垄断地位等各方面来说，纽约金融中心居世界首位。美国强大的经济实力是纽约作为世界最大金融中心的基础。虽然美国的经济实力由于日本和西欧的迅速发展和新兴工业国家的崛起，已相对下降，但对世界经济的影响，仍首屈一指，纽约作为世界最大金融中心的地位仍未动摇。

纽约位于美国东北部大西洋沿岸，哈得逊河注入大西洋的河口处，市区由曼哈顿、布朗克斯、布鲁克林、昆斯、里士满 5 个区组成，面积 945 平方公里。出于城市不断向外扩展，纽约与东北新泽西、长岛一起形成标准都市统计区，其面积达 7 000 平方公里。内有广阔的腹地，外有天然良港，是北美新大陆首先开发的地区之一①。

纽约国际金融中心的形成和发展，与两次世界大战密切相关。早在 1810 年，纽约就已取代费城成为美国最大的金融和商业中心。19 世纪末到 20 世纪初，国际金融交易集中在伦敦。1913 年，美国联邦储备制的建立，使美国的银行体系得到了完善，保证了商业银行的清偿能力，促进了金融机构的迅速增加。随着经济的发展和工业生产实力的增强，美国在第一次世界大战以后成为世界最大的债权国，美元地位上升，成为国际贸易和清算的重要手段。美国资本的大量积累和有利的国际收支地位，使资本输出大量增加，国力超越了西欧。世界经济中心从欧洲转移到北美，纽约作为国际金融中心的地位迅速得到发展，并取代伦敦成为世界金融中心。1933 年，美国通过了“银行法”，建立起银行存款保险制度，成立联邦存款保险公司，使美国的金融环境更加优化②。

① 蔡来兴．国际经济中心城市的崛起．上海人民出版社，1995

② 王传纶．国际金融百科全书．中国金融出版社，1993

第二次世界大战爆发后,纽约金融中心加快了发展,在国际金融领域中的地位进一步加强。凭借在战争中膨胀的经济和金融实力,建立了以美元为中心的世界货币体系——布雷顿森林货币体系,美元成为世界各国最主要的储备货币和国际清偿货币。二战后,西方国家和发展中国家的外汇储备,大部分存放在美国,其中相当大的部分是美国金融市场的证券,特别是财政部发行的国库券。而纽约联邦储备银行作为中央银行的代理,代为保管外国中央银行储备资产。世界各地的美元买卖,包括欧洲美元、亚洲美元市场的交易,都必须在美国,特别是在纽约的银行账户上收付、演算和划账,这使纽约成为世界美元交易的清算中心。此外,每年有着庞大的进出口贸易量,而纽约作为其重要港口,承担着大量的贸易结算业务。美国对外汇管制较少,资本流动比较自由,各种金融机构云集纽约。

但是,纽约国际金融中心的开放程度逊色于伦敦(当时外国银行不能跨州经营)。20 世纪 60 年代末 70 年代初,为了改善国际收支状况,美国政府加紧资本项目的控制,造成欧洲美元市场的崛起,美国的金融管制为伦敦国际金融中心的复兴带来了契机。

20 世纪 70～80 年代,随着布雷顿森林体系的解体,国际范围内出现了浮动汇率和利率盛行、国际储备多元化的局面,加之日本和西欧国家的复兴以及一批国际金融中心的涌现,纽约国际金融中心的竞争力减弱。1981 年 12 月,美国联邦储备局批准建立纽约离岸金融市场,在纽约的本国和外国银行、储蓄机构通过设立所谓的“国际银行设施”(International Banking Facility)在国内从事“欧洲货币”业务。国际银行设施并不是独立于银行之外的专门机构,而是银行为记载其开展的非居民国际业务以及与此相关的收支状况而专门设立的一套资产负债账户。纽约国际金融中心的国际银行设施具有以下特点:一是国际银行设施的交易严格限制于会员机构和非居民之间;二是属于国际银行设施的交易可不受存款准备金、利率上限的限制,也不必交存款保险、利息预扣税和地方税。三是存放在纽约国际银行设施账户上的美元视同境外美元,与国内美元账户严格分开①。

与伦敦金融中心内外一体集成性的高度自由化相比,纽约的离岸金融市场受到的管制要严厉的多,内外分离是显著特征。但是国际银行设施的设立,使得纽约的离岸金融市场获得了很大发展,美国的银行不必利用境外离岸金融中心,就能在一种大致相似的环境中与非居民进行欧洲货币交易。大量的欧洲美元被吸引回国内,大大提高了纽约作为国际金融中心的地位,也使国际金融中心的发

① 王传纶. 国际金融百科全书. 中国金融出版社,1993

展跟上了时代的潮流。在国际银行业务设施批准后短短两个月内,就有 260 家美国银行和外国银行建立了这种设施。

综上所述,一战期间的商机使美国经济再度飞速发展,同时,美联储体系的建立和银行体制的改善,大量金融机构向纽约迅速集聚。伴随经济实力的扩张,美国在国际金融领域开始向英国宣战,恢复战前的金本位制,美元与黄金保持稳定兑换。为此,纽约无可厚非地担负起国际范围内融通资金的任务,纽约成为重要的国际金融中心,与伦敦平分秋色。二战后,美国构筑了美元的中心地位,美元取代英镑成为最主要的国际结算货币和国际储备资产,大量的国际金融机构和资本欢聚纽约,营造了最大的国际金融中心。纽约金融中心的形成与发展,反映了经济实力是金融中心的物质基础,也揭示了政治经济局势变迁对金融中心提供的环境与机遇。

纽约的金融中心形成模式是典型的自然演进模式,当然,在金融中心的形成过程中,美国政府和金融监管当局的金融管制政策,纽约对于城市基础设施和华尔街地区建设的重视,以及发达的社会服务和商务环境,也发挥了潜移默化的作用。

## 三、法兰克福金融中心的成长与经济基础

法兰克福位于德国的中部,是德国的商贸金融中心及制造业的中心。1402 年,法兰克福成立了第一个票据交易所,1546 年,在麦茵市开始铸造硬币,1585 年,法兰克福证券交易所诞生。从 15 世纪开始,商业贸易发展为法兰克福在 19 世纪跃升为欧洲金融中心打下了基础。1947 年,法兰克福被指定为英国、美国与法国统一经济区域的总部所在地;德国的中央银行——德意志联邦银行——于 1957 年 7 月 25 日在此启程。

随着欧洲经济和政治统一的步伐,法兰克福越来越具有重要性,1992 年 10 月 29 日在布鲁塞尔召开的欧盟高峰会议上,12 个欧盟国家决定将欧洲中央银行设在法兰克福。2002 年 1 月 1 日,欧元诞生。经过历史的洗礼,法兰克福成为欧洲经济的象征,成为名副其实的欧洲金融首都和世界上的重要金融中心之一。

据 2007 年统计,法兰克福有银行 385 家,其中,外国银行 248 家。德国的三大商业银行,即德意志银行,德累斯顿银行和商业银行的总部全都设在此地。全德 90%的股市交易在法兰克福的证券交易所完成。

法兰克福作为欧洲金融中心城市的地位得以确立,很大程度上得益于德国在欧洲的政治经济地位的提升和欧洲经济一体化的加速。德国是一个开放性经济国家,对外贸易总额约等于国民生产总值的一半。20 世纪 70 年代后,德国马

克逐渐发展成为仅次于美元的国际货币。汇率一直坚挺。因此，德国的货币市场和资本市场对外国投资者的吸引力愈来愈强。加之法兰克福地理位置优越，交通和通讯发达，具有悠久的金融传统，又是德国中央银行和许多商业银行的所在地，因此，自然成为外国银行设立机构的理想地点。世界前 25 名的大银行中有 20 家在法兰克福设有分支机构。除商业银行代表处外，还有日本和意大利两国的中央银行代表处。

## 第三节　亚洲国际金融中心的崛起

### 一、东京国际金融中心的确立

东京是日本的首都，也是日本的经济、金融和商业中心。东京位于日本最大的岛屿本州岛的东部，北依关东平原，南临东京湾，面积 2 162 平方公里。与伦敦、纽约等国际经济中心城市相比，东京起步较迟，发展道路比较曲折。19 世纪中叶明治维新后才进入现代化进程，其后一度发展较快，但是，1923 年东京遭到了大地震的严重破坏。30 年代初，东京尚未完全恢复，又卷入第二次世界大战。因日本战败，战后日本经济曾极度萧条，东京未能幸免。经过 20 世纪 50 年代初期恢复正常业务以后，在 60 年代后期到 70 年代初期的经济高速发展时期，迅速扩展起来。东京也从日本的政治、经济中心转变为全球三大金融中心之一[①]，亚洲第一大金融中心。

东京是世界最重要的证券交易中心之一。1987 年，各证券交易所上市公司的数量，伦敦为 2 101 个，其中外国上市公司 584 个；纽约为 1 516 个，外国上市公司 59 个，东京为 1 499 个，外国上市公司 52 个。股票的总市值，纽约为21 000 亿美元，东京为 18 000 亿美元，伦敦为 4 710 亿英镑。股票的年成交额，纽约为 13 000 亿美元，东京为 9 550 亿美元，伦敦为 1 330 亿美元。至 1989 年底，东京证券交易市场的总市值达 36 000 亿美元，纽约证券交易市场的总市值为 21 900 亿美元。

东京离岸金融中心创设之后发展很快，截至 2007 年 6 月底，有 400 多家金融机构加入，是仅次于纽约的第 2 大离岸金融中心。在日本雄厚经济实力支持下，加上日本原有的各类金融市场也不断扩展，东京在较短的时间内逐渐发展成为与纽约、伦敦实力不相上下的全球性金融中心，是亚洲地区国际金融中心的佼佼者。

20 世纪 70 年代以前，日本政府对金融市场的管制比较严格。如对利率、外

---

① 蔡来兴．国际经济中心城市的崛起．上海人民出版社，1995

汇、资金流动方向、债券的发行等都有较严格的控制、国内金融市场与海外长期隔离等，所以，在东京金融市场上，企业向社会筹资的传统方式主要是间接融资。企业外部资金主要通过金融机构向资金供给者间接筹集，而通过股票和债券从证券市场直接触资方式筹集资金的比重相对较小。个人和企业的储备资金多数通过银行等金融机构流向企业。20 世纪 70 年代后期，日本金融市场放松管制，逐步实行自由化政策，如 1977 年债券市场开始自由化，1978 年 10 月短期放款利率实行自由化，1979 年 10 月票据利率全部实行自由化，1984 年以后进一步放松了国际债券发行的限制。除了外国公司以外，州和地方政府、政府机构亦可以发行欧洲日元债券，而且放松了发行的数量和次数。金融自由化措施强化了市场因素在决定利率和资金流动方向方面的作用。在市场结构方面，东京采取境内外市场分离的方式，在境内及离岸业务之间筑起一道围墙。所有离岸交易均需通过独立的账户进行，资金从离岸市场转移到境内市场，必须遵循兑换日元的规则办理。在经营方便及优惠方面，东京市场同纽约、伦敦一样，豁免利息限制及取消存款准备金要求，同时还采取豁免非居民存款利息预扣税措施，但不豁免离岸公司业务所得税。在经营业务方面，东京市场既可以进行欧洲货币市场的各种外币交易，也可以进行本国货币——日元——的交易。但为保证内外市场隔离，东京市场不准经营可转让存款证以及银行承兑汇票等具有转让性的证券业务①。

日本经济的稳定增长和对外贸易的巨额顺差，使其外汇储备迅速增加，金融实力和地位进一步提高。l980 年底的《新外汇管理法》和 1984 年中的《日元——美元委员会报告书》的发表和实施，大大加速了日本金融自由化和日元国际化。推动了东京国际金融中心的形成。随着日本国内和国际金融市场的开放.证券投资和资金筹措的国际化发展很快，无论居民和非居民的证券投资额，还是在海外市场和日本市场筹措资金额都有数倍乃至数十倍的增长。日元在国际贸易中所占的比重现仅次于美元和德国马克，在国际储备货币中仅次于美元居第二位。到 1985 年底，日本已是世界最大的债券流通市场，1987 年日本股票市场交易额和总市值超过美国成为世界之最。日本还成为世界最大的债权国，东京金融市场的国际贷款额超过伦敦，居世界第一。到 80 年代末以来，由于“泡沫经济”的消失，东京股票的规模有所缩小，现次于纽约居世界第二位。

二战后，日本发展为具有雄厚的经济基础的国家，日本制造业的发展为经济腾飞乃至东京国际金融中心的形成都起到了关键作用。与此同时，政府在有目的引导方面发挥了积极作用。

---

① 史美麟.国际贸易与国际金融.华东理工大学出版社，2003

## 二、香港国际金融中心的逐步建立

香港由香港岛、九龙半岛、新界组成，是我国的一个特别行政区，拥有著名的国际金融中心、贸易中心和自由港，被誉为“东方之珠”。到2006年底，香港共有银行391家，其中外国银行296家，银行数居世界第三位；共有注册保险公司200多个，其中50％以上是海外公司；证券市场上市公司总数为867家，全球排名第六；日均外汇成交额全球排名第五。

根据麦卡锡的分类方法，香港不是一个仅为避税漏税方便而提供注册和记账的场所，而是名副其实的多功能国际金融中心。香港的金融体系由紧密联系的金融机构和市场组成，受到不同形式的监管，为香港和国际的客户及投资人士提供各类投资工具和服务。香港拥有发达完善的外汇市场、银行同业拆借市场、股票市场、黄金市场，这些市场均交投活跃，与世界市场保持紧密联系。

在香港营业的外国银行和金融机构享受和本地银行和金融机构一样的待遇，不受限制。本地银行和金融机构也可以到境外经营业务。从这个角度来说，将香港界定为离岸金融中心似乎不恰当（离岸金融中心是针对金融市场内外区隔）。

在亚洲地区，香港扮演中介人的角色，将资金由欧美先进国家引导至区内各国。香港的主要资金来源为美国和西欧，主要资金借入者为亚太地区经济迅速发展的国家。尽管香港有着广泛的国际联系与影响，但仍然是一个区域性的国际金融中心。原因在于：①港币虽为可自由兑换货币，但并非有影响的国际储备货币，在国际收支体系中的影响力有限。②香港作为国际金融中心的影响主要体现在亚太地区。是世界各国银行及金融机构通往亚太地区的桥梁，为亚太地区的经济发展提供资金及各种金融媒介服务。③香港虽然是开放性的国际金融中心，但仍具有浓厚的东方色彩。在香港金融业中，华人经济的力量不可小视[①]。

20世纪60年代，香港成为亚太地区一个重要的转口贸易中心，通过香港进行的国际交易规模不断扩大，由此形成的贸易款与华侨汇款构成了香港的主要资金源。70年代，香港在成为一个重要的银团贷款中心的基础上逐渐发展成为离岸金融中心。1965～1978年，由于香港政府既不愿意撤销外币利息税又不愿意发放外资银行执照，使得香港金融业的发展及国际化程度落后于同期的新加坡。1978年，香港政府面对新加坡迅速成为金融中心的压力以及与内地加强经济联系的需要，开始采取一系列自由化措施，巩固香港的国际金融中心地位。

---

① 胡坚．欣欣向荣的国际金融中心——香港．北京大学出版社，1997

1978 年,放宽银行执照限制,大量外资银行涌入香港开业;1982 年,撤销外币存款利息税,大量国际资金重新回流到香港。到 80 年代末,香港作为亚太地区国际金融中心的地位正式形成。

## 三、新加坡国际金融中心的形成

1965 年新加坡与马来西亚分离,独立建国以后,政府决心发展国际金融市场。逐步放松了对黄金和外汇的管制,对外国银行采取开放政策。在原有金融业的基础上,银行业获得重大发展,吸引了一批外资银行在新加坡开设分行。经过几十年的经营,2007 年,新加坡共有银行 325 家,其中外国银行 189 家;共有注册保险机构 189 家;证券市场共有上市公司 500 多家。

新加坡国内金融业务有限,政府对银行的业务实行严格限制。大多数银行只从事境外金融业务,同国内金融业务分开,使得新加坡成为一个重要的离岸金融市场,亚洲美元市场的中心。新加坡以金融业务多样化、活动范围国际化和通讯设备高度现代化,为亚洲和远东地区许多国家提供广泛的金融服务。

1966 年,在新加坡政府的支持下建立了货币市场,其目的是吸引流散在东南亚国家及私人手中的美元。亚洲美元市场建立的初期规模比较小,1977 年以后,由于东南亚及整个亚太地区经济的迅速发展,尤其是石油勘探和其他资源的近一步开发,向亚洲美元市场借款的国家和公司迅速增多,遂使新加坡亚洲美元市场大量吸收欧、美地区的资金而获得迅速发展。

新加坡是典型的政府型离岸金融中心,这种依靠政府的大力推动而形成的金融中心的模式,被称为新加坡模式。新加坡国际金融中心的形成与政府金融立国政策密切相关。1965 年新加坡独立后,新政府明确提出了金融立国的政策战略。1968 年建立了亚洲美元市场,带动了当地金融自由化和国际化的进程。为保持亚元市场的独特地位与优势,新加坡政府不断努力,创造了以税收优惠为主要手段的宽松政策,同时给离岸交易更加自由的待遇,吸引了许多外国银行到新加坡设立分行,促进了金融机构的集聚。而亚洲美元市场在新加坡的成功,直接推动了其成为亚太地区的国际金融中心。

## 四、从亚洲金融中心发展得到的启示

### (一) 利用地理和自然优势发展国际金融中心

一般而言,国际金融中心的形成需要强大的经济实力作后盾,但是,金融自由化浪潮和金融创新的发展,使得经济实力不太雄厚的地区发展成为金融中心成为可能。可以凭借金融中心所在国雄厚的经济综合实力,在提供资本出口基础上发展国际金融中心，也可以以提供离岸金融服务为主建立金融中心。从发展过程上看，亚洲国际金融中心起步晚，发展迅速，这与其大力发展离岸金融业务密切相关。新加坡是比较典型的离岸金融中心，利用了其特殊的地位，在经济发展水平并不太高的前提下，运用金融税收政策宽松和管理灵活，使得世界上大银行纷纷到新加坡设立金融机构开办离岸金融业务，极大地促进了当地金融的发展。

**(二)亚洲金融中心的崛起是抓住了金融自由化的历史机遇**

20 世纪 80 年代是日本金融市场国际化取得重大突破的阶段。由于国际贸易收支出现的大量顺差，使日本成为世界上最大的债权国，造成了日本的国际资本流动剧增和开放金融市场的巨大压力。1985 年，在美欧等发达国家的压力和国内开放金融市场的呼声下，日本实施了金融自由化，依靠高速发展的经济、巨额外汇储备等后发优势，一跃成为当时唯一能与欧洲发达国家金融中心相抗衡的亚洲金融中心。1968 年 10 月美洲银行拟在香港发行亚洲货币单位遭拒，新加坡当局立刻抓住这一难得的机遇，准许该行新加坡分行发行亚洲货币单位，一举获得成功，从此，新加坡依托亚元市场，成为亚洲新的国际金融中心。为了配合金融中心的长期稳定发展，新加坡当局严格限制外国银行的经营范围，只允许其从事离岸银行业务，以便与开放经济小国的国情相适应。目前，新加坡是亚洲最大的美元市场①。1978 年，香港政府面临的国内外环境发生变化，一方面是新加坡迅速成为国际金融中心对香港的压力不断加大，另一方面中国(指大陆)的改革开放使香港与中国内地经济联系的增强，于是，香港政府采取了诸如取消外币存款税、放宽银行执照限制等一系列金融自由化措施，正式确立了亚太地区国际金融中心的地位。

**(二) 政府引导成为促进亚洲金融中心形成的重要因素**

东京、新加坡金融中心的建立是政府有效推动金融中心形成的成功典范。不管是新加坡政府将金融中心的建立作为立国之本，自始至终加以支持，还是东京在经济实力日益强大的基础上对跨国银行体系的设计，大力发展离岸金融业务，还是香港在竞争的压力下放松对金融业的管制，都说明，政府恰如其分的介入能够提高金融中心的服务水平，推动国际金融中心之间的竞争，也能加强本国金融市场的吸引力，浇铸国际金融中心的基石，促进国际交流合作，加速国际金融中心的发展节奏。

① 王湘东. 国际金融中心建设的机遇把握. 上海金融，2006(12)

## 第四节　我国金融中心的发展现状

### 一、上海金融中心的历史与地位

上海是中国近代银行业的发祥地，金融发展史可以追溯到150多年以前。上海开埠前没有银行，资金流通以钱庄为主要载体。1847年英资东方银行首先设立分行，到1936年上海的外资银行已达29家。1905年外资在沪企业股票的众业公所成立，外汇市场的成交量成倍上升；1920年上海成立华商证券交易所；1921年成立标金(即黄金)交易所。1928年，国民党政府在上海建立了包括四行(中国、中央、交通、农业)、二局(中央信托局，邮政储金汇业局)、一库(中央合作金库)的垄断金融体系，民族资本建立的银行如盐业、金城等的总行或总管理处也相继迁到上海，银行在全国各地广设分支机构，所集中的社会货币资本成倍增加。到1935年时，27家重要银行42亿元存款总额中，上海一地据估算即占47.8%。上海成为全国金融中心，辐射能力显著增强，各地利率及其他金融行市以上海为转移，在国内最大的金融中心的基础上，进一步发展成为远东的国际金融中心。

将上海建设成为国际金融中心是一种国家战略，国家支持上海建设国际金融中心，使上海在国际金融中心的形成中能够得到政策倾斜。2005年，国务院正式批准上海浦东新区进行综合配套改革试点，大力发展股票市场和期货市场，把上海建设成为金融创新中心，外资金融机构开展业务中心和内地的资本市场中心。把上海建成为内地资产定价中心、市场交易规则形成中心、资金集散中心和信息集散中心。

2003年，上海推出《推进上海国际金融中心建设行动纲要》，提出向世界国际金融中心迈进的三步走战略。确立了金融在上海经济发展和城市功能优化中的核心作用，为上海金融业的发展指明了方向。围绕三步走战略，上海确立的建设路径是：依托上海完善的金融市场体系，走人民币金融产品创新发展之路，在人民币实现自由兑换、利率市场化进程的推动下，使上海成为投资、交易、开发人民币金融产品的国际金融中心，逐步发展成为区域国际金融中心①。

目前，上海已经初显全国资本运作中心、资金运营中心、资金清算中心和外资在华(在沪)金融机构管理中心的地位。中行、建行已经相应将资金运营中心迁移上海，工行的票据中心和农行的全国性票据中心设在上海，该业务部下面也将设立资金运营分中心。近来，一些股份制银行，如兴业银行的资金运营中心等

---

① 黄解宇，杨再斌．金融集聚论．中国社会科学出版社，2006

也陆续搬迁到上海。招商银行的信用卡中心也在上海安家落户。与此同时，上海具有完善的市场体系，证券市场、期货市场、黄金市场、外汇市场、票据市场等。2004 年，上海期货市场的成交金额占到全国总量的 57%，证券市场交易金额占到 80%左右，产权市场以 3 612.35 亿元继续占据全国首位。世界排名前 200 位的金融机构大部分在上海设立分支机构和代表处。大多数跨国金融机构和投资机构中国区总部设在上海，中国证券登记结算业务运作中心设在上海。

上海是中国的平台，跨国企业到中国来布局首选上海，中国概念成为上海的无形资产，有利于引进外资和总部经济的发展。上海更大的优势在于拥有很好的经济腹地，长江三角洲是中国最大、发展最快、开放度最高的经济圈，是金融体系最为完善，国内金融市场体系最完善、金融业最发达、外向程度最高的地区，拥有中国最大的证券交易所。上海成为中国一个很具规模的国际金融中心，事实上，上海也已经发挥着全国金融中心的重要作用。

考虑到上海较为完善的金融市场体系和较高的国际化水平，周边地区的经济发展程度普遍较高，并有国际金融中心的背景，应侧重向国际性金融中心发展①。

## 二、北京金融中心的特点与影响

中国人民银行、中国银监会、中国证监会、中国保监会总部都在北京，北京理所当然成了中央金融决策中心。与此同时，北京还是国内大型金融机构总部的密集地，总部在北京的金融机构占据了全国金融资源的绝大部分。四大国有银行的总部都设在北京，业务占据了中国银行业务总量的大半壁江山。国家开发银行、中信集团、光大集团、民生银行、华夏银行的总部设在北京，正在着手建立统一数据库的各家银行，一旦把整个银行的资金集中到总部统一运作，就意味着中国银行业资金总量的 80%左右集中在北京。在其他金融机构集聚上，中国人寿、中国人保中国再保险三大保险公司的总部，银河证券、中金公司等大型证券公司的总部，以及中国证券登记结算公司、中国国债登记结算公司都设在北京。北京目前集中运作了中国保险业 2/3 以上的资金，是中国最大的金融结算中心。作为独一无二的全国性金融管理中心和信息发布中心，具有发展金融业无可比拟的管理优势和资金优势。

2005 年 2 月 1 日，北京四部门发布《促进首都金融产业发展的意见》，出台了 16 项鼓励金融企业在北京发展的优惠政策，规定辖内新设金融机构，最多可以从北京市获得 1 000 万元的一次性资金补助，对在京注册的金融机构给予购

① 黄瑞芬. 从层次角度论京沪国际金融中心建设. 时代金融，2006(11)

房补贴和租房补贴，创立金融创新发展基地，提供资金吸引国内外金融人才等。

相对于上海，北京的比较优势在于总部经济和信息优势。北京是典型的总部经济，实际控制着中国经济总量的半壁江山，决策机构、监管机构、几乎所有的“中”字头国企的总部云集北京，还是中国最大的跨国公司总部基地，一半以上的全球500强企业中国总部都在北京。总部操控着整个公司的财权和策划权，掌握着整个公司的命脉和大脑，是制造生意、制造新闻、产生信息最多的地方。从金融地理的角度讲，总部最集中的地方就是最大的金融中心。北京是产生信息最多的地方，金融中心的集聚效应不仅因为金融机构和金融人才的集中，更重要的信息的集中。因此，北京完全有可能成为全国乃至世界范围的国际金融中心，这已被世界上大部分国家的现实所证实。

北京应利用金融机构总部聚集的信息优势建设具有货币市场特征和宏观调整意义的全国性金融中心，这类金融中心起着内向型金融中介的作用，即从外部筹集资金以利于本地区以及周边地区的发展；同时，北京的金融监督管理机构聚集，是金融数据、金融信息发布的中心地，因此，还应起到政策型金融中心的作用，为腹地提供有利的金融政策支持，防范和化解金融风险，保证金融业稳健有序运行，对全国的金融进行宏观调控。从主要服务对象看，北京具有强大的高端信息优势，在为大企业、大财团和大机构提供并购、上市和投融资安排等高端金融服务上更具优势。

## 三、深圳金融中心的创建与特色

在20世纪90年代初，中国的金融市场远未建立起来时，作为经济特区的深圳，率先在市场化的金融机构方面进行了努力，创建了中国最早的股票市场，建立了证券公司和基金公司群体。90年代后期，在获准成为国家的高新技术成果和产权交易中心之后，深圳亦形成了一个占全国近四成的VC机构群体；另外，在银行和保险行业，也为中国打造了两家最具市场竞争力的金融业品牌——招商银行和平安保险。

深圳拥有目前中国两大证券交易所之一，是中国基金管理公司比较集中的城市，目前共有各类金融机构总数140家，其中，国内金融机构110家，包括银行机构19家，证券公司19家，证券机构总数列全国第一，基金管理公司15家，保险公司26家，另外有外资保险机构代表处8家，其他金融机构近30家；外资金融机构24家。与此同时，深圳市已成为全国最大的黄金珠宝集散地，2004年，深圳市加工制造的黄金珠宝产值占全国同行业生产总值的70%以上；黄金珠宝饰品出口占全国的1/3以上。

2003年3月，深圳出台《深圳市支持金融业发展若干规定》，用明确的18项政策巩固和强化深圳区域金融中心地位,成立了市金融资产管理办公室和金融发展决策咨询委员会;设立"深圳金融发展专项资金",为金融机构提供优质的政府服务,对金融创新实施奖励,为金融业发展创造更多的业务机会,充分利用毗邻香港的区位优势,加强深港合作,为金融机构高管人员提供工作生活便利,吸引人才。《规定》强调,大型金融机构在深圳设立总部或地区总部需购地自建办公用房的,所购土地按市场低价给予优惠,并以协议方式出让土地使用权。为落实《规定》,后来又出台《深圳市支持金融业发展若干规定实施细则》,促进金融业发展①。

2004年深圳正式提出要将深圳建设成为中国内地三大金融中心之一(不含香港),并提出了以"一个核心""三大特色"来构建深圳的国家级金融中心地位,即以中国创业投资性的资本市场为核心,以中国金融创新的试验场,连接内外两个资本市场的转换器,中国中小企业、高新技术企业和外商投资企业投融资服务这三大特色为支撑点,积极创造条件,努力构建特色鲜明的中国内地第三大金融中心。具体表现为24条措施,为深圳金融中心的形成提供全面的政策支持②。

与上海、北京相比,深圳无论是在经济总量、金融机构集聚水平上都存在一定差距,但深圳同香港临近,可以接受香港国际金融中心的金融辐射和进行金融业务的交流与合作,推动深圳与香港建立长期、稳定的合作机制,特别是允许香港银行开办个人人民币业务,为深圳进一步加强与香港的金融业务合作提供条件,到2004年底,香港已有43家银行及机构与深圳清算行签订了人民币清算协议。与此同时,珠三角目前是中国最具活力的经济区域,外向型经济发展迅速,将为深圳金融中心建设提供广阔的市场需求。

## 四、内陆城市建立金融中心的争辩

现代城市对于成就金融中心的向往有目共睹。不仅沪京深之间对于全国性金融中心的角逐愈演愈烈,内陆城市间的金融中心之争也直是有增无减。进入2006年第三季度以来,突然发力的天津在新一轮的竞争格局中独领风骚。乐观地预测,如果天津滨海新区宏伟的金融创新与试点计划能够付诸现实,结果将是一个全国性金融中心的诞生。然而,国内对全国金融中心心仪已久的城市并不在少数,甚至也有更多的城市梦想成为国内的区域金融中心。沈阳、大连争做东北的金融中心,西安、成都、重庆争夺西部金融中心,广州争做华南金融中心,武汉争做中部金融中心,各地争相在本地区采取各种优惠政策,力图吸引融机构和

① 深圳市支持金融业发展若干规定实施细则. 深圳融资网,http://www..szrz.com

② 黄解宇,杨再斌. 金融集聚论. 中国社会科学出版社,2006

金融资源的聚集。

从国内的通常发展模式来看，多数城市都是通过谋求国家政策的倾斜与当地资源的调度来实现金融产业聚集。显然，国家政策的倾斜会直接改善当地的金融经济发展环境，从而为当地带来非常可观的经济利益。同样，城市政府自行调度当地资源，例如以开辟金融街的方式，不仅会在短期内形成“账面”上的政府业绩，也会在某种程度上获取由于周边区域金融资源再分配而带来的经济利益。当然，地方政府也要为金融中心行动付出代价，在当地金融业得不到可持续发展的情形下遭受经济利益、声誉或政治利益的损失。

这种金融中心热的现象不但对我国经济金融的发展没有任何好处，反而造成了金融机构资源的分流，使有限的金融资源分散到各地，形成了一种无效竞争。因此，我国有必要借鉴国际经验，采用政府主导的方式，充分利用各城市在地理位置和经济环境方面的优势，发挥各自的比较优势，通过政府部门的人为设计、强力支持、提供优惠政策，由政府主导稳步选择和建立全国范围的金融中心并使其体系化，有效利用各种金融资源，促进各地区经济的协调发展。

# 第十五章　金融深化：管制、深化到金融自由化

## 第一节　金融深化理论的问世

对金融发展的系统研究，始于20世纪60年代戈德史密斯的金融结构论。1973年，麦金农和肖各自的著作相继出版，标志着金融深化理论的形成①。在随后的20多年，这一理论被不断修正、补充和发展。进入20世纪90年代，斯蒂格利茨等新凯恩斯主义者提出了金融约束理论，是对金融深化理论的进一步发展。金融发展理论旨在揭示金融发展与经济发展的关系，研究对象也由发达国家转向了发展中国家。

### 一、金融结构理论

1969年，雷蒙德·戈德史密斯(Raymond W. Goldsmith)出版了《金融结构与金融发展》，该书对35个代表性国家近百年的金融结构及金融发展进行了纵向历史比较和横向的国际比较，力图探寻世界金融发展的共同之路。

为了对金融结构进行定量分析，戈德史密斯创造性地提出了一系列衡量一国金融结构与金融发展水平的存量和流量指标，主要包括：金融资产与实物资产在总量上的比值；金融资产与负债总额在各种金融工具中的分布；金融资产在各类金融机构与非金融经济单位中的分布；金融资产与负债在各个经济部门的重

① 1973年，美国经济学家麦金农和肖在他们先后出版的《经济发展中的货币资本》和《经济发展中的金融深化》两本著作中，从不同角度对发展中国家金融发展与经济增长的关系作出了开拓性的研究，分别提出“金融抑制论”和“金融深化论”。受其影响，一些拉美国家和东南亚国家进行了“金融深化”改革，更使该理论受到普遍关注。本书所提出的金融深化理论，是一个广泛意义上的概念，既包含对“金融深化”和“金融抑制”两种理论的综合，也包括新的金融发展理论。

要程度等[①]。其中,最重要并作为衡量金融发展程度的经典指标,是金融相关比率(financial interrelation ratio, FIR[②]),即某一时点上金融资产与国民财富之比,用来总括性地衡量与反映一国金融的发展程度。但 FIR 的计算过于繁杂,所以,其基本公式更多地被一些较为易于获得的替代指标所代替。所谓替代指标,主要指用金融资产总量对国内生产总值的比率来简化。

通过大量的计量分析,戈德史密斯揭示出这些国家的金融发展带有规律性,认为金融发展就是金融结构的变化和演进。同时指出,金融理论就在于找出影响一国金融结构、金融工具存量和金融交易流量的主要经济因素,阐明这些因素怎样通过相互作用实现金融发展。根据金融相关比率及其他有关特征,戈德史密斯指出,在自由经济中,不同的金融相关比率总是与不同类型的金融相关联。

从各个国家金融结构的共同特点来看,金融结构演变大体经历了三个阶段:首先是金融结构的初级阶段。这一阶段金融相关比率较低,约在 1/5 至 1/2 之间,债权凭证远远超过股权凭证而居于主导地位,金融机构在金融资产余额中所占比例较低,商业银行在金融机构中地位突出;其次是金融结构的发展阶段。这一阶段的金融相关比率仍然较低,债权凭证仍大大超过股权凭证,银行仍在金融机构中居于主导地位。不同之处在于,储蓄率与投资率不太高,金融中介比例较高,政府和政府金融机构发挥了更大的作用,同时,由外国投资的大型股份公司已大量存在;第三是金融结构的发达阶段。这一阶段金融相关比率较高,约在 1 左右,但波动范围较大,一般在 0.75 到 1.25,有时甚至达 2 的水平。尽管债权凭证仍占金融资产总额的 2/3 以上,但是,股权证券对债权证券的比率有所上升,金融机构日趋多样化,从而导致银行体系地位的相对下降,以及储蓄机构和私人及公共保险组织地位的上升。

横向比较各国的金融相关比率及经济特征,在于揭示金融发展的规律:在一定的国民财富或国民产值的基础上,金融体系越发达金融相关系数越高。因此,

---

① 戈德史密斯.金融结构与金融发展.上海三联书店,1994.23

② 金融相关比率的计算公式为:

$$F_T/W_T=\beta_T^{-1}[(Y+\pi+Y\cdot\pi)^{-1}+1][k\eta+\phi(1+\lambda)+\xi]\{1+\theta[(1+\psi)^{\frac{n}{2}}-1]\}$$

$F_T$ 指所有金融资产[债权证券(包括货币、储蓄存款)+股权证券];$W_T$ 国民财富(国内有形资产+国外净资产);$\beta_T$:平均资本一产出比率;$\alpha$:乘数:$\alpha=[(Y+\pi+Y\cdot\pi)^{-1}+1]$,其中 $Y$ 为实际产品增长率,$\pi$ 为价格水平的年变动率;$\delta=k\eta$:非金融部门的发行额与国民生产总值之比率,这里 $\delta$ 应被视为各部门 $\delta$ 的加权平均值;$\eta$:非金融部门的货币发行额与它们的资本形成总额之比率;$\theta$:股权证券的发行额在非金融单位净发行总额中所占的比率;$k$:资本形成总额与国民生产总值之比率;$\phi$:金融单位的发行额与国民生产总值之比率;$\lambda$:分层比率(金融单位相互间的发行额与它们对非金融单位的发行额之间的比率);$\xi$:国外净发行额与国民生产总值值比率;$\psi$:价格敏感型资产的价格变化平均比率。

在经济发展的过程中,金融相关比率会逐步提高,可以根据金融相关比率来衡量金融发展的水平。戈德史密斯认为,虽然各国的金融结构不相同,但是,金融发展的道路基本一致。差异在于始点不同:一是起始时间不同;二是经济阶段不同。因此,各国的经济发展速度也不一样,但很少偏离这条道路。

戈氏还指出,各国金融发展存在着显著的差异,可以分为两条轨迹:一条是金融机构起始由私人拥有和经营,金融发展后期出现了中央银行和社会保险组织;另一条是金融体系全部或部分由政府所有和经营。两条轨迹在理论上是诱致性制度变迁和强制性制度变迁的道路①。

金融发展对经济发展的作用强调,金融机构与金融工具种类越丰富,金融活动对经济的渗透力越强,经济发展越快。不可否认,他阐明了金融因素在经济发展中的重要性,特别是关于发达国家与欠发达国家在金融结构与金融发展方面存在着重要差异,引起了麦金农等经济学家的广泛注意。但在金融发展与经济发展的因果关系上,戈德史密斯未进行深入研究。戈氏金融发展理论是 20 世纪 70 年代以后发展的各种金融发展理论的重要渊源。

## 二、金融抑制理论

1973 年,美国斯坦福大学经济学教授罗纳德·I·麦金农(Ronald I. Mckinnon)在《经济发展中的货币和资本》书中,对发展中国家的金融体系进行实证研究后发现,在发展中国家的金融市场上存在着严重的金融不合理现象:首先,资金价格扭曲。实际利率被压得过低,不能真实反映资金的稀缺程度和供求状况。其次,金融市场不发达。信用工具少,金融相关率低,储蓄和信贷是最主要的金融工具,资本市场发展受到控制。第三,高存款准备率。多数发展中国家为了控制信贷、利率和增加政府收入,实行了较高的存款准备率。第四,金融结构二元性。表现在:一是金融体制的二元状态。即比较单一有组织的金融市场与落后的小规模的非正式金融组织并存;二是资金流向二元状态。有组织的金融机构遵循政府制定的低贷款利率,将资金贷给公营部门及少数大企业,大量小企业被排斥在外,只能以较高的利率从非正式金融机构获得贷款。由于这些现象导致发展中国家经济金融出现严重扭曲,他将这种幼稚、脆弱和扭曲的现象称之

① 戈德史密斯. 金融结构与金融发展. 上海三联书店,1994. 35～36

为“金融抑制”。虽然并没有明确给出金融抑制严格的学术定义[①]，但是，大体可以归纳出金融抑制的基本特征。

### (一)金融抑制的主要特征

金融抑制的核心是利率管制，包括政府对金融工具和金融机构的种种限制，是导致金融抑制的根源。金融抑制的后果是限制了金融部门的增长，使金融资源增长受到压抑，意味着金融工具和金融机构的发展受到阻碍，造成金融市场的分割和不完善。

在大多数发展中国家，银行存款或者准银行存款是主要的储蓄工具，其他储蓄工具很有限。银行和准银行金融机构支配着资金资源，投资的主要资金来源是银行贷款。在一个金融机构和工具欠发达的国家中，储蓄者以银行存款形式持有货币的愿望成为储蓄-投资机制的关键。

金融抑制是从资本市场缺乏效率或处于非均衡状态开始，政策建议通常涉及到金融自由化。金融自由化要求利率不受政府控制，鼓励金融机构的发展，金融资产和负债的增长，鼓励个人借款者和储蓄者，由非正式金融部门转向正式金融部门，使两者合为一体。鼓励个人借款者和储蓄者从通货膨胀套期保值转向货币资产，扩大金融工具的范围，达到金融深化的目的。解除金融抑制的唯一出路是全面而非部分的金融自由化。

### (二) 金融抑制的工具

在发展中国家，政府干预通常采取金融抑制的形式，一方面有利于政府加强对资源的控制，另一方面有利于政府支持发展战略与产业政策。

利率管制是金融抑制的主要工具，也常被当作金融抑制的标志。通常有三种主要形式：规定名义存款利率的最高限；规定名义贷款利率的最高限；同时规定名义存款利率和贷款利率的最高限。

商业银行的高额存款准备金，是金融抑制的重要工具。法定准备金最初是为了给银行系统提供稳定性，后来逐渐成为货币政策的手段之一。然而，发展中国家的存款准备金率常常被用来作为金融抑制的手段(肖，1973；麦金农，1973年、1991年)，普遍存在于金融自由化改革前或尚未进行金融自由化改革的发展

① 麦金农在《经济发展中的货币和资本》一书的第七章中这样描述：“组织的银行业在向欠发达国家的经济内地渗透上，在为一般的农村地区，特别是为小额借款人服务方面，是很不成功的。银行贷款是某些飞地(独占的许可证进口贸易，大规模稀有矿物出口，受高度保护的制造业、大跨国公司、各种政府机构)的一个金融附属物。甚至政府往来账户上的普通赤字，也常常预先占用存款银行的有限放款资源。至于经济中其他部门的融资，则只能由放款人、当铺老板和合作社的不足资金来补充。这就是我称之为“金融抑制的现象”。不过，理解麦金农关于金融抑制的概念或定义，显然不能只局限于它所描述的上述现象。

中国家。

采取信贷分配或直接对银行投资干预，是发展中国家政府常见的金融抑制手段。它一般通过三种途径实现强制性信贷分配：政府直接指定金融机构把一定比例的贷款以低利率投向优先发展的特殊部门；政府建立特殊贷款机构，通过税收和政府借款筹集资金，贷给特殊部门；政府依靠赤字融资计划分配资金，由中央银行直接给财政部贷款弥补财政赤字。

### （三）金融抑制对经济的阻碍作用

西方学者围绕金融抑制与经济增长的关系进行了大量的计量研究，结论大多是金融抑制阻碍了经济增长。

从生产方面看，金融抑制减少储蓄，进而减少投资的可获得性，形成生产的负作用。低或负的实际利率鼓励人们增加消费及实物资产储备，减少储蓄和金融资产的持有量以抵御通货膨胀。在市场分割的情况下，私人部门投资所需的资金得不到保障，使得金融资源分配效率下降，阻碍了生产。

从流通方面看，金融抑制会增加交易费用。在金融抑制经济中，交换媒介与支付手段不发达，交易费用增加。同时，由于金融体系缺乏竞争，金融资产高度集中于国有银行系统，导致金融体系中人员冗余，缺乏效率，金融中介成本上升。另外，低于均衡点的利率意味着经济福利从储蓄者向投资者或金融中介机构转移，产生了福利转移过程中的交易费用。

从分配方面看，金融抑制导致社会净福利的损失。在金融抑制的经济中，储蓄者由于存款利率低导致社会净福利的损失，信贷流向通常以公营部门或少数权贵为主，广大的小企业及住户被排斥在体系之外，加剧了不平等。同时，由于贷款利率低导致低收益项目获得投资，造成无效率投资，增加了银行不良贷款，诱使投资者进行与国家要素禀赋不相适应的资本密集型投资。低或负实际利率引发对可投资资金的过剩需求，导致信贷配给[①]和寻租行为。

## 三、金融深化理论

1973 年，罗纳德·麦金农的同事爱德华·肖（Edward S. Shaw）出版了《经

---

① 信贷配给（Credit Ration），指即使在市场运行很好的时候，贷款者也不能借到足够的资金。通常包括两种情况：一是在所有贷款申请人中，只有一部分人能得到贷款，而另一部分人会被拒绝，即使他们愿意支付更高的利息；二是申请人的借款要求只能部分被满足。信贷市场上的配给制度是在信息不完全情况下，银行为保证其收益最大化而理性行事的必然结果，不是政府干预的产物。

济发展中的货币与资本》,从金融抑制的反面——金融深化——阐述其理论①。肖认为,如果政府取消对金融市场和金融体系的过多干预,解除对利率和汇率的管制,充分反映市场资金和外汇的实际供求状况,发挥金融体系的资金配置作用,能促进经济发展。经济发展会增加国民收入,提高经济单位对金融服务的需求,刺激金融业的发展。这种金融与经济相互促进的良性循环即金融深化。

金融深化产生四种积极效应,首先是收入效应。当经济单位所持实际货币余额增加后,投资和消费会增加,引起收入的增长。其次是储蓄效应。在储蓄倾向和税率一定的情况下,收入的增长意味着储蓄的提高;同时,金融深化意味着提高存款利率和降低通货膨胀,也促进储蓄。第三是投资效应。当收入和储蓄增加时,投资会相应增加。此外,金融深化有助于国内储蓄的优化配置,提高社会的投资效益,改善政府财政状况和引入外资,为经济发展提供一个稳定的宏观经济环境,改善国内资金不足;第四是就业效应。由于发展中国家的劳动对资本的替代弹性很大,因此,资本变动会引致对劳动力需求更大幅度的增加,金融深化有助于社会收入分配的平等。

金融深化可以打破由于金融抑制造成的金融抑制与经济发展恶性循环。随着金融深化,社会收入和储蓄都会增加,投资随之增长,经济得到发展。经济发展刺激金融业的发展,金融发展又进一步推动经济的增长,实现经济的良性循环②。

金融抑制与金融深化有许多相同之处,是同一个问题的两个方面,都强调金融在经济发展中的作用,主张发展中国家应消除金融抑制,通过金融自由化改革促进金融和经济的快速发展。所以,西方经济学家们将麦金农和肖的理论并称

---

① 按照肖的模型,货币有四种价格。一种价格简单表示为 $1/p$,即用作货币单位的法定价格。另一种价格是 $1/p$,即表示货币对某类商品或劳务购买力的指数。按照第一种记账单位或记账价格计值的货币存量是名义货币存量 $M$;按照货币与商品或劳务的相对价值计值的货币存量是实质货币存量 $M/P$。第三种外现价格形式,即实质存款利率 $d$,它是赋予货币余额的任意一种名义利率 $d$ 与货币第二种价格的变动率(期望通货膨胀率)$p*$ 之和。货币的第四种价格是汇率,即一种货币与另一种货币之间的兑换比率(Shaw, 1973,中译本第 4~5 页)。他提出货币要求($M/P$)是 $Y$ (GNP),实际存款利率($d-p*$)和代表持有货币的机会成本($r$)的函数,即为:

$$M/P=f(Y,r,d-p*)$$

肖的模型在本质上类似麦金农。麦金农也提出货币要求($M/P$)是 GNP ($Y$) 投资和 GNP 的比率($IR$)、实际存款利率($d-p*$)的正函数。投资和 GNP 的比率〔$IR$〕是实物资本收益率〔$r$)、实际存款利率($d-p*$)的函数。

$$M/P=f(Y,IR,d-p*)$$
$$IR=f(r,d-p*)$$
$$d(M/P)/d(IR)>0。d(IR)/d(d-p*)>0。$$

② 爱德华·肖.经济发展中的金融深化.上海三联书店,1993.49

为“麦金农-肖模型”。

## 四、金融约束理论

麦金农和肖提出金融深化论以后,得到了国际货币基金组织和世界银行的赞同,开始在发展中国家加以推广,但大多数国家的实践效果却并不理想,于是,人们开始反思金融深化理论。其中,以斯蒂格利茨(Joseph E. Stiglitz)、默尔多克(Kevin Murdock)和赫尔曼(Thomas Hellmann)为代表的新凯恩斯主义者,根据20世纪80年代发展的信贷配给理论,以信息经济学为基础,对金融深化与经济增长的关系进行了重构,提出了金融约束理论。

斯蒂格利茨认为,由于发展中国家普遍存在不完全信息或不完全市场,因此,不具有帕累托效率。在发展中国家,政府干预不但能使金融市场运行得更好,还会改善经济绩效。主张通过政府干预使利率低于市场均衡利率,认为适当的金融压制能够提高资金配置的效率。具体而言,金融约束是政府通过制定一系列政策,为金融部门和生产部门提供租金机会[①],使金融部门和生产部门进行一些在竞争市场中不足但却有益的金融活动,逐渐减少信息不对称现象,达到提高金融资源配置效率的目的,促进金融深化。从本质上讲,金融约束实际上是金融深化与金融压制的一种折中和均衡。

### (一)租金的产生

创造租金的机会是金融约束论的一个核心的观点,租金是指超过竞争性市场所得的收益部分。假定金融体系分为居民、企业、银行三个部门,其中居民部门是资金的净供给者,企业部门是资金的净使用者,银行部门作为金融中介;同时假定宏观经济环境稳定、通货膨胀率较低且可以预测、实际利率为正值。租金创造的利率机制如下:

图15-1中,$r_0$为均衡利率;$Q_0$为均衡贷款量,由资金供给曲线$S$和需求曲线$D$的交点决定;$r_d$为存款利率;$r_1$为贷款利率。若政府部门对金融进行干预,对存款利率$r_d$加以限制(a),此时市场的存款利率为$r_d$,低于没有政府干预时的均衡利率$r_0$,而均衡的贷款利率$r_1$将大于$r_0$,银行部门将分别从资金供给部门和需求部门得到租金$r_0-r_d$和$r_1-r_0$。若政府在限制存款利率$r_d$的同时,也限制贷款利率(b),此时市场的存款利率$r_d$及贷款利率$r_1$均小于$r_0$,银行与企业部门都获得租金,其中银行可获得租金$r_1-r_d$,企业获得租金$r_0-r_1$。银行部门与企业部门得到租金,将激励他们去增加那些在完全竞争市场上供给不足却有

① 青木昌彦. 政府在东亚经济发展中的作用. 中国经济出版社,2001

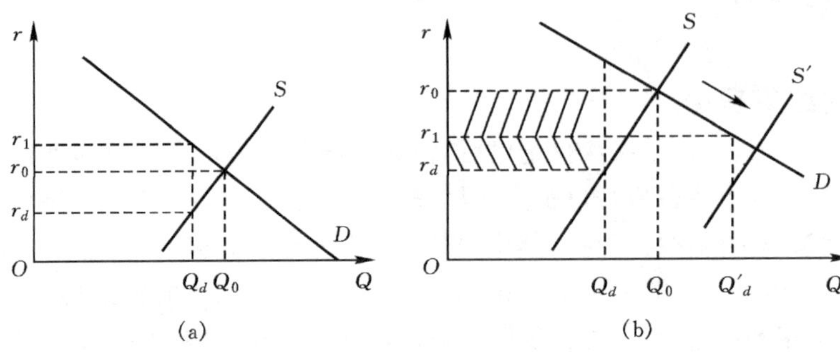


图 15-1　贷款市场的供给—需求模型

益的商品和服务，从而使存款安全性提高，存款基础设施得以改善，进入正式金融部门的储蓄增加，产生"租金效应"，使资金供给曲线由 $S$ 向右推移至 $S'$，生产部门则可以较低的贷款利率获得更多的贷款额 $Q'_d$，大于瓦尔拉斯均衡市场条件下所能得到的贷款额 $Q_0$，这一方面促进了资本形成和金融发展，提高了社会资金的使用效率；另一方面，可以使拥有良好经营绩效的生产部门从贷款中获得更多租金份额，促使投资资金供给增加，提高经济中的总投资水平。

**(二)金融约束理论的政策主张**

对利率进行控制。金融约束通过存款利率控制为银行部门创造了租金机会，会为银行增加特许权价值①，创造一个持续稳定的利润流，减少银行的道德风险行为，促使银行长期稳健经营。而且在金融约束条件下，存款利率不会上升到竞争均衡水平，促使银行为了追求边际租金不断开发新的储蓄资源，提高资金效率，推动金融深化。同时，金融约束可通过贷款利率控制为生产部门创造租金，增加企业在投资项目上的股本份额，降低银行的代理成本，获得银行更多的贷款支持，得到更多的租金机会，形成良性循环。

限制银行业的竞争。短期看，银行因获取存款的利率水平低于竞争性的市场水平而获得一定的租金，因而，银行有动力在新的地区开辟存款市场。但在长期内，由于在完全竞争的存款市场上银行得不到任何专属保护，一个银行找到有潜力的新市场后，其他竞争者会随之涌入，使银行丧失开辟新市场的动力。如果该市场容量不大，还可能造成无效竞争。为激励银行的创新和提高金融体系的安全性，政府应对金融业的竞争实行管制，主要是控制银行业的进入，至少要保证新的进入者不能侵蚀先入者的租金。

① 银行特许权价值(franchise value)的含义是，银行业凭借其经营的特许资格地位获得的一部分超额利润。特许权的价值就等于银行在未来持续从事业务经营所得到的超额利润的现值。

限制资产替代性。金融约束论认为，发展中国家证券市场不规范，难以发挥有效配置资金的作用，绩效良好的企业如果从银行部门融资转向证券市场融资，会使银行部门失去部分收益，丧失特许权价值。故而在有效银行体系建立前，不应强调证券市场的作用。应限制居民将正式金融部门中的存款转化为证券、国外存款、非正式金融部门的存款和实物资产等其他资产形式。

采取产业导向的信贷分配政策。金融约束中的政府干预行为有两种方式：一种是直接安排给企业；另一种是信息协调。但是，不管采取何种方式，必须保证银行获得一定的租金，否则银行不可能进行中长期投资，并且丧失开辟新存款市场的动力。因此，政府在实施支持性信贷政策时，不应对具体的项目进行干预，主要进行产业政策导向，将资金投向社会效益较高或关系到国计民生的基础性行业，这样，银行就可以利用专有信息在各部门内部配置资金。

综上所述，金融约束的作用机制可简单描述如下：

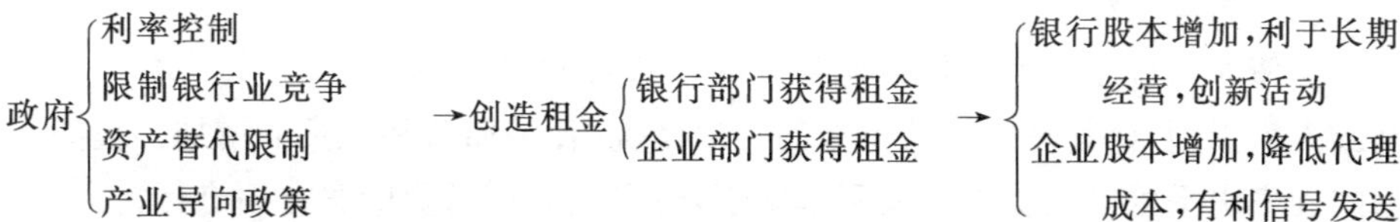


→减少信息不对称现象→提高价格机制作用，改善金融资源的配置效率→促进经济增长

**（四）简要评述**

金融深化理论一经提出，就引起了发展中国家政府的重视。但是，一些国家推行了以金融自由化为核心的金融改革，实践的结果却不如人意。经济学界开始对金融深化理论产生了质疑，新凯恩斯主义和新制度主义学派都提出了质疑。

尽管存在着各种各样的批评，这些批评的确指出了金融深化理论所存在的一些问题，但不足以对该理论构成根本性的冲击，只能作为有益补充。从实践过程看，尽管发展中国家进行金融自由化改革成功的实例很少，但问题不在于金融深化论本身，而在于金融深化的操作实施。

发展中国家要实现金融深化，决不是简单地设计一个宏观经济改革次序就可以解决，微观经济主体的行为是否合乎理性是金融深化的基础，金融深化的改革设计应密切结合一国的具体金融结构。实际上，金融深化意味着价格机制在金融资源的配置中起基础的作用，价格机制要有效地发挥作用不仅需要适宜的宏观经济环境，还需要理性的微观经济主体以及具体的金融市场结构。

金融深化是一个建立有效价格机制的过程，也是一个有效制度建设的过程。由于制度变迁与价格机制有效性的发挥具有互动关系，因此，成功的金融改革必须有合理的金融制度作保障，进行有效的金融监管非常重要。

# 第二节　金融深化的政策与指标

金融深化理论诞生以来,影响已远远超出了学术界。越来越多的发展中国家在金融深化理论指导下对国内金融进行了改革,这股改革之风至今方兴未艾。总体看来,发展中国家的金融改革实践验证了金融深化理论的一些基本假设。从各国和地区的金融改革的结果看来,一类国家和地区的改革比较成功,另一类国家和地区在改革过程中出现了一些失误,甚至导致金融危机。

## 一、金融深化政策的主要内容

金融深化的核心是解除金融压制,其政策措施和手段主要包括:

### (一)利率政策

要使人们持有的实际货币有较大的增长,必须取消政府对存贷款利率的控制或人为干预,使其真实反映资金的供求情况,促进储蓄和投资的增加。提高实际的利率水平可以从提高名义利率着手,也可从降低通货膨胀方面进行。

### (二)汇率政策

金融深化过程中汇率政策的重要性在于理顺外贸,同时,在利率上升的情况下保持物价稳定。汇率政策的核心是让汇率自由浮动,实行外汇自由兑换,同时,再配以外贸体制的改革,实现外贸自由化。一般而言,金融深化使国内利率高于世界利率水平,在利差未被汇率贬值抵消时,会导致资本流入。当然,初始阶段的汇率政策应考虑国内外资流入的实际情况,既要能够吸引适量的外国资本,也要防止大量热钱的流入。

### (三)积极发挥政府在金融体系改革中的作用

采取国有银行私有化放宽准入限制和减少政府干预政策,以促进国内金融体系的竞争程序。竞争的压力将降低银行利差,提高中介机构的功能效率;国有银行私有化能消除选择性信贷计划和利率限制,促进配置效率。此外,金融体系自由进入还能使政府管制不被缺乏价格竞争的寡头市场结构所取代。

### (四)取消直接信贷

取消补贴信贷,扩大对私营部门的贷款,使资金流向高效率的经济部门,提高投资质量。当然,由于市场缺陷的存在,私人自发投资并不总能保证最佳的社会效果,相反,只要运用得当,指导性信贷也可能成为提高总体经济绩效的有力手段。由于指导性信贷不以直接经济效益为目标,可能导致效率的损失。因此,只能作为私人信贷的补充，并需要实行有效的选择与监督机制。

### （五）发展资本市场

发展资本市场的一个重要理由是发挥筹资与产权重组功能。发展中国家在改革初期，大量国有企业面临转轨的选择，因而，资本市场的重要性尤其突出。资本市场有助于企业改组和改善经营绩效，有助于其他配套改革，有助于打破国内金融市场结构单一的状态，促进金融和经济的发展，还有助于摆脱信息不对称的约束，避免收益高的投资被排斥于信贷市场之外。

## 二、衡量金融深化水平的指标体系

### （一）金融资产和金融工具

包括金融资产的存量、流量和结构，金融工具的种类和数量及其在不同金融市场上的分布和构成。金融深化的首要标志，是包括货币和其他金融工具在内的金融资产总量相对于总产出和实物产出的比重上升，因而，金融深化的衡量尺度主要体现在金融资产和金融工具的绝对总量及其与GDP对比的相对总量上。作为金融相关比率的简化指标，金融资产占国内生产总值的比重，常被很多进行金融深化改革的发展中国家作为衡量金融深化程度以及金融改革成果的重要指标。金融资产总量是通过计算所有金融工具数量而得，在实际应用中数据的可获得性差异很大。鉴于$M_2$①在目前的货币统计和实际金融监测中的广泛性和重要地位，人们更倾向于用$M_2$/GDP衡量金融深化的程度。对于以金融资产所衡量的金融深化尺度，还有很多指标，如中央银行持有的流动资产的外汇储备、社会金融资产的总量和结构等。

### （二）金融体系的健全和发达

这既是金融深化的依托和凭借，也是衡量金融深化的重要尺度。金融体系的健全可以体现在诸多方面：金融机构的数量和种类；银行系统的竞争程度；非银行金融机构在金融体系中的地位；中央银行的地位和独立性；财政赤字和财政融资方式的完善程度等。

### （三）金融资产价格

利率作为金融抑制和金融深化的显示器，理所应当地成为了衡量金融深化

---

① 按照货币供应量统计口径的宽窄不同，货币供应量可划分为不同的层次。我国目前货币供应量按照三个层次来划分，即流通中货币（$M_0$，流通在银行体系以外、为公众所持有的现金）、狭义货币（$M_1$，流通中货币与企业活期存款之和）和广义货币（$M_2$，狭义货币与企业定期存款、储蓄存款、其他存款之和）。其中$M_2$统计口径最宽，$M_1$次之，$M_0$最窄。

的一个尺度，被作为衡量金融深化程度的最明显指标。从名义利率与实际利率之间的背离程度，可以衡量出金融抑制的程度和金融深化的进展。名义存款利率与实际存款利率的确定及其差异，可以反映对构成银行体系资金来源的价格管制、银行业的竞争和政府对存款人实际征收的通货膨胀税水平。在开放经济下，国内外利率的差异也是衡量国内外金融市场的融合程度的重要金融深化指标。国内利率相比国外利率过低，并伴随严重的资本外逃[①]，除与国内资本的安全性有关外，很可能说明该国存在人为压低利率和高估本币汇率的双生价格压制问题。

与名义利率和实际利率一样，名义汇率和实际汇率的确定及它们之间的差异，也可以反映开放条件下金融压制或金融深化程度。官方汇率与实际均衡汇率偏离的程度越高，由外汇管制所带来的经济扭曲和资源配置失当现象就越严重，对汇率和外汇市场功能有效发挥的干扰就越大。名义汇率与实际汇率之间的差距，可以说明实行外汇管制的成本与代价。

### (四)金融市场的发达程度

作为衡量金融深化的直观指标主要体现在四个方面：市场融资的规模和结构；市场准入和竞争问题；不同市场之间的分割和融合；国内外金融市场的分离和资本转移。上述四方面又体现在货币市场、资本市场、外汇市场和有组织的场外金融市场等各个市场的发达程度和发展的次序上。

## 三、金融深化对拉美国家金融发展的影响

依照金融深化理论，南锥体国家的经济落后应归咎于政府的过度干预所造成的金融抑制，解决之道是实行以金融自由化为基础的金融深化改革。20 世纪 70 年代中期末，智利[②]、阿根廷和乌拉圭等拉美国家大刀阔斧地开始了由金融压制转向金融自由化的改革。这些国家提高了利率，取消了利率上限，取消了信贷分配和资本自由流动的限制，降低了银行的准备金率，使银行拥有充分的经营自主权，取消了对经常账户和资本账户的限制，同时，进行了配套的财政改革。结果，一些国家确实取得了很大的经济成果，如智利的通货膨胀率由 1974 年 600%迅速下降到了 1981 年的 20%，$M_2$/GDP 也由 1975 年 9.9%上升到 1980 年的 20.8%；同期，阿根廷的 $M_2$/GDP 也由 16.8%提高到 23.3%。仅就 70 年

① 资本外逃即指未经政府当局批准的国内投资者的资本非法外移；大多数国家都禁止这一行为的发生。但是，从个人利益角度来看，资金外逃则是投资者（或资产所有者）的一种"趋利避害"的正常资金外流，在一定程度上能够反映一个国家金融市场的抑制和扭曲程度。

② 智利是安第斯国家，但在论述拉美金融自由化的国外文献中，智利常被纳入南锥体国家之列。

代的改革而言,金融深化政策在挖掘国内资金和抑制通货膨胀方面表现出了突出成效。

改革之后,三个国家都经历了国内资产重新定价的过程,真实利率和汇率都大幅升值。然而,随着时间表的实施,却出现了国内利率大大高于国际利率的趋势。这刺激了国内居民借外债消费的动力,导致外国资本的大量流入。同时,真实汇率大幅升值,到1980年底,与实施时间表之前的价值相比,阿根廷、智利、乌拉圭真实汇率的升值幅度分别为74%,37%和67%。随着真实汇率升值,贸易不平衡加剧,由此,产生了对新汇率制度不能持续的预期,最终破坏了改革进程的可信度。在不得已的情况下,阿根廷于1981年初、智利于1982年6月、乌拉圭于1982年11月不得不放弃资本账户的完全流动。

这次改革不但没有达到资源优化配置的目的,还给国家带来了一系列负效应:正常的金融机构竞争不但没有形成,反而让一些大集团控制了银行部门,形成了资金的垄断。同时,由于进行改革准备不足,金融监管缺位,导致银行贷款质量下降,坏帐增多。最后,迫使中央银行向金融系统注入资金,结果导致由信贷膨胀演变为通货膨胀。南锥体三国在金融自由化初期一度降低的通货膨胀再度高涨,金融改革的积极作用逐渐丧失,这次轰轰烈烈的金融改革也逐渐停顿。

## 四、金融深化给亚洲国家带来的变化

由于理论学习、历史延伸和经验借鉴,亚洲国家的金融自由化没有采取拉美国家激进式的改革方式,使用了渐进式改革。改革的中心内容是依靠市场力量提高金融体系的效率,充分发挥货币政策的作用。改革的主要举措是逐步放开利率,减少信贷控制,提高金融体系的竞争,增加汇率安排的灵活性,加强监管和法律法规的建设。从实践看,亚洲各国和地区进行金融自由化改革的广度和深度大体相同,从如下几个方面进行了金融自由化改革:

利率自由化。通过利率自由化,加上在治理通货膨胀方面取得的成绩,大多数国家和地区的实际利率由负变正,取得了经济增长的好成绩,验证了麦金农和肖所预期的通过解除利率管制可以实现金融深化的理论指导意义。

减少信贷控制,降低存款准备金率。几乎所有的亚洲国家和地区都减少了对银行贷款规模的直接控制,减少了按照部门分配信贷资金的比例,削弱了大企业由于政府通过各种优惠而具有的特殊优势,使众多私营中小型企业获得在市场上与之竞争的条件。

促进金融机构之间的竞争。为了提高金融体系的效率,采取措施为银行业的竞争和减少市场分割创造条件:鼓励新建金融机构、扩大金融机构范围、放宽对外国金融机构市场准入的限制、国有银行民营化及给予金融机构更大的经营自主权等。同时，加强了金融监管，改善金融体系，建立存款保险制度、对经营不善和违规操作的金融机构进行改组等。

证券市场得到了较大发展。20世纪70年代开始，货币市场开始发展，但资本市场的发展先后和程度差异很大，香港、新加坡早在70年代就建立了较发达的国际化股票市场，但韩国、印尼和马来西亚的股票市场直到80年代末才蓬勃发展，而菲律宾等国的股票市场发展至今还很不成熟。

逐渐取消资本管制。汲取南锥体国家开放资本账户的教训，许多亚洲国家和地区在开放资本账户时比较谨慎。尽管像新加坡、印尼等国开放资本账户的时间较早，但韩国却一直对资本流动控制较严，直到80年代后期才采取了逐步开放，放松了对外国在韩国直接投资和韩国居民的海外投资的管制。

向浮动汇率制过渡。亚洲国家和地区在实行金融自由化之前都实行固定汇率，一般是盯住美元。新加坡1975年实行了有管理的浮动汇率制，1978年完全解除了汇率控制。但大部分亚洲国家和地区采取盯住美元的浮动方式。到了80年代后期，汇率安排更加灵活，有些国家和地区（马来西亚、缅甸、泰国）是盯住一个货币篮子，有些国家和地区（印尼、韩国、菲律宾、台湾、斯里兰卡）则采取有管理的浮动汇率制。

亚洲各国和地区进行的渐进式金融改革似乎要比南锥体各国进行的激进式改革更成功，但不幸的是，1997年爆发了从东南亚国家开始的亚洲金融危机。亚洲金融危机的爆发脱下了亚洲金融自由化改革成功的光环，不得不让人们重新思考金融自由化在发展中国家的价值。

## 第三节　金融自由化与金融稳定

金融自由化作为实现金融深化的途径，是一把“双刃剑”，在为经济发展做出贡献的同时，还有可能带来金融风险，因此，建立一套行之有效的金融风险预警体系对于保障金融安全有着重要的意义。

### 一、金融自由化的理论内涵

在麦金农在《经济发展中的货币与资本》书中，从发展中国家面临的严重的金融抑制现象出发，提出金融自由化是要放开利率、汇率管制和解除对银行业的管制、消除通货膨胀、实现成功的金融增长。

金融自由化最初是指国内金融自由化，来自对金融压抑出路的思考。可理解为，一个国家的金融部门运行从主要由政府管制转变为由市场力量决定的过程。这里的管制，主要指政府的直接干预。从各国的实践看，金融自由化主要集中在价格自由化、业务经营自由化、市场准入自由化和资本流动自由化四个方面。

自从金融深化论被引入中国后,国内学者对金融抑制、金融自由化和金融深化等概念进行了定义。但由于对金融深化概念的普及程度要比金融自由化广泛得多,因此,容易将二者视作一个概念。其实,二者之间既有密切的联系,又存在很大的区别。

金融深化是进行金融自由化的目的,是指一个国家金融素质提高、金融作用的增强,因此,质和量的标准,质的标准则包括金融运行机制的深化,金融运行效率的提高,金融资产的优化等;量的标准主要用 $M_2$/GDP 来衡量。金融自由化是实现金融深化的手段,目的是建立市场机制的基础调节作用,促进经济增长。从本质上讲,是指政府在金融领域行为方式的转变。相应的,金融自由化的衡量只能采取质的标准,即政府对金融部门行政干预的程度。可见,金融深化要比金融自由化内涵丰富得多。

## 二、金融自由化的经济效应

推进金融自由化是个系统工程,从最初的解除信贷管制到最终完成资本账户自由流动需要很长时间,每一步推进都给一个国家的社会经济带来广泛的影响。

### (一)金融自由化对经济增长的影响

关于金融自由化和经济增长关系的研究成果很多,大致可分为两个角度:第一个是从开放资本账户和经济增长之间的关系来看,20 世纪 80 年代,自由化经济增长在高收入国家中是迅猛的,但在低收入国家中却很慢;第二个角度是从利率变化对经济增长的贡献出发,也得出了金融自由化对经济增长的贡献。

### (二)金融自由化对金融深化的影响

金融自由化对金融资产增长具有正向影响。这种影响可分为两大类:第一,正的实际利率使金融资产的收益率相对于实物资产来讲更有吸引力;第二,金融制度的扩展和新金融工具的开发也同样使金融资产比实物资产具有更大的吸引力。

### (三)金融自由化对利率效应的影响

由于发展中国家的利率在实行金融自由化之前,一般都受到程度不同的抑制,实际利率水平很低,甚至是负值。这样,解除利率管制后,实际利率一般都有一个上浮过程,我们称这种现象为“超高调整效应”。但从利率上升的幅度看,不同的国家上升幅度各不相同。

### (四)金融自由化对储蓄效应的影响

关于金融自由化的储蓄效应争论颇多,虽然对金融自由化的储蓄效应没有统一结论,但可以肯定的是,实际利率过高或过低对经济发展都没有好处。因此,只有通过金融自由化实现利率自由化,利率的储蓄效应才能真正体现出来。对发展中国家来说,主要是解除利率抑制或管制,让市场自由调节利率,利率的储蓄效应就能得到体现。

### (五)金融自由化对投资效应的影响

从投资规模上看,金融自由化的投资效应不是很明显。但是,利率过高或过低都会抑制投资。当发展中国家解除了利率管制,实际利率由负变正并不断提高后,利率自由化的投资规模效应就比较明显。从投资效率看,理论与实证研究都支持金融自由化可以通过改善投资质量来提高经济绩效。可见,关于金融自由化是否具有投资效应不能一概而论,虽然投资规模并不明显,但投资效率却比较明显。

### (六)金融自由化对金融效率的影响

从经济学原理看,运营效率提高是由于提高了竞争,或者由于成本降低的结果。提高竞争会将银行的利息收益降低到被迫对贷款提供较低利率,而为吸引存款不得不提供更高利率的程度。如果通过金融自由化确实提高了银行竞争,引起利率发生相应变化,则意味着金融运行效率提高了。

### (七)金融自由化对金融稳定性的影响

保持金融部门的稳定性应当是金融改革的目标之一。发展中国家实施金融自由化后在金融部门中广泛存在破产现象,一方面说明了改革的失败,另一方面说明金融自由化加大了金融业的不稳定性,增加了金融脆弱性。

## 三、金融自由化可能导致的金融风险

金融自由化会给银行和金融系统带来更加复杂多变的宏观经济环境,很可能恶化银行以及其他金融机构的资产负债。在金融自由化以后,如果银行拆借市场不足以支撑银行系统可能发生的短期流动性危机,中央银行又没有能力承担最后担保者的角色,一旦一家银行发生短期流动性危机,很可能会蔓延成整个金融系统的流动性危机,导致金融危机。

斯蒂格利茨认为,金融自由化影响金融安全的另一个渠道,是减少金融机构的特许权价值。金融自由化加剧竞争,使银行无法再像从前那样获得垄断利润。与自由化之前相比,银行从事高风险活动失败导致银行破产,从而丧失银行经营特许权的成本降低,银行具有更强的动机去实施具有高风险的战略,即道德风险行为成为金融风险的一个主要原因。

美国哥伦比亚大学弗雷德瑞克·S·米什金(Frederic S. Mishkin)也认为,片面鼓励新兴市场国家推行金融自由化,放松金融管制和对外实行金融开放,容易发生过度信用风险、过度资本流入和银行资产负债恶化等问题,有可能发生金融危机。

一般情况下,金融自由化还伴随着对资本自由流动限制的解除,当本国银行从国际资金市场上借入外币资金,贷给本国借款者,就承担了外汇风险。即使对以外币计价的敞口头寸会有限制,但这样的限制在实际中往往会被借款者以各种方式予以规避。如果国内借款者对外汇风险没有对冲,那么,外汇风险很容易转化为信贷风险。这样,往往在货币危机之后紧接着就是银行危机。

## 四、建立国家金融安风险警机制

金融风险预警机制主要是指应用某种统计方法预测某国,或某经济体在一定时间范围内发生货币危机、银行危机或股市崩溃可能性大小的宏观金融监测系统。是以经济金融统计为依据和以信息技术为基础,国家宏观调控体系和金融风险防范体系的重要组成部分。

### (一)预警模型

预警模型的设计是建立金融安全预警体系的首要任务。对预警模型的研究可归结为以下四种:非参数法、参数法、横截面回归法和主观概率法。

非参数法(KLR 模型,又称信号法)由卡明斯基(Kaminsky)、里查特(Lizond)和莱恩哈特(Reinhart,1998)等人首先选择一系列指标并根据历史数据确定预警"阈值",如果预警指标的变动超出阈值,即发出一个危机信号;危机信号越多,就意味着一个国家或者经济体在未来 24 个月内发生危机的可能性越大。

参数法(FR 模型)由弗兰克尔(Frankel)和罗斯(Rose)在 1996 创立,该模型在金融事件是离散且有限的假设前提下,基于对一系列回归变量的估计,进而估计出危机发生的概率。其优点在于能够把所有重要指标给出的信息综合成一个数字,比较直观地预测危机发生的概率,但是由于存在多重共线性的问题,可能会忽略一些重要指标。

横截面回归法(STV 模型)由萨克斯(Sachs)、托奈尔(Tornell)和维拉斯克(Velasco,1996)集中分析起因类似的一小组国家的危机,选取对说明危机的原因至关重要的一些变量,使用线性回归法对这些横截面数据进行分析,发现当某国的金融体系脆弱,国际储备较低时,汇率的高估或贷款过度容易引起投机攻击进而引发金融危机。

主观概率法由刘遵义(1995)用纵向实证比较的数量分析方法和综合的模糊评价方法,以墨西哥为参照国家,分析了发生金融危机的可能性(见表15-1)。

**表15-1 四种研究成果比较与评价**[①]

| 方法 | 预警1997 | 准确性评价 | 综合评价 |
|---|---|---|---|
| FR概率模型 | 泰国:10%<br>墨西哥:18% | 一定的准确性 | 三重估计;没有考虑国别差异性;使用年度数据;仅预警货币危机 |
| STV横截回归模型 | 泰国、马来西亚:吻合度较高,<br>印尼、韩国:吻合度低 | 一定的准确性,较FR概率模型预警准确 | 回答了金融危机的传染性;考虑国别差异性;使用月份数据;数据处理简单;综合分析银行、货币及债务危机;很难为中国找到相似的样本国;考虑的因素狭窄;线性模型过于简单;危机指数定义有失偏颇 |
| KLR信号分析法 | 泰国:40%<br>马来西亚:30%<br>印尼:25%~28%<br>韩国:20%~23% | 相当的准确性,<br>较FR概率模型、STV横截面回归模型预警准确 | 比较完善;操作性强;容易接受;选择多指标<br>仍然无法确定危机发生的确切时间;24个月内发生危机的可能性,并不代表一成不变;准确性有待提高 |
| 主观概率法 | 菲律宾、泰国、韩国、印尼和马来西亚要发生金融危机<br>中国大陆、中国台湾地区、中国香港特区和新加坡不太可能发生墨西哥式金融危机 | 预测效果也不理想 | 只考虑了小样本 |
| 总结:相对而言,KLR信号分析法预警准确性较高,在中国应用操作性较强,而且这种预警思想较易理解,是首选对象。尽管如此,目前仍然没有绝对令人信服的预警方法,需要进一步探索。 | | | |

① 董小君.金融风险预警机制研究.经济管理出版社,2004.69

以上模型的建模思想基本相同，都是基于线性范式的预测基础，所构架的内容具有相似性。但这种以线性范式为背景的思想与现实存在很大差距。可以说，关于金融安全预警模型的研究目前还处于探索阶段，还不能直接作为宏观经济决策的依据。纳格(Nag)和米特拉(Sanjit K. Mitra,1999)使用人工神经网络建立货币危机预警系统，突破了传统模型的线性范式。其优势在于灵活的规则和捕捉变量间复杂关系的能力。我国胡燕京等学者(2002)运用改进的BP神经网络方法建立了中国金融风险预警模型并进行检验，比较适合中国实际。

### (二)预警指标

国内外研究进行过大量尝试，指标选择至少需要遵循可用性、显著性和可数量化三个基本原则。在选择指标时，还应考虑和消除各个指标之间的相关性。综合目前学术界对指标体系的研究，我国可以考虑从以下方面建立金融风险的预警指标(见表15-2)。

**表15-2　金融预警指标及警戒值**[①]

| 监控层次 | 监控指标 | | 公式 | 警戒值 |
|---|---|---|---|---|
| | 监控对象 | 子指标 | | |
| 金融机构稳定性子系统 | 资本充足率 | 资本充足率 | 资本总额/权重风险资产总额×100% | ≥8% |
| | | 核心资本充足率 | 核心资本/风险加权资产总额×100% | ≥4% |
| | | 资本与总资产比例 | 资本总额/总资产×100% | 3% |
| | 资产质量 | 不良贷款比率 | 不良贷款余额/全部贷款余额×100% | ≤15% |
| | | 次级贷款率 | 次级贷款余额/全部贷款余额×100% | ≤8% |
| | | 可疑贷款率 | 可疑贷款余额/全部贷款余额×100% | ≤5% |
| | | 损失贷款率 | 损失贷款余额/全部贷款余额×100% | ≤2% |
| | | 贷款欠息率 | 本期应收未收利息/本期应计利息收入×100% | ≤20% |
| | | 贷款展期率 | 已展期贷款余额/各项贷款余额×100% | ≤30% |
| | | 同一贷款客户贷款比例 | 对同一贷款客户贷款/资本总额×100% | ≤10% |
| | | 最大十家客户贷款比例 | 最大十家客户贷款余额/资本总额×100% | ≤50% |

① 董小君．金融风险预警机制研究．经济管理出版社，2004.187～197

续表 15－2

| 监控层次 | 监控指标 | | 公式 | 警戒值 |
|---|---|---|---|---|
| | 盈利能力 | 资产利润比例 | 当年利润总额/资产总额×100% | ≥1% |
| | | 资本收益率 | 当期收益/资本总额×100% | ≥20% |
| | 流动性风险 | 备付金比率 | (存放中央银行款项＋库存现金)/各项存款余额×100% | ≥5% |
| | | 存贷比例 | 各项贷款余额/各项存款余额×100% | ≤75% |
| | | 资产流动性比例 | 流动性资产/流动性负债×100% | ≥25% |
| | | 中长期贷款比例 | 1年以上(含1年)贷款余额/1年以上(含1年)存款余额×100% | ≤120% |
| | 管理质量 | 难量化 | 主要依靠判断 | |
| 宏观经济环境稳定性子系统 | GDP增长率 | | 实际GDP/上年增长幅度×100% | 6.5%～9.5% |
| | 通货膨胀率 | | 消费品价格指数×消费率＋投资品价格指数×投资率×100% | 2%～5% |
| | 失业率 | | 失业者/劳动力总额×100% | 10% |
| | 货币化程度 | | $M_2$/GDP | 1 |
| | 经常项目差额 | | 经常项目差额/GDP | ＜5 |
| | 外汇储备所能支持进口额月份数 | | 外汇储备/年进口额×12(个月) | ＞3(个月) |
| | 外债负债率 | | 外债余额/GDP×100% | 20%～25% |
| | 外债偿债率 | | 当年外债还本付息额/当年商品和劳务出口收入×100% | ＜20% |
| | 国家财政赤字率 | | 财政赤字额/GDP×100% | ＜3% |
| 金融市场子系统 | 利率敏感性比率 | | 利率敏感性资产规模/利率敏感性负债规模 | ＜1或＞1 |
| | 期限分析 | | 商业银行的资产负债期限差＝资产平均期限－负债平均期限 | ≥0 |
| | 汇率 | | 真实汇率偏离度 | ＜20 |
| | 股价指数 | | 股价指数的稳定程度 | 10～20 |
| | 股票市盈率 | | 当日每股收盘价/每股收益 | 35(倍) |
| | 证券化率 | | 股票市价总值/GDP×100% | ＞90% |

### （三）预警信息系统

金融安全预警体系的有效运行，必须借助于健全的信息载体才能实现，实时监控金融运行，发现异常，及时采取措施。预警信息系统是通过对风险预警信号的实时监控，全面动态评价金融风险，适时地向管理层发出风险预警信号，减少人为因素的干扰，供决策参考，以加强风险稽核。根据中国目前金融领域各行业发展的现状以及经济全球化、金融自由化等发展趋势带来的新变化，金融安全预警信息系统的建立应当包含银行、保险、证券、信托、房地产等子系统的动态金融安全预警信息系统。

## 第四节　我国金融向市场化的转型

中国金融改革开始是作为经济体制改革的配套，直到 1992 年底，才逐渐作为改革的主要方面被政府重视。虽然从严格意义上讲，中国经济还带有浓厚的金融抑制色彩，如存贷款利率受到限制，人民币资本项目下不可以自由兑换，但是经过 30 多年的改革，无论从金融资产的品种和数量，金融市场的广度和深度，还是从金融结构的类型和专业化程度看，金融业都取得了前所未有的进步。

### 一、国家垄断金融的超稳定与低效率

建国初期，我国对银行实行国有化改造，建立了以中国人民银行为主的金融体系。中国人民银行既是中央银行，负责研究制定金融政策、信贷计划、掌管货币发行；又是经营性银行，承担着全国的农业、工业、商业短期信贷业务和城乡人民币储蓄业务，即“大一统”的金融体系。在金融体系中，中国人民银行垄断了所有金融业务，金融发展处于从属地位。

但是，为此付出的代价也极为高昂：中国人民银行作为中央银行，应把稳定货币作为首要任务，控制货币和信贷总量；作为一般银行，应该支持生产、多放贷款。这使其处于两难，既不能保持中央银行的超然地位，又难以实现稳健的商业化经营。大一统的高度垄断金融，外部缺乏竞争压力，内部没有创新动力，形成了“惰性”机制，严重阻碍了金融业的发展与经营效率的提高。在金融管制下，信贷资金统存统放，财务统收统支，基层银行所吸收的存款全部上缴总行，贷款由总行统一核定计划指标，逐级下达，基层银行没有自主权，不利于发挥主观能动

性[①]。

## 二、从金融抑制向市场金融的渐进转型

改革以前，中国除了兼具高度集中的社会主义中央计划经济的特征外，几乎具备了金融抑制和金融浅化[②]的所有特点，是"金融抑制"的极端表现——金融机构的完全国有化；金融市场和金融手段均被限制；普遍存在的非均衡利率和汇率；同世界金融界隔绝和闭关锁国；隐蔽性的通货膨胀[③]。

在高度集中的计划经济体制下，财政是资金配置的主渠道，银行仅仅是国家的一个簿记机关和出纳机构；这样高度集中的财政体制使社会的储蓄与投资融为一体。处于融资体制中的支配地位的金融领域出现了"大一统"的银行体制。在建国以后长达30年的时间中，全国基本上只有中国人民银行一家银行。大一统的银行体制形成了单一所有制的金融机构和单一银行组织的金融结构。同时，银行信用之外的其他信用形式都没有得到相应的发展，金融工具和金融资产极为单调，金融资产基本只有存款和现金两种形式，价格也受到严格抑制，几乎完全失去其应有的作用，根本不反映资金和外汇供求信息。

"十一届三中全会"以后，中国开始了由计划经济向有计划商品经济模式转变，这种转变也引起了银行体制的重大变革。银行在国民经济中的地位日趋重要，中央银行成为间接调控的主体。社会主义市场经济理论的确立，为金融体制改革提供了理论依据，促使其向市场金融的进一步转型。

## 三、从单一银行转向多元与多样金融机构

1979年，中国农业银行恢复，中国人民保险公司重新开展国内保险业务，中国国际信托投资公司同年成立；1984年成立了中国工商银行；1985年"拨改贷"后，建设银行发展为专业银行；中国银行主要负责经营外汇、外汇信贷业务和国际结算，四大银行各司其职，形成了一个专业银行体系。以1987年恢复重建国内交通银行为标志，金融发展步伐加快，先后组建了一批全国和地方性的综合性商业银行，在部分地区引进了外资金融机构。随着证券市场的开放，一大批信托投资公司和证券公司涌现，信用合作社、财务公司、租赁公司等非银行金融机构

① 改革前，中国推行重工业优先发展战略，金融体系为这一战略服务。政府用行政手段直接分配稀缺的资本，但是牺牲了资源配置和利用效率，稀缺的资本没有配置到生产率最高的部门。改革开放之初，中国政府已认识到金融体系的重要作用，国家有计划、有步骤地改革金融体制。

② 金融浅化是一种与"金融深化"相对应的状态，指金融系统未能得到充分的自由化发展。

③ Y. C. Jao. Financial Reform in China，1978～1989：Retrospect and Reappraisal，Journal of Economics and Intenatioinal Relations，Vol. 3. No4. 1990

迅猛发展。截至1993年底，除中国人民银行和4家国有专业银行外，还有11家全国性和区域性的商业银行、12家保险公司、387家金融信托投资公司、87家证券公司、29家财务公司、9家金融租赁公司、4 500家城市信用社、农村信用社也发展到59 000多家。此外，还有225家外国金融机构在我国设立了302家代表处和98家经营性分支机构[①]。我国已形成了以中央银行为核心，以国家专业银行为主体，多层次、多种类，结构比较完整的金融体系。

### 四、从专业银行到股份制商业银行

在专业银行体制下，存在的主要问题有：银行种类少，单个银行规模过大，信息不灵，效益低；违背市场经营原则，按行政区划设立机构；管理机构多，经营机构少，经济效益差；与地方政府的密切关系导致了地方政府对专业银行干预大，银行难以自主经营；四大国有银行在金融业的垄断阻碍了社会主义市场经济内部改革的深化；专业银行自身未建立起现代公司管理体制和内部治理结构，存在着产权关系不清晰、权责不明确等体制弊端；业务职能的多重性。

银行内部经营管理的改革，是国有专业银行向商业银行转变的必要条件和重要步骤。内部机制改善后，不仅可以更好地发挥银行在国民经济中加强宏观调控和优化资源配置的作用，而且对外部环境也能产生良性影响。改革内部管理体制和经营机制，应以效益为中心，在业务经营战略、内部经营机制、劳动人事管理体制等方面进行改革，向规范化的商业银行运作模式靠拢。

实践表明，有效的竞争机制能够使银行业（银行类金融机构）经常保持对金融市场交易、经济金融环境变化的灵活性和适应性，特别是对不断变化的资金需求结构和金融交易工具、金融交易技术的良好的适应性。银行业竞争的这种灵活、适应功能不仅极大地限制了资金低效率配置的程度，而且在相当大的程度上降低或减少了由于市场变化引起银行业结构滞后调整所付出的金融发展成本。因此，有效的市场竞争作为一个外部机制，既是银行业健康运行的基本前提，也是银行业效率不断改进和提高的重要手段。

## 第五节　我国金融深化的制度与政策

改革开放以来，随着经济开放度的扩大和金融体系的不断发展，我国金融深化程度也不断提高。

---

① 何五星．金融创新与发展．西南财经大学出版社，2000．393

## 一、对我国金融深化的总体判断

### (一)金融资产和金融工具方面

从总量指标来看,金融市场化改革给我国金融发展带来的变化是显著的。金融资产总额增加了近70倍,金融工具和金融机构的种类和数量也显著增加。

金融相关比率。FIR从1978年的95%上升到2004年的382%,有了一个长足的发展(见图15-2)。这一水平与韩国20世纪80年代末的水平相近,但与美国和日本等发达国家相比尚有相当大的差距。这些情况说明,戈德史密斯有关金融发展道路的若干论断,仍可能适用于中国的情况。首先,在经济发展进程中,金融上层结构的增长比国民产值及国民财富所表示的经济基础结构的增长更为迅速,因而金融相关比率有提高。其次,金融相关比率的水平及其变动,反映了储蓄与投资的分离程度。金融相关比率越高,反映储蓄与投资的分离程度越显著。另外,中国金融相关比率的变化还反映了金融资产与国民生产总值之间在增长趋势上的互动关系。从总体趋势上看,我国金融相关比率一直在上升,反映了两者都是以相当高的速度增长。

金融深化指数($M_2$/GDP[①])。金融深化指数从1979年的36%上升到了2004年的185%,速度之快在发展中国家的案例中实属罕见(见图15-2)。但是以经济发展水平来看,这个指标并不说明货币化[②]水平最高,而是有特殊原因:

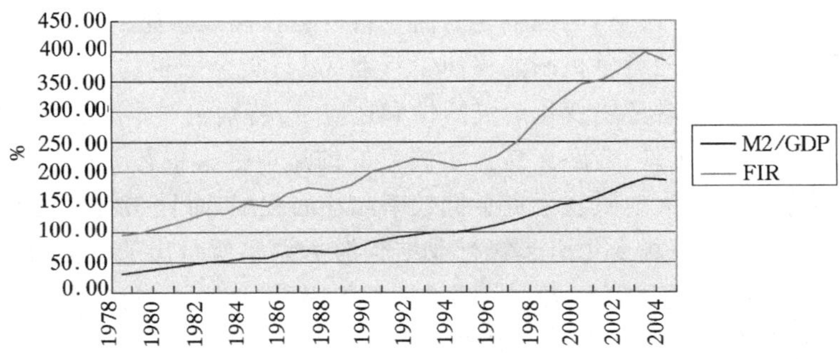


图15-2　1978～2004年中国的金融相关比率及$M_2$/GDP[③]

① 根据我国目前的货币供应量统计口径,$M_2 = M_1$+城乡居民储蓄存款+企业存款中具有定期性质的存款+信托类存款+其他存款。在统计上,又将$M_2 - M_1$称作准货币。

② 货币化代表整个经济的货币交易程度,含义是指相对于自给自足的生产和物物交换而言,货币的使用正日益增加,人们可以在没有价格压力的情况下把更多的货币投入流通。通常评价货币化的指标是$M_2$/GDP。但实际上,$M_2$/GDP的增大,不仅是货币在经济中所占份额增大的作用,还有货币流通速度的因素。货币流通链的延长或停滞导致货币流通速度的下降,也会引起$M_2$/GDP数值的增大。

③ 数据来源.中国金融年鉴.(1986～2005年)

金融体系不完善，银行业相对发达，非银行金融业比较落后，导致社会货币收入过多地集中在银行，造成 $M_2$ 过度膨胀，不能及时合理地分流到证券市场、保险市场和社会保障系统，以促进货币供应量级次不断提升。此外，低通货膨胀率、高不良债权率、企业留利水平低等也是导致 $M_2$/GDP 极高的原因。也就是说，如果说金融深化可能引起该比率上升，那么，金融抑制同样导致相同的结果。衡量中国金融深化程度，仅仅使用该指标仍不够，需要综合其他指标进行判断。

### （二）金融体系方面

改革开放以来，在打破我国计划经济下的"大一统"金融体系过程中，金融组织结构已趋于多元化，金融活动的机构化程度不断提高。我国金融机构数量与多样化方面的变化充分展示了金融深化的进展。

在金融机构的数量不断发展的同时，金融从业人员的队伍也日益壮大，占全国从业人员的比重也已经由改革开放初期的 2.53‰发展到 2004 年的 3.82‰（见图 15－3）。

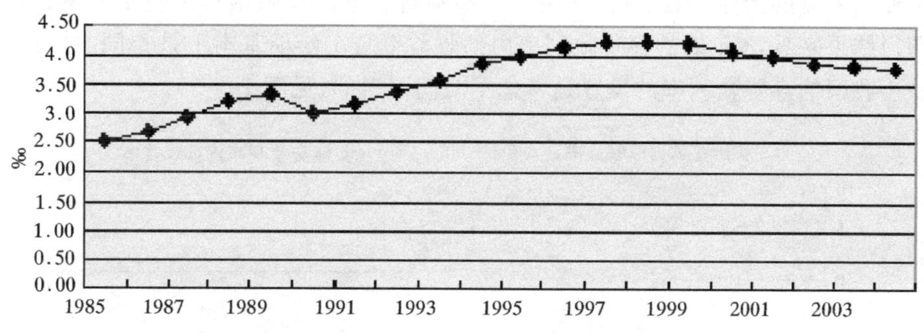


图 15－3　拉弗曲线金融从业人员比重①

### （三）金融资产价格

第一，名义利率虽然有所上升，但实际利率并不像麦金农提出的金融深化的最主要表征那样有一个正的而且不断上升的实际利率水平，而是保持围绕零点上下波动的状态（见图 15－4）。

第二，实际利率的存贷利差在 20 世纪 80 年代中期以前处于一个比较稳定的负值，此后则基本上与金融深化理论假设的相符，在零点以上以波浪形态不断上升。

① 数据来源．中国金融年鉴．(1986～2005 年)

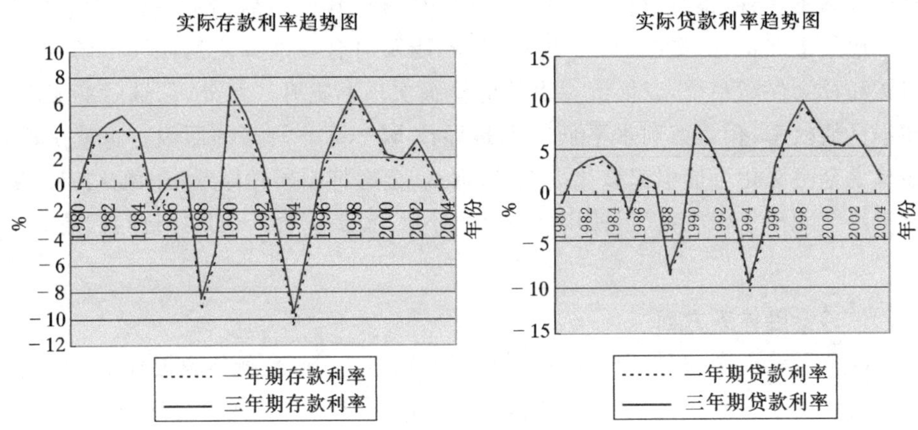


图 15-4 实际存贷款利率趋势图①

第三，从利率的期限结构设置来看，我国的3年期实际存贷款利率与1年期的实际存贷款利率的相对价格基本上是合理的。由于内部收益率是最能反映资金使用效益的指标，因此我们利用这一指标对利率的期限结构进行了考察。从所得结果来看，3年期的存贷款利率内部收益率与1年期基本上是相同的，可以看出我国的存贷款利率的设置是考虑了时间因素的(见图15-5)。

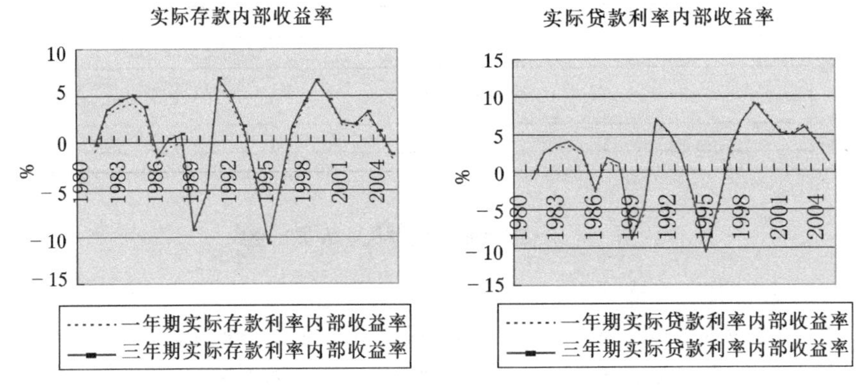


图 15-5 实际存贷款内部收益率②

第四，从汇率的角度看，自1978年以来，中国政府积极尝试渐进式汇率市场化的改革，大致可分为四个阶段：①外汇调剂市场的尝试阶段(1980～1984年)。

① 数据来源．中国金融年鉴．(1986～2005年)

② 数据来源．中国金融年鉴．(1986～2005年)

为了调动企业创汇的积极性,1979 年中国政府用外汇留成制替代了以前的统收支外汇管理制度。②外汇调剂市场的形成阶段(1985~1987 年)。中国银行于 1985 在上海尝试放宽对外汇调剂价格的限制,同年深圳市率先成立外汇调剂中心,外汇调剂市场初步成立。与此同时,外汇调剂价格又有适度的提高,且经济特区的外汇调剂价格可以自由决定。③外汇调剂市场的发展阶段(1988~1993 年)。此阶段的特点主要是扩大了外汇调剂范围、实行竞价交易以及取消了外汇调剂价格的最高限价。④外汇市场的深化阶段(1994 年至今)。这次改革的主要特征为:统一官方汇率和外汇市场调剂汇率,实现汇率并轨;建立了全国统一的银行间外汇市场:实行了以外汇供求为基础的有管理的浮动汇率制度,初步实现了汇率的市场化。

#### (四)金融市场的发育程度

中国的资本市场起步较晚,但是在 20 世纪 90 年代后期增速很快,到 1999 年在全世界的排名已经上升到了前列,市值达到第 16 位,交易量达到 13 位,而上市公司数量达到第 10 位。因此中国资本市场的发展速度在全世界也是非常突出的。

综合以上分析我们可以得出判断,无论从金融资产的数量和种类,金融市场的广度和深度,还是从金融体系的多样化和专业化程度看,中国的金融深化程度都有了长足的发展。但是总体看来,中国金融还带有浓厚的金融抑制色彩。改革开放以来,中国的金融增长主要是在原有金融结构和金融制度框架内的简单扩张。

### 二、我国金融深化的差异特点

我国虽然在金融深化方面取得了一定的进展,但是这种深化还存在严重的不平衡性。

#### (一)各地区金融深化水平比较

改革开放以来特别是向市场经济转轨后,我国经济呈现由东部向西部阶梯走弱的特征,金融资源的流动使金融发展区域性失衡,金融资源配置区域差异明显。

各地区金融机构存贷款总量与本地区 GDP 的比重存在差距。我们用地区全部金融机构存贷款来代替地区金融资产,用地区全部金融机构存款加贷款总量与地区 GDP 的相关比率来反映金融资产分化后的各地金融发展的实际水平(见图 15-6)。

从图 15-6 中可以看出,东部地区的金融深化程度明显高于中、西部地区。

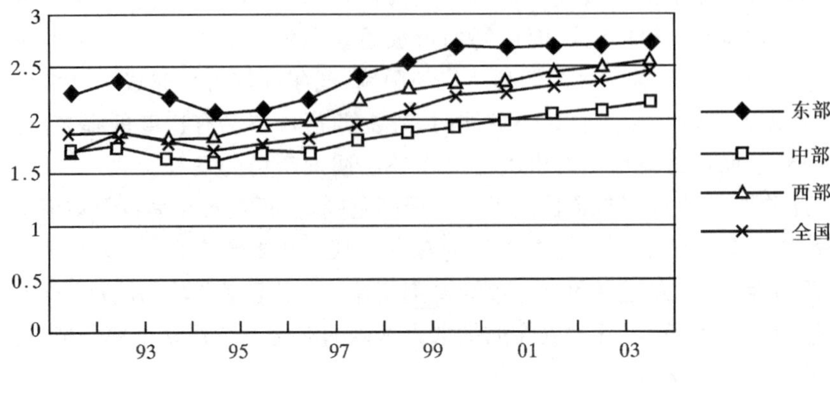


图 15－6 各地区金融相关比率

西部地区的金融水平从 20 世纪 90 年代以来获得了较大程度的增长，而中部地区始终处于一种比较缓慢的速度，进而在经济发展上呈现一种塌陷的状态。

区域金融市场开放程度比较。金融市场化实际上反映了非国有金融机构参与市场的程度。为了能够反映各地区金融市场开放程度，用非国有金融机构的资产的份额来衡量金融市场化程度。该指标一方面可以反映各地区金融市场竞争程度，另一方面可以体现出各地区金融效率的高低（见图 15－7）。

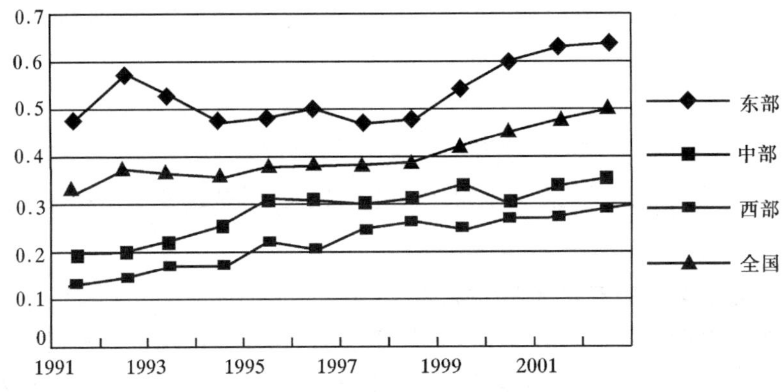


图 15－7 地区金融市场化程度比较

可以看出，东部开放较早，金融市场化程度较高，而中西部地区金融市场化程度均低于全国平均水平。虽然西部地区金融增长速度较快，但金融效率较低，中部地区金融发展速度较慢，但金融效率相比于西部地区要高。

### (二)城乡金融深化的差异

农村金融的供给主体单一性。与城市金融相似，农村金融产品供给主体也包括正规金融组织和非正规金融组织两部分，表面上看起来比较完善，但实际上，与城市相比还有很大差距。从历次金融改革和发展的特点来看，“重城市、轻农村”趋势明显，不仅工、中、建等国有商业银行纷纷撤并在农村的经营机构和部分县支行，甚至连作为农村金融商品供给主体的中国农业银行近年来也表现出明显的城市化倾向。

农村金融融资体系滞后性。从融资角度看，金融体系至少包含两个组成部分，即直接融资的资本市场和间接融资的银行体系。由于农村金融体系不健全，现代金融服务品种和业务种类和城市相比存在较大的滞后性。一是融资渠道单一，资金融通都是通过间接融资方式，通过金融市场的直接融资方式乏善可陈；二是中间业务产品服务极少，目前只有结算、汇兑等少量银行中间业务；三是现代金融在农村只有银行业务，而证券、信托、基金等投资银行业务尚属空白，而银行业务中也多是传统业务。这种单一的融资渠道大大降低了农村金融机构的融资效率，难以满足农村经济发展的需要。

农村金融服务体系不完善，整体功能不强。表现在：一是政策性银行功能弱化，商业银行功能缺位，农村信用社等合作性金融机构整体实力不强；二是涉农金融机构运行机制尚不灵活。一方面，商业银行基层机构由于银行内部信贷授权的约束，在一些可盈利的涉农信贷项目上无可作为。另一方面，农村信用社虽然发挥了一定的金融中介作用，但其在贷款期限、额度、方式上还不能根据当地“三农”资金需求实际，适时满足需要；三是涉农金融机构可持续发展能力弱。突出表现在农村信用社、农业发展银行等的历史包袱沉重，不良贷款较多；四是农村金融机构风险规避机制缺乏。

政府管制的不同。改革开放到1997年近20年间，政府对农村金融的发展一直采取约束和抑制政策，实行信贷配给和信贷补贴制度，限制农村金融机构的多样化，禁止农村民间金融组织的发展。这样做不但没能形成农村金融需求群体的资金自我良性循环，还使农村金融机构亏损严重，中国农业银行全行多年亏损，50％～60％的农信社亏损，30％～40％的农信社甚至出现资不抵债，没能实现农村金融机构的自我发展和良性循环。

## 三、从我国金融制度审视金融深化

就我国金融深化而言，金融制度的变迁带来了金融深化的需求：

### (一)非国有经济的发展需要金融深化

经过20多年的改革开放，我国的非国有经济得到了长足的发展，其生产总值占国内生产总值的一大半，而国有经济的份额却在不断缩小。与此不相称的是，国有经济获得了银行贷款的大部分，非国有经济只获得了一小部分，而且在利率水平方面还受歧视，往往获得的贷款利率较高，或者国有银行对非国有经济的贷款条件要求非常苛刻。非国有经济不仅在间接融资方面受到不平等待遇，而且在直接融资方面亦是如此，这类经济要发行债券与股票都非常困难，在条件、时间及数量上都会受到种种限制。

以上种种现象说明非国有经济的融资权利受到了种种限制，而它们的发展壮大则需要更多的金融支持，这在现有的金融体制下是无法得到满足的，因此非国有经济强烈要求推进我国的金融深化，以获得一个有利于它们发展的金融环境。

### (二)金融风险的防范需要金融深化

汉斯耶尔格·海尔(1999)认为，中国金融体制最大的难题是巨额不良债权的存在，而债务人几乎全是国有企业部门，由于大量交货没有支付，国有企业之间也存在巨额呆账。据估计，不良债权占银行体系贷款总额的20%～30%，这已成了国有银行的沉重包袱。

### (三)市场经济体制的建立需要金融深化

由于我国仍然存在金融压制现象，致使我国的投资渠道及融资渠道都不太畅通，国家缺乏以市场为基础的间接调控手段，因为任何一种间接的以市场为基础的调控手段，都是通过影响市场利率水平进而影响市场货币来实现的，而在利率受到管制的情况下仅靠其他手段来调整时效果将大打折扣，所有这些现象都是与市场经济的大方向背道而驰的。因此，要建立健全社会主义市场经济，就必然需要推进金融深化，这是市场经济的题中应有之义。

### (四)对外开放的扩大需要金融深化

金融业的开放是整个对外开放的重要组成部分，它在引进外资、引进管理技术，促进金融业的公平竞争等方面具有积极作用。中国引进外资金融机构的实践表明，外资金融机构为境内企业特别是外商投资企业提供了大量的资金支持，同时，其良好的金融服务又促进了外商直接投资的增长。引进的实力较为雄厚、知名度较高的大金融机构带来了先进的管理经验，通过合理的竞争，加速了国内金融机构的商业化进程，有助于中国金融业总体管理水平的提高。金融开放不仅能为外商投资企业提供服务，同时，金融开放本身也标志着中国对外开放程度的提高，扩大了中国的对外影响。因此，包含了金融开放等内容在内的金融深化，也就成了对外开放的必然要求。

## 四、从对外金融政策评价金融深化

可以看出,我国的金融深化是开放型的金融深化,对外开放的金融政策也是金融深化表现的一部分。

### (一)在增强竞争和保持稳定之间取得平衡

一个成熟的金融市场应该有竞争,但不能过度,过度竞争即为无序竞争,将会对金融体系的安全与稳定造成负面影响。所以,在促进金融市场的竞争过程中,政策制定者需要在增强金融市场的竞争和维护金融体系的稳定之间寻求适当的平衡,提高金融企业的自律性和自觉性,引导金融资源的合理配置,减少金融市场发展的盲目性。在这样的前提下实现的高效率和可靠的金融市场,才不但能够使政府通过合理的筹资成本和资产价格体系保持收支平衡,而且能够比较顺利地实现宏观调控,提高透明度,增强国际竞争力。

### (二)渐进地开放金融市场,逐步放松金融管制

推行利率市场化。存、贷款利率由各商业银行根据资金市场的供求关系的变化来自主调节,最终形成以中央银行基准利率为引导,以同业拆借利率为金融市场的基准利率,各种利率保持合理利差和分层有效的传导机制的利率体系。

加速人民币汇率机制的市场化进程。实现人民币可兑换是我国汇率机制市场化的必然过程,而人民币可兑换的实现又对汇率机制市场化起重要的推动作用。从大多数国家汇率机制的市场化进程来看,其主要受该国金融市场尤其是货币市场的发育程度、外汇体制以及货币可兑换程度的制约。我国目前的情况也同样是如此。因此,推进利率市场化、培育货币市场、优化货币政策机制,改央行直接入市行为为间接调控,淡化央行市场行为的行政色彩,对加速人民币汇率机制的市场化进程尤为重要。

深化外汇管理体制的改革。外汇管理体制的改革包括:完善结售汇制,增加入市主体,批准新成立的商业银行、外资银行以及中资银行的授权分行入市,创新外汇市场交易品种,促进人民币远期汇率形成,为企业和银行提供可行的避险工具,加强外汇监管,有步骤地放宽外汇管制,推行人民币自由兑换进程。

尽快促使我国资本市场的成熟和完善。目前我国资本市场的规模和监管手段都难以适应国际资本的大规模流入,而国有企业又迫切需要通过股份制改造实现经营机制的彻底转换,因此加快资本市场的发展十分必要。这主要包括减少政府干预,提高上市公司质量;在稳步推进股票市场发展的同时,积极推进债券市场的发展;增加交易品种,鼓励金融创新;培育和发展以投资基金为主的市场投资主体;在推动证券商重组基础上发展投资银行;加快证券监管基础设施和规章制度的建设,提高监管人员素质,同时积极引进国外人才。

建立竞争性的金融市场规则。开放金融市场必须构筑和营造依照市场经济办事的市场氛围。首先要构造良好的社会信用环境。增强各经济主体的信用观念，增加人们的金融意识，营造人人守信的社会氛围。其次要加强对金融中介机构的管理，严格运作程序，明确责、权、利，减少道德风险。第三要建立市场信息披露制度，确保经济主体能从市场上捕捉收集到可利用的真实信息。最后要建立公平、公正、高效的司法审理机制，努力保障金融机构权益，为金融运行提供良好的法治环境。

## 五、从可持续发展展望我国的金融深化

早在2003年中国金融可持续发展学术研讨会上，学者们就提出金融的可持续发展应与实体经济的发展相匹配。其中完善的资本市场是金融可持续发展的核心，人民币汇率的稳定是其保证，深化商业银行的改革是其基础。结合多方面因素，本着金融可续发展的原则，我国在进一步的金融深化改革中必须综合考虑如下方面：

### （一）利率自由化是金融深化的关键

中国的利率市场化虽然已经取得了一定的进展，但利率市场化的核心问题——商业银行的存贷款利率的市场化问题——还未解决。中国放开利率管制的方式采取先贷后存，先大后小，先外后内，先农村后城市，先市场后信贷①的渐进式改革。在这个过程中，我国的利率体系将是统一利率、有限浮动利率和自有浮动利率三个层次。

### （二）金融市场的改革方向

要达到金融深化的经济增长目的，就必须对金融市场的这种分割性逐步加以消除。解决办法就是加强对证券尤其是股票市场的监管力度，通过建立充分规范的信息披露制度、减少市场的过度投机现象、降低融资的社会成本等措施逐步地规范股票市场，使其收益水平与间接金融市场收益水平的差距保持在一个合理的区间内。

### （三）完善税制改革

在金融深化过程中，通过完善税制改革等措施进一步规范政府的收入结构，

---

① 先贷后存，即先放开贷款利率，后放开存款利率。先大后小，即先放开大额存款利率，后放开小额存款利率。先外后内，即先放开外币存贷款利率，后放开人民币存贷款利率。先农村后城市，即先放开农村存贷款利率（农村信用社），后放开城市存贷款利率。先市场后信贷，即先放开金融市场利率，后放开银行存贷款利率。

以为改革提供一个良好的宏观经济环境。实践证明，政府财政收支上存在的严重赤字是迫使许多发展中国家实行对金融资源严格控制的重要原因之一。而对金融资源掠取的一个严重后果往往是通货膨胀，从而影响宏观经济的稳定并进而打断金融改革的进程。因此，为了保证进一步金融深化改革的顺利实施，还必须加快改善我国的政府收入结构。

### (四)加快建立现代企业制度

用银行和企业建立现代企业制度的改革来减少不良贷款的增量与存量，从而逐步地解决不良贷款所产生的金融风险问题。为此，我们可以从三方面着手：一是改革银行的运作体系，使其经济行为更具理性，以此来防止不良贷款的增加；二是进一步通过建立现代企业制度，提高非金融企业的运作效率，从而以此来促进整个经济增长效率的提高；三是通过市场化方式剥离金融机构累积的不良债权，尽量委托独立的第三方机构，避免在剥离债权过程中出现最终不良债权转嫁到政府身上。

### (五)谨慎开放资本账户

许多发展中国家的实践表明，开放资本项目是许多发展中国家出现金融危机的主要原因，其更深层次的原因则在于对外资的利用效率低下。因此，为了避免我国的金融深化改革重蹈覆辙，必须对资本项目的开放采取非常谨慎的态度。由于外资利用效率是衡量资本项目开放成功与否的最重要标志，因此可以通过建立指标体系的方法来监测对外资的利用效率并据动态观察结果来确定应该开放的力度与具体步骤。

**附表 15－1　我国金融相关比率及 $M_2$/GDP 比率(1978～2004 年)**

| 年份 | $M_2$(亿元) | 金融资产总量(亿元) | GNP(亿元) | $M_2$/GDP(%) | FIR(%) |
|---|---|---|---|---|---|
| 1978 | 1 159.1 | 3 418 | 3 624.1 | 31.98 | 94.31 |
| 1979 | 1 458.1 | 4 000 | 4 038.2 | 36.11 | 99.05 |
| 1980 | 1 842.9 | 4 945.8 | 4 517.8 | 40.79 | 109.47 |
| 1981 | 2 234.5 | 5 782.7 | 4 862.4 | 45.95 | 118.93 |
| 1982 | 2 589.8 | 6 906.3 | 5 294.7 | 48.91 | 130.44 |
| 1983 | 3 075 | 7 759 | 5 934.5 | 51.82 | 130.74 |
| 1984 | 4 146.3 | 10 543 | 7 171 | 57.82 | 147.02 |
| 1985 | 5 198.9 | 12 808.7 | 8 964.4 | 57.99 | 142.88 |

续附表 15 - 1

| 年份 | $M_2$(亿元) | 金融资产总量(亿元) | GNP(亿元) | $M_2$/GDP (%) | FIR(%) |
|---|---|---|---|---|---|
| 1986 | 6 721 | 16 868.3 | 10 202.2 | 65.88 | 165.34 |
| 1987 | 8 349.7 | 20 933.2 | 11 962.5 | 69.80 | 174.99 |
| 1988 | 10 099.8 | 25127 | 14 928.3 | 67.66 | 168.32 |
| 1989 | 11 949.6 | 30 117 | 16 909.2 | 70.67 | 178.11 |
| 1990 | 15 293.4 | 37 233 | 18 547.9 | 82.45 | 200.74 |
| 1991 | 19 349.9 | 45 426 | 21 617.8 | 89.51 | 210.13 |
| 1992 | 25 402.2 | 58 933 | 26 638.1 | 95.36 | 221.24 |
| 1993 | 34 879.8 | 76 144 | 34 634.4 | 100.71 | 219.85 |
| 1994 | 46 923.5 | 98 255 | 46 759.4 | 100.35 | 210.13 |
| 1995 | 60 750.5 | 12 5257 | 58 478.1 | 103.89 | 214.19 |
| 1996 | 76 094.9 | 15 3942 | 67 884.6 | 112.09 | 226.77 |
| 1997 | 90 995.3 | 188 363 | 74 462.6 | 122.20 | 252.96 |
| 1998 | 104 498.5 | 227 751 | 78 345.2 | 133.38 | 290.70 |
| 1999 | 119 897.9 | 261 674 | 82 067.46 | 146.10 | 318.85 |
| 2000 | 134 610.3 | 309 435 | 89 468.1 | 150.46 | 345.86 |
| 2001 | 158 301.9 | 342 413 | 97 314.8 | 162.67 | 351.86 |
| 2002 | 185 007 | 390 262 | 105 172.3 | 175.91 | 371.07 |
| 2003 | 221 222.8 | 467 389 | 117 390.2 | 188.45 | 398.15 |
| 2004 | 253 207.7 | 523 122 | 136 875.9 | 184.99 | 382.19 |

数据来源:《中国统计年鉴 》、《中国金融年鉴》

注:金融资产总量由流通中现金、金融机构存贷款总额、债券总额、股票市值以及保险费汇总求和而得。

**附表 15－2　金融机构数量与多样化　　单位：家**

| 年份 | 1985 年 | 1998 年 | 2005 年 10 月 |
|---|---|---|---|
| 金融监管机构 | 2 | 4 | 5 |
| 政策性银行 | 0 | 3 | 3 |
| 国有商业银行 | 4 | 4 | 4 |
| 城市商业银行 | 0 | 88(1997 年) | 115 |
| 股份制银行 | 2 | 14 | 13 |
| 农村信用社 | 58 000 | 46 438 | 30 438 |
| 城市信用社 | 961 | 626 | |
| 农村合作银行 | 0 | 0 | 57 |
| 信托投资机构 | 31 | 239 | Na |
| 保险公司 | 1 | 25 | Na |
| 财务公司 | 0 | 71 | Na |
| 证券公司 | 0 | 90(1997 年) | Na |
| 金融租赁公司 | 0 | 16 | Na |
| 基金管理公司 | 0 | 7 | Na |
| 邮政局 | 0 | 1 | 1 |
| 外资金融机构 | 13 | 178 | 238 |
| 证券交易所 | 0 | 2 | 2 |
| 证券交易中心 | 0 | 27 | Na |
| 证券登记公司 | 0 | 51 | Na |

数据来源：《中国金融年鉴》(1986～2005 年)，银监局网站

**表 15-3 我国金融市场的存贷款利率情况**

| 年份 | CPI | 实际存款利率% | | 1年期实际存款利率内部收益率 | 3年期实际存款利率内部收益率 | 实际贷款利率% | | 1年期实际贷款利率内部收益率 | 2年期实际贷款利率内部收益率 | 存贷利差 | |
|---|---|---|---|---|---|---|---|---|---|---|---|
| | | 1年期 | 3年期 | | | 1年期 | 3年期 | | | 1年期 | 3年期 |
| 1980 | 106.001 | −0.91 | −0.26 | −0.91 | −0.26 | −0.91 | −0.91 | −0.91 | −0.91 | 0.00 | −0.64 |
| 1981 | 102.401 | 2.93 | 3.63 | 2.93 | 3.51 | 2.58 | 2.58 | 2.58 | 2.51 | −0.35 | −1.05 |
| 1982 | 101.901 | 3.70 | 4.67 | 3.70 | 4.47 | 3.08 | 3.79 | 3.08 | 3.65 | −0.62 | −0.88 |
| 1983 | 101.501 | 4.20 | 5.26 | 4.20 | 5.01 | 3.49 | 4.20 | 3.49 | 4.03 | −0.71 | −1.06 |
| 1984 | 102.801 | 2.88 | 3.93 | 2.88 | 3.78 | 2.18 | 2.88 | 2.18 | 2.80 | −0.70 | −1.05 |
| 1985 | 109.30 | −2.36 | −1.37 | −2.36 | −1.39 | −2.80 | −2.14 | −2.80 | −2.19 | −0.44 | −0.77 |
| 1986 | 106.50 | −0.47 | 0.38 | −0.47 | 0.37 | 1.33 | 2.01 | 1.33 | 1.97 | 1.80 | 1.63 |
| 1987 | 107.30 | −0.09 | 0.91 | −0.09 | 0.91 | 0.58 | 1.25 | 0.58 | 1.23 | 0.67 | 0.34 |
| 1988 | 118.80 | −9.36 | −8.45 | −9.36 | −9.29 | −8.86 | −8.20 | −8.86 | −8.98 | 0.51 | 0.25 |
| 1989 | 118.00 | −5.83 | −5.06 | −5.83 | −5.34 | −5.64 | −4.42 | −5.64 | −4.64 | 0.19 | 0.64 |
| 1990 | 103.10 | 6.65 | 7.34 | 6.65 | 6.86 | 6.78 | 7.60 | 6.78 | 7.09 | 0.13 | 0.26 |
| 1991 | 103.40 | 4.34 | 5.24 | 4.34 | 4.99 | 5.22 | 5.73 | 5.22 | 5.43 | 0.88 | 0.48 |
| 1992 | 106.40 | 1.09 | 1.77 | 1.09 | 1.74 | 1.94 | 2.44 | 1.94 | 2.39 | 0.85 | 0.68 |
| 1993 | 114.70 | −4.62 | −3.64 | −4.62 | −3.79 | −4.32 | −3.41 | −4.32 | −3.53 | 0.30 | 0.24 |
| 1994 | 124.10 | −10.57 | −9.56 | −10.57 | −10.65 | −10.57 | −9.56 | −10.57 | −10.65 | 0.00 | 0.00 |
| 1995 | 117.10 | −5.23 | −4.15 | −5.23 | −4.34 | −5.23 | −4.15 | −5.23 | −4.34 | 0.00 | 0.00 |
| 1996 | 108.30 | 0.80 | 1.72 | 0.80 | 1.69 | 2.18 | 3.22 | 2.18 | 3.12 | 1.38 | 1.51 |
| 1997 | 102.80 | 3.92 | 4.61 | 3.92 | 4.41 | 6.58 | 7.39 | 6.58 | 6.91 | 2.66 | 2.78 |
| 1998 | 99.20 | 6.52 | 7.07 | 6.52 | 6.62 | 9.32 | 10.02 | 9.32 | 9.16 | 2.80 | 2.95 |
| 1999 | 98.60 | 4.35 | 4.77 | 4.35 | 4.56 | 7.42 | 7.75 | 7.42 | 7.22 | 3.07 | 2.98 |
| 2000 | 100.40 | 1.84 | 2.29 | 1.84 | 2.24 | 5.43 | 5.52 | 5.43 | 5.24 | 3.59 | 3.23 |
| 2001 | 100.70 | 1.54 | 1.99 | 1.54 | 1.95 | 5.11 | 5.20 | 5.11 | 4.95 | 3.57 | 3.22 |
| 2002 | 99.20 | 2.83 | 3.37 | 2.83 | 3.26 | 6.23 | 6.40 | 6.23 | 6.03 | 3.40 | 3.03 |
| 2003 | 101.20 | 0.77 | 1.30 | 0.77 | 1.29 | 4.06 | 4.06 | 4.06 | 3.91 | 3.29 | 2.76 |
| 2004 | 103.90 | −1.80 | −1.21 | −1.80 | −1.23 | 1.41 | 1.58 | 1.41 | 1.55 | 3.21 | 2.79 |

数据来源:《中国统计年鉴》《中国金融年鉴》

注：1. 1980～1984年的CPI采用的是全国零售物价总指数；

2. 1年期及3年期名义存款利率采用的是居民储蓄存款整存整取1年期及3年期利率；1年期及3年期名义贷款利率采用的是固定资产贷款同期利率

3. 3年期存贷款内部收益率 $IRR=100[(1+r3/100)-(1/3)-1]$

**表15-4　中国资本市场发展**

| 年份 | 境内上市公司数(A,B股)(家) | 股票市价总值(亿元) | 市值增长率(%) | 市值占GDP比重(%) | 股票成交金额(亿元) | 交易额增长率(%) |
|---|---|---|---|---|---|---|
| 1990 | — | — | — | <0.1 | — | |
| 1991 | 14.00 | … | … | 4.40 | … | … |
| 1992 | 52.00 | … | 800.00 | … | 2 000.00 | |
| 1993 | … | … | … | 8.00 | … | … |
| 1994 | 291.00 | 3 690.62 | … | 7.89 | 8 124.62 | … |
| 1995 | 323.00 | 3 474.27 | −5.86 | 5.94 | 4 035.81 | −50.33 |
| 1996 | 530.00 | 9 842.38 | 183.29 | 14.50 | 21 332.16 | 428.57 |
| 1997 | 745.00 | 17 529.24 | 78.10 | 23.54 | 30 721.84 | 44.02 |
| 1998 | 851.00 | 19505.64 | 11.27 | 24.90 | 23 544.25 | −23.36 |
| 1999 | 949.00 | 26 471.17 | 35.71 | 32.26 | 31319.60 | 33.02 |
| 2000 | 1 088.00 | 48 090.94 | 81.67 | 53.75 | 60 826.65 | 94.21 |
| 2001 | 1 160.00 | 43 522.20 | −9.50 | 44.72 | 38 305.18 | −37.03 |
| 2002 | 1 224.00 | 38 329.12 | −11.93 | 36.44 | 27 990.46 | −26.93 |
| 2003 | 1 287.00 | 42 457.72 | 10.77 | 36.17 | 32 115.27 | 14.74 |
| 2004 | 1 377.00 | 37 055.57 | −12.72 | 27.07 | 42 333.95 | 31.82 |

数据来源：《金融统计年鉴》

# 第十六章　金融危机：风险、传染与金融安全

## 第一节　金融危机的相关理论

### 一、经济大危机后的金融危机理论

1929 年的“大危机”使美国及欧洲国家经济陷于崩溃，面对毁灭性打击，经济学家进行了总结，从不同角度提出了认识。

#### （一）债务—通货紧缩理论

欧文·费舍尔（Owen Feisher，1933）从实体经济角度提出了“债务-通货紧缩”理论，认为经济开始陷入衰退时，企业销售下降将使其逐渐丧失清偿能力，当连锁反应将银行拖入债务链时就会引起通货紧缩，借款者为了偿债大量低价抛售加重了债务负担，如此反复形成恶性循环，最终导致大量破产和失业。这一过程造成名义利率下降和实际利率上升，形成“债务-通货紧缩”循环，金融危机就此爆发。沃尔芬森（Willfenshen，1936）作了进一步阐释，认为债务人在难以为继的情况下必然降价出售资产，由此产生两方面效应：资产负债率的提高；债务人拥有财富减少（按降价估值）。债务人财富的边际支出倾向往往高于债权人，资产价格下降必然影响社会需求加重经济萎缩，是造成过度负债的原因之一，而且是“债务-通货紧缩”的重要一环。

#### （二）经济泡沫理论

凯恩斯（Keynes），弗里德曼（Friedman）等许多经济学家从不同角度阐述了对大危机的认识，虽然重点有别，但其核心几乎无一例外认为，证券市场被投机资金越吹越大的“泡沫”是引起金融危机的罪魁祸首，此后的半个多世纪中泡沫现象始终是研究的热点。20 世纪 70 年代前后，理性泡沫（Rational Bubbles）概念的提出使理论研究迈进一大步，哈恩（Hahn，1966），萨谬尔森（Samuelson，1967）和斯蒂格利茨（Shell-Stiglitz，1967）等人在继承前人理论精髓的基础上，从理性预期和局部均衡角度论证了当缺乏完全的期货市场并在期界无限的情况

下,没有市场力可以保证经济的长期稳定运行。金德尔伯格(Kindleberger,1978)提出了"过度交易"理论,认为危机前人们对金融资产的疯狂投机行为导致了大危机,他给泡沫做出概括:"泡沫可以不严格的定义为一种或一系列资产价格在一个连续过程中的陡然上升。开始的价格上升导致价格进一步上升的预期,并吸引新的买主——投机者,投机者一般感兴趣的是来自于资产买卖的利润,而不是它的使用或产生盈利的能力。这个价格上升通常跟随着导致金融危机的预期逆转和价格的陡然下降。"

**(三)货币政策失误理论**

弗里德曼(1964)认为[①],导致大危机的根本原因是美联储货币政策失误。他具体分析说,由于货币乘数相对稳定,货币数量决定物价和产出。货币政策失误可以使一些小规模、局部的金融问题发展为剧烈的大面积金融动荡,正是美联储错误执行了紧缩性货币政策加剧了大危机。与此相类似的还有布鲁诺(Brunner)提出的"货币存量增速"理论,认为一旦中央银行对货币供给控制不当而导致货币紧缩,即使在经济平稳运行时也会迫使商业银行为获得流动性而出售资产,如果这种局面得不到改善就可能造成银行大量倒闭,引发金融危机。

总的来看,大危机后的金融危机理论主要是对危机的发生过程进行抽象概括,再用"理论"加以阐述,实际上是以不同方式表达了大致相同的理论内涵。形成这种局面的原因:首先,金融资本虽然在20世纪20年代经济中扮演重要角色,但金融市场仍然处于相对次要地位,国际金融活动依从于国际贸易,所以当经济学家们寻找危机原因时,习惯性把目光聚焦于实体经济部门;其次,当时的经济学基础理论秉承传统研究思路,无法从更开阔的视角透视大危机。尽管第一代金融危机理论有深深的时代"烙印",但还是开了对金融危机系统研究的先河,对后来的理论深化起了启迪性作用。

## 二、欧美银行业危机后的金融危机理论

二战后,"双挂钩"制度通过稳定汇率为经济发展创造了条件,20世纪60年代两次美元危机和1971年西欧国家抛售美元风潮,迫使美国宣布实行"新经济政策",至此,布雷顿森林体系名存实亡。此后的浮动汇率制度给国际交易带来了巨大风险,为了避险金融衍生工具迅速发展,但是衍生工具不能消除风险,风险的高度集中更容易引起金融危机。从20世纪70年代开始,西方国家不少银行开始出问题,其中影响较大的有:美国圣地亚哥国民银行、富兰克林国民银行

---

① Friedman.美国货币史:1867～1960.120～135

以及联邦德国最大私人银行赫斯塔特银行等，这些银行倒闭造成了严重影响，不但导致以色列、英国和意大利多家银行相继倒闭，更造成全球大量银行、金融公司蒙受巨大损失。由于这一时期危机主要集中在银行领域，金融危机理论更多从货币和银行角度探索研究。

**(一)货币危机理论**

针对实行固定汇率制的发展中国家频繁发生的货币危机，克鲁格曼(Krugman,1979)首次提出货币危机理论，认为货币危机导源于国内经济政策与固定汇率间的矛盾，存在于国内扩张性经济政策与试图维持固定汇率目标之间存在的根本性不协调。即政府行为造成的通货膨胀压力引起金融风险的积累并最终引发危机，投资者短期内大量抽逃是合乎逻辑的结果。奥斯菲尔德(Obstfeld,1994,1995)的货币危机理论有相似之处，认为是固定汇率政策的不可持续性引起了危机，但在直接诱因上奥斯菲尔德认为①是政府经济政策的动态不一致性动摇了投资者信心，形成了风险根源，并自动引来了投机资本的攻击。由于政府并非一味机械的坚持固定汇率制，而是依据成本与收益进行相机抉择，造成了政府政策长期中的不一致性，使越来越多的投资者产生本币贬值预期，最终真的迫使政府放弃固定汇率制放任货币贬值导致危机爆发。由于克鲁格曼和奥斯菲尔德从货币和国际收支角度研究和建立危机模型，因而，又称为第一、第二代货币危机理论。

**(二)"道德风险"理论**

麦金农(Ronald I. Mckinnon)和皮尔(Pill)在研究发展中国家存款担保和过度借债问题时，最早提出了道德风险的若干理论，但后来的学者发现，20世纪80年代美国大量储蓄贷款协会倒闭反映出"存款保险制度可能带来严重的道德风险问题"，道德风险理论同样适合于解释发达国家的银行业危机。

这一理论认为：①银行间既是竞争对手又有很强的外部关联性，一家银行倒闭很可能引起存款人对整个银行业的信任危机，这种强烈的外部负效应往往使银行间存在或明或暗的存款担保。这样一来银行为了获取较高收益，会把大量资金投入于高风险项目，因为他们认为即使项目失败其他银行也会提供必要的救助以免殃及池鱼②。如果多数银行都有这样的冒险动机，整个银行业就会变得非常脆弱。②金融监管部门作为各利益集团的协调和代言人，经常会在不恰

① Krugman P. A model of Balance-of-payments Crises [J]. Journal of Money, Credit and Banking. 1979 (11): 311～325

② Obstfeld M. Rational and Self-fulfilling Balance of Payments Crises [J]. American Economic Reviews. 1986 (76): 72～81

当的时候出来扮演“最后贷款人”角色,助长了道德风险的产生。更为常见的是,金融监管部门以良好初衷建立起的金融安全网,由于设计失当和定价有误,最后却鼓励了银行的冒险活动加大了金融体系风险。世界银行和IMF对65个国家在1981～1994年间发生的银行危机作的计量测试也表明,在设有存款保险的国家,发生金融危机的概率要高于没有设立明确存款保险制度的国家。

### (三)金融脆弱性理论

明斯基(Hyman P. Minsky,1963)在其著名论文《大危机会再次发生吗》中提出“金融不稳定假说”,主要从企业角度研究了信贷市场的脆弱性,认为以商业银行为代表的信用创造机构和借款人的相对特征,使金融体系具有天然的内在不稳定性。市场中的投资者怎样运作现金流是问题的关键,如果现金流不能正常循环,金融体系就不稳定。从20世纪70年代开始,不断发生的银行业危机吸引了经济学家关注金融体系脆弱性问题,托宾(Tobin,1981)提出了“银行体系关键论”,认为脆弱的银行体系在金融危机中起着重要作用,银行体系运作不当极易把整个金融体系推向崩溃。戴蒙得(Diamand)和蒂威格(Dybvig,1983)[①]提出了影响甚广的D－D模型,得出的“银行挤兑理论”认为,银行作为金融中介是将不具有流动性的资产转化成流动性资产,银行要承担巨大的损失风险,一旦银行资不抵债,存款人的流动性要求就会突然升高,出现挤兑现象。如果一国相当数量的银行都承担了超越其资本的资产损失,银行体系危机在所难免。20世纪80年代后期开始,行为金融学理论渗入这一领域,科顿(Corton,1985)从“噪声”指标,卡布林(Caplin,1994)从信息不完备和不对称情况下的“羊群效应”解释了大规模银行挤兑出现的原因。

### (四)灾难短视症理论

赫林(Herring)的“灾难短视症”理论可以看作是行为金融学对银行危机的解释,它不同于“噪声”理论和“羊群效应”之处在于从金融机构内部着眼。理论核心是,开放经济中爆发金融危机的最直接原因是强有力的外部冲击和金融机构经营者因对这种冲击估计不足而愿意承担可能导致资不抵债的“风险敞口”。之所以对外部冲击估计不足,是因为决策是在很多不确定性情况下做出,这种不确定性在金融危机中起着核心作用梅尔(Meltzer, 1982)。温斯基(Tversky)和凯曼(Kahneman,1982)从认知心理学领域对决策者面对不确定性时做出的反映进行深入研究后发现,他们具有在预见性直觉(availability heuristic)基础上形成的对主观概率予以公式化的倾向,决策者们往往具有凭经验对高频率事件作

① Diamond Douglas and Dybvig Philip. Bank Runs, Deposit Insurance, and Liquidity[J]. Journal of Political Economy. 1983 (91): 548～565

出确切估计的能力，但预见性直觉产生的预见性偏差(availability bias)会使主观概率随时间推移不断下降。在某些时点上“临界点直觉”会使决策者对主观概率在临界点以下的事件忽略不计西蒙(Simon, 1978)。这样，“可预见性”和“临界点直觉”共同导致了“灾难短视症”的发生，最终使金融机构因承担了过大的风险敞口而丧失了抵御外部冲击的能力。

欧美银行业危机后的金融危机理论有了很大的发展，揭示了货币制度和金融业本质等关键问题。

金融市场开始作为一个独立的研究对象，经济学家在日益复杂的经济面前为了不迷失研究方向进行了简化，集中精力通过对金融市场考察探究危机根源，实现类似于“动态局部均衡”的分析。运用了较为复杂模型和全新研究方法，吸收了20世纪60～70年代现代经济学理论发展和研究新方法，如信息经济学、心理学、行为学在这一领域的渗透等，拓展了金融危机理论研究的视野。

## 三、发展中国家金融危机后的理论发展

发展中国家金融危机始于墨西哥债务危机。由于大借外债加之国内经济政策失误，1982年8月12日墨西哥政府宣布停止支付到期外债本息，由此点燃了拉美债务危机。不久，巴西、阿根廷、委内瑞拉等一批债务国相继停止偿付到期外债，一场国际债务危机全面爆发。1997年7月的亚洲金融危机使菲律宾、印尼、马来西亚、中国台湾、日本、韩国的货币相继大幅贬值，全球主要金融市场受其影响剧烈波动，俄罗斯1998年8月17日被迫扩宽了卢布汇率走廊，半月后完全弃守，一时间震动了整个金融业。针对发展中国家金融危机的反思，理论研究视角更多集中在实证和技术方面。

### (一)外债危机理论

萨特(Suter,1986)从经济周期循环角度提出了综合性国际债务理论，认为随着国际借贷规模不断扩张，中心国家(通常是资本剩余的发达国家)的资本为追求更高回报而大量流向国外，边缘国家(通常是资本不足的发展中国家)则大量借入外债，长期如此，债务会大量积累于边缘国家。由于边缘国家投资项目难以在短期取得高收益，所依靠的还债收入来源——初级产品出口——又随国际经济周期有较大波动，当国际经济进入低谷时，边缘国家会逐渐失去偿债能力爆发债务危机。尽管通过谈判边缘国家仍可以从国际市场上获得融资机会，但不良偿债纪录将使债务国的融资规模愈来愈小。

### （二）过度自由化理论

卡明斯基(Kaminsky,1996)[①]利用计量方法发现，在他们考察的20个小型工业化国家及新兴市场国家中，25例金融危机中有18例发生在实施金融自由化的5年之内。与此相类似，古德斯坦(Goldstein,1997)也发现，在过去25年里金融自由化的代表性信号，是新兴市场国家和地区金融危机较好的预警指标。马歇尔等(1998)在对南锥体和苏东国家考察后提出，金融基础缺失和金融机构经营不透明性也是导致发展中国家金融危机的原因之一。Bisignano(1998)从"主体行为"角度研究指出，当经济环境发生巨变而决策又没有一个清晰可辨的标准时，经济变化的主要动因是人的行为，而不是均衡条件阿尔钦·诺斯(Alchian,North认为均衡条件是经济变化的主要动因)。金融机构如果从被保护环境转向放松管制的环境，审慎的行为有可能会被机会主义行为所代替。Bisignano认为，片面强调金融自由化是造成金融风险在新兴市场国家大量积累的原因所在。米什金(Mishkin, 1999)指出，金融自由化从两个方面导致新兴市场国家经济承担过度风险：金融自由化产生大量新的贷款机会，而金融机构管理者缺乏有效的风险管理经验无法监控新贷款；新兴市场国家严重滞后的金融监管、法律规章使道德风险盛行，最终导致金融风险在金融机构中迅速积累。

### （三）危机传染理论

IMF(1998)认为，现代风险管理的一些做法，如对资本的要求、保证金要求、动态对冲以及经常性投资组合调整，正在导致金融机构因新信息或风险重估而进行资产快速调整。随着同一家大型全球性机构在许多不同市场和国家进行经营，产生了似乎不相关市场之间出现溢出效应的潜在可能性。考德斯(Kodres)和普锐斯(Pritsker,1998)认为，信息不对称和跨市场套期保值能力是金融危机传染的根本原因，因为在许多情况下，没有关联信息甚至没有直接共同影响因素的不同市场会发生同样的变动。保罗·马森(Paul Masson,1999)提出的简单两国模型在多重均衡基础上探讨了危机的传染机理，证明了"季风效应"和"波及效应"的存在，是该领域研究中较为成功的范例。金融危机在国际间的扩散是经济学家们关注的焦点，提出了两个重要模型对危机的传递进行解释：一是波及效应模型。一个国家的危机会以间接或直接方式从贸易渠道恶化与其贸易密切的国家经济基础，从而诱发该国潜在金融风险转化为现实危机。一个市场由于危机

---

① Kaminsky G. Currency and Banking Crises: The early warnings of distress. IMF Working Paper. 1999. 99～178.

Kaminsky G., Reinhart C. On Crises, Contagion, and Confusion [J]. Journal of International Economics. 2000 (51): 145～168

而导致的非流动性，从金融渠道造成另一个与其有紧密金融关系——包括FDI、银行贷款、资本市场渠道等——市场的流动性短缺，引起风险的连环爆发；二是多维平衡点传染模型。两个国家间经济联系薄弱，危机的传染由经济中的多维平衡点及投机者的“自促成”因素导致一国危机，诱发投资者重新评价其他类似国家的经济基础（即使这些国家经济基础并未发生变化），从而产生“自促成”投机者对类似国家的冲击。信息层叠理论通过建立“序列模仿行动”、“信息披露”、“贝叶斯概率信息”三个模型，用现代手段研究相似性问题对多维平衡点传染模型进行了有力补充。

### （四）内在缺陷理论

杰佛逊（Gary H. Jefferson，2000）提出，在产权没有完全界定清楚的经济主体制度中，容易产生大量的寻租行为，使经济在金融危机面前不堪一击。特别是在转轨经济国家中，底层经济机构的产权已经界定明晰，上层经济机构产权常常尚未完全界定清楚，因此低层机构就会过度消耗上一层机构的金融资源形成层层空洞化，遇到风吹草动就会演化成金融危机。这种产权不清的重要表现是银行的国有制，在国有银行占主导地位的经济中，往往缺乏良好的信息渠道、金融基础设施和金融监管弱化，激励机制相互冲突。斯坦利弗舍尔（Stanley Fischer，2000）认为，亚洲金融危机更多归因于结构方面的问题，而非宏观经济失衡。一方面，发展中国家经济规模较小，且集中于某些经济部门或依赖于特定产品出口，抵御或弱化外部冲击能力较低，经济波动必然传输到金融市场；另一方面，在新兴金融市场中银行通常占主导地位，这意味着较高的债务比率，潜伏较高的金融脆弱性。东亚国家金融模式存在很大弊端，企业和银行间非正常关系是造成金融风险长期积累并最终爆发的重要原因。卡森斯（Claessens，2000）研究证明，负债比率居高不下使企业和整个经济变得高度脆弱，是导致亚洲金融危机的重要诱因。卡瓦罗（Cavallo，2000）实证研究揭示，在发展中国家和发达国家监管原则逐渐趋同时，执行情况却大相径庭，说明发展中国家和发达国家监管的趋同仅在表面而非实质，在看似严格的监管原则下，潜伏着大量由于执行“软约束”造成的风险堆积。

对于发展中国家金融危机的研究，更多从实务角度强调制度缺失和透明度不足等因素，注重了从技术手段探索金融危机的广泛扩散。一部分理论继承此前理论的内核，试图证明发展中国家金融危机爆发的内在必然性，另有理论表现出理论研究的回归，重新将目光投向实体经济，研究发展中国家经济中存在的危机隐患。这种基于现代研究方法的理论螺旋回归，从一个侧面反映出金融危机理论在经过否定之否定后，逐渐迈向更高阶段。

# 第二节　金融危机的爆发与传染

与以往金融危机相比，1992～1993 年欧洲货币体系危机、1994～1995 年墨西哥金融危机和 1997 年亚洲金融危机更具典型性和国际影响力，金融危机的传染效应增强，金融危机更容易在新兴市场国家爆发。投机攻击引发货币危机，货币危机成为现代金融危机的先导。

## 一、金融危机产生的原因与背景

### （一）金融内在脆弱是金融危机的内在基因

以商业银行为代表的金融中介积极作用的发挥受到两个条件的限制：一个是储蓄者对银行的信心；二是金融机构对借款人的筛选和监督高效率，并且是无成本或至少是低成本[①]。由于信息不对称，这两个条件的成立并非绝对，这样便产生了金融机构内在脆弱性。存款者与金融机构信息不对称在意外事件发生时会产生银行恐慌导致挤兑行为，贷款者与金融机构间信息不对称使金融机构对借款人的筛选和监督并不能保证高效率，恶化金融资产质量。米什金（Frederic S. Mishkin）用债务合约的道德风险来解释这一现象，"大银行难以倒闭"的显性和隐性存款保险会带来金融机构的道德风险，普遍存在的监管宽容无法进行有效约束。

金融脆弱性的另一方面来源于金融市场。金融市场的不确定性来自于金融资产未来收益流量的不确定性，来自于生产性投资自身的风险和金融资产交易中的不确定性。凯恩斯（Keynes，1936）指出，投资取决于投资者对未来市场前景的心理预期，预期以投资者对于未来模糊的、不确定的、缺乏可靠基础的偏差而发生剧烈的变动[②]。金融市场的信息不对称性必然带来金融市场上的噪声[③]和噪声交易，使得市场有效性大大降低。在现实经济中并不存在完全有效市场，尽管内幕交易违法，但在现实金融市场上无法杜绝，依靠内幕消息牟取暴利的投资者不足为奇。因此，金融资产价格偏离价值是必然现象。当经济繁荣时会推动资产价格的上升，正如凯恩斯描绘的"乐队车效应"（bandwagon effect）一样。但由于脱离了基础经济因素，市场预期最终会发生逆转。

---

① 石俊志．金融危机生成机理与防范．中国金融出版社，2001

② ［英］凯恩斯．就业利息和货币通论．商务印书馆，1960

③ 噪声是指与金融资产基础价值变动无关的、但却可能会影响该资产价格发生变化的失真信息，把噪声视为真实信息进行交易称作噪声交易（Black，1986）。

**(二)泡沫经济是酝酿金融危机的温床**

金德尔伯格(C. Kindleberger)对泡沫经济的定义是:"泡沫状态这个名词,随便一点儿说,就是一个或一系列资产在一个连续过程中陡然涨价,开始的价格上升会使人们产生还要涨价的预期,于是又吸引了新的买主——这些人一般只是想通过买卖牟取利润,而对这些资产本身的使用和产生盈利的能力是不感兴趣的。涨价常常是预期的逆转,接着就是价格暴跌,最后以金融危机告终。通常'繁荣'的时间要比泡沫状态长些,价格、生产和利润的上升也比较温和一些。以后也许接着就是以暴跌(或恐慌)形式出现的危机,或者以繁荣的逐渐消退告终而不发生危机。"泡沫经济的载体包括的范围很宽:商品、债券、股票、房地产以及艺术品、油画、钱币、邮票、古董等等。作为泡沫经济的载体具有供求关系不易达到均衡和交易成本较低两个特点。

1636 年发生的荷兰郁金香泡沫、1719～1720 年发生在巴黎的密西西比股市泡沫以及随后在伦敦发生的南海股市泡沫等,是经济学公认的典型泡沫经济案例。如今人们更加熟悉和研究"泡沫经济"一词,是从 20 世纪 80 年代后日本泡沫经济的形成和破灭,以及当代频繁的世界性金融动荡,尤其是亚洲金融危机中得出的认识。日本学者奥村洋彦的《日本"泡沫经济"与金融改革》(2000),是以不确定条件下人的普遍性活动和日本人特殊的经济行为为研究对象(政府政策、企业及家庭),实证考察十余年经济的发展轨迹,分析了"泡沫经济"的形成、发展与崩溃来验证"金融不稳定假设"①。国内文献中,徐滇庆②等(2000)较详尽地论述了泡沫经济与金融危机的关系。

**(三)金融自由化是金融危机的催化剂**

金融自由化(financial liberalization 或 financial deregulation)意为"解放"或"除去规制",指一个国家的金融部门运行主要由政府管制转变为市场力量决定的过程。金融自由化主要包括放松利率管制解除贷款控制、金融服务业的自由进入、金融机构自主权的尊重、银行私有制的盛行以及国际资本流动的自由化。金融自由化引发金融危机的忧虑,开始于 1985 年卡洛斯迪亚兹-安灰罗(Carlos Diaz-Alejandro)的著名论文《送走了金融压制,迎来了金融危机》(*Goodbye Financial Repression, Hello Financial Crash*)。伴随金融自由化的过程,全球范围内的金融危机异常频繁地发生。威廉姆森(Williamson, 1985)研究了 1980～1997 间 35 个发生系统金融危机的案例,发现有 24 个金融危机与金融自由化有

① [日]奥村洋彦. 日本"泡沫经济"与金融改革. 中国金融出版社,2000

② 徐滇庆,于宗先,王金利. 泡沫经济与金融危机. 中国人民大学出版社,2000

关。那么,金融自由化与金融危机是否有必然联系?学术界争论不休。黄金老在《金融自由化与金融脆弱性》中从金融自由化加剧金融脆弱的角度,论述了金融自由化与金融危机的关系①。

金融自由化与金融脆弱性的关联性得到了一些数学模型的检验。1998 年,德米格-昆特(Asli Demirguc-Kunt)和底特基格(Enrica Detragiache)根据经验数据模型,对 26 个危机事件分利率自由化和未自由化进行概率统计(见表 16-1),结果发现如果没有进行利率自由化改革,所有国家发生危机的概率会大大降低,在 26 个危机事件中有 7 个在没有利率自由化情况下发生危机的概率不到 1%。

**表 16-1　利率自由化对金融危机影响的概率②**

| 国别 | 危机发生年份 | 危机发生概率估计(自由化) | 危机发生概率估计(未自由化) |
|---|---|---|---|
| 智利 | 1981 | 0.174 | 0.035 |
| 哥伦比亚 | 1982 | 0.047 | 0.008 |
| 芬兰 | 1991 | 0.119 | 0.023 |
| 圭亚那 | 1993 | 0.028 | 0.005 |
| 印度 | 1991 | 0.221 | 0.047 |
| 印度尼西亚 | 1992 | 0.306 | 0.071 |
| 意大利 | 1990 | 0.028 | 0.005 |
| 日本 | 1992 | 0.071 | 0.012 |
| 约旦 | 1986 | 0.786 | 0.387 |
| 肯尼亚 | 1993 | 0.412 | 0.108 |
| 马来西亚 | 1985 | 0.170 | 0.034 |
| 墨西哥 | 1994 | 0.207 | 0.043 |
| 尼日尔 | 1991 | 0.044 | 0.008 |
| 挪威 | 1987 | 0.031 | 0.006 |
| 巴布亚新几内亚 | 1989 | 0.259 | 0.057 |
| 巴拉圭 | 1995 | 0.114 | 0.022 |

① 黄金老. 金融自由化与金融脆弱性. 中国城市出版社,2001

② Demirg-Kunt, Asli and Detragiache: The Determinants of Banking Crises in Developing and Developed Countries. IMF Staff Papers, Vol. 45No. 1. 1998

续表 16－1

| 国别 | 危机发生年份 | 危机发生概率估计（自由化） | 危机发生概率估计（未自由化） |
|---|---|---|---|
| 秘鲁 | 1983 | 0.347 | 0.084 |
| 菲律宾 | 1981 | 0.052 | 0.009 |
| 葡萄牙 | 1986 | 0.133 | 0.026 |
| 斯里兰卡 | 1989 | 0.104 | 0.019 |
| 瑞典 | 1990 | 0.033 | 0.006 |
| 土耳其 | 1991 | 0.221 | 0.047 |
| | 1994 | 0.443 | 0.121 |
| 乌拉圭 | 1981 | 0.358 | 0.087 |
| 美国 | 1980 | 0.459 | 0.126 |
| 委内瑞拉 | 1993 | 0.424 | 0.113 |

资料来源：Asli Demirguc-Kunt and Enrica Detragiache："Financial Liberalization and Financial Fragility"in World Bank：Annual World Bank Conference on Development Economics. 1998. 309～310

利率自由化通过两种途径加重了商业银行的风险：一是利率水平显著升高抑制投资危及宏观金融稳定。智利在 1977 年 6 月放开利率后，利率高达 30％以上，1974～1982 年，国内净储蓄占 GDP 的比值为－0.3％，平均净投资只有 5.5 ％。二是利率水平变动不均，长期在管制状态环境生存的商业银行来不及发展金融工具来规避利率风险。另外，混业经营、金融创新和资本账户开放同样酝酿着巨大风险，增加金融危机爆发的可能性（见表 16－2）。

**表 16－2　资本流入与金融危机**

| 国家及首次发生金融困难年份 | 私人资本净流入/GDP | | | 短期债务/出口 |
|---|---|---|---|---|
| | 危机当年 | 前 1～2 年 | 前 3～4 年 | 危机当年 |
| 阿根廷(1980) | 4.52 | 4.31 | 1.52 | 92.7 |
| 阿根廷(1989) | 0.40 | 0.89 | 2.28 | 70.8 |
| 阿根廷(1995) | 3.23 | 4.29 | 2.00 | 35.9 |
| 智 利(1981) | 11.77 | 9.14 | 6.20 | 53.2 |
| 墨西哥(1982) | 4.62 | 5.01 | 4.13 | 85.2 |
| 墨西哥(1994) | 4.92 | 3.89 | 3.48 | 50.4 |

续表 16－2

| 国家及首次发生金融困难年份 | 私人资本净流入/GDP | | | 短期债务/出口 |
|---|---|---|---|---|
| | 危机当年 | 前1～2年 | 前3～4年 | 危机当年 |
| 委内瑞拉(1994) | 0.23 | 2.07 | 1.90 | 19.3 |
| 马来西亚(1985) | 2.52 | 10.37 | 16.14 | 15.1 |
| 菲律宾(1981) | 2.52 | 2.59 | 4.11 | 106.6 |
| 泰国(1983) | 1.90 | 2.96 | 4.05 | 35.8 |
| 泰国(1997) | 7.30 | 4.52 | 4.95 | 49.9 |
| 南非(1985) | －0.81 | 0.70 | 0.31 | NA |
| 土耳其(1985) | 0.15 | 0.48 | 0.22 | 36.2 |
| 土耳其(1991) | 0.71 | 1.69 | 2.65 | 35.3 |

资料来源：世界银行，《全球金融发展》，1998年

### （四）汇率制度变化是金融危机的重要影响因素

诺贝尔奖获得者芒德尔（Robert Mundell，2000）认为，现行的汇率制度是导致发展中国家货币危机的重要根源之一[①]。20世纪90年代的三次金融危机都由货币投机攻击开始的事实证实了这一点（见表16－3）。

**表16－3　国际货币基金组织的汇率制度安排**

| 汇率制度安排 | 采用国家的数目 | | |
|---|---|---|---|
| | 1999.1.1 | 1999.1.30 | 1999.12.31 |
| 没有独立法偿货币的汇率机制 | 37 | 37 | 37 |
| 货币局制度 | 8 | 8 | 8 |
| 传统的钉住汇率制度 | 39 | 44 | 45 |
| 钉住水平带的汇率制度 | 12 | 7 | 6 |
| 爬行钉住 | 6 | 5 | 5 |
| 爬行的带状汇率制 | 10 | 7 | 7 |
| 没有事先宣布路线的管理浮动汇率 | 26 | 26 | 26 |
| 独立浮动 | 47 | 51 | 51 |

资料来源：IMF：International Financial Statistics，1999(4)，2000(1)and 2000(7).

① Robert A. Mundell：European Monetary Union and the International Monetary System. 2000

在浮动汇率制下会出现汇率的过度波动和错位，汇率易变性是浮动汇率制下汇率运动的基本特征。由于没有像国内政府和中央银行那样的货币管理机构，各国之间进行货币协调相当困难，难以对货币汇率进行有效的控制。因此，汇率体系的稳定性进一步弱化，日本国内的银行业危机和美国20世纪80年代的储贷协会危机都发生在浮动汇率制下。20世纪70年代，多恩布什(Dornbush)利用汇率超调(exchange rate overshooting)模型揭示了汇率的易变性，莫萨合理预期模型从市场预期角度分析了汇率变动的原因。

钉住汇率制度以国家间货币币值稳定为特点，是一种被普遍接受的汇率制度。但是，从这些年发生的金融危机看，金融危机更多地集中在钉住汇率制的国家，又主要发生在新兴经济体，即国际资本流动较为开放的实行钉住汇率制发展中经济体，"三元冲突"是钉住汇率制的弊端之一。弗里德曼认为，在钉住汇率制度下存在单向投机，因为中央银行有义务稳定汇率，由于汇率调整的滞后性和非连续性，导致投机者的收益和风险不对称，当国际收支逆差和汇率扭曲使本币高估到一定程度时，投机者就几乎没有风险，损失的无非是交易费用，从而对钉住汇率制产生巨大冲击①。

## 二、金融危机的爆发

现代金融危机的爆发往往以货币危机为先导，由货币遭受攻击开始，多数国家金融市场从中央银行开始干预到最后放弃干预的过程大致表现为：短期利率大幅度上升以打击投机者持有该国货币的空头部位→提高其冲击成本→金融市场利率上扬→短期资金利差扩大→投机资本流动受到严格控制→金融市场(如证券市场、期货市场)大幅度动荡→汇率大幅度波动→外汇储备迅速下降→最终放弃固定汇率制度。与此同时，可能伴随着银行危机和资本市场剧烈动荡，演变成全面的金融危机。

### (一)投机攻击是货币危机的导火索

货币危机通常被比做"投机冲击"或汇率外部压力的同意词，货币危机一般包含以下四种：第一，汇率急剧大幅度变动(罗斯，1996)；第二，汇率和外汇储备大幅度变动(卡明斯基和雷恩哈特，1999)；第三，汇率、外汇储备和利率大幅度变动(罗斯，1996)；第四，进口大幅度下降(卡宁和巴布逊，1999)。

判断货币危机的标准有不同的争论。由于储备和利率变化是否出于当局维持汇率目的难以判断，储备变化作为对汇率市场干预的量度含有噪声，而利率的

① 孙刚等.汇率制度同发展中国家经济稳定性的内在联系.世界经济，2000(12)

控制往往又着眼于长期，很难解释短期现象，因此，弗兰克尔(Frankel)和罗斯(Rose)将货币崩溃定义为：名义贬值率大于25%，并且贬值率高于前一年汇率变化的10%以上，同时，要求不同的货币崩溃至少相隔3年。这种定义并未包括国内货币当局成功击退投机性攻击，引起储备下降和(或)利率升高的情况。

卡明斯基(1996，1997)等人认为，汇率变动尚不足以成为货币危机产生的充分条件，据此构造一个"外汇市场压力"指数(EMP)，该指数为汇率的月度百分比变化和国际储备(负)月度百分比变化的加权和，设指数均值为$\mu$，指数标准差为$\sigma$，当$EMP>\mu+3\sigma$时，即判断为危机状态。权数选取的原则是使任一指标部分都不对整个指数产生决定性的影响。萨彻(Jeffrey Sachs，1996)和克鲁格(Mark Kruger，1998)等人的定义方法与此相似，其中克鲁格的危机状态满足$EMP>\mu+1.5\sigma$。

由于大部分发展中国家缺少由市场确定的利率统计数据，其指数以当汇率的外部压力达到某种极限时，确定为货币危机[①]。克鲁格曼-弗拉德-珈勃投机攻击模型，是研究投机攻击的基础模型，对投机攻击模型及其扩展研究得出如下结论：一国初始储备越多，攻击时刻越晚；国内信贷在货币供给中的比例越大，攻击时刻越早；资产替代性越差，国际资金流动速度越低，攻击时刻越晚；国际借款、外汇管制等可以延缓攻击。该研究表明，决定攻击时刻的主要因素是国内信贷的增长率，即货币政策自主性的高低，货币政策自主性越差，攻击的时刻越晚。极端的情况是，一国放弃货币政策自主权，可以推迟攻击的时刻(货币局制度可以做到这一点)。但是，现实情况是，一国很难放弃货币政策的自主权，因此，在资本自由流动情况下，固定汇率制度下仍然存在着"丁伯根难题"，这一难题要靠高度的国际经济政策合作来解决。不然，固定汇率下的金融动荡和危机也是一种必然。

**(二)货币危机引起资本市场危机和债务危机**

汇率是国内经济、金融与国际经济、金融的交合点，当遭受货币袭击的国家拥有大量外债时，汇率动荡极易酿成债务危机的爆发，尤其是发展中国家。由于资本短缺，发展中国家常用高利率吸引外资，同时配合固定汇率制锁定套利风险的货币政策，结果虽然在短期内可以大量吸引外资，但在长期内却容易陷于作茧自缚的高利贷陷阱，产生了"起飞的幻觉"(吸引外资带来GNP增长和外汇储备增加)。货币危机引发的外国资本逃离风潮，加剧了国内资金的短缺，企业倒闭现象增加，国际、国内债务市场违约事件相继发生，债务危机随之爆发。伴随着

① 王军.货币危机的微观理论及政策建议.经济研究，1998：68～72

银行的倒闭风潮，整个信用遭受极大破坏，国际债信评级组织普遍降低债务国银行的信用评级，使债务危机更加恶化。在亚洲金融危机时，韩国、印尼和泰国债信被评为“垃圾”级，导致债券价格一落千丈，利率风险飙升，筹资能力和偿债能力恶化。

伴随资产价格的缩水效应，股市容易发生剧烈动荡，引发资本市场危机。股灾是由投资者对实际资产支撑的股票失去信心后，因恐慌和非理性行为导致抛售的狂潮，股市泡沫破裂。经济恐慌是“没有原因的突然逃亡”，发生从流动性较差的资产向较好的资产冲刺过程（金德尔伯格，1996）①。价格、清偿能力、流动性以及对现金的需求相互联系。银行、企业、居民十分类似于一排砖，任何一方跌落都会威胁他方的稳定。亚洲货币遭受攻击后，恐慌的投资者大量抛售股票，亚洲以外的股市也难以“免疫”，股灾具有极强的扩散效应，全球的主要股市都会做出强烈的反映。金融危机爆发实际上是泡沫的挤出过程，存在一个连锁反映机制（见表 16－4）。

**表 16－4 亚洲金融危机主要涉及国的汇价与股价波动比较**

| （1998 年 6 月底与 1997 年 6 月底的数字比较） | | |
|---|---|---|
| 名称 | 汇价贬值幅度（%） | 股价下跌幅度（%） |
| 印尼 | 83.6 | 38.5 |
| 泰国 | 38.7 | 49.3 |
| 马来西亚 | 39.0 | 57.7 |
| 菲律宾 | 37.3 | 40.9 |
| 新加坡 | 15.4 | 46.3 |
| 中国台湾 | 19.0 | 16.4 |
| 中国香港 | 0.0 | 43.8 |
| 韩国 | 35.3 | 60.0 |
| 日本 | 18.3 | 23.2 |

资料来源：中国台湾“行政院”主计处“国情”统计通报。

## 三、金融危机的国际传导

20 世纪 90 年代爆发的金融危机迅速蔓延的特征引起了国际学术界广泛关注。金融危机经发生国很快传递到周边区域内甚至向全球辐射，因而，单个国家

① ［美］查理斯·P·金德尔伯格．经济过热．金融恐慌及经济崩溃．北京大学出版社，2001

的危机演变成区域性的金融危机。人们创造了许多词用来形容这一“传染”(contagion)现象，如墨西哥的“蒸馏酒效应(tequila effect)”，“亚洲流感(asian flu)”，“俄罗斯病毒(russian virus )”等。广义的金融危机国际传导泛指一国金融危机的跨国传播和扩散，导致多国同时陷入金融危机。这可能是源于贸易金融关系密切的国家间所产生的接触性传导，是贸易和金融溢出效应的结果；也包括贸易金融关系并不密切的国家间的非接触性传导，非接触性传导可能是由于“季风效应”，也可能是由于投资者预期变化引起自我实现的多重均衡，即传染效应。后者更多地用于解释现代金融危机的传导。

**(一)金融危机的接触性传导机制**

一国发生金融危机可能恶化另一个(或几个)国家的宏观经济，从而可能导致其他国家遭受投机性冲击压力，这是金融危机国际传导的溢出效应，是导致金融危机接触性传导的重要原因。溢出效应产生于各国的国际收支联系，或者依赖于国家之间贸易和资本市场的相互联系，或者依赖于债权人资产组合的相互关系，包括贸易溢出和金融溢出两种危机传导机制。贸易溢出主要是通过价格效应和收入效应实现，即一国金融危机造成的货币贬值提高了其相对于贸易伙伴国的出口价格竞争力，通过影响国内经济(国民收入减少)而减少了向其贸易伙伴国的进口，贸易溢出的价格效应和收入效应不仅体现在有直接的双边贸易关系的国家之间，而且体现在第三市场上有价格竞争和收入反应的国家之间[①]。金融溢出是指一个国家发生投机性冲击导致的货币危机可能造成其市场流动性不足，迫使金融中介清算在市场上的资产，通过直接投资、银行贷款或资本市场渠道导致另一个与其有密切金融关系的市场的流动性不足，引发另一个国家大规模的资本抽逃行为；当一国出现货币危机时，在此国有投资头寸的投资者通常会采取措施减少风险，卖出那些收益率与危机国资产相关的资产，导致相关国家的资本外逃。沃德(1997)从国外提供流动资产的金融中介入手，解释通过国际金融市场流动性需求传导金融危机的机制。金融危机通过银行体系传导，源于银行是外汇市场的主要参与者，并且向其他的参与者提供相关的支付服务，银行业发生的动荡无疑会波及到外汇市场。银行体系的危机会诱发国内存款人和国际投资者对该国银行体系稳健性的忧虑，从而将本币资产换为外币资产，因此，银行体系危机有时会导致货币危机，当银行危机在国际间传递的时候，有可能同时传导货币危机。卡明斯基和雷恩哈特 (2000)强调了共同贷款人(如商业银行)在危机传导中的作用，又称“共同贷款者效应”。

---

① Reuven Glick, Andrew K. Rose: Contagion and Trade: Why Are Crises Regional? Pacific Basin Paper, N0. PB:98～03

### (二)金融危机的非接触性传导

伴随全球化程度提高,各国经济波动的同步性和金融波动的全球化成为金融危机国际传导的助推器,一国政策和经济指标的变化立刻对他国产生影响,正如"一个国家感冒,另一个国家会打喷嚏"一样。与全球化相伴随的蔓延效应,往往造成"金融病毒"传播,使一个国家或地区的金融危机传导为全球性金融危机,所以,季风效应的传导机制是通过全球化这一传导渠道,由于共同的外部冲击而形成的,这种季风效应在现代金融危机的传导中越来越显著。

季风效应最早由马森(1998)提出,他把由于共同冲击产生的传导称为"季风效应"(monsoonal effects),包括主要因工业化国家经济政策的变化以及主要商品价格的变化等全球性原因,导致新兴市场经济的货币危机或者资本的流进流出。1995～1996 年间美元的坚挺削弱了东亚国家的出口,导致了之后的金融困境,1992～1993 年的欧洲货币体系危机与德国利率上升也有重要的联系①。布依特(Buiter et al.,1995)构造了一个"中心-周边"模型来解释欧洲货币体系危机,模型中有 N+1 个国家,其中 1 国为中心国,其余 N 个国家为周边国,周边国的货币与中心国货币保持固定汇率。中心国比周边国具有更高的风险厌恶程度,因此,不愿意与周边国家一道采取合作性货币政策稳定汇率。当中心国的需求受到外生性冲击时,就采取措施以保持需求稳定,而该措施会使周边国家重新考虑货币钉住政策,如果所有周边都采取合作政策,会发现同时放弃与中心国的汇率平价是最优的,这就出现了完全传染,此时的贬值幅度较低,但如果某些周边国家出于自身利益单独放弃了与中心国的汇率平价,就是局部传染,贬值的幅度相对较大。

由季风效应造成的金融危机传染主要有两种途径:第一,世界各国的产业政策与产业结构不尽相同,但有相似,即都在采取措施加强本国产业的国际竞争力,鼓励出口产业的发展,结果是各国的出口产业和全球的生产能力都在急剧扩大,出口产业把各国经济紧密地联系在一起,一国出现金融危机会沿着产业联动效应的渠道传向其他国家,即产业联动性传导机制②;第二,在金融全球化背景下,经济政策的外溢效应越来越明显,由于各国经济通过各种渠道联系紧密,一国经济政策的变动会构成对世界经济均衡状态的冲击,即政策性冲击③。

净传染是危机传导无法从宏观基本面的基础变量来解释,即两个国家间经

---

① Paul R. Masson: Contagion: Monsoonal Effects, Spillovers, and Jumps Between Multiple Equilibria. IMF Working Paper, 1998

② 范爱军. 金融危机的国际传导机制探析. 世界经济,2001(6)

③ 姜波克. 开放经济下的政策搭配. 复旦大学出版社,2001

济联系薄弱,一个国家的危机没有恶化另一个国家的经济基础。但是,一个国家的危机导致投资者重新评价其他类似国家的经济基础(即使这些国家的经济基础并没有恶化),从而产生"自我实现"的多重均衡。当一个国家的危机使另一个国家的经济移动到一个"坏的均衡"(具有货币贬值、资产价格下跌、资本外逃等特征)时,投资者对其他类似国家的心理预期变化和信心危机造成的投资者情绪的改变,就发生了传染,这种非接触性传导称为"传染效应"(pure contagion)。亚洲金融危机后的研究文献中,更多学者从传染的角度关注金融危机传导问题,普遍认为净传染效应对现代金融危机传导有比较好的解释力。传染效应形成的关键在于投资者认为一些国家之间存在某种相似性,这种相似性包括的范围很广,如相似的经济基本面、相似的发展史、相似的固定汇率体制、相似的文化背景等。

## 第三节　欧美国家的金融危机纵览

### 一、欧美国家金融危机回顾

一战后,美国开始了一段相对稳定持久的经济增长和繁荣期,孕育了一批控股公司,培育了巨大的生产能力,使生产社会化程度大大提高,促进了生产能力增长,同时,也使财富的分配更加悬殊。20 世纪 20 年代经济迅速发展潜伏着严重的问题,经济存在结构性失调,产业不景气和技术进步对劳动力的排斥,失业问题严重,收入分配日益偏重于资本所得。

1929 年 10 月 24 日的"黑色星期一",纽约证券交易所突发剧烈波动,当天股票交易所全部股票平均下降 50 点,50 种主要股票的平均价格几乎下降了 40%,从此拉开了美国金融大危机的序幕。到 1933 年 7 月,股票市值只相当于 1929 年 9 月的 1/6。金融危机使美国银行系统陷入瘫痪状态。1930 年 6 987 家银行倒闭,1931 年银行倒闭 2 294 家,1932 年银行倒闭 1 456 家,这场金融危机席卷了资本主义世界的所有国家。

1944 年 7 月,布雷顿森林会议确立了二战后国际金融体系的基本框架,会议的设想是通过建立国际货币基金组织,维持以黄金为基础、以美元为中心的固定汇率体系。根据协议,美元与黄金的比价固定为每盎司黄金 35 美元,美联储承诺向各国官方兑换黄金。国际货币基金组织(IMF)的主要功能是利用各成员国交纳的黄金和本国货币(基金),在成员国遇到短期的经常项目支付困难时给予融资;在成员国国际收支处于"根本性不平衡"状态时,应成员国调整货币平价的请求,审查和调整该国货币与美元的汇率。在这些约定之下,国际金融体系成为各国政府为金融代理人、IMF 为金融中心、美元为关键货币、固定汇率为基准、美国黄金储备为后盾的管理型体系。

布雷顿森体系加快了西方贸易和金融开放，到 1958 年，主要西方国家实现了贸易自由化和经常项目下的货币自由兑换。但是，1960 年，美元爆发危机拉开了全球金融危机的序幕。1960 年 6 月～1961 年 2 月，美国爆发了二战后第四次经济危机。期间，国际金融市场大规模抛售美元挤兑黄金，形成了二战后严重的美元危机。1967～1969 年，西欧主要货币和美元同时发生危机，国际金融体系剧烈动荡。20 世纪 70 年代，布雷顿货币体系崩溃。

西方学术界认为，20 世纪 60 年代美元危机的原因是：①美国国际收支逆差增大，导致外部债务增长过快；②1957 年形成的欧洲货币（美元）市场日益扩大，造就了国际货币投机的温床；③官方舆论使美元问题表面化。欧洲经济合作组织（OEEC）、IMF 和美国总统的经济报告都对美元问题表示忧虑。美国著名经济学家罗伯特·特里芬教授的《黄金与美元危机——自由兑换的未来》，预见了美国国际收支导致美元危机的观点，认为美国通过短期国际信贷提供了过多的美元货币，破坏了对美元的信心导致了国际货币投机。

英镑曾是 19～20 世纪初世界关键货币，由于历史的原因，英镑的国际货币地位江河日下。1966 年英国发生了经济危机，1967 年 6 月的中东战争之后爆发了英镑危机，随后，由于英国巨大的贸易赤字，中央银行增加了对私人部门的透支额，政府关于工业政策的争论使市场失去信心，市场大肆抛售英镑使英镑贬值 14.3%，随之，丹麦克朗和西班牙比塞塔相继贬值。受英镑危机的影响，1967 年 11 月伦敦金融市场大举抛售美元、囤积黄金。法国目睹"黄金总库'的黄金储备大量损失，宣布退出黄金总库，法国份额由美国顶替。到 1967 年底，美国黄金储备仅剩 120 亿美元。黄金与美元的价差仍在拉大，在巴黎金融市场上每盎司黄金超过 44 美元，到 1968 年 3 月份达到顶峰。在美国的要求下，暂时关闭了伦敦黄金市场。3 月，"黄金总库"成员国在华盛顿召开紧急会议决定：实行黄金双价制；"黄金总库"解散；在 IMF 管理下发行特别提款权（SDR）。此外，美国政府还对企业海外投资实行限制，建立了"外国直接投资计划"（FDIP）。

1968 年 5 月初，法国爆发了游行和罢工事件，政治动荡导致资本大量外流，法郎汇率难以支持。国际资金从法国冲入联邦德国迫使马克升值，法国和联邦德国不借代价死守汇率，使短期资本在德法往返奔波。1968 年 11 月中旬，法国银行利率上升到二战后最高水平，法郎和马克被冲击导致西欧外汇市场大乱，欧洲外汇市场一度关闭，直到法国宣布重新实行外汇控制。

1969 年 10 月，美国爆发了二战后第五次经济危机。为了阻止危机，美联储连续五次降低利率。与此对应，西欧经济除英国和意大利略显疲软外，联邦德国和法国等国经济处于活跃期，大量美元流入欧洲美元市场。1971 年 5 月 5 日德国中央银行关闭了外汇市场，当日，奥地利、比利时、卢森堡、荷兰、葡萄牙、瑞士和法国也关闭了外汇市场。1971年8月15日，美国发表声明：①不再为国际交易清算而买卖黄金；②严格限制使用美国的国际储备资产；③联邦储备银行不再将美元转换成其他货币；④征收10%的进口附加税以扭转逆差；⑤对外援助削减10%；⑥冻结工资和物价90天。

西方各国迅速做出反应，由于停止兑换黄金，世界外汇市场失去了基准，货币关系陷入混乱，西方各国开始调整货币汇率。随后，10国集团签订了史密森协议，放宽了各国汇率波动幅度。协议签订后，世界金融市场保持了近一年的相对平静。1971年，美国对外贸易出现逆差，日本和西欧国家对资本流入采取了诸如限制实行负利率，限制非居民投资固定资产等限制措施，即使这样，到1972年，除马克、日元和荷兰盾基本保持了中心汇率外，其他货币都有所偏离。1973年1月，美国放弃强制性的工资和价格管制，通货膨胀压力开始释放。美国财政部长乔治·舒尔茨宣布美元(相对SDR)贬值10%，不再承担干预外汇市场义务，利息平衡税等限制也将废除。西欧和日本外汇市场关闭，西方主要国家外汇市场拉幕。

1973年底，世界经济危机使世界货币金融危机深化，货币汇率危机与银行金融危机交织。西欧各国由控制资本流入转变为鼓励资本流入，大量资本流向西欧。在经济危机和石油价格上涨的压力下，欧洲各国中长期信贷需求大大增加，利率上升到11%以上。由于来自美元存款大多为短期，尚有一部分用于购买美国证券资产，使国际银行面对两难：美元资金供求失衡；美元资金结构难以匹配。这种情况下，离岸金融市场银行增加，竞争加剧利润下降，货币汇率投机更为盛行，汇率风险加大。

1973年10月，美国圣地亚哥国民银行因外汇交易亏损宣布倒闭；1974年5月，富兰克林国民银行损失3 900万美元被欧美银行信托公司收购。联邦德国赫尔斯达特银行宣布倒闭。黑森州银行外汇交易失败，州政府被迫注人资本并提供担保。国际银行危机促使10国集团中央银行行长讨论了向国际性私人银行提供援助、阻止国际流动性危机蔓延的问题，国际货币制度改革问题更加迫切。

欧洲货币危机表明，国际金融市场上的投机力量已十分强大，资本运动已由投资、生产和贸易需要变为金融炒作和货币掠夺，世界金融系统中潜伏着巨大的危机。

## 二、欧美国家金融危机形成机理

欧美发达国家爆发的金融危机的根源在于市场经济运行中生产相对过剩所

造成的周期性经济波动，正是货币信用制度在生产过剩危机形成过程中的特殊作用，使得危机往往首先在货币金融领域爆发。

金融危机既可以伴随经济危机发生，也可以独立发生后再诱发经济危机。发达国家金融危机在二战前与经济周期性波动存在密切联系，周期性经济危机通常先在金融领域爆发，迅速蔓延到生产和商业领域，引发全面的经济危机。二战后，发达国家金融危机与经济周期性波动的联系有所弱化，危机频率和危害降低。主要原因是国家加强了经济干预，运用扩张性的需求管理政策舒缓了经济周期性波动，同时，通过建立存款保险制度、强化金融监管体系以及完善最后贷款人机制等方式，缓解局部危机产生的流动性短缺，有效遏制了恐慌心理的扩散，将危机的破坏性控制在一定范围内。

然而，扩张性的财政和货币政策虽然可以一时推迟危机的发生，但却无法完全避免经济周期性波动。而且，扩张性政策所产生的巨额财政赤字往往伴随通货膨胀和国际收支逆差，扩张性的低利率政策又会加剧物价上涨和资本外流。因此，二战后西方的国家干预也产生了前所未有的滞胀现象。20 世纪 70 年代后，随着固定汇率体系崩溃和国际资本流动限制的放松，反周期的财政和货币政策进一步受到开放条件下国际收支状况的约束。于是，西方发达国家改变了以需求管理为主的干预方式，逐步放松经济和金融管制，更多依靠市场竞争机制改善供给效率。20 世纪 90 年代以来，通过激发私人资本活力，促进资本国际化运动以及加强国际经济调节等措施，西方发达国家逐渐走出滞涨困境，经济周期性波动进一步减缓，在通货膨胀水平较低的情况下实现了经济较长时期的稳定增长。

在上述的经济背景下，传统的与生产相对过剩相伴随的金融危机和巨额赤字引发的通货膨胀危机，逐渐让位于一种以货币对外价值(即汇率)大幅度变动为特点的现代货币危机。这类危机通常表现为一国货币的内在价值与其名义价值发生背离，引发金融市场对该国货币的抛售和投机性冲击，由此导致诸如汇率制度崩溃、银行体系危机以及国民经济衰退等负面影响。

对于货币危机产生的原因，西方学者的解释主要分两类，一类认为危机的起因主要在于国内经济基本状况的恶化，尤其是财政赤字导致的汇率严重高估；另一类是强调危机的发生在于外部经济条件的变化对国内的冲击，特别是金融市场的投机因素和羊群效应造成资本大量外流，促成危机的自我实现。前者较适合与 20 世纪 70 年代扩张性财政和货币政策与金融危机之间的因果关系，后者着重解释了 20 世纪 80 年代后财政货币政策较为健全的发达国家爆发的货币危机。

为了避免货币危机的震荡，适应经济国际化发展的趋势，自 20 世纪 80 年代以来,发达国家加强了经济政策协调,通过联合干预外汇市场或货币政策合作等方式避免短期资本流动带来的动荡。同时,为了追求更高的资本回报,发达国家对生产成本低廉,资本收益率较高的发展中国家,尤其是新兴市场国家加大了资本输出。随着资本在世界范围内循环与周转,并实现其最大限度的价值增值,资本运动突破了原有的局限,开辟了新的生存空间,由此,发达国家生产过剩的矛盾得到了缓解,经济周期性波动的频率和幅度进一步降低。

此外,由于发达国家在国际金融体系和市场中所具有的压倒性优势,几乎没有哪一个经济体具有足够的能力对其产生投机性冲击,即便出现投机性冲击,受影响的也只是个别国家,危机所导致的金融财富转移也主要在发达国家体系内部。因此,迄今为止尚没有任何货币危机对发达国家的金融体系和市场造成致命性打击。由此可见,在发达国家内,货币危机更多地表现为一种及时释放经济内在压力的调整机制,货币危机爆发的频率和危害性远远低于以往的金融危机。

# 第四节　新兴市场国家的金融危机

## 一、新兴市场国家的金融危机

### (一)20世纪80年代的拉美国家债务危机

20世纪70年代美国国际收支状况继续恶化,美元持续贬值,发达国家间的贸易比重由1973年54%下降到1979年47%①。1973～1979年世界直接投资增加1.1倍,发展中国家接受直接投资增加到38%;国际借款和债券发行额增加3倍,其中发展中国家比重由31.3%增加到39.3%。全球经济由欧美发达国家向发展中国家加速扩展②。二战后,墨西哥政府坚持“进口替代”工业化战略,建立起工业体系③。20世纪70年代中期后,墨西哥经济形势逐渐恶化。工农业增长下滑,外贸逆差持续增加,通货膨胀严重,比索与美元汇率1976年贬值89%,经济、社会局势严重动荡。1976年12月,墨西哥新政府组成后对经济进行大调整,1978～1981年出现了以“石油繁荣”为标志的经济高涨。主要特点是:①石油工业大发展。40%国外贷款用于石油工业,石油公司外债达到250亿美元。②大型生产项目的建设迅速铺开。公共投资和外资投入拉动工业生产,固定资产投资占GDP的比率由20%上升到26%,公共部门投资增长率高达

---

① [波兰]A·G·肯伍德&A·L·洛赫德.国际经济的成长:1820～1990年.经济科学出版社,1996.288～291

② OECD,International Capital Market Statistics,1950～1995.17～21

③ 苏振兴,徐文渊.拉丁美训国家经济发展战略研究.北京大学出版社,1987.240

15%。③财政赤字、贸易逆差和对外债务迅速增长。经常项目赤字由15.9亿美元增加到125.4亿美元，净外部债务由33亿美元增加到232.8亿美元，外债总额由1977年的297亿美元增加到1982年的848亿美元。由于美国开始的紧缩性货币政策影响到整个国际金融形势，发达国家进入周期性衰退阶段，世界油价下降[①]。这种借债引资发展的战略受到挫折，墨西哥对外经济形势恶化，国内经济主要靠增加借款支撑。1982年由于资本抽逃，比索对美元汇率在2周内贬值了68%。为了阻止形势恶化，政府向国际银行3次辛迪加借款，但提供贷款银行很少。这种情况下，墨西哥政府宣布建立双重汇率体系，暂停银行外汇交易。私人公司顺水推舟，借口纷纷宣布推迟还债。墨西哥宣布债务(本息)支付推延90天，债务危机爆发，经济金融形势急剧恶化，比索再次贬值90%。当年，墨西哥经济增长率转为−0.2%，通货膨胀率达100%，全国失业人数超过1 000万。除石油、电力和服务业略有增长外，其他部门产值大幅下降。

墨西哥债务危机爆发后，流向发展中国家的资本逐渐停止，债务危机迅速蔓延到整个拉美发展中国家。1982年底巴西告急。此后，委内瑞拉、阿根廷、秘鲁、智利等相继出现危机。到1983年底，几乎所有拉美国家都发生了偿债危机。

巴西在20世纪30年代实施进口替代工业化发展战略，成为接受外资最多、实施进口替代工业化战略较为成功的范例。20世纪70年代中期后，巴西面临能源短缺，着手调整经济结构，刺激出口和国内需求。由于贸易条件在70年代中期以后恶化，导致外债负担不断加重，1979～1980年资本外逃33亿美元，1981年，巴西陷入经济危机。

阿根廷有丰富的自然资源，二战后初期的经济发展速度在拉美国家中最高。20世纪70年代上半期政局长期动荡，经济发展受到严重影响，失去了领先地位。1976年初军政府上台，为了恢复经济采取了包括私有化、减少进出口限制、削减公共投资、鼓励外资进入等开放措施，为经济增长带来了活力。随着世界经济和金融形势恶化，阿根廷经常项目连续出现逆差，资本外逃额加大，大量国内资本流向美国和巴西。为了弥财政赤字、资本外逃和经常项目赤字，阿根廷外债不断增加，从1975年的60亿美元增加到1982年的400亿美元，成为拉美第三大债务国。1980年出现了严重的金融动荡，银行和金融机构陷入流动性困境倒闭和清盘。外汇市场抢兑外汇风潮迭起，汇率急剧下跌，金融机构倒闭加剧。1982年马岛之战以及墨西哥债务危机再次冲击，导致债务危机爆发。

智利20世纪30年代开始“进口替代”工业化，力图摆脱原料出口、工业品进口的传统发展模式，1973年实行比较彻底的市场经济改革和对外开放政策。经

① IMF, Annual Report, 1982

济开放和自由化使经济获得较快发展,但由于 70 年代后期西方国家滞胀和 80 年代初全球金融紧缩,智利出口贸易受到打击,出现大规模货币金融投机和资本外逃,外汇储备减少到 26 亿美元,大批银行濒临倒闭。由于 1983 年经济和外汇储备再度下降,1984 年 6 月和 7 月宣布"今后 5 年只能付息不能还本"。至此,智利陷入债务危机。

到 1984 年,除哥伦比亚外,秘鲁、委内瑞拉也陷入债务危机,拉美 7 大国有 6 国陷入了危机。连同其他中小债务国在内,整个拉美都为债务危机所笼罩。此后的近 10 年调整期内,拉美国家为了摆脱债务危机、促进经济发展进行了一系列尝试。一种思路是全面开放市场,转向市场导向的发展道路。以智利和墨西哥为代表,采取了诸如企业和银行私有化、放开资本项目、鼓励外资进入等措施。第二种思路是加强政府对经济的管理和控制,在经济增长与收入分配、国家经济发展与外部冲突之间找到兼容的道路。秘鲁、阿根廷、巴西等国坚持国家主导经济改革和调整,没有进行大规模的市场化改革。

由于债务危机的深化和发展,拉美国家的银行金融系统受到重大打击,国家经济濒临崩溃。西方发达国家在意识到拉美国家已不可能偿清外债和后果的严重性以后,1989 年 3 月美国财政部长布雷迪提出"布雷迪计划",主要内容是:国际私人银行对债务国所欠债务本金给予减免;国际私人银行购买债务国债券对其投资(债务资本化);国际经济组织给予资金支持;债务国进行结构调整和经济体制改革。拉美国家的债务危机由此开始有所缓解。

**(二)1994～1995 年墨西哥金融危机**

市场化改革使墨西哥经济在 1989 年后经历了较快的增长,外商直接投资持续增加,国际储备到 1993 年达到 254 亿美元。另一方面,外资持续流入增加了墨西哥的外汇储备,使得赤字问题没有得到关注。1993 年,外汇市场出现动荡,比索贬值 9%。1994 年 2 月为了降低对日贸易逆差,美国宣布提高联邦基金利率 25 个基点,达到 3.25%,导致外资抛售墨西哥证券,外汇市场压力剧增。随后,将近 300 亿美元资金撤出墨西哥。11 月 15 日美联储将利率提高至 5.50%,墨西哥外汇储备两天减少了 40 亿美元,短期利率上升。12 月 14 日,墨西哥恰尔帕斯发生骚乱,汇市和股市大跌,政府宣布比索自由浮动,各种短期汇率和同业拆借率大幅上升,墨西哥金融危机爆发。

墨西哥金融危机对全球经济产生了广泛影响。根据 IMF 的报告,受影响最大的国家有 8～12 个[①]。在拉美地区,经济基础最好、金融监管相对健全的阿根

① IMF. 世界经济展望,1999(5)

廷在1994年12月20日后的3个月内失去了50亿美元外汇储备和80亿美元的银行存款,33家银行关闭。巴西、秘鲁、智利股市纷纷下跌,外汇储备下降。在亚洲,印尼、泰国、菲律宾等国在1月12日左右前后大都采用了提高利率和同业拆借利率等方式捍卫货币,股市纷纷下跌。

**(三)1997～1998年东南亚金融危机**

20世纪90年代以来,泰国政府全方位扩大对外开放,进行了一系列自由化改革,包括降低进口关税、给与外商投资优惠政策、放开资本项目限制等。在1994年后基本实现资本项目自由化和全面放开金融业。在市场化政策推动下,泰国资本流入、进出口、国际储备、国内投资都有大幅增长。1996年经济形势发生转折,美元利率持续上涨的泰国资金流入放缓,进出口大跌,经常项目逆差增加,外资流入减少80亿美元。泰国第九大银行曼谷银行由于坏账比例过大,1996年1月关闭。9月,班汉政府被军人执政取代,国内人心浮动外资撤退,股市一路狂跌。1997年2月,第一金融公司倒闭暴露了国内金融系统的严重问题,引发了金融市场的大恐慌。1997年5月初,国际对冲基金对泰铢进行了大规模攻击,3天内抛出了100亿美元的泰铢货币。政府通过联合香港、新加坡,禁止国内银行向离岸市场外国银行借出泰铢,终止离岸市场和国内市场的一切外汇期权和互换交易等方法抵制了冲击。1997年6月,由于美日股市高涨,泰国外资加速撤离,房地产泡沫问题显现。由于无法从外部借贷,泰国央行宣布不再保卫泰铢汇率。一天之内泰铢对美元贬值18%,东南亚金融危机点燃。金融危机快速传染到了周边国家和地区,菲律宾和马来西亚放松了汇率保卫,印度尼西亚被迫允许卢比浮动。从泰国宣布放弃盯住汇率到9月中旬,东南亚四国汇市、股市严重下跌,金融系统遭受严重打击。随着金融危机的蔓延,中国台湾和香港地区压力增大。韩国于1997年11月20日引发了金融危机。

韩国20世纪60年代经济持续快速发展,80年代后,政府大力推动工业重组、贸易自由化和金融自由化。采取了降低关税、取消外商投资限制、银行私有化、大力发展证券市场等措施,1995年基本实现了资本项目自由化,经济保持快速增长。由于美国为了限制韩国的过快发展,采取了取消普惠制、征收进口税、加紧反倾销调查、要求全面开放等措施,韩国外资流入大幅下降。1997年1月,韩国第二大钢铁企业韩宝钢铁公司因无力偿还债务宣布破产。由于该集团规模巨大,且涉及总统之子的贪污问题,国际社会对韩国经济的信心大减。4月韩国先后判决了前任总统全斗焕、卢泰愚,政治局势一度紧张,大量外资抽逃。随之,起亚集团倒闭,经济基础动摇。同时,外国投资者大量抛售韩国证券,居民加紧抢兑美元,外汇储急剧减少。韩国被迫实施冻结公职,大力削减政府开支、提高税收、削减企业经营贷款、减少出口补贴、进一步放开市场、全面开放资本市场等措施，换取了国际社会的550亿美元援助贷款，缓解了危机。

东南亚金融危机的冲击遍及全球，从1997年10月始，拉美，巴西、阿根廷、墨西哥的股市纷纷下跌20%左右。美、加、日和西欧的股市也全面动荡，中东欧，俄罗斯、土耳其、波兰股市纷纷下跌，俄罗斯还扩大了卢布的波动范围。

#### (四)俄罗斯的金融危机

1991年夏，俄罗斯议会通过私有化法案，经济全面转轨。由于改革史无前例，私有化过程演变成了收入分配和阶层的分化，公民信心丧失，经济社会陷入动荡。1994年6月后，俄罗斯将私有化和资本国际化结合引进了外国投资和证券资本，带动了国内投资回升，俄罗斯金融市场取得一定发展，经济形势有所好转。1997年的东南亚金融危机使得俄罗斯出口下降外资撤离，股市剧烈波动，尽管政府采取了稳定卢布汇率的政策，仍有上百亿美元流出。1998年生产下降，经济形势恶化，同时，由于总统和国家杜马的矛盾，政治局势开始动荡，股指暴跌。随后，获得IMF的美元贷款，暂时稳定了局势。但好景不长，政治局势再度恶化引发了更大规模的冲击，卢布汇率和股市连续大跌，中央银行暂停外汇交易。由于卢布贬值与援助条件不符，IMF停止了对俄罗斯的贷款。到12月初，股市下跌80%，卢布汇率下跌70%，经济滑落谷底。俄罗斯金融危机牵动了欧洲和中亚地区股市、汇市全面下跌，引起石油价格下跌，使得该地区外债增加了1 300多亿美元。

#### (五)巴西的金融危机

东南亚金融危机波及巴西金融市场动荡，巴西外汇储备减少到80亿美元，政府将利率提高到了45%。股市和汇市受到打击，资本外流，IMF给与巴西415亿美元的支持计划，但市场压力并未减轻。1999年初，由于要求延期支付的请求未被同意，巴西米纳斯吉拉斯州单方面宣布延期支付到期150亿美元中央政府债务，其他州紧随其后，金融市场跌宕加剧，动摇了外国投资者对汇率制度的信心，外资大量撤离，当日，巴西股市13分钟暴跌10%。受此影响，全球金融市场连锁反应。由于外资抽逃，巴西宣布实行货币浮动。雷亚尔与美元比率下跌16%，股市再度下跌50%。

上述金融危机的影响表明，随着发展中国家的金融开放，金融危机的风险随之加大。如果改革节奏把握不当，内部经济基础不够稳定，在外部环境发生变化时，极易诱生金融危机。

### 二、新兴市场国家金融危机的成因及经验教训

由于市场经济周期性波动，新兴市场国家金融危机与发达国家金融危机存

在一定联系，具有某些共同特征：危机通常以货币危机形式爆发，外汇储备急剧下降、货币大幅贬值、资本加速外逃。但与发达国家货币危机扩散程度不同，新兴市场的货币危机通常会迅速蔓延到整个经济领域。传统金融危机与经济周期同步，危机爆发前显现经济萧条征兆。然而，新兴市场国家金融危机具有爆发突然和迅速蔓延的特点，一些国家在危机爆发前还保持较低的通货膨胀和较高的经济增长。

### （一）新兴市场金融危机的主要成因分析

新兴市场国家通常较为开放，在开放条件下的金融深化加快，与国际金融市场的联系也较紧密，对国际资本流动采取了较为开放的政策。由金融压制政策向金融自由化政策的转变不可能一蹴而就，因此，在实施金融自由化和国际化的过程中，经济运行和调节体系存在诸多脆弱性，无法完全适应开放的国际金融环境，造成新兴市场金融危机的爆发呈现突发性、蔓延快、范围广、时间长的特点。

#### 1. 汇率政策与货币政策的矛盾导致宏观调控机制弱化

多数新兴市场国家为了避免实际汇率升值损害本国产品的出口竞争力或为了抑制通货膨胀，通常选择固定汇率制度。然而，在放松资本管制的条件下，维持刚性汇率与实现国内宏观经济稳定存在矛盾性。资本的流入会导致一国外汇储备的增加，与此伴随的是基础货币投放的增加，为了稳定物价水平，中央银行通常还必须采取相应的冲销政策。但在资本自由流动条件下冲销政策通常很难奏效。中央银行需要通过公开市场操作回笼本币，公开市场操作会引发本国债券价格下跌和市场利率上升，又进一步吸引外资，尤其是短期资本流入。

上述矛盾使得新兴市场国家难以长期避免因此所产生的经常账户赤字扩大和经济增长减缓（实际汇率升值影响出口和为了吸引持续不断的资金而不断提高利率导致经济衰退）将使得宏观经济稳定目标难以实现。

#### 2. 财政政策压力增大且欠缺灵活性和持续性

在金融自由化之前，为追求高速经济增长，发展中国家普遍通过控制银行体系、实施低利率政策等手段保证资源按政府意图配置。这容易导致政府支出庞大以及资本使用效率低下，使得金融部门潜在危机最终转嫁给政府并形成宏观金融风险。金融自由化之后，政府转嫁财政负担的手段逐渐丧失，为遏制通货膨胀和保持汇率稳定，政府必须强化对财政政策的约束。在外国资本大量流入导致汇率升值，本国产业竞争力下降的情况下，紧缩性财政政策虽然对于控制通货膨胀和贸易赤字具有较强效力，但无论是减少支出和还是增加税收等措施都将难以获得政治和社会的高度认同。因此，相对于资本流动的高速度而言，财政政策的调整不够灵活。为短期目标实施的紧缩性财政政策使得许多必要的公共物品和服务需求供给不足，不利于经济发展并加剧社会动荡。

3. 企业和银行部门的道德风险加剧了金融体系的脆弱性

如前所述,在实施经济自由化政策之前,发展中国家的实质经济部门和银行体系的大量经济风险都被隐藏和转嫁给了国家财政,体现为政府财政的巨额赤字并由此可能导致恶性通货膨胀和经济停滞。而在经济自由化的进程中,政府对市场运行干预逐渐减少,亏损企业不再容易获得财政和银行无条件的支持。但对于经济自由化之前已在国家占主导地位的企业而言,对银行贷款的依赖性在短期内仍难以消除。尤其在竞争和生存的压力下,他们对银行贷款的需求有增无减,因此,道德风险成为银行业面临的一个十分突出的问题。新兴市场国家全面对外开放资本账户却会使道德风险和银行监管薄弱问题进一步演变为整个国家的过度借贷。从新兴市场开放资本账户后的实践看,大多数国家都经历了一个资本超过稳态水平大量流入的过程,除了直接投资之外,短期资本通过银行和债券市场大量涌入,在众多资本追逐供给弹性有限的资产时,货币市场、债券市场、股票市场以及房地产的泡沫相继形成,资金扭曲配置和低效使用最终将导致新兴市场国家金融资产质量恶化,引发银行和金融市场危机。

4. 传染效应以及国际金融体系的缺陷造成危机的扩大

新兴市场资本账户开放后,大量资本流入使得对外资产账户的外部硬约束不会立刻体现,经常项目的逆差在资本持续流入的情况下可以维持。因此,国际资本流动在危机累积过程中扮演着重要的角色。大量国际资本的流动是资本在全球范围内最大限度追求价值增殖的本质所决定的,也是发达国家通过扩大资本运动范围、缓解国内资本和生产过剩矛盾、减轻经济周期性波动的需要。一旦新兴市场在融入国际市场后经济基本面前景良好,那么,新的获利机将吸引资本蜂拥而至。然而,过度投机导致市场价格发现机制失灵,并将发达国家资本运动的盲目性和破坏性传染到新兴市场。由大量资本流入形成的货币市场泡沫使得汇率偏离均衡,当吸引资本流入应对实际汇率高估所造成的庞大经常项目逆差时,不得不付出经济紧缩的代价。当发达国家出现经济衰退时,对新兴市场资本流入以及进口的锐减如同雪上加霜,加速了新兴市场金融危机的到来。

### (二)对我国金融开放的启示

我国与许多新兴市场国家在经济结构、金融结构、发展模式以及宏观经济政策等方面存在一定的相似之处,在金融开放进程中我们需要汲取教训和获得启示。

1. 必须根据国情选择经济与社会相协调的快速而可持续的发展战略

东亚国家普遍推行高增长和出口导向的发展战略,为了追求高增长目标,政府会有意无意介入银企之间。拉美国家近年来推行的新自由主义发展,忽视了政府在建立市场框架、健全金融体系、加速技术和结构升级以及完善社会保障体系等促进经济可持续发展方面的重要作用，过于依靠外债支撑经济发展淡视了险峻的国际经济环境。所以，新兴市场危机的爆发与各国所选择的经济发展战略存在紧密联系。

2. 必须健全宏观调控体系，加强对国际资本流动的有效监控

金融危机与宏观经济波动密切相关，财政赤字的过度膨胀、汇率偏离均衡水平以及国际收支的失衡都可能是金融危机的先兆。在资本自由流动而宏观调控体系不健全的情况下，经济内外平衡的矛盾会表现为调控政策目标的相互冲突。因此，应不断完善宏观调控体系，构筑防范金融危机的第一道防线。

3. 规范金融监管，及时化解和防范微观金融风险

新兴市场国家在金融自由化和开放中普遍存在监管不力的问题，这与公司治理薄弱并缺乏透明度有关，企业财务约束和信息披露的不完全导致财务杠杆比例过高，助长道德风险和贷款泛滥。长期以来发展中国家银行体系承担着加速资本积累的功能，在保证金融机构获得超额利润的前提下，金融监管着重于市场准入的控制，对风险管理的意识比较薄弱。事实上，我国亦存在类似问题。

4. 必须积极开展国际货币合作和政策协调，建立快速有效的危机处理机制

在目前国际上发达国家和国际经济组织对于新兴市场货币危机缺乏及时、有效的援助和处理机制不健全的情况下，为防止同一区域内国家之间由于经贸和投资往来密切而易于发生危机传染效应，新兴市场国家应该立足于自身，在国家之间积极开展信息交流、合作监管和救助协作，努力建立起本地区防范金融危机的预警机制。通过扩大国家之间的货币互换为各国家对抗投机性冲击提供实质性支持，同时也可以探索在货币互换的基础上形成地区性的危机处理基金和债务协商解决机制，以便及时有效地实现对危机地区的必要援助。

## 第五节　金融安全网的多层次构筑

理论界一致的观点是，确保金融稳定的措施在于建立制度，即国家金融安全网的建立。金融安全网不仅包括国内金融业的市场准入与退出、监管、危机的预警、救助等内容，还包括国际货币制度、资本流动制度的改革、国际间的政策协调。

### 一、如何认识金融安全网

国际上维护金融稳定的普遍措施，是建立国家金融安全网（government safety net or financial safety net）。但对于金融安全网有狭义和广义的理解。

狭义金融安全网指一国拥有存款保险制度安排的货币行政当局[①]。广义金融安全网还包括最后货款人的安排和审慎监管原则。金融安全网包括了中央银行最后货款人制度、存款保险制度、审慎监管、金融机构的准入和退出制度，减少金融机构尤其是银行失败(bank failure)、防止金融危机爆发和蔓延以及处理危机的一整套措施与规则，是保护金融体系安全的精密机制的体制系统，通过这个机制系统防止内外冲击通过金融系统的放大效应[②]。

## 二、国家层面的金融安全网构筑

### (一)存款保险制度是金融安全网的核心

目前的存款保险制度形式有两种：明确的存款保险和隐含的存款保险。当银行危机发生时，不论是出于政治还是经济的压力，政府对存款人的保护和破产处理的介入不可避免。换言之，一个国家如果没有建立存款保险机构，总是存在一定程度上的隐性存款保险制度。美国是最早建立存款保险制度的国家，于1933年成立联邦存款保险公司(FDIC)，目的是保护存款人安全、维持银行业稳定。根据世界银行统计，截至2006年已经有79个国家建立了存款保险制度，欧盟将建立存款保险制度作为欧洲单一银行市场的共同标准，亚洲大多数国家在亚洲金融危机后建立了存款保险制度。存款保险制度有利于减少存款挤兑对银行的冲击，但同时促使银行承担过度的风险。存款保险对金融制度稳定性的影响，取决于存款保险制度本身的设计和存款保险制度运行的制度环境。

### (二)审慎监管制度

金融机构的经营管理无法完全适应放松管制和金融创新所带来的冲击，有效市场纪律的约束存在许多疏漏。克服这些障碍的途径是加强金融监管，建立外部监督和内部约束纪律。信息不完全、风险和不确定性是市场的固有特征，金融监管不可能根除风险，真正的使命在于保障市场的有效和有序竞争，尽力避免系统性金融危机。金融机构的个别风险还是应该自身管理防范。如果不能认识到这个平衡关系，容易造成监管过严而使市场失去活力，或者缺乏效率的金融机构受到政府救济。

目前国际上有两种截然不同的银行监管模式：注重于对机构经营行为监管；侧重于对机构资本要求。银行“经济”资本往往足够承受危机带来的损失，这是

---

① Liliana Schumacher. Bank Runs and Currency Run in a System without a Safety Net: Argentina and the ‘Tequila’ Shock. Journal of Monetary Economics, 2000(46): 257～277

② Anthony M. Santomero. Deposit Insurance: Do We Need it and Why? The Wharton School University of Pennsylvania. 1997

以效率为代价，在金融创新面前变得不可持续。资本充足率代表了进步，虽然也存在一些问题，但有三个明显的好处：①增加了对潜在损失的储备金；②使银行管理正确评价风险；③通过风险管理战略来增加银行收益，从而减低道德风险。

### （三）恰当的市场进入和退出制度

设立金融机构、从事金融业务必须有符合法律规定的章程，注册资本最低限额，有经验的高级管理人员，健全的管理制度等。英美日一般采取对银行、证券、信托、保险分业经营、分业管理，德国等西欧国家实行全能银行业务。近些年来.银行业与证券业之间的差别已经变得十分模糊了。当金融机构出现清偿力危机时，有必要进行于预以防止危机蔓延。采取的办法一般有：对金融机构处罚、临时贷款紧急援助、整顿和改进管理、兼并或收购、临时接管、吊销金融机构的经营许可证等。

英国银行的退出有两种形式，一种形式是破产，即完全退出；第二种形式是接管，即暂时退出。接管比破产更有利变现，好的接管人可以保护存款人的利益。1987 年以来英国的银行家数一直保持在 50 家的水平上，除了国际商业信货银行和巴林银行倒闭外，只有为数不多的小银行倒闭或自动退出。在美国，关闭一家银行的命令只能由该银行的注册机构——通货监理署、州银行监管部门——签发。宣布关闭后，所有权归属于银行监管部门，由联邦存款保险公司负责具体清偿工作。处理措施包括：接管、赔付存款、银行合并、接管失败银行的存款等。

### （四）金融危机早期预警制度

早期预警可以在金融危机爆发前，对于危机有客观理性的分析判断，国家决策当局采取对策，从而影响金融危机的国际传导进程。金融危机与一国基本经济基础密切相关的因素有两类：一类是反映外部不平衡的因素（包括进出口、外债偿还能力、汇率等）；一类是反映内部经济基础弱化的因素（包括财政、金融、经济等）。

反映外部不均衡的指标如下：

1. 实际汇率指标

历史考察发现，多数国家（尤其是发展中国家和新兴市场国家）的本币实际汇率在投机性冲击发生前三年内有持续上升的趋势。

2. 债务及偿债能力指标

如果外债规模相对于 GDP 和出口总额过大，短期外债比重过高，国际储备相对于短期外债的比重过低，外债投向证券投资比重过高，说明该国偿还外债的能力相当脆弱，也说明外资流动性强不稳定；经常项目逆差中贸易逆差的比重过高,说明该国存在结构竞争力不足。

反映内部经济基础脆弱性的指标如下:

(1) 宏观经济总体态势指标。反映一国宏观经济总体态势的主要是经济增长率、失业率和通货膨胀率。实证表明,三个指标中只有相对通货膨胀率指标在金融危机发生前发出较明显的预警信号。通货膨胀率持续过高,可能意味着该国在世界经济和国际金融中地位的下降,本币贬值压力将增大。

(2) 财政、金融状况指标。财政赤字占 GDP 的比重在金融危机发生前的变化不大,不具预警能力;国内信贷增长占 GDP 的比例是较好的预警指标,信贷过度扩张是投机性冲击压力增大的指标,也易引发信贷泡沫,弱化金融体系。

(3) 国际国内利率差。如果国内利率持续高于国际利率水平,这种利率差可能诱使逐利投机性资本流入该国,当经济或金融前景不利时,这些资本会迅速外逃。

(4) 金融体系脆弱性指标。金融机构的资本充足率和不良资产比重指标尽管不宜相对独立作为预警指标,却是预警指标体系中不应缺少的支持性指标。

### (五)中央银行最后贷款人制度

最后贷款人基本目标是保证金融体系的安全和稳定。所以,当银行的问题威胁到整个金融体系稳定时,中央银行有责任提供紧急资金救助,控制危机蔓延。但是,救助是有限度的,一般只对陷入临时性流动性困难的金融机构提供救助。丹麦的银行法明确规定:中央银行可以对面临暂时流动性困难的银行进行帮助,但对于陷入清算、破产境地的银行不予支持①。

也有理论认为,不同银行危机生成机制决定不同最优金融安全网选择,如果银行危机是“太阳黑子”现象,最优的金融安全网是存款保险制度;如果银行危机是对真实商业周期的反应,最优金融安全网是最后贷款人机制②。

## 三、国际层面的金融安全网构筑

### (一)加强金融监管的国际合作

金融全球化使全球金融市场连成一体,任何子系统出现危机都会扩散到其他子系统。各国已不能独善其身,必须加强国际合作。从 20 世纪 80 年代起,各国监管当局开始进行多层次国际合作。在银行业监管方面,巴塞尔委员会的建立开创了金融监管国际合作的先例,《新巴塞尔协议》在 100 多个国家得到了推

① 石俊志.金融危机生成机理与防范.中国金融出版社,2001

② 林辉.现代金融制度分析.厦门大学博士论文,2002

行。在证券业监管和保险监管方面，有国际证监会组织(IOSCO)和国家保险监管者协会(IAIS)等多种国际合作机构，对于有效建立国际金融监管合作机制起到了重要作用。除了金融监管的国际合作，区域金融监管合作也有较快的发展。区域合作所达成的监管原则和标准更具有约束力，“欧盟”是很好的例证。

各国在开放程度、经济体制、金融结构等方面存在的差异，使得金融监管国际在合作问题上行动不一。要在短期内实现全球范围内统一的金融监管国际合作不现实，应该有区别和分层次合作，积极推动各国家之间的谈判及沟通机制的建立①。

### (二)积极推动国际货币制度改革

金融危机暴露了国际货币体系与经济全球化发展趋势不相适应，表现在国际货币体系在汇率制度上和国际收支调节机制上的“无序”，以及与巨额国际资本流动尤其是短期资本流动“失范”之间的矛盾。以 IMF 为代表的国际社会在危机中的表现，进一步说明国际货币体系缺乏预防和处理危机的能力。由此，国际学术界开始对国际货币体系进行反思，提出一些改革方案。

#### 1. 国际汇率稳定体制的探讨

浮动汇率制的易变性和钉住汇率制的僵化，对高度开放和一体化的金融和经济发展带来了不利影响。因此，改革现行汇率机制成为国际货币体系改革的重要内容，越来越多的学者倾向建立稳定的国际汇率体制。呼声最高的是汇率目标区，目的是为固定汇率和浮动汇率之间提供一个舒服的“折衷方法”，该建议体现了货币及储备稳定与汇率稳定目标之间的权衡关系②。如果无需付出高昂的代价就把汇率的目标区建立起来，那么，这样做自然是可取的。然而，在实际中一些具体考虑使得建议不能有效实现，或者为此付出巨大的成本，超过了潜在的益处。

目前关于汇率制度的新讨论中，“中间制度消失沦”争议最大，最富挑战性。该理论的要点是，唯一可持久的汇率制度是自由浮动制或是具有非常强硬承诺机制的固定汇率制(如货币联盟和货币局制度)，介于两者之间的中间性汇率制度包括“软”的钉住汇率制，如可调节的钉住、爬行钉住、目标汇率制以及管理浮动制等都正在消失或应当消失。因此，未来会看到，各国不是选择完全自由的浮动汇率制，就是选择“硬”的钉住汇率制。由于中间制度消失，形成所谓“空缺的中部”，因而这一理论又被称为“两极汇率制度论”或“中空汇率制度理论”③。

① 李成.金融监管国际失衡的理论解读.人文杂志.2006(5)

② Paul R. Krugman: Target Zones And Exchange Rate Dynamics. NBER Working Papers. 1988

③ 张志超.汇率制度理论的新发展:文献综述.世界经济,2002(1)

2. 国际资本流动制度改革

亚洲金融危机之前，西方主流经济学家们都认为资本自由流动是资源高效配置所必须的，会带来更高的效率和经济增长。亚洲金融危机后，开始逐渐改变了看法。斯蒂格利茨(2000)指出，在未先建立起有效规制的框架下，匆忙进行金融和资本市场自由化是导致金融危机爆发的关键因素。

一国要开放资本帐户必须达到一定的条件，主要包括：稳定的宏观经济环境；金融体制和金融中介方式多样化；国内利率者本币汇率具有充分的灵活性；良好的法制环境和审慎的监管。资本账户自由化必须谨慎、循序渐进地进行，权衡相关的收益和成本①。

### (三)国际最后贷款人

国际最后贷款人是与金融危机相伴而生的国际间制度安排，可以阻断金融危机的国际传导。国际最后贷款人体制的存在，使得金融危机爆发后可以向其施加主观能动性。当某国发生金融危机国际储备不断减少，威胁到本币的外汇价值时，国际救援会被提上议事日程。经济全球化的发展，使得全球金融密切地联系在一起，为了避免一国金融问题蔓延导致国际金融危机，除了可与其他国家政府和金融机构签订互相提供紧急援助的协议，保证必要的流动性相互支持之外，还可以充分地发挥国际货币基金组织(IMF)、各国中央银行以及国际金融组织的作用，寻求多方援助。

---

① 冯晓明. 管理资本流入. 世界经济，2001(6)

# 第十七章　金融监管:约束、效率与国际合作

## 第一节　金融监管理论的逐步完善

桑顿(Sandon,1802)最早涉足了金融监管,指出票据不断贴现将导致信用规模成倍扩张,为了避免银行挤提,实施货币信用管制十分必要。"通货学派"继承了上述思想,并在1825～1865年的"大争论"中取得胜利,促使中央银行制度的初建。进入19世纪,数次银行危机直接促动了中央银行的角色变换,从统一货币发行,逐渐转向了通过最后贷款人稳定金融和经济方面。20世纪30年代爆发的"大危机"催生了金融监管理论的正式形成,并步入"必要性论证→有效性研究→政策方法搜寻"的发展轨道。

### 一、金融监管的必要性理论

20世纪30年代,经济金融危机向自由经济发起了进攻,政府监管成为经济运行的伴生现象,金融领域中的金融监管成为焦点,金融监管必要性理论开始形成。

#### (一)公共利益的监管必要性理论

公共利益的监管必要性理论,以市场失灵和福利经济学为基础,指出管制是政府对公共需要的反应,目的是弥补市场失灵,提高资源配置效率,实现社会福利最大化。

负外部性监管理论是基于负外部性效应而产生的一种金融监管理论,核心内容是,在金融机构成为经济发展的重要因素时,放任金融机构的自由竞争和完全依赖自律管理,无法保证消除负外部性效应,需要政府的介入,包括采取税收或管制等措施矫正外部效应是必要的。即认为金融体系的负外部性是导致金融市场失灵的主要原因,实行政府为主的金融监管是解决问题的关键。乔治·赫

特里(Ralph George Hawtrey,1932)认为[①],中央银行可以管理信用,因而也可以促进经济稳定。此外,就抑制信用的不稳定以及因之而产生的经济活动的不稳定提出若干补救方案:中央银行的公开市场业务,变动再贴现率等。约翰·梅纳德·凯恩斯(John Maynard Keynes,1936)指出[②],危机的产生不只是投资过度问题,而是从事投资的环境既不稳定,且不持久,因此,必须引入政府的宏观调控以弥补市场失灵。在金融领域,这种政府干预表现为政府对金融活动的监管。在此基础上约翰·高尔布雷斯(John K. Galbraith,1939) 进一步指出[③],自由放任政策已不合时宜,管制、调节才是当前的迫切需要。

公共产品监管理论强调,对市场经济下的金融体系而言,由于具有明显的“公共产品”特性,因此,政府应该通过各种手段,限制个体金融机构的冒险行为,削弱金融机构的集体非理性,保持金融体系的健康稳定,从而维护消费者的利益,确保经济发展的稳定。即认为金融体系的客体——金融产品自身的公共属性会导致金融市场失灵,从而引发风险、导致危机。因此,有必要通过以政府为主的金融监管实现对金融产品供给的良性引导。

在金融领域,普遍存在着信息不对称现象,承保人与保险人、存款人与银行、银行与贷款人之间的信息不对称,由此产生了“柠檬问题”,即金融市场中的逆向选择与道德风险进而造成的金融市场失灵。基于信息不完备和信息不对称,形成了信息不对称监管理论。斯蒂格勒(Stigler,1961)[④]从信息分配角度揭示了市场失灵,指出在信息不对称的环境下,金融机构往往处于相对劣势,面临金融效率降低和金融风险并存的局面,而政府的外部监管恰恰能够逐步完善信息的完备程度,降低金融风险,提高金融效率,减少经济损失,即认为金融监管是医治信息不对称导致金融体系失效的良药。

自然垄断理论从规模经济入手,得出金融机构的自由竞争最终将发展到高度集中垄断,这种高度集中垄断不仅在效率和消费者福利方面带来损失,也会对社会产生负面影响。因此,该理论主张通过政府监管消除垄断,保障金融体系的稳定运行[⑤]。即认为金融市场的自然垄断性是导致金融体系不稳定的主要原

① R. G. Hawtrey. The Art of Central Banking. London. 1932. 167～168

② John Maynard Keynes. The General Theory of Employment, Interest and Money. edited by Donald Moggridge, London: Macmillan for the Royal Economic Society. 1936. 167～225

③ Galbraith. How the Economists got it Wrong. www. prospect. org/archives/V11－7/galbraith-j. html.

④ Stigler G. J. The Economics of Information. J. Polit. Econ, 1961(69):213～25

⑤ Meltzer A. H. Margins in the Regulation of Financial Institutions. The journal of Political Economy,1967(75):482～511

因，而政府监管是消除垄断、维护稳定的有力措施。

### （二）金融脆弱的监管必要性理论

20世纪60年代以后，金融危机开始呈现出独立性，有些金融危机甚至完全脱离现实经济而独立存在。为此，金融体系自身的内在脆弱性开始吸引金融监管必要性研究的视线，从而形成了金融监管必要性理论的另一分支——金融脆弱的监管必要性理论。

海曼·明斯基（Hyman P. Minsky，1982）认为[①]，私人信用创造的机构，特别是商业银行和其他贷款人的内在特性使得他们经历周期性的危机和破产浪潮，金融中介的困境被传递到经济的各个组成部分，进而产生宏观经济的动荡和危机。自大萧条以来，虽然经济周期没有消失，但是，另一次大萧条也没有出现，这是由于“上限和下限”的制度安排发挥了作用：政府运用大量反周期的赤字和盈余政策来增加或减少有效需求，以及中央银行凭借最后贷款人的身份确定资产价格下限。金融不稳定假说认为金融体系内在的不稳定性是引发金融风险、产生金融危机的根本原因，而政府的干预与监管制度的建立可以有效降低这种内在脆弱性，实现金融的稳定发展。

戴蒙德（Diamond）和蒂威格（Dybvig，1983）[②]将银行从其他金融机构中突出出来，着重剖析了银行业的内在不稳定性，建立了银行挤提理论（D-D模型）。该理论通过建立模型，对三种不同情形（不存在总体消费风险的情况、存在随机总体消费的情况和生产回报不确定情况）下银行遭遇挤提的原因，以及政府在保护银行免受挤提过程中的作用，进行了分析。该理论指出，不对称信息是银行遭遇挤提的根本原因，挤提会造成严重的实际经济问题，因为此时“健康”的银行业会被传染，进而发生倒闭。因此，对于脆弱金融体系的监管尤为重要。其主张重点加强对信息的管理，使信息更加透明与对称，从而确立社会范围内的广泛“信心”，减少银行遭受挤提的机会，实现金融体系的稳定；相反，如果不能做到信息完全与对称，那么可以由政府对提款者征税，或提供存款保险制度，从而降低存款人的挤提动机，减少危机发生的可能。

## 二、金融监管的有效性理论

20世纪70年代以后，世界经济呈现如下特征：一方面，经济滞胀与金融创

① Minsky，Hyman P. The Financial-Instability Hypothesis：Capitalist Processes and the Behavior of the Economy. in Kindleberger and Laffargue，editors，Financial Crises. 1982. 13～38

② Diamond，Douglas W & Dybvig，Philip H. Bank Runs，Deposit Insurance，and Liquidity. Journal of Political Economy，University of Chicago Press，1983，91(3)：401～419

新高涨并存于发达国家；另一方面，“资金瓶颈”强压下的金融自由化热浪充斥着发展中国家。相应地，传统的金融监管必要性理论开始遭到质疑，金融监管的研究开始由“危机防范”轨道转移至“运作效率”轨道，有效性渐渐取代必要性成为理论研究的焦点。

### （一）集团利益理论

20世纪70年代以后，越来越多的经济学家开始置疑金融管制和政府解决金融体系不完备市场的能力，提出了集团利益理论，包括政府掠夺理论、特殊利益论和多元利益论。

政府掠夺理论指出，任何管制和监管都由政府推行，政府和政治家并非像人们所想象的那样是社会利益的代表，相反，其具有自己的利益和效用函数，并且与社会利益存在很大差异。此外，政府之所以要对金融业进行管制，其直接的目标不是“公共利益的监管必要性理论”和“金融脆弱的监管必要性理论”所宣称的那样：控制各种市场失灵、控制物价水平和投资水平，为经济增长打下宏观经济基础、为保护存款者的利益、为防止各种金融风险的传染以及为保证金融体系的健康和资源配置效率的最优等等；而是自身收益（政治收益和经济收益）的最大化。

继政府掠夺理论以后，彼特曼（Peltzman，1976）提出特殊利益论和多元利益论。他认为①，政府掠夺理论将分析的立足点放在“抽象的政府”上，无法对各种金融管制的产生过程给予更为清晰明确的认识；政府只是一个抽象的概念，它是由许多政党和利益集团组成的。因此，金融监管是利益集团通过政治斗争而形成决策的产物。

集团利益理论主要站在政治经济学视角重新审视了金融监管产生的原因，即认为金融监管是为了满足各既得利益集团的需要。其不仅开创了金融监管必要性研究的新视角，并为接下来金融监管有效性的研究奠定了理论基础。

### （二）金融监管失灵理论

继集团利益理论之后，理论界关于金融监管理论的研究正式调转方向：金融监管的有效性上升为研究焦点，先后形成了管制供求理论、管制寻租理论、俘获理论和社会选择理论。

斯蒂格勒（Stigler，1971）②秉承了集团利益理论的核心观点，运用供求规律

---

① Peltzman. S. Toward a More General Theory of Regulation. The Journal of Law and Economics, 1976(19)：212

② Stigler G. J. The Theory of Economic Regulation. The Bell Journal of Economics and Management, 1971 (2)：3～211

阐释了金融监管的效率问题，形成了管制供求理论。他认为，影响一个产业对政府监管需求的主要因素是监管可以提供多种利益，就金融业而言，主要是指市场准入管制、对业务活动限制、利率上限规定以及禁止对活期存款支付利息的规定等。在供给方面，政府实际上是由一些有着自己独立利益的人组成的一个特殊集体，当他们按照自身利益最大化的方向行使公共职能时，难免会发生各种各样的低效率现象。此外，波斯纳(Posner) 和彼特曼(1974,1976)进一步指出[①]，行业监管并没有建立在公共利益基础之上，而是建立在被监管集团的利益和损害消费者利益上。监管在给被监管者带来一定好处的同时，也增加了他们的成本。与此同时，管制供求理论也因缺乏对一个行业的监管方式及其预测能力的评判标准，而受到批判。麦克切斯尼(Fred Mchesney)认为[②]，斯蒂格勒的监管租金模型存在诸如无法解释20世纪60年代以来健康、安全、环境和消费者趋向监管的巨大浪潮等现实的不足。波斯纳 (1974)也承认，监管的需求与供给曲线似乎太难了，以至于无法计量，所以管制供求理论无法被实证。

管制寻租理论是寻租理论在金融监管领域的一种适用解释。克鲁格(1974)[③]将“那种利用资源通过政治过程获得特许权、从而损害他人利益，使自己获得大于租金收益的行为”定义为寻租，进而形成了寻租理论。寻租活动本身不会创造任何社会财富，只会消耗社会资源，造成社会福利的损失。管制寻租理论认为，政府管制加剧了市场中的寻租机会，产生了政府及其代理人的租金创造和抽租，使市场竞争更加不完全和不公平，所以，通过政府管制来纠正市场失灵是理想化的、不现实的，越是金融管制广泛的国家，寻租问题越普遍。寻租的结果是造成了不公平，在管制者获得利益的同时，降低了金融效率。因此，提高金融效率的直接、普遍、有效途径是放松金融管制，削弱金融管制中的金融寻租土壤。

俘获理论在政府掠夺理论基础上进一步研究了政府供给金融监管的后续结果，大量的监管收益构成了政府实施监管的内在动力。作为被监管方，他们最初可能反对监管，但当他们对金融监管立法的程序极其熟悉时，就会试图通过影响管理者的立法程序，或利用行政机器给他们带来更高的收益。波恩斯坦(Bernstein)创立了“管制机构生命周期理论”，进一步强调，公共利益的监管必要性理论是天真的，管制机构起初能独立运用管制权力，但逐渐被垄断企业所俘虏。

---

① Posner. Theories of Economic Regulation. The Bell Journal of Economics and Management，1974(15):335～358

② 麦克切斯尼. 经济管制理论中的抽租与创租. 法律研究杂志，1987(1):24～29

③ Krueger, Anne. The Political Economy of the Rent-Seeking Society. American Economic Review, 1974. 64(3):46～87

在特殊利益理论的基础上，雷德（Reid，1981）提出了“社会选择理论”，首次从动态发展角度分析了金融监管的有效性。该理论认为，金融监管的发展历程是，为社会公众利益初建监管机构→管制当局被动地反映被管制集团的种种利益→管制机构取得自我控制和独立性，即认为管制具有很强的自我实现性，但这种自我实现只有在监管发展到一定程度后才会出现。因此，就社会选择理论看来，监管能够真正发挥作用是在监管机构获得自我控制与具有较强独立性之后。

上述理论均立足于集团利益理论，分析了政府监管对于金融体系的实际效率，从中不难看出：政府为主的金融监管对于自身利益最大化的追求要远远大于其对公众利益的维护，相应地，政府供给的监管并不能有效解除市场失灵问题，并且政府监管存在与市场调节同样的失灵特性。

### （三）金融管制的辩证法理论

卡恩（Kane，1981，1984，1994）建立了“规避管制”理论和动态博弈模型[①②③]，指出金融创新与金融监管存在密切联系：金融创新主要是金融机构为了获得利润而回避政府管制所引起的。当金融机构的创新出现以后，监管当局可能适应形势的变化而放松原有的监管政策，或者当创新危及金融稳定与货币政策执行时又进行新的监管，从而形成了金融机构与监管当局之间的“管制—创新（规避管制）—放松管制或再管制—再创新—……”的动态博弈过程。金融机构和监管当局“好像跷跷板的两端，他们彼此不断地适应”，形成一个黑格尔式的辩证过程，共同推动金融深化和发展。

管制辩证法理论表明，金融监管不是静态行为，而是一个动态过程；金融监管制度的设计必须根据不断变化的社会经济环境相应改变，否则，要么以延迟金融机构和金融体系的发展为代价，要么以牺牲金融稳定为代价。同时，也可以从深层次上看出，金融机构的金融创新行为，不仅仅是由于盈利动机的驱使，更是由于金融监管理论发展的滞后，以至于阻碍了金融机构和金融体系向更高级阶段的发展。这也从某种程度反映出，金融监管的发展与现实经济发展密切相关，“放松”与“强化”只是金融监管在不同阶段的表现形式，二者交替变迁推动了金融体系的不断发展。

---

① Kane E. J. Impact of Regulation on Economic Behavior. Journal of Money ,Credit ,and Banking, 1981(9):335～367

② Kane E. J. A Six-Point Program for Deposit-Insurance Reform. Housing Finance Review, July, 1984. 269～278

③ Kane E. J. A Market Perspective on Financial Regulation . CATO,1994 (13):333～338

## 三、金融监管的政策理论

20 世纪 90 年代，以资本市场自由化、金融创新加速化和金融机构集聚化为序曲的金融全球化乐章已经奏响。金融全球化在推动金融资源有效配置的同时，加剧了金融风险的传播范围与破坏力度，收益与风险的较量成为这一时期世界各国金融当局面临的普遍问题。相应地，如何在全球化浪潮中稳健发展，成为金融监管的根本目标。为此，这一时期的理论主要致力于金融监管理念与方法的搜寻，即如何实施“市场失灵”与“监管失灵”并存下的金融体系监管。

### （一）功能监管理论

莫顿（Merton）和鲍迪（Bodie，1993，1995，2000）指出[①②③]，金融功能比金融机构更稳定，金融功能优于组织结构；机构的形式随功能而变化，即机构之间的创新和竞争最终会导致金融系统执行各项功能的效率的提高。因此，基于功能观点的金融体系比基于机构观点的金融体系更便于政府的监管。首先，功能观点着重于预测未来实现中介功能的机构的组织结构。政府能够针对机构的变化设计政策和监管方案，因此，监管方案更具灵活性。在所有的经济中，金融体系的基本功能在本质上是同一的。金融服务可以随着竞争性的机构或时间的变化，采取不同形式的包装，但功能却相当稳定。因此，从功能角度从事监管的法规制定与执行更稳定，也更有效。从功能的角度从事监管，减少了机构进行“监管套利”的可能性，有利于促进金融机构组织必要的变革，不必同时修改与之相关的监管政策或调整有关的监管机构。

功能监管理论突破了传统金融监管的定义界限，顺应了国际金融的发展潮流，解决了机构监管在混业经营下的乏力状态，对当今世界各国金融监管实践产生了重大影响。

### （二）激励监管理论

随着信息经济学的发展，激励问题被引入监管领域。激励监管理论在监管者和被监管者的信息结构、约束条件和可行工具的前提下，运用完备合约方法

---

① Bodie Z. and Merton R . C. Pension Benefits Guarantees in the United States ：A Functional Analysis. in R. Schmitt，Ed.，the Future of Pension in the United States，Philadelphia，PA，University of Pennsylvania Press，1993. 121～203

② Merton R C and Bodie Z. A Conceptual Framework for Analyzing the Financial Environment. in eds D B Crane et al “The Global Financial System，a Functional perspective”，Harvard Business School Press，1995. 78～137

③ Leora Klapper and Rida Zaidi. A Survey of Government Regulation and Intervention in Financial-Markets. http://siteresourcesqa. worldbank. org/INTWDR2005/Resources/Klapper_Zaidi_Survey_of_Government_Regulation. pdf，2005. 7

(complete contracting)分析双方的行为和最优权衡,对监管中的许多问题尽可能地从本源内生上加以分析。此外,该理论在全面概括监管失灵原因基础上,提出了具体的监管方法,弥补了金融监管理论的研究空白。

(1)对金融监管的发展历程进行了总结,揭示出金融监管的演进过程——从高度监管(heavy-handed regulation)到轻度监管(Light-handed Regulation)的过程。在这个过程的不同阶段,政府和被监管者会面临不同的信息结构、约束条件和可行工具。由于存在信息不对称、缺少承诺以及不完美的监管者,因此,监管不是次优(second-best)的。

(2)在上述论断基础上,泰勒(Tirole)构造出"最优相机监管模型"[①]。该模型由对分散的存款人的信息不对称,且偏好"搭便车"的分析引入因存款人集体行动失灵问题,将研究重点集中在金融监管的作用时间与范畴,以及外部人监管的激励方案。按照不完全合约理论[②③],股东对企业业绩是凸的收益结构,在公司经营良好时,他们拥有控制权;债权人对企业是凹的收益结构,企业经营不善时,他们行使控制权。拥有凹收益结构的人较之拥有凸收益结构的人,更倾向于外部干预和严厉的监管。因此,债权人比股东更希望加强监管。就银行而言,清偿比率越低,股东越偏好风险,而存款人则越规避风险。由此,将监管激励方案与索取权联系起来,总结出实施最优监管政策的方式是:让监管者拥有与没有保险的存款人一样的激励。该模型揭示了当监管者既负责事后的干预、又负责事前的监督时,是如何被动干预以掩饰其失败的监督,以防止损害其前途。

(3)对相机监管的适用范围进行了界定。该理论指出,在指导实践上,一国是采用相机性监管还是采用事先标准化的基于规则的非相机性监管,很大程度上取决于监管机构的独立性。只有独立性较强、且将广大金融消费者利益内部化的监管机构,才可以被赋予相机性监管的权力。

### (三)资本监管理论

20世纪90年代末,与金融全球化相伴而生的区域金融危机频繁爆发,金融监管需求再次升温。较之以往,以资本充足、资产业务管制为核心的监管体系日益盛行。布特(Boot)和萨克尔(Thakor,1993)认为[④],银行监管者一般追求自身

---

① M. E. Tirole J. The Prudential Regulation of Banks, MIT Press, Cambridge, 1994. 46～79

② Hart O. and Moore J.. Property rights and the nature of the firm. Journal of Political Economy, 1990(98): 1119～1158

③ Aghion P. and Bolton P.. An Incomplete Contracts Approach to Financial Contracting, Review of Economic Studies, 1992. 59(3): 473～494.

④ Boot A. , W. Anjan Thakor. Self Interested Bank Regulation. American Economic Review, 1993(83):206～213

利益而不是社会福利，将监管者自身利益假设为合格监管者的声誉，监管者容易满足于自己声誉最优。由于监管者监督银行资产选择的能力存在不确定性，将引起监管偏离公众最优化目标，出现监管政策扭曲。克里(Keeley,1990) [①]和迪斯特茨(Demsetz)等人(1996)[②]的实证研究发现，银行业的特许权价值对银行的谨慎性监管具有显著影响：特许权价值降低将增加银行投机的激励，从而导致资产配置风险的增加；反之，将降低投机的可能性，减少资产的配置风险。并且，竞争的加剧将导致特许权价值的降低。在此基础上，哈曼(Hellmann)等人(2000)[③]根据贝特卡里亚(Bhattacharya,1982)的利率控制静态模型和罗切特(Rochet,1992)对资本要求与投机激励关系的分析，建立了资本监管的比较静态博弈的模型，并对资本监管的帕累托效率进行了研究。认为在金融自由化和充分竞争的市场环境下，如果不对存款利率实行必要的限制，银行选择投机性资产的行为不可避免，资本充足性监管无法实现帕累托效率。哈瓦基米亚(Hovakimian)和卡恩(Kane,2000)[④]将莫顿的单期存款保险期权模型扩展为无限展期的股东收益模型，据此，对美国 1985 年到 1994 年的商业银行风险转嫁和资本监管有效性进行了实证分析。结果表明，商业银行资本监管并未有效阻止风险转嫁问题，而且由于转嫁风险给银行业带来了大量的政府补贴，诱发了风险转嫁激励。

**(四)市场纪律监管理论**

随着金融监管理论的深入发展，人们发现金融体系中实际存在着市场失灵与监管失灵双重失灵现象，在解决这种双重失灵问题方面，除了激励监管理论外，市场纪律监管理论也做出了重大贡献。该理论主张将市场与政府结合起来，强调市场纪律约束对于金融监管的有效发挥具有重大的改善作用。

克里(Keeley,1990)的实证研究表明[⑤]，在固定存款保险费率下，银行及存款机构的风险激励很大程度上取决于特许权价值与其资产市场价值的比较。如

① Keeley M. C. Deposit Insurance , Risk , and Market Power in Banking1 American Economic Review,1990(80): 1182～1200

② Demsetz R. S. etc. . Banks With Something to lose :The Disciplinary Role of Franchise Value1 Economic Policy Review ( Federal Reserve Bank of New York) , 1996:1～14

③ Hellmann T. F. , Murdock, K. and Stiglitz, J. Liberalization, Moral Hazard in Banking, and Prudential Regulation: Are Capital Requirement Enough? American Economic Review , 2000(90):147～165

④ Hovakimian A. and Kane E. J. Effectiveness of Capital Regulation at U. S. Commercial Banks, 1985 to 1994. Journal of Finance, 2000. 451～468

⑤ Hovakimian A. and Kane E. J. Effectiveness of Capital Regulation at U. S. Commercial Banks, 1985 to 1994. Journal of Finance, 2000. 451～468

果要改善监管的有效性，就应该注重市场对银行的约束力。汤姆逊（Thomson，1990）[①]和考夫曼（Kaufman，1996）[②]分析指出，政府监管体系和金融安全网会使银行及存款机构的利益相关者忽视银行的具体运作和风险状况，缺乏动力对市场激励做出反应。如果缩小存款保险的范围和规模，使政府监管与市场约束结合起来，将改善政府监管效率。卡恩（1994）强调[③]，恢复市场纪律的核心任务在于向社会和监管者提供及时准确的信息。一方面，通过立法形式要求监管者披露存款保险公司造成的纳税人的损失；另一方面，采用自报告和市场价值核算结合的原则来衡量金融机构、存款保险机构及监管者等在每一时期的运作情况及纳税人的损失等。弗兰诺里（Flannery，1998）[④]进一步论证了卡恩（1994）的观点，他指出，如果金融监管能够充分运用市场信息，将会显著改善监管水平。帕克和波斯迪亚尼（Peristiani，1998）[⑤]的实证研究显示，未参加存款保险的金融机构的存款人对市场有显著反应，而参加存款保险的金融机构的存款人对市场反应不显著，存款机构的风险与未保险存款的增长存在负相关。更进一步，宏初（Hon Chu，1999）[⑥]的实证分析指出，自由（以市场约束为主）银行体系并不比受监管的银行体系更容易失败。从解决市场信息不对称的问题来看，存款保险和最后贷款人制度在防止银行危机方面不是必需的，在自由银行体系中，信誉好的银行有动力保持充足的资本数量并向市场传递高质量的信息。

## 四、启示

整个金融监管的研究日益深入，带来的启示有：

（1）金融监管理论脱胎于经济干预理论，但在发展过程中显示出愈加明显的独立性与超前性。金融监管理论起源于对“看不见的手”的置疑与批判，相应地，早期经济干预理论的思想精髓随即成为金融监管理论的基本内容。随着金融活

① Thomson A. and R. J. Stancliffe. Diagenetic Controls on Reservoir Quality, Eolian Norphlet Formation, South State Line Field, Mississippi: in Sandstone Petroleum Reservoirs, J. H. Barwis, J. G. McPherson, and J. R. J. Studlick, eds, Springer-Verlag. 1990. 205～224

② Kaufman G. G. Bank Failures , Systemic Risk , and Bank Regulation1 CATO , 1996(16):17～45

③ Kaufman G. G. Bank Failures , Systemic Risk , and Bank Regulation1 CATO , 1996(16):17～45

④ Flannery, Mark J. Using Market Information in Prudential Bank Supervision: A Review of the U. S. Empirical Evidence. Journal of Money, Credit and Banking, 1998. 273～305

⑤ Park, Sangkyun and Stavros Peristiani. Market Discipline by Thrift Depositors. Journal of Money, Credit, and Banking, 1998, 30(1): 347～364

⑥ Hon Chu. Free Banking and Information Asymmetry. Journal of Money, Credit and Banking, 1999. 748～762

动的加速发展，金融活动较之经济活动日渐独立与超前，使得金融监管理论的研究视线必然从经济体系的“普遍属性”转向金融体系自身的“固有特点”。

(2)金融监管的有效性具有阶段性与多变性特征，与特定时期的经济金融发展需求交相呼应。金融监管理论的历史变迁暗含着“悖论”：金融监管在某些时期为经济金融“保驾护航”，在一定时期又“力不从心”。究其原因，金融监管的有效性在不同时期存在不同的表现形式。强化监管在经济过热时期比较奏效，而在经济低迷时期无效甚至有恶化作用。因此，金融监管的有效性必须以此为前提，即根据不同时期经济金融发展需求的不同，灵活调整金融监管的具体幅度与力度。

(3)金融监管理论的研究遵循着“理论→实践”的发展路径，金融监管理论的可操作性成为今后理论研究的基本要求。

## 第二节　金融监管体制的功能演化

金融监管体制是金融监管的制度基础，是关于金融监管职责、权力分配的方式及组织制度，即“监管上的集权和分权的制度安排”。金融监管采取何种体制，极大地影响了金融监管的效率。广义上讲，金融监管体制分为两大类：分业监管和统一监管。具体而言，各国根据自身的实际情况，在共性基础上衍生出了多种形式，主要包括三种类型：集权型金融监管体制、分工型金融监管体制和合作型金融监管体制。

### 一、金融监管体制的考察

#### (一)集权型金融监管体制

集权型金融监管体制，是由一家金融管理机构对国内所有金融机构的一切金融活动进行监管的体制。在发达资本主义国家中，英国是典型的集权型金融监管体制。

20世纪70年代以前，英国金融业务方面的分工比较明确，基本上按传统划分的范围开展金融业务，形成了习惯上的分业经营，实行自律监管。英国财政部在名义上负责整个金融体系的监管，实际操作过程由英格兰银行与其他金融监管机构执行。总的来看，英格兰银行、证券与投资委员会和英国贸易与工业部有着较为明确的分工：英格兰银行重点负责监管银行部门；证券与投资委员会负责监管从事证券与投资业务的金融机构；英国贸易与工业部负责监管普通保险公司和人寿保险公司(证券投资委员会也有参与)。此外，还有一些自律组织。英国的监管建立在监管者与被监管者之间相互信任、共同合作的基础上,监管谨慎原则与弹性原则并存的非正式监管体系构成了主要风格。20 世纪 80 年代,金融机构呈现相互融合趋势,使得原来多元化监管体制越来越不适应金融结构的变动要求,不但造成监管效率的低下,而且给金融机构带来许多不必要的负担。"大爆炸"改革以后,银行业涉足证券和投资业务,加剧了金融业的竞争,更加突现了这种矛盾。金融监管体制明显滞后于金融混业经营发展形势,以致发生了"巴林银行事件"。为了使金融监管体制尽快适应金融创新要求,1997 年 5 月,提出了金融监管体制改革方案,英格兰银行监管职能被分离,投资监管并入"证券与投资委员会",该委员会在同年 10 月 28 日,与原有的八家金融监管部门合并成立了金融服务监管局(Financial Services Authority,FSA),并在 2000 年的《金融市场与服务法案》中给予了法律确认。英国的 FSA 享有对银行、投资基金、清算机构、保险公司、住房信贷合作社、证券公司、期货交易机构等的审批注册、规范、监管和处罚的权力,成为"世界上监管范围最广的金融管理者"(Eva Lomnicka,1999),意味着英国成为统一金融监管的典范。

**(二)分工型金融监管体制**

分工型金融监管体制,是在金融分业经营制度下,按照金融机构的业务分工分别由几家金融监管机构进行监管的体制。

美国一直实行分业监管体制,且由于历史和体制原因,略为复杂。由于银行实行国法银行和州法银行双轨银行体制,因此,法律不仅赋予联邦政府监管职能,也授权各州政府行使监管职责。因此,除联邦货币监理署(OCC)以外,各州政府均设立了银行监管机构,形成了联邦和州政府的双线监管体制。州银行厅(Department of Financial Institutions, DFI)、州保险监管署(SIC)等都从各自的职责出发进行监管。这种分业管理体制,为美国股票市场从大危机的沉重打击中逐渐恢复体力提供了保障,美国金融从此步入了一个长期稳定发展阶段。1999 年 11 月《金融服务现代化法案》的通过,结束了银行、证券、保险分业经营的限制,混业经营时代到来。为了适应金融全球化的国际趋势,有效防范金融集团化带来的系统性,防止监管真空,美国确立了新的监管体制,即"伞式"功能监管(umbrella supervision)。美国联邦储备委员会(又称美国联邦储备系统,FRS)被指定为主监管人,执行对整个金融控股公司的监管,同时,规定按业务种类确定具体监管人。金融控股公司的银行类分支机构和非银行类分支机构人,分别保持原有的监管模式,前者仍由银行监管者进行监管,后者中的证券部分由证券交易委员会(SEC)监管,保险部分由州保险监督署(SIC)监管。SEC 和 SIC 被统称为功能监管者(functional regulators)。一般情况下,作为主监管人的 FRS 不能对金融控股公司下属的非银行类分支机构进行检查或要求提供报告,除非FRS确定金融控股公司的非银行分支机构出现重大问题，将危及到银行类子公司的安全，并且功能监管者无法有效解决时，FRS才可以监管。在实践中，FRS真正实施这种监管非银行分支机构权力的机会很少，因为FRS先要获知非银行分支机构出现问题，才能做出判断，而在功能监管者与FRS之间缺乏良好沟通，FRS很难及时获得有效信息。可见，目前美国的“伞式”监管仍然是一种分业监管模式。

1998年日本金融监管体制改革之前，金融监管主体是大藏省和日本银行。日本银行在行政上接受大藏省监管，作为金融行政主管机关的大藏省，把金融行政权和金融监督权集于一身，形成高度统一的金融监管体制。但是历史证明，日本这种集中监管权力并没有很好的运用，以至使日本金融机构在20世纪80年代形成巨大的金融泡沫。1992年，日本通过了《金融制度改革法》，放松了严格限制的金融业务范围，允许金融机构通过建立子公司方式参与其他金融业务。在1997年的金融改革中，日本政府完全解除了金融不同行业的限制。1997年3月日本政府提出了“金融监督厅设置法案”。1998年6月金融监督厅开始在总理府的直接管辖下运作，证券委也从大藏省划归金融监督厅管辖。1998年12月，金融再生委员会成立。该委员会由国务大臣任委员长，管辖金融监督厅。此时，大藏省的监管权力已大大削弱。2000年7月，金融监督厅改名为金融厅，接受了原大藏省的检查、监督和审批备案的全部职能。2001年1月，在全面推行政府机构改革时，将大藏省更名为财政省，撤销了金融再生委员会，并将金融厅升格为内阁府的外设局，独立全面负责金融监管业务。这样，财政省与金融厅真正成为两权分立、分别执掌金融行政与金融监管的政府机构。独立行使金融监管权力的金融厅，统一负责对各类金融机构的监管，完全脱离了政府行政干预的影响，具有了相对独立性。

### (三)合作型监管体制

合作型金融监管体制，是在经济合作区域内，对区域内的金融机构实施统一监督的一种金融监管体制。从世界范围内看，欧洲金融监管体制具有最强的“合作型”色彩。

现在，欧洲的监管框架正在发生变化，正在向统一性、合作性迈进。为此，巴塞尔银行监管委员会和国际监管机构，尽最大努力统一国际银行业务的监管规则，统一审慎性标准。欧盟发布的“第二号银行令”、“持有基金令”和“支付能力比率令”等，都与巴塞尔银行委员会的协议、原则相一致。在对不同类型金融机构实施统一监管方面，欧洲许多国家取消了银行与非银行金融机构的区别。瑞士在1990年修改了《银行法》，将银行与非银行金融机构及证券公司置于同一法规监管之下；法国在1984年取消了商业银行、储蓄银行和中长期信贷银行的区别。欧洲整体金融监管框架的发展方向已基本确定，即在统一监管标准的同时，向建立欧洲统一的中央监管联盟目标迈进。现在欧洲已经出现了实现这一目标的政治和经济前提条件，如欧洲在政治制度上进一步向联邦结构发展；欧洲范围跨国经营银行、证券、保险业务的大型金融控股公司已诞生；处理金融危机的合作机制逐渐完备；最终令各国放弃监管主体而修改欧盟条约的时机逐渐成熟等。以上这些前提条件为各国监管机构的联合监管，以及为进一步订立统一监管标准，建立统一监管组织提供了机制上的可能性。

巴塞尔银行监管委员会、证监会国际组织、全球金融体系委员会、欧盟经济和金融委员会等著名的国际监管组织，每年针对全球金融监管问题发表的报告和指导性原则，都对欧洲监管框架产生了重要影响。其中，"新巴塞尔资本协议"和"拉穆法卢西报告"对欧洲金融监管体制所产生的作用更不可低估。"拉穆法卢西报告"针对成立欧洲统一证券监管组织提出若干政策建议，如建议对证券发行者颁布统一的核准文件，制定现代化的上市标准；制定专业投资机构明确的行为准则；制定现代化投资基金和养老基金规则；要求欧洲上市公司实行统一的国际标准；对有影响力的证券等交易所实行欧洲单一标准。

## 二、我国金融监管体制的发展历程

我国的金融监管制度伴随金融业改革的深入逐步发展，经历了从混业经营到分业经营的转变，从行政性管理到法制管理的制度变迁。1983 年 9 月，工商银行作为国有商业银行从中国人民银行中分离，人民银行集金融监管、货币政策、商业银行职能于一身的体制结束，成为专门从事金融管理、制定和实施货币政策的政府机构。20 世纪 90 年代，随着资本市场和保险业的迅速发展，金融体系的风险增加，房地产热和证券投资热持久不减，大量信贷资金通过同业拆借进入证券市场，引发违规操作和金融秩序的混乱。基于金融体系安全稳定的考虑，金融监管体制向分业监管模式变迁。1992 年 12 月，证券监管职能从中央银行分离出来，成立证券监督管理委员会。1998 年 6 月，中国证监会成立，实现了银行业与证券业的分业监管。1998 年 11 月中国保监会成立，保险监管职能从中国人民银行脱离出来。2003 年初银监会成立，实现了货币政策与银行监管职能的分离。至此，我国的金融监管形成分业监管的模式：中国银监会主要负责银行业的监管，包括国有商业银行、政策性银行、股份制商业银行、城市商业银行、信托投资公司、金融租赁公司等金融机构；中国保监会负责保险业的监管；中国证监会负责证券业的监管；中国人民银行负责反洗钱金融监管。

传统的存贷和结算业务仍是金融服务业的主体，银行、证券、保险仍然经营各自的标准产品，无论业务上创新还是组织上的创新，相对于发达国家都很缺乏。金融创新是金融监管体制改革的动力,因此,现阶段实行分业监管体制具有持续性。金融监管体制的变迁过程不仅面临着"事实成本"(签订新契约的成本),而且面临"摩擦成本"(某些利益集团抵制新制度引起的经济损失),对于金融制度非均衡严重的国家来说,渐进式改革具有成本上的优势。一般而言,金融监管的集权度与本国金融机构的同质度、金融市场的一体化度成正相关,与本国监管地域的广度呈反向关系。因此,就我国的现实而言,目前实行分业监管的体制较为合宜。

### 三、金融监管体制的趋势

近些年,金融业经营模式与金融监管体制之间出现了"联动"效应,监管当局越来越注重经营模式与监管体制的匹配程度。机构监管是一种按照不同金融机构,设立监管主体的监管制度。在分业体制下,对金融机构的监管基本按照机构监管进行监管。随着金融创新浪潮的推进,金融功能的实现方式发生巨大变化,银行资源聚集和配置功能在金融自由化中已被资产证券化方式所分化。金融功能的实现主体呈现多元化,一个金融机构承担多种金融功能,也可能多个金融机构承担一种金融功能。相应地,传统的机构监管愈加捉襟见肘。而这恰恰为功能监管提供了用武之地。英国、日本等国家的统一监管组织为实现功能监管奠定了良好基础,美国虽然尚未统一监管组织,但在其伞式监管的基础上,提出了功能监管的想法。

20 世纪 80 年代后期,为了适应金融创新与金融发展,一些国家开始注重统一监管标准。由于金融创新,尤其是金融控股公司的出现,挪威、丹麦、瑞典、匈牙利、卢森堡等部分北欧国家,最先将分散的金融监管机构合并,成立统一监管机构。英国 1997 年成立了金融服务局,日本 1998 年成立了金融监督厅,澳大利亚 1998 年成立了澳大利亚审慎监管当局。除此之外,加拿大、新加坡、韩国等也采取了集权监管的体制。美国在坚持"伞式"功能监管的基础上,做出了统一监管主体的尝试。受金融全球化、金融创新的影响,采取分业监管体制的国家日趋减少,各国金融监管体制正逐步向统一监管或部分统一监管转变。

## 第三节　金融监管重心的位移

金融监管的重点在不同时期呈现差别性,由初始的"安全"取向逐渐转至"效率"取向,到了 20 世纪 90 年代末期、伴随金融全球化乐章的奏响,金融监管更加注重于在满足金融市场自由竞争的同时,实现全球金融体系的稳健发展。

## 一、金融监管的“安全”取向时期

美国的金融管制到20世纪70年代一直遵循全面管制的方向，政府倾向于直接管制。限制银行开业，新银行的进入要符合社会需要，新开银行与已有银行都能获得收益，不可偏废。因此，银行业成为受保护的行业。二战后，非银行金融机构处于重要地位，因此，限制开业的规定同样适用于这些机构。之外，联邦储备系统的权力得以加强，由原来权力分散的体制变成中央集权体制。联邦储备委员会（简称联储）改组成更为独立的联邦储备理事会，更有力地制定和执行了货币政策，货币政策手段逐步扩大，美联储对股票贷款、存款利率、票据贴现、存款准备等做出的规定，使公开市场业务的权力进一步加强。

如果说从20世纪30年代至70年代，美国金融监管呈现出了激进全面的管制，那么，英国金融监管表现出更多的自然渐进特征。英国金融监管主要表现在英格兰银行权力的加强，垄断了发行货币，发行信用限制一再放宽。英格兰银行作为中央银行的职能在没有明确法律依据的情况下，逐步扩展职能。1973～1975年的银行危机引起了监督银行的审议，随后，英格兰银行在1976年发表了《对接受存款的人的许可监督》白皮书，提出了对银行监督的重要观点，包括：严格限制使用“银行”名义，“银行”名义只适用于少数有最高金融地位的机构；严格限制许可接受存款人的资格，并为存款人设立保险基金。这些观点后来成为1979年银行法的基础。1979年的银行法首次对从事存款业务的权利做出限制，将认可机构分为两类：一类是认可银行；另一类是持牌机构。该法对“银行”加以明确定义，只有符合英格兰银行严格要求的机构才被认可为银行，目的是使银行成为有高度金融信誉的机构，英格兰银行的监督重点放在那些达不到银行要求的“持牌机构”上。

## 二、金融监管注重效率的时期

20世纪70年代，布雷顿森林体系崩溃后汇率不稳，导致短期游资频繁冲击金融市场，推动了货币市场证券化趋势的发展；两次石油危机的冲击，加剧了西方各国国际收支和财政赤字问题，迫使政府更多发行公债，并使公债利率市场化以吸引投资者，为其他金融工具利率管制的消除奠定了基础。国际贸易和投资的迅速发展，使得与之联系的套期保值需求猛增，客观上推动了各种掉期和期货期权交易的发展，刺激了金融创新活动；欧洲货币市场的迅速发展，使企业和金融机构可以容易地越过各种“金融壁垒”进入金融市场进行各种融资交易，使金融管制效果大大降低。此外，电子计算机和电信技术的发展，大大增加了金融机构的创新能力，金融市场国际化时代姗姗而至。在上述金融自由化经济背景下，金融监管重点也相应改变，“效率”取向开始取代“安全”取向，成为20世纪70年代至90年代世界各国金融监管的重点。金融监管机构对于本国金融业不再实施严格的管制，而是更多为本国金融机构创造机会，使其不断创新与发展。正是由于金融自由化时代下"自由与创新"的主旋律，推动了金融监管的重点向"效率"取向变迁。

20世纪80年代初期，美国推行了一系列金融改革。金融监管也由前期的全面管制转向"基于自由与创新发展"下的合理监控。放松对存款利率的管制，逐步废除银行业务的地域限制，跨州银行显著增加。非银行机构通过货币市场互助基金进入商业银行业务领域；证券公司通过商业票据市场进入商业银行贷款业务；银行不仅作为互助基金的投资顾问，而且在商业票据市场和证券公司展开竞争；银行持股公司被允许从事传统证券业务，包括承销公司债券和发行股票。打破了金融机构间的界限，银行和储蓄机构之间的差异几乎消失。

英国也开始了金融改革，允许商业银行进入证券交易所从事证券交易，取消交易最低佣金规定，允许直接谈判佣金额，批准非交易所成员收购交易所成员公司的股票，取消经纪人与证券商的界限，二者可合而为一。推出"股票交易所自动报价"和"股票交易所自动报价"计算机系统。上述改革消除了英国证券业与商业银行业的业务界限，不仅促成了商业银行进入投资银行领域，更重要的是吸引了美国、日本的商业银行涌入英国证券市场，为美、日银行打开了进入证券市场的方便之门。与此同时，银行监管部门只是在整个银行体系走向自由化过程中，为防范银行危机采取了一些监控措施，监管更多地倾向于为金融自由与创新发展而服务。

### 三、金融监管的合作时期

20世纪90年代以来，以资本流动全球化、金融市场一体化和金融机构的全球扩张为特征的金融全球化成为趋势。金融全球化在给世界经济带来极大利益和推动作用的同时，也带来了巨大的金融风险。在金融全球化时代下跨国银行迅速扩张，金融市场自由竞争的需求与呼声甚高，金融监管必须满足时代变迁需求，兼顾效率与安全。金融全球化下金融活动的"无国界"特征与金融混业经营的"风险交叉"特征，使得单一国家金融监管很难实现金融风险的有效监控与化解。为此，金融监管的国际合作需求日益明显，金融监管合作成为新的监管特征。目前，金融监管国际合作的最新发展集中表现在两方面：巴塞尔委员会工作的深化；国际性金融监管组织合作的加强。

巴塞尔委员会于2001年1月颁布了新巴塞尔协议。新协议修改的内容主要表现在：一是放弃了单一的监管方式，提出了有选择的监管方式；二是提出了对控制利率风险和操作风险的资本要求；三是扩大了监管范围，以商业银行业务为主导的金融控股公司也要受资本充足率的约束;四是一些特殊大额的投资要从银行资本中扣除等。

除了监管管辖权的协议、监管以及资本充足性管制等,还应从以下几方面把握金融监管国际合作的进程:①从最初的对金融监管管辖权的协议发展为主,发展到不断加强对监管管辖权的国际协调,特别是信用风险的监管,尤其是对资本充足性最低标准的要求,在国际范围内达成了广泛共识。②从侧重对信用风险的管理发展为突出对市场风险的管理,继而走向全面的风险管理,涵盖市场风险、国家风险、流动性风险、操作风险、法律风险以及声誉风险等。③从倾向于寻找和推荐国际趋同的监管标准,转向注重确立和推行国际认同的最低标准。在一系列最低标准下,更具灵活性而又不失严格性地允许以更准确的方式把握不同国家、不同银行、不同金融工具的风险,相应提出监管条例。④从强调外部施加的比率类管制转向同时注重银行内部自身加强自律。除允许银行运用内部模型评估市场风险外,强调加强内部控制制度的建设。⑤从传统监管哲学下矫正市场失灵,转向监管制度激励被监管者主动承担责任,监管不能绝对保证银行不倒闭。传统的金融监管必须确保不出问题,一旦发生问题监管当局难辞其咎,往往成为众矢之的。新的金融监管哲学改变了监管视角,更客观地承认在监管者与被监管者之间存在着信息不对称,监管者不可能洞察和包揽一切。

从 20 世纪 30 年代金融监管的产生至今,金融监管的重点先后经历了安全取向效率到合作取向的变迁过程。不同时期金融监管的具体重点,从根本上受制于该时期金融发展的需求。当经济金融环境动荡不安、危机四伏之时,安全成为金融监管的重点;当经济金融环境相对稳定,金融创新成为发展的主旋律,相应地,效率维护成为金融监管的重点;当金融全球化日益加深,各国金融呈现交融态势之时,合作与协调开始成为金融监管的新重点。

## 第四节　金融发展中的金融监管

### 一、金融深化对金融监管的冲击

金融深化是分阶段、有管理的金融制度改革,要求在放松金融管制的同时加强金融监管。因此,金融深化监管的必要性也主要来自两方面:在消除金融压抑的金融深化过程中,如何在确保金融安全的前提下实现金融机构的高效运作;在金融开放进程中,如何合理有效地实施涉外金融机构监管。

金融深化中金融风险的集聚化以及潜在的金融无序化,使得金融深化监管极为必要。金融深化中的金融风险是系统性风险,一种总体性的市场风险,市场参加者难以靠本身的力量抵御这种风险。金融市场高度发达使其成为经济发展的中枢，任何问题带来的信用链条断裂，都会造成连锁反应，酿成灾害性损失。世界经济全球化以及金融全球化的进程，使得金融风险在国际间传递，随着各国经济金融市场的日益紧密，传递风险的速度有加快趋势。当1995年墨西哥发生金融危机时，世界各国虽然十分关注，但波及面仅限于北美、拉美及部分欧洲(债权)国。1997年的东南亚金融危机，蔓延到亚洲地区，世界各国均有不同感应。金融深化中金融风险的集聚化，以及潜在的金融无序化使得金融深化监管极为必要：其一，金融市场信息不对称使金融监管成为必要。金融市场中信息不对称，主要体现在金融机构与金融产品需求者之间的风险识别和规避上。由于信息搜寻成本过高和隐藏信息利益驱使，金融产品需求者通常难以了解金融机构的真实经营内情，金融经营机构也难以识别在所有信息中，金融需求者提供的误导或错误信息。这就要求通过金融监管当局向金融产品需求者提供有关金融机构经营情况更详细的信息，也要求通过金融监管约束和监督金融机构，使金融机构更谨慎经营，减少金融机构由于营利目的的驱动，导致被金融产品需求者欺骗。因此，金融监管可以较有效地解决金融经营中的信息不对称问题，避免金融运行的较大波动。其二，金融产品产生的外部性问题使金融监管成为必要。金融风险迅速传导，具有多米诺骨牌效应。金融体系内的金融机构之间以信用链互相依存，某个金融机构出现问题，有可能使整个信用链“断裂”，金融资产的虚拟性更有可能加重这一问题，使一个金融机构的问题演变成整个社会危机，因此，需要对金融机构的经营行为进行有效的管制。其三，金融机构内部人控制的问题使金融监管成为必要。金融业务的公开性形成了金融经营机构管理者权利与责任的不对称，金融经营机构管理者只对自有资本承担有限责任，却可以经营相当于自有资本数倍的金融资产。这种权利与责任的严重不对称使得必须有一个机构组织进行监管，最大限度透明经营和披露信息，更好地约束经营行为。如果缺乏有效的金融监管，对于金融机构的管理者来说，只需要对股东会和董事会负责就可以，经营行为就会具有短期性，给整体金融企业带来不利影响。因此，解决“内部人”问题，必须从外部入手，产生一个金融监管的公共性机构。其四，金融市场的不完全竞争使金融监管成为必要。当某个金融机构规模大到能够给单个金融机构带来显著成本优势时，那就可以预期这个独家卖主会限制服务量，直接制定高于边际成本的价格，毫不顾忌竞争者的进入，金融商品价格的上涨意味着交易效率的下降，从而形成金融垄断。因此，必须通过实施管制来纠正市场缺陷，避免市场失灵。

对于大部分发展中国家而言，伴随金融开放进程的日益加深，大量外资金融机构将涌入国内，金融开放后的涉外金融机构监管需求日渐升温。大规模进入的外资金融机构作为本国金融体系的一个有机组成部分，对本国金融市场、货币政策操作以及国内金融体系的稳定和发展必将产生一定影响。外资金融机构的经营活动和支付能力与其总部及其他地区的经营情况密切相关。虽然进入本国的外资金融机构大都是具有实力的跨国银行,且来自于市场经济发达的国家或新兴工业化国家,绝大多数机构内部控制较为完善,但个别外资金融机构违规经营或因内控制度不严密造成损失的现象也屡见不鲜,如有的外资金融机构将国内的外汇资金调往国外套汇、套利;个别外资金融机构利用遍布世界各地的分支机构,巧妙地转移利润、逃避税收等。此外,大部分发展中国家的金融业与国际惯例存在较大差距,竞争机制较为脆弱。因此,强化涉外金融监管是金融开放中的一项十分重要的内容,也是保护国内存款人、投保人利益以及维护我国金融体系安全稳定的需要。

## 二、我国金融深化中的金融监管

### (一)我国金融改革中的金融监管变迁

1978～1993 年的理顺关系时期。1984 年,中国人民银行独立执行中央银行职能,从此,中国人民银行利用再贴现工具、公开市场工具、准备金工具等进行金融宏观调控,对银行业进行监管。中央银行从过去的单一指令,过渡到了综合运用各种指标来考核金融机构的经营安全性与稳健性,同时,利用多种货币政策调节工具来对经济金融进行直接和间接调控。

1993 年,除中国人民银行和四家专业银行外,已成立了 11 家股份制商业银行、12 家保险机构、387 家金融信托投资公司、87 家证券公司、29 家财务公司、9 家金融租赁公司、4 500 家城市信用社、59 000 多家农村信用社。此外,还有 225 家外资金融机构在我国设立了经营性分支机构。这种状况,一方面活跃了我国的金融市场,同时也增加了金融经营活动的不确定性和复杂性,使金融监管防范金融风险更显重要。金融市场大力发展,金融工具逐渐多样化,银行同业拆借形成网络,资本市场从无到有,国库券和企业债券在金融市场上流通,深圳和上海两地成立了证券交易所,多种信用形式的金融工具得到发展。外汇管理体制改革步伐启动,根据市场供求对人民币币值进行了调整,实行外汇留成制度,在若干城市建立了外汇留成中心,初步形成了外债管理办法。同时,我国实行了有管理的浮动汇率制度。这一阶段金融监管相对滞后,表现在:第一,金融市场监管缺乏金融法律体系,金融市场主体和融资活动缺少严格界定,金融秩序紊乱,金融法规不健全;第二,中央银行存在一些政策性业务,调控手段主要依据贷款限额管理,对金融机构主要是信用放款,各级人民银行的功能主要是贷款规模控制;第三,国有银行肩负政策性与商业性贷款的双重任务,没有完全的自主经营权,内部管理薄弱。

1984～1997 年的深化监管体制时期。中国人民银行的监管职能取得了实质性进展,强化了对货币信贷的集中管理和调控,把货币发行权、基准利率调节权、资金管理权、信贷总量调控权都集中于中国人民银行,再贷款由中国人民银行总行对商业银行总行发放。中国人民银行的分支机构开始转换职能,工作重点变为金融监管和国库代理、联行清算、现金调拨等各种服务职能。不对非金融性机构办理业务,取消专项贷款,财政也不再向中国人民银行透支,财政赤字通过发行国债来弥补。拓展了货币政策工具,首次运用调整对商业银行的贷款利率手段,扩大了再贴现手段的运用。金融监管走向法制化和规范化道路,颁布并实施了《中国人民银行法》、《商业银行法》、《票据法》、《保险法》等法律,使得金融监管活动有法可依。

1997 至今的强化金融监管时期。1997 年亚洲金融危机爆发,我国开始了一轮金融体制改革。中国人民银行以中心城市为依托,按照经济区划设立了上海、南京、武汉、成都、西安、沈阳、天津、济南和广州九大区行,及北京和重庆两个营业部,同时,建立了金融工委和纪委,强化金融的党政垂直领导机制,有效阻止了地方政府对中央银行货币政策的干预。对银行业、证券业和保险业实行分业经营和分业监管,中国证监会管理证券业,保险业归中国保监会管理,银行业、信托投资以及资产管理公司由中国银监会监管。撤销农村合作基金组织,严惩金融犯罪和违法违规行为。同时,加强信贷资金管理,适当扩大直接融资,努力降低不良贷款的比例。

经过上述三个时期的改革,建立了跨区域监管的金融机制,以及以分业经营管理体系、同业拆借市场和资本市场为主的金融市场体系,这种体系是“活”与“管”相结合的新型金融体制。

### (二)我国金融监管的发展趋向

结合我国金融深化的发展进程,未来金融监管将主要在以下方面加以完善:其一,明确金融监管职责。控制金融体系的系统风险,维护良好的金融秩序。这并不是针对每个金融机构的经营活动进行直接控制管理,而是让金融机构成为真正的市场经济主体,通过在市场中的自主经营、自负盈亏的活动,产生自我约束能力。明确金融监管的对象,保证金融监管的完整性,制造公平的市场竞争环境。其二,完善监管措施。完善金融监管机构对全国金融活动的统一监管,根据金融体系的发展变化,研究金融监管法规和措施,执行对金融机构的现场与非现场稽核,定期公布稽核结果。建立和完善事前、事后监管措施体系,推行和强化资产负债比例管理和资本金管理办法,建立存款保险制度。其三,建立金融业自律体系。强化市场经济条件下金融机构自我约束机制作用,建立行业自律协会组织，由各行业金融机构自发组织，约束机制是对组织内金融机构的违规或不正当竞争行为采取联合抵制措施。完善金融机构内部自我约束功能，通过建立完整的内部管理体系和制度(如授权责任制、财务、审计、劳动人事和监督部门的管理制度等)，强化金融机构的自律能力。其四，建立社会监管体系。通过金融法规的宣传，提高参与金融活动的各层次经济主体金融意识，形成社会公众自觉控制金融风险的能力。规范金融市场信息体系，要求金融机构和金融活动参与融资的主体提供公开真实的信息情报，设立专门的金融信息中心，收集分析信息，提供准确的信息。建立规范的金融信用风险评级制度，制约金融主体的行为。

## 第五节　金融监管的国际合作

### 一、金融监管国际合作的必要性

#### (一)金融环境变迁与发展的要求

20 世纪 90 年代以来，世界金融以资本流动全球化、金融市场一体化和金融机构的全球扩张为特征的金融全球化成为金融发展的主导趋势。金融全球化在为世界经济带来极大推动作用的同时，也给世界各国的经济金融稳定带来了巨大冲击，金融全球化时代的金融风险具有明显的复杂化，使得世界各国传统的单一国家监管面临着前所未有的压力，金融监管的国际合作需求愈加强烈。

金融全球化下的金融发展无国界，有利于各国实现全球资金共享，降低了融资成本。这种无国界的金融发展使得金融机构跨境交流更加便利，有利于金融业经营效率的提高。然而，也具有不容忽视的负面效应，国际金融市场的巨额投机资金直接冲击国内市场，扰乱金融秩序。金融全球化进程及其伴随而来的变革和冲击，打破了一国金融业原有的金融格局，使得传统的金融监管理念受到极大挑战，金融发展对全球金融环境越来越高的敏感性，对各国金融监管提出了更高的要求，金融发展的“无国界”趋势要求加强金融监管的国际合作。

金融全球化下世界各国金融体系面临的金融风险激增，金融风险传播途径呈现出明显的“强蔓延”趋势。国际金融风险可通过各种途径传播到其他国家。国际金融风险通过经济周期的波动、利率变化、国际收支差额、汇率变化、国际游资冲击传播。上述途径使得国际金融风险无处不在、无时不在，因此，传统的金融监管很难有效化解，要求加强金融监管的国际合作。

流动于国际金融市场的国际资本最终会形成国际债权债务关系，国际债权人和债务人的行为会对国际金融的稳定性产生影响，加剧国际金融市场脆弱性。这种脆弱性得不到及时有效地削减，极易给金融危机留下隐患。一国金融危机爆发还将带来与自身类似经济结构国家的继发性危机，最终通过国际金融市场传染波及世界各国金融市场，国际金融市场的“脆弱化”趋势要求加强金融监管的国际合作。

### (二)国家金融监管完善与优化的要求

金融全球化现实对金融监管的国际合作提出了客观要求。各国政府基于本国金融的稳定和经济发展，纷纷对本国金融机构和金融交易进行了审慎性监管，包括制定金融法规和制度，采取措施控制金融危机等。但是，20 世纪 90 年代后期金融危机接二连三的爆发，再次向各国金融监管当局提出了挑战，单一的国家金融监管在金融全球化下呈现出愈加严重的局限性与不足：其一，金融交易日益复杂使得单一国家的金融监管力不从心。在金融全球化和金融自由化环境下，金融创新不断发展，金融衍生工具层出不穷，其在活跃金融市场、便利金融交易的同时，也加大了金融监管的难度。金融衍生交易涉及面广、影响力强，一旦某个衍生交易失败，有可能导致世界范围内多米诺骨牌效应，引发国际金融危机。这要求金融监管当局不仅要从国内入手，更要注重世界范围的协调与合作。其二，单一国家金融监管存在跨国金融机构监管真空。20 世纪 70 年代末，跨国银行迅速扩展和全面发展。跨国银行除了面对传统的诸如信用风险、利率风险和流动性风险外，还涉及国家风险和汇率风险。国际金融一体化和自由化之后，国家风险和汇率风险较之以往大大增加，客观上要求国家以更全面、更完善的金融监管来防范跨国银行所面临的风险。但是在单一的国家金融监管模式下，母国出于保护本国银行竞争力的考虑，对在外国的分支机构限制较少；东道国出于引资的需要，对外国银行在本国设立分支机构也给予大量优惠政策。如此双方的“互相宽容”使得跨国银行处于金融监管的真空地带。其三，各国金融监管的立法差异难以适应金融全球化。金融监管立法的差异不仅给金融机构尤其是跨国性的金融机构管理造成很大不便，而且也给国际投机资本留下了活动空间。金融监管立法的差异将直接引致金融监管制度的差异，导致各国金融竞争力的差异，还会导致各国放松监管的恶性竞争。金融全球化客观要求各国金融监管制度的统一，为此金融监管立法的统一不可或缺。

## 二、金融监管国际合作的目标与模式

### (一)金融监管国际合作的目标

维持国际金融体系的稳定。随着金融全球化进程的加深，国内金融市场与国际金融市场将更加紧密的联系在一起，相应地，金融风险的传播与扩散更为容易、更为猛烈。因此，维持国际金融体系的稳定，已成为金融监管国际合作的首要目标。

营造金融机构的公平竞争。金融机构自身的利益和母国利益之间紧密相连,对于东道国政府,此类机构既能带来利益,也会对东道国的经济产生不利影响,影响东道国本国金融业的成长。对进入本国的跨国金融机构加强监管,需要在国际范围内加强有关监管政策的协调,在国际范围内营造一个公平竞争的环境。

维护宏观经济政策的有效实施。国际金融机构的国际信贷、外汇交易等活动,会对母国和东道国的货币金融政策产生冲击,影响东道国金融政策的效果。同时,在各国货币政策有效性受到削弱的情况下,国际政策协调更为困难。因此,实施金融监管的国际合作,对于有效实施各国宏观经济政策尤为重要。

### (二)金融监管国际合作的模式

1. 巴赛尔国际银行监管合作

1975年成立的巴塞尔委员会的主要职责是交流金融监管信息,制定银行监管条例,加强各国监管当局的国际合作和协调,维护国际银行体系稳健运行。面对金融全球化带来的各种不良问题,巴塞尔委员会不断地完善和发展其监管框架,推动金融监管国际合作不断走向深化的进程。通过对1988年巴塞尔协议的修改,2001年1月新巴塞尔协登上舞台。新协议放弃了原协议中的单一的监管方式,提出了有选择的监管方式,提出了对控制利率风险和操作风险的资本要求,扩大了监管范围,那些以商业银行业务为主导的金融控股公司,也要受资本充足率的约束。

2. 国际性金融监管组织合作

随着国际证券市场和衍生产品市场上频频发生个别机构的危机,以及金融机构业务分工的日益模糊,各金融领域监管者之间国际合作的必要性得到了空前的加强。作为国际银行业监管者的巴塞尔委员会与作为国际证券业监管者的国际证券委员会组织( IOSCO),以及与作为国际保险业监管者的国际保险监管者协会(IAIS)之间的协调与合作已经越来越引人注目。当然还有其他一些国际组织,这些国际组织之间的相互合作,主要有以下几个重要的方面:

(1) 双边合作。国际证券委员会组织与巴塞尔委员会间进行了一系列合作,仍侧重于对衍生产品交易的监管,包括提出风险管理的指南和信息披露的调查。二者还将携手继续监督银行和证券公司的信息披露并鼓励其加以改善。国际证券委员会组织与设在国际清算银行的“支付与结算委员会”(CPSS)也有密切合作,较新的成果是1997年2月共同发布了《证券结算体系的披露框架》,旨在“协助市场参与者从证券结算系统的经营者那里获得信息,以便在此基础上分析参与此类系统的风险”。巴塞尔委员会与CPSS之间也保持着良好的合作关系，最新的动向是它准备与CPSS合作，共同监督电子货币和电子银行业领域的各种问题。

（2）三边合作。1993年起，IOSCO、IAIS与巴塞尔委员会成立了一个三方小组，专门研究金融集团的风险和监管问题，并于1995年7月发表了一份报告：列举了大型金融集团可能给监管者带来的问题，并提出了解决的建议。1996年早期，三家国际监管机构共同建立了"金融集团联合论坛"，接手了原三方小组的工作。该联合论坛由银行业、证券业和保险业数量相同的高级监管者组成，共有13个发达国家参加，协调便于监管部门之间交换信息的手段，调查阻碍上述信息交流的法律的和其他的障碍，考察了加强监管协调的方法，致力于发展针对金融集团内受管制厂商更有效的监管原则。

（3）四边合作。1998年4月8日，在国际清算银行举行了上述四方发起的一次圆桌会议，成立了一个"2000年联合委员会"，秘书处设在国际清算银行，计划定期举行会晤，旨在共同迎接计算机2000年问题可能对全球金融监管提出的挑战。虽然四方的这一合作只是针对一项特殊的国际金融问题的，但是，他们异乎寻常地合作组成了一个联合的委员会，也许可以被看作是新世纪中金融监管国际合作会进一步深化的良好开端。

3. 区域金融监管国际合作

区域金融监管合作是金融监管国际合作的一种类型，包括非经济合作组织成员国范围内的离岸金融中心银行业监管集团、欧盟银行顾问委员会、阿拉伯银行业监管委员会、加勒比地区银行业监管组织等区域性金融监管组织，其目的在于积极推进金融监管合作。由于国际性金融监管合作的框架和模式不可能适用于所有区域，区域差异性要求采取具有区域特色的监管合作模式。区域金融监管合作实质上是在全球竞争进一步加深的条件下国家间竞争的一种延伸，不同于普遍意义上的国际性金融监管合作。

4. 多边私人组织和双边合作

除了具有规范化意义的国际机构以外，多边私人组织和双边国际合作在金融监管上也具有重要意义。在多边私人组织方面，作为非盈利性国际机构的国际金融协会功能是监督全球银行和金融服务规则，通过非正式对话将成员的一致性意见传递给各国中央银行和监管当局。协会利用工作小组和专题小组收集信息，向成员国提供论坛以探讨监管方面的进展。国际双边合作主要有三种形式：①谅解备忘录。即两个机构相互向对方提出各自应尽义务的一种协定。②金融信息共享协定。通常用于具体说明有关方面可以了解的一般情况，如具体规定同时在两个国家营业的公司，应定期向双方监管当局披露诸如与公司有关的风险评估情况等有关信息。③非正式联系的双边信息共享。具体如中央银行与监管当局之间的合作。

## 三、金融监管国际合作的效应

金融监管的国际合作顺应了金融全球化的客观要求，满足了世界各国金融监管优化的需求，加强了世界金融的稳定发展，对国际经济的稳定与发展发挥了积极作用。

首先，稳定了世界金融资产价格的剧烈波动。金融全球化下，诸如利率、汇率、股价等金融资产价格时常出现剧烈波动，给各国经济带来了严重的冲击。单一国家金融监管很难实现对金融资产价格剧烈波动的稳定，相应地，金融监管的国际合作能较为有效地对其实施监控。20 世纪 80 年代初，西方国家联合协调利率，终于在 1983 年经济出现复苏，成功地使国际利率缓慢下降；1987 年华尔街股市大暴跌，全球股票市场难逃厄运，西方国家随之进行的联合干预逐步稳定了股市。由此可见，金融监管的国际合作对世界金融资产价格的波动具有一定的稳定作用。

其次，防范和平缓了世界货币和债务危机的爆发。20 世纪 80 年代以来，世界货币危机和债务危机不时出现，90 年代后期愈演愈烈。为此，IMF、巴塞尔银行监督管理委员会、国际清算银行及各国政府发起了联合监管，具体通过制定相关协定、规则和政策，促进国际收支的平衡，改善经济的运行环境，在一定程度上有利于防范和缓解由于货币、债务危机而来的破坏影响。

再次，抑制了全球性通货膨胀。20 世纪 70 年代通货膨胀在全球肆虐。普遍性的通货膨胀引起了国际社会的严重关注。西方七国首脑会议把抑制全球性的通货膨胀作为政策的取向。国际社会和各国政府共同实施了紧缩的货币和财政政策，控制货币增长速度、削减财政赤字。到了 80 年代，全球性通货膨胀明显趋缓，金融监管国际协调合作在抑制全球性通货膨胀方面发挥了重要作用。

最后，推进了国际银行业的稳健发展。金融监管国际合作在国际银行业方面的体现在巴塞尔银行监督管理委员会的成立与系列巴塞尔协议的实施。1975 年后陆续推出的《巴塞尔协议》及报告，对跨国银行的流动性与外汇操作、银行管理机构之间的信息交换与合作、资本充足率和整体财物的稳定性、自身约束保障机制等方面做出了详细的规定和指引。对改善国际银行业的运行环境，提高国际银行业的防范风险能力，加强各国金融监管当局的监管效率，具有重要的促进的作用。此外，《巴塞尔协议》还对国际银行业的经营做出了若干制度约束，进一步促进了国际银行业的稳健发展。

由于金融监管的国际合作因各国金融监管体制的差异，及其自身协调监管机制的不成熟，金融监管的国际合作仍存在些许的局限性。

其一，短期盲目行为屡见不鲜。现行的金融监管国际合作机制中存在明显的短期盲目行为。往往是当世界出现重大金融问题，危及国际贸易、国际金融直至世界经济的稳健运行时，世界各国才仓促上阵，在紧急关头放弃些许自身利益，通过要价还价达成某种妥协，诸如1985年的“广场协议”干预汇价，“贝克计划”对债务问题的协调等。当上述问题稍有缓和之时，监管合作与协调也嘎然而止。这种短期盲目行为会直接削减金融监管国际合作的效应，甚至会产生负面影响。

其二，合作机制作用有限。尽管战后金融监管协调取得了一定成果，但作用有限。究其原因，主要是因为监管的合作机制缺乏权威性，相应的政策措施在实践的合作中很难强制实施。目前金融监管国际合作的效果在很大程度上取决于各国的“自律行为”，现实中各国很难达到完全自律，故此，监管合作机制的作用受到限制。

其三，显失公平现象严重。由于发达国家在国际金融体系中占据主导地位，金融监管的国际合作天平也难免向发达国家倾斜，金融监管国际合作中的显失公平现象严重。在监管协调与合作中，发达国家总是将其国家和集团利益放在首位，对于发展中国家的切身利益顾及较少，甚至会做出明显不利于发展中国家的决策。20世纪80年代年末的资本流动自由化进程中，发达国家往往借此机会大规模向发展中国家进行资本输出，这当中更多地掺杂了投机资本的肆虐。相应地，发展中国家在享有充分国际资金供给的同时，往往陷入了各种各样的债务危机。金融监管国际合作现实中的显失公平问题，不仅严重损害了发展中国家的切身利益，更制约了金融监管国际合作目标的全面实现。

# 第十八章　金融全球化:动因、收益与趋势

## 第一节　如何认识金融全球化

### 一、对金融全球化的认识

金融全球化主要是指由于金融放松管制和国际化发展,各国金融市场相互依赖程度日益提高,国际金融活动、国际资本流动和国际金融市场日趋一体化的一种现象①。金融全球化是经济全球化的重要内容,使经济全球化发展进入新的历史阶段,有人将此比喻为继历史上三大浪潮——农业革命、工业革命和信息革命——之后的第四次浪潮②。

金融是社会化大生产发展到一定阶段的产物,国际金融在社会化大生产中的传统职能是为国际贸易和跨国生产经营活动提供融资、保险、结算等金融服务。20 世纪 50 年代,国际贸易与国际金融交易额的比率大约为 9∶1。但是,金融全球化使这一局面发生了根本改变,虚拟经济不仅在规模上空前扩张,在结构也发生了巨大的变化,并且越来越具有独立的发展轨迹和经济涵义。

### 二、金融全球化的主要表现

金融全球化是经济全球化的重要组成部分,是经济全球化的核心,有其自身的规律和内容。

在二战后建立并维持到 20 世纪 70 年代初的布雷顿森林固定汇率体制下,国际资本流动受严格控制。20 世纪 70 年代初固定汇率制度瓦解时,较富裕国家已开始解除对资本的控制。20 世纪 80 年代末和 20 世纪 90 年代初,许多发展中国家也开始开放资本账户及资本市场,国际资本流动呈现不断加速和扩大

---

① 黄范章,徐忠. 金融全球化·金融风险·国际金融体制改革. 财经研究,1999(5)

② 程超泽等著. 第四次浪潮. 资本金融全球化. 上海人民出版社,1999(4)

的趋势。20世纪90年代以来,国际资本流动再次表现了异常强劲的势头。在当今世界,每天都有巨额资本在跨国流动,上千亿资金瞬间转移,国际资金流动也从发达国家之间的流动逐步流向发展中国家,尤其是流向新兴市场国家。

从历史发展来看,国际货币体系经历了从金本位到1945年布雷顿森林体系,从布雷顿森林体系接替到牙买加体系形成的过程。目前,美元在国际货币体系中仍占主导地位,在国际贸易结算、外汇交易、国际债券净额、国际银行存款、发展中国家债务和官方外汇储备中,分别占48%,42%,40%,46%,50.2%和5%[①],全球贸易和资本流动需要全球货币体系及国际货币体系。

全球性金融市场的形成和发展,是国际资本流动的基础或载体,是金融全球化的先决条件。伦敦是欧洲货币市场的中心,也是全球性货币市场的典型代表,目前仍保持着作为世界最大国际银行业中心的地位,集中了1/5以上的国际业务总额、1 200多家金融机构设在这里、总额为64 000多亿美元的欧洲货币约有1/3在其银行账户上;同时,还是欧洲债券市场的发源地,65%的欧洲债券初次发行在伦敦,2/3的二级市场交易也在伦敦进行。全球性资本市场包括银行中长期信贷市场和证券市场。1996年国际银团贷款为5 300亿美元,比上年增长68%。国际证券市场由分布在世界各地大大小小的证券交易中心组成。世界十大证券交易中心为美国纽约、英国伦敦、日本东京、德国法兰克福、法国巴黎、瑞士苏黎世、卢森堡、中国香港以及新加坡。90年代以来,外汇市场已成为世界上最富流动性的市场,也是全天候全球性市场。根据国际清算银行统计,全球外汇市场日平均交易量1989年为5 900亿美元,1992年为8 200亿美元,1995年猛增至11 900亿美元,1998年上升至15 000亿美元。

随着全球竞争的加剧和金融风险的增加,国际上许多大银行都把扩大规模、扩展业务以提高效益和增强抗风险的能力作为发展战略,所以,出现了全球性银行业合并和收购的浪潮,使得超巨型跨国商业银行以及金融控股集团不断涌现。资本流动、货币体系、金融市场和金融机构的全球化,必然要求有相应的国际金融协调、监管机构和机制,于是,金融合作监管的全球化应运而生。国际货币基金组织(IMF)、国际清算银行(BIS)是典型的国际金融协调机构。由BIS发起拟定的《巴塞尔协议》、《有效银行监管的核心原则》以及《巴塞尔协议Ⅱ》逐渐为各国所接受,标志着全球统一的金融监管标准区域形成[②]。

---

① 戴相龙. 关于金融全球化问题. 金融研究,1999(1)

② 戴相龙. 关于金融全球化问题. 金融研究,1999(1)

## 三、金融全球化的考量指标

金融全球化与金融自由化、金融国际化和金融一体化紧密相联，金融自由化、金融国际化和金融一体化从以下不同侧面反映了金融全球化。

金融自由化基本含义是指政府对金融体系和金融市场的行政干预越来越少，金融领域中市场机制的基础性调节作用越来越强的过程。政府管制放松与市场机制强化是金融自由化同一过程的两个方面，金融自由化进程本质上是金融市场化过程，是国民经济市场化过程的一个有机组成部分。关键在于：一是金融资产价格的市场决定机制，可以反映金融资源的使用效率；二是金融资源的自由流动机制，可以反映金融资源的配置效率。从具体内容上看，主要包括：利率和汇率的市场化和自由化，也就是金融资产价格自由化；金融资产流动自由化；金融业务的自由化、综合化；金融机构自由化，即金融市场进入和退出的自由程度等。

金融国际化是指金融活动超越国界，从地区性、传统型的业务活动逐渐发展为全球性的、创新性的业务活动，这是个动态的渐进过程。具体而言，金融国际化包括：金融机构的国际化、金融业务的国际化、金融市场的国际化和金融资产和收益的国际化。金融国际化包括外国银行在本地增设、营业范围放款、本国银行到外国设分支机构，发展境外金融中心与外币拆放市场、资本项目的放开。反映金融国际程度的关键是资本项目是否开放。20 世纪 90 年代以来，金融国际化的进程逐步加快，全球资本流动日趋活跃，规模大速度快。目前，在国际金融市场上流动的短期银行储蓄和证券至少有 7.2 万亿美元，约相当于全球经济总值的 1/5。西方主要发达国家的银行国际资产迅速扩张，美、日、德、英、法、意等主要发达国家银行资产的国际化比率均超过 25%。随着金融国际化的发展，流入发展中国家的资金也在逐步提高，1995 年流入发展中国家的资金总额达到了 1 937 亿美元。

金融一体化是指国内金融市场与国际金融市场的相互贯通。金融一体化是金融自由化和金融国际化发展的结果，也是金融全球化最重要的体现。以国际金融中心为依托，通过网络形成全球统一的不受时间空间限制的无国界全球金融市场。同时，通过全球跨国银行向综合银行的发展，使证券外汇货币市场等相互贯通，全球各地和各类金融市场的系统性金融风险增大，各市场之间的相关性提高。全球金融市场为世界各国的资金供求提供了便利，但也会发生 1987 年“黑色星期一”时美国纽约股市暴跌触发世界各地股市暴跌和亚洲金融危机引发的全球股市暴跌的情况。

## 四、金融全球化的发展进程

尽管真正意义上的金融全球化是20世纪90年代以来出现的，但其是在前期金融国际化的基础上发展起来的。与世界经济总体发展进程相适应，金融全球化的演变过程也经历了以下发展阶段：

### (一)离岸金融的发展阶段

二战后，以美国为主导的布雷顿森林制度建立，西方国家之间实行严格的固定汇率制度，跨国资本流动受到严格控制，各国政府对金融管制甚严。直到60年代初，才在西欧首先出现了一个美元市场，并逐步演变成欧洲货币市场。苏联和西欧国家对美元的需求，加之美国贸易逆差日益增加导致美元外流，便在西欧孕育了第一个有一定规模的美元“国外市场”。此后，亚洲、中东和拉美的美元市场也相继发展起来，成为金融业务国际化的先导。

### (二)放松金融管制阶段

1971年，布雷顿森林体系解体以后，世界货币市场持续动荡，牙买加协议宣告了固定汇率制的终结和浮动汇率制的建立。同时，为了减轻冲击，欧共体建立了欧洲货币体系，固定汇率制度的瓦解从反面刺激了全球资本市场的新生。美国、德国最早放松了资本管制，英国也在1979年放松对资本流动的管制，日本80年代以来也逐步放松了资本管制，法国和意大利直到90年代才取消了对跨国投资的限制。到80年代后期，放松金融管制之风开始刮遍西方国家，金融监管体制、做法与观念发生重大变化，为了吸引资金，一些国家甚至出现“竞争性的放松管制”，竞相出台优惠宽松的政策。这一趋势大大提高了金融效率，推进了经济全球化进程，同时还规范了这些国家政府对金融的干预行为。国际资本市场和金融业务国际化在这一阶段得到了较大拓展，为真正意义上的金融全球化时代的到来奠定了基础。

### (三)金融全球化时代阶段

20世纪90年代以来，广大发展中国家告别了过去封闭的内向型战略，相继走上开放之路，一些东亚新兴工业化经济体开始走向金融自由化的道路。20世纪90年代以来，随着信息技术的突破和网络经济的发展，金融创新层出不穷，也进一步推动了金融全球化的发展①。

① 李扬等编．金融全球化研究．上海远东出版社，1999

## 第二节　推进金融全球化的动因

### 一、世界经济深化是金融全球化的先决条件

就经济全球化这个概念而言,存在着不同观点,大致可归纳为以下几种:一是要素优化配置论和相互依赖关系论;二是资本主义化和美国化;三是无国界论和国家管理取消论;四是概念混淆论和概念质疑论①。还有的学者认为,“全球化更多的是一种主观感受”,感情色彩过浓,提法过于空泛。上述这些观点都有一定理论依据,但多是对全球化不同方面或特征的强调。总体上说,经济全球化是由于生产力的迅猛发展,国际分工达到前所未有的新阶段,经济活动大规模突破国家界限,各国经济逐渐融为一体的历史过程。经济全球化加速了资本、信息、技术、劳动力、资源在全球范围内的流动、配置和重组,使世界各国、各地区生产、投资、金融、贸易更加相互融合、相互依赖、相互竞争和制约。

经济全球化所涵盖的内容相当广泛,其中较为重要的包括以下方面:

#### (一)贸易自由化

二次大战结束以后,为了保持美国在世界市场的霸主地位,防止各国的贸易保护主义的抬头和盛行,美国极力主张“贸易自由化”,大力鼓吹各国实行自由贸易,还把取消数量限制列入“关税及贸易总协定”中。世界贸易组织成立以后,更高举贸易自由化的大旗。随着贸易自由化的加强,国际贸易迅速发展,近年来,增长速度大大地超过世界经济的增长速度。国际贸易的大发展,促进了世界各国之间经济联系的加强,大大提高了各国经济的相互依存程度,加快了经济全球化的进程。可以说,没有贸易自由化的推进和国际贸易纽带作用的发挥,经济全球化便失去了重要的动力。

#### (二)生产国际化

生产国际化主要表现在跨国公司的跨国经营活动方面。跨国公司发展神速。据联合国有关机构统计,20 世纪 60 年代末,全世界只有 7 276 家跨国公司,80 年代增至 1.5 万家,90 年代初发展到 3.7 万家,迄今,已达到 6 万余家,其在国外的分支机构多达 80 万家,遍及世界 160 多个国家和地区,跨国公司及其分支机构的生产的规模和产品销售规模不断扩大,控制了全球国内生产总值的 40%,国际贸易总额的 50～60%,国际技术转让的 60～70%,国际直接投资的 90%以上。由于对生产国际化的巨大推动作用,使跨国公司成为经济全球化的

---

① [德]彼得·马丁等著. 全球化陷阱. 中译本. 中央编译出版社,1998

重要载体。

**(三)资本国际化**

二战后，由于西欧、日本经济的复兴，新一轮科技革命的刺激、市场经济的国际扩张等因素的推动，全球范围掀起新的对外直接投资浪潮。据统计，1945 年，发达国家的对外直接投资累计总额为 200 亿美元左右，到 1995 年已增至 27 301 亿美元，50 年间增加了 136 倍。近些年来，世界贸易一直以高于世界经济的速度增长，外国直接投资则以高于世界贸易的速度增长①。必须指出的是，外国直接投资已不是发达国家的专利，发展中国家新兴工业化经济体也积极加入，出现外国直接投资双向发展的格局，这不但说明各国之间经济的相互渗透不断增强，也说明发展中国家参与国际分工的程度也在迅速提高。

**(四)金融全球化**

生产国际化和资本的国际化，使金融活动在全球范围内的活动越来越活跃，特别是在现在通讯技术和计算机网络技术迅速发展的推动之下，金融全球化成一种必然的发展趋势。在信息高速公路已成为现实的今天，信息传递已无障碍。只要愿意，全球每个角落都可以网络在国际金融市场之内。目前，国际外汇市场的交易绝大部分通过卫星报价完成，在国际证券市场上，若从纽约开始，经亚洲的东京、香港，再到欧洲证券市场，24 小时内国际资本都可在全球活动。2000 年 6 月，全球最大的 10 家股票交易所曾提出一项全球股市计划，此计划若能实现，那么，全球三大区的股市将连接 24 小时营业。这种全球性的金融活动，显然是经济全球化的最综合、最具典型性的表现。

**(五)技术国际化**

第三次科技革命的成果，尤其是信息技术除部分用于军事目的之外，大多适合于民用，由于高新技术日新月异，产品生命周期缩短，出于商业目的，技术拥有者往往通过技术产品贸易、技术许可证贸易或者跨国公司通过技术转让等途径，使技术迅速向全球各地扩散。不少发展中国家为促进经济发展，增强国际竞争力，十分重视技术的研发。尤其是冷战结束以后，各国为提高综合国力，更加关注产业结构调整和技术的更新换代，加快了技术在全球范围扩散的进程。特别是信息技术已广泛进入各国的生产和生活领域，经济信息化既是经济全球化的重要表现，又是主要推动力之一。

**(六)劳动力国际流动**

劳动力的国际流动有别于人口跨国迁移，后者属于社会政治问题，前者属于

---

① 中国国际关系学汇编．经济全球化大潮与中国对策．时事出版社，2001

商品经济范畴。劳动力已作为商品进入国际市场，劳动力包括各种技术人才已突破国家或地区的局限在国际上流动，劳动力的国际市场已形成与发展。劳动力国际流动也越来越受到市场规律和国际劳动力市场供求关系的支配。随着跨国公司海外经营活动的拓展，国际承包工程活动增加，不仅是发展中国家向发达国家的流动，发达国家向发展中国家的劳务输出日益增多，使国际劳动力流动从单向流动向多向交叉流动转变。由于劳动力国际流动往往会受到民族国家的较多限制，因此，劳动力国际流动在全球广泛实现，更深刻地反映了市场经济的巨大张力和经济全球化的深化。

## 二、科技进步是金融全球化的实现手段

随着经济金融的不断发展，金融创新的内涵不断扩大，包括金融观念的创新、金融体系的创新、金融组织的创新、金融工具的创新、支付清算系统的创新和金融市场的创新，其中最核心的是金融工具的创新[①]，金融创新促进了金融全球化的发展。

### （一）金融创新为金融资本规避风险提供了有效措施

除利率风险外，国际金融市场上的汇率风险和信用风险也很突出，金融创新的重要动机是规避风险。如利率风险，就可以通过远期利率协议、利率期货、利率上下限等金融工具有效规避。

### （二）金融创新提高了金融资本在国家间流动的效率

金融创新通过最新的科学技术，如市场设备电子化、交易清算电子化迅速扩大了交易量，节省了交易时间，降低了交易成本，使投资收益相对上升，吸引更多的金融资本进入国际市场，提高了金融资本的全球流动性。

### （三）金融创新为国际资本流动提供了新的盈利途径

金融衍生工具的出现为投机者提供了新的舞台，金融衍生工具利用较高的杠杆系数，具有高风险高收益的特征。在当今国际金融市场上存在相当多的游资，为追逐高额利润在各金融市场之间流动，具有投机性强、流动速度快、倾向性明显的特征。据国际货币基金组织（IMF）估计，目前，在全球金融市场上以银行短期存款或其他短期存放形式存在的游资至少有 7.2 万亿美元[②]。金融创新极大地推进了金融的国际化发展，带来的风险也非常突出，对投资行为产生着巨大

---

① 吴献金，苏学文．金融创新和金融产业升级探讨．金融经济（理论版），2001(1)

② 吴念鲁，鄂志寰．金融资本全球化是否历史发展的必然——全球资本流动动因分析．金融研究，2000(10)

的影响，对现有金融体制、金融管理方式和金融政策造成冲击。

## 三、金融管制的放松是金融全球化的催生因素

20 世纪 30 年代经济大危机后，多数国家对银行业实行了分业经营，对金融市场实行了严格管制。这种分业的金融体制运转了几十年，对世界经济的增长和国际贸易的稳定起到了不可低估的作用。在这一时期，西方国家通货膨胀得到控制，利率没有大起大落，主要货币的汇率相对稳定。但是，从 20 世纪 70 年代中期开始，世界经济环境发生了变化。1974～1975 年间，发达国际经历了战后严重的经济危机，经济停滞与高通货膨胀并存；通货膨胀成为一种世界现象，造成了金融体系的不稳定；国际货币体系崩溃，利率浮动，主要货币汇率浮动化。在这种情况下，金融机构经营风险加大，纷纷采取应付风险的措施，使得管制规则很不适应。于是，开始了放松金融管制的历程，推动了金融自由化。很多国家根据国际通行的金融监管条例，在完善本国监管制度的同时，逐步减少了政府对金融机构及其业务的直接干预和不合时宜的限制。

针对境外资本，据联合国贸易发展会议的统计表明，许多原先对外资采取限制和管制政策的国家纷纷修改其外资法律，颁布新的外资法，以更优惠的条件吸引外国投资。1991～1997 年，修改外资法律法规的国家平均超过 50 个，其中 93%的修改是为了加大对外资的吸引力度，只有 7%的修改加强了对外资的管制[①]。1997 年 IMF 临时委员会达成协议，“同意修改基金组织的条款，将促进资本项目自由化作为基金组织的具体目标，并授权基金组织对资本流动进行适当的管制”[②]。IMF 经过调查分析后，得出了发展中国家对资本控制不断放松，国际资本流动不断增加的定量描述，资本控制与资本流动指数存在明显的负相关性，金融管制的放松极大地促进了全球金融资本的流动，促进了金融的全球化进程。针对金融机构，各国监管也逐渐放宽，主要体现在以下四点：

### (一)取消和放宽了金融机构经营范围的限制

过去在欧洲和北美，一些银行只允许经营国内业务，不许经营国外业务。英国在 20 世纪 60 年代末至 70 年代形成了初具规模的欧洲货币市场，其中主要是欧洲美元市场，但当时，并非所有的金融机构都可以从事欧洲美元业务，必须经金融监管当局批准。随着金融自由化的发展，这些限制被取消，比较突出的变动有：美国 1982 年允许非银行金融机构或其附属机构经营几乎所有的金融业务。1981 年日本通过新银行法，允许商业银行、长期信贷银行和信托银行在政府债

---

① 曹宇．亚洲金融危机对我国的启示．中国投资与建设，1998(5)

② 姜波克等编．国际金融学．高等教育出版社，1999

券市场上作为经纪人买卖政府债券；1985年商业银行和信托银行又获准经营过去只允许证券公司和长期信贷银行经营的私募债券业务。英国在1986年实行了彻底的金融改革，所有金融机构均可参加证券交易，等等。同样，在我国金融体制改革以前，银行业务经营范围有一定限制，如中国银行不经营本币业务，工商银行、建设银行不经营外币业务。到20世纪80年代中期，我国银行业务经营范围限制才被打破。

### （二）允许金融机构在境内外设立分支机构或附属机构

二战后，美国政府对金融机构的管制非常严格，根据资产规模对金融机构进行分级，每一级的金融机构必须严格按照规定在相应的地域内经营，限制了金融机构的发展，直到1982年，才允许银行持股公司跨州兼并破产的储蓄机构。另外，随着经济开放程度的加大，许多大型金融机构纷纷跨国设立分支机构，形成大型的跨国银行和金融控股集团。

### （三）新兴市场国家逐步开放国内金融市场

东南亚的新加坡、马来西亚、泰国等国家，在金融开放之前，对外国金融机构的业务经营范围有相当严格的限制，为保护民族金融业，只允许外国金融机构设立从事境外业务的分支机构，经营境外业务，不能吸收当地居民和企业的本外币存款。金融开放之后，允许外国银行在境内设立分支机构，逐步放宽外国银行的业务经营范围，允许开办本币业务。由于开放步伐过快，金融监管滞后，从而导致亚洲金融危机，但就长远看来，这些举措刺激了东南亚国家经济的迅速发展①。

### （四）放松对国内证券市场的控制

允许商业银行等金融机构以及外国金融机构经营和持有本国证券，可自由进入证券交易市场。在这些方面，西方国家的开放程度比较大，如德国、英国。对金融机构监管的放宽，客观上促进了综合性金融机构的兴起，成为了金融全球化的便利渠道和实现载体。

## 四、区域经济一体化发展推进了金融全球化

区域经济一体化是世界政治、经济发展和演化的必然产物，是经济全球化的重要发展阶段，作为经济全球化进程中的一部分，其形成和发展对世界经济产生深远的影响，是金融全球化的重要原因。

---

① 吴建光等．金融全球化．中国金融出版社，1999．14

### (一)区域经济一体化对国际贸易的影响

区域经济一体化促进了一体化组织成员国之间经济贸易的增长。在不同层次的众多经济一体化集团中,通过削减关税或免除关税,取消贸易的数量限制,削减非关税壁垒,形成区域性的统一市场;集团内国际分工的纵深发展,使经济相互依赖加深,从而使区域经济一体化组织内成员国间的贸易迅速增长,集团内部贸易在成员国对外贸易总额中所占比重也明显提高。第二,经济一体化促进集团内部分工和合作的深化,加速产业结构的优化组合。经济一体化的建立有助于成员国之间科技的协调和合作。在当代世界经济的竞争中,科学技术的研究与开发成为各国竞争的焦点,而经济一体化促进了区域内科技的一体化。第三,经济一体化促进了经济贸易集团内部的贸易自由化,促进其对外贸易发展。区域经济一体化组织各成员通过签订优惠的贸易协定,减免关税、取消数量限制、削减非关税壁垒、取消或放松外汇管制,从而在不同程度上扩大了贸易自由化。第四,增强和提高了经济贸易集团在世界贸易中的地位和谈判力量。经济一体化集团的建立,对成员国经济发展起到了一定的促进作用,联合起来的贸易集团的经济实力大大增强。仅以欧盟为例,1999 年欧盟 15 国国内生产总值为 84 583 亿美元,人均国内生产总值为 22 501.46 美元,与区外国家和地区的贸易总额为 16 229 亿美元,其中出口额为 8 040 亿美元,进口额为 8 189 亿美元。根据世贸组织统计,1999 年世界贸易排名前 20 位的国家或地区中,欧盟成员国占 10 位,分别是:德国、法国、英国、意大利、荷兰、比利时、卢森堡经济联盟、西班牙、瑞典和奥地利,如今欧盟已成为世界上最大的经济贸易集团。

### (二)区域经济一体化对国际投资的影响

区域经济一体化的发展对国际资本流动影响很大,主要表现在以下几个方面:首先,区域内部投资上升。由于贸易自由化和统一市场的形成,加剧了成员国之间的市场竞争,优胜劣汰,一些中小企业遭淘汰或被兼并。同时,大企业在市场扩大和竞争的压力下,力求扩大生产规模,增强资本实力,趋向于结成或扩大一国的或跨国的垄断组织。在上述两种力量的作用下,资本在成员国间流动加快。其次,跨经济一体化组织投资的动机发生转变,主要表现为发达国家之间的双向流动。经济一体化使资本跨经济一体化组织流动的动机发生了变化,其主要动机由以前的通过分工获得最大的比较利益,变为绕过集团的贸易壁垒,在其他集团建立基地,分离集团化带来的经济利益。再次,区域经济一体化使收购、兼并成为国际直接投资的主要形式之一。最后,区域经济一体化促使以跨国公司为主体的私人资本成为国际直接投资的主流。

### (三)区域经济一体化对国际金融的影响

第一，区域经济一体化促进银行业的国际化，推动跨国银行业的发展。第二，区域经济一体化的发展将加速国际金融一体化进程，并促进了国际金融市场的发展。例如：为减少美元对联盟经济的冲击，1969 年 12 月，在法国总统的倡议下，当时的欧共体 6 国首脑曾做出了分阶段建立欧洲经济货币联盟的原则决定，但由于受 20 世纪 70 年代初美元危机和石油危机的影响，这一努力没有成功。1984 年 4 月欧委会提出实行欧洲经贸联盟的设想。1994 年 1 月 1 日，欧盟各国决定成立欧洲货币局，以进一步协调各成员国的货币政策。1995 年 12 月 16 日马德里首脑会议决定，单一货币名为欧元。1998 年 5 月 2 日至 3 日，确定除英国、丹麦、希腊和瑞典以外的欧盟 11 国为参加统一货币的成员国。1999 年 1 月 1 日，欧元正式实施。2001 年 1 月 1 日，希腊正式加入欧元区。2002 年 1 月 1 日，欧元纸币和硬币开始进入流通。2002 年 3 月 1 日后，成员国货币完全退出流通[①]。欧元的成功流通刺激了欧元区各成员国经济的增长，为提高欧盟在世界经济中的整体竞争实力，促进国际金融市场的发展起到了积极的作用。第三，区域经济一体化促进金融业提高竞争的能力。第四，区域经济一体化影响成员国政府货币政策的作用和自主性。当今，区域经济一体化作为不可逆转、不断深化的历史过程，已显示出强大的生命力，并对世界各国政治、经济、军事、社会、文化等方面，甚至包括思维方式都产生了巨大的冲击力。这是一场深刻的革命，任何国家都无法回避，唯一的办法是如何去适应它，在这场变革中抓住机遇，求得发展。

## 第三节　金融全球化中的国家利益

建立在新古典主义基础上的“金融深化论”和建立在“劳动价值论”基础上的价值增值理论都对金融全球化的整体利益做出了积极说明。然而，正如自由贸易论从纯经济学的角度所论证的贸易普遍性原理并不能改变贸易保护主义的现实一样，仅仅对金融全球化作一种普遍的纯经济学分析，而不对价值增加量的分割和实现过程进行具体的分析，也同样不能改变金融保护的现状，特别是对在全球金融一体化过程中居于从属地位的发展中国家，其利益的实现过程是与国内环境、制度、政策紧密缠绕在一起的，因而发展中国家金融全球化的利益实现既具有普遍性，又具有自身的特殊性，往往不能用纯粹的国际经济理论来解释。

---

① 张幼文著．世界经济学．立信会计出版社，2002

## 一、两缺口的理论分析

在所有的经济增长模型中，资本都是一项重要的因素。对发展中国家而言，资本的贡献尤其重要，因为在发展中国家经济增长的过程中技术和规模经济的作用相对较小。

美国经济学家 W・W・罗斯托(W. W. Rostow)证明了资本形成在发展中国家经济增长中的重要性。然而，资本的形成不仅仅依赖国内的积累和金融政策，在一个开放的经济条件下，国外资本的流入也是国内总资本形成的重要渠道。外国资源在现在的许多经济发达国家的初期经济发展中起过重要的作用。在经济学说史中，外国资源与经济发展关系的争辩不如货币与经济发展关系的争辩激烈，但同样存在着不同的观点。总体而言，古典经济学家对外国资源与经济发展的关系持比较积极的观点，认为国际资本的流动对资本输入国和输出国都有积极的影响。

对于发展中国家而言，经济学家的看法不尽相同，其中发展经济学中的“马克思主义学派”对外资的作用持否定的观点，认为外国资本会导致出口“孤岛效应”[①]。这一理论认为，虽然外国资本的最初投资导致了产量的增加，形成了新的发展潜力，但引入外部资源的国家却依然很贫困，其原因在于“孤岛效应”的存在导致了其他部分经济的低效率难以改善。因为“孤岛效应”的存在对于廉价的原材料的需求给当地政府造成了必须允许自由人口的压力，抑制了本国其他部分经济的发展。而孤岛出口所获得的外汇，也以很快的速度“漏出到国外”。20世纪60年代以后，“新马克思主义”否定发展中国家利用外资的观点受到了“结构主义”的挑战。“结构主义”认为，哈罗德-多玛的经济增长模型强调的资本的作用对于发展中国家同样是适用的，由于发展中国家较低的收入水平，当经济计划者将发展中居民消费降低到一定程度时，可能出现因最低消费极限的限制而无法增加储蓄的问题，这就是“储蓄极限制”。利用这种方式形成的储蓄率往往低于实现目标增长率的计划投资水平，与面临的投资机会相比较，这就产生了一个“储蓄缺口”。在初期，这个缺口可以通过国外资源的输入来进行弥补。同时，发展中国家要实现国内工业化，对于发达国家的中间产品具有较高的进口倾向，这就会产生一个“外汇缺口”，而这个缺口也需要国际资本市场来进行弥补。世界各国经济的实践证明，“结构主义”重视外部资本作用的观点是正确的。

发展中国家通过金融开放参与国际金融市场，引入国外资源和国外金融机构，对经济发展最大的贡献首先在于弥补两个缺口，即储蓄缺口和外汇缺口。双重缺口分析的数学表达可以按照钱纳里和斯特劳特以及梅泽尔斯的分析来描

---

① E・多马. 经济增长理论. 商务印书馆，1983

述，“储蓄缺口”的定义是投资减去储蓄；“外汇缺口”是进口与出口之间的差额。两个缺口在事前是独立的，但在事后一定是相等的，其分析过程是：

$$C + I + X = Y + M \tag{18.1}$$

$$C + S = Y \tag{18.2}$$

$$S + FR = 1I \tag{18.3}$$

$$M = X + FR \tag{18.4}$$

式中：$C$——消费；$I$——投资；$X$——出口；$Y$——国内生产总值；$M$——进口；$S$——储蓄；$FR$——国际收支的经常项目和外国资源的净流入。

上述方程(18.4)可从(18.1)，(18.2)，(18.3)三个恒等式中推导出来，由于在这三个方程中包含有七个变量，因此必须另外建立方程以满足其求解的需要，这样，我们有：

$$Y_t = Y_0(1 + g)^t \tag{18.5}$$

式中：$Y_t$——在目标年份 $t$ 所要达到的国内生产总值；$Y_0$——初始年份时的国内生产总值，$g$——目标增长率。

由于 $g$ 为政府确定的目标，$Y_0$ 为已知的数据，因此 $Y_t$ 是一个确定的数值。为了完成目标增长率，计划期内投资为：

$$I_t = \mathrm{lg}Y_t \tag{18.6}$$

式中：$k$——计划期内资本—产出比率

计划期内出口为：

$$X_t = X_o(I + x)^t \tag{18.7}$$

式中：$x$——出口增长率，它取决于国外消费者对本国商品的需求，是一个外生的给定量。

计划期内储蓄为：

$$S_t = S_0 + s_1Y_t \tag{18.8}$$

其中 $s_1$＝计划边际储蓄倾向。维持经济增长率 $g$ 所需的最低进口量为：

$$M_t = M_0 十 m_1Y_t \tag{18.9}$$

其中 $m_1$ 为边际进口倾向。

在上述 9 个方程式中，除(18.4)是衍生方程式外，其余 8 个方程都对 7 个变量产生影响，在求解之前，我们先确定两个假设前提：一是两个缺口是各自独立的缺口，二是两个缺口事前不相等。那么，在储蓄缺口大于外汇缺口时，起作用的方程式是(18.8)，因为此时制约经济目标实现的最大限制是储蓄缺口；相反，当外汇缺口大于储蓄缺口时，起作用的是方程式(18.9)。

需要指出的是，$I,S,M,X,Y$ 在这里的概念都是实物资本的概念，但这并不妨碍其用于金融资本流动的分析。外国资源流入发展中国家总是要伴随着资金的流出，在外汇限制的情况下，这些资金只能依靠外国直接投资、国际金融市场的筹措来获得。因此金融资本的流入是外国实物资源流入的前提条件。

## 二、金融全球化对全球福利的影响

金融资本全球化是资本主义资本积累的金融化过程，从微观上来看，金融资本全球化有利于消除不同国家和区域之间金融资本边际收益率的差异，这是因为对于资本输出国而言，国内狭小的金融市场和高度垄断竞争下的金融资本更多地处于“过剩”状态；而金融资本总是试图突破国家的界线，追求全球化的适宜的增值条件和对全球经济的垄断；对于资本输入国而言，金融资本积累的匮乏在一定程度上影响了经济增长速度，借助国际金融资本可以弥补国内资本积累的不足。

传统的微观经济学分析认为，金融资本全球化将使资本的边际生产力趋于全球平均化，从而能够提高全球资本的利用率，促进全球福利增进。金融资本全球化对全球福利增进的传导机制可以用资本流动与福利增进的两国模型来示意。假设全球只有两个国家，一个是作为金融资本输出国的发达国家甲国，一个是作为金融资本输入国的乙国。在金融资本未能充分地全球化之前，甲国由于资本丰富因而其边际收益较低；而乙国则由于资本稀缺因而资本收益较高。同时还假定金融资本遵从边际收益递减律(见图 18－1)。

在国内外金融资本相割裂时，甲乙两国的资本难以互为补充。甲国在国内经济投入其全部金融资本 $OA$，对应的边际资本收益率为 $OC$，甲国的总产出为 $OFGA$，其中 $OCGA$ 部分为金融资本的要素收入，$CFG$ 部分则为其他生产要素的收入；同样，乙国投入其全部金融资本 $O'A$，对应的边际资本收益率为 $O'H$，乙国的总产出为 $O'JMA$，其中 $O'HMA$ 部分为金融资本的要素收入，$HJM$ 部分则为其他生产要素收入。

在国内外金融资本相融合时，金融资本能够超越国界流动，甚至在不同国家和地区的资本收益率消失之后，这种全球化进程也继续受资产组合以降低风险的驱动仍然不会停止。这样甲国的金融资本将向乙国输出，在达到甲乙两国资本收益率相等的静态均衡时，资本输出量为 $AB$，均衡的资本收益率为 $BE$，这样甲国的总产出为 $OFEB$，再加上资本输出后的金融资本收入 $ABER$，与在金融资本全球化之前的总产出相比，甲国从金融资本全球化中得到的收益是本国的总产出增加了 $ERG$，但是甲国的其他生产要素的收入从 $CFG$ 降低为 $NFE$。说明金融资本全球化使甲国经济对金融资本的依赖性加深了；同样，这时乙国的总产出为 $O'BEJ$，再扣除掉对甲国金融资本的用资成本 $ABER$，与在金融资本全球

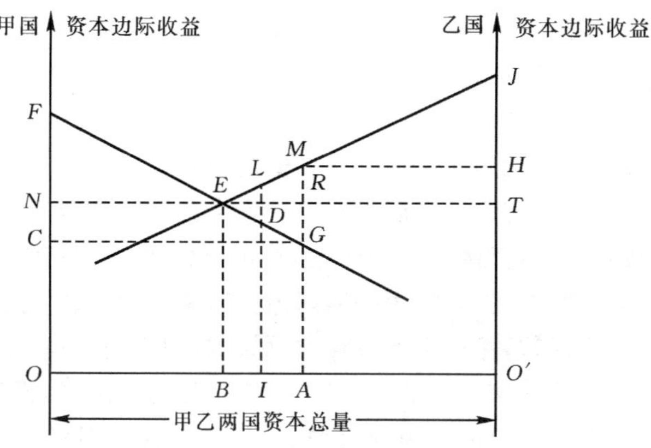


图 18－1　资本流动与福利增进的两国模型

化之前的总产出相比，乙国从金融资本全球化中得到的收益是本国的总产出增加了 $ERM$，并使国内其他要素收入也从 $WM$ 增加到了 $E'TJ$，全要素生产率水平得到了提高。

从全球的角度来观察，由于金融资本全球化促使全球要素资源配置更为合理，结果全球的总产出由 $OFGA+O'JMA$ 增加到了 $OFEB+OJEB$，结果和金融资本全球化之前相比较，全球获得了一个规模为 $EGM$ 的福利净增加，甲、乙两国分别分享了其中的 $ERG$ 和 $ERM$。根据这样的微观分析，结论是：金融资本全球化可能带来全球福利增进。

## 三、金融全球化促进资本的形成

发展理论在承认外国资本流入对发展中国家的贡献的同时，对于外国资本流入可能替代国内储蓄存在着一种担忧。按照发展理论的观点，储蓄在国民经济核算中定义为投资减去资本流入，因此资本流入对储蓄与国民生产总值之间的比率产生相应的负效应①。

国内储蓄率定义为国内总储蓄与国内生产总值的比率。金融储蓄的总量可以定义为一国所有金融机构的流动性负债总额，该指标包括狭义货币、准货币和非银行金融机构的存款。金融储蓄率用流动负债与国民生产总值的比率来表示。下面的分析将证明这一假设：资本的流入可以提高一国金融储蓄率的水平，

① Frenkel J. A. & Goldstein M. Measuring International Capital Mobility: A Review. AEA Papers and Proceedings, May. 1986

而金融储蓄率水平与国内储蓄率具有正相关性，因而资本的流入可以促进国内储蓄率的提高。外国资本的流入对于提高金融储蓄率的作用是比较容易理解的。金融资本流入一般通过两条渠道进行：一条是银行体系，一条是非银行体系。当银行体系自身从国外引入资本时，其对外国负债的总额随即增加，这就意味着金融储蓄总量的增加，而国民生产总值的增长是一个滞后的过程，两者相比金融储蓄率会提高；即使流入发展中国家的资本是通过非银行金融资产市场，这些交易也如同银行负债直接增加一样，影响银行体系。当一个非居民投资于一种非银行业金融资产市场，必须用一笔国内存款来支付，其操作流程是先在银行体系以外币的形式存款，然后用外币存款兑换国内货币存款。在这样的交易中，国内银行系统的存款和储备增加了，或者至少是暂时增加了，而这种存款和储备的增加同时也就是银行负债总额的增加。因此，不管外国资本是作为外国直接投资、证券投资债券发行流入市场，还是作为银行借款流入市场，除非这些资金被立即用于进口商品和购买国外资产，那么银行的负债总是增加，金融储蓄率就会相应的提高。

通过对金融储蓄率水平与国内储蓄率相关性的研究可以发现金融储蓄率高的国家，国内储蓄率也往往偏高。统计分析表明，对于发展中国家而言，金融储蓄率与国内储蓄率之间的正向相关关系非常明显。对于发展中国家而言，资本的流入首先会提高国内金融储蓄率，并通过国内金融储蓄率的变化改变国内储蓄率，如果要把这一过程再细化的话，那么其顺序是：资本流入→国内金融储蓄率提高→国内贷出资金的增长→投资的增长→国民收入的增长→国内储蓄的增长。这一过程的理论基础是经济增长理论 $G=\Delta I/I$ 和储蓄决定理论 $S=S(Y)$。这里需要特别指出的是，由于发展中国家经济的增长率在起飞时期能保持连续的高速度，因此，收入 $Y$ 的选择不能以绝对收入来衡量，而是一种预期的未来收入。按照 J. S 杜森贝 (J. S. Duessenberry) 的解释——“个人储蓄倾向可看作是他在社会收入的等级中所处级别升高的一个函数”[①]，高速经济增长的发展中国家居民必然会提高储蓄比例，以期从经济增长中获得未来更大的利益，以提高经济地位，中国的实践也对这一结论提供了支持。

## 四、金融全球化拓展了资源配置

在货币经济条件下，货币和金融资产具有引导和配置其他资源的作用，因而货币和金融资产的运动状态决定着资源配置的主要机制和手段。金融机构、金融工具、金融市场以及与之配套的管理体制是金融结构的主要构成部分，在货币

---

① J·S·杜森贝．收入、储蓄、和消费行为理论．哈佛大学出版社，1952.45

经济条件下它们也是储蓄和投资的结点。因此，优化资源配置实际上是通过三个方面来进行的：一是最大限度地促进储蓄和投资的均衡聚合；二是建立合理的制度对投资者进行筛选；三是为存量资源的转移提供服务。

从融资方式变化的历史逻辑来考察，发达国家的企业融资方式一般都经过了从间接融资为主到直接融资为主的过程，其主要的原因在于直接金融方式对信用创造约束能力更强、成本更低，因而媒介中的资源转移也更加有效。但是，直接金融要求更加专门的金融机构设计更加丰富的金融品种以弥合储蓄者和投资者的需求，这就对金融结构的层次提出了更高的要求。而在大部分发展中国家，金融机构的形式比较单一，主要以政府控制的商业银行为主，聚合投资者和储蓄者之间的主要手段是以间接金融方式为主的存贷业务。这种方式在宏观上容易造成信用膨胀和通货膨胀；在微观上容易造成企业的高负债率和过度投资：从第二个方面来说，发达国家的跨国金融机构有一整套成熟的筛选投资者的程序。例如，美国的跨国银行在对外国公司进行贷款时要考虑的因素包括：政府的作用和管理环境、使用国际间的会计原则重新调整外国公司的财务报表并进行评估、企业的管理质量；贷款目的、贷款所使用的货币、现金流量分析、追加贷款支持的可得性以及对公司进行实地考察；在对外国银行贷款时则要分析银行规模、银行所在地、同政府关系、资本适度性分析、资产质量评估、收益记录、管理声誉、流动性评估等。这些筛选资金需求者的成熟方法对于资源配置效率的提高是非常重要的。从第三个方面来说，存量资源是一个国家或地区资源的重要组成部分。虽然这些资源都以实物的形式沉淀下来了，但是有些可能由于技术条件和市场需求结构发生了变化，有些可能是在初始时配置失当，致使这部分资源不能充分发挥其生产效率。艾伯特·赫希曼认为："发展不仅需要找出现有资源与生产要素的最佳组合，为了发展的目的，还必须发展和利用那些潜在的、分散的及利用不当的资源和潜力。"[①]对存量资源重新配置的主要方式是收购和兼并，而进行收购和兼并离不开金融机构在方案设计、收购融资等各个环节上的支持。这些都是金融机构和金融业务单调的低层次金融结构难以承担的。

## 五、金融全球化加剧了金融体系风险

金融全球化实际上也是金融制度的一种变迁。这种变迁是世界经济一体化的必然过程，其发生的机制已做过简单的讨论。然而作为一种制度的变迁，金融全球化必然对金融风险产生影响，因为金融全球化使一国经济和金融体系中的不确定性增加，同时也加剧了传统金融体系的脆弱性。具体地说，金融全球化一

---

① 艾伯特·赫希曼．金融结构与金融发展．经济科学出版社，1991.5

方面使传统的激励风险扩大。另一方面又添加了新的风险产生因素，这些因素包括国际经济传递机制、汇率机制、短期国际资本流动、国际经济协调机制等等。

金融全球化加剧了信息的不完全性和不对称性。资本的跨国流动、金融机构的跨国服务、厂商的跨国投资都是建立在高度发达的现代通讯技术基础上的。在理论上，现代通讯技术已经可以使全球范围内的金融交易在瞬时完成。然而，事实上在一国国内搜寻信息的成本仍然要远远低于在全球范围内搜寻信息的成本。因为一国国内存在着相同的金融法律制度、信息披露制度、会计和资信评估准则，且不存在语言和文化背景的障碍，而在金融全球化的状态下，由于政治、法律、经济统计、文化背景等各项差异，资本流出国往往难以了解到资本在接受国的实际使用情况，而资本接受国也往往难以了解资本流出的真实意图，无法准确地区分投资资本和投机资本。特别对于发展中国家而言，在信息对称性方面居于明显的劣势地位。因为发达国家和大型跨国公司拥有较强的信息搜寻技术，能够承担较高的信息搜寻成本。而发展中国家往往是发达国家信息传播的接受者，在信息的时效性和信息的真实性方面存在着显著的差异。信息的这种国际性不对称使发展中国家的金融政策频频失误，无法应付以发达国家投机资本为主体的国际短期资本的冲击。

金融全球化导致金融机构在国际范围内出现激烈竞争，使金融机构的利差不断缩小，表外服务不断增加，削弱了金融机构抵御危机的能力。在市场效率提高、交易成本降低的情况下，大量投机资本对利率、汇率等市场变量的敏感性大大提高，金融资本价格的易变性加剧。鉴于传统业务的竞争激烈和利润微薄，许多金融机构不得不越来越重视发展高风险业务，以图取得较高收益，从而使金融机构放弃稳健原则，增大风险暴露。金融市场的证券化趋势，使许多信誉较高的大公司转向金融市场直接融资，银行只好转向信誉较低、风险较大的中小企业，从而使其资产质量下降，经营风险加大。金融机构大力发展的某些表外业务，如担保、承兑、贷款出售、支持性信用证、保付代理等业务，没能在资产负债表中得到反映，但却可能转化为真实负债，从而带来更大的风险。

金融全球化加剧金融监管的复杂性。金融监管的目的是抑制金融系统本身的脆弱性和波动性。金融监管活动本身对信息的对称性和制度的合理性有较高的要求。针对国内的金融体系，金融监管者可以通过行政、法律等手段维持其与金融机构之间的信息对称性。金融全球化使市场的参与者国际化、金融规则国际化、资金的运行国际化，这就对监管者获取充分的信息带来了障碍，加剧了其监管的复杂性。

## 第四节　金融全球化对发展中国家的影响

金融全球化是一柄双刃剑,它不仅仅为经济发展提供动力,同时也为经济发展带来风险。发展中国家金融全球化的本质是低层次的金融结构向高层次的金融结构转化,并通过结构转化带来资源配置效率的变化。然而,金融结构愈复杂,它的脆弱性也就愈明显。在金融全球化过程中,国际经济传递机制的影响、汇率制度的选择、短期资本的冲击以及发展中国家开放初始阶段的经济和金融结构的差异等诸多内外因素,都会不断考验发展中国家金融体系的风险承受能力。因此,对风险的研究和管理构成了发展中国家选择金融全球化战略中的另外一个重要决定因素。

### 一、金融全球化过程中的风险管理

如果说金融全球化所带来的利益决定了发展中国家必须参与这一进程的话,那么对金融全球化过程中金融体系风险①的管理形式就决定了发展中国家参与金融全球化的形式。可以这样说,各国在金融全球化过程中对金融体系风险的承受能力及承受的形式直接影响着该国对金融全球化战略模式的选择。

在讨论发展中国家对金融全球化过程中金融体系风险进行管理的手段之前,我们有必要首先考虑一下是否有一种全球性的机制可以帮助发展中国家管理金融全球化过程中的金融风险,就如同布雷顿森林体系协调各国对汇率风险的管理一样。

#### (一)建立金融风险预警系统监测金融风险

建立风险预警系统的目的是了解金融体系风险的原因及其程度。风险预警系统是由风险指标的选择、数据的收集和处理、风险预报等一系列程序构成的,金融风险指标的选择是其中的关键。金融风险指标包括金融体系风险指标和金融机构风险指标两种基本的形式,前者反映宏观主体的金融风险。后者反映微观主体的风险,两者之间存在着有机的正向联系。

金融体系风险指标作为一种宏观风险指标,是在 20 世纪 80 年代发展中国家频繁爆发主权政府层面的金融危机后才被广泛重视的。在墨西哥金融危机之后,国际货币基金组织专家英里斯·戈尔茨坦曾列出 7 项预警指标:①短期债务与外汇储备比例失调。②巨额经常项目逆差。③消费比例过大。④预算赤字过

① Crokett A. The Theory and Practice of Financial Stability. Essays in International Finance. Princeton University. 1997

大。⑤短期资本在资本流入比例中偏大。⑥汇率定值过高。⑦货币供应量迅速增加。1996 年,美国著名经济学家刘遵义(L. J. Lau)和帕克(J. S. Park)提出了 10 项预警指标,成功地对东亚金融危机进行了预报。刘遵义和帕克提出的十项经济预警指标分别为:①实质汇率上升。②实质本地生产总值增加缓慢。③通胀率高于全球水平。④名义利率高于全球利率水平。⑤息差扩大。⑥实质利率偏高。⑦本地储蓄率偏低。⑧贸易逆差庞大。⑨经常逆差庞大。⑩外币资产组合相对外来直接投资偏高。

金融机构风险是金融体系风险的微观基础,因此,金融机构风险的管理在金融体系风险管理中具有重要的地位,也一直为发达国家、发展中国家和国际组织所重视。巴塞尔协议的资本充足比率实际上也是一种安全指标,现在已经成为发展中国家银行系统所普遍采用的标准。不过,指标充足比率作为风险预警指标显得过于简单。在这方面,发达国家拥有丰富的经验和成熟的预警系统,可以供发展中国家参考。下面就介绍美国的金融机构风险预警系统。

美国的金融预警制度是发达国家中最完善也是最复杂的预警制度,一共包括 5 个自成体系又相互关联的预警系统。即:联邦存款保险公司的预警系统、联邦储备体系的预警系统、联邦住宅贷款理事会的预警系统、国民信用合作社管理局的预警系统和美国财政部金融司的预警系统。各个预警系统中最常用的两个预警工具是 CAEL 排序系统和 CAMELS 评级系统。

CAEL 排序系统是以资本充足性、资产品质、获利能力及流动能力四个方面作为预警测试的范围,采用统计学中位置数量的百分位排序思路,选择相应的指标并赋予权数,摘取申报资料,计算各指标观测地的标准化得分,并以权数求得综合得分,依这得分在同类型金融机构内的排序先后,确认出财务状况不佳的金融机构。具体做法是:①选定资本与总资产比率、催收款项与总资产比率。净利润与总资产比率以及流动性资产与总资产比率作为四个观测指标并赋予相应的权数,分别衡量金融机构的资本充足性、资产品质、获利能力和流动能力。②算出个别金融机构的某项比率指标在同类金融机构中的百分位位置,再将该比率指标的权数乘以其百分位位置,得到一个综合数。③把个别金融机构的综合分数与同类型各金融机构的综合分数相比较,得出该分数在同类金融机构内的百分位位置。④百分位位置位于同类型金融机构 80%至 100%的金融机构为有问题金融机构。

CAMELS(资本充足率,capital adequacy;资产品质,aseet quality;管理能力,management;获利能力,earning;流动能力,liquidity;风险敏感度;sensitivity to market risk)评级系统的考核范围不仅包括 CAEL 的四个项目,还包括管理能力和风险敏感度。主要利用统计方法先出评估指标并赋以权数,在检查报告资料中，计算出指标得分及综合得分，依综合评分的高低，评定个别金融机构的等级(依次为A,B,C,D,E五级)，对评定等级较低或单项指标得分异常的金融机构，应提出警示。

英美等发达国家的金融机构风险预警系统对发展中国家具有一定的借鉴意义。发展中国家可以参考其经验确定本国风险预警系统的主体、选择合理的风险预警指标并建立适合本国的风险预警评估系统和传导机制。

#### (二)利用国内宏观经济管理手段冲销外部因素的不利影响

建立风险预警系统的目的是及时而准确地了解金融风险，不过更重要的是对风险进行管理。从发展中国家国内可以采取的宏观经济管理手段来看，主要有以下这样一些措施可供选择：

1. 实行更具弹性的浮动汇率制度

更具弹性的浮动汇率制度包括扩大汇率的浮动区间、有条件地利用外汇交易管理本国货币的汇率水平、采取爬行钉住“一篮子”货币的措施等。

如果说利率反映的是资金的国内价格，那么汇率反映的是资金的对外价格。因此，汇率制度的选择虽然不能消除国内经济制度缺陷的内在风险，但合理的汇率制度可以减缓外部冲击所形成的外生风险，同时不同的汇率制度对于实质经济体系的缺陷有夸张或抑制的作用。在经济发展初期，出于发展中国家普遍的外汇短缺和对国际市场的依赖，其所选择的汇率制度一般是钉住与其有传统贸易历史的发达国家的货币，并根据各个国家和地区不同的发展战略选择适度高估或低估本国货币的政策。东亚是适度低估本币币值，拉美是高估本国货币币值。同时，在发展中虽然并未完全消除金融扭曲现象，但内部所产生的冲击已逐步让位于因要素边际生产力下降产生的贸易冲击。如果在这种状况下仍然坚持固定汇率制度，那么，发展中国家就会不断面临外汇市场干预的压力。此时的汇率制度应逐步转向弹性的汇率制度并最终走向浮动汇率制度。

2. 财政政策与货币政策

蒙代尔关于财政政策与货币政策的搭配原理是广为人知的。蒙代尔认为，适当的配合是货币政策与外部平衡的配合，以及财政政策与内部平衡的配合。在发展中国家，国际资本的流动受多种因素影响流动非常频繁，对于剧烈的资本流动就需要利用特殊的政策搭配来进行中和(sterilize)。例如，如出现大量的资本流入，就可以采用紧缩的财政政策来抵消资本流入带来的需求扩张和真实汇率升值。在货币政策方面，可以通过发行不同期限的金融债券、政府债券或者提高准备金比率等手段来中和外汇储备增加引起的货币增长；如果出现大量的资本流出，就可以利用相反的手段来操作。

3. 对资本流动的选择性限制

虽然在前面我们通过分析认为"托宾税"很难起到抑制金融市场上短期资本流动的影响,但这并不排斥一些国家针对资本流动的情况进行一些其他的选择性限制,如智利、哥伦比亚就强迫外资要将一部分存入中央银行,不付利息,当然直接投资与政府确认的优先项目的外资除外;印度尼西亚、马来西亚规定了企业海外借款的总规模等,这些都是对短期资本流入的限制。在资本流出方面,绝大部分发展中国家都可以选择性地对资本账户的自由兑换进行一些限制。如马来西亚原本已经开放的资本账户,因为本国的金融危机和资本大量流出又重新采取了一些限制的措施,这些措施包括限制非当地居民进行马元兑换、限制离岸户口之间的马元转账、限制国民海外投资金额以及外出旅游携带的金额等。但总体而言,资本流动的选择性限制只应当作为一种权宜的手段。

4. 加强国内金融体系

加强国内金融体系的手段主要是严格按照巴塞尔协议规定的资本金比率对国内商业银行进行严格管理。如阿根廷加强国内金融体系的手段就是要求银行资本金充足率高于巴塞尔协议所规定的标准,印度尼西亚对银行规定了严厉的资本金和准备金率要求,一方面强化银行体系,另一方面削弱信贷扩张。

## 二、发展中国家的政策选择

金融市场全球化向发展中国家扩展,一方面使许多发展中国家受益,另一方面也使许多发展中国家近 20 年来饱受外债危机、银行危机、货币危机的折磨。这些危机是金融市场全球化风险的集中表现。在成为全球金融市场中活跃的主体时,如何回避金融风险,降低金融危机发生的可能性,是发展中国家面临的严峻挑战[①]。

### (一)在"三难选择"中做出明智的选择

"三难选择"——要么放弃用货币政策服务于国内经济目标,实行固定汇率(或者像有的西欧国家放弃本国货币),保持资本的自由流动;要么实行灵活的服务于国内经济增长和物价稳定的货币政策,以及保持资本的自由流动,这时必须让汇率自由地浮动,而难以实行固定汇率;要么实行资本管制,而达到独立运用货币政策及稳定汇率的目标。在资本大量流入的情况下,维持固定的汇率,结果导致不能灵活运用货币政策。调节国内的货币供应量和利率,服务于实质经济活动,抑制股市及房地产市场上的过热现象,这实际上相当于用货币政策服务于

① 中国社科院经济所宏观课题组. 贸易、资本流动与汇率政策. 经济研究,1999(9)

稳定汇率的目标，失去了货币政策的独立性。外部资本流入使出现经常项目收支赤字的可能性增加；尤其是汇率缺乏灵活性，难以用于调整经常项目收支的平衡，即经常项目收支逆差不能转化为本币贬值的压力，本币不贬值反过来不能改善本国经常项目收支。在资本自由流动的情况下，实行固定的或“钉住”的汇率政策的国家，其货币通常很容易成为机构投资者如对冲基金的投机对象。这种投资者的特点在于，能控制比自有资本大得多的交易量，他们“卖空”一些金融资产并承诺在将来某一时间以特定的价格归还这些资产，同时用所获得的现金去“买空”另一些资产。

总而言之，在任何情况下，保持国内宏观经济平衡都是政府实施宏观经济政策的首要目标。这一点并不能因为金融市场的开放、资本的跨国流动增加而有任何动摇。

### (二)充分认识外资的不稳定性

对外资的不稳定性要有充分的认识。外资的双刃剑作用越来越明显。外资企业、外国银行和外国投资者的特点是有福共享，有难不同当，见利趋之若鹜，一有风吹草动拔腿就跑。阿根廷金融危机以后，外国投资者从这个国家抽逃的资金达到200多亿美元。外国资本这种釜底抽薪的做法极大地削弱了拉美一些国家的金融实力。其次，适度举债，发展经济。外债与内债的显著不同在于，偿债成本与汇率及国外利率变化密切相关。而汇率又与外汇供求及对本币的信心密切相关。这些因素使发展中国家外债的偿债风险远高于内债。一旦对本币的信心丧失，市场上外汇供不应求，或者国外利率上升，发展中国家就陷入债务危机的风险。发展中国家的外债主体除了政府部门(主要是中央政府)、国有企业外，还有各种非国有的金融机构以及一些非金融企业。发展中国家政府不仅需要管理好政府部门及国有企业的外债，还要严密监测私人部门外债的规模及其使用效果、避免因不能偿还到期外债而陷入债务危机。

### (三)适当限制资本流入

发达国家资本流入发展中国家，分享发展中国家更快经济增长的成果，谋求更高的收益，这是由资本的本性所决定，因而也是很正常、很自然的。但一些资本流入国从自身利益出发，在20世纪90年代针对资本流入的剧增，采取了一些限制性措施。显然，在那些尚未建立(或正在建立)稳固而有国际竞争力的金融体系的国家，对资本流动(特别是短期资本跨国流动)实施一些限制，是有其合理性的，主要原因是：

首先，国际金融市场与货物和服务市场有很大不同。从理论上看，金融市场的特殊性是：不对称信息引致的道德风险和恶意选择，使金融市场经常偏离均衡状态；主要涉及跨时选择，使金融市场的不确定性增加；市场参与者的信心很容易受非经济因素影响，因此，金融市场很容易波动。资本流进和流出发展中国家发生于国际金融市场中，这一问题更严重。从事实看，不仅 200 年来，每隔 10 年左右，世界上就要发生金融波动或危机，而且资本流进流出的周期性波动也从未中断过。1996 年.韩、泰、印尼、马、菲五国吸收了 930 亿美元净私人资本，1997 年发生了金融危机，净流出 121 亿美元，一年之内，1 051 亿美元资本的变化占到其 GDP 之和的 10%。

其次，金融资产价格的波动有多种“溢出效应”。如影响货币政策传导机制，影响金融机构的稳定，影响与政府采取稳定措施(如以储备干预汇率，提高利率抑制本币下跌等)相关的实际经济成本。而当一国金融市场国际化后，金融资产价格波动常因资本流进和流出而加剧，溢出效应也会扩大。无论是墨西哥金融危机，还是东南亚金融危机，都存在这一问题；大量资本流进迫使它们的货币当局增加外汇储备并采取“冲销性”货币政策，利率被提高，对经济活动水平有不利影响；发生大量资本流出后，货币当局更是大量抛售外汇储备，大幅提高利率，既损失储备又增加国内企业的资本成本。

第三，缺乏随时可以接近的国际间最后贷款人，使发展中国家金融机构和企业在用短期外币负债进行长期国内投资时，面临着特殊的汇率和(外国)利率变化风险。

最后，从现实来看，并没有充分证据表明，资本项目交易越自由的国家，经济增长越快，投资占 GDP 比重越高，或有更低的通货膨胀率(据 IMF 的估计，目前仅有约 15 个左右的发展中国家和地区实现了资本项目交易自由化)。20 世纪 50 和 60 年代，许多发达国家也对资本项目交易进行限制，而这正是他们经济增长的“黄金时代”。也就是说，实行资本流动方面限制的机会成本仍然是不确定的。

概而言之，对短期资本跨国流动进行限制的合理性，在于金融市场的内在缺陷。其主要功能，在于“避害”——避免大规模短期资本流入和流出对金融稳定和经济持续增长的损害。从这个意义上讲，这种消极性的政策具有积极意义。相对于通过利用外资“趋利”而又无力控制其负面影响的情况，这一政策选择是一种风险更低、更稳妥的选择。当然，这一选择不应成为拖延发展中国家建立能促进经济稳定、快速增长的金融体系的“借口”。没有金融体系的配合，发展中国家要实现快速的经济增长，实现对发达国家的追赶，是不可能的。

**(四)维持金融体系稳定**

东亚国家和地区的经验教训实际上表明，一个“良好的”发展中国家的金融体系一方面应该能最大限度地动员国内外储蓄的数量，并把这些储蓄转化成投资；另一方面也能保证投资的质量，从而在促进投资增加和保证投资质量之间取得平衡。如果投资质量高而投资数量不够大，会影响经济增长的速度；如果投资数量增加很多而许多投资的质量不高，经济增长将难以持续。而维持金融体系的稳定不仅是保证投资的数量和质量的需要，也是在金融市场全球化新形势下分享资本流入的利益的需要，以及增强抵御其他国家危机“传染”的需要。一些国家因国内金融体系不稳定引发大量资本突然外流、带来灾难性后果的事实更是表明，在金融市场已经全球化的情况下，维持金融体系的稳定比以前更难，也更为重要。但在这方面，发展中国家面临许多新的挑战：

首先，国内金融机构面临的竞争压力增大。与金融市场全球化相伴，大量外资金融机构进入国内金融市场，国内居民及企业与国外金融机构往来的障碍被消除，使得国内金融机构在动员、分配国内储蓄方面，不再是占垄断地位的中介组织。如果本国金融机构在安全性、服务质量及成本方面没有优势，将难以在外资金融机构的竞争压力下生存。而实际情况是，发达国家的金融机构在组织管理、风险控制及信誉上的优势，常常是发展中国家的金融机构难以匹敌的。在引进国外金融机构的竞争之前，先在国内金融机构之间创造公平竞争的环境，有助于提高国内金融机构的国际竞争力。

其次，如何保证通过金融体系流入的外资得到有效利用。虽然在发展中国家，存在像印尼发生金融危机前那样大部分外债直接由非金融企业借用的情况，但从总体上看，目前发展中国家私人部门的外债主要是通过其金融体系而得以利用和分配的。如果这部分外债使用效率低，或者其偿还遇到障碍，国内金融体系的稳定也将受到威胁。韩国和泰国发生金融危机前都存在这样的问题。韩国金融机构所借大量外债，贷给了投资效率低的大财阀，而财阀的破产和经营困难使与之关系密切的金融机构遭受损失。泰国金融机构将所借外债大量用于高风险的房地产投资和证券投资，房地产和股票泡沫经济的破灭，使这些金融机构陷入困境。相反，奉行稳健经营原则的金融机构会在外资流入时能起到“闸门”式的作用。当外资流入超过一定限度、使用效益降低时，闸门将控制外资流量甚至自动关闭，避免新的外资流入。金融机构的这种作用实际上可以称为避免金融危机的“第一道防线”。这道防线的坚固程度取决于金融机构自身的组织结构、进行风险控制的动力及在盈利与稳健之间获得平衡的能力。

在加固这道防线的作用方面，政府也是可以有所作为的。比如，在外资流入时，金融监管当局不仅应要求金融机构像经营国内储蓄那样奉行稳健原则，还应要求它们有额外的应付汇率和外债利率变化风险的资本。为了保证外资的有效利用，越来越多国家开始借鉴国际清算银行制定的有关标准进行监管。

第三，中央银行作为金融体系的一个组成部分，作为最后贷款人，也面临新的挑战。在金融机构没有外币负债的情况下，中央银行以本国货币进行最后贷款活动，在拯救陷入危机中的金融机构时发挥作用。而当金融市场全球化导致金融机构从事外币交易和跨国交易增多时，金融机构很可能因为外币负债不能按期偿还及外币资产质量下降而陷入困境。这时中央银行需要动用外汇储备而不只是发行本币。如果外汇储备不足、像亚洲金融危机中的韩、泰、印尼诸国，就要向国际组织或其他国家求援。也就是说，全球化对中央银行的外汇储备管理提出了更高要求。

综上所述，发展中国家对金融全球化的多种挑战，是不能仅仅用金融自由化——如利率自由化、借贷款活动自由化、金融业进入和退出的自由化、资本项目交易的自由兑换这样的措施来简单概括的。自由化对于主要从事跨时选择、不确定性高、信息不对称严重的金融部门，并不总能带来像金融体系的安全和稳定、流入外资的有效利用、避免资本外逃和降低外债风险这样的结果。墨西哥、泰国、印尼、阿根廷、巴西等多个发展中国家的实践都证明了这一点。金融自由化本身不应成为发展中国家政府追求的目标，而只是一个手段。并且完善金融体系、使之更好地服务于现实经济增长的过程，也不是简单地“取消政府的干预”能够概括的。

## 三、中国的对策

针对发展中国家面临的金融全球化的多重挑战，中国也需要采取一些相应的措施来防范可能发生的金融危机，主要从以下几方面着眼：

### (一)利用外资以吸收直接投资为主防止外汇资产急速流失

大多数发展中国家的经常项目都存在着一定的逆差，这意味着它们是通过借用别国资源来求得本国经济发展的。将经常项目逆差控制在一定幅度之内是一国经济稳定发展的重要条件，借用别国资源毕竟要受到本国偿债能力的制约，如果维持高额经常项目逆差，在无法得到流入资本弥补时，便很容易陷入危机。因此在开放经济条件下，一国的经济发展仍然要立足于利用本国的资源，求得本国储蓄和投资的基本平衡，绝不能形成对外资的依赖而损害本国的金融安全。

对发生金融危机国家的资本流入结构的研究表明，它们的资本流入结构基本是以证券投资、银行借款和其他投资为重。显然，这样的资本流入结构脆弱，当外国投资者对本国的信心动摇时，投资于本国证券市场的外资抽逃，容易导致支付危机，因此利用外资应坚持以吸收外国直接投资为主。此外，还要监控外债期限结构和风险状况的变化，避免偿债危机。游资的趋利性使之不作长期投资，但却增加外资水分。因此在保持外资引进总量的同时，国家应有计划地吸引长期直接投资,控制短期外债总量。制定出灵活运用引资的配套政策,有选择地吸引境外投资,尤其是要调整外资引进结构,鼓励有高技术含量、符合产业政策的外资引进。

**(二)抑制游资造成的虚拟经济,确保实体经济稳定**

建国以来我国实体经济得到了长足发展:国家重工业初具规模、轻工业体系基本完备、能源交通等基础设施逐步改善、农业经济改革已见成效。这里要强调的是,在发展市场经济的同时,应当重视国家计划在经济建设中的作用。在实体经济系统中产生的风险,都会迅速传递到虚拟经济系统中,导致其平衡发生改变。虚拟经济由实体经济系统中产生,又依附于实体经济系统而存在。例如游资的进出会造成汇率波动,如果入境资本不能被经济系统吸收,则会转化为外汇储备,迫使国家扩大基础货币发行量,诱发通货膨胀。同样,虚拟经济系统中的风险,也会对实体经济造成严重影响。一旦虚拟经济出现问题或者崩溃,国家应当通过有计划、有组织的实体经济立刻取而代之。

**(三)从风险诱因上健全国家金融监控体系**

产生总体金融风险的原因是多方面的:房地产和股票被炒得过热,产生严重的经济泡沫;银行出现大量的呆账和坏账,或出现存贷利率倒挂导致持续亏损;国际贸易出现大幅度逆差,国际收支严重不平衡;国内通货膨胀率高而勉强维持与美元或其他主要工业化国家货币挂钩的“钉住”汇率制度,破坏了汇率和利率的平价关系;金融系统不发达,金融市场转移和配置收益/风险的功能不够强;过早地全面开放资本项目,对国际游资的套利和投机活动敞开大门;金融监管不健全,一方面是缺乏完善的监管体系包括法规、制度和实施机制,使个人和机构有违法或违规操作的可乘之机,另一方面是金融机构本身缺乏风险意识,缺乏应有的进行风险管理的机制、技术和能力。可见,须根据我国有关法律规定并参照国际惯例,进一步建立健全对金融机构接管、合并、兼并、收购、破产等法律和法规,规范金融机构的市场行为,通过加强法制建设消除国家金融风险的诱因。只有对国家金融体系深化改革,完善金融法律与法规,充分运用国际金融技术建立国家金融监控体系,才可真正避免产生国家金融风险。

## 第五节 金融全球化发展的总体趋势

### 一、国际金融合作协调机制的趋势

金融全球化的发展打破了原有的全球经济利益分配体系,在重塑国际经济金融格局的过程中同时也出现了各种问题和矛盾及其带来的负面影响,世界各国出于长远利益的考虑，建立了一系列的国际金融合作与协调机制。因此各国或地区之间的国际金融合作协调，既是金融全球化的重要内容，也是促进和保障金融全球化顺利展开的重要条件。

自第二次世界大战后，国际金融的合作与协调开始起步，发展至今在不同的阶段呈现不同类型和特征①。20 世纪 40 年代后半期到 70 年代，多边国际金融合作和协调是当时市场经济各国金融关系的主流。20 世纪 70 年代，这是国际货币秩序出现紊乱局面的时期，以西欧为代表的一些地区开始探讨区域金融合作和协调问题。20 世纪 80 年代，国际合作和协调主要表现在三方面；主要发达国家通过七国会议机制(首脑会议加央行行长和财长会议)推进了在汇率和货币政策上的协调行动；以国际货币基金组织和世界银行为主的国际金融机构在应对发展中国家外债危机问题上采取集体性国际行动；西欧国家推进了汇率协调政策。20 世纪 90 年代，这是国际金融合作协调获得显著发展的时期：一是国际货币基金组织、世界银行和国际清算银行等国际金融机构出于吸收了更多的来自发展中国家成员而增加了它们的全球代表性，发展中国家在全球金融机构中的整体地位有所提高；二是在应付墨两哥危机和亚洲金融危机等大事件过程中，国际金融机构发挥了突出作用，通过国际金融机构的更大努力来预防和应对国际金融危机的国际呼声在不断升高；三是区域性货币合作在欧洲出现一次飞跃，统一货币欧元诞生。

根据目前国际合作协调机制所表现的特征和内容来看，在金融全球化的趋势下，作为其重要条件和内容的国际金融合作协调机制的发展方向将呈现以下四个特点：第一，区域性国际金融协调机制将得到进一步的发展。首先从初级层次的区域性共同货币基金出发，为各成员国在紧急时候提供必要的资金援助和技术咨询，并利用这个机制加强区域内金融信息交流。第二，改革国际金融机构的组织结构和运作方式，提升发展中国家的整体地位。改革的主要目标是增强国际金融机构应对和处理国际金融危机的有效能力，包括资本能力和快速行动能力，减少国际金融机构的行动计划与有关当局之间的冲突和矛盾，使国际金融机构在防止危机扩散和预防危机上做出更大贡献。第三，确定和贯彻统一监管规则和金融机构行为准则，深化各国在金融监管领域中的合作和协调。20 世纪 90 年代以来，许多国家通过国际货币基金组织和国际清算银行等国际金融机构就统一监管规则和金融行为准则达成了共识。未来时期在这方面的国际合作和协调将进一步突出发展。第四，主要国际货币国和地区之间在汇率事务方面的协调机制的作用越来越重要。主要国际货币之间的汇率波动在未来时期将继续

---

① 姜波克．开放经济下的政策搭配．复旦大学出版社，1999

成为影响甚至威胁国际金融市场平稳运行的一个重要因素，有关国家和地区应当加强汇率事务方面的协调，对主要国际货币汇率的严重波动及其后果承担相应责任。

金融全球化过程中产生的利益分配问题和矛盾，需要各国在协商和对话的基础上共同研究解决。尽管这些国际金融合作协调机制还有许多不尽如人意之处，但在预防和化解危机，解决国际性商业争端中这些机制都扮演着非常重要的角色。同时，它们还在不断的自我发展完善，以适应未来全球化的需要。

## 二、东亚区域金融合作的前景①

从目前国际金融合作协调的趋势可以看出，区域性的国际金融协调机制的作用将越来越重要。由于历史原因，东亚的经济金融合作远远落后于欧洲和北美。1997 年亚洲金融危机是一个转折点，亚洲国家开始感到单纯依靠国际经济组织或大区域经济合作组织来抗击经济、金融危机是不够的，应当挖掘次区域经济合作的潜力，以达到联合自强的目的。

在亚洲金融危机之前，最早认为东亚国家应当联合起来，建立区域经济合作组织的是马来西亚总理马哈蒂尔，他提议建立东亚经济决策委员会(EAEC)。在亚洲金融危机中，日本政府提议由亚洲国家建立一个亚洲货币基金组织(AMF)来补充国际货币基金组织(IMF)；以更好地抗御金融危机。但由于种种复杂的原因，这两个提案都没有成形。

然而，近年来东亚区域经济、金融合作又以新的势头得到有力的推动。东亚各国为此而采取的行动首先是在 1999 年 11 月成立了东盟 10＋ 3 机制。接着于 2000 年 5 月，在亚行年会之后召开了第一次同行意见会议，讨论的主题是加强东亚的金融合作。为了促进持续的增长，与会者一致同意加强政策对话和区域合作，包括对资本流动的监管、建立自助和支持机制、促进国际金融改革：2000 年 5 月，东盟 10＋3 财政部长在泰国清迈达成了清迈协议。涉及金融合作的协议有：①充分利用东盟 10＋3 的组织框架，加强有关资本流动的数据及信息的交换：②扩大东盟的货币互换协议，同时各东盟与其他三国(中国、日本和韩国)之间构筑双边货币互换交易与债券交易网。③研究如何将东盟 10＋3 各国超过 7000 亿美元的外汇储备用于相互之间的金融合作，以稳定亚洲区域内的货币市场。此后 2001 年 5 月，又在夏威夷举行了东盟 10＋3 财长会议、宣告建立东盟 10＋3 的早期预警系统，以求及早发现新兴工业化国家宏观经济、金融和公司企业的弱点，防范潜在的金融危机。2001 午 11 月朱镕基总理在第五届东盟 10＋3

① 亚太地区发展报告——发展趋势预测与热点问题分析，2005

首脑会议上提出的10年内建立中国一东盟自由贸易区的倡议。这个倡议获得东盟十国的一致同意,并将很快进入磋商和正式谈判的阶段。建立中国一东盟自由贸易区,目标之一是促进东亚地区的金融稳定。在朱镕基总理提出的五条原则中,第三条强调的就是继续推进金融领域的合作,落实清迈协议。

清迈协议表现出东亚国家携起手来共同抗御金融危机的决心,这在历史上是第一次。在此基础上,日本已经同韩国、泰国、非律宾、马来西亚缔结了货币互换协定。中国也同泰国缔结了协定。2002 年 3 月 29 日,中国又同日本缔结了在必要时向对方提供最高约合 30 亿美元的货币互换协议。它以日元和人民币为提供货币的对象。人们认为日元与人民币的互换虽然同在发生货币危机时用美元同本币交换的机制不同,但是外汇储备额居世界第一位的日本同外汇储备居第二位的中国之间构筑了外汇通融的安全保障体系,是一个巨大进步。

它的积极意义在于:第一,它在 IMF 之外构筑了防范金融风险的另一条防波堤,在东亚第一线的各个国家依靠自己的内部资源,互助互利,在发生危机时可以更迅速地做出反应。而且以亚洲各国各地区的外汇储备而言,它们的实力是强大的,完全可以使自已真正成为最后靠山。第二,东亚国家通过金融合作机制在成员间进行资本流动的数据和信息交换,强化了危机的预警系统,同时各国之间加强金融合作之后就可以避免在发生危机时各自为政,甚至实行竞相贬值的汇率政策。第三,东亚国家通过金融合作抗御金融危机并没有否定 APEC 的指导地位。APEC 仍然有权对东亚金融合作机制提出建议,进行监督,因而处于更加超脱更为主动的地位。

2005 年 5 月土耳其伊斯坦布尔亚洲开发银行董事会第 38 次年会上,东盟及中日韩的部长们决定采取步骤在一定程度上克服清迈协议的不足,继续推进东亚经济金融的一体化。会议决定在已有的 16 个双边互换协议的基础上,加强清迈协议,具体措施是:把清迈协议与一个扩大了的经济监管过程统一起来,在东盟 10+3 的内部,在现在的双边互换安排网络上采用一个共同启动和集体决策机制,把可用的双边互换规模增加 100%,把不与 IMF 条件挂钩的,可提取的双边互换规模增加一倍。

2005 年 2 月,中国、日本和韩国以及东盟的 10 个成员国签署协议,宣布建立 ABG 组织,探讨如何应对来自欧美国家的亚洲货币升值压力,同时希望形成合力以消除美元下跌对东亚地区经济发展的负面影响。2005 年 10 月,亚洲开发银行地区经济一体化室室长河合正弘透露,2006 年 6 月左右,亚洲开发银行将开始编制和公布亚洲货币加权平均值的亚洲货币单位,它可作为亚洲各国有关部门监测汇率变动的指标,并且可以用来标价发行亚洲债券或进行贸易结算。亚洲货币单位将提供一个共同认可的货币单位,以便更加准确的估算双边及多边贸易，他还为未来个经济体之间的经贸合作和汇率政策调整与合作提供了一个共同的依据和统一的标准，将有效降低信息成本。亚洲货币单位的出现将进一步推动已初露端倪的亚洲货币一体化进程。

目前，东亚合作主要是功能性的合作，即在贸易，金融，次区域等具体领域、具体项目上进行合作，而缺乏完整统一的合作规划、目标和制度保证。这种合作模式适应了东亚地区经济社会发展水平差异大，各方利益不容易协调的现状。2005 年 12 月 14 日在马来西亚吉隆坡举行的首届东亚峰会则以各国首脑会议的形式，确立了峰会的定位是建成一个开放、包容、透明和外向的论坛，就共同关切的战略、政治和经济问题进行对话。这个机制为在各国最高首脑层面研究和确立东亚合作的方向和战略提供了可能，而这正是东亚合作进程所迫切需要的。

东亚经济与金融合作取决于东盟、中国、日本、韩国的精诚合作。其中，日本的作用尤为举足轻重。但是出于对历史的认识问题，日本和韩国、东盟之间仍然难以建立充分的信任关系，同时日本受日美安全保障条约的影响，能否全心全意在东亚的经济合作中发挥核心作用，以实际行动取信于东亚各国，仍有不确定因素。